기아와 기적의 기원

한국경제사, 1700-2010

차 명 수

도서출판 해남

기아와 기적의 기원 한국경제사, 1700-2010

초판1쇄 발행 2014년 8월 29일
초판2쇄 인쇄 2015년 10월 28일
초판2쇄 발행 2015년 11월 3일

지은이 차명수
발행인 노현철
발행처 도서출판 해남

출판등록 1995. 5. 10 제 1-1885호
주소 서울특별시 서대문구 충정로 38-12(충정로 3가) 우리타워 6F
전화 739-4822 **팩스** 720-4823
이메일 haenamin30@naver.com
홈페이지 www.hpub.co.kr

ISBN 978-89-6238-078-1 93320

머리말

지난 3세기 동안 우리나라에서 정말로 어떤 일이 있어났는지에 대해 두 개의 시나리오가 대립하고 있다. 시나리오 갑에 따르면 조선 후기에 경제 발전이 시작되었지만 일본의 침략으로 중단되었다. 일제 지배 아래서 무자비한 약탈과 착취가 일어났다. 해방이 되고 대한민국(이하 한국)에서 경제가 성장했다. 그러나 이는 재벌과 외국 자본가를 위한 것이었으며 일반 민중은 성장의 혜택에서 제외되었다. 북한은 아주 풍족하지는 않을지 몰라도 자주적이고 모든 사람이 혜택을 입는 경제 발전을 이룩했다.

반면 시나리오 을에 따르면 조선 후기 경제는 몰락하고 있었다. 식민지 지배가 시작되면서 경제 성장이 시작되었다. 식민지기에 도입된 제도, 식민지기에 형성된 자본과 양성된 인재는 대한민국의 경제 발전의 밑천이 되었다. 북한은 소수의 파워 엘리트를 위해 유지되는 체제이다. 대다수의 인민이 굶주림과 질병으로 고통을 받고 있다.

한국=부자, 북한=거지임을 의심하지 않는 대부분의 외국인들은 과거에 대해 이렇게 다른 생각이 성공한 반쪽인 한국에서 대립하고 있다는 사실에 놀라워한다. 더더욱 놀라는 것은 한국 역사 교과서 내용에 큰 영향을 미치는 국사학자들이 대부분 갑을 신봉하며 그래서 학교에서는 갑이 가르쳐지고 있다는 사실에 대해서다. 을을 주장하는 학자들은 독점적 국사 교과서 생산 체제에 반발하는 중소기업 같은 존재들이다. 그들은 마켓 셰어(market share)를 확대시키려고 노력하고 있지만 독점 기업인 국사학계가 쳐

놓은 진입 장벽 때문에 고전하고 있다.

30년 전 을은 존재하지 않았다. 갑의 완벽한 독점 체제가 지배하고 있었다. 1980년대 들어 갑과 모순되는 발견들이 나타나기 시작했다. 이후 이런 발견들은 꾸준히 축적되어 왔다. 이런 도전에 대한 한국사학자들의 학문적 대응은 들리지 않고 보이지 않는 것처럼 행동하는 것이었다. 이들 중 일부는 때때로 대중 매체를 통해 을에 대한 분노를 표출했는데, 이는 "민중의 힘"으로 을을 퇴출시키고 시장 독점을 유지하려는 정치적 대응이었을지도 모르겠다.

그런데 이단 세력에 대해 정통 세력이 이런 두 가지 전략을 구사한 결과는 정통 세력에게 반드시 이로운 것만은 아니었다. 학문적 반박이 나오지 않는 가운데 을은 조선 후기와 식민지기의 경제적 변화에 대한 유력한 대립 가설로서의 위치를 굳힐 수 있었다. 갑의 수호자들은 이단 학자들의 주장에서 어디가 잘못되었다는 것인지를 분명히 대지 못했기에 을에도 뭔가 있는 것이 아닐까라는 인상을 심어 주었다.

갑과 을을 주장하는 학자들 사이에는 닮은 점도 있다. 이들 모두 과거, 특히 식민지 시대에 일어난 일들이 오늘날 우리의 삶에 커다란 영향을 미치고 있다고 생각한다. 그러면서도 과거와 현재가 어떻게 연결되어 있는지에 대해서는 그 어느 쪽도 설득력 있는 인과 관계의 스토리를 제시하지 못하고 있다. 갑에 따르면 식민지 체제는 일본의 이익을 위한 것이었기 때문에 조선인들의 삶이 점점 어려워졌다고 한다. 그리고 해방 후 친일파들이 일본인들을 대신해서 지배자로 등장해서 선진국들의 이익에 봉사하는 경제 체제를 유지해 갔다고 한다. 그렇다면 지난 반 세기 동안 대부분 한국인들의 생활 수준이 빠르게 향상되었다는 누구도 부정하기 어려운 사실은 어떻게 설명할 수 있을 것일까? 을이 주장하듯이 해방 후 고도 성장의 기반이 식민지기에 마련되었다면 식민지기에는 왜 지난 반 세기처럼 빠른 경제 성장이 일어나지 않았을까? 많은 역사학자들은 한국 고도 성장의 원인을 밝히는 일은 경제학의 영역이라고 생각한다. 그러나 경제학자들은 그런 문제에 대해서는 별로 관심이 없다. 경제학자들은 대개 한국의 고도 성장과 같은 개별 사건을 설명하기보다는 일반적으로 적용될 수 있는 이론을 세우거나 어떤 이론이 타당한 것인지를 검증하기 위해서 우리나라를 하나의 사례로 쓰는 것에 보다 흥미가 있다.

한국이 어떻게 고도 성장을 이룩하였는가는 아직 해명되지 않은 문제이다. 그런데 많은 사람들이 이에 관심을 가지고 있다. 왜냐하면 한국이 빈민에서 부자가 된 원인을 알 수 있다면 많은 나라들이 빈곤으로부터 탈출하는 데 중요한 참고가 될 수 있을 것이라고 생각하기 때문이다. 나는 아직 충족되지 않고 있는 이런 수요에 부응하기 위해 이 책을 썼다.

자연 과학에서는 어떤 현상이 발생하는 원인을 찾아 내기 위해 실험을 할 수 있다. 그러나 한국 고도 성장과 같은 경제적 사건의 원인을 찾기 위해서 전체 경제를 대상으로 여러 가지 충격을 가하고 그 결과 성장 속도가 어떻게 달라지는지를 지켜볼 수는 없다. 그래서 경제학을 포함한 사회 과학에서는 역사 속에서 발견되는 변화들 안에서 패턴을 식별하고 인과 관계를 추론한다.

우리나라 근대사는 그것을 실제로 살아야 했던 사람들에게 시련의 시기였지만 경제 성장의 원인을 탐구하는 오늘날의 연구자들에게는 희귀한 자연 실험(natural experiments)의 기록이다. 식민지 지배, 해방, 남북 분단과 같은 커다란 사건들을 계기로 체제 전환(regime shifts)이 일어났고, 서로 다른 환경 아래서 실현된 경제 성장의 성과는 엄청나게 달랐다. 지난 3세기 동안 한반도에는 네 개의 서로 다른 경제 체제가 출몰했고, 이 중 두 체제 – 이씨 및 김씨 조선 - 아래서는 굶주림이 떠나지 않았지만 나머지 두 체제 - 식민지 조선과 한국 - 는 날로 더해 가는 물질적 풍요를 누렸다. 이 책은 이 네 체제 각각의 특징이 경제 성장에 어떤 영향을 미쳤는지를 파악함으로써 한국 고도 성장의 원인에 접근해 간다. 이 책은 역사적 비교와 아울러 국제적 비교를 식별 전략(identification strategy)으로 사용한다. (한국, 타이완, 일본처럼) 빠른 경제 성장을 이룩한 나라와 (인도, 라틴 아메리카처럼) 그렇지 못한 나라들 사이에 어떤 차이가 있는지를 체계적으로 비교해 한국 고도 성장의 비밀을 알아낸다.

이 책의 주장은 지금까지 알려진 사실들을 모순 없이 꿰어 낼 수 있다고 생각하는 인과 관계의 스토리다. 이 책에서 내가 전개하는 논리 중에는 무리라고 보이는 부분이 있을 수 있고, 나의 주장과는 상반되는 (내가 아직 모르고 있는) 사실도 있을 것이다. 그러나 한 가지 내세우고 싶은 것은 이런 약점들을 찾아 내기 쉽도록 썼다는 것이다. 그래서 마음에 들지 않는 주장이 있다면 어디를 공격하면 그것을 무너뜨리기 쉬울지 찾기 쉽다는 것이다. 그리고 이 책에는 맞을 수도 없고 틀릴 수도 없는, 그래서 그럴싸하게 들리는, 그러나 하나 마나 한 주장은 없다는 것이다.

복잡한 과정은 생략하고 결론이나 메시지만을 제시해서 보다 많은 사람들이 읽기 쉬운 책을 나는 쓸 수도 있었다. 그러나 그렇게 한다면 근거도 밝히지 않고 조선 후기에 자본주의의 싹이 자라 나왔고 일제 시대에 경제적 착취가 일어났다고 주장하는 한국사학자들의 행위와 무엇이 다르겠는가? 어떤 주장에 도달하기 위해 내가 밟아야 했던 재미없는 과정에 관한 설명을 나는 이 책에 포함시켰다. 그 이유는 바로 내 주장이 얼마나 허술한 근거에 바탕을 두고 있는지가 잘 드러나도록 하기 위해서이다. 따라서 이 책을 읽은 독자들이 동의하기 어려운 부분은 있지만 애매모호하다고 느끼는 대목이 없다고 생각한다면 나의 의도는 달성된 것이다.

인간의 지능을 발달시키는 가장 큰 자극은 논쟁이라고 한다. 기존의 가설을 부수고 새로운 가설을 세우는 과정을 통해서 학문은 발전해 왔다. 그래서 이 책에 대한 공격과 반발의 강도를 보고 나는 이 책이 얼마나 성공했는지를 가늠하려고 한다. 이 책의 주장은 대부분 간단한 숫자와 수학적 논리에 근거하고 있다. 그러므로 도저히 믿어지지 않는 주장이 있다면 (우익, 좌익 같은 딱지를 붙이려 하기보다) 보다 신뢰할 수 있는 통계와 현실감 있는 모델을 들고나와 반박하면 된다.

이 책은 지난 3세기 동안 우리나라의 역사에 관한 것이지만 경제학과 어느 정도 안면이 있는 사람을 염두에 두고 쓴 책이다. 그러나 고등학교에서 가르치는 정도의 경제학 지식만 있다면 내가 무슨 이야기를 하려고 하는지 이해할 수 있을 것이다. 이 책에는 수식과 통계 분석 결과가 포함되어 있는데, 이것 없이는 스토리 전개가 불가능했기 때문이다. 그러나 여기서 사용한 수학이나 통계 기법은 대단한 것이 아니다. 내용을 100% 이해하지 못한다 하더라도 줄거리를 쫓아가는 데 별 지장이 없을 것이다. 그리고 이 책에 포함된 수량 분석의 내용에 관해 전혀 감이 잡히지 않는 독자가 있다면 그는 자신이 고등학교를 제대로 다니지 않은 것이라고 생각하면 된다. 이 책은 내가 지난 10여 년간 한국 경제사에 관해 써 온 논문들을 바탕으로 하고 있다. 그 논문들은 출간된 것과 아직 출간되지 않은 것 대부분을 나의 홈페이지(http://yu.ac.kr/~mscha)에서 내려받을 수 있다.

10년쯤 전에 한국 경제사에 대해서 아는 것이 별로 없었던 내가 이 책을 쓸 수 있게 된 것은 오랜 기간 특정 분야를 깊이 연구해 온 전문가들의 가르침이 있었기 때문이다. 많은 분들로부터 배움을 얻었지만 그 중에서 특히 김낙년, 김재호, 박기주, 박섭, 박이택, 박희진, 안병직, 이대근, 이영훈, 이우연, 이헌창, 임채성으로부터 배운 바가 크다. 이 책의 주장은 반드시 이 분들의 생각과 일치하지는 않는다. 그리고 이 책에 남아 있는 잘못은 오로지 나의 탓이다. 김낙년과 윤정윤은 이 책 전체를, 이영훈은 제4장과 제7장을 읽고 잘못을 바로잡아 주었으므로 이에 대해 고마움을 표시한다. 정진성은 이 책의 1쇄를 읽고 적지 않은 탈자와 오자를 발견해 알려 주었다. 황준석은 자료 수집과 정리 단계에서 나를 도와 주어 이 책의 출간 시기를 앞당겼으므로 이에 대해서도 감사한다. 마지막으로 이 책의 출간을 위해 애쓰신 도서출판 해남의 여러분들께 고마움을 표시하고 싶다.

2015년 10월

경산에서 차명수

Guide for English-Speaking Users

to

The Origins of a Growth Miracle

An Economic History of Korea, 1700-2010

by

Myung Soo Cha

This book explains 1) what drove Korea's escape from Malthusian trap to modern economic growth, and 2) what prompted Koreans to opt for quality, rather than quantity of life to make a growth miracle. Chapter 1 begins by familiarizing readers with industrial revolution and demographic transition – the two historic events high income countries of today typically went through. Industrial revolution refers to transition from economic stagnation to ever increasing prosperity and tends to occur concurrently with decline in mortality and then in fertility – shifts in population regime known as demographic transition. As I describe in Chapter 2, different indicators show living standards fell for at least two centuries before rising from around 1900. The turn-of-the-century reversal in growth trend coincided roughly with the onset of mortality transition, which probably gained speed with under Japanese rule (1910-45). Fertility began to fall in the 1930s, but most of the Korean fertility transition took place from 1960-90, the classic era of the South Korean growth miracle. As mortality fell consistently, population growth more than doubled to 1.3%

in colonial Korea, which further increased to 1.9% from 1960-90 before tapering off in recent decade when fertility continued to decline.

Chapter 3 assesses the role of capital accumulation and productivity advance in generating the long swing in living standards. While pre-colonial Korea suffered shrinking stock of capital, the growth of the colonial and South Korean economy was propelled largely by capital accumulation. Also Korea managed to achieve rapid productivity catch-up vis-á-vis the U.S. over the past century. Total factor productivity improvement speeded up significantly after 1945, although higher savings ratio explains a greater part of the post-colonial growth acceleration. The capital accumulation raised capital/labor ratio over the twentieth century, which drove structural shift toward manufacturing, a capital-intensive sector relatively to either agriculture or service industry. Productivity improved more rapidly outside agriculture, which caused resources to be reallocated towards manufacturing and service.

Why did the rate of capital accumulation and technological advance differ nontrivially depending upon period? Chapter 4 argues that the answer lies in what the government did and failed to do. Unable to exert effective control over landowning elites, the government of dynastic Korea failed to build adequate fiscal and legal capacity. One of the important consequences of the ineffective public sector was deforestation, which drove down incomes of different groups during the eighteenth and nineteenth centuries. Japanese rulers replaced the fragile regime in 1910 with a solid system of administration in Korea, which introduced legalized land property rights, a stable currency, and a sustainable system of public finance. While the institutional reform played an important role in putting an end to the growth failure, the colonial government rarely intervened to promote economic growth, leaving resources to be allocated largely by markets. It was only after the end of Japanese rule that a "developmental state" emerged in South Korea. Although many praise the wisdom of the policy measures implemented to promote exports and substitute manufacturing imports, little evidence exists to prove that the South Korean industrial policy helped South Korea grow faster. More likely, the activism inflicted deadweight losses on the economy, slowing down growth. As the comparison of colonial and South Korea growth reveals, growth speeded up after 1945 despite the policy intervention, because human, as well as physical capital expanded much faster after 1945.

Chapter 5 begins by calculating an index of human capital stock to show that labor quality improved in South Korea more than twice as fast as in colonial Korea. What caused human capital to grow more rapidly after the end of Japanese rule? Human capital accumulation in colonial Korea was led by the spread of primary schooling, as is indicated by the rise in primary school enrolment rate rose from virtually nil at the beginning of colonial period to 54% on the eve of independence. The educational achievement was largely an outcome of an ambitious school building campaign launched by the colonial government in the face of landowning elites' reluctance to finance mass schooling by taxation. Primary schooling enrolment made an even more impressive advance in postcolonial decades to approach 100% by 1960 as the U.S. military government spent greater efforts for mass schooling. In the following decades of high growth, the South Korean government allocated a substantially larger share of the public revenue than either the colonial or U.S. military government on education to raise secondary school enrolment rate from 25% in 1960 to 74% in 1990. The South Korean government is unlikely to have been able to make the remarkable shift to the pro-education policy, had the traditional elites – co-opted by Japanese as partners of colonial rule – not fallen into disrepute in the wake of de-colonization, had the security of rights to their landed wealth not been irrevocably impaired by the Soviet-style land reform implemented in North Korea, and had they been allowed to continue to control the Korean society after 1945.

The rapid growth of human capital stock from 1960-90 was closely linked with the steep rise in domestic savings ratio from 9% in 1960 to 38% in 1990, as Chapter 6 explains. The higher level of public spending for education prompted parents to have fewer children and educate them better than to raise a larger number of poorly educated children. As parents reduced total fertility rate from 6 in 1960 to 1.6 three decades later, they found themselves left with an ever larger amount of resources available for purposes other than child rearing, hence saved an increasingly larger share of their incomes. The South Korean fertility decline was also driven by development of financial markets, which led parents to substitute financial assets for children, and by policies implemented to control population, which improved the availability of fertility control devices and reduced the cost of family planning. Given the high likelihood of the faster improvement in labor quality after 1960 causing technological learning to take place more rapidly in South than in colonial Korea, the shocks triggering the shift from quantity to quality of children represented ultimate causes to explain the post-colonial growth acceleration driven by faster technological advance and accumulation of human and physical capital.

Chapter 7 puts the performance of the Korean economy in the past three centuries in international context to explore 1) why Korea failed to achieve growth as either England or Japan did in the eighteenth and nineteenth centuries, and 2) what allowed Korea to grow faster than the rest of the world in the twentieth century. The growth failure of pre-colonial Korea was a part of economic collapse suffered by the Chinese empire, which stands in contrast with economic growth and proto-industrialization occurring in England and Japan. The Chinese empire, including dynastic Korea, suffered capital scarcity, which became increasingly acute as de-forestation took place in the eighteenth and nineteenth centuries. The origins of capital scarcity was to be found in the famine relief granted by the governments of imperial China and dynastic Korea, which not only reduced precautionary savings but also created moral hazards to discourage productivity improvement.

Although per capita output grew in colonial Korea only one third as fast as in South Korea, the colonial growth far outweighed the growth achieved by the rest of the contemporary world as did the South Korean growth. To identify causes to explain the Korean outperformance, international growth accounting equations are estimated in Chapter 7 using data from 41 countries including Korea from 1910-90. The results indicate that while Korea could grow faster because the government intervened less than in other countries, the more important cause to explain the Korean high growth were the institutions Japan set up in Korea to bolster colonial rule.

Summing up the analysis in preceding chapters, Chapter 8 isolates 1) institutional modernization as implemented by Japanese rulers, 2) market-friendly policy making, and 3) non-elitist and mass-oriented schooling policy as the three fundamental causes of the South Korean growth miracle. They did not represent consequences of conscious choices made by Koreans, but the outcome of geopolitical shocks imposed on them, Japanese imperialism and Soviet communism, in particular. Chapter 8 also discusses what the Korean growth episode implies for development policy and theories of economic growth, why economic history matters to understand economic development, and what might lie in the future for Korea's prosperity.

While the English edition is in the pipeline, non-Korean-speaking users might be interested in checking out the table of contents and lists of tables and figures provided in English to get a rough idea about how the arguments flow and what types of evidence are used to support them.

차례

머리말	i
Guide for English-Speaking Users	vii
차례	xiii
Table of Contents	xvii
표 차례	xxi
List of Tables	xxii
그림 차례	xxiv
List of Figures	xxvii

1 서론 *1*

질문	3
산업 혁명	7
인구 변천	8
이 책의 주장	19

2 생활 수준과 인구 증가, 1700-2010 23

생활 수준, 1700-2010 25
인구 변천 44
인구 증가, 1700-2010 57
인구와 생활 수준 67
부록 69

3 자본과 기술 79

맬서스의 덫 81
근대적 경제 성장 88
투입, 산출, 생산성 102
구조 변화 111
임금, 이자, 지대 122
직접적 원인과 근본적 원인 135
부록 138

4 시장과 정부 151

애덤 스미스와 조선 후기 153
조선 정부는 약탈자였나? 172
식민지기의 경제 성장은 조선 총독부가 이끌었나? 187

박정희의 산업 정책은 경제 성장의 원인인가? 202
기적과 기아의 원인 223

5 교육과 불평등 225

노동자의 질은 어떻게 측정하나? 227
노동자들의 학력 업그레이드, 1910-2010 232
학력별 임금 격차, 1910-2010 237
성별 임금 격차, 1910-2010 248
인적 자본은 경제 성장에 얼마나 기여했나? 255
조선 총독부 vs. 조선인 "교육열" 260
해방 후 인적 자본 축적 속도는 왜 빨라졌나? 270
불평등 277
교육, 불평등, 경제 성장 291
부록 294

6 저축과 출산 297

저축과 성장의 상호 작용 299
출산력 변천과 저축률 311
고도 성장기 출산력 변천의 원인 322
인적 자본 축적, 물적 자본 축적, 기술 발전 335

7 발산과 수렴 *337*

발산과 수렴, 1700-2010 340

발산, 1700-1900 345

수렴, 1900-2010 373

기아와 기적의 기원 396

부록 398

8 과거와 미래 *405*

과거 407

현재 속의 과거 409

미래 420

부표 427

자료 목록 443

참고문헌 451

찾아보기 487

Table of Contents

Preface i

Guide for English-Speaking Users vii

Table of Contents xvii

List of Tables xxii

List of Figures xxvii

1 Introduction 1

Historical context 3

International-historical perspective 7

Theoretical framework 8

Outline of this book 19

2 Living Standards and Population 23

Trends in the Korean living standards, 1700-2010 25

Demographic transition in Korea 44

Population growth, 1700-2010 57

Population and living standards 67

Appendix 69

3 Capital Accumulation and Technological Progress 79

Malthusian stagnation versus modern economic growth 81

Growth accounting for colonial and South Korea: primal approach 88

Explaining structural change of the Korean economy 102

Growth accounting, 1700-2010: dual approach 111

Proximate versus fundamental causes 122

Technical appendices 135

Appendix 138

4 Markets and the State 151

Did eighteenth century Korea achieve Smithian growth? 153

Was the pre-colonial government predatory? 172

Did the colonial government promote colonial growth? 187

Was the South Korean growth miracle a consequence of wise industrial policy? 202

Regimes of misery versus regimes of miracle 223

5 Human Capital Accumulation 225

Measuring labor quality 227

Educational upgrading of the Korean labor force, 1910-2010 232

Trends in skill premium, 1910-2010 237

Trends in gender wage gap, 1910-2010 248
Role of human capital in colonial and South Korean growth 255
What drove the spread of primary schooling in colonial Korea? 260
Why did human capital accumulation accelerate after 1945? 270
Trend in inequality, 1700-2010 277
Human capital, inequality, and growth 291
Appendix 294

6 Fertility and Savings 297

Interaction between savings and growth 299
Did fertility transition cause rapid capital accumulation? 311
What drove the fertility decline from 1960-90? 322
Virtuous cycle of accumulation and technological learning 335

7 Divergence and Convergence 337

Divergence and convergence, 1700-2010 340
Divergence, 1700-1900 345
Convergence, 1900-2010 373
Origins of misery and miracle 396
Appendix 398

8 Conclusions 405

The past 407

The past in the present 409

The future 420

Statistical Appendix 427

List of Statistical Sources 443

References 451

Index 487

표 차례

표 3-1 성장 회계 결과, 1911-2010 105

표 3-2 부문별 성장 회계, 1911-2010 120

표 3-3 요소 가격을 이용한 총요소 생산성 변화율 추정 127

표 3-4 식민지기의 부문별 요소 소득 분배율 140

표 3-5 한국의 부문별 요소 소득 분배율 141

표 4-1 한국 일인당 생산 증가율의 결정 요인, 1911-2010 221

표 5-1 인적 자본을 포함한 성장 회계 259

표 5-2 식민지기 초등학교 취학률 방정식 268

표 5-3 식민지기 초등학교 취학률 증가의 요인별 분해 269

표 5-4 중등학교 취학률 결정 방정식, 1965-78 274

표 6-1 소득 증가가 저축률에 미친 영향, 1982-9 310

표 6-2 저축률 결정 방정식 321

표 6-3 식민지기 조출산율 결정 방정식 327

표 6-4 고도 성장기 한국의 조출산율 결정 요인 330

표 7-1 삼림 황폐화 게임 355

표 7-2 분석 대상 나라들 379

표 7-3 주요 변수들의 평균과 표준 편차, 1910-90 382

표 7-4 일인당 생산 증가율 결정 방정식 추정 결과, 1910-90 384

표 7-5 일인당 생산 증가율 결정 방정식 추정 결과, 1910-40 388

표 7-6 일인당 생산 증가율 결정 방정식 추정 결과, 1960-90 390

표 7-7 우리나라와 세계 전체의 일인당 생산 증가율 격차 분해 394

표 7-8 미국 일인당 생산 증가의 원인 402

List of Tables

Table 3-1 Accounting for the Korean Growth, 1911-2010: Primal Approach 105

Table 3-2 Growth Accounting for Korea by Sector, 1911-2010: Primal Approach 120

Table 3-3 Estimating Total Factor Productivity Growth in Colonial and South Korea: Dual Approach 127

Table 3-4 Factor Shares by Sector in Colonial Korea 140

Table 3-5 Factor Shares by Sector in South Korea 141

Table 4-1 Determinants of the Korean Growth, 1911-2010 221

Table 5-1 Accounting for the Korean Growth, 1911-2010: Primal Approach with Human Capital 259

Table 5-2 Determinants of Primary School Enrolment in Colonial Korea 268

Table 5-3 Decomposition of the Rise in Primary School Enrolment in Colonial Korea by Cause 269

Table 5-4 Determinants of Primary School Enrolment in South Korea 274

Table 6-1 Estimated Impact of Income Growth on Saving Ratio, 1982-89 310

Table 6-2 Determinants of Savings Ratio 321

Table 6-3 Determinants of Fertility in Colonial Korea 327

Table 6-4 Determinants of Fertility in Colonial Korea 330

Table 7-1 Game of De-forestation 355

Table 7-2 List of Countries Included in Cross-Country Growth Accouting 379

Table 7-3 International Growth Accounting: Summary Statistics 382

Table 7-4 International Growth Accounting: 1910-90 384

Table 7-5 International Growth Accounting: 1910-40 388

Table 7-6 International Growth Accounting: 1960-90 390

Table 7-7 Accounting for the Korean High Grwoth 394

Table 7-8 Accounting for the Growth of the U.S. Economy in the Twentieth Century 402

그림 차례

그림 1-1 일인당 생산의 추이 9
그림 1-2 영국의 인구 변천 10
그림 1-3 영국의 연령별 사망력률과 연령별 사망률 12
그림 1-4 영국 인구 증가율 13
그림 1-5 북한의 조출산율과 조사망률 14
그림 1-6 세계 인구 16
그림 2-1 우리나라의 일인당 생산, 1911-2010 28
그림 2-2 조선 중후기의 신장 추세 30
그림 2-3 실질 임금 지수, 1700-2010 32
그림 2-4 논 한 마지기를 빌려 주고 지대로 거둔 벼의 양 35
그림 2-5 조사망률, 1916-2010 47
그림 2-6 우리나라의 연령별 생존율, 1700-2010 50
그림 2-7 조출산율, 1916-2010 53
그림 2-8 초혼 연령, 1925-2010 56
그림 2-9 권태환 · 신용하(1977)의 인구 추계/조선 왕조 인구 집계 64
그림 2-10 우리나라 인구 증가율, 1700-2010 66
그림 2-11 인구와 생활 수준 68
그림 2-12 동아시아 주요 도시의 비숙련 노동자 후생 비율, 1900-39 73
그림 3-1 인구와 생산 82
그림 3-2 맬서스의 인구 모형 84
그림 3-3 맬서스 세계에서 일어나는 경작지 확대와 기술 발전의 효과 87
그림 3-4 자본 축적의 효과 90
그림 3-5 솔로우의 경제 성장 모형 95

그림 3-6 기원전 200년부터 기원후 1800년까지 세계 인구 규모와 인구 증가 속도 98
그림 3-7 기술 발전과 근대적 경제 성장 101
그림 3-8 경제 성장과 농업 생산 비중 감소 113
그림 3-9 경제 성장과 비농업 생산 비중 증가 114
그림 3-10 공산품/농산품(P_m/P_a) 및 교역재/비교역재(P_{nt}/P_t) 가격 비율 118
그림 3-11 논 지대/가격 비율에서 도출한 조선 후기 자본 비용의 로그 값 127
그림 3-12 실질 이자율, 1907-2010 129
그림 3-13 쌀 가격 월별 변동 131
그림 3-14 영국 실질 이자율과 지대/농토 가격 비율 145
그림 4-1 17-19세기간 논 매매 거래의 월별 분포 165
그림 4-2 곡물 가격의 21년 이동 변이 계수 180
그림 4-3 조세 부담률 192
그림 4-4 조선 총독부 지출의 목적별 구성 198
그림 4-5 쌀 가격 변이 계수, 1726-2010 200
그림 4-6 총산출에서 차지하는 공공 지출의 비중 209
그림 4-7 수출/총산출 비율 211
그림 4-8 평균 관세율, 1884-2010 212
그림 5-1 각급 학교 취학률 추이, 1910-2010 229
그림 5-2 15세 이상 인구의 학력별 구성 233
그림 5-3 고졸자에 대한 대졸자 임금 프리미엄 및 초졸자 임금 디스카운트 239
그림 5-4 식자공/보통 노동자 임금 비율 248
그림 5-5 여성/남성 임금 비율 250
그림 5-6 성별 인적 자본 격차 252
그림 5-7 노동의 질 지수, 1910-2010 258
그림 5-8 초등 교육 수요 및 공급 곡선 261

그림 5-9 초등학교 입학 경쟁률 263
그림 5-10 식민지기 소작지율 267
그림 5-11 교육 재정 지출이 GDP에서 차지하는 비중 276
그림 5-12 비숙련 명목 임금/일인당 명목 생산 비율, 1910-2010 280
그림 5-13 지니 계수와 쿠즈네츠 곡선(%) 285
그림 6-1 경제 성장과 투자율, 1911-2010 301
그림 6-2 투자율, 저축률, 부양률, 1911-2010 302
그림 6-3 일인당 생산 수준과 증가율의 변동성 추이 304
그림 6-4 일인당 생산 증가율과 저축률, 1911-2010 307
그림 6-5 부양비, 유년 부양비, 노년 부양비, 1911-2010 314
그림 6-6 자본 시장 균형 317
그림 6-7 예금 잔고/명목 총산출 324
그림 6-8 조출산율과 중등학교 취학률, 1925-2000 329
그림 7-1 영국과 한국의 일인당 생산(1990 Geary-Kharmis dollars) 342
그림 7-2 영국과 일본의 지대 및 실질 임금 지수 351
그림 7-3 지세 납부 면제 처분을 받은 경작지가 전체 경작지에서 차지하는 비율 364
그림 7-4 일본 및 미국에 대한 우리나라의 일인당 생산 비율 374
그림 7-5 미국과 주요국 간 총요소 생산성 격차 376
그림 7-6 저출산력과 고출산력 나라 비교 400

List of Figures

Figure 1-1 Trends in Per Capita Output: Britain, France, Japan, North Korea, Somalia, and the U.S. 9

Figure 1-2 Demographic Transition in Britain: Crudes Birth and Death Rates 10

Figure 1-3 Age-Specific Death and Mortality Rates in Britain: from Eighteenth to Twentieth Centuries 12

Figure 1-4 Population Growth in Britain, 1700-1980 13

Figure 1-5 Crude Birth and Death Rate in North Korea, 1950-2010 14

Figure 1-6 World Population from 0-2000 16

Figure 2-1 Per Capita Output in Korea, 1911-2010 28

Figure 2-2 Stature trends in Pre-colonial Korea: from Seventeenth to Nineteenth Centuries 30

Figure 2-3 Real Wage Indices for Korea, 1700-2010 32

Figure 2-4 Rice Rent in Southern Korea, 1685-1945 35

Figure 2-5 Crude Death Rate in Korea, 1916-2010 47

Figure 2-6 Age-Specific Survival Rates in Korea, 1700-2010 50

Figure 2-7 Crude Birth Rate in Korea, 1916-2010 53

Figure 2-8 Age at First Marriage in Korea, 1925-2010 56

Figure 2-9 The Multiple Applied by Kwon and Shine(1977) to Derive Population Total from the Population Numbers Published by the Dynastic Government of Korea 64

Figure 2-10 Population Growth in Korea, 1700-2010 66

Figure 2-11 Population versus Living Standards 68

Figure 2-12 Welfare Ratio of Unskilled Workers in Key Cities of East Asia, 1900-39 73

Figure 3-1 Population and Output 82
Figure 3-2 Malthusian Model of Population Change 84
Figure 3-3 Impact of Acreage Expansion and Technological Progress in Malthusian Model 87
Figure 3-4 Capital Accumulation and Output 90
Figure 3-5 Solow's Model of Economic Growth 95
Figure 3-6 Size and Growth of World Population before 1800 98
Figure 3-7 Technological Progress and Modern Economic Growth 101
Figure 3-8 Economic Growth and Declining Role of Agriculture 113
Figure 3-9 Economic Growth and Expanding Role of Non-agriculture 114
Figure 3-10 Relative Prices: Manufacturing/Agriculture and Tradables/Nontradables 118
Figure 3-11 Capital Cost in Eighteenth and Nineteenth Century Korea 127
Figure 3-12 Real Interest Rate in Korea, 1907-2010 129
Figure 3-13 Patterns of Seasonal Fluctuations in Colonial and South Korea 131
Figure 3-14 Real Interest Rate as Compared with Rent/Value of Farmland in England from the Late Eighteenth to Late Nineteenth Centuries 145
Figure 4-1 Distribution of Paddy Land Transactions by Month from the Seventeenth to Nineteenth Centuries in Korea 165
Figure 4-2 Coefficient of Variation of Grain Prices in China, England, Japan, and Korea from the Thirteenth to Nineteenth Centuries: 21-year Rolling Window 180
Figure 4-3 Average Tax Rates in Britain, Japan, Korea, and Taiwan in the Twentieth Century 192
Figure 4-4 Composition of Public Expenditure in Colonial Korea by Purpose 198
Figure 4-5 Rice Price Coefficient of Variation in Korea from the Eighteenth to Twentieth Centuries 200
Figure 4-6 Economic Growth and Public Expenditure as a Share of GDP in Colonial and

South Korea 209

Figure 4-7 Economic Growth and Export/GDP in Colonial and South Korea 211

Figure 4-8 Average Tariff Rate in Korea, 1884-1994 212

Figure 5-1 Primary, Secondary, and University Enrolment Rates in Korea, 1910-2010 229

Figure 5-2 Distribution of Adult Population by Educational Achievement in Korea, 1910-2010 233

Figure 5-3 Educational Wage Gap in Korea, 1922-2010 239

Figure 5-4 Wage Premium of Typesetters vis-à-vis Unskilled Workers in Korea, 1910-2010 248

Figure 5-5 Indicators of Gender Wage Gap in Korea, 1910-2010 250

Figure 5-6 Indicators of Gender Human Capital Gap in Korea, 1910-2010 252

Figure 5-7 Labor Quality Index for Korea, 1910-2010 258

Figure 5-8 Market for Primary Education in Korea 261

Figure 5-9 Primary School Admission Rate in Colonial Korea, 1911-42 263

Figure 5-10 Land Tenancy Ratio in Colonial Korea, 1916-40 267

Figure 5-11 Public Expenditure for Education as a Share of GDP, 1913-2001 276

Figure 5-12 Unskilled Wage/Per Capita Output, 1910-2010 280

Figure 5-13 Gini Coefficients for Korea, 1911-2011 285

Figure 6-1 Economic Growth and Investment Ratio in Korea from 1911-2010 301

Figure 6-2 Investment, Savings, Dependency Ratio in Korea from 1911-2010 302

Figure 6-3 Coefficient of Variation for Level and Growth of Per Capita Output: 5-Year Rolling Window from 1911-2010 304

Figure 6-4 Savings Ratio and Per Capita Output Growth in Korea, 1911-2010 307

Figure 6-5 Dependency, Youth Dependency, and Old Age Dependency Ratio in Korea, 1911-2010 314

Figure 6-6 Capital Market Equilibrium 317

Figure 6-7 Deposit Balance/Nominal GDP in Korea, 1911-2007 324
Figure 6-8 Crude Birth Rate and Secondary Enrolment Rate in Korea, 1925-2000 329
Figure 7-1 Per Capita Output in Britain and Korea in the Eighteenth and Nineteenth Centuries (1990 Geary-Khamis dollars) 342
Figure 7-2 Land Rent and Real Wage in Britain and Japan in the Eighteenth and Nineteenth Centuries 351
Figure 7-3 Acreage Receiving Land Tax Exemption as a Share of Total in Pre-colonial Korea, 1744-1882 364
Figure 7-4 The Korean Per Capita Output as Measured against the Japanese and U.S. Per Capita Output 374
Figure 7-5 Total Factor Productivity Levels in Britain, Japan, Korea, and Taiwan as Measured against the U.S. Level 376
Figure 7-6 High and Low Fertility Countries in Malthusian Trap 400

1 서론

질문
산업 혁명
인구 변천
이 책의 주장

반 세기 전까지만 해도 우리가 지금 살고 있는 세상은 상상하기 어려운 것이었다. 요즘은 너무 많이 먹어 살찌는 것을 많은 사람들이 걱정하지만, 1960년대에는 "보릿고개"라는 말이 일상적으로 사용되었다. "보릿고개"란 늦봄 보리 수확이 이루어지기 전에 비축 식량이 동나서 굶주리는 시기를 가리키는 말이다. 요즘은 유행이 지났거나 오래 입어 싫증난 옷을 내다 버리는 상자가 동네 골목골목에 보이지만 반 세기 전만 하더라도 거의 모든 사람이 해진 옷을 기워 입었다. 1960년대에는 겨울이 되면 거의 매일 연탄에서 새어 나온 일산화탄소 중독으로 사람이 죽었다는 소식을 들을 수 있었지만 요즘은 대부분 사람들이 가스나 석유를 사용해서 겨울을 안전하고 따듯하게 나고 있다. 불결한 환경 때문에 여름이면 콜레라나 장티푸스로 죽는 사람들이 흔했지만 오늘날 많은 사람들은 많이 먹고 편하게 오래 살다 보니 걸리게 되는 성인성 질환에 대해서 걱정하고 있다. 지난 반 세기 동안 이런 의식주 향상 때문에 성인 남자 평균 신장은 10센티미터 정도 커졌다. 반 세기 전의 생활 수준이 어떤 것이었을지 잘 실감나지 않는 젊은 독자들은 1950년대와 1960년대의 한국 영화를 유튜브(www.youbube.com)나 한국영상자료원(www.koreafilm.or.kr)에서 감상해 보기 바란다.

질문

우리나라의 물질적 생활이 지난 반 세기 동안 이렇게 비약적으로 향상된 원인은 무엇일까? 이 책의 목적은 이 질문에 대답하는 것이다. 오늘이 어제보다 낫고 올해가 작년보다 나아지는 것을 우리는 당연한 것처럼 여기고 있지만 지속적인 생활 수준 향상은 언제나 어디서나 일어나는 현상이 아니다. 불과 200년 전까지만 해도 세계 어디를 막론하고 사람들은 오랫동안 그날이 그날 같은 생활을 해왔다. 뿐만 아니라 사는 것이 나아지기는커녕 점점 나빠지고 있는 나라들도 있는데 그 대표적인 경우를 우리는 멀리 아프리카까지 갈 것 없이 북한에서 볼 수 있다.[1)] 경제 성장을 이룩한 많지 않은 나라들 중에서 한국은 특히 빠른 속도로 잘 살게 되었고, 그래서 우리나라의 경제 발전은 "성장 기적(growth miracle)"이라 부른다.

학생들 사이의 성적 랭킹은 쉽게 변하지 않는다. 학교 들어올 때 공부 잘하던 학생은 대개 졸업할 때까지 등수 상위권에 머무르며, 못하던 학생은 대개 끝까지 하위권에서 헤맨다. 지난 한 세기 동안 세계 경제 내 여러 나라들 사이의 생활 수준 랭킹도 대체로 이렇다. 1960년경 한국의 생활 수준은 맨 꼴찌에서 멀지 않았다. 오늘날 한국의 생활 수준은 선두에서 멀지 않다. 그러므로 지난 반 세기간 한국 경제가 이룩한 성장은 성적이 하위권에서 헤매던 학생이 일 년 사이에 상위권에 들어간 것처럼 신기하고 드문 현상이다.

한국의 성장 기적의 원인에 관해서는 이미 많은 연구가 있고 몇 가지 설명들이 나와 있다. 높은 저축률과 그에 따른 빠른 자본 축적의 결과라는 견해가 있는가 하면, 선진 기술을 민첩하게 학습한 결과라는 주장도 있다. 또 물적 자본 축적과 생산성 향상 외에 교육을 통한 인적 자본 축적의 역할을 강조하는 사람들도 있다. 그러나 North & Thomas(1976: 2)가 지적한 것처럼 자본 축적이나 교육은 "성장을 설명하는 원인(causes of growth)"이 아니라 "이런 것들은 성장 그 자체(they are growth)"이다. 한국 고도 성장에 관한 설명

1) Barro & Sala-i-Martin(2004: 4-5)은 1960-2000년간 112개국에서 일어난 일인당 생산 증가율의 분포를 제시하고, 이 중 17개국에서 마이너스 성장이 일어났음을 보였다. 그리고 일인당 생산 통계는 없지만 생활 수준이 하락했을 것이라고 미루어 짐작되는 나라를 포함시키면 빈곤의 늪으로 빠져들고 있는 나라 수는 현저히 늘어날 것이라고 주장했다.

은 기술 발전이나 인적, 물적 자본 축적이 왜 빠르게 일어났는지에 대한 해명을 포함하는 것이어야 한다.

이제까지 한국 고도 성장에 관한 연구는 대부분 그것이 일어난 1960년 이후 20년 또는 30년간의 시기에 초점을 맞췄다. 그러나 한국이 경제적으로 성공한 원인을 찾기 위해서 한국이 잘 나가던 시절만 들여다보는 것은 별로 좋은 탐구 방법이라고 할 수 없다. 이것은 마치 건강하게 살기 위해서는 무엇이 필요한지를 알기 위해서 건강한 사람들의 생활 습관이나 신체적 특성만을 파악하려고 하는 것과 같다. 건강의 비결을 찾기 위해서는 건강한 사람과 늘 골골하는 사람을 비교하는 것이 필요하다. 마찬가지로 한국 고도 성장의 원인을 제대로 식별하기 위해서는 우리나라가 별로 잘 나가지 않았던 시절과 비교해 볼 필요가 있다.

이 책은 한국 고도 성장이 왜 일어났는지를 설명하기 위해서 지난 반 세기의 한국, 식민지 시대, 조선 후기, 그리고 북한의 경제적 변화를 체계적으로 비교한다. 많은 사람들이 고도 성장을 1969-90년간에 일어난 사건으로 알고 있지만 세계 평균 일인당 생산 성장률을 뛰어 넘는 경제 성장은 이미 식민지 시대에도 일어나고 있었다. 식민지 시대의 경제 발전은 지난 반 세기에 비하면 훨씬 느렸지만 세계 대전의 피해와 대공황 때문에 세계 경제가 정체에 빠져있던 20세기 초에 식민지 조선 경제는 발군의 성장 퍼포먼스를 보였다. 18, 19세기 동안 양반, 평민을 막론하고 생활 수준 악화에 시달렸고, 이런 점에서 후기 조선 사회는 오늘날의 북한과 크게 다르지 않았다.

후기 조선과 북한 사람들은 점점 심각한 기아와 질병의 고통 속으로 빠져들어 간 데 반해 식민지 조선과 한국에서의 삶은 나날이 풍요롭게 되어간 이유는 무엇일까? 이 네 체제 아래 살고 있던 사람들의 DNA, 그리고 한반도라는 자연 조건에는 차이가 없으므로 경제적 성과가 이렇게 어둠과 빛처럼 확연히 갈라지게 된 이유는 정책이나 제도 차이 때문일 가능성이 높다. 그러므로 한국과 후기 조선, 북한, 및 식민지 조선 사이의 정책 및 제도를 비교함으로써 한국 성장 기적의 비밀을 드러낼 수 있을 것이다.

지난 3세기간의 우리나라 경제사를 경제 성장의 실험실로 활용해서 기아와 기적의 기원을 찾으려 하는 이 방법에는 두 가지 한계가 있다. 하나는 비교 대상이 네 개밖에 되지 않는다는 것이다. 표본 크기(sample size)가 넷밖에 되지 않는다는 것인데, 표본이 작으면 할 수 있는 비교의 종류가 제한되고 비교를 통해 얻은 결론의 오차 범위가 커진다. 다른 하나는 고도 성장이란 보통 다른 나라에 비해, 세계 평균에 비해 빠른 경제 성장을 가리키는 말인데, 같은 자연 환경 속에서 같은 민족 사람들이 만들어 낸 성장의 성과를 비교하는 것으로는 국제적 의미에서의 고도 성장을 설명할 수 없다.

그래서 이 책에서는 우리나라의 경제 성장을 다른 40개 나라가 이룩한 성장과 비교함으로써 한국의 성장 기적의 비밀을 탐구한다. 나라들 사이에 경제 성장 속도가 달랐던 이유가 무엇인지를 분석한 연구가 이미 많이 나와 있지만 이들은 모두 1960년 이후의 시기를 대상으로 하고 있다. 이에 비해 이 책은 1910년 이후 한 세기 동안 우리나라를 포함한 41개국의 경제 성장 성과의 차이가 왜 나타났는지를 분석한다. 이들 나라 중에는 아직 가난과 질병 속에서 벗어 나지 못한 나라들도 있고 우리보다 일찍 풍요의 세계로 넘어간 나라들도 있다. 국제적 비교는 역사적 비교만을 통해서는 식별할 수 없었던 우리나라의 경제 성장을 이끈 요인들을 드러내 줄 것이다.

산업 혁명

한국 경제의 고도 성장을 역사적, 국제적 관점에서 보면 이것이 산업 혁명(industrial revolution)과 인구 변천(demographic transition)이라는 두 개의 커다란 변화의 물결의 한 부분임을 알 수 있다. 산업 혁명은 생활 수준이 정체하고 있는 세계에서 지속적으로 향상되는 세계로 넘어가는 대전환을 말한다. 인구가 증가해서 주어진 자원을 사용하는 사람들이 많아지면 한 사람 앞에 돌아가는 생산물의 양은 감소한다. 생활 수준이 하락하면 굶어 죽는 사람, 병들어 죽는 사람이 늘어나고 사람들은 결혼과 출산을 미루므로 인구 증가가 중단되고 인구 감소가 시작된다. 인구가 감소하면 일인당 생산은 증가하고, 이는 인구 감소에서 증가로의 반전의 계기가 된다. 그래서 장기적으로 인구도 생활 수준도 일정한 수준을 중심으로 증가와 감소를 반복한다.

1800년 전후 영국에서 일어난 산업 혁명은 이런 정체의 상황을 처음으로 타개한 사건이었다. 18세기 말 영국에서는 증기 기관, 코크스 제철법, 역직기 같은 새로운 기술이 발명되었는데, 이를 이용해 사람들은 주어진 조건 속에서 같은 시간 일을 하면서도 이전에 비해 더 많은 재화를 생산할 수 있게 되었다. 그래서 인구가 증가하더라도 생활 수준은 악화되지 않고 향상될 수 있었다. 기술 발전은 자본 수익률을 높였고, 그래서 사람들의 저축과 투자가 늘어나 자본 축적이 일어났다. 자본 축적으로 경제 성장 속도는 더욱 빨라졌다.

기술 발전이 제조업을 중심으로 일어났기 때문에 제조업 수익률이 농업에 비해 향상되었고 그래서 노동이나 자본과 같은 생산 요소가 농업을 떠나 제조업으로 이동했다. 그 결과 영국에서는 역사상 처음으로 농업이 아니라 제조업을 중심으로 하는 산업 구조가 등장했다. 영국 산업 혁명기에 등장한 새로운 생산 기술은 다른 나라로 전파되었고, 그 결과 19세기에는 미국 그리고 프랑스, 독일 같은 유럽 나라들이, 19세기 말이 되면 일본, 러시아까지 산업 혁명 -즉, 경제 성장과 공업화- 의 물결에 휩싸였다.

총생산을 인구로 나누어 구한 일인당 생산(per capita output)은 생활 수준을 측정하는 지표로서 흔히 사용된다. [그림 1-1]의 패널 A에 따르면 영국에서 정체하던 생활 수준이 18세기 말부터 지속적으로 향상되기 시작한 뒤 19세기 중엽에는 프랑스가, 19세기 말에는 일본이 정체의 세계를 뒤로 하고 발전의 세계로 넘어갔음을 알 수 있다. 영국 산업 혁명의 결과 영국과 프랑스 및 일본 사이의 생활 수준 격차가 일단 넓어졌지만, 산업 혁명이 프랑스와 일본으로 전파되면서 그 격차는 다시 좁혀졌음을 [그림 1-1]의 패널 A는 보여 준다. 선진국과 후진국 사이에 생활 수준 격차가 벌어지는 것을 발산(divergence), 좁혀지는 것을 수렴(convergence)이라고 한다.

오늘날 좀 산다는 나라들은 이렇게 산업 혁명을 통해서 선진국이 되었지만 산업 혁명을 이룩한 나라보다 그렇지 않은 나라가 더 많다. [그림 1-1]의 패널 B는 19세기 초에 미국에서 산업 혁명이 시작되었지만 북한과 소말리아 같은 나라들에서는 지난 한 세기 동안 생활 수준이 나아지지 않았음을 보여 준다. 그래서 미국과 나머지 두 나라 사이에는 소득 수준 발산이 일어났는데, 지난 반 세기 동안 선진국과 후진국 사이에 더 자주 일어난 사건은 수렴이 아닌 발산이었다(Pritchett, 1997).

인구 변천

산업 혁명은 인구 변천을 동반하면서 일어나는 경우가 많다. 인구 변천이란 출산율과 사망률이 모두 높은 세계에서 출산율과 사망률이 모두 낮은

그림 1-1 일인당 생산의 추이

A. 영국, 프랑스, 일본

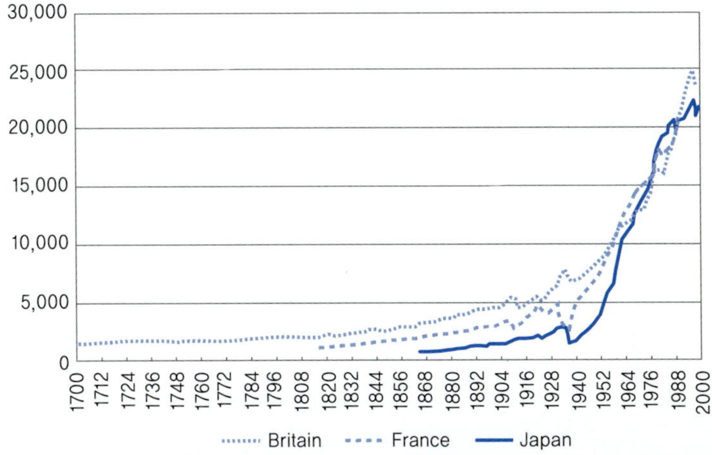

주: 단위는 1990년 Geary-Khamis dollar.
자료: Maddison Project Database(http://www.ggdc.net/maddison/maddison-project/home.htm).

B. 미국, 북한, 소말리아

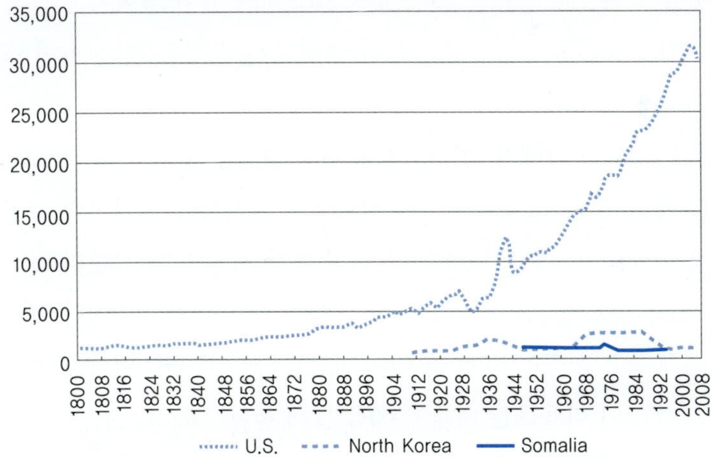

그림 1-2 영국의 인구 변천

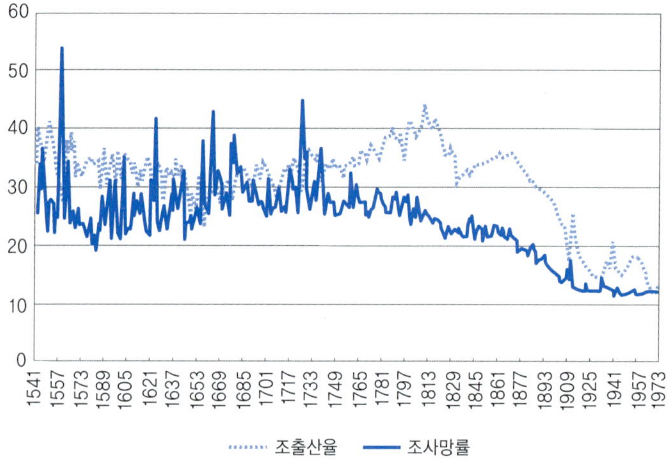

자료: Mitchell(1988).

세계로 이행해 가는 과정을 말한다. 인구 변천은 사망률 하락으로 시작해서 출산율 하락으로 끝나는 것이 보통인데, 사망률이 떨어지는 과정을 사망력 변천(mortality transition), 출산율이 떨어지는 과정을 출산력 변천(fertility transition)이라고 한다.

[그림 1-2]는 영국에서 일어난 인구 변천 과정을 보여 준다. 이 그래프에서 가로 축은 연도, 세로 축은 조출산율과 조사망률을 표시한다. 조출산율은 한 해에 태어난 아이 수(*B*)를 그 해의 중간 시점인 7월 1일의 인구(=mid-year population, 연앙 인구(年央 人口), *N*)로 나누어 구한 비율(*B/N*)이다. 조사망률은 한 해에 죽은 사람 수(*D*)를 그 해의 연앙 인구(*N*)로 나누어 구한 비율(*D/N*)이다. 그리고 이 비율들은 대개 1,000을 곱해 천분비로 표시하는데, [그림 1-2]에서도 세로 축은 천 명당 죽은 사람 또는 태어난 아이 수를 표시한다. 영

국의 조사망률은 18세기 중엽까지 천 명당 30 정도의 높은 수준에 머물렀을 뿐 아니라 변동성이 심했다. 어떤 해에는 조사망률이 50까지 치솟았지만 20까지 떨어진 해도 있었다. 이후 한 세기 반에 걸쳐 조사망률이 꾸준히 하락해서 1900년경 10을 조금 넘는 정도가 되었는데, 그 과정에서 변동성도 크게 줄어들었다.

사망력 변천 과정에서는 대개 모든 연령대 사람들의 사망 확률이 감소한다. 태어난 아이가 돌을 맞이하기 전에 죽을 확률뿐 아니라 20세 청년이 1년 이내에 죽을 확률도 감소하며 60세 노인이 1년 이내에 죽을 확률도 감소한다. 이처럼 모든 연령대에서 사망 확률이 감소하지만 사망력 변천 과정에서 가장 큰 폭으로 하락하는 것은 어린 연령층의 사망 확률, 특히 유아 사망률(infant mortality rate)이다.

[그림 1-3]은 영국 사망력 변천 과정에서 연령대별로 사망 확률이 감소하는 속도가 달랐음을 보여 준다. 이 그림의 가로 축은 연령 구간을, 세로 축은 각 연령 구간 내에 사망할 확률을 나타낸다. 18세기 초 영국에서 태어난 아이의 1/5 이상이 1년 이내에 사멸하고, 15세가 될 때까지 살아 남는 아이는 2/3에도 미치지 못했다. 그러나 20세기 초가 되면 태어난 아이가 한 살이 되기 전에 죽을 확률은 9% 아래로 떨어졌다. 유아 사망률이 한 세기 남짓 기간 동안 10% 포인트 이상 감소한 것이다. 이에 비해 10세의 아이가 15세가 되기 전에 죽을 확률 감소 폭은 3% 포인트 정도에 불과했다.

인구 변천 이전에 사망 확률이 높았던 이유는 산업 혁명 전에는 의식주가 넉넉하지 않아서 굶거나 병들어 죽는 사람이 많았기 때문이다. 산업 혁명기에 일어난 기술 발전과 자본 축적으로 생활 수준이 향상되자 사망률이 떨어지기 시작했다. 과학 발전에 따른 의학 기술 진보는 사망력 변천을 이끈 또 다른 중요한 원인이었다.

그림 1-3 영국의 연령별 사망력률과 연령별 사망률

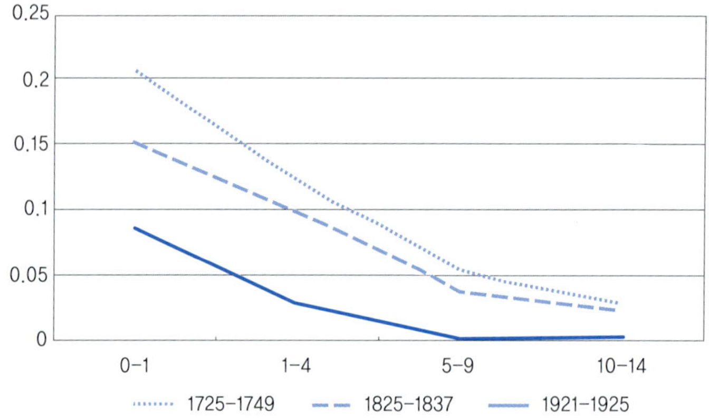

주: 18, 19세기는 연령별 사망력률(age-specific mortality rate), 20세기는 연령별 사망률(age-specific death rate). 연령별 사망력률과 연령별 사망률의 차이에 관한 설명은 권태환 · 김두섭(2002: 144)을 보라.
자료: 18, 19세기-Wrigley, Davies, Oeppen & Schofield(1997: 296); 20세기-Logan(1950: 134).

[그림 1-2]의 점선에 따르면 천 명당 30-40 정도였던 영국의 조출산율이 19세기 중엽부터 떨어지기 시작해서 20세기 후반이 되면 조사망률과 비슷한 10을 조금 넘는 수준에 도달했다. 산업 혁명 이전에 출산율이 높았던 이유 중 하나는 사망률이 높았기 때문이었다. 이미 설명했듯이 산업 혁명 전에는 유아 사망률이 특히 높았는데, 이런 상황에서 부모들은 죽어 버린 아이를 대체하기 위해서, 그리고 성년이 되기 전에 아이들이 죽을 것에 대비해서 여분의 아이를 낳았다. 사망력이 떨어지면 아이에 대한 대체 수요(replacement demand)나 예비적 수요(precautionary demand)가 줄어들고 그래서 출산력 변천이 시작된다. 산업 혁명 이전의 농업 사회에서는 어린이들을 노동력으로 활용했다. 산업 혁명 과정에서 제조업이 더 중요한 산업으로 등장했는데, 제조업에서는 아동 노동을 활용하기 어려웠다. 따라서 아이를

그림 1-4 영국 인구 증가율

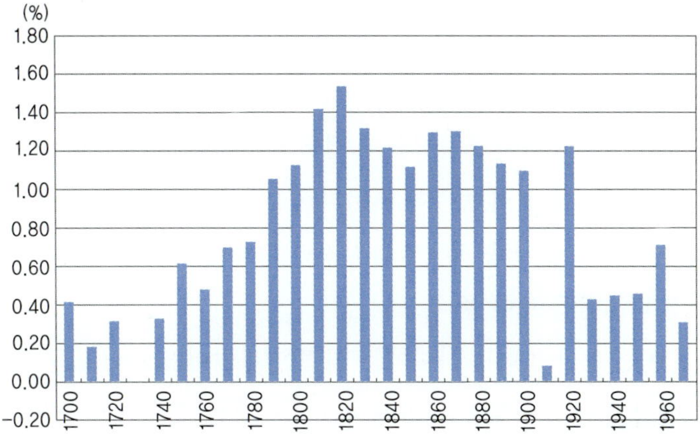

주: 10년 간격 시기의 연평균 인구 증가율이며, 예를 들어 1700은 1696-1706년간의 연평균 인구 증가율을 나타냄; 1850년까지는 잉글랜드, 1960년부터는 잉글랜드와 웨일즈의 인구 증가율.
자료: Mitchell(1988).

기르는 비용(cost)에 비해 아이가 가져다 주는 편익(benefit)이 감소했고, 이것이 출산력을 떨어뜨린 또 다른 원인이 되었다.

조출산율에서 조사망률을 빼면 인구 증가율이 나온다. 인구 증가율은 한 해 동안 일어난 인구 증가폭(ΔN)을 그 해 초의 인구로 나눈 비율이다. 연초의 인구는 그 해의 연앙 인구(N) −7월 1일의 인구− 와 크게 다르지 않으므로 인구 증가율은 $\Delta N/N$으로 표시할 수 있다. 어떤 해의 인구 증가폭은 태어난 아이 수(B)에서 죽은 사람 수(D)를 뺀 것과 같다. 따라서

$$\text{인구 증가율} = \frac{\Delta N}{N} = \frac{B-D}{N} = \frac{B}{N} - \frac{D}{N} = \text{조출산율} - \text{조사망률}$$

이라는 관계가 성립한다.

조출산율과 조사망률 사이의 차이가 인구 증가율이므로 사망력과 출산력이 모두 높은 사망력 변천 이전에는 인구 증가율이 느리다. 그리고 사망력 변천이 시작되어 조사망률이 떨어지면 인구 증가율은 상승한다. 이어 출산력 변천이 시작되어 조출산율이 떨어지면 인구 증가 속도는 다시 느려지고 인구는 다시 천천히 증가하게 된다. [그림 1-4]는 사망력 변천이 시작되면서 영국의 인구 증가 속도가 빨라졌지만 출산력 변천이 뒤이어 일어나면서 다시 느려졌음을 보여 준다.

인구 변천과 산업 혁명 사이에는 밀접한 관련이 있지만 인구 변천은 꼭 산업 혁명이 일어나고 있는 나라에서만 일어나는 것은 아니다. 예를 들어, [그림 1-5]는 북한에서는 지난 50년간 생활 수준이 아주 낮은 수준에서 정체했지만 조사망률이 1950년대 초부터 꾸준히 떨어졌음을 보여 준다. 최근 10

그림 1-5 **북한의 조출산율과 조사망률**

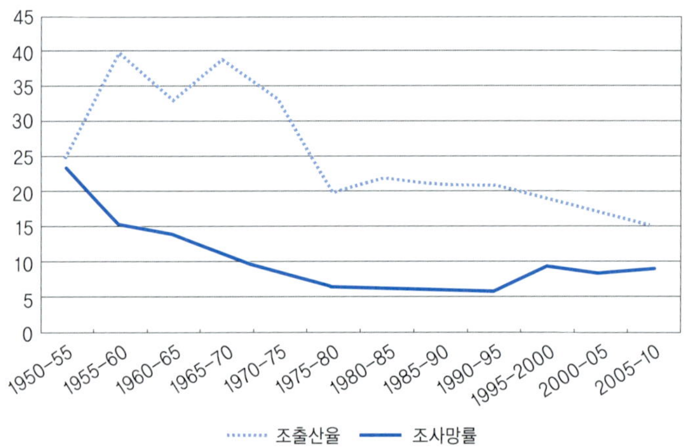

자료: esa.un.org/unpd/wpp/, 접속 시점 2013년 6월 29일 16시 15분.

여 년간 북한을 휩쓴 기근 때문에 사망률이 올랐지만 그럼에도 불구하고 현재 북한의 조사망률은 1950년대 초에 비하면 훨씬 낮다. 인구 변천과 산업 혁명 사이의 관계가 그렇게 밀접하지 않은 이유는 생활 수준 이외의 요인이 사망률에 영향을 미치며 또 산업 구조 말고도 출산력에 영향을 미치는 변수들이 있기 때문이다. 출산력은 피임 기술, 문화적 충격, 그리고 정부의 정책에 좌우되기도 한다. 그리고 사망력 변천은 소득이 증가하지 않더라도 근대적 위생 지식, 의학 기술이 보급되면 일어날 수 있다. 생활 수준이 정체하고 있던 1950-90년간 북한에서 사망력 변천이 일어난 것은 북한에 근대 의학 기술이 보급된 것을 빼고는 설명하기 어렵다.

[그림 1-6]은 세계 인구 증가 속도가 1800년경을 경계로 급속히 빨라졌음을 보여 준다. 산업 혁명을 통해 경제적 정체에서 탈출하고 생활 수준이 지속적으로 향상되는 세계로 넘어갈 수 있었던 나라는 몇 되지 않는다. 그래서 아직도 세계 대부분 지역의 많은 사람들이 생활 수준 정체에서 벗어나지 못하고 있다는 사실은 위에서 설명했다. 그럼에도 불구하고 1800년 이후 세계 인구 전체가 폭발적으로 증가한 것은 (북한의 경우와 마찬가지로) 선진국에서 개발된 위생 지식과 의학 기술이 전 세계로 전파되어 병에 걸려 죽을 확률이 크게 낮아졌기 때문이다.

선진국에서 개발한 생산 기술이 후진국으로 전파되는 과정은 물이 높은 데서 낮은 데로 흐르는 것처럼 자연스럽고 당연하지 않다. 선진국 기업들이 자신들이 개발한 기술에 특허를 내어 후진국 기업들이 돈을 내지 않고는 사용할 수 없도록 하기 때문도 있지만 이것이 기술 전파를 가로막는 주요 요인은 아니다. 선진국에서 노동을 절약할 수 있는 기술(labor saving technology)을 개발했는데, 그 기술을 적용하기 위해서는 비싼 자본재를 구입해야 한다고 하자. 후진국에서는 대부분 노동이 풍부하고 자본이 희소하므

그림 1-6 세계 인구

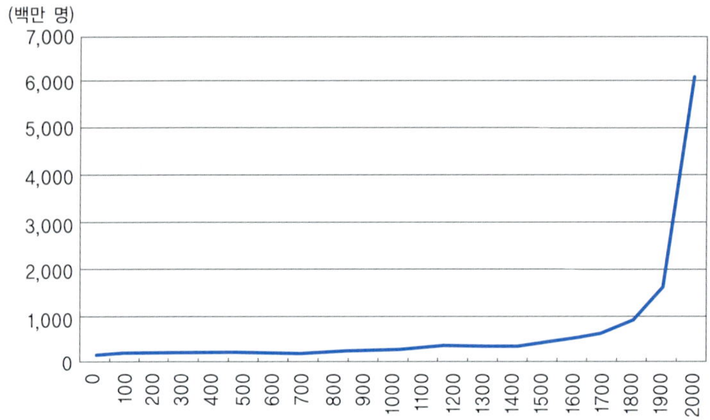

자료: 1900년까지는 McEvedy & Jones(1978: 342); 2000년은 www.wolframalpha.com(접속 시점 2013년 6월 29일 12시 40분).

로 이런 기술은 임금이 싸고 자본재 가격이나 자본 임대 비용이 비싼 후진국의 여건에 맞지 않는다. 따라서 노동 절약 기술을 사용하면 생산비가 감소하는 것이 아니라 오히려 올라가게 되고, 따라서 후진국 기업들은 노동 절약 기술을 도입하려고 하지 않을 것이다.[2)] 또 선진 기술은 사회 전체의 복지를 향상시키지만 일부 집단이나 세력의 이해 관계와는 배치될 수 있다. 신기술의 도입으로 손해를 보는 집단이나 세력들은 기술 발전에 적극적으로 저항하고 그래서 선진 기술을 도입하는 과정은 시끄럽고 험난한 경우가 많다. 예를 들어, 산업 혁명기 영국의 수공업자들은 역직기(power loom)가 도입되면 일자리가 없어질 것이라고 생각해 기계 파괴 운동(Luddite

2) 산업 혁명기 영국에서 개발된 기술의 상당 수는 토지에 비해 노동이 풍부한 조건을 전제로 개발되었기 때문에 토지가 풍부했던 미국에서는 경제적 타당성을 가질 수 없었고 따라서 전파되지 않았다. Habakkuk(1962)를 보라.

movement)을 벌였다. 또 다른 예로 북한의 지배 엘리트는 인터넷이 도입되면 체제가 붕괴할 것을 우려해 인터넷 사용을 금지시키고 있다. 후진국의 기술 학습을 어렵게 하는 세 번째 요인은 교육 수준이다. 오늘날의 정보 통신, 유전 공학 기술은 매우 복잡한 것이어서 인구의 대부분이 무학력자인 나라는 이런 기술을 배워 활용하기 어렵다. 이런 세 가지 이유들 외에도 후진국의 선진 기술 학습(technological learning)을 가로막는 원인은 여러 가지 있다.[3)]

반면 의학 기술 전파에는 생산 기술 전파에서처럼 걸림돌이 많지 않다. 따라서 후진국은 산업 혁명보다는 인구 변천을 먼저 경험하고 이것이 후진국 경제가 정체하는 한 원인이 되는 경우가 많다. 기술 학습은 느리게 일어나 생산이 천천히 증가하는데 의료 기술 학습은 빠르게 일어나 사망력이 빠르게 떨어지고 그래서 인구가 급증하기 때문에 생활 수준이 향상되기 어려울 뿐 아니라 심지어 하락하기도 한다. 그래서 빠른 인구 증가는 후진국이 빈곤에서 벗어나지 못하는 가장 중요한 원인으로 여겨지던 시절이 있었고 우리나라를 포함한 많은 후진국 정부가 산아 제한(birth control)을 장려하거나 심지어 강제하는 정책을 실시했다. 중국은 아직도 결혼한 부부가 두 명 이상이 자녀를 가지는 것을 법으로 금지하고 있다.

중국 정부가 채택한 방법보다 더 점잖은 정책을 통해서도 출산율을 떨어뜨릴 수 있다. 부모들은 일을 해 돈을 벌고 그것으로 소비도 하고 아이도 낳아 기른다. 소득이 제한되어 있으므로 아이를 많이 낳으면 아이들을 교

3) 예를 들어, 콩고의 농민들은 유럽의 근대적 농업에 별 관심을 보이지 않았는데 그 이유는 기술 도입의 결과 생산이 증가하면 생산 증가분을 모두 왕이 빼앗아 갈 것이 뻔했기 때문이었다. 그래서 그들은 가능한 한 도로에서 먼 외진 곳에서 전통적 방법으로 농사를 지었다. 콩고의 지배자들 역시 앞선 농법을 적극적으로 도입해서 세금 수입을 늘리려고 하지 않았는데, 주민들을 노예로 수출하는 것이 훨씬 더 남는 장사였기 때문이었다. Acemoglou & Robinson (2012: 88).

육시키는 데 많은 돈을 쓸 수 없게 되고 그래서 그 아이들은 자라 단순 노동자가 되어 넉넉지 못한 생활을 할 수밖에 없다. 자식들에게 보다 많은 교육을 시키려면 낳는 아이의 숫자를 줄일 수밖에 없다. 낳는 아이의 숫자와 아이들이 받게 되는 교육 수준 사이에는 음의 상관관계가 존재하게 되는데, 이를 "아이의 양과 질 사이의 균형(tradeoff between the quantity and quality of children)"이라고 한다.[4)]

어떤 후진국의 농촌 마을에 학교가 없고 학교에 가려면 수십 킬로미터 정도를 걸어가지 않으면 안 된다고 하자. 그러면 부모들은 교육을 포기하고 그 대신 많은 아이들을 낳아 기를 것이다. 이 나라 정부가 이 마을에 학교를 지으면 아이들을 학교에 넣는 부모들이 늘어날 것이다. 교육에는 수업료, 교재비가 들고 이제까지 노동력으로 활용하던 아이들을 대체할 노동자를 고용해야 한다. 이런 비용은 부모들로 하여금 낳는 아이 수를 줄이도록 유도할 것이다.

산아 제한 정책이나 교육 시설 확충은 모두 출산율을 떨어뜨리지만 경제 성장을 위해서는 교육 장려가 더 나은 정책이다. 조출산율을 1% 포인트 떨어뜨리기 위해 두 방법 중 어떤 방법을 사용하건 같은 비용이 든다고 하자. 산아 제한 정책은 출산율을 떨어뜨리는 효과만을 내지만 교육 보급 정책은 출산율의 저하와 함께 노동자의 교육 수준을 향상시키는 일석이조의 효과를 낸다. 교육이 보급되어 노동자들의 질이 향상되면 생산성이 오르고 선진 기술 습득 속도가 빨라지므로 생활 수준이 더 빠르게 증가할 것이다.

이런 예들은 산업 혁명과 인구 변천이 결합되는 이유와 타이밍에 따라 한 나라의 경제 성장 속도가 크게 달라질 수 있다는 것을 보여 준다. 한 나

4) 이 표현은 Becker & Lewis(1973)에서 유래한다.

라가 산업 혁명 이전에 이미 어느 정도의 발전을 이룩해 놓았는지, 그리고 그 나라 정부가 어떤 정책을 실시하는지에 따라 산업 혁명과 인구 변천이 연결되는 방식이 달라진다. 또 여기에는 예상하지 못한, 그리고 통제할 수 없는 정치적, 사회적, 문화적 충격도 영향을 미친다. 이 책은 한국 고도 성장의 비밀이 산업 혁명과 인구 변천을 특별한 방식으로 결합시킨 역사의 우연에 있었음을 주장한다.

이 책의 주장

이 책은 역사, 특히 경제사를 다루고 있지만 서술은 시간이 아니라 논리의 흐름을 따른다. 따라서 이 책을 구성하는 장들은 한국사를 구성하는 상이한 시기들이 아니라 한국 경제의 여러 측면들을 다룬다. 이제부터 이 책의 끝까지 "우리나라"란 1945년 이전은 남한과 북한을 모두 포함하며, 특별한 설명이 없으면 1945년 이후의 우리나라는 남한을 가리킨다. 또 대한민국은 한국으로, 조선인민공화국은 북한으로 부르기로 한다. "우리나라"는 유치하게 들릴지도 모르지만 지난 3세기 동안의 우리나라를 달리 부를 용어를 나는 찾을 수 없었다.

성장 기적을 설명하기 위해서는 우선 기본적인 사실들을 확인하고 중요한 인과 관계들을 파악해 두어야 한다. 다음 제2장은 우리나라에서 산업 혁명과 인구 변천이 일본의 식민지 지배가 시작되기 조금 전인 1900년을 전후한 시점에 이미 시작되었음을 설명한다. 1900년경까지는 두 세기 동안 인구가 천천히 증가하는 가운데 마이너스 성장이 일어났지만 20세기 들어 인구 증가 속도가 빨라지고 생활 수준이 지속적으로, 그리고 다른 나라들에서보다 훨씬 빠르게 향상되었다. 1900년 이전에 시작된 사망력 변천은 20세기 내내 꾸준히 진행되었지만 출산력은 식민지기 후반에 들어서야 서서히 떨어지기 시작해서 1960년대 들어 본격적으로 하락했다.

제3장에서는 경제 성장을 이끄는 두 원동력이 생산성 향상과 자본 축적임을 설명하고 20세기 경제 성장의 보다 중요한 요인은 자본 축적이었음을 보인다. 그러나 생산성 향상(=기술 발전)의 역할이 하찮은 것은 아니었다. 식민지 조선에 비해 한국에서는 자본 축적과 기술 발전이 훨씬 빠르게 일어났고 그래서 생활 수준도 더 빨리 향상되었다. 기술 발전은 농업보다 비농업 부문에서 더 빠르게 일어났는데, 이는 농업을 제치고 제조업과 서비스 산업이 보다 중요한 산업으로 등장하는 한 요인이 되었다. 자본 축적에 따른 경제 전체의 자본 집약도 증가는 산업 구조가 (자본 집약적 산업인) 제조업 중심으로 바뀌게 된 또 다른 요인이었다. 이와는 대조적으로 후기 조선과 북한에서는 생산성이 꾸준히 떨어졌고 그래서 생활 수준이 하락했다.

시대에 따라 자본 축적과 생산성 증가 속도가 크게 달랐던 이유는 무엇일까? 제4장은 이 대답을 정부 역할에서 찾을 수 있음을 설명한다. 조선 정부는 취약했고 소유권을 보호하고 계약 이행을 강제하는 법 제도를 구축할 능력이 없었다. 그래서 18, 19세기 우리나라에서 시장 발전이 제한되고 삼림 황폐화가 일어나 홍수 피해가 점점 심해졌는데, 그 결과가 바로 마이너스 성장이었다. 식민지 시대에 들어와서 비로소 정부다운 정부가 등장하고 제대로 된 시장 경제가 발전했다. 이런 제도적 환경 아래서 선진 기술 학습과 자본 축적이 본격적으로 일어날 수 있었다. 조선 총독부의 역할이 시장 경제가 제대로 작동하는 데 필요한 환경을 조성하는 일에 한정되어 있었던 데 비해 한국 정부는 경제 발전을 가속화한다는 명분으로 시장에 적극 개입했다. 1960년대 들어 실시되기 시작한 산업 정책은 경제 성장을 둔화시켰다. 그럼에도 불구하고 고도 성장이 일어날 수 있었던 것은 해방 후에 인적 자본 - 교육 - 에 대한 투자가 크게 확대되었기 때문이었다.

해방 후에는 왜 식민지 시대에 비해 인적 자본에 대한 투자가 활발해지고 노동의 질이 더 빠르게 향상되었을까? 제5장은 이 질문에 대답한다. 우선 미군정기에 초등학교 수가 급격히 증가했고, 그래서 초등 교육이 빠르게 확산되어 1960년에 초등학교 취학률이 100%에 접근하게 되었다. 식민지기에 초등학교 건설이 느렸던 이유는 지주들이 공공 재정을 통한 교육 보급에 소극적인 입장을 취했기 때문이었다. 해방과 더불어 소작 제도가 무너지고 지주 세력이 사라지자 정부는 중등 교육 보급에 적극적으로 나설 수 있게 되었고 이는 고도 성장기 중등 교육 확산의 원동력이 되었다.

고도 성장기의 빠른 인적 자본 축적은 생산성 향상뿐 아니라 물적 자본 축적을 가속화했다(제6장). 중등 교육을 위한 공공 지출 확대는 부모들로 하여금 자식의 양보다는 질을 선택하도록 했다. 중등학교 취학률이 빠르게 증가하면서 출산율이 큰 폭으로 하락했는데, 그 결과 가장이 부양해야 하는 가족 수가 줄자 소비가 감소하고 저축률이 상승했다. 고도 성장기의 저축률 상승은 자본 시장 발전의 결과이기도 했다. 자식을 낳는 중요한 동기 중 하나가 노후 대책이었는데, 금융 제도 발전으로 자식 농사 이외의 노후 대책 수단이 생겨났기 때문이었다. 1962-96년간 실시된 출산 제한 정책은 자식의 양에서 질로의 전환을 가속화한 부차적 요인이었다.

제6장까지는 역사적 비교를 통해 한국 고도 성장이 일어나게 된 경위를 설명했다. 제7장은 우리나라와 다른 나라의 경제 성장을 비교한다. 조선 후기에 일어난 마이너스 성장은 중화 제국 전체에서 일어난 퇴행 현상의 축소판으로서, 이는 일본과 영국에서 생활 수준이 18, 19세기에 꾸준히 향상된 것과 대비된다. 이 같은 차이가 나타나게 된 이유는 중국과 조선 정부

가 흉년에 대비해 운영한 사회 보장 제도가 도덕적 해이(moral hazard)를 발생시켰기 때문이었다. 18, 19세기와 대조적으로 20세기에 우리나라는 다른 나라보다 빠른 경제 성장을 통해 선진국과의 생활 수준 격차를 좁혀 나갔다. 1910-90년간 우리나라에서 일어난 경제 성장을 40개국과 비교해 보면, 식민지 조선과 한국이 이룩한 고도 성장의 원인이 일본이 식민 지배를 위해 건설한 제도적 환경, 그리고 보다 자유주의적 경제 정책에서 찾을 수 있음을 알 수 있다.

마지막 제8장에서는 지난 3세기 동안 우리나라 경제사가 주는 교훈이 무엇인지, 그리고 지난 3세기 동안의 경제적 변화는 한국 경제의 앞날에 대해 무엇을 말해 주는지, 앞으로 더 연구해야 할 과제는 무엇인지를 설명한다.

2 생활 수준과 인구 증가, 1700-2010

생활 수준, 1700-2010

인구 변천

인구 증가, 1700-2010

인구와 생활 수준

부록

우리나라에서 굶주림의 고통이 완화되고 생활 수준이 향상되기 시작한 것은 언제부터일까? 질병의 위협이 사라지기 시작한 것은 언제부터이며 언제부터 사람들은 아이를 덜 낳기 시작했을까? 이 장에서는 우리나라의 산업 혁명과 인구 변천, 이 두 사건이 1876년 개항을 계기로 촉발되었으며 1910년 이전에 시작되었음을 설명한다.

생활 수준, 1700-2010

어느 한 나라의 평균적 생활 수준(living standards) 혹은 복지(welfare)의 수준을 좌우하는 요소는 여러 가지가 있다. 얼마나 잘 먹고, 잘 입고, 좋은 집에서 사는지는 생활 수준을 좌우하는 중요한 요소이다. 그런데 물질 소비가 증가한다고 해서 생활 수준이 반드시 따라 올라가는 것은 아니다. 어떤 사람이 많은 소비를 하기 위해 필요한 많은 돈을 벌기 위해서 잠을 서너 시간밖에 자지 못하게 되었다고 하자. 그래서 운동하고 음악 들을 여가 시간이 없어져 건강이 악화되었다고 하자. 많은 소비를 하고 있음에도 불구하고 이 사람의 생활 수준이 높다고 하기 어려울 것이다. 뿐만 아니라 사람이 느끼는 행복은 얼마만큼 소비하는가, 얼마나 긴 휴가를 즐기는가와 별로 상관 없을 수 있다. 오히려 다른 사람과 비교해서 자기의 삶이 괜찮은가 아니면 초라한가에 크게 좌우될 수 있다. 그래서 소득이 증가한다 해도 불평등이 악화되면 사람들은 불행해질 수 있다.[1)]

1) 행복도 조사에 따르면 한 나라 안에서는 부자가 가난한 사람들보다 행복하다고 느끼지만 잘 사는 나라 사람들과 못 사는 나라 사람들 사이에는 행복도 차이가 별로 없다고 한다. Clark(2007: 374-6). 그러나 Deaton(2013, chapter 1)은 행복도 조사는 사람들이 자신의 삶에 대해 얼마나 만족하고 있는지에 대한 조사로 볼 수 없으며, 전체적 만족도를 알기 위해서는 삶 평

생활 수준이나 복지, 그리고 행복을 제대로 측정하려면 삶의 다양한 측면을 나타내는 지수들을 계산하고 각 측면이 삶에서 차지하는 중요도를 나타내는 가중치를 구한 뒤 이를 이용해 처음에 구한 지수들의 가중 평균을 구해야 한다. 그러나 이 책이 다루는 지난 3세기 동안 전체에 대해서 이런 다양한 데이터를 구할 수 없으므로 아주 간단한 생활 수준 지표를 사용할 수밖에 없다. 특히 우리는 한 사람이 다른 사람에 대해서 느끼는 질투와 같은 심리적 측면은 고려하지 않고, 또 여가, 즉 시간의 소비는 계산에 넣지 않으며, 개인이 얼마만큼의 재화와 서비스, 특히 재화를 소비하는지에만 초점을 맞춘다.

생활 수준 지표로 가장 많이 사용되는 것이 일인당 생산(per capita output; per capita GDP)인데, 이는 한 나라가 일 년 동안 생산한 생산물의 총량을 그 나라의 인구 수로 나눈 값이다. 그러므로 일인당 생산이란 한 사람 앞에 평균적으로 돌아가는 생산물의 양을 나타낸다. 일인당 소득보다 훨씬 많은 돈을 버는 부자도 있고 일인당 소득에 한참 못 미치는 소득밖에는 올리지 못하는 가난뱅이도 있다. 일인당 생산은 소득이 얼마나 평등하게 분배되는지에 대해서는 아무 것도 알려 주지 않는다.

한국의 일인당 생산은 1960/62년에서 2008/10년 사이에 매년 6.2%씩 증가했다. 그리하여 2008/2010년의 일인당 생산은 1960/62년의 열여덟 배가 되었다. 1950-98년간 세계 전체의 일인당 소득 증가 속도는 연 2.1%였다. 우리나라 사람들은 다른 나라 사람들에 비해 세 배 가까이 빠른 생활 수준 향상을 경험한 것이다. 일본 통치 하에 있던 1911-40년간(북한을 포함한) 우리나라의 일인당 생산은 연 2.3%씩 증가했다. 이는 지난 반 세기간의 일인당 생

가(life evaluation) 조사를 해야 한다고 보고 있다. 그리고 삶 평가 조사 결과는 소득이 높은 나라 사람일수록 삶에 대한 만족도가 높음을 보여 준다고 한다.

산 성장률의 절반에도 미치지 못한다. 그러나 20세기 전반의 세계 경제 전체의 일인당 소득 증가 속도 0.91%의 두 배가 넘는다.[2)] "자본주의의 황금기(the golden age of capitalism)"라고 불리는 1960, 1970년대에 우리나라 생활 수준이 세계 평균보다 훨씬 빨리 향상된 것처럼, 일차 대전과 세계 대공황의 영향으로 세계 경제가 정체되어 있던 20세기 전반에도 식민지 조선은 평균을 훨씬 뛰어넘는 고도 성장을 이룩했던 것이다. 한마디로 지난 한 세기 동안 우리나라에서 일어난 경제 성장은 줄곧 고도 성장(high growth)이었다.

[그림 2-1]은 1911-2010년간의 일인당 생산의 추이를 보여 준다. 식민지 지배가 시작될 무렵 남한과 북한의 생활 수준은 크게 다르지 않았다. 식민지기 동안 일인당 생산은 북한에서 더 빨리 증가했다. 그 결과 식민지 지배가 끝날 무렵 북한이 남한을 경제적으로 앞지르게 되었다. 해방 후 남북한 모두에서 일시적으로 일인당 생산이 큰 폭으로 하락했다. 남북한에서 식민지 시대 말기의 생활 수준이 회복되는 것은 1960년대 들어서이다.[3)] 1960년대 들어 한국에서는 일인당 생산이 빠르게 증가하기 시작했지만, 북한의 일인당 생산은 정체했고 그 결과 아직까지도 식민지 시대 초기와 크게 다르지 않다.

2) 세계 평균 일인당 생산 증가율은 Maddison(2006: 126)의 추계다. 장하준(2005)은 식민지기의 일인당 생산 증가율이 한국 고도 성장기의 인구 증가율의 절반도 안 되는 보잘 것 없는 것이라고 폄하했지만 이는 국제적 비교를 생략했다는 점에서 균형 있는 평가가 아니다.

3) 허수열(2005)과 장하준(2005)은 식민지 지배의 종료와 더불어 일인당 생산이 급격히 감소한 것은 식민지기의 경제 성장이 일본인만을 위한 것이며, 일본인 없이는 지속 불가능한 것이었음을 보여 준다고 주장했다. 어떻게 해서 이런 주장이 가능한 것인지 이들은 자세히 설명하지 않았다. 만일 식민지 시대의 경제 성장이 모두 일본인 자본을 기반으로 한 것이었고 해방 후 일본인들이 이를 모두 가지고 돌아가버렸기 때문에 우리나라의 생산과 생활 수준이 식민지 초기 수준으로 되돌아갔다고 주장하려는 것이라면 이는 타당하지 않다. 일본인들은 수중의 현금, 귀금속, 금융 자산을 사정이 허락하는 만큼 다 가지고 귀환했겠지만, 공장, 기계, 철도와 같은 실물 자산은 그대로 두고 갈 수밖에 없었다. 해방 후 일인당 생산의 급락은 남북 분단과 일본과의 교역 단절에 따른 산업 간 연관의 단절, 북한에서 남한으로 대량 인구 유출, 해외로부터의 귀환으로 잘 설명할 수 있다.

그림 2-1 우리나라의 일인당 생산, 1911-2010

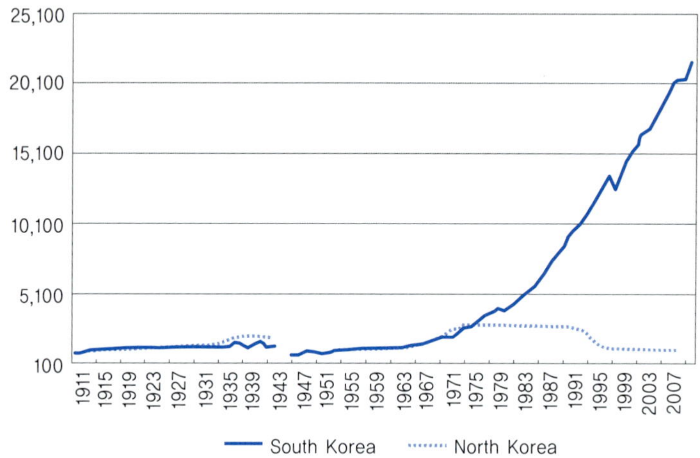

주: 단위는 1990년 Geary-Khamis 달러.

자료: 식민지기는 김낙년(2012), 해방 후는 Maddison database(http://www.ggdc.net/MADDISON/oriindex.htm). 2005년 원으로 표시된 김낙년(2012)의 1911-2010년간 일인당 생산 시계열을 1990년 Geary-Khamis 달러로 전환하기 위해서 김낙년(2012)의 2001-2010년 일인당 생산 추계 평균과 같은 시기의 Maddison database의 일인당 생산 추계 평균 사이의 비율을 적용했다.

인구 수를 헤아리고 총산출을 계산하는 일은 어느 나라, 어떤 시대에나 할 수 있는 간단한 일이 아니다. 철도가 깔리고, 통신 시설이 정비되어 중앙 정부가 그것을 바탕으로 전국 상황을 신속하고 포괄적으로 파악할 수 있게 되기 전에는, 제대로 된 센서스를 실시하기도, 신뢰할 수 있는 GDP를 계산하기도 어렵다. 조선 정부는 신뢰할 수 있는 인구나 총생산 통계, 따라서 일인당 생산 통계를 발표한 적이 없다. 그리고 조선 정부가 남겨 놓은 기록은 매우 부실하므로 이를 바탕으로 오늘날 조선 시대의 일인당 생산을 추계하는 일은 사실상 불가능에 가깝다.

병에 걸리지 않고 잘 먹는 사람들은 그렇지 못한 사람들에 비해 키가 크다. 이를 보여 주는 것이 한국 사람과 유전적 특성이 같은 북한 사람들의 키가 한국 사람들에 비해 현저히 작다는 사실이다. 그러므로 일인당 생산을 알 수 없는 경우 신장을 보고 생활 수준을 추정할 수 있다. 그리고 한 나라의 평균 신장이 커지고 있는지 작아지고 있는지를 보면 그 나라에서 생활 수준이 나아지고 있는지 나빠지고 있는지도 알 수 있다.

조선 정부는 사람들의 키를 측정했는데 그 기록의 일부가 오늘날까지 전해진다. 우선 군인들의 신장을 측정했는데, 그 목적은 병역 의무를 다하기에 적절한 신체 조건을 가졌는지를 알아보기 위해서가 아니라 병사들이 도주할 때를 대비해서 추적에 필요한 신체 정보를 남겨 두는 것이었다. 조선 시대 사법 당국은 같은 이유에서 죄수나 정부가 고용한 선원들의 신장도 측정해 두었다. 조선 시대의 검시관들은 사망의 원인을 파악하기 위해서 부검을 실시했는데, 그 절차의 일환으로 시체의 길이를 재고 기록해 두었다. 군, 죄수 그리고 시체의 신장을 측정할 때 사용한 단위는 "자(尺)"인데, 한 자는 오늘날 30.3센티미터와 같다. 그러나 조선 시대의 한 자의 길이는 시기와 지역마다 모두 달랐다. 따라서 조선 시대의 신장 기록을 이용해서 신장 수준을 알기는 어렵다. 그러나 신장의 변화 방향은 추론할 수 있다.

조영준 · 차명수(2012)는 16세기 중엽부터 19세기 말까지 여러 시점에, 그리고 여러 지역에서 작성된 11종의 고문서에 포함된 약 오천 명의 신장 기록을 수집하고 분석했다. [그림 2-2]는 각 고문서로부터 추정된 약 30년간에 걸친 여러 개의 신장 추세들을 보여 준다. [그림 2-2]의 세로 축 단위는 자(尺)이다. 각 추세의 수준이 둘쑥날쑥한 것은 이 열한 번의 신장 측정 때 사용한 척도의 길이가 제각각이었음을 나타낸다. 이 그림에서 중요한 것은 추정된 약 30년 간격 신장 추세들 각각에 나타난 변화 방향이다. [그림 2-2]

그림 2-2 조선 중후기의 신장 추세

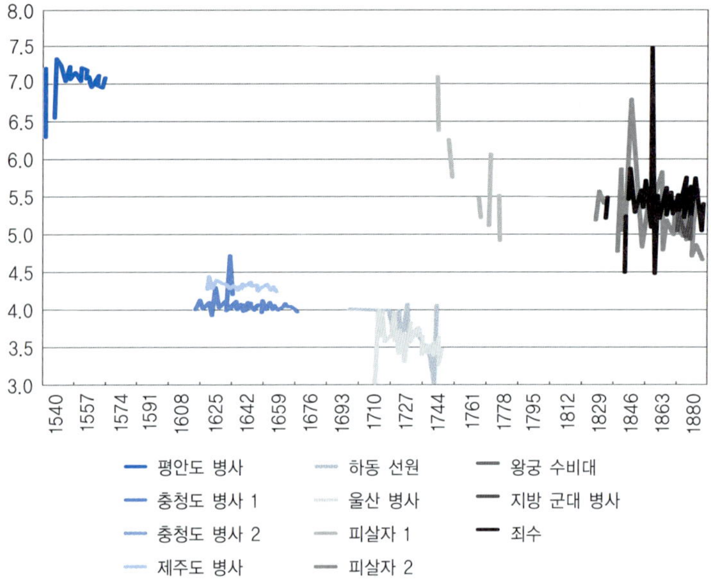

자료: 조영준 · 차명수(2012).

에 그려진 여러 신장 추세들 중에 키가 커지고 있음을 보이는 경우는 없었으며 대부분의 추세는 하락이거나 정체였다. 이는 조선 중후기에 사람들의 키가 작아지는 추세였음을 말해 준다.

신장이 수축하고 있던 것은 조선 시대뿐이 아니다. 탈북자들의 신장을 분석한 Park, Schwekendiek & Kim(2011)은 오늘날 북한에서 신장 수축이 진행되고 있다고 결론지었다. 이는 (아래에서 보게 되듯이) 식민지기에 신장이 2센티미터 이상, 그리고 최근 50년간 한국에서 10센티미터 증가한 것과 대비된다.

일인당 생산 통계를 구할 수 없을 때 장기적 수준의 변화를 알기 위해 흔히 사용하는 또 다른 지표가 실질 임금(real wage)이다. 실질 임금은 노동자들이 받는 급료(=명목 임금, nominal wage)를 소비자 물가 지수(consumer price index 혹은 생계비 지수 cost-of-living index)로 나누어 구한다. 이는 노동자들이 일당이나 월급을 받아 소비 재화를 몇 단위 살 수 있는지를 보여 준다. 어떤 나라에서나 어느 시대에나 인구의 대부분은 노동자들이므로 실질 임금을 통해 그 나라의 전반적 생활 수준의 변화를 추론할 수 있다.[4]

[그림 2-3]은 가장 하위 소득 계층인 비숙련 노동자(unskilled workers)들의 생활 수준을 나타내는 세 가지 실질 임금 지표의 변화를 보여 준다. 우선 실선으로 표시된 것은 도시의 비숙련 노동자 명목 임금을 (노동자들이 소비하는 다양한 재화 가격의 변화를 반영하는) 소비자 물가 지수(consumer price index)로 나누어 구한 실질 임금 지수(real wage index)이다. 이는 1910-60년간 50년간 정체하다가 이후 반 세기 동안 빠르게 상승했다.[5]

둘째, 파선은 농업 노동자들의 명목 임금을 최소 생계비(cost of subsistence)로 나누어 구한 후생 비율(welfare ratio)을 보여 준다. 여기서 최소 생계비란 노동자들이 생명을 유지하는 데 반드시 필요하다고 생각되는 아홉 가지 소비재로 구성되는 재화 꾸러미(consumption bundle)를 사기 위해서 필요한 금액을 말한다.[6] 그러므로 후생 비율은 생명 유지에 필요한 소비재 꾸러미를 몇 개 살 수 있는지를 나타낸다. 만일 후생 비율이 1이라면 노동자들이 근

4) 일인당 생산 통계를 구할 수 없는 경우 생활 수준을 측정하기 위해 밤에 위성에서 사진을 찍어 포착된 빛의 밝기를 사용하기도 하는데 이런 방법은 아프리카 연구에 많이 활용된다. 이 책의 표지는 평양이라는 한 점을 제외한 다른 북한 지역이 캄캄하게, 한국은 대부분의 지역이 매우 밝게 찍힌 야간의 한반도 위성 사진을 보여 준다.
5) 식민지기 소비자 물가 지수 계산 방법에 대한 설명은 차명수(2011a; 2011c)를 보라.
6) 이 소비재 꾸러미에 어떤 재화가 얼마만큼씩 들어가는지에 대한 설명은 이 장의 부록 1을 보라.

그림 2-3 실질 임금 지수, 1700-2010

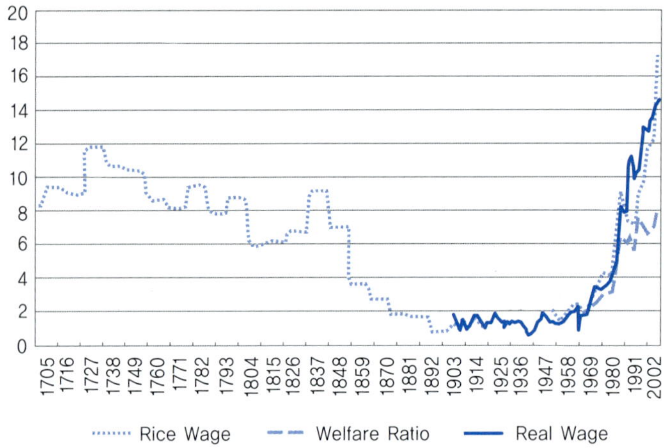

주: 비농업 부문 비숙련 노동자 임금; 쌀 임금 지수(점선)와 실질 임금 지수(실선)는 1911년의 수준을 같은 해의 후생 비율(파선) 1.3848과 일치시켰음.

자료: 명목 임금 자료 출처: 1905년까지의 5년 평균치 – 차명수(2009); 1910–39년간 – 조선 총독부 통계연보에 수록된 서울, 목포, 부산, 대구, 원산, 청진, 평양, 신의주의 보통 노동자(平人足), 지게꾼, 하역부, 토공 임금; 1936–56년 – 조선은행월보의 인부 임금; 1953–62년간 – 한국은행월보의 인부 임금, 1970년 이후 – 한국물가정보 조사디자인팀(2010)에 제시된 대한건설 협회의 건설 부문 노임 단가.

물가 및 물가 지수 자료 출처: 조선 후기의 쌀값 – 박기주 · 이영훈 · 조영준(2007)에 수록된 경주 미가; 식민지기 쌀값 – 조선 총독부 통계연보; 해방 후 쌀값 – kosis.kr; 1910–39년의 8대 도시 소비자 물가지수 – 차명수(2011b); 1936–56의 소비자 물가 지수 – 김낙년 · 박기주(2007); 1970년 이후 전 도시 소비자 물가 지수 – kosis.kr.

근히 죽지 않고 살아가고 있다는 것을 말한다. 이런 상태를 "빈곤선(poverty line)"이라고 부른다. 1911년 우리나라의 후생 비율은 1.3848로서 비숙련 노동자 생활 수준은 빈곤선에서 그렇게 멀리 떨어져 있지 않았다.

처음에 소개한 실질 임금 지수의 크기, 즉 수준(level)에는 아무런 의미가 없다. 다만 실질 임금 지수의 변화 방향을 보고 생활 수준이 나아지고 있는지 나빠지고 있는지만을 가늠할 수 있다. 이와 달리 후생 비율은 노동자들의 물질적 삶이 얼마나 풍족한지도 가늠하게 해준다. 예를 들어, 후생 비율이 3이라면 최소 생계 수준의 세 배 정도 잘 살고 있다는 뜻이다. 그리고 후생 비율을 계산하면 어느 나라 노동자들이 더 잘 살고 있는지도 비교할 수 있다.[7)]

후생 비율은 이런 장점을 가지고 있지만 실질 임금 지수에 비해 부정확한 생활 수준 지표다. 왜냐하면 소비자 물가 지수에는 노동자들이 소비하는 다양한 소비재 가격의 변화를 반영되어 있지만 최소 생계비를 계산하는 데에는 생명 유지에 꼭 필요하다고 판단되는 아홉 가지 재화 가격만이 이용되기 때문이다. 그러나 실질 임금 지수나 후생 비율에 나타난 생활 수준 추세는 크게 다르지 않다. 후생 비율도 실질 임금 지수도 생활 수준이 빠르게 향상된 것은 1960년 이후의 일임을 [그림 2-3]은 보여 준다.[8)]

세 번째의 노동자 생활 수준 지표는 점선으로 표시된 쌀 임금(rice wage)이다. 쌀 임금은 도시 비숙련 노동자 명목 임금을 쌀값으로 나누어 구한 것으로 노동자들이 받는 급료를 가지고 사서 먹을 수 있는 쌀의 양을 나타낸다. 따라서 쌀 임금은 실질 임금 지수는 물론 후생 비율보다도 부정확한 지표이지만 다양한 재화의 가격에 대한 물가 정보를 얻을 수 없는 경우에도 계산할 수 있다는 장점이 있다. 특히 쌀 임금은 물가에 관한 기록의 대부분이 쌀에 관한 것인 조선 후기의 노동자들의 실질 소득 변화를 보여 줄 수 있는 유일한 지표다.

조선 시대에는 식민지기나 오늘날처럼 임금 노동자가 흔하지 않았다.

7) 이 장의 부록 1은 후생 비율을 이용해 20세기 초 동아시아 주요 도시의 비숙련 노동자 생활 수준을 비교한다.
8) 1990년 이후 후생 비율은 실질 임금 지수보다 느리게 증가했는데, 이는 후생 비율 계산에 사용된 농업 노동자의 명목 임금이 실질 임금 지수 계산에 사용된 도시 비숙련 노동자 임금보다 천천히 증가했기 때문에 나타난 차이이다.

그러나 흉년이 들면 살던 곳을 떠나 먹을 것이 있는 곳을 찾아 전국을 떠돌면서 날품팔이를 해서 살아가는 반 거지, 반 노동자 같은 사람들이 드물지 않았다.[9] 지금까지 남아 있는 조선 시대 임금 기록의 대부분은 정부가 서울과 주변 지역에서 궁궐 건축, 왕릉 보수 공사 등을 위해 동원한 노동자들에게 몇 냥의 임금을 주었는지를 보여 주는 것이다. 이 자료 – 의궤(儀軌) – 를 보면 관청이 제시한 임금이 너무 낮다고 생각한 노동자들이 당초의 계약을 파기하고 하룻밤 사이에 사라졌다든지 태업했다든지 하는 기록이 나와 있다. 이는 조선 왕조 문서에 나와 있는 임금 정보는 정부가 일방적으로 노동자들에게 강요한 임금이 아니라 노동 시장에서 형성된 균형 임금 – 노동 수요와 공급을 일치시키는 수준의 임금 – 에 가까운 것이었음을 말해 준다. 박이택(2006)은 의궤에서 임금 통계를 수집해서 제시했는데, 이를 이용해 차명수(2009)가 계산한 쌀 임금은 18세기 초부터 지속적으로 하락해서 1900년경에는 18세기 초의 1/7 수준으로 떨어졌음을 [그림 2-3]의 점선이 보여 준다.[10] 20세기 들어 쌀 임금은 더 이상 하락하지 않게 되었고, 1960년경부터 지속적으로 그리고 빠르게 상승했다.

조선 시대에 생활이 어려워져 갔던 것은 비단 노동자나 농민만이 아니었다. 이영훈(2012)은 전국 36지역에서 발견된 지주의 토지 경영 기록을 분석하고 18, 19세기에 걸쳐 마지기당 지대 수입이 꾸준히 하락했음을 보여 주었다([그림 2-4]). 다음 절에서 설명하는 것처럼 조선 후기에는 인구가 증가하고 있었으므로 양반 한 사람의 소유 토지 면적은 줄어들었을 가능성이 높다. 단위 면적에서 나오는 지대 수입과 소유 면적이 모두 감소했으므로

9) 윤용출(1998: 189-93)을 보라.
10) 박기주(2005: 92, 93)는 의궤의 임금 기록을 근거로 18세기 초에서 19세기 중엽까지 노동자 실질 소득이 하락하지 않고 정체했다고 주장했는데, 이는 인플레이션에 따른 실질 소득 감소 효과를 감안하지 않은 평가다. 상세한 내용은 차명수(2009)를 보라.

그림 2-4 논 한 마지기를 빌려 주고 지대로 거둔 벼의 양

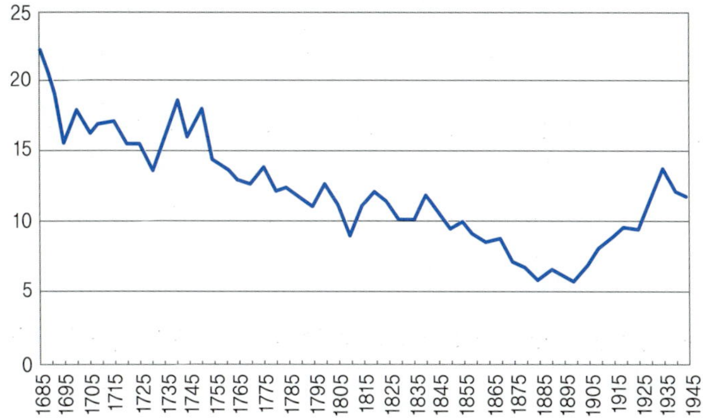

주: 단위는 말(斗≒4.5-6리터).
자료: 이영훈(2012: 417). 이 자료를 여기에 옮겨 싣는 것을 허락하신 이영훈 교수께 감사한다.

토지 소유 계급인 양반들의 생활 수준도 하락했을 것이다.

지금까지 생활 수준의 변화를 알려 주는 두 가지 유형의 증거를 살펴보았다. 하나는 총생산을 인구로 나눈 일인당 생산인데, 이는 전체 경제를 대상으로 해서 계산된 것으로 거시 또는 집계 지표(macroeconomic or aggregate index)라고 한다. 다른 하나는 신장이나 실질 임금 같은 전체 인구의 일부분 사람들에 관한 것이다. 일인당 생산은 전체 경제 및 인구에 관한 것이라는 장점이 있지만 이를 추계하기 위해서 부족한 자료를 근거가 희박한 가정을 도입해서 메워야 했던 경우가 적지 않다는 단점이 있다. 키나 실질 임금은 인구의 일부분에 관한 증거라는 한계가 있지만 실제로 살아 있던 개인들에 관한 관측 결과 - 마이크로 데이터(micro data) - 를 바탕으로 한 것이며 그 의미를 직관적으로 파악할 수 있다는 장점이 있다. 그러므로 매크로 지표와

마이크로 지표가 서로 충돌하고 있지 않은지 체크하는 것은 필요하며 또 매우 중요하다.

지금까지 소개한 생활 수준 지표들을 한결같이 1960년 이후 현재까지의 반 세기 동안 한국 사람들의 생활 수준이 빠르게 향상되었음을 말해 준다. 일인당 생산, 평균 신장, 실질 임금 모두 지난 반 세기 동안 빠르게 증가했다. 조선 후기 생활 수준 지표는 모두 마이너스 성장을 나타낸다. 신장과 실질 임금 모두 감소했다. 그러므로 1960년 이후나 조선 후기에는 서로 다른 증거들 사이의 모순이나 충돌이 없다.

반면 식민지기의 생활 수준 지표들 사이에는 합치하지 않는 경우가 있는 것처럼 보인다. 무엇보다 평균 신장이 커지고 일인당 생산이 증가했지만 [그림 2-3]을 보면 비숙련 노동자의 실질 임금이 정체했다. 그러나 이는 18, 19세기의 하락과 해방 이후의 상승 폭이 커서 그렇게 보이는 것이다. 여러 재화 가격을 이용해서 추계한 소비자 물가 지수로 나누어 얻은 실질 임금 지수는 쌀 임금과는 달리 1910-40년간 0.4%씩 증가했다.[11] 게다가 숙련 노동자의 실질 임금은 [그림 2-3]에 제시된 비숙련 노동자의 임금에 비해 더 빨리 올랐다(허수열, 1981).[12]

식민지기에 실질 임금이 증가했지만 그 속도는 일인당 생산 증가율 2.3%보다 현저히 느렸다. 저소득 계층인 노동자 생활 수준이 경제 전체의 평균인 일인당 생산보다 느리게 증가했다는 것은 식민지기에 소득 분배가 불평등하게 되어 갔음을 의미한다. 이는 ([그림 2-4]에서 보았듯이) 식민지기에

11) 상세한 내용은 차명수(2011c)를 보라. 이 연구는 1910-40년간 8대 도시의 물가 수준, 비숙련 명목 임금을 추계하고 도시별 비숙련 실질 임금을 계산했는데, 이에 따르면 실질 임금이 정체한 일부 비숙련 직종과 일부 도시가 있었지만 대다수의 도시에서 상승했다. 또 서울을 포함한 남한 도시들보다 북한 도시들에서 실질 임금 증가 속도가 더 빨랐다.

12) 이 장의 부록 2는 식민지기에 생활 수준이 정체했다는 비관론이 왜 근거 없는지를 설명한다.

(부자들의 소득인) 지대가 빠르게 증가했다는 사실과, 그리고 (제5장에서 보게 되듯이) 식민지기에 지니 계수가 상승했다는 사실과 부합한다.

식민지기에 일인당 생산이 연 2.3%씩 증가했다는 결론에 대해서는 의구심을 느끼는 사람들이 많다. 이는 많은 경우 한국인들의 본능이 되다시피한 반일 감정에서 나오는 것이다. 그러나 식민지기의 일인당 생산 추계의 신뢰도에 대해서 의심을 품을 만한 이유는 충분히 있다. 총생산 추계는 조선 총독부가 발표한 통계에 바탕을 둔 것이기 때문이다. 그러나 이는 조선 총독부가 통치 실적을 과장 선전하기 위해서 일부러 엉터리 통계를 발표했다는 말이 아니다.

허수열(2005)은 1910년대 조선 총독부의 지배 체제가 점차 강화되고 있었고, 따라서 우리나라의 생산 활동 중 조선 총독부의 통계 당국에 의해 파악되는 부분 – 커버리지(coverage) – 도 점차 확대되어 갔으며, 따라서 조선 총독부가 발표하는 각종 생산 통계에 나타나는 증가 추세는 실제의 생산 증가라기보다는 총독부의 행정력 강화를 보여 주는 것에 불과하다는 것임을 지적했다. 식민지기 GDP를 추계한 학자들도 이 점을 알고 있었다(김낙년 편, 2012). 이 문제를 피하기 위해 여러 가지 방법으로 총독부가 발표한 통계를 수정했지만 허수열이 지적한 문제가 여전히 남아 있을 가능성은 얼마든지 있다.

Steckel(1995)은 여러 시대, 여러 지역에서의 평균 신장과 일인당 생산상의 상관관계를 분석하고 일인당 생산이 1% 증가하면 평균 신장이 0.0397센티미터 증가하는 경향이 있다는 결과를 보고했다. 우리나라에서는 1960/62-2008/10년간 일인당 GDP가 매년 6.2%씩 증가했다. 따라서 이 기간 동안 신장이 11.8(=0.0397×6.2×48)센티미터 증가했으리라는 예측이 가능하다. 이 예측치는 이 기간 동안 실제로 관측된 10센티미터의 신장 증가와 크게 다르지 않다(Pak, Schwekendiek & Kim, 2011). 1911-40년간 일인당 생산이 연 2.3%씩 증가했다면 신장은 2.4(=0.0397×2.3×29)센티미터 정도 증가했어야 했을 것이다. 이 예측치는 길바닥에 쓰러져 죽은 사람 – 행려 사망자 – 들의 신체 측정 기록을 근거로 1910-40년간 신장이 약 2센티미터 정도 커졌다는 Kim & Park(2011)의 추정 결과에 근사하다.[13] Kim & Park(2011)이 분석한 행려 사망자란 집이 아닌 곳에서 병들어 죽거나 얼어 죽거나 한 사람들을 말하는 것으로 하층 소득 계층 사람들일 가능성이 높다. 이는 식민지기의 경제 성장은 우리나라에 들어와 살고 있던 일본인이나 부유한 소수의 한국인들만을 위한 것이 아니었음을 말해 준다.

지난 3세기 동안의 생활 수준 추세를 요약하면 조선 후기에는 적어도 두 세기 동안 생활 수준이 하락했고, 식민지 조선과 한국에서는 생활 수준이 향상되었으며, 해방 후 향상 속도가 현저히 빨라졌다는 것이다. 그렇다면 생활 수준 하락이 멈추고 상승이 시작한 것은 정확히 언제일까? 추세 반전이 1910년 이전에 일어났는지 아니면 이후에 일어났는지는 민족주의 감성이 풍부한 한국인들에게 매우 중요한 이슈다.

지금까지 나와 있는 대부분 증거들은 반전이 1910년보다 이른 시점에 일어났음을 말해 준다. [그림 2-4]에서 보는 것처럼 지주들의 소득 추세를 알려 주는 마지기당 지대량은 1900년경 바닥을 찍고 상승으로 돌아섰다. 이우연(2000)은 경상도 예천 농업 노동자의 실질 임금도 비슷한 시기에 하락을 멈추고 증가하기 시작했음을 발견했다. Kim & Park(2012)은 1880년대 출생자부터 이후 30년에 걸쳐 신장 증가가 일어났음을, Choi & Schwekendiek(2009: 263, Figure 3)는 서대문 형무소 수감자들의 신장이 1890년 출생자들부터 성장

13) 식민기기의 죄수, 고등학생 등의 신장 기록을 분석한 Choi & Schwekendiek(2009)도 비슷한 결과를 얻었다.

했음을 보여 주었다. 이들 연구 결과를 1880년대 초 출생자까지 3세기 동안 신장이 감소했다는 조영준 · 차명수(2012)의 주장과 결합하면, 신장 감소로부터 증가로의 반전이 개항기(1876-1910) 어느 시점에 일어났다는 결론이 나온다.[14] 조선의 개항은 스스로 선택한 것이 아니라 일본 제국주의의 강요에 의한 것이었으며, 1894년의 갑오 개혁도 일본의 압력 아래서 진행된 것이었다. 이를 생각하면 생활 수준 반전이 한일 합방 전에 일어났다는 것이 민족주의를 소중한 가치로 여기는 사람들의 자존심을 달래는 데 얼마나 도움이 될지는 의문이다.

비판적 지성을 가진 독자라면 지금까지 소개한 생활 수준의 장기 추세를 알려 주는 증거들을 보고 두 가지 의문을 제기할 것이다. 하나의 의문은 [그림 2-4]를 보면 1945년의 마지기당 지대량, 즉 소작료가 두 세기 반 전인 17세기 말과 비슷하다는 사실과 관련되어 있다.

조선 후기와 식민지 시대 지주들은 보통 마지기당 생산량의 절반을 소작료로 받았다. 따라서 마지기당 소작료는 토지 생산성 지표이다. 그런데 [그림 2-4]에 따르면 해방되던 해의 면적당 지대가 17세기 말의 면적당 지대보다 낮았다. 17세기에는 없던 많은 저수지, 보, 수로가 많이 세워져 있었고 17세기에는 알려지지조차 않았던 화학 비료 사용도 일반화된 1945년의 토지 생산성이 200년 전과 비슷하다는 것이 말이 되는가?[15]

이 의문에 답하려면 제4장의 설명을 당겨와 미리 소개할 필요가 있다. 18, 19세기에는 삼림이 황폐화되어 홍수가 자주 발생하고 농작물이 자라는 데 필요한 성분을 포함한 흙이 강으로 쓸려 내려갔다. [그림 2-4]의 지대 하

14) 박섭(2009)은 경제 성장이 식민지 지배 이전에 시작되었음을 새로운 발견으로서 제시하고 있지만 이 같은 주장은 이미 차명수(2001: 13-4)에서 발견된다.
15) 이 의문은 우대형(2008)이 처음 제기했다.

락은 그 결과 지력이 척박해져 가는 과정을 나타낸다. 반면 20세기 들어서 지대가 증가한 것은 삼림 재생, 비료 투입, 농법 개선에 따른 농업 생산성 회복 과정을 보여 준다. 그러므로 개항 말기에 시작된 불과 수십 년간의 농업 발전을 가지고는 두 세기 이상 계속된 지력 고갈의 피해를 극복할 수 없었다는 것은 납득하기 어렵지 않다.

두 번째 의문은 첫 번째와 비슷한 것으로 [그림 2-3]에 따르면 18세기 초 쌀 임금 수준이 1960년대의 그것과 비슷한데 이것이 과연 말이 되는가라는 것이다. 지금으로부터 300년 전은 바퀴조차 사용되지 않았던 시절인데, 그 때의 물질적 삶의 수준이 자동차와 철도가 보편화되어 있던 불과 반 세기 전의 삶의 수준과 비슷하다니 과연 그것이 사실일까? 정연태(2002)는 과거보다는 현재가 나으리라는 막연한 생각에서 이런 질문을 제기했지만 이 질문에는 사실 훌륭한 논리적 근거가 있다.

전체 소비에서 식품, 즉 농산물 소비가 차지하는 비중을 엥겔 계수(Engel coefficient)라고 하는데, 그 지표는 소득 수준이 높을수록 낮고 소득 수준이 낮을수록 높다. 소득이 오를수록 사람들은 소득의 점점 더 많은 부분을 (옷과 같은) 공산품이나 (가사 도우미가 제공하는 것과 같은) 서비스를 구매하기 위해서 사용한다. Lee(2003: 203, Table IV)에 의하면 1970년 우리나라 엥겔 계수는 0.44였다. 1960년대에 생활 수준이 향상되었으므로 18세기 초의 엥겔 계수는 0.44보다 낮지 않았을 것이다. 그렇다면 18세기 초에 우리나라 사람들은 소득의 나머지 56% 이상을 도대체 무엇을 위해 사용했을까?[16] 18세기 초 우리나라의 총생산은 대부분 농산물이었고 외국 무역도 거의 없었기 때문에 이런 생산 구조를 가진 나라 사람들이 소득의 56%를 농산품 이외의

16) 이 질문은 김낙년과의 대화에서 처음 받은 것이다.

품목 구매를 위해서 지출한다는 것은 논리적으로 불가능하다.

이 같은 의문을 푸는 열쇠는 [그림 2-3]에 제시된 것은 일당(daily wage rate)이며, 여기에 일 년간 노동일수를 곱해야 노동자들의 일 년간 노동 소득(wage income)이 된다는 사실에 있다. 노동자들은 단기적으로는 임금이 높으면 돈을 더 벌기 위해서 더 많은 시간 동안 일을 하려고 하지만 장기적으로는 임금이 높아지면 노동 시간을 줄이고 여가를 즐기려는 경향이 있다. 노동자들의 노동 서비스 공급량과 임금 사이에 나타나는 이런 역상관 관계는 "후방 굴절 노동 공급 곡선(backward-bending labor supply)"이라고 한다. Allen & Weisdorf(2011)은 1300-1830년간 영국에서 실질 일당이 높을 때에는 연노동 일수가 감소하며 낮을 때에는 노동 일수가 증가하는 경향이 있음을 보였다. 또 지난 두 세기 동안 대부분 선진국에서 실질 임금이 꾸준히 상승하면서 노동 시간이 지속적으로 감소해 왔다는 사실 역시 노동 공급의 임금 탄력성이 마이너스임을 보여 준다.[17)]

이는 임금이 높았던 18세기 초 우리나라 노동자들의 노동 일수는 임금이 낮았던 19세기 말에 비해 현저히 짧았을 것임을 의미한다. 게다가 조선 후기에는 오늘날에 비해 소비의 다양성이 훨씬 제한되어 있었기 때문에 임금 상승이 노동자들로 하여금 더 높은 소득보다는 더 긴 여가를 선택하도록 하도록 하는 효과가 오늘날보다 더 강했을 것이라고도 생각할 수 있다. 그러므로 18, 19세기 동안 노동자들의 연봉은 [그림 2-3]에 제시된 일당보다

17) 흑사병으로 영국 인구의 1/3 정도가 감소해 임금이 매우 높았던 1433년 연노동 일수는 165일에 불과했다. 1500년경부터 인구 증가가 시작되어 1600년경 인구는 흑사병 이전의 수준을 회복하고 임금은 흑사병 이전의 낮은 수준으로 떨어졌는데 1598년 영국 노동자의 노동 일수는 259일로 증가했다. Allen & Weisdorf(2011: 721). 12개 서유럽 나라들의 일인당 평균 노동 시간은 1870년 연 1,295시간이었는데 1998년에는 657시간으로 줄어들었다. Maddison(2006: 354). 소득 증가에 따른 노동 시간 감소 경향에는 중요한 예외가 있는데, 그것은 1970년경 이후 미국 노동자들의 연노동 시간이 꾸준히 증가해 왔다는 사실이다. 근래 미국 노동 시간 증가의 원인에 관해는 Schor(1992)를 보라.

훨씬 완만한 속도로 하락했을 것이다. 따라서 1700년과 1900년의 임금 소득 격차는 [그림 2-3]이 보여 주는 것만큼 크지 않았을 것이다.[18)]

조선 후기 경제는 토지와 노동을 결합해서 생산하는 농산물이 GDP의 대부분을 차지하는 농업 경제였다. 조선 후기 사회에는 세 개의 소득 계층이 있었다. 하나는 소유한 토지를 농민들에게 빌려 주어 지대(=소작료)를 받아 생활하는 양반 지주들이다. 둘째는 빌린 토지에서 나오는 소출의 절반을 지주에게 바치고 나머지 절반을 가지고 살아가는 소작 농민들이다. 그들이 가지는 절반은 임금 소득에 해당한다.[19)] 마지막으로 소유 토지에 자신의 노동을 투입해서 나오는 소출로 생활하는 자영 농민들이 있었다. 그들의 소득은 소유 토지에서 나오는 지대와 자신의 노동에 대한 임금을 합한 것과 같다.

그러므로 지대와 임금이 하락 추세를 보였다는 것은 18, 19세기 지주, 노동자, 자작농의 소득이 모두 지속적으로 감소했다는 말이 된다. 지주, 노동자, 자작농의 소득을 가중 평균한 것이 일인당 생산이므로 조선 후기에는 일인당 생산도 감소했을 것이다. 제7장 부록 1에서 설명하는 방식으로 계산해 보면, 조선 후기 사회의 일인당 생산이 연 0.78%씩 감소했다는 결론에 도달한다.

지금까지 검토한 조선 후기 생활 수준 변화를 보여 주는 자료는 신장의

18) Angeles(2008)은 산업 혁명 이전의 영국에서도 실질 임금은 큰 폭으로 변했지만 실질 임금 증가(감소)가 노동 공급을 감소(증가)시키는 경향이 있었으므로 일인당 소득 변동은 훨씬 안정적이었음을 보였다.

19) 조선 후기 사회에는 농업 노동자도 있었지만 이들은 보유 토지가 없거나 아주 적었다는 점에서 소작농과 다름 없는 사람들이었다. 조선 시대에는 소작농이 노동자가 되거나 반대로 노동자가 소작농이 되는 것을 금지하는 제도나 법이 없었다. 그러므로 일용 노동자로 살다가 소작농이 되는 것은 어려운 일이 아니었다. 또 반대의 전환도 가능한 선택이었다. 따라서 (대개 특별히 기한을 정하지 않고 지주와 토지 임대차 계약을 맺었던) 소작농으로서의 연수입과 단기적으로 고용되는 노동자로서의 연수입 사이에 큰 차이가 있었을 것으로 생각하기 어렵다.

자료 일부를 제외하고는 모두 남한 지역에서 나온 것이다. 북한 지역의 생활 수준이 어떻게 변했는지를 직접 보여 주는 증거는 없지만 남한 지역과 크게 달랐다고 보기는 어렵다. 만일 조선 후기 북한의 상황이 남한에 비해 상대적으로 나아지고 있었다면 남부 지역의 사람들이 북부로 이동했을 테지만 이것을 보여 주는 증거는 없다. 다만 북한에서는 조선 후기에 남한에서만큼 심각한 마이너스 성장이 일어나지 않았던 것 같다. 19세기 말 북한 사람들의 신장이 남한 사람들에 비해 더 컸다는 사실은 이런 짐작을 하게 되는 한 근거이다(조영준 · 차명수, 2012). 또 조선 후기에 전체 과거 급제자 중에서 평안도와 함경도 출신자 비중이 증가했다(이원명, 2004). 조선 후기의 이 같은 남북한 성장 퍼포먼스 격차는 식민지 시기 들어 사라지기는커녕 확대되었다. 김낙년(2012)의 도별 일인당 GDP 추계에 따르면 남한 지역에 비해 북한 지역에서 일인당 생산이 더 빠르게 증가했을 뿐 아니라 공업화도 더 빠르게 진행되었다. Kim & Park(2011)에 따르면 식민지기에도 북한 사람들이 남한 출신들에 비해 신장이 더 컸다.

따라서 1945년에는 북한이 한국에 비해 경제적 우위를 점하고 있었다. 그런데 (Maddison Project 추계에 따르면) 2008년 현재 북한의 일인당 생산은 남한의 1/20 남짓에 불과하다. 그 이유는 북한의 생활 수준이 1970년경까지는 한국에서와 비슷한 속도로 향상되었지만 이후 20년에 걸쳐 정체한 뒤 점차 악화되었기 때문임을 [그림 2-1]이 보여 준다. 앞서 소개한 대로 탈북자들의 신장을 분석한 Pak, Schwekendiek & Kim(2011)에 따르면 한국에서 지난 반 세기 동안 신장이 10센티미터 이상 커지는 동안 북한에서는 신장 증가가 일어나지 않았다. 오늘날 북한의 일인당 생산은 식민지기와 크게 다르지 않다. 이는 오늘날 북한 생활 수준이 조선 시대 말기의 생활 수준과 비슷하다는 말이 된다.

인구 변천

우리나라에서 언제, 그리고 어떤 과정을 거쳐 인구 변천이 일어났는지를 알려 주는 자료는 세 가지가 있다. 족보, 조선 총독부 통계연보, 그리고 센서스 보고서가 그것이다. 우리나라 최초의 제대로 된 인구 조사 – 센서스 – 는 1925년에 조선 총독부가 처음으로 실시한 것이다. 이는 이후 5년 간격 인구 조사의 출발점이 되었는데, 식민지기의 인구 조사는 신뢰도 면에서 최근의 인구 조사와 맞먹을 정도라고 인구학자들은 평가한다.[20] 그리고 1950년대와 1960년대 인구 조사에 비해서는 오히려 우월하다고 인구학자들은 보고 있다.[21]

조선 총독부는 1925년 센서스를 실시하기 전 이미 경찰 조직을 활용해 현주 인구, 사망자 수, 출생자 수를 조선 총독부 통계연보에 발표했다. 그러나 조선 총독부가 발표한 현주 인구 총수는 실제 인구의 상당 수를 빠뜨린 것이었다. 그리고 사망자와 출생자 통계에 반영되지 않은 사망자와 출생자도 적지 않게 있다. 그럼에도 불구하고 조선 총독부 통계연보가 제공하는 인구 통계가 쓸모 없는 것은 아니다. 센서스 이전에 총독부가 발표한 상이한 인구 통계 사이의 관련을 자세히 들여다보면, 이들 통계의 불완전한 성격을 파악할 수 있고, 이를 바탕으로 1924년 이전 인구 통계를 보완할 수 있는 방법도 고안해 낼 수 있다.[22] 또 통계연보의 인구 통계를 이용해 통계 분석을 하고 통계의 커버리지 불완전성 때문에 생겨났을 바이어스를 감안하

20) 예외는 1944년, 1949년과 1966년이다. 식민지기 센서스 결과는 조선 국세 조사 보고서로, 해방 후에는 인구 주택 총조사 보고서로 발표되었다. 1944년과 1949년 센서스 결과는 대부분 소실되었다.

21) 권태환 · 김두섭(2002: 245); Kwon, Lee, Chang & Yoo(1975).

22) 박이택(2008)은 이런 연구의 좋은 예다.

면서 분석 결과를 해석할 수도 있다.[23]

센서스를 실시할 능력은 물론 제대로 된 경찰 조직조차 없던 조선 시대의 인구 변동을 알려 주는 거의 유일한 것이 세 번째 자료인 족보이다. 조선 정부는 호구 등록 제도를 실시했고 상당수의 호구 대장(호적)이 남아 있다. 그러나 이를 근거로 출산율과 사망률을 추정하기란 매우 어렵다. 그 이유는 호구 대장이 세금을 거두기 위한 장부였기 때문이다. 사람들은 여기에 이름이 오르는 것을 매우 꺼렸고, 이름이 올라가지 않도록 하기 위해 노력을 아끼지 않았기 때문이다. 특히 조선 시대 세금 중 중요한 것이 군역, 즉 병역이었고, 이는 호구 대장을 근거로 부과되는 것이었기 때문에 일반 농민이나 천인보다는 양반의 누락률이, 늙은이들보다는 젊은이들의 누락률이, 서울에서 먼 지역보다는 가까운 지역에서 누락률이 높았다.[24] 일본은 1905년 을사조약을 통해 우리나라를 사실상 지배하기 시작하면서 처음으로 인구 조사를 했는데, 거기서 파악된 인구는 12,934,282명이었다. 아직 식민지 지배 체제가 확립되지 않은 상황이었으므로 상당수의 인구가 누락되었을 가능성이 높지만 그럼에도 불구하고 이 숫자는 바로 한 해 전 조선 정부가 파악한 인구 5,928,802명의 두 배를 넘는 것이었다. 조선 정부의 기록에는 전체 인구의 절반도 들어가 있지 않았던 것이다.

인구의 절반 이상이 누락되었다는 사실 자체는 문제가 될 수 없다. 인구의 절반 가까운 사람들을 무작위로(randomly) 추출해서 이들에 관한 정보를 기록했다면, 이는 사실 엄청나게 큰 표본(sample)이고 이를 바탕으로 전체 인구에 대한 신뢰도가 매우 높은 통계적 추론을 할 수 있다. 조선 시대

23) 그런 예로는 Cha(2007)를 보라.
24) 조선 시대 호적에서 발견되는 비상식적 패턴들에 관해서는 신용하 · 권태환(1977: 312), Michell(1989: 9), Wagner(1974)를 보라.

호구 대장을 인구 자료로 사용하려 할 때 당면하는 문제는, 많은 사람들이 여기에서 무작위로 제외된 것이 아니라 앞서 설명한 대로 군역을 포함한 세금 회피를 위해 특정 연령, 특정 계층의 인구가 체계적으로(systematically) 배제되었다는 점에 있다. 누락의 원리가 단순하지 않으므로 호구 기록을 어떤 방식으로 조정하면 조출산율이나 조사망률을 합리적으로 추계할 수 있을지 알기 어렵다.

족보에 나타나는 사람들이 조선 시대 인구에서 차지하는 비중은 호구 대장에 들어 있는 사람들에 비해 훨씬 적다. 그러나 족보에 빠진 사람들이 어떤 사람들인지는 잘 알려져 있는데, 그것은 우선 비양반 계층, 대부분의 여성, 그리고 대략 20세기 되기 전에 죽은 남성이다. 따라서 이런 비교적 단순한 패턴의 누락에 따르는 영향은 비교적 쉽게 통제할 수 있다.

[그림 2-5]는 우리나라의 조사망률을 보여 준다. 우선 센서스 결과를 근거로 계산한 조사망률 – 실선 – 을 보자. 조사망률은 1925년 천명당 26명을 넘었지만 2010년 현재 5명으로 떨어졌다. 식민지기 후반에 이미 사망력 변천이 상당 정도 진행되었으며, 이는 해방 이후 1960년대까지 계속되었다.[25] 점선은 조선 총독부 통계연보에 실린 사망자 수를 현주 인구로 나누어 얻은 조사망률이다.[26] 점선과 실선이 겹치는 기간(1925-39) 동안 점선은 실선, 즉 센서스 보고서를 바탕으로 한 조사망률보다 낮은 수준에 위치한다. 조선 총독부 통계연보의 인구 통계는 모두 불완전한 것이지만 (분모인) 현주 인구보다 (분자인) 사망자 수의 누락 정도가 커서 점선은 실제의 조사망률

25) 1950년대 초의 일시적 사망력 상승은 한국 전쟁의 영향을 나타내는 것으로 보인다.
26) 1915년 이전에도 조사망률을 계산할 수 있지만 이를 제외시키고 1916년부터 제시했는데, 그 이유는 조선 총독부 통계연보에 나온 수치를 가지고 계산한 조사망률이 1915년까지 비현실적으로 빠르게 상승하기 때문이다. 이 상승은 조선 총독부의 사망자 파악 능력이 개선된 것을 나타내는 것으로 보인다.

그림 2-5 조사망률, 1916-2010

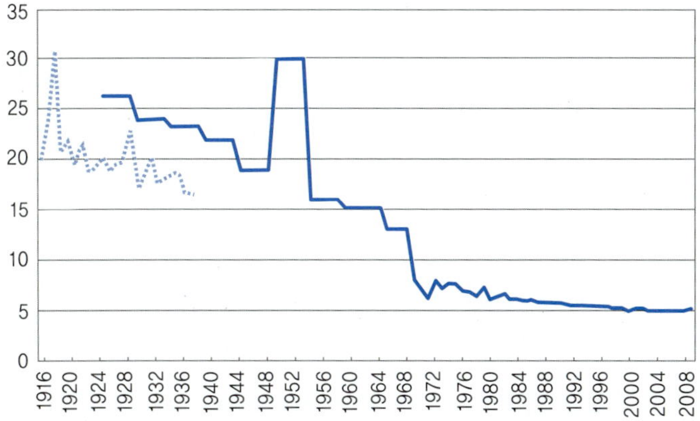

주: 남한의 조사망률; 실선은 센서스 자료를, 점선은 현주 인구 조사 결과를 근거로 계산된 조사망률.
자료: 조선 총독부 통계연보, Kwon(1977), kosis.co.kr.

을 과소평가하고 있음을 말해 준다. [그림 2-5]의 점선은 실제의 사망력을 과소평가하고 있기는 하지만 하락 추세를 따르고 있다. 이는 사망력 변천이 식민지 시기 초기에도 진행되고 있었음을 시사한다.[27)]

우리나라에서 사망력 변천이 시작된 것은 언제일까? 함양 박씨 족보에 기록된 사망 기록을 분석한 박희진 · 차명수(2003)는 1890년경부터 사망 확률이 서서히 떨어지기 시작했을 뿐 아니라 사망 확률의 변동성(volatility)도 크게 완화되었음을 보였다. 그리고 함양 박씨 족보, 전주 이씨 무안대군파, 전주 이씨 장천대군파, 강릉 김씨 족보에 나온 출산 기록을 분석한 차명수(2009b)는 20세까지 생존한 남성의 숫자가 1890년대까지는 정체하다가 이후 꾸준히 증가하기 시작했음을 보이고, 이는 1890년대부터 유아 사망률이 떨

27) 1918년 사망률이 급등한 것은 이 해에 전 세계를 휩쓴 스페인 인플루엔자의 영향을 반영한다.

어지기 시작했음을 보인다고 주장했다. 이 두 증거들은 우리나라에서 사망력 변천은 근대적 경제 성장과 마찬가지로 개항기에 이미 시작되었음을 말해 준다.

사망력 변천이 시작되기 전의 사망력 수준은 어느 정도였을까? 차명수(2009)는 네 양반 가문 족보에서 남성들의 생몰 기록을 족보에서 뽑아 내고 평민, 여성, 20세 미만 인구 누락이라는 세 가지 문제점 때문에 생겨나는 바이어스를 조정해서 얻은 18, 19세기의 조사망률이 천 명당 47.3명이었다고 보고했다. 18, 19세기의 연령별 사망력률도 추계했는데, 이에 따르면 태어난 남자 아이가 15세 이전에 사망할 확률은 59%였다. 김두얼(2012)은 행장류(行狀類)에서 채집한 미성년 개인들의 사망 기록을 근거로 15세 이전 사망 확률이 50%였다고 추정했다. 행장류란 양반들의 생애에 일어난 주요 사건을 기록한 행장, 연보, 묘지명, 애사(哀詞) 등의 문서를 가리키는 것이다. 그러므로 50%는 양반들의 사망 확률이다. 차명수(2009)가 계산한 59%는 소득 수준이 낮은 평민, 천인을 포함한 인구 전체에 관한 것이므로 이는 김두얼(2012)의 추계와 충돌하지 않는다.

Kwon, Lee, Chang & Yoo(1975: 23)는 1910년 우리나라의 조사망률을 32-37로 제시했다. 계산 근거가 제시되어 있지 않은 것으로 보아 이는 단순한 추측인 것으로 보인다. 이는 18, 19세기의 조사망률 47.3과 1925년의 조사망률 26.2 사이에 있는 값인데, 사망력 하락이 1890년경부터 시작되었다는 사실에 비추어 볼 때 납득이 가는 숫자이다. 족보에서 추정한 조선 후기의 조사망률, 1910년 조사망률 추정치, 그리고 1925년 센서스 결과를 바탕으로 계산한 조사망률을 [그림 2-5]에 제시된 조사망률과 연결해 보면 우리나라 사망력 변천의 절반 이상이 개항기와 식민지기에 이미 일어났음을 알 수 있다.

제1장의 [그림 1-5]는 북한의 사망력이 1950년대 전반 20-25 수준에서 꾸준히 하락해서 1990년대 초 대규모 기근이 발생하기 전까지 (한국의 조사망률 수준인) 5에 접근했음을 보여 주었다. 1925년 이후의 센서스 결과를 근거로 계산된 식민지기 북한 지역만의 조사망률 추계는 없지만 조선 총독부 통계연보의 지역별 통계를 가지고 도별 조사망률을 계산해 보면 지역 간 차이가 크지 않다.[28] 그러므로 식민지기 북한의 조사망률은 [그림 2-5]에 제시된 남한의 조사망률과 비슷했을 것이라고 추측할 수 있다. [그림 2-5]와 [그림 1-5]에 제시된 조사망률을 연결해서 보면 북한의 사망력 변천 역시 식민지기에 이미 진행되고 있던 과정의 연장선 위에 있는 것임을 알 수 있다.

조사망률은 흔히 사용되기는 하지만 부정확한 사망력 지표다. 왜냐하면 조사망률의 변화는 사람들의 사망 확률뿐 아니라 인구의 연령별 구성 변화도 반영하기 때문이다. 제1장에서 보았듯이 사망 확률은 나이에 따라 다르다([그림 1-3]). 각 연령대 사람들의 사망 확률에는 변화가 없는데 전체 인구에서 (사망 확률이 높은) 나이 든 사람이 차지하는 비중이 줄고 (사망 확률이 낮은) 젊은 사람들의 비중이 늘었다고 하자. 그러면 조사망률이 떨어질 것이다. 따라서 사망력 변천의 진행 과정을 정확히 파악하려면 연령별 사망력률 - 각 연령대 사람들의 사망 확률 - 이 어떻게 바뀌는지를 보아야 한다.

연령별 사망력률은 5년 간격으로 계산하는 것이 보통이다. 생명표(life table)에는 대개 0세에서 4세 사이에 죽을 확률, 5세에서 9세 사이에 죽을 확률, …, 70세에서 74세 사이에 죽을 확률, 75세 이후 죽을 확률(=1)이 수록되어 있다. 이런 5세 간격 연령별 사망력률을 1에서 빼면 5세 간격 연령별 생

28) 식민지기 센서스 보고서는 식민지 조선 전체에 걸친 것이지만 Kwon(1977)은 이 중 남한 지역만의 통계를 이용해 인구 지표를 추정하고 이를 해방 후 한국 센서스에서 추계한 지표들과 연결시켰다.

그림 2-6 우리나라의 연령별 생존율, 1700-2010

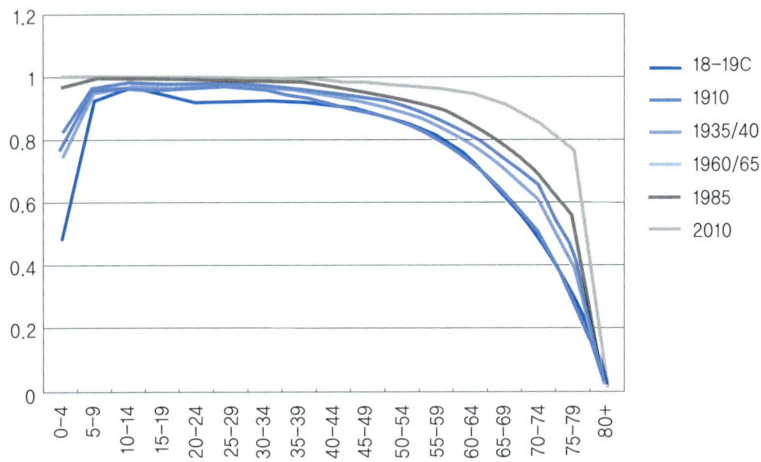

자료: 차명수(2009), Kwon(1977), kosis.kr.

존율(age-specific survival ratio)이 나오는데, [그림 2-6]은 1700년 이후 우리나라의 연령별 생존율 변화 과정을 보여 준다. [그림 2-6]에 따르면 20세기 사망력 변천이 일어나는 과정에서 생존율 곡선은 위쪽으로 이동했다. 즉, 모든 연령 구간에서 생존 확률이 증가했다(=연령별 사망력률이 떨어졌다). 그런데 사망력 변천 초입 단계에서 생존율이 특히 빠르게 상승한 것은 미성년 연령 구간이었다. 이는 우리나라에서도 (제1장의 [그림 1-3]에서 본) 영국에서와 마찬가지로 사망력 변천을 이끈 것은 15세 미만 연령층의 사망력 하락이었음을 의미한다. 이와는 대조적으로 사망력 변천의 마무리 단계인 1985-2010년 생존율이 보다 큰 폭으로 상승한 것은 노년 연령 구간에서였다.

사망력을 나타내는 지표로서 자주 사용되는 숫자 중 하나가 출생시 기대 여명(life expectancy at birth)이다. 이는 막 태어난 아이에게 기대할 수 있는 생존 기간으로 평균 수명이라고도 한다. 차명수(2009b)가 족보 기록을 근거로 추정한 조선 후기의 기대 여명은 23세이다. 이는 1930년대 중국 농촌 조사 자료를 근거로 추정한 24.2세와 비슷하다(Barclay et al., 1976). 1906년 타이완의 기대 여명은 27.7세였는데, 일본이 타이완을 통치하기 시작한 1895년 이전의 기대 여명은 이보다 짧았을 것이다(Barclay, 1954: 154). 이는 조선 후기의 사망력 수준이 청대 후기 중국에서와 크게 다르지 않았음을 말해 준다. 18, 19세기 일본의 다섯 마을에서 관측된 출생시 기대 여명은 36세로 중국이나 우리나라보다 현저히 길고, 이는 산업 혁명 이전 잉글랜드의 기대 여명과 비슷한 것이다.[29)]

제1장에서 사망력 변천이 산업 혁명과 동시에 일어나는 경향이 있는데 그 이유가 두 가지임을 설명했다. 하나는 소득 증가(=생활 수준 향상)이며, 다른 하나는 의료 기술 근대화이다. 이 둘 중 어떤 것이 사망력을 떨어뜨리는데 더 큰 역할을 했는지는 시기와 지역에 따라 다르지만 지금까지 연구된 사례들을 보면 생활 수준 향상보다는 근대 의학이 중요한 경우가 더 많았다.[30)]

29) 鬼頭廣(2000: 175). Hanley(1986)와 Yasuba(1986)는 각각 19세기 중엽 일본의 출생시 기대 여명을 40세와 35세로 추정했다. Fogel(2004: 2, Table 1.1)에 따르면 잉글랜드의 기대 여명은 1725년 32세, 1750년 36세, 1800년 37세였다. Lavely & Wong(1998: 724)은 18세기와 19세기 초 중국인 남성의 기대 여명이 30세에서 40세 사이였다고 주장하면서, 이는 산업 혁명 이전 유럽의 평민들의 기대 여명과 비슷한 수준이었다고 주장했다. 그러나 이들이 인용한 기대 여명은 족보에서 추정된 상위 계층 중국인들의 기대 여명이고, 따라서 이 숫자는 유럽의 일반인들의 기대 여명과 비교될 수 없다.

30) McKeown(1976)은 1700년 이후 영국에서 사망률이 하락한 주요 원인으로 의학 기술 발전보다는 소득 수준 증가를 강조했는데, 이는 영국 사망력 변천의 원인을 둘러싼 논쟁 – McKeown 논쟁– 을 불러일으켰다. McKeown의 가설이 등장한 이후에 이루어진 연구들은 대부분 이 주장이 유효하지 않음을 보여 주었다. Colgrove(2002)를 보라. 그러나 Harris, Floud, Fogel & Hong(2010)은 산업 혁명기의 사망력 하락이 생활 수준 향상에 기인한 것일 수 있음을 주장했다.

우리나라에서는 생활 수준 하락이 멈추고 향상이 시작된 시점과 사망력이 떨어지기 시작한 시점이 거의 일치한다. 이는 사망력 변천을 촉발한 것이 경제 성장이라고 보기 어려움을 의미한다. 만일 생활 수준 향상 때문에 사망력이 떨어지기 시작했다면 사망력 변천에 앞서서 이미 일정 기간 동안 경제 성장이 일어나고 있었어야 했을 것이기 때문이다. 19세기 말 사망력 변천이 시작된 것은 외국으로부터 근대적 의학 기술, 특히 종두법이 도입된 결과였을 가능성이 높다.[31] Cha(2007)는 조선 총독부 통계연보의 도별 인구 통계를 이용한 회귀 분석을 통해 일인당 생산 증가가 1916-38년간의 사망력 하락에 기여했지만 의료 근대화가 사망력 변천의 보다 중요한 원인이었다고 결론지었다. [그림 2-5]를 보면 해방 후 사망력 하락은 대부분 한국 전쟁이 끝난 뒤 약 15년에 걸쳐 일어났음을 알 수 있다. 이 기간 동안 일어난 일인당 생산 증가 폭이 미미했다는 점에 비추어 볼 때 해방 후 사망력 하락 역시 근대적 의료 기술 보급에 힘입은 것이라고 보아야 할 것 같다.

[그림 2-7]은 조출산율을 보여 준다. ([그림 2-6]에서와 마찬가지로) 실선은 센서스 보고서, 점선은 조선 총독부 통계연보를 근거로 계산한 비율이다. 실선을 보면 이미 식민지기 후반기에 조출산율이 서서히 떨어지고 있었지만 출산력 변천이 본격화된 것은 1960년대 들어서의 일임을 알 수 있다. 제1장의 [그림 1-5]에 따르면 북한의 조출산율은 1950년대 초에서 1970년대 초까지 35 정도의 수준을 유지한 뒤 이후 하락해서 현재 15 부근에 와 있다. 북한에서는 한국에 비해 약 10년 뒤에 본격적인 출산력 변천이 진행되었다.

[그림 2-7]의 점선을 보면 실선과 겹치는 시기(1925-39) 동안 실선 아래쪽

31) 종두법 보급을 중심으로 한 개항기의 의료 기술 근대화에 대해서는 신동원(1989)을 보라. Janneta & Preston(1991)은 일본에서 19세기 말 유아 사망률 하락을 촉발한 것은 종두법 보급이었음을 보였다.

그림 2-7 조출산율, 1916-2010

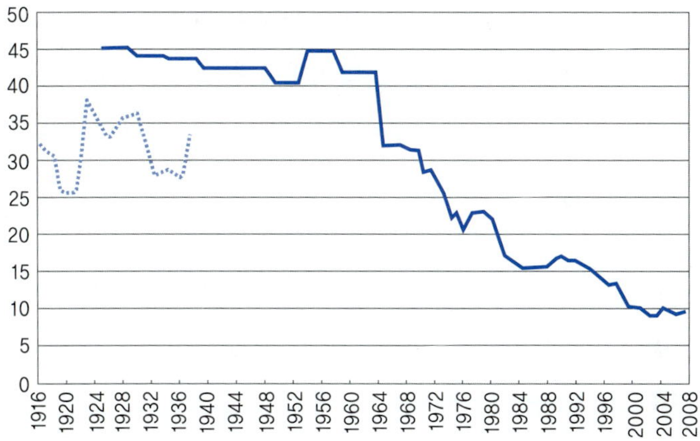

주: 남한 지역의 조출산율.
자료: [그림 2-6]과 같음.

에 머무르고 있어서 조선 총독부 통계연보의 인구 통계를 이용한 조출산율도 조사망률과 마찬가지로 과소평가치임을 알 수 있다. 조선 총독부 현주인구 조사에서는 사망자뿐 아니라 출생자 중 상당수도 누락되었는데 누락된 사망자와 누락된 출생자는 대부분 같은 사람들로서 태어나서 한 살이 되기 전에 죽어 버린 아이들이었을 것이다.

과소평가된 조출산율을 나타내는 점선은 식민지기 전반기에 출산율은 높은 수준에서 정체하고 있었거나 아니면 느리게 상승했음을 시사한다.[32] 식민지기 초기의 조출산율 수준은 잘 알 수 없는데 Kwon, Lee, Yu &

32) Dyson & Murphy(1985)에 따르면 많은 저개발국에서 출산율은 하락이 시작되기 전에 상승하는 경향이 있다.

Chang(1975: 12)은 1910년의 조출산율이 35-40 정도였을 것이라고 추정했다. 그러나 이는 앞서 소개한 조사망률과 마찬가지로 뚜렷한 근거가 있는 것이 아니라 추측에 불과하다. 차명수(2009)는 족보에서 채취한 출생 기록을 근거로 18, 19세기 조출산율이 천 명당 53.5명이었을 것으로 추정했다.

사망률이 연령대마다 다르듯 출산력은 (여성의) 나이에 따라 다르다. 이를 나타내는 것이 연령별 출산율(age-specific fertility rate)인데, 연령별 출산율이 불변이더라도 여성 인구의 연령별 구성이 바뀌면 조출산율이 변할 것이다. 따라서 조출산율은 (조사망률이 불완전한 사망력 지표이듯이) 불완전한 출산력 지표이다. 보다 정확한 출산력 지표는 연령별 출산율을 바탕으로 계산된 합계 출산율(total fertility rate)인데, 이는 한 여성이 평균적으로 평생 낳는 아이의 숫자를 나타낸다.

우리나라 합계 출산율은 1925/30년 6을 좀 넘는 수준이었다. 1960년경 6 조금 아래로 떨어진 뒤 빠르게 감소해서 1990년 1.6에 도달했다. 그런 다음 2010년 1.2까지 떨어졌다(Kwon, 1977; kosis.kr). 족보 기록을 근거로 차명수(2009)가 계산한 조선 후기의 합계 출산율은 식민지기보다 높은 6.8명이다. 이는 17, 18세기 잉글란드의 합계 출산율 4.48보다 현저히 높다.[33]

청대 중국과 도쿠가와 일본에 대해서는 전체 여성의 합계 출산율은 추정되어 있지 않고 결혼한 여성 한 명이 평생 낳는 평균 아이 수인 유배우 합계 출산율(total marital fertility rate)만이 나와 있다. 중국의 경우 족보에서 추정한 상위 계층의 유배우 합계 출산율만 알 수 있는데, 그 값은 5.8로 조선 후기 양반 여성들의 유배우 출산율 5.86과 비슷하다. 1920년대 식민 당국이 실시한 센서스를 근거로 추정된 조선과 타이완의 전체 여성의 유배우 합계 출

33) 잉글랜드의 합계 출산율은 Wrigley et al.(1997: 614)에 제시된 조재생산율(gross reproduction rate)에 2.05를 곱해서 구했다.

산율은 각각 7.04와 7.08로 역시 크게 다르지 않다.[34] 이런 추계치들은 청대 중국과 후기 조선이 출산력 면에서도 크게 다르지 않았음을 시사한다.

18, 19세기 우리나라 전체 여성의 유배우 합계 출산율(marital total fertility rate)은 양반 여성들의 유배우 출산율 5.86보다도, 전제 여성의 합계 출산율 6.8명보다도 높은 8.10명이었다(차명수, 2009). 이는 鬼頭廣(1991)이 에도 시대 일본의 8개 마을 기록을 근거로 계산한 유배우 합계 출산율 5.69보다 현저히 크다. 이런 출산력 관련 지표들을 종합해 보면 조선의 출산력은 중국과 비슷하며 일본이나 영국에 비해 높았던 것 같다(차명수, 2009: 128). 조선을 포함한 중화 제국은 일본이나 영국에 비해 출산력과 사망력이 모두 높은 지역이었다.

제1장에서 출산력 변천이 일어나는 원인 세 가지를 소개했다. 하나는 사망률 하락에 따른 아이에 대한 대체 수요 및 예비적 수요 감소, 둘째는 공업화에 따른 노동력으로서의 아동의 역할 감소, 셋째는 교육 보급이다. 대부분의 출산은 결혼을 통해 이루어지므로 출산력은 사람들이 결혼할 확률 - 결혼력 혹은 혼인율(nuptionality) - 에 의해 좌우된다. 결혼력은 천 명당 결혼한 사람의 숫자로 측정하며 초혼 연령과 밀접히 관련된다. 초혼 연령이 빠를수록 결혼 상태에 있는 사람들 비중이 늘어나고 따라서 출산력이 높아진다.

34) Barclay et al.(1976)은 1920-31년간 중국 22개 지역의 유배우 합계 출산율과 합계 출산율을 각각 6.2와 5.5로, 그리고 Lee & Campbell(1997)은 1774-1873년간 랴오닝 지역의 유배우 합계 출산율을 6.3으로 추정했는데, 이 추정치들은 중국에 비해 조선의 출산율이 높았음을 시사한다. 그러나 Barclay et al.(1976)의 추정치를 과소평가치로 볼 수 있는 이유를 Wolf(1985)는 제시했다. 또 Lee & Campbell(1997)의 추정치는 호적 기록 누락을 보정하기 위해서 호적 기록을 근거로 도출된 당초의 유배우 합계 출산율을 33% 부풀린 값이며 이 같은 부풀림은 "educated guesses"에 근거한 것이라고 서술하고 있다. Lee & Campbell(1997: 90)은 1.33이라는 변환율을 사용한 근거로서 청 황실 족보와 같이 신뢰도와 완전성이 높은 족보에서 추정된 TMFR과 비슷한 숫자를 얻을 수 있었다는 사실을 들었다. 그러나 랴오닝 지역에 거주했던 청 황실 사람들과 일반 백성들의 출산력이 비슷했으리라고 보아야 할 아무런 이유도 없다. 오히려 위에서 본 것처럼 출산력은 서로 다른 사회 계층들 사이에서 상당히 달랐을 가능성이 있다.

그림 2-8 초혼 연령, 1925-2010

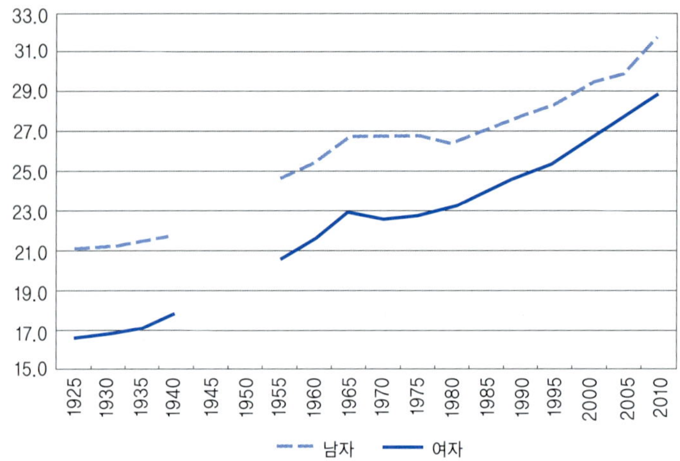

자료: 1966년까지는 Kwon(1977); 1970년부터는 인구통계연보.

[그림 2-8]은 1925년 이후 우리나라 초혼 연령이 남자의 경우 열 살, 여자의 경우 열두 살 정도 늦어졌음을 보여 준다. 조선 후기 인구 전체의 초혼 연령은 알려져 있지 않고 양반 계층의 초혼 연령에 관한 정보만이 존재한다. 박희진(2006)이 혼서 –혼담이 시작된 뒤 결혼에 이르는 과정에서 신랑과 신부가 속한 두 양반 집안이 교환한 편지 – 에서 채취한 18, 19세기 초혼 연령의 중위수(median)는 여자가 17.45세, 남자가 15.61세였다. 즉, 조선 후기에는 완전히 성인이 되지 않은 양반 남성이 연상의 양반 여성과 결혼하는 경향이 있었던 것 같은데, 이는 [그림 2-8]에 제시된 1925년의 상황과 크게 다르다. 이는 식민기 지배를 계기로 결혼 관습이 크게 변했다기보다는 조선 후기의 양반과 비양반 계층 사이에 결혼 풍습이 달랐음을 말해 주는 것 같

다. 초혼 연령이 지난 한 세기 동안 왜 열 살 이상 늦어졌는지에 관한 연구는 아직 나와 있지 않다. 초혼 연령은 관습과 문화에 따라 좌우되는 측면이 많지만 경제적 상황의 영향도 무시할 수 없을 것이다. 결혼이란 여성에게는 취업의 한 형태이므로 다른 취업 가능성이 열린다면 여성들의 결혼 연령이 늦어질 것이다. 여성들의 취업 기회와 취업 조건, 특히 성별 임금 격차(=여성/남성 임금 비율, gender wage gap)가 초혼 연령과 출산율에 영향을 미쳤을 가능성이 높다. 이에 관해서는 제5장에서 더 자세히 살펴보기로 한다.

인구 증가

우리나라 최초의 센서스인 1925년 국세 조사 결과에 따르면 조선인 인구가 약 1,900만 명, 일본인을 포함한 외국인 인구가 약 50만 명, 총인구가 약 1,950만 명이었다. 1940년 총인구는 약 2,430만 명(조선인 2,350만 명, 외국인 80만 명)이었다. 이는 인구가 1925-40년간 연 1.5%(조선인만의 인구 증가율은 1.4%)의 속도로 증가했음을 의미한다.

조선 총독부는 1909년부터 경찰 조직을 통해 수집한 정보를 바탕으로 추계한 현주 인구를 발표했는데, 조선 총독부 통계연보에 실린 현주 조선인 수는 1910년 1,310만이었다. 이 숫자와 1925년 센서스 집계 조선인 인구를 가지고 1910-25년간의 연평균 인구 증가율을 계산하면 2.5%의 인구 증가율이 나온다. 이는 비현실적으로 높은 인구 증가율이며, 1910년의 현주 인구는 실제 인구를 현저히 과소평가하고 있었다는 것을 말해 준다.

1924년까지의 현주 인구는 과소평가치이기에 石南國(1972)은 1925년 센서스를 통해 조사된 연령별 인구를 출발점으로 해서 그 보다 이른 시기의 인구를 추정했다. x세의 사람이 x+5년까지 살아남을 확률(=생존율)을 $_5p_x$로 표시하자. 1925년의 20-24세 연령계층 인구를 n, 그리고 이 연령계층의 1920-25년의 $_5p_x$를 p라고 하자. 1920년에는 이 연령 계층이 15-19세 연령 계층이었는데, 그 숫자는 n/p일 것이다. 이런 방법을 다른 모든 연령 계층에 적용해서 1920년의 연령 계층별 인구를 구하고 이를 합하면 1920년의 총인구 추정치를 얻을 수 있다. 1920년의 연령 계층별 인구에 다시 1915-20년의 연령별 생존율을 적용하면 1915년의 인구를 계산할 수 있다. 그리고 이 절차를 다시 한 번 반복하면 1910년의 인구에 도달하게 된다. 石南國(1972: 98-9)은 이런 방식으로 1925년 센서스 보고서에 나와 있는 다섯 살 간격 연령 계층별 인구 통계를 출발점으로 해서 1910년 인구를 추정했다.

이런 인구 추정 방식을 石南國(1972)은 역진 생존율법(method of reverse survival ratios)이라고 불렀는데, 이렇게 구해진 石南國(1972)의 식민지기 초기 인구 추계 역시 과소평가치인 것 같다. 박이택(2008)이 식민지기 인구 동태 통계를 이용해서 계산한 1924년 이전 인구의 하한(lower bound) 추계를 石南國(1972)의 인구 추계가 밑돌고 있기 때문이다. 石南國(1972)이 식민지기 초기 인구를 과소평가하게 된 이유는 그가 적용한 1924년 이전의 생존율($_5p_x$)에서 찾을 수 있다. 石南國(1972: 98-99)은 국세 조사 결과를 바탕으로 1925, 1930, 1935, 1940년의 $_5p_x$를 계산하고, 이의 시간 추세(= 선형 추세, time trend or linear trend)를 추정한 뒤 이 추세를 과거로 연장(= 후방 투사, backward projection)해서 1924년 이전의 $_5p_x$를 구했다.

이런 절차에는 두 가지 문제가 있다. 우선 1925-40년 연령별 사망력 변화의 직선 추세를 과거로 연장했다는 것은 1925년 이전과 이후의 생존율 증가 속도가 같다고 가정하는 것인데, 이것이 타당한 가정인지는 확인할 길이 없다. 두 번째 문제는 石南國(1972: 89)이 국세 조사 결과를 이용해 추정한

1925년 이후의 연령별 생존율이 그다지 신뢰할 만한 것 같지 않다는 것이다. 石南國(1972)이 계산한 1925-30년, 1930-35년, 1935-40년의 3기간의 연령별 생존율을 보면, 어떤 연령 구간에서는 증가 추세가 나타나지만 다른 연령 구간에서는 감소 추세가 나타난다. 사망력 변천 과정에서 사망력이 증가하는(=생존율이 떨어지는) 연령 계층이 있다는 것은 납득하기 어렵다. ([그림 2-6]에서 보았듯이) 사망력 변천 과정에서는 속도의 차이는 있지만 모든 연령층이 생존율 상승(=사망률 하락)을 경험하는 것이 일반적이다. 石南國(1972)이 이런 결과를 얻게 된 한 원인은 이민을 고려하지 않았기 때문인 것 같다. 즉, 어떤 5년간 어떤 연령 계층의 사람들이 대거 일본으로 이민 갔다면 이민을 감안하지 않고 계산한 그 5년간 생존율은 실제의 생존율보다 낮게 나올 것이다.[35)]

차명수(2006)는 역진 생존율법을 따르되 石南國(1972)과는 달리 ① 이민에 따른 인구 변화를 계산에 넣고, ② 족보의 생몰 기록을 근거로 추정된 1924년 이전의 연령별 생존율을 적용했다. 이렇게 구한 1910년의 조선인 인구는 1,630만에 가까운데, 이는 조선 총독부 통계연보에 나온 같은 해의 현주 인구에 비해 230만 명 정도 많으며 石南國(1972)의 추계보다 68만 명 정도 많다.[36)] 그리고 차명수(2006)의 1910년 인구 추계는 박이택(2008)의 하한 추계 테스트를 통과했다.

차명수(2006)의 1910년 인구 추계와 1940년 센서스를 통해 파악된 인구 집계는 1910-40년간 외국인을 포함한 우리나라 인구가 연 1.3%의 속도로 증가했음을 알려 준다. 이는 1960-2010년간의 인구 증가 속도 1.5%와 크게 다르

35) 또 다른 원인은 石南國(1972)이 국세 조사 결과에 포함된 체계적인 오류를 수정하지 않은 채 국세 조사 결과를 그대로 사용했기 때문일 것으로 보인다. 국세 조사 결과에서 발견되는 오류와 이를 수정하는 방법에 대해서는 Kwon(1977: chapter 2)을 보라.

36) 자세한 설명은 차명수(2006)를 보라.

지 않다. 文浩一(2011: 218)에 따르면 1960-93년간 북한 인구는 연 2.2%의 속도로 증가했는데, 이 추계의 오차 범위가 얼마나 넓은 것인지 판단하기 어렵다.

조선 후기에는 인구가 얼마나 빠른 속도로 증가했을까? 인구 증가율은 조출산율에서 조사망률을 빼면 나오는데, 위에 소개한 차명수(2009)의 조선 후기 조출산율(천명당 53.5), 조사망률(천명당 47.3) 추계는 우리나라 인구가 18, 19세기에 걸쳐 연 0.62(=5.35−4.73)%씩 증가했음을 의미한다. 차명수(2009)는 인구 증가율을 18세기와 19세기 각각에 대해서도 추계했는데, 그 결과는 1800년 이전에 비해 이후에 출산력과 사망력이 모두 높아졌지만 출산력 증가 폭이 더 커서 18세기에 0.35%였던 인구 증가 속도가 19세기에 0.83%로 빨라졌다는 것이었다.

이 추계의 근거가 된 출생과 사망 기록은 (1925년을 기준으로 했을 때) 전체 남성 인구의 0.004%밖에 되지 않는 소수의 남자들에 관한 것이다. 뿐만 아니라 이 남성들은 모두 양반이라는 특권 계층에 속한 사람들이다. 그 중에서도 20세가 될 때까지 죽지 않고 살아 남아 결혼도 할 수 있었던 운이 좋은 사람들이었다. 차명수(2009)는 물론 샘플의 이런 특성 때문에 발생할 수 있는 바이어스를 제거하기 위해 필요한 조정을 했다. 그러나 그 조정은 많은 경우 근거가 확실하지 않은 가정을 바탕으로 한 것이다.

족보 샘플을 이용한 차명수(2009)의 조선 후기 인구 증가율 추계의 오차 범위는 상당할 것으로 보이지만, 다음과 같은 세 가지 사실에 비추어 보았을 때 18, 19세기에 일어난 인구 변화의 현실로부터 동떨어진 엉뚱한 것은 아닌 것 같다. 우선 후기 조선은 중화 제국의 일부로서 중국에서 수입된 제도, 정책, 문화 위에 세워진 나라였다. (제7장 2절에서 보다 상세히 설명하듯이) 조선 후기에 일어난 마이너스 성장은 중화 제국 전체의 추세를 반영하는 것이었다. 그러므로 우리나라 인구 증가율 추계가 중국 인구 증가율 추계와 크게 다르다면 그것은 그 추계의 신뢰성을 의심하게 하는 이유가 될 수 있을 것이다. 18, 19세기 중국 인구 증가율 추계치는 0.55%로서 차명수(2009)의 조선 후기 인구 증가율 추계 0.62%와 유사하다.[37] 게다가 이미 앞에서 보았듯이 차명수(2009)의 18, 19세기의 우리나라 출산력 및 사망력 추계는 인구 변천이 시작되기 전 중국과 비슷하다.

둘째, 이영훈(1988: 제7장)에 따르면 19세기에 일인당 경작 면적은 줄어들고 있었는데, 이는 제한된 경작지를 이용하는 사람 수가 증가했음을 말하는 것이다. 인구가 증가해서 경작지가 부족해지면 사람들이 숲을 경작지로 전환시키므로 삼림이 황폐화되는 경향이 있다. 인구 증가에 따른 땔감이나 기타 목재 수요 증가 또한 삼림 파괴의 원인이 된다. (제4장에서 설명하듯이) 조선 후기에는 삼림이 황폐화되었을 뿐 아니라 그 속도는 1800년 이후 더 빨라졌다. 19세기 들어 경작지와 땔감이 부족해지자 산림 이용을 둘러싼 소송(산송, 山訟)이 자주 발생했다.[38]

세 번째 사실은 [그림 2-3]에서 본 실질 임금과 [그림 2-4]에서 본 지대 하락 속도 사이의 차이와 관련되어 있다. 인구가 증가하면 토지에 비해 노동이 풍부하게 되므로 임금이 지대에 비해 상대적으로 싸질 것이다. 그리고 인구가 빠르게 증가할 수록 임금/지대 비율도 빠르게 하락할 것이다. 18, 19세기에는 실질 임금과 지대가 모두 하락했는데, 임금 하락 속도가 더 빨라서 임금/지대 비율이 떨어졌고 이는 조선 후기에 인구가 증가했음을 말해준다. 18, 19세기에 걸쳐 지대가 떨어지는 속도는 크게 달라지지 않았지만 실질 임금 하락 속도는 1800년 이후 현저히 빨라졌다. 바꾸어 말하면 임금/

37) 중국 인구 증가율은 McEvedy & Jones(1978: 167)에 제시된 1700년의 인구 추계 1.6억 명과 1900년의 인구 추계 4.75억 명을 이용해 계산했다.
38) 산송에 관해서는 김경숙(2002)을 보라.

지대 비율은 1800년 이후 더 빠르게 떨어졌고, 이는 18세기보다 19세기에 인구가 더 빠르게 증가했음을 시사한다.[39)]

차명수(2009)의 조선 후기 인구 추계가 보여 주는 추세는 이보다 30여 년 전에 발표된 그리고 보다 잘 알려진 권태환 · 신용하(1977)의 추계에서 나타나는 것과 상당히 다르다. 권태환 · 신용하(1977)의 추계에 따르면, 조선 인구는 18세기에 증가한 뒤 19세기에 정체했고 18, 19세기 동안 인구는 매우 느린 속도로밖에는 증가하지 않았다.

권태환 · 신용하(1977)의 조선 시대 인구 추계는 『호구총수(戶口總數)』나 『조선왕조실록(朝鮮王朝實錄)』 등에 실려 있는 조선 정부의 인구 추계를 바탕으로 한 것이다. 앞서 지적했듯이 조선 정부가 파악한 인구는 실제 인구의 절반에도 미치지 못했는데, 이를 보여 주는 것이 1905년 일본인 지배자들이 파악한 인구가 1904년에 조선 정부가 파악한 인구의 약 2.2배에 달했다는 사실이다. 권태환 · 신용하(1977)는 1905년의 인구 조사에도 상당 수의 사람들이 누락되었을 가능성을 감안해서 조선 정부 인구 추계에 2.5를 곱해 조선 시대 인구를 도출했다. 조선 왕조는 인구 총수뿐 아니라 호(戶) 총수도 발표했다. Michell(1989)은 총호에 7.95를 곱해 총인구를 추계했다.[40)] 이렇게 구한 Michell(1989)의 인구 추계는 권태환 · 신용하(1977)의 추계보다 약간 작지만 두 인구 추계는 비슷한 추세를 따라 변하고 있다. 그래서 1700-1910년간 인구 증가율은 권태환 · 신용하(1977) 추계에 따르면 0.09%, Michell(1989)의 추계에 따르면 0.05%로 크게 다르지 않다. 반면 차명수(2009)의 인구 추계는 1700-1900년간 인구가 연 0.62%씩 증가했음을 말하고 있다. 출산율과 사망률 추계를 바탕으로 한 차명수(2009)와는 달리 권태환 · 신용

39) 제3장의 부록 5에서는 이 문단의 추론을 수식을 이용해 설명한다.
40) 이 배율을 도출한 근거는 Michell(1989: 13)을 보라.

하(1977)와 Michell(1989)의 추계는 공식 통계를 부풀려서 구한 것이므로 인구 변화의 원인에 대해서는 알려 주는 바가 없다.

공식 호구 통계를 일정한 비율로 부풀려서 인구를 추계하는 절차가 타당하려면 조선 왕조의 호구 파악의 완전성 – 혹은 불완전성 – 이 조선 후기 동안 변하지 않았다는 가정을 할 수 있어야 한다. 인구 조사의 완전성이란 정부의 통치 능력을 나타내는 것인데, 18, 19세기 동안 정부의 행정력이 일정하게 유지되었다는 가정은 별로 설득력이 없다. 영조(재위 기간 1724-76) 같은 부지런한 왕이 있었던 반면 강화 도령 철종(재위 기간 1849-64) 같은 무능한 왕도 있었다는 것은 잘 알려진 사실이기 때문이다.

권태환 · 신용하(1977)가 인구 조사의 완전성이 시기별로 달랐으며 완전성의 변화를 감안하면서 인구를 추계할 필요가 있음을 고려하지 않았던 것은 아니다. 권태환 · 신용하(1977)는 호당 인구 수(=총인구 집계/총호구 집계)를 보면 조선 정부 인구 조사의 완전성이 어떻게 변했는지를 알 수 있을 것이라고 생각했다. 예를 들어, t해에 호당 인구 수(x_t)를 적게 파악했다는 것은 그만큼 조사를 충실히 하지 않았음을 보이 주는 것이라고 생각한 것이다. 그래서 권태환 · 신용하(1977)은 t해에 조선 정부가 발표한 공식 인구 집계를 부풀리는 배율(y_t)을 구하기 위해 $y_t=\exp(1.8038-0.2105x_t)$라는 지수 함수를 적용했다. 이 공식을 적용하면 x, 즉 호당 평균 인구가 커질수록(=인구 조사의 완전성이 높을수록) y, 즉 공식 통계를 부풀리는 정도는 작아질 것이다.

[그림 2-9]는 지수 함수를 적용해서 권태환 · 신용하(1977)가 도출한 부풀리기 배율을 보여 준다. 이 배율은 일정한 값에 고정되어 있지 않고 매년 변동한다. 그러나 변동 폭이 작아서 부풀림의 정도는 사실상 2.5에서 고정되어 있다고 말할 수 있을 정도다. 1800년 정조의 사망을 계기로 조선 정부의 행정 능력이 크게 악화되었다는 것을 모르는 사람은 거의 없다. 특히 1800

그림 2-9 권태환 · 신용하(1977)의 인구 추계/조선 왕조 인구 집계

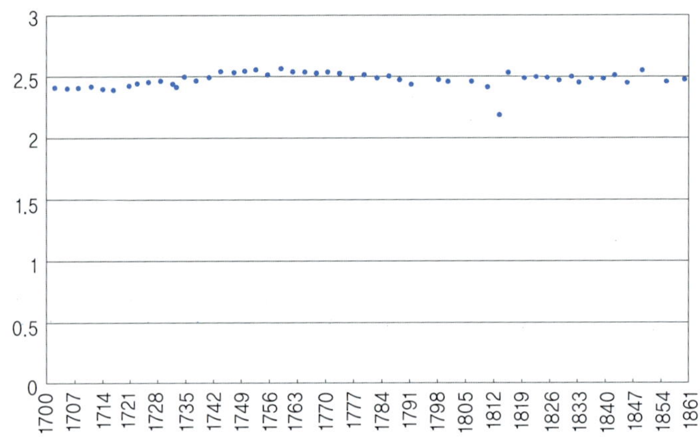

자료: 권태환 · 신용하(1977).

년 이후에는 세도 정치가 시작되었으며 농민 반란이 자주 발생했다. 그 결과 신분 제도와 호적 제도가 사실상 와해되었다. 이런 커다란 변화는 [그림 2-9]에서 찾아볼 수 없다.

McEvedy & Jones(1978: 178)는 3년 간격으로 작성된 조선 시대 호적 대장에 나와 있는 집계치는 1807년까지는 상당히 신뢰할 만하지만 이후 현실로부터 점점 멀어져 갔고 그래서 결국 20세기 초가 되면 실제 인구의 절반에도 미치지 못하게 되었다고 평가했다. 이는 부풀림 비율이 1800년 이전에 비해 이후에 훨씬 커야 한다는 것을, 그리고 19세기 동안 부풀림 비율이 점점 커져 가야 한다는 말이다.

McEvedy & Jones(1978: 177)는 19세기 조선 정부가 발표한 인구 총수가 과소평가치라는 점을 감안하고 조선 인구를 추계해서 1700년 6.25백만, 1800

년 7.5백만, 1900년 인구 12백만이라는 결과를 제시했다.[41] 이를 가지고 인구 증가율을 계산하면 18세기 0.18%, 19세기 0.47%, 18, 19세기 0.33%가 나온다. 이는 앞서 소개한 차명수(2009)의 인구 증가율 추계치보다 낮다. 그런데 McEvedy & Jones(1978)가 사용한 1900년 인구 추정치는 과소 평가치인 조선총독부의 현주 인구에 바탕을 둔 것이므로, 이 대신 차명수(2006)의 1910년 인구 추정치 16,467,610명을 가지고 인구 증가율을 계산하면 1800-1910년간 인구 증가율은 0.71%, 1700-1910년간 인구 증가율은 0.46%로 올라가 차명수(2009)의 인구 증가율 추정치에 보다 가까워진다.

앞서 설명했듯이 1800년 이후 실질 임금이 더 빠르게 떨어지고, 산림 파괴가 더 심각해졌으며, 산림 이용을 둘러싼 소송이 더 자주 발생했고, 농민 일인당 경작 면적이 축소되었다는 사실은 19세기가 인구 증가의 시기였음을 말한다. 이런 점에서 차명수(2009)의 인구 추계는 권태환 · 신용하(1977)와 Michell(1989)의 추계보다 현실에 가까운 것으로 보인다.

그러나 18, 19세기에 인구가 연 0.62%씩 증가했다는 차명수(2009)의 추계는 조선 후기의 인구 증가 속도를 과대평가하고 있는 것 같다. 여기에는 세 가지 근거가 있는데, 하나는 이 증가율을 1910년의 인구 추계에 적용해서 1700년의 인구를 계산해 보면 462만이 나오는 것으로, 이는 (실제 인구를 과소 평가하고 있을 가능성이 높은) 1699년의 조선 정부 추계치 577만보다 100만 명 이상 작기 때문이다. 둘째, 0.62%는 18, 19세기 중국 인구 증가율 0.55%와 비슷하지만 높다. 내륙 개발을 통해 경작지가 빠른 속도로 확대될 수 있었던 중국에 비해 경작지 확대의 가능성이 보다 제한되어 있었던 조선에서 인구가 더 빠르게 증가했다는 것은 납득하기 어렵다. 마지막으로, 앞서 설명한

41) McEvedy & Jones(1978)는 어떤 과정을 거쳐 이런 숫자를 얻었는지는 설명하지 않았다.

그림 2-10 우리나라 인구 증가율, 1700-2010

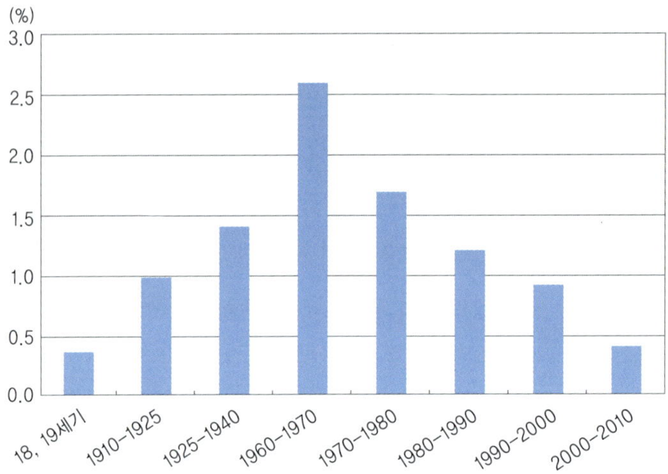

주: 18, 19세기의 인구 증가율은 지대와 임금 증가율을 바탕으로 추정한 수치; 식민지 시대는 외국인을 포함하지 않은 인구 증가율; 해방 후는 외국인을 포함한 인구 증가율.
자료: 차명수(2012); kosis.go.kr.

것처럼 인구 증가는 지대와 임금 증가율에 영향을 미치므로 조선 후기의 생산 요소 가격을 바탕으로 인구 증가율을 추정할 수 있다. 제3장의 부록 5에서 설명하는 절차를 밟아 추정한 18, 19세기의 인구 증가율은 0.36%였다.

[표 2-10]은 지금까지 소개한 인구 통계를 가지고 계산한 인구 증가율이 지난 3세기 동안 어떻게 변해 왔는지를 보여 준다. 사망력 변천이 진행되던 식민지기와 1960년대에는 인구 증가 속도가 점점 빨라졌지만 1960년대 후반부터 출산력 변천이 일어나면서 1960년대를 정점으로 인구 증가 속도가 지속적으로 떨어졌다. 이는 제1장의 [그림 1-4]에서 본 영국 인구 증가율 변화 패턴과 비슷하다. 이 그림은 우리나라가 1900년경까지 인구 순환의 첫 번째 단계(다산 다사의 단계)에 머물렀으며, 이후 두 번째 단계(다산 소사의 단

계)에 접어들었고, 1960년대에 세 번째 단계(소산 소사의 단계)에 진입했음을 말해 준다.

인구와 생활 수준

지금까지 이런저런 숫자들과 사실들을 소개했지만 줄거리는 간단하다. 즉, 18, 19세기 동안 일어난 신장 축소, 실질 임금 하락, 지대 감소는 조선 후기에 노동자, 농민뿐 아니라 양반들의 생활 수준도 꾸준히 하락했음을 알려 준다. 이와 대조적으로 20세기에는 모든 계층의 생활 수준이 나아졌고, 그 속도는 세계 다른 지역에서 보다 훨씬 빨랐으며, 해방 이전에 비해 이후에 훨씬 빨랐다. 1900년 전후 인구 변천이 시작되면서 인구 증가율은 점점 빨라져 사망력 변천이 1970년경 사실상 마무리되었다. 출산력 변천은 식민지기 말에 시작되어 1960년대에 본격화되었는데, 이때에 인구 증가율이 정점에 달했다. 그 뒤 인구 증가 속도는 다시 점점 느려졌다.

[그림 2-11]의 패널 A는 지난 3세기 동안 한반도의 남부에서 인구(가로 축)가 변하는 동안 쌀 임금(세로 축)은 어떻게 바뀌어 갔는지를 보여 준다. 조선 후기에 인구가 약 400만에서 1,000만으로 증가하는 가운데 쌀 임금은 하락했다. 그러나 20세기에는 남한 인구가 계속 증가하는 가운데 노동자 생활 수준이 향상되었을 뿐 아니라 그 속도도 빨라졌다. 패널 B는 이런 변화가 영국에서도 일어났음을 보여 준다. 1800년까지는 인구와 생활 수준 사이에 마이너스의 상관관계가 존재했었지만, 이후 인구와 생활 수준 사이의 상관관계가 플러스로 바뀌었다. 이런 변화는 왜 일어난 것일까?

그림 2-11 인구와 생활 수준

A. 우리나라, 1700-2010

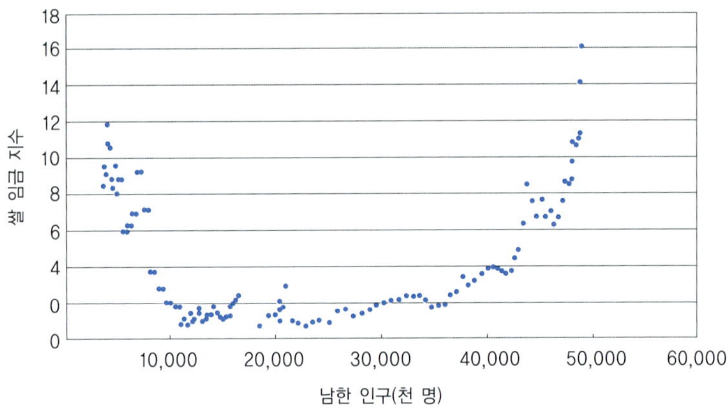

자료: 쌀 임금은 표 2-3과 같으며 인구는 제3장 부록 5, 조선국세조사보고서, 인구주택총조사보고서.

B. 영국, 1348-1860

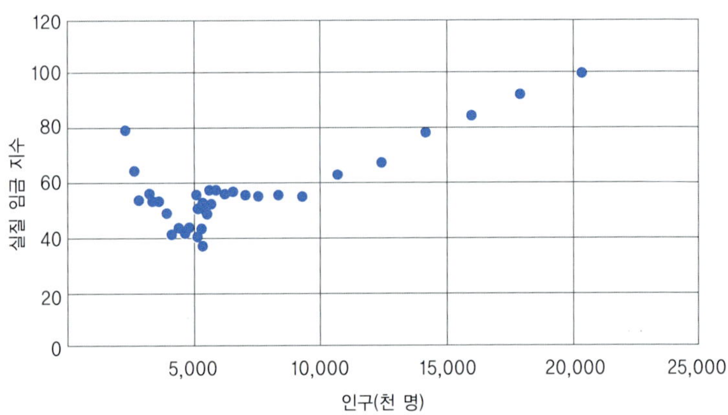

자료: 실질 임금 - Clark(2005); 인구 - Hatcher(1977: 68-9), Wrigley, Davies, Oeppen & Schofield(1997: 614, Table A9.1).

부록 1: 후생 비율

실질 임금은 명목 임금을 소비자 물가지수로 나누어 구한다. 실질 임금을 구하기 위해서는 노동자들이 소비하는 재화 가격을 가능한 한 많이 포함시키고 또 노동자들의 소비 패턴을 충실히 반영하는 가중치를 적용해서 만들어진 소비자 물가 지수를 사용하는 것이 바람직하다. 그런데 이런 소비자 물가 지수를 사용해서 도출한 실질 임금 지수는 서로 다른 나라에 살고 있는 노동자들 사이의 생활 수준 비교를 위해서 사용하기에는 적당하지 않다. 왜냐하면 이런 소비자 물가 지수를 적용해서 얻은 실질 임금의 국제적 격차가 무엇을 의미하는 것인지 해석하기 어렵기 때문이다.

예를 들어, 우리나라 노동자들은 김치를 먹지만 영국 노동자들은 먹지 않는다. 그래서 우리나라의 실질 임금을 계산하기 위해 사용한 소비자 물가 지수를 계산하는 데는 김치 가격이 들어가지만 영국 소비자 물가 지수 계산에는 들어가지 않는다. 김치 이외의 소비재는 모두 두 나라 노동자가 공통적으로 사용하고 이들 재화 가격과 명목 임금이 두 나라에서 같다면 김치가 포함된 우리나라의 소비자 물가 지수가 영국에 비해 높아지게 되고 우리나라의 실질 임금은 영국에 비해 낮아진다. 그러나 이런 계산 결과를 놓고 노동자 생활 수준이 우리나라가 영국에 비해 낮다고 결론지을 수 없을 것이다.

또 다른 예로서 두 나라가 있고 두 나라의 물가 수준과 명목 임금이 같을 뿐 아니라 노동자들이 소비하는 품목의 종류도 같다고 하자. 다른 것은 전체 소비에서 각 소비 품목이 차지하는 비중, 즉 소비 가중치뿐이라고 하자. 이는 두 나라 노동자들의 선호, 즉 취향의 차이를 나타낸다. 이 경우 소비 가중치 차이는 소비자 물가 지수 격차를 가져올 것이고, 따라서 두 나라 사이에 실질 임금 수준 격차가 생겨난다. 이 격차를 생활 수준 차이로 해석할 수 있을까?

이런 이유 때문에 지역 간 생활 수준 비교를 목적으로 하는 기존 연구들은 비록 현실적으로는 지역 간 소비 패턴과 자연 조건이 다르다는 것을 알면서도 공통적으로 소비되는 품목을 선정하고 여기에 동일한 가중치를 적용해서 소비자 물가 지수를 계산했다. 그 예로서는 19세기 말 보스턴에서 뉴올리언즈에 이르는, 그리고 뉴욕에서 샌프란시스코에 이르는 미국 전역 12개 도시의 실질 임금을 비교한 Rosenbloom(1990), 19세기 말과 20세기 초에 걸쳐 인도 전역과 미얀마 각지의 실질 임금 격차의 추이를 추적한 Collins(1999), 식민지기 남북한의 8대 도시의 실질 임금을 추계한 차명수(2011c)가 있다. 이 같은 방법을 적용한 것은 지역 간 소비 패턴의 차이를 무시하는 데 따르는 비용에 비해 그것이 가져다 주는 편익 – 즉, 계산이 간단할 뿐 아니라, 그리고 계산 결과를 해석하기 쉽다는 점 – 이 더 크다고 보기 때문이다.

그러나 지역 간 소비 패턴이 현저히 다른 경우 이를 무시한 채 동일한 품목들을 선정해서 동일한 가중치를 적용하면 편익에 비해 비용이 더 커질 수 있다. 그래서 Allen(2001)은 자연 조건과 생활 패턴이 다른 유럽 내 17개 도시에서 공통적으로 소비되는 12개 품목을 선정하고 이 상품들의 가격에 기본적으로 동일 가중치를 적용해서 근대 초기에서 20세기 초에 이르는 기간 동안의 소비자 물가 지수를 계산하면서 몇 가지 예외를 두었다. 예를 들어, 따듯한 남쪽 도시들에서는 북쪽 도시들에 비해 연료 사용량을 현저히 낮추었으며 버터 대신 올리브 기름을, 맥주 대신 와인을 소비 품목으로 대체했다.

유럽과 동아시아 사이에는 유럽 남부와 북부 사이에 비해 훨씬 큰 소비 패턴 차이가 존재한다. 아시아 많은 지역에서는 주식으로 소비되는 쌀이 유럽에서는 거의 소비되지 않는다. 반면 유럽 노동자들의 식생활에서 중요한 역할을 하는 맥주, 우유, 치즈 등은 아시아에서는 거의 알려져 있지 않았다. 그러므로 유럽과 아시아에 공통된 품목만을 선정해서 동일한 가중치를 적용한 소비자 물가 지수를 만들 수 있다 하더라도 이는 사실상 의미도 쓸모도 없는 숫자가 되어 버린다. 두 지역 노동자 생활 수준을 비교하기 위해서 Allen et al.(2011)은 어느 지역 어느 시대에나 "최소 생계비(cost of subsistence)"라는 개념을 생각할 수 있으며, 따라서 비교를 위한 공통 분모로서 이를 활용할 수 있을 것이라는 점에 착안했다. Allen et al.(2011)은 우선 유럽형 최소 생계 소비 패턴과 아시아형 최소 생계 소비 패턴을 식별해 냈다. 나아가 Allen et al.(2011)은 유럽과 아시아 사이에서뿐 아니라 아시아 내에서도 소비 패턴의 격차가 있음을 무시하기 어렵다고 보고 쌀이 주곡으로 포함되어 있는 최저 생활 패턴과 고량(高粱)이 포함되어 있는 최저 생활 패턴을 구별했다.

Allen et al.(2011)은 이 세 가지 최소 생계 소비 바스켓을 구입하기 위해 필요한 각 도시들에서의 비용을 계산하고 이를 가지고 명목 임금을 실질 임금으로 바꾸었다. 이렇게 나온 실질 임금 지수가 1보다 큰지 작은지는 임금이 최소 생계를 보장하는 수준인지 아닌지를 말해 준다. 이 실질 임금 지수를 후생 비율(welfare ratio)이라고 부른다. 후생 비율은 유럽과 아시아의 도시들에서 일하는 노동자들이 받는 명목 임금을 가지고 최저 생활 수준의 몇 배에 해당하는 생활 수준을 누릴 수 있는지를 보여 준다는 점에서 소비 패턴이 현저히 다른 나라 또는 지역들 사이의 국제 비교를 가능하게 한다.

Allen et al.(2011)의 쌀을 주식으로 하는 아시아형 최저 생계 패턴은 쌀 171kg, 콩20kg, 육류 3kg, 식용유 3kg, 비누 1.3kg, 면제품 3미터, 양초 1.3kg,

등유 1.3kg 그리고 3백만BTU(=British thermal unit)의 발열량을 가지는 연료가 포함되어 있다. Cha(2014a)는 이를 이용해 20세기 초 동아시아 주요 도시들의 최소 생계비를 계산하고 이로써 비숙련 노동자 명목 임금을 나누어 후생 비율을 계산했다. 그 결과는 [그림 2-12]와 같다.

[그림 2-12]에서 패널 A는 일본 제국 내 4대 도시 – 도쿄, 서울, 타이베이, 달리안(大連)의 후생 비율을 비교해서 보여 준다. 20세기 초 도쿄, 서울, 타이베이의 후생 비율은 1.5 내외로 세 도시들 사이의 차이는 미미하다. 이에 비해 달리안 노동자들의 후생 비율은 이 세 도시의 두 배, 즉 3에 달했다. Allen et al.(2011: 27)이 계산한 영국의 후생 비율은 20세기 초에 8 정도였다. Maddison Project database에 따르면 1990년 국제 물가 수준으로 표시한 1911년 일인당 생산은 영국에서 4,709달러, 일본에서 1,356달러, 타이완에서 789달러, 우리나라에서 455달러였다. 일인당 생산이 보여 주는 생활 수준 격차와 후생 비율이 말해 주는 격차 사이에는 상당한 차이가 있는데 그 원인을 밝히는 일은 흥미로운 연구 과제로 남아 있다.

이차 대전 발발 이전 달리안에서는 생활 수준이 꾸준히 하락했지만 도쿄에서는 상승했고 서울과 타이베이에서는 정체했다. 20세기 초 달리안의 노동자 생활 수준이 일본 제국 내 다른 지역에 비해 높았던 것은 만주의 낮은 인구 밀도와 관련되어 있다. 달리안의 후생 수준 하락은 화북 지방으로부터 노동자들이 만주로 유입되면서 노동 공급이 늘어나 실질 임금이 떨어지는 과정을 반영한다. 일본에서 후생 비율이 올랐던 것은 빠른 기술 발전에 힘입은 것이다. 서울과 타이베이의 후생 비율 정체는 사망력 하락에 따른 빠른 인구 증가의 결과다(Cha, 2014a).

[그림 2-12]의 패널 B는 달리안의 후생 비율을 베이징, 상하이, 광둥(廣東)과 비교해서 보여 준다. 중국에서는 만주로 노동자들이 빠져나가고 있었음

그림 2-12 동아시아 주요 도시의 비숙련 노동자 후생 비율, 1900-39

A. 일본 제국

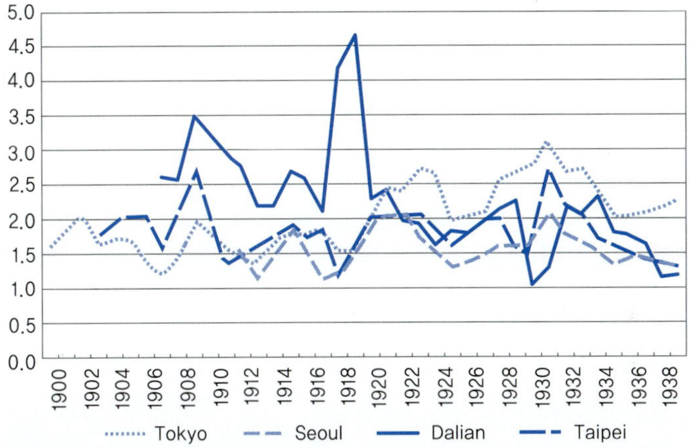

B. 중국과 만주

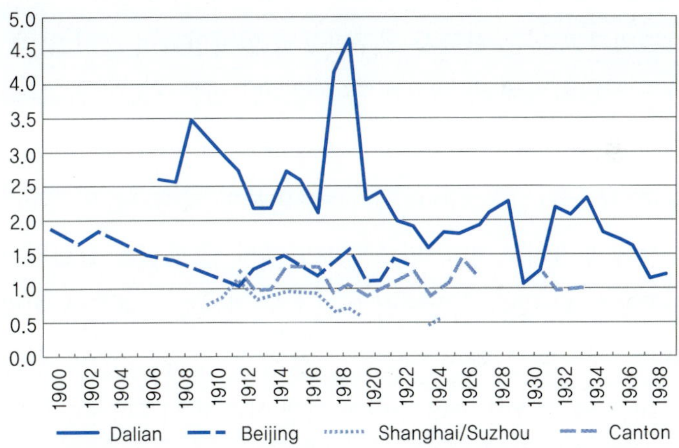

자료: Cha(2014a); gpih.ucdavis.edu.

에도 불구하고 후생 비율이 (달리안에서처럼 빠르지는 않았지만) 하락하는 경향을 보였다. 도쿄, 서울, 타이베이와 비교했을 때 중국 도시들에서의 후생 비율은 상당히 낮은 편이었다.

부록 2: 식민지기 생활 수준 추세에 관한 비관론 재검토

제1절에 제시된 많은 증거들은 식민지기에 최하 소득 계층의 조선인들도 생활 수준 향상을 경험했음을 말해 준다. 무엇보다 물질적으로 혜택을 받지 못한 사람들이 대부분이었을 것으로 짐작되는 행려 사망자들의 신장이 식민지기에 2센티미터 정도 증가했다. 그리고 지게꾼, 인부 같은 조선인 막 노동자들의 실질 임금이 상승했다.

그럼에도 불구하고 일본 지배 아래서 조선인들의 생활 수준은 점점 나빠지고 있었다고 믿는 한국사 연구자들과 일반인들이 적지 않다. 그 근거 중 하나는 식민지기에 쌀 생산이 증가했지만 일본으로의 쌀 수출이 더 빨리 증가해서 조선 내의 일인당 곡물 사용량(per capita rice availability)이 감소 경향을 보였다는 "사실"이다(Kimura, 1993). 일본인 지배자들은 우리나라에서 수리 시설에 투자하고 화학 비료를 보급해서 쌀 생산을 늘렸지만 생산이 증가한 폭보다 더 많이 수탈해서 일본으로 가져갔기 때문에 이런 결과가 빚어졌다는 것이다. 그래서 식민지 시대의 쌀 수출은 "기아 수출"이라고 하는데, 이는 쌀 수출이 국내 소비의 희생 아래서 이루어졌다는 것을 강조하는 표현이다.

그러나 식민지기에 일인당 쌀 사용량이 추세적으로 감소했다는 주장은 사실이 아니며, 적어도 이차 대전 발발 이전까지는 조선 총독부가 쌀을 수탈했다는 주장도 사실이 아니다. 일본으로의 쌀 수출은 적어도 지주와 농민들이 스스로의 계산과 선택에 따라 시장에 내다 판 쌀이 일본으로 수출되어 간 것이며 종래의 일인당 쌀 사용량 계산은 잘못된 숫자에 근거를 둔 것이다.

일인당 곡물 사용량은 총곡물 생산에서 곡물 수출을 빼고 곡물 수입을 더한 뒤 인구로 나누면 얻을 수 있다. 한 사람 앞에 돌아가는 곡물의 양을 계산하는 데 필요한 이 네 가지 통계들은 모두 식민지기 초기에 빠른 속도로 증가하는데, 본문에서 이미 지적했듯이 이 증가율은 실제의 증가율보다 빠를 가능성이 대단히 높다. 식민지기 초기, 특히 1910년대에 조선 총독부의 행정 조직이 차츰 자리를 잡으면서 조선 전체에 대한 정보를 수집하는 능력이 향상되었기 때문이다. 이제까지 한 사람 앞에 돌아가는 쌀 사용량을 계산할 때 분자에 들어가는 쌀 생산은 1910년대의 과소평가를 바로잡은 수정치를 사용하는 것이 보통이었다. 그러나 분모에 들어가는 인구는 총독부 통계 연보의 연말 상주 인구를 그대로 사용하거나 아니면 石南國(1972)의 추계를 사용해 왔다. 그런데 제3절에서 설명했듯이 이 두 인구 통계는 모두 식민지기 초기 인구 규모를 과소평가하고 있기 때문에 이를 적용해서 계산한 식민지기 초기의 일인당 곡물 사용량은 과대평가치가 된다. 바로 이 때문에 식민지기에 일인당 곡물 사용량은 감소 추세를 따른 것처럼 보이게 되는 것이다. 차명수(2009)가 족보의 사망력 정보를 활용해서 추계한 1910-20년간의 인구 추계와 1925년 이후 센서스 인구 추계를 가지고 일인당 곡물 사용량을 계산해 보면 하락 추세는 사라진다(Cha & Kim, 2012: 70, Figure 3).

게다가 식민지기에 사망률이 떨어지면서 전체 인구에서 차지하는 20세 미만 인구의 비중이 증가했는데, 이런 상황에서 국내에 공급된 곡물량을 단순히 인구로 나누면 일인당 곡물 사용량 증가 속도가 과소평가된다(=

일인당 곡물 사용량 감소율이 과대평가된다). 왜냐하면 20세 미만 인구 한 사람이 사용하는 곡물량은 20세 이상 인구 한 사람의 사용량보다 적기 때문이다. 그러므로 연령대별로 곡물 사용량이 다르며 식민지기에 전체 인구에서 미성년 인구의 비중이 증가했다는 사실을 감안해서 식민지기의 일인당 곡물 사용량을 계산한다면, 식민지기에 일인당 곡물 사용량은 감소가 아니라 증가 추세를 따랐을 가능성이 있다.

일인당 곡물 사용량은 일인당 곡물 소비(consumption)와 혼동하기 쉽지만 이 둘은 다르다. 가령 쌀 사용량에는 (밥을 짓거나 떡을 만들어 먹기 위한) 쌀 소비뿐 아니라 (술을 만들기 위한) 중간재로서의 쌀 사용이 포함된다. 주익종(2006)은 식민지 조선에서 일인당 곡물 소비는 감소했지만, 감자, 고구마, 육류, 과실, 채소의 소비가 빠르게 증가해서 일인당 식량 소비는 증가 추세를 따랐음을 보였다.

기아 수출을 주장하는 사람들에 따르면 식민지기에 조선인들의 주식으로서 쌀 대신 조가 점점 더 중요해져 갔다고 한다. 주익종(2006)의 추계는 이것이 사실이 아님을 보여 준다. 쌀에 대한 조 소비 비율은 식민지기 초기에 증가했지만 후기 들어 하락해서 전 기간에 걸쳐서는 상승하지도 하락하지도 않았다. 차명수(2011a)는 쌀에 대한 조의 상대 가격이 식민지기 초기에는 하락하다가 후기에는 상승했음을 지적하고 주익종(2006) 추계에 나타난 곡물 소비 구성 변화 추세는 상대 가격 변화에 따른 대체 효과의 결과라고 주장했다.

식민지기에 조선인들의 생활 수준이 하락했음을 시사하는 또 다른 증거는 지주가 아닌 농민들의 1인당 소득이 감소했다는 Kimura(1993)의 계산 결과이다. 이에 따르면, 호당 쌀 소득은 증가했지만 밭작물로부터 얻은 소득이 크게 감소해서 농민 1인당 소득이 감소했다. Kimura(1993)는 밭 작물 소득 감소 원인이 1인당 밭작물 생산이 정체했기 때문이 아니라 상대 가격 악화에 있다고 주장했다. 그러나 김낙년 편(2006)에 제시된 피셔 연쇄지수를 이용한 밭작물 디플레이터는 다른 재화 가격에 비해 그렇게 크게 하락하지 않았으며, 1인당 밭 작물 생산은 상대 가격 하락을 상쇄하고 남을 만큼 증가했음을 보여 준다.

마지막으로 식민기기 소득 분배 악화를 주장하는 가장 극단적인 숫자는 1910-41년 조선인 1인당 쌀 생산량이 33.2%가 감소했다는 허수열(2005: 116)의 주장이다. 이 계산은 분자(총 쌀 생산)와 분모(인구)에 모두 커다란 문제를 안고 있으며, 따라서 그 결과는 현실과 동떨어진 것이다. 우선 계산 과정을 재현해 보면, 분자에 들어가는 조선인 총농업 생산을 계산하기 위해서 일본인 지주 소유 토지의 토지 생산성이 조선인 소유 토지 생산성의 4.6-5.7배나 된다는 가정을 사용하고 있음을 알 수 있다. 그런데 이런 가정을 뒷받침할 만한 증거는 없으며, 이는 자신이 제시한 증거 – 예컨대, 수리조합 구역 내 민족 간 토지 생산성 격차가 17%였다는 사실 – 와도 모순된다.[42] 둘째, 분모인 조선 농민 수를 보면 1910-41년 연 1.6%의 속도로 증가했다고 되어 있다. 이는 1910년의 인구 규모를 과소평가한 石南國(1972)의 총인구 증가율 1.38%보다도 현저히 빠른 것이다. 게다가 (제3장에서 설명할) 식민지기 구조 변화의 결과 조선 후기 약 3%에 불과했던 도시 인구 비중은 1940년 16%로 증가했다. 이는 농업 인구 증가율이 전체 인구 증가율보다 현저히 느릴 것이라는 사실을 의미한다. 마지막으로, 20세 미만 인구 비중이 증가했는데 20세 미만의 사람이 공급하는 노동력은 성인 한 사람이 공급하는 노동력보다 작으므로 농업 인구 증가 속도보다는 성인 농업 인구 증가 속

42) 이는 벼 1석을 현미 1석으로 오해한 결과인 것 같다.

도가 느릴 것이라는 사실도 고려하고 있지 않다. 이들 요인들을 고려해서 성인 조선인 농민의 일인당 생산을 다시 계산해 보면 상승 추세를 따름을 알 수 있다(김낙년, 2005).

3

자본과 기술

맬서스의 덫
근대적 경제 성장
투입, 산출, 생산성
구조 변화
임금, 이자, 지대
직접적 원인과 근본적 원인
부록

조선 후기에는 왜 양반들이나 농민들이나 모두 다 살기가 어려워졌을까? 20세기 들어 모든 계층의 삶이 윤택해진 원인은 무엇일까? 왜 식민지기에 비해 해방 이후 일인당 생산이 훨씬 더 빠르게 증가했을까? 인구와 생활수준 사이의 상관관계는 왜 1900년을 경계로 마이너스에서 플러스로 바뀌었을까? 이런 질문들에 답하기 위해서는 "생산 함수(production function)"가 무엇인지를 알아야 한다. 이 장에서는 생산 함수가 무엇인지를 설명하고 이를 바탕으로 맬서스적 정체(Malthusian stagnation)와 근대적 경제 성장(modern economic growth)이 어떻게 다른지를 구별한다. 그리고 20세기 우리나라에서 일어난 근대적 경제 성장은 자본 축적과 기술 발전에 힘입은 것이었으며 조선 후기에 진행된 맬서스적 후퇴는 자본이 파괴되었기 때문이거나 기술이 퇴보했거나 아니면 둘 다가 동시에 일어났기 때문이었음을 설명한다. 마지막으로 20세기 우리나라에서 일어난 생산 구조의 변화 역시 기술 발전 및 자본 축적과 밀접히 연결되어 있었음을 보인다.

맬서스의 덫

일정한 면적의 경작지에서 농민들이 일을 해서 농산물을 생산하는 나라가 있다. 농토와 농민들의 노동을 생산 요소(factors of production) 또는 투입(input)이라고 하며, 노동과 토지가 결합하여 생산하는 농산물을 산출(output)이라고 한다. 생산 요소 투입과 산출 사이의 관계, 즉 토지와 노동을 각각 몇 단위씩 투입했을 때 몇 단위의 산출을 얻을 수 있는지를 표현하는 식을 생산 함수라고 한다.

인구 증가는 노동 투입 증가를 가져온다. 노동 투입이 증가하면 물대

그림 3-1 **인구와 생산**

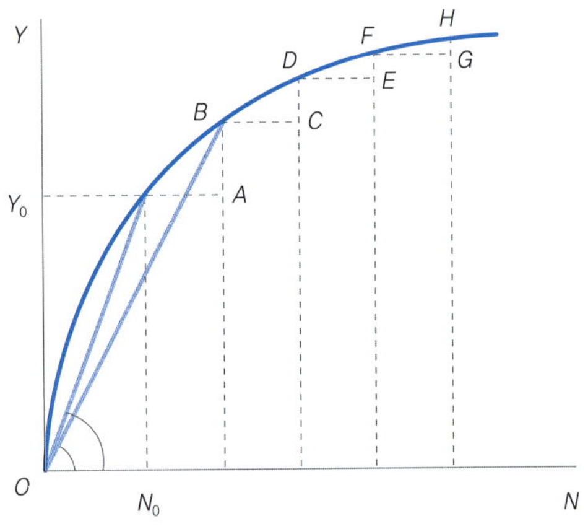

기, 풀뽑기, 건초 생산 등 작업이 보다 충실하게 이루어지므로 산출이 증가한다. 그런데 노동 투입이 늘어남에 따라 생산량이 비례적으로(=같은 속도로) 늘어나지는 않는다. 일하는 사람이 늘어나면 생산량이 늘어나지만 생산량 증가 속도가 점점 느려지는 것이 보통이다. [그림 3-1]은 이런 상황을 나타낸다.

[그림 3-1]에서 가로 축은 주어진 경작지에서 일하는 사람 수(*N*)를, 세로 축은 그 노동자들이 생산해 낸 곡식의 양(산출=생산, *Y*)을 나타낸다. 이 공간에 그려진 가로 축에 대해 오목한 곡선은 노동자 수가 바뀜에 따라 생산량이 어떻게 바뀌는지, 즉 생산 함수를 나타낸다. 노동자가 N_0명 일하고 있을 때의 총생산은 Y_0이며, 여기에 일하는 사람이 한 명 더 투입되면 생산은 *AB*만큼 증가해서 Y_1이 된다. 한 명이 더 추가되면 생산은 *CD*만큼밖에 증가하지 않으며, 이후에 노동자 한 명이 추가 투입되는 데 따른 생산 증가 효과는

EF, *GH*와 같이 감소해 간다. 한 마디로 고용을 늘리는 데 따른 생산 증가 효과는 점점 약해져 가는데, 이런 현상을 노동의 한계 생산 체감(declining marginal product of labor)이라고 한다. 여기서 노동의 한계 생산이란 노동자 한 명이 더해짐으로써 발생하는 생산 증가 효과, 즉 *AB*, *CD*, *EF* 등을 가리킨다.

위 그림에서 N_0명의 노동자가 일해서 Y_0를 생산했다면 한 사람 앞에 돌아 가는 생산물의 양(=일인당 생산)은 Y_0/N_0가 된다. 이를 나타내는 것은 원점 *O*와 *A*점을 이은 직선의 기울기다. 인구가 한 명 늘어 노동자가 한 사람 더 일을 하게 되면 이때의 일인당 생산은 *OB*의 기울기와 같은데 *OB*의 기울기는 *OA*의 기울기보다 작다. 노동의 한계 생산이 체감하기 때문에 일정한 경작지 위에서 일하는 사람들의 수가 증가하면 한 사람 앞에 돌아가는 생산물의 양(=일인당 생산), 즉 생활 수준은 하락한다. 이 같은 현상을 영국 경제학자 맬서스(Thomas Robert Malthus, 1766-1834)는 『인구론(*An Essay on the Principle of Population*)』에서 인구는 토끼 걸음으로, 식량 생산은 거북이 걸음으로 증가하기 때문에 인구 증가는 생활 수준 하락을 가져온다고 표현했다. 제2장에서 북한과 조선 후기에 인구 증가와 생활 수준 악화가 동시에 진행되었음을 설명했다.

경작지 면적이 일정한데 인구가 감소하면 생활 수준이 향상될 것이다. 영국에서는 14, 15세기에 흑사병 때문에 인구의 1/3 정도가 죽었고, 이 기간에 노동자들의 실질 임금이 두 배 정도 뛰었다. 16세기에 다시 영국 인구가 증가하면서 실질 임금은 절반 수준으로 떨어졌다.[1] 한 마디로 경작지 면적을 포함한 다른 조건들은 일정하고 인구만 변하는 경우 인구와 생활 수준 사이에는 음의 상관관계(negative correlation)가 나타난다.

1) Clark(2009: 30, Figure 2-6)와 이에 관한 설명을 보라. 이 책의 우리말 번역판이 나와 있지만 오역이 많다.

그림 3-2 맬서스의 인구 모형

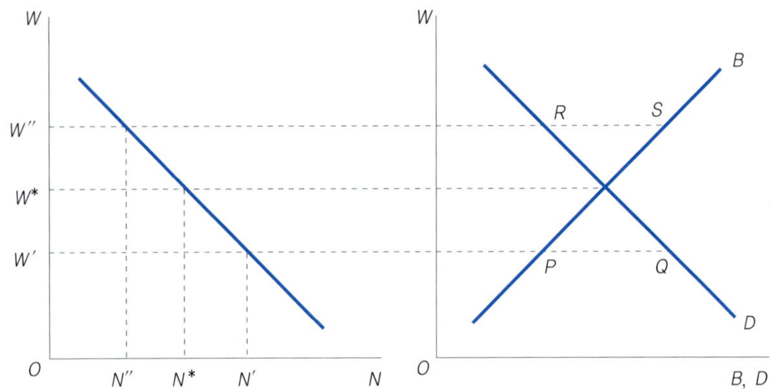

[그림 3-2]의 왼쪽 패널에 그려진 마이너스 기울기를 갖는 선은 토지 면적이 고정되어 있을 때 (가로 축에 표시된) 인구(*N*)가 증가하면 노동의 한계 생산이 감소하기 때문에 (세로 축에 표시된) 생활 수준(*w*)이 떨어지는 음의 상관관계를 나타낸다. 이를 생활 수준 곡선이라고 하자. [그림 3-2]의 오른쪽 패널에서 가로 축은 조출산율(*B*) 또는 조사망률(*D*)을 표시하며, 세로 축은 생활 수준을 나타낸다. 두 개의 곡선 중 마이너스 기울기를 가지는 것은 사망력 곡선이다. 사망력 곡선은 생활 수준이 떨어지면 사망력이 오름을 나타낸다. 먹을 것이 부족해지면 굶어 죽는 사람, 병들어 죽는 사람이 증가해서 사망률이 증가한다. 플러스의 기울기를 가지는 것은 출산력 곡선이다. 출산력 곡선은 생활 수준이 오르면 출산력이 증가함을 나타낸다. 소득이 올라가면 더 많은 아이를 키울 수 있고 또 잘 먹으면 임신할 가능성이 높아진다.

왼쪽 패널에서 만일 인구가 N'라면 생활 수준은 w'가 된다. 오른쪽 패널에서 생활 수준이 w'라면 조사망률이 조출산율보다 PQ만큼 높으므로 인구가 감소한다. 왼쪽 패널에서 인구 감소는 생활 수준을 향상시킨다. 오른쪽 패널에서 생활 수준 향상은 조사망률을 하락시키고 조출산율을 상승시킨다. 그래서 인구 감소 속도(=조사망률−조출산율)가 떨어진다. 생활 수준이 w^*에, 인구가 N^*에 도달하면 조사망률과 조출산율이 같아져 인구 감소는 멈추게 된다.

왼쪽 패널에서 인구가 N''라면 생활 수준은 w''가 된다. 오른쪽 패널에서 조사망률이 조출산율보다 RS만큼 낮으므로 인구가 증가한다. 왼쪽 패널에서 인구 증가는 생활 수준을 하락시킨다. 오른쪽 패널에서 생활 수준 하락은 조사망률을 올리고 조출산율을 떨어뜨려 인구 증가 속도(=조출산율−조사망률)가 느려진다. 생활 수준이 w^*에, 인구가 N^*에 도달하면 인구 증가는 다시 멈추게 된다. 당초에 어떤 크기의 인구에서 출발하더라도 시간이 흐르면 결국 인구는 N^*로, 생활 수준은 w^*로 되돌아간다.

한 마디로 토지 면적이 일정할 때 인구 증가나 감소는 지속적일 수 없다. 그것은 균형 수준 N^*를 중심으로 한 일시적인 것일 수밖에 없다. 이런 인구 변동을 "인구 순환(demographic cycle)"이라고 한다. 생활 수준도 장기간 향상되거나 하락할 수 없다. 생활 수준은 균형 수준 w^*를 중심으로 오르내린다. 맬서스 『인구론』의 요점은 이렇게 정리할 수 있다. 그래서 장기적으로 생활 수준이 정체하는 상황을 가리켜 맬서스적 정체(Malthusian stagnation) 또는 맬서스의 덫(Malthusian trap)이라고 한다. [그림 3-2]로 표현되는 맬서스의 인구 변동 모델은 산업 혁명 이전 영국에서 실질 임금과 인구가 지속적으로 감소하거나 증가하지 못하고 일정 수준을 중심으로 증감을 반복했던 현실을 배경으로 등장했다.

키가 큰 사람은 넙다리뼈(femur), 팔뼈(humerus and radius)가 길고 키가 작은 사람은 그 뼈의 길이가 짧은 것이 보통이다. 그러므로 무덤에서 나온 뼈의 길이를 가지고 과거 사람들의 신장을 추정할 수 있다. 지금까지 이루어진 연구 결과를 종합해 보면, 인류의 평균 신장은 약 1800년경까지 증가하거나 수축하는 추세를 보이지 않았으며 19세기 들어서 비로소 지속적으로 증가하기 시작했다(Clark, 2009: 60-1).[2] 이는 1800년경까지 맬서스의 주장대로 인류의 생활 수준이 장기간 정체했음을 알려 준다. 그러나 [그림 1-3]은 세계 인구가 1800년 이전에도 (이후처럼 빠르지는 않지만) 꾸준히 성장해 왔음을 보여 주었다. 이는 맬서스의 주장과 어긋나는 것처럼 보인다. 그러나 생활 수준이 정체하는 가운데 인구가 증가한 것은 맬서스의 주장이 잘못되었음을 보이는 것이 아니며 그의 인구 이론을 가지고 잘 설명된다.

지금까지는 설명을 간단하게 하기 위해 경작지가 불변이라고 가정했지만 실제로는 세계 인구가 증가하는 과정에서 경작지도 꾸준히 증가했다. 인류는 아프리카에서 생겨나 지구의 다른 지역으로 서식 영역을 꾸준히 넓혀 왔는데, 바로 이것이 1800년 이전에도 인구가 지속적으로 증가할 수 있었던 원인이었다.

[그림 3-3]은 경작지가 확대될 때 어떤 변화가 일어나는지를 보여 준다. 경작지가 확대되면 한 사람이 사용할 수 있는 경작지가 넓어지므로 한 사람에게 돌아가는 생산물이 모든 노동 투입 수준에서 증가한다. 이는 [그림 3-3]의 왼쪽 패널에서 생활 수준 곡선이 위쪽으로 이동하는 것으로 나타낼 수 있다. 만일 당초 인구가 N^*에, 생활 수준이 w^*였다면, 생활 수준 곡선

2) 조선 시대 무덤에서 나온 뼈를 이용해 신장을 측정한 연구로서 박순영(2011)과 Shin, Oh, Kim & Hwang(2012)이 있다. 이 연구에 따르면 조선 시대 남성 성인 신장은 160센티미터 정도였는데, 이 유골이 몇 년경에 태어난 사람의 것인지는 밝히지 않고 있다.

그림 3-3 맬서스 세계에서 일어나는 경작지 확대와 기술 발전의 효과

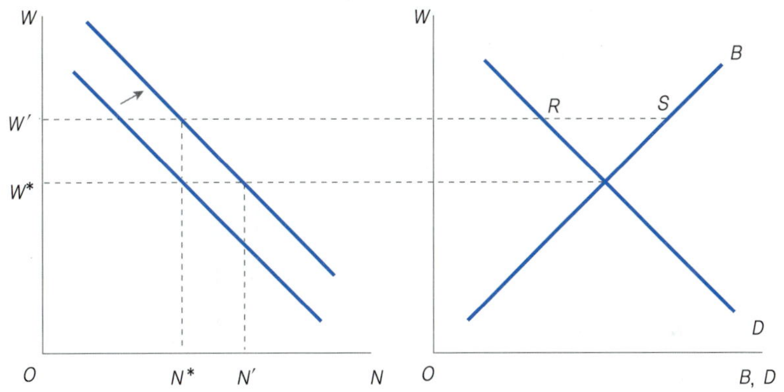

이동으로 생활 수준이 w'로 상승한다. 그러면 출산율이 사망률보다 *RS*만큼 높아지고 따라서 인구가 증가한다. 인구 증가는 생활 수준을 떨어뜨리는데, 이는 인구가 N'에 도달해서 생활 수준이 당초의 수준 w^*로 되돌아올 때까지 계속된다. 새로운 경작지가 발견되면 이런 과정이 다시 일어난다. 따라서 장기적으로는 생활 수준이 정체된 가운데 경작지 확대에 발맞추어 인구가 증가해 간다.

설명을 간단하게 하기 위해서 지금까지 경작지 면적뿐 아니라 생산 기술도 정체되어 있다고 가정했다. 그러나 실제로 농업 생산 기술은 아주 오랜 옛날부터 지속적으로 발전해 왔다. 인류는 수렵과 채취를 통해 의식주에 필요한 물자를 획득해 왔다. 기원전 10000년경 메소포타미아 지역에서 농경과 목축이 시작되었는데 그 결과 한 사람이 주어진 자연 환경에서 일 년 동안 일해서 얻을 수 있는 생활 물자의 양이 크게 증가했다. 이후 물 대는 요령을 터득하게 되고 잡초를 제거하고 거름을 주는 방법이 개선되는 등 무수한 농사 기술 개선이 일어났다.

[그림 3-3]은 생산 기술이 발전하는 경우 일어나는 변화를 보여 주는 것으로도 볼 수 있다. 왜냐하면 경작지가 고정되어 있지만 농사 기술이 발전하면 모든 인구 수준에서 한 사람 앞에 돌아가는 식량이 늘어날 것이므로 이는 생활 수준 곡선의 위쪽 이동으로 나타낼 수 있기 때문이다. 그러므로 생산 기술 발전은 경작지 확대와 마찬가지로 일시적으로 생활 수준을 향상시키지만, 결국 인구 증가 때문에 생활 수준은 다시 원래의 수준 w^*로 되돌아온다는 것을 알 수 있다. 기술 발전은 1800년 이전에 세계 인구가 지속적으로 증가할 수 있었던 또 하나의 원인이었다.

근대적 경제 성장

내가 행복해지려면 옆에 있는 사람들이 죽어 주어야 하는 상황 – 이것이 맬서스가 『인구론』에서 그린 세계다. 1798년 발표된 『인구론』을 맬서스가 쓰고 있던 무렵 영국에서는 산업 혁명이라는 커다란 변화가 일어나고 있었다. 산업 혁명을 통해 18세기에서 19세기로 넘어가면서 영국 사람들은 너와 내가 그리고 점점 더 많은 사람이 점점 윤택한 생활을 누릴 수 있는 세계로 진입했다. 인구 증가와 생활 수준 향상이 동시에 일어나는 이런 상황을 근대적 경제 성장(modern economic growth)이라고 한다. [그림 2-11]의 패널 B는 영국에서 1800년 무렵을 경계로 생활 수준과 인구의 상관관계가 마이너스에서 플러스로 바뀌었음을 보여 주었다. [그림 2-11]의 패널 A는 이런 변화가 우리나라에서는 한 세기 뒤에 일어났음을 보여 주었다. 맬서스의 세계에서 근대적 경제 성장으로의 이행은 어떻게 일어날 수 있었을까?

경작지 면적이 불변일 때 인구가 증가해서 노동의 한계 생산이 감소하고 그래서 생활 수준이 떨어지는 것을 막는 방법은 두 가지이다. 하나는 생산된 것 중의 일부를 저축하고 투자해서 자본 사용량을 늘리는 것이고, 다른 하나는 같은 토지 위에서 같은 시간 일해서 이전보다 많은 생산물을 얻을 수 있는 생산 방법을 개발하는 것이다. 첫 번째 방법을 자본 축적(capital accumulation), 두 번째 방법을 기술 발전(technological progress) 또는 생산성 향상(productivity advance)이라고 한다.

[그림 3-1]과 같은 생산함수를 가진 나라에 노동자가 N_0명 있었고 이들이 Y_0만큼의 농산물을 생산했다고 하자. 이 농산물을 모두 소비하지 않고 일부를 공산품을 생산하는 이웃 나라에 수출하고, 쟁기를 I 단위만큼 수입해서 이듬해의 생산 현장에 투입했다고 하자. 쟁기에 대한 투자는 모든 노동 투입 수준에서 생산 증가를 가져올 것이다. 이는 총생산 곡선이 위쪽으로 움직이는 것으로 나타난다.

[그림 3-4]에서 X는 쟁기 없이 생산했던 첫 해의 총생산 곡선을 나타낸다. N_0명의 노동자들이 투입되었을 경우 생산되는 생산물의 양은 Y_0이고 이때의 생활 수준은 OA의 각도와 같다. 앞서 본 것처럼 이듬해 인구 증가로 노동 투입만이 N_1으로 증가하면 산출은 Y_0'가 되고 생활 수준은 OB의 각도와 같아진다. 이는 OA의 각도보다 작아서 인구만 증가하면 그것이 생활 수준 하락을 가져옴을 알 수 있다.

그러나 쟁기가 투입되면 상황은 달라진다. [그림 3-4]에서 쟁기가 투입된 다음 해의 총생산 곡선은 X'이다. 이는 두 번째 해에 자본인 쟁기가 새롭게 생산 요소로서 투입된 결과 모든 노동 투입 수준에서 산출이 증가함을 나타낸다. 이 경우 이듬해에 인구가 N_1으로 증가하면 산출은 Y_0'가 아니라

그림 3-4 자본 축적의 효과

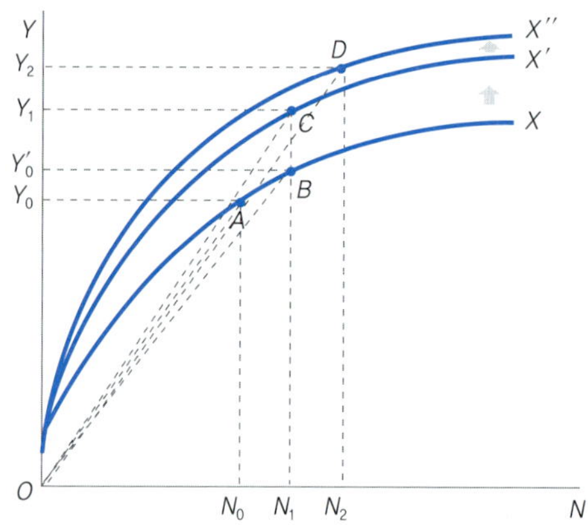

Y_1이 되고, 이때의 생활 수준은 *OC*의 각도와 같다. *OC*는 *OA*보다 크므로 쟁기에 대한 투자가 인구 증가에도 불구하고 생활 수준을 향상시킨 것을 알 수 있다.

그러나 자본 투자를 통해 생활 수준을 언제까지나 계속 향상시켜 나갈 수는 없다. 그 이유는 자본 추가 투입에 따른 생산 증대 효과가 점점 약화되기 때문이다. 위에서 다른 조건을 그대로 두고 노동을 한 단위씩 추가로 투입할 때 이에 따른 생산 증대 효과가 약화되는데 이를 노동의 한계 생산 체감이라고 한다는 것을 설명했다([그림 3-1]). 다른 조건을 그대로 두고 자본 투입만 한 단위씩 증대시켜 나가면 생산이 증가하기는 하되 그 증가 폭은 점점 좁아진다. 이를 자본의 한계 생산 체감이라고 한다. 노동과 자본의 한계 생산 체감은 거의 모든 작업장, 거의 모든 나라에서 타나나는 현상이므로 경험 법칙(empirical law)이라고 부를 만하다.

두 번째 해에도 이 나라 사람들이 생산된 농산물 Y_1을 전부 소비하지 않고 전 해와 같은 양의 농산물을 외국에 수출해서 다시 I단위의 쟁기를 수입했다고 하자. 그리고 그 쟁기를 세 번째 해에 농토에 투입했다고 하자. 그러면 세 번째 해에 생산에 사용되는 쟁기의 수는 $2\times I$로 증가한다. 이렇게 투자를 통해 자본재의 양이 증가하는 과정을 자본 축적(capital accumulation)이라고 한다.[3)]

쟁기 사용량이 늘었으므로 세 번째 해의 총생산 곡선은 다시 위로 이동한다. 그러나 자본의 한계 생산이 감소하므로 이동 폭은 그 전 해에 비해 좁아서 총생산 곡선은 X'에서 X''까지로밖에는 올라가지 않는다. 두 번째에서 세 번째 해로 가는 동안 인구가 전 해와 같은 폭으로 증가해서 노동 투입이 N_2로 되었다면 총생산은 Y_2, 일인당 생산은 OD의 기울기가 된다. OD의 각도 < OC의 각도이므로 자본 축적에도 불구하고 생활 수준이 하락했음을 알 수 있다. 네 번째 해에 I만큼 쟁기 투입을 더 증가시킨다면 총생산 곡선의 위쪽 이동 폭은 더욱 줄어들게 된다. 따라서 인구가 세 번째에서 네 번째 해로 가는 동안 같은 폭으로 증가한다면 생활 수준은 다시, 그리고 더 큰 폭으로 떨어지게 될 것이다.

[그림 3-4]에서 인구, 자본량, 그리고 생산이 늘어가는 가운데 매년 저축(=투자)되는 재화의 양이 일정하다고 가정했는데 이는 비현실적이다. 보다 현실적인 가정은 매년 총생산 중의 일정량이 아니라 일정 부분, 즉 일정 비율이 저축(=투자)된다는 것일 것이다. 인구와 자본량이 점점 커지고 따라서

3) 자본재의 성능은 시간의 흐름에 따라 떨어지고 결국은 사용 불가능한 것이 되고 마는데 이를 감가상각(depreciation)이라고 한다. 트랙터의 감가상각률이 연 10%라면 이는 10년 뒤에는 트랙터가 고철이 된다는 것을 뜻한다. 이 경우 세 번째 해에 이용 가능한 트랙터의 수는 $2\times I$가 아니라 $(1+0.9)\times I$일 것이다. 여기서는 설명을 간단하게 하기 위해 감가상각률이 0이라고 가정했다.

총생산이 증가하는 가운데, 총생산의 일정 비율을 투자하게 되면, 자본 투입 증가 폭이 커진다. 이런 자본 축적이 일어나는 경우 일인당 생산이 어떻게 바뀌는지는 – 특히 이런 자본 축적을 통해 인구 증가에 따른 생활 수준 하락을 저지할 수 있을지 없을지는 – [그림 3-4]와 같은 그래프를 그려서는 알 수 없다. 저축량이 아니라 저축률(savings ratio)이 일정한 경우 일인당 생산이 어떻게 변할지 알기 위해서는 어쩔 수 없이 수식을 사용해야 한다.

설명을 간단히 하기 위해 노동(N)과 자본(K)을 사용해서 총생산 Y를 얻는다고 하자. 토지 면적이 변하는 않는 경우 토지 투입은 상수가 된다. 이를 수식에 넣으면 식만 복잡해지고 결과는 달라지지 않으므로 토지는 수식에서 제외하기로 한다. 노동 투입, 즉 인구가 매년 일정한 속도 n으로 증가하고 있다고 하자. 만일 n=0.005라면 인구 증가율이 0.5%이고 어떤 해의 인구 규모는 그 전 해의 1.005배가 된다.[4] 사람들은 총산출(=총소득)의 s만큼을 매년 저축해서 투자한다고 하자. 만일 s=0.3이라면 저축률이 30%이다. 즉, GDP의 70%만을 사람들은 소비하는 것이다. 이때 다음의 식이 성립한다.

$$\Delta K_t = s \cdot Y_t \qquad (3\text{-}1)$$

식 (3-1)에서 t는 시간을 나타낸다. t해에 사람들이 총생산(Y_t) 중 s만큼을 저축해서 투자하면 자본(=자본 스톡, capital stock, K)이 ΔK_t만큼 늘어난다는 것을 식 (3-1)은 표현한다.[5]

4) [그림 3-4]에서는 노동 투입 증가 폭이 일정하다고 가정했는데 이는 노동 투입 증가율, 즉 인구 증가율이 점점 둔화된다고 가정하는 것과 같다. 왜냐하면 인구 증가율은 인구 증가 폭을 인구로 나눈 것과 같은데, 분자인 인구 증가 폭이 일정한 가운데 분모인 인구가 커져 가기 때문이다.

5) 여기서도 감가상각률이 0이라고 가정한다. 위의 예에서 ΔK_t는 항상 I와 같았다.

일인당 생산(=Y/N)을 y로 표시하고 일인당 자본 사용량(=K/N)을 k로 표시하고 이 둘 사이의 관계를 $y=f(k)$라는 함수로 표시하자. 이 함수를 가로 축을 k, 세로 축을 y로 하는 이차원 평면에 그래프로 나타내면 양의 기울기를 갖는 곡선으로 나타날 것이다. 왜냐하면 일인당 자본 사용량(예를 들어, 일인당 쟁기 사용량)이 늘어나면 일인당 생산(즉, 일인당 곡물 생산)이 증가할 것이기 때문이다. 일인당 자본 사용량이 증가함에 따라서 일인당 생산이 증가하지만 자본의 한계 생산이 감소하므로 그 증가 속도는 점점 느려질 것이다. 그래서 가로 축을 k, 세로 축을 y로 하는 이차원 평면에 그려진 함수 $f(k)$는 [그림 3-1]의 총생산 곡선처럼 양의 기울기를 가지면서 가로 축에 대해 오목한 모양으로 나타난다.

총자본(=자본 스톡=K)은 일인당 자본 사용량(k)에 노동자 수(N)를 곱한 것과 같다($K=k \cdot N$). 이 항등 관계를 식 (3-1)의 좌변에 대입하면 다음의 식이 나온다.

$$\Delta K_t = \Delta(k_t \cdot N_t) = \Delta k_t \cdot N_t + \Delta N_t \cdot k_t \qquad (3\text{-}2)$$

식 (3-2)의 두 번째 등호는 두 변수 k_t와 N_t의 곱의 증가 폭 – $\Delta(k_t \cdot N_t)$ –은 ① N_t는 불변인데 k_t가 증가하기 때문에 발생한 부분($\Delta k_t \cdot N_t$)과 ② k_t는 불변인데 N_t가 증가하기 때문에 발생한 부분($\Delta N_t \cdot k_t$)으로 이루어져 있다는 것을 나타낸다.

식 (3-2)의 맨 오른쪽 변 – $\Delta k_t \cdot N_t + \Delta N_t \cdot k_t$ – 을 식 (3-1)의 좌변에 대입하고 양변을 N_t로 나눈 뒤 Δk_t에 대해 정리하고 Y_t/N_t, 즉 y_t 대신에 $f(k_t)$를 대입하면 다음의 식이 나온다.

$$\Delta k_t = s \cdot f(k_t) - n \cdot k_t \qquad (3\text{-}3)$$

이 식은 일인당 저축(=$s \cdot f(k)$)이 인구 증가율에 일인당 자본 사용량을 곱한 값(=$n \cdot k$)보다 크면 일인당 자본 사용량의 증가분이 양의 값을 가짐을, 즉 일인당 자본 사용량이 증가함을 알려 준다. 왜 그럴까?

식 (3-3)의 우변에서 $s \cdot f(k)$는 어떤 k에서 일어나는 일인당 저축, 즉 일인당 자본 사용량 증가 폭을 나타낸다. 그리고 $n \cdot k$는 어떤 k에서 인구가 n의 증가율로 확대되고 있을 때 일인당 자본 사용량이 k 아래로 떨어지지 않도록 하기 위해서 필요한 투자(=저축)량을 나타낸다. 그러므로 $s \cdot f(k)$가 $n \cdot k$보다 크면 일인당 자본 사용량은 증가하고 반대의 경우 일인당 자본 사용량은 감소한다.

[그림 3-5]에서 가로 축은 일인당 자본 사용량 k를 나타내며 세로 축은 식 (3-3)의 우변에 있는 두 개의 k의 함수, 즉 $s \cdot f(k)$ 또는 $n \cdot k$를 나타낸다. 이 이차원 공간에 그려진 가로 축에 대해 오목한 직선은 $s \cdot f(k)$를, 원점에서 뻗어 나가는 직선은 $n \cdot k$를 나타낸다. 두 곡선이 교차할 때의 k값인 k^*보다 현재의 k가 작다고 하자. 이 경우 $s \cdot f(k)$가 $n \cdot k$보다 크므로 Δk_t는 양의 값을 가지고 따라서 k는 증가한다. 이 증가는 k가 k^*에 도달하면 멈춘다. 현재의 자본 사용량이 k^*보다 크다고 하자. 이 경우 $s \cdot f(k)$가 $n \cdot k$보다 작으므로 Δk_t는 음의 값을 가지고 따라서 k는 감소한다. 이 감소는 k가 k^*에 도달하면 멈춘다. 즉, 어떤 k값에서 출발하더라도 종착점은 k^*가 된다.

일인당 자본 사용량 k가 크면 일인당 생산 y, 즉 생활 수준도 높고, k가 작으면 생활 수준도 낮다. 따라서 [그림 3-5]의 가로 축에서 오른쪽에 있다는 것은 잘 산다는 것을, 왼쪽에 있다는 것은 못 산다는 것을 나타낸다. 이 책의 관심사는 못 사는 나라가 어떻게 잘 살게 되었는지를 설명하는 데에 있

그림 3-5 솔로우의 경제 성장 모형

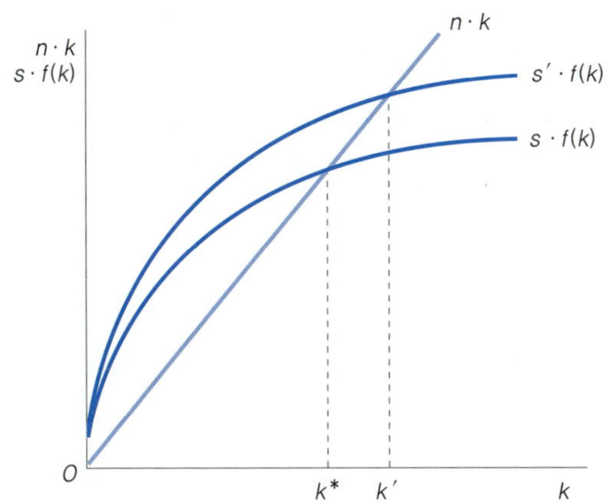

으므로 k^*보다 왼쪽에 있는 가로 축의 영역만을 생각하기로 하자.

낮은 생활 수준을 나타내는 어떤 k로부터 인구가 일정한 속도로 증가하고 사람들이 소득의 일정 부분을 저축해서 자본을 축적해 나가는 과정이 계속된다면, 처음에는 일인당 자본 사용량이 증가하며 따라서 일인당 소득이 증가한다. 그러나 이 과정은 일인당 자본 사용량이 k^*에, 따라서 생활 수준이 $y^*=f(k^*)$에 도달하면 멈춘다. [그림 3-4]에서는 인구가 증가하는데 사람들이 소득 중 (일정 부분이 아니라) 일정량을 저축했는데 이 경우 생활 수준은 처음에는 향상되다가 시간이 흐르면 악화되었다. [그림 3-5]에서는 인구가 증가하는데 사람들이 소득 중 (일정량이 아니라) 일정 부분을 저축한다. 이 경우 생활 수준이 향상되어 y^*에 도달하면 거기서 정체하며 그 아래로 떨어지지는 않는다.

인구가 일정한 속도로 증가하고 저축률이 고정되어 있어서 처음에는 일인당 생산이 증가하지만 결국 정체하게 되는 이런 가상의 세계를 솔로우 경제 성장 모형(Solow growth model)이라고 한다.[6] 그리고 인구가 n의 속도로 증가하면서 일인당 자본 사용량과 일인당 생산이 각각 k^*와 y^*에서 정체하고 있는 상황을 균제 상태(steady state)라고 부른다. 균제 상태에서는 총생산(Y)이 인구가 n의 속도로 증가하는데 일인당 생산이 정체한다는 것은 총생산(Y)도 n의 속도로 증가함을 의미한다.[7]

솔로우 모형에서 균제 상태에 도달했을 때 다시 일인당 생산을 증가시키려면 저축률을 올려야 한다. 저축률을 s에서 s'로 올리면 [그림 3-5]에서 $s \cdot f(k)$가 위로 이동한다. 그래서 k^*에서 $s \cdot f(k)$가 $n \cdot k$보다 커지므로 일인당 자본 사용량 따라서 일인당 생산이 증가한다. 그러나 시간이 흐르면 다시 새로운 균제 상태 k'(=$s' \cdot f(k)$와 $n \cdot k$의 교차점에 해당하는 k의 수준)에 도달하고 생활 수준은 y'(=$f(k')$)에서 정체한다.[8] 생활 수준을 더 올리려면 저축률을 다시 올려야 하는데, 이런 과정이 언제까지나 계속될 수는 없다. 왜냐하면 저축률은 1보다 더 커질 수는 없기 때문이다. 따라서 자본 축적만으로는 인구 증가가 생활 수준을 하락시키는 것을 막을 수는 있지만 인구 증가와 생활 수준이 동시에 증가하는 과정 –근대적 경제 성장– 을 지속시켜 나갈 수는 없다는 중요한 결론에 도달한다.

근대적 경제 성장이 자본 축적만으로는 일어날 수 없다는 것은 근대적 경제 성장이 일어나기 위해서는 총생산 곡선을 위쪽으로 끌어올리는 또 다른 힘 –기술 발전– 이 필요하다는 것을 의미한다. 기술이 발전한다는 것은

6) 솔로우(Robert Merton Solow, 1924-)는 여기서 설명한 성장 모델을 처음으로 만든 학자의 이름이며 이 모델은 Solow(1956)로 발표되었다.

7) 균제 상태란 두 개 이상의 변수들이 있을 때 이 변수들의 변화율이 일정하게 유지되고 있는 상황을 가리킨다. 이때 서로 다른 변수들의 증가율이 같을 필요는 없다.

8) 바꾸어 말하면 저축률 변화가 일인당 생산에 미치는 효과는 수준 효과(level effects)뿐이며 성장률 효과(growth effects)는 없다.

같은 양의 생산 요소를 투입해서 보다 많은 산출을 얻어 내는 것을 말한다. 다르게 표현하면 기술이 발전한다는 것은 더 적은 양의 투입을 사용해서 같은 양의 산출을 얻어 낼 수 있게 되는 것을 말한다. 기술 발전은 생산성 향상 또는 효율 향상(productivity or efficiency improvement)이라고도 한다. 위에서 설명한 성장 모델에서는 인구가 일정한 속도로 증가하고 일정한 저축률에 따라 자본 축적이 일어난다고 가정했다. 여기에 생산성이 일정한 속도로 증가한다는 가정을 추가하면 균제 상태에서 일인당 생산이 기술 발전 속도와 같은 속도로 향상되어 나가게 됨을 수식을 통해서 보일 수 있다(Solow, 1956). 솔로우 성장 모형이 가르쳐 주는 가장 중요한 메시지 중 하나가 생활 수준이 지속적으로 향상되기 위해서는 기술 발전이 필요하다는 것이기 때문에 생산성 향상에 의해 일어나는 일인당 생산의 지속적 증가를 솔로우적 성장(Solovian growth)이라고 한다.

우리는 앞서 1800년에 영국에서 최소의 산업 혁명이 일어나기 전에도 기술은 꾸준히 발전해 왔음을 지적했다. 그러나 산업 혁명 이전의 기술 발전 속도는 느렸다. 그래서 기술 발전은 일시적으로만 생활 수준을 향상시켰고 장기적으로는 인구 증가만을 가져왔음을 설명했다. 맬서스의 세계에서는 생산성이 빠르게 향상하면 인구도 빠르게 증가하고 기술 발전 속도가 느리면 인구 증가 속도도 느리다. 맬서스의 세계에서 인구 증가 속도는 기술 발전 속도 외에도 경작지 확대 속도에 의해 좌우된다. 그런데 경작지 확대 속도는 기술 발전 속도에 의해 좌우된다. 예를 들어, 항해 기술, 조선 기술 발전이 없었더라면 유럽인들이 신대륙의 자원을 활용하기 어려웠을 것이다. 이런 의미에서 1800년 이전의 인구 증가 속도는 궁극적으로 기술 발전 속도를 보이는 지표라고 할 수 있다.[9]

9) 이에 대한 수식을 이용한 설명은 Clark(2009: 379-81)를 보라. Ashraf & Galor(2011)은 기원후

그림 3-6 기원전 200년부터 기원후 1800년까지 세계 인구 규모와 인구 증가 속도

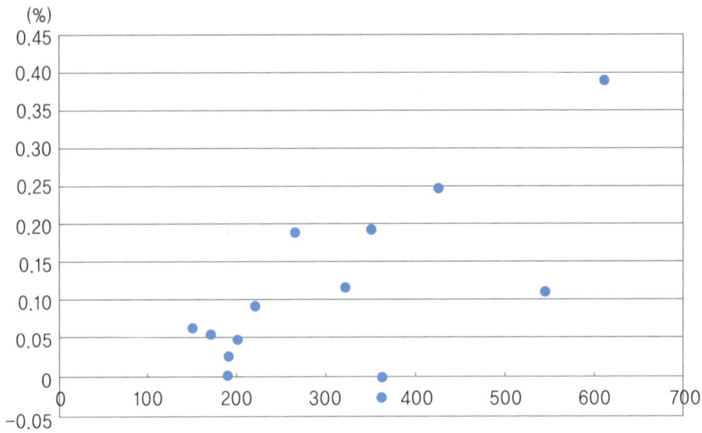

주: 가로 축은 세계 인구이며 단위는 백만 명; 세로 축은 세계 인구 추정치가 존재하는 두 연도 사이의 인구 증가율. 자세한 내용은 본문의 설명을 참조.

자료: McEvedy & Jones(1978: 342).

McEvedy & Jones(1978: 342)는 제2장에서 소개한 중국과 조선 시대 우리나라 인구뿐 아니라 다른 많은 나라들의 인구를 추계하고, 이를 바탕으로 세계 인구를 기원전 200년부터 기원후 1000년까지는 200년 간격으로, 이후 1800년까지는 100년 간격으로 추계했다. [그림 3-6]은 이를 바탕으로 그린 것인데 가로 축은 어떤 해의 세계 인구의 크기를, 세로 축은 그 해에서 세계 인구 추계가 존재하는 그 다음 해까지의 세계 인구 증가율을 나타낸다. 예를 들어, 1700년의 세계 인구 추정치는 6.1억, 1800년 추정치는 9억이며, 이것이 의미하는 18세기 세계 인구 증가율은 0.39%이다. [그림 3-6]의 맨 오른

1년에서 1500년까지 기술 발전은 생활 수준 향상보다는 인구 밀도 증가로 이어졌음을 보이는 증거를 제시했다.

쪽 위 모퉁이에 찍힌 점은 1700년 6.1억이었던 인구가 이후 한 세기 동안 연 0.39%의 속도로 증가했음을 나타낸다. 세계 인구가 일시적으로 감소한 때가 없지 않았지만 대체로 증가 추세를 따랐다. 그러므로 세계 인구를 나타내는 가로 축을 따라 왼쪽에서 오른쪽으로 이동하는 것은 먼 과거로부터 가까운 과거로의 시간 흐름을 나타낸다. 이 이차원 평면에 찍힌 점들은 어떤 해의 인구 규모와 이후의 200년 또는 100년간 인구 증가율 사이에 양의 상관관계가 있음을 보여 준다. 즉, 인구가 커지면 커질수록 인구가 증가하는 속도가 빨라졌다는 것이다. 이는 기원전 200년부터 1800년까지의 20세기 동안 인구 증가 속도가 점점 빨라졌다는 것을 말한다.[10] 인구가 커짐에 따라 인구 증가 속도가 빨라졌다는 것은 인구가 증가함에 따라 기술 발전 속도가 점점 빨라졌음을 의미한다.

인구 증가 과정에서 기술은 왜 점점 빠르게 발전해 온 것일까? 두 가지 이유를 생각할 수 있다.[11] 우선 생산 기술 발전은 지식 축적을 바탕으로 해서 이루어지는데 새롭게 얻어지는 지식의 양은 인구 크기에 비례하기 때문이다. 인구가 늘어나면 시행착오를 하는 사람, 자연을 들여다보고 정보를 수집하는 사람의 수가 많아지고, 따라서 일 년 동안에 획득되는 새로운 지식의 양이 많아진다. 이를 바탕으로 더 큰 폭의 생산성 향상을 이룩하게 된다.[12]

다른 이유는 창조는 다른 창조를 낳는 계기가 되기 때문이다. 새로운

---

10) 산업 혁명 이후가 되면 기술 발전에 따른 경제 성장과 공업화가 출산력 변천을 일으키고 그래서 인구 증가율이 둔화되는 현상이 나타나므로 인구 증가율은 더 이상 기술 발전 속도와 밀접히 관련되어 있다고 말하기 어렵게 된다.

11) Jones(2002: chapter 4)는 수식을 통해 아래의 설명을 보다 엄밀하게 설명하고 있다.

12) 인구 증가가 기술 발전을 촉진한다는 주장은 Boserup(1981)과 Simon(1981)이 처음으로 제기했다. 이는 인구 증가가 경제 발전을 가져온다는 인구 낙관론자들(population optimists)이 등장하는 근거가 되었고 맬서스의 인구론에 기원을 둔 인구 비관론자(population pessimists)와의 논쟁을 촉발했다.

기술을 개발해서 생산의 효율을 증대시키기 위해서는 새로운 발상이 필요하다. 만일 인간의 머릿속에서 끄집어낼 수 있는 새로운 아이디어가 연못 속의 물고기와 같은 것이라면, 새로운 혁신을 하면 할수록 생산성을 증대시키기는 어렵게 된다. 이런 현상을 "고갈 효과(fishing out effect)"라고 한다. 한 개인이 아이디어 고갈을 겪는 예는 주변에서 얼마든지 볼 수 있다. 그러나 지난 이천사백 년의 역사는 인류 전체의 창의력에 한계가 있지 않으며 오히려 하나의 창의는 또 다른 창의의 계기가 되어 주었음을 말해 준다. 어떤 사람의 발명은 이를 본 다른 사람에 의해 더 나은 발명을 촉발하는 경우가 많다. 이 현상을 "목말타기 효과(standing on shoulders effect)"라고 한다.[13)]

인구 규모가 커짐에 따라 기술 발전 속도가 점점 빨라지면 일인당 생산은 어떻게 바뀔까? [그림 3-7]에서 인구는 일정한 폭으로 증가하는데($N_0 \rightarrow N_1 \rightarrow N_2 \rightarrow N_3$) 기술이 점점 빠르게 발전하는 과정이 총생산 곡선이 점점 큰 폭으로 위를 향해 움직이는 것으로 표현되고 있다($X \rightarrow X' \rightarrow X'' \rightarrow X^*$). 총생산 곡선이 X, 인구가 N_0인 첫 해에서 둘째 해로 가는 사이에 인구는 N_1으로 증가하고 총생산 곡선은 X'으로 이동했는데, 기술 발전 속도가 충분히 빠르지 않아 생활 수준은 하락했다(OB의 각도 < OA의 각도). 두 번째 해에서 세 번째 해로 가는 사이에 인구는 N_2로 증가하고 총생산 곡선은 X''으로 이동했는데, 이때의 기술 발전 속도는 인구 증가로 노동의 한계 생산이 체감하는데 따른 일인당 생산 감소를 상쇄할 수 있는 정도에 불과했고 그래서 생활 수준은 일정하게 유지될 수 있었다(OC의 각도=OB의 각도). 세 번째 해에서 네

13) 목말타기라는 표현은 만유인력의 법칙을 주장한 뉴턴에서 유래한다. 뉴턴(Isaac Newton, 1643-1727)은 자신의 새로운 발상이 케플러(Johannes Kepler, 1571-1630)와 같은 선배 과학자들의 업적을 바탕으로 한 것이라는 점을 강조하기 위해 "내가 보다 멀리 볼 수 있었다면 그것은 내가 거인들의 어깨 위에 올라탈 수 있었기 때문이었다(If I have seen further it is by standing on ye sholders of Giants)"라는 말을 남겼다고 한다.

그림 3-7 기술 발전과 근대적 경제 성장

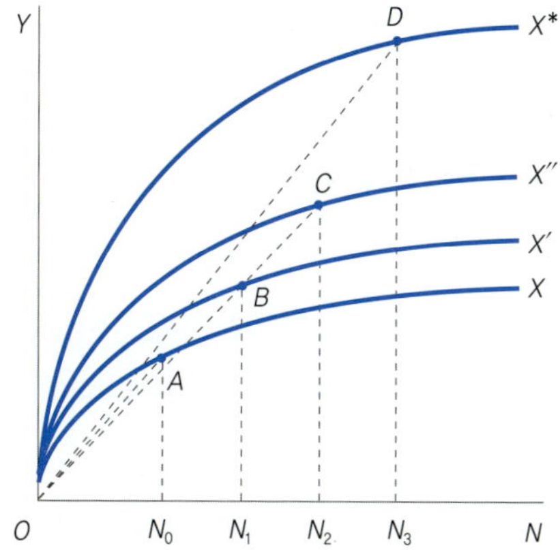

번째 해로 가는 사이에 인구는 N_3로 증가하고 총생산 곡선은 X^*로 이동했는데 이때의 기술 발전 속도는 인구 증가로 노동의 한계 생산이 체감하는 데 따른 일인당 생산 감소를 상쇄하고도 남을 정도로 빨랐으므로 생활 수준은 향상되었다(OD의 각도 > OC의 각도).

[그림 3-6]과 [그림 3-7]은 1800년경 일어난 영국 산업 혁명이 몇 명의 천재적 영국 기술자들이 운 좋게 몇 개의 엄청난 기술을 발명했기 때문에 일어난 것이 아님을 암시한다. 영국 산업 혁명은 격변적 사건(cataclysmic event)이 아니라 수천 년에 걸쳐 인류가 생산 기술을 점점 빠른 속도로 발전시켜 나가는 지속적 과정의 정점(culmination)에서 일어난 사건임을 말해 준다.[14]

14) Kremer(1993)는 이 문단의 내용을 수식을 통해 설명한다.

투입, 산출, 생산성

영국 산업 혁명기인 1760-1830년간 일인당 생산은 연 0.3%씩, 생산성이 연 0.7%씩 성장했다(Crafts, 1985: 45, 81). 이는 이 기간 자본 축적이 일어났지만 그 속도는 인구 증가 속도보다 느려서 일인당 자본 사용량(= k = K/N = 자본 집약도, capital intensity)가 연 0.4%씩 감소했으며(=0.3%−0.7%) 이런 느린 자본 축적이 영국 산업 혁명기의 생활 수준 향상에 걸림돌이 되었음을 의미한다.[15] 바꾸어 말하면 영국 산업 혁명기 일인당 생산 증가는 전적으로 기술 발전 때문에 일어난 것이었다는 것이다. 그렇다면 20세기에 일어난 우리나라의 산업 혁명 역시 기술 발전이 주도한 것일까? 이 질문에 대답하기 위해서는 어떤 통계 자료가 필요하며, 또 어떤 계산 방법을 적용해야 하는 것일까?

앞서 설명했듯이 기술 발전이란 같은 양의 생산 요소를 사용해서 더 많은 산출을 얻어 내는 것을 말한다. 그러므로 만일 노동, 자본, 토지 같은 생산 요소 투입량이 증가하는 속도보다 산출량이 증가하는 속도가 빠르면 생산성이 향상되고 있는 것이고, 반대라면 기술이 퇴보하고 있는 것이다. 그리고 산출량 증가 속도와 투입 증가 속도 사이의 격차가 크면 클수록 기술 발전 속도는 빠른 것이라고 볼 수 있다. 예를 들어, 어떤 농장에서 200명의 노동자와 다섯 대의 트랙터를 50마지기의 논에 투입해서 작년에는 300가마의 곡물을 얻을 수 있었다 치자. 올해에는 같은 수의 노동자와 트랙터를 같은 면적의 논에 투입해서 306가마를 생산했다면 이 공장의 생산 효율은 2%(=(306−300)/300) 향상된 것이라고 할 수 있다. 자본재, 즉 트랙터 숫자는 불변이므로 자본 축적은 생산 증가에 전혀 기여하지 않았고 생산이 2% 증가

15) Williamson(1984)은 영국 산업 혁명기에 자본 축적을 둔화시킨 요인을 나폴레옹 전쟁 수행을 위한 재정 지출 증가에 따른 이자율 상승, 즉 구축 효과(crowding-out effect)로 설명했다.

한 것은 모두 기술 발전에 의한 것이다.

어떤 공장에서 노동자 수를 1,000명에서 1,030명으로 3% 늘리고 사용하는 기계의 수도 100대에서 103대로 3%씩 늘렸더니 생산량이 5,000개에서 5,020개로 4% 증가했다면, 생산성이 1%(=4%−3%) 증가했다는 결론을 내릴 수 있다. 3%는 노동과 자본(=기계) 투입 증가 때문에 일어난 생산 증가다. 만일 이 공장에서 노동이 자본(=기계)에 비해 두 배 중요한 역할을 하고 있다면 노동 투입 증가 때문에 일어난 생산 증가는 2%(=3%×(2/3)), 자본 투입 증가 때문에 일어난 생산 증가는 1%(=3%×(1/3))가 된다.

첫 번째 예처럼 생산 요소 사용량이 불변이거나 두 번째 예처럼 둘 이상의 생산 요소의 증가 속도가 같다면 기술 발전 속도(=생산성 향상 속도)는 암산으로 구할 수 있다. 그러나 현실에서 일어나는 변화가 이렇게 깔끔한 경우는 거의 없다. 대개 산출과 투입이 동시에 변할 뿐 아니라 서로 다른 생산 요소 투입량이 제각각의 속도로 변한다. 이런 경우에도 기술 발전이 생산 증가에 기여한 정도는 총생산 증가 중에서 생산 요소 투입 증가의 의한 부분을 뺀 것과 같다는 사실에는 변함이 없다. 그리고 계산 방법도 크게 달라지지 않는다.

생산된 재화는 이를 생산하기 위해 사용된 생산 요소를 제공한 사람들 – 노동자, 자본가, 지주들 – 에게 남김 없이 분배된다. 노동자들이 버는 임금 소득 총액이 총산출에서 차지하는 비중을 노동 분배율(labor share), 자본가들이 버는 이자 소득 총액이 총산출에서 차지하는 비중을 자본 분배율(capital share), 지주들이 버는 지대 소득이 총산출에서 차지하는 비중을 토지 분배율(land share)이라고 한다. 노동 분배율, 자본 분배율, 토지 분배율은 노동, 자본, 토지가 각각 생산에서 얼마나 중요한 역할을 했는지를 나타내는 지표인데, 이 셋을 합쳐 요소 분배율(factor shares)이라고 한다.[16] 세 개의 생산 요소가 사용될 때 생산 요소 투입 증가 때문에 일어난 생산 증가 부분을 알려면 각 생산 요소 투입 증가율의 가중 평균을 계산하면 되고, 이때 가중치는 요소 분배율을 적용하면 된다. 그러므로 기술 발전 속도는 다음 식을 적용해서 구할 수 있다.

$$\frac{\Delta A}{A} = \frac{\Delta Y}{Y} - \left(\alpha \cdot \frac{\Delta N}{N} + \beta \cdot \frac{\Delta K}{K} + \gamma \cdot \frac{\Delta T}{T}\right) \qquad (3\text{-}4)$$

식 (3-4)에서 A는 기술(=생산성) 수준, Y는 생산량, N은 노동자 수, K는 자본재의 수(자본 스톡), T는 토지 면적을 나타내며 각 변수 앞에 Δ를 붙이면 그 변수의 값(=크기=수준(level))이 일정 기간 동안 얼마만큼 변했나를 나타낸다. 예를 들어, ΔY는 일 년 동안 생산이 증가한 폭, 혹은 증분(difference)을 나타내는데, 이를 Y로 나눈 $\Delta Y/Y$는 일 년간 생산량이 몇 % 증가 또는 감소했는지 – 변화율(rate of change, growth rate) – 를 나타낸다. 식 (3-4)에서 요소 분배율을 나타내는 것이 α, β, γ인데, 이는 노동자들의 임금 소득, 자본가들의 이자 소득, 지주들의 지대 소득이 총생산에서 차지하는 비중을 나타낸다. 총생산은 총소득과 같으므로 노동, 자본, 토지 분배율을 합하면 1이 된다. 식 (3-4)를 적용해서 생산 증가율을 노동, 자본, 토지 같은 생산 요소의 투입 증가 때문에 일어난 부분과 기술 발전 때문에 일어난 부분으로 분해하는 작업을 성장 회계(growth accounting)라고 한다.[17] 식 (3-4)는 생산 요소 투입 증가로 설명되지 않는 생산 증가의 나머지 부분이 기술 발전에 의한 것이라는 것을 말한다. 이처럼 잔여(殘餘, residual)로서 추정된 생산성을 총요소

16) 위의 두 번째 예에서 노동이 자본에 비해 두 배 더 중요했다는 것은 총임금 소득이 총이자 소득의 두 배라는 말과 같다.

17) 이 장의 부록 1은 성장 회계식 (3-4)가 어떻게 도출된 것인지를 설명한다.

표 3-1 성장 회계 결과, 1911-2010

	$\Delta Y/Y$	$\alpha \times \Delta N/N$	$\beta \times \Delta K/K$	$\gamma \times \Delta T/T$	$\Delta A/A$
1911-40	3.6%	0.52×1.2%	0.20×6.6%	0.28×0.2%	1.6%
1960-2010	7.5%	0.69×2.5%	0.28×11.8%	0.03×(−0.3%)	2.5%
1960-90	9.0%	0.69×3.3%	0.28×14.7%	0.03×(0.1%)	2.7%

자료: 투입과 산출 증가율의 출처는 본문을, 요소 소득 분배율 계산 근거는 이 장의 부록 2를 보라.

생산성(total factor productivity)이라 하는데, 이제부터 기술, 생산성, 효율, 총요소 생산성을 동의어로 취급하겠다.

[표 3-1]은 식 (3-4)를 적용해서 지난 한 세기 동안의 총산출(=GDP) 증가율을 원인별로 분해한 결과를 보여 준다. 일제 시대(1911-40)에 우리나라의 국내 총생산은 연 3.6%씩 증가했다. 박섭(2006)이 추계한 논과 밭 면적 합계에 따르면 1911-40년간 연 0.2%씩 확대되었다. 이런 토지 투입의 증가 때문에 일어난 경제 성장은 여기에 토지 분배율 0.23을 곱한 값인 0.1% 포인트밖에는 되지 않았다. 이 기간 동안 노동 가능 인구, 즉 15-64세 인구는 전체 인구 증가율 1.3%보다 느린 1.2%씩 증가했다. 그 결과 발생한 산출 증가는 여기에 노동 분배율 0.52를 곱한 값인 0.6% 포인트였다.

조선 총독부는 국부 조사(國富調査, wealth survey)를 실시하지 않았기 때문에 총자본 스톡의 크기를 직접 측정할 수 없다. 그 대신 매년 이루어진 투자를 누적하고 감가상각된 부분을 빼어 자본량을 추계할 수 있다. 이런 방법은 영구 재고법(perpetual inventory method)이라고 한다(추계 절차 설명은 이 장의 부록 3을 보라). 이렇게 도출한 자본 스톡은 연 6.6%씩 증가했는데, 여기에 자본 분배율 0.20을 곱하면 자본 축적에 기인한 경제 성장률인 1.3% 포인트를 얻을 수 있다. 이는 산업 혁명 시기 영국에서와 달리 식민지 조선에서는 자본 투입이 노동 투입보다 빠르게 증가해서 노동자 일인당 자본 사용량 증가(=자본 집약도 증가= 자본 심화(capital deepening))가 일어났음을 말해 준다.

마지막으로 총생산 증가율 3.6%에서 토지, 노동, 자본 투입 증가에 기인한 경제 성장(=0.1%+0.6%+1.3%)을 빼면 생산성 향상 속도는 1.6%이다. 즉, 식민지 조선 경제의 성장률 3.6%의 약 절반이 기술 발전에 의한 것이었다.

$$\frac{\Delta Y}{Y}-\frac{\Delta N}{N}=\frac{\Delta y}{y}=\frac{\Delta A}{A}+\beta\cdot\left(\frac{\Delta K}{K}-\frac{\Delta N}{N}\right)+\gamma\cdot\left(\frac{\Delta T}{T}-\frac{\Delta N}{N}\right) \qquad (3\text{-}5)$$

식 (3-5)는 식 (3-4)를 $\Delta Y/Y$에 대해서 정리한 뒤 등식의 양변에서 노동 투입 증가율($\Delta N/N$)을 빼서 구한 식이다. 이 식은 노동자 일인당 생산 증가($\Delta Y/Y-\Delta N/N=\Delta y/y$)가 ① 총요소 생산성 증가, ② 일인당 자본 사용량 증가(=자본 심화(capital deepening)$=\Delta K/K-\Delta N/N$), 그리고 ③ 일인당 토지 면적 증가($\Delta T/T-\Delta N/N$) 때문에 일어난다는 것을 표현한다. 노동자 일인당 생산(=노동 생산성) 증가율은 총생산 증가율에서 노동 투입 증가율을 뺀 2.4%(=3.6%-1.2%)와 같으므로, 연 1.6%씩 일어난 총요소 생산성 향상은 식민지기의 노동자 일인당 생산 증가(=노동 생산성 향상)의 2/3 정도를 설명한다.

1911-40년간 일인당 자본 사용량은 연 5.4%(=6.6%-1.2%)씩 증가했다. 여기에 자본 분배율 0.20을 곱하면, 자본 집약도 상승 때문에 일어난 일인당 생산 증가인 1.1% 포인트가 나온다. 이 숫자와 총요소 생산성 증가율 1.6%를 더하면 2.7%가 된다. 이는 노동자 일인당 생산 증가율 2.5%보다 큰 값이다. 이 둘 사이의 차이(-0.2%)는 인구 증가에 따른 일인당 경작지 면적 감소가 일인당 생산 증가에 미친 부정적 효과를 나타낸다.[18] 요약하면 1911-40년간 노동자 일인당 생산 증가는 자본 심화와 효율 향상의 결과였는데, 이

18) 1911-40년간 경작지 면적은 노동 투입 증가 속도 1.2%보다 훨씬 느린 0.2%의 속도로 확대되었다. 따라서 일인당 경작 면적은 연 1%(=1.2%-0.2%)씩 줄어들었다.

중 생산성 향상이 일인당 자본 사용량 증가보다 중요했다.

[표 3-1]의 세 번째와 맨 아래 행에는 같은 방법으로(고도 성장기로 알려진) 1960-90년과 1960-2010년에 대해 성장 회계를 한 결과가 제시되어 있다. 해방 후에는 센서스나 경제 활동 인구 조사를 통해 추계된 노동 투입 통계가 있다. 그러나 식민지기와 비교 가능한 추계치를 얻기 위해 15-64세 인구를 노동 투입으로 사용했다. 몇 가지 자본 스톡 추계가 이미 나와 있지만 식민지기와 비교 가능한 결과를 얻기 위해 영구 재고법을 적용해서 추정한 자본 스톡 증가율을 적용했다. 토지 투입은 논과 밭 면적의 합계인데, 1974년까지는 Ban, Moon & Perkins(1980)의 추계, 1975-82년간은 황수철(1996)의 추계, 1983년 이후는 국가 통계 포털(kosis.kr)이 제공하는 논과 밭 면적 통계를 이용했다.

식민지기와 해방 후를 비교해 보면 1960년 이후 노동 투입과 자본 투입 증가 속도가 모두 빨라졌다. 노동 투입 증가 속도가 빨라진 것은 인구 증가 속도가 1911-40년의 1.3%에서 1960-2000년간 1.5%로 증가한 때문도 있지만 (제2장에서 설명한 것처럼) 해방 후에 출산율이 떨어지면서 전체 인구에서 차지하는 어린이의 비중이 줄고 15-64세 이상 인구의 비중이 늘었기 때문이다. 1960년 이후 총산출 증가 속도가 식민지기에 비해 훨씬 빨라진 것은 노동과 자본 투입이 더 빠르게 증가했기 때문이다.

투입과 산출 증가율 그리고 요소 소득 분배율을 적용해서 1960년 이후의 총요소 생산성 향상 속도를 계산한 결과는 1960-2010년에 2.5%였다. 1960-2010년에 노동자 일인당 생산(=노동 생산성)이 연 5.0%(=7.5%−2.5%)씩 증가했으므로 효율 향상은 노동자 일인당 생산 증가의 절반 정도를 설명한다. 식민지기에는 기술 발전 속도가 1960-2010년에 비해 1% 포인트 가까이 느렸다. 그러나 노동자 일인당 생산 증가(=3.6%−1.2%=2.4%) 중 기술 발전으로 설명할 수 있는 부분(1.6%)이 식민지기에는 반을 넘는다는 점이 주목할 만하다.

지난 반 세기(1960-2010)에 비해 고도 성장기로 알려진 1960-90년에는 노동과 자본 투입 증가 속도 그리고 총산출 증가 속도, 노동자 일인당 생산 증가 속도가 모두 빨랐다. 뿐만 아니라 생산성 향상 속도도 1960-2010년의 2.5%보다 빠른 2.7%였다. 그러나 이를 노동 생산성 증가율 5.7%(=9.0%-3.3%)와 비교해 보면 절반에 미치지 못한다. 1960-90년과 1990-2010년을 비교해 보면 1990년 이전보다 이후에 자본 축적의 역할이 약화되고 기술 발전의 역할이 강화되었음을 알 수 있다. 바꾸어 표현하면 지난 반 세기 동안의 경제 성장에서 외연적 확대(extensive growth)의 성격이 약화되고 내포적 성장(intensive growth)의 성격이 강화되었다. 외연적 확대란 생산 요소 투입 증가에 의해 일어나는 생산 증가를, 내포적 성장은 생산성 향상 때문에 일어나는 생산 증가를 가리킨다. 식민지기의 일인당 생산 증가가 1960-2010년에 비해 내포적 성격이 강했다는 것은 위에서 설명했다.

한국 고도 성장에서 기술 학습과 자본 축적 중 어느 쪽이 더 중요했는지를 둘러싸고 이견이 있음은 제1장에서 언급한 대로이다. 이 논의는 한국 고도 성장이 외연적 확대였느냐 아니면 내포적 성장이었느냐에 관한 것이다. 자본 축적의 역할을 강조하는 입장을 "축적(蓄積)주의 (accumulationism)", 기술 학습에 의한 생산성 향상의 역할을 중시하는 입장을 "흡수주의(assimilationism)"라고 한다.[19] "축적"이란 자본 축적을, "흡수"란 선진 기술 흡수를 가리킨다. 축적주의는 고도 성장기의 총생산은 물론 일인당 생산의

19) 이 용어는 Collins, Bosworth & Rodrik(1996)이 사용한 것이다. 축적주의는 "근본주의(fundamentalism)"라고도 한다. Krugman(1994)은 축적주의의 주장을 선명하게 요약 제시하고 있다.

대부분이 자본 축적에 의해 설명된다는 성장 회계 결과를 바탕으로 한다. 이런 성장 회계 결과를 제시한 잘 알려진 연구 중 하나가 Young(1995)이다.[20] 그는 농업을 제외하고 성장 회계를 실시했다. Young(1995)에 따르면 1966-90년간 한국 비농업 생산은 연 10.3%씩 증가했으며 총요소 생산성은 연 1.7%씩 증가했다. 기술 발전은 비농업 생산 증가의 약 1/6 정도밖에 설명하지 못한다. Young(1995: 660)의 총요소 생산성 증가율 추계는 생산 요소 투입의 양적 확대뿐 아니라 질적 향상에 따른 생산 증가 부분도 감안한 것으로 [표 3-1]의 추계치과 비교할 수 없다. 그러나 Young(1995: 660, Table VII)에 제시된 수치를 이용하면 [표 3-1]과 비교 가능한(즉, 요소 투입의 양적 확대만 고려한) 총요소 생산성 증가율을 계산할 수 있다. 그 결과는 [표 3-1]에 제시된 1960-90년간의 총요소 생산성 증가율 2.7%와 소수점 한 자리 수준에서 같다.[21]

고도 성장기의 총요소 생산성 증가율 2.7%는 식민지기의 1.6%보다 높지만 이 기간 동안의 총생산 증가율 9.0%의 1/3에도 미치지 못한다. 이런 점에서 총생산 증가의 대부분이 자본 축적 때문에 일어났다는 주장, 즉 축적주의에는 일리가 있다. 그러나 2.7%는 앞서 소개한 영국 산업 혁명기의 생산성 향상 속도 0.7%의 네 배에 가깝다. 그리고 (제7장의 [그림 7-5]에서 보는 것처럼) 한국의 총요소 생산성 수준은 1960년경 미국에 비해 약 30% 수준밖에 되지 않았지만 반 세기 후에는 70%에 도달했다. 이는 지난 반 세기 동안 우리나라에서 일어난 기술 발전 속도가 미국에 비해 빨랐음을 알려 준다. 미국 같은 선진국에서는 생산성 향상이 신기술 개발을 통해서만 일어날 수 있다. 우리나라 같은 후진국에서는 이미 존재하는 앞선 기술을 배우거나

20) Kim & Lau(1994)는 한국 경제 성장에서 자본 축적의 핵심적 역할을 보이는 또 다른 주요 증거다.
21) 교육을 통한 노동의 질적 향상을 고려했을 때 성장 회계 결과가 어떻게 바뀌게 되는지를 제5장에서 보게 될 것이다.

모방해서 생산성을 향상시킬 수 있다. 기술 혁신(innovation)은 학습이나 모방보다 더 어려우므로 미국보다 우리나라에서 총요소 생산성이 더 빠르게 향상된 것은 당연한 일이다. 그렇다 하더라도 모든 후진국이 한국처럼 빠른 기술 학습을 통해 미국과의 생산성 격차를 좁혀 나갔던 것은 아니다. 그렇게 할 수 있었던 나라는 매우 드물다. 그런 점에서 한국을 비롯한 동아시아의 고도 성장이 "생산성 기적(productivity miracle)"이라고 한 Lucas(1993: 252)도 타당하다. 그래서 축적주의와 흡수주의를 구별하는 것은 물이 반쯤 담긴 컵을 놓고 물이 반이나 찼다고 하는 것이 옳은지 아니면 반밖에 차지 않았다고 하는 것이 옳은지를 놓고 고민하는 것과 비슷한 느낌을 준다

1994년 UN의 지원을 받아 제대로 된 인구 조사를 처음으로 실시하기 전까지 북한 정부는 인구 규모를 제대로 파악하지 못하고 있었다.[22] 이는 북한 정부의 행정 능력도 북한의 생활 수준처럼 조선 후기 수준으로 되돌아갔음을 말해 준다. 한국에서도 센서스 기술과 능력이 식민지기에 비해 크게 떨어졌지만 1970년대 들어 회복되었다.[23] 북한 정부가 GDP를 계산할 행정적, 기술적 능력을 갖추지 못해서인지, 아니면 총산출 규모가 군사 비밀이라고 생각해서 알리고 싶지 않았던 것인지는 알 수 없지만 북한 정부는 총생산의 규모가 얼마나 되고 총생산의 구조가 어떤 것인지를 보여 주는 통계를 발표한 적이 없다. 따라서 북한 경제를 대상으로 성장 회계를 한다는 것은 불가능에 가깝다.

많은 어려움을 무릅쓰고 Kim, Kim & Lee(2007: 575)는 1960-89년 북한의 투입과 산출을 추계하고 이를 가지고 총요소 생산성 증가율 추정을 시도했

22) 북한 인구 통계에 관해서는 文浩一(2011)을 보라.
23) Kwon(1977)은 해방 후 1970년까지의 센서스 결과를 보완해서 구한 출산력 및 사망력 지수를 제공한다.

다. 자료가 부족하고 자료의 신뢰도가 높지 않으므로 이들은 낙관적인 산출 증가율과 비관적인 산출 증가율을 추계하고, 이 두 경우 각각에 대해 성장 회계를 실시했다. 또 이들은 두 가지 서로 다른 형태의 생산 함수를 가정해서 각각에 대해 성장 회계를 실시했다. 그래서 네 개의 서로 다른 총요소생산성 추계치를 얻었다. 네 결과 중 가장 낙관적인 결과가 1960-89년간 총요소 생산성이 정체했다는 것이며, 가장 비관적인 결과가 매년 1.3%씩 하락했다는 것이다. 따라서 한국 고도 성장기에 북한에서는 기술 퇴보가 일어났을 가능성이 높다고 판단할 수 있다. Kim, Kim & Lee(2007: 575)에 따르면 북한에서는 1960-89년간 연 1% 내외의 속도로 자본 심화가 일어났지만 기술 퇴보가 이를 압도해서 일인당 생산이 감소했음을 보여 준다.

구조 변화

산업 혁명(industrial revolution)은 두 가지 의미에서 혁명이다. 하나는 빈곤과 질병으로부터의 해방이라는 의미에서, 다른 하나는 농업 중심적인 산업구조로부터 제조업 및 서비스 산업이 중심이 되는 경제 구조로의 이행이라는 의미에서 혁명이다. 산업 혁명으로 인해 잘 살게 된 오늘날 꾸준히 생활수준을 향상시키고 있는 나라에서는, 전체 노동력에서 농민이 차지하는 비중이 작고, 총생산에서 농업 생산이 차지하는 비중이 작다. 반면 제조업이나 서비스 산업 비중이 크다. 이는 경제 성장이 일어나면서 한 나라의 GDP의 내용, 즉 생산 부문별 구성이 바뀐다는 것을 알려 준다. 총산출의 구성이 바뀌는 것을 "구조 변화(structural change)"라고 한다. 구조 변화는 자본 축적과 기술 발전 때문에 일어나는 경우가 많다.

우리나라에서도 20세기에 산업 혁명이 진행되는 가운데 구조 변화가 일어났다. 식민지 조선과 한국에서 어떤 구조 변화가 일어났는지를 확인하기 위해 다양한 생산 활동을 농업, 광공업, 비교역재 산업 세 부문으로 구분하자. 이때 농업은 임업과 수산업을 포함하며 광공업은 제조업과 광업으로 이루어진다. 비교역재 부문(nontradable sectors)은 기타 산업(=전기업+가스업+수도업+건설업)과 서비스 산업(=도소매업+음식 숙박업+운송+창고업+통신업+금융업+부동산업+기업 서비스업+사회 및 개인 서비스업)을 포괄한다. "비교역재"란 이런 부문들이 생산하는 재화나 용역들이 국제 무역의 대상이 되기 어렵거나 불가능하다는 점을 가리키는 말이다.

[그림 3-8]은 지난 한 세기 간 (가로 축에 표시한) 일인당 생산이 증가하는 과정에서 (세로 축에 표시한) 농업이 총산출에서 차지하는 비중이 꾸준히 감소해 갔음을 보여 준다. 식민지 지배가 시작될 무렵 농업은 우리나라 총산출의 70%을 생산했다. 조선 후기 경제에서 농업이 차지하는 비중은 이와 크게 다르지 않았을 것으로 짐작된다. 1876년 개항 이후 외국 자본과 기술이 들어와 근대 공업과 서비스업이 발전했으므로 1876년 이전의 농업의 비중은 70%보다 높았을 가능성이 높다. 1910년 이후 농업의 중요성은 꾸준히 감소해서 오늘날 농업은 GDP의 불과 3%를 생산하는 데 지나지 않게 되었다.

[그림 3-8]에서 동그라미는 식민지기를(1911-40), 십자가는 1953-2010년간의 한국을 나타낸다. 동그라미와 십자가는 모두 시간의 흐름에 따라 남동쪽으로 이동했다. 식민지기 추계의 마지막 해인 1940년과 해방 후 추계의 첫 해인 1953년을 비교해 보면 식민지 시대 말에 비해 한국 전쟁 직후의 우리나라에서는 일인당 생산이 낮았을 뿐 아니라 산업 구조도 보다 농업 중심적이었다. 1940년의 소득 수준과 산업 구조가 회복되는 것은 1960년대 초가 되어서였다.

그림 3-8 경제 성장과 농업 생산 비중 감소

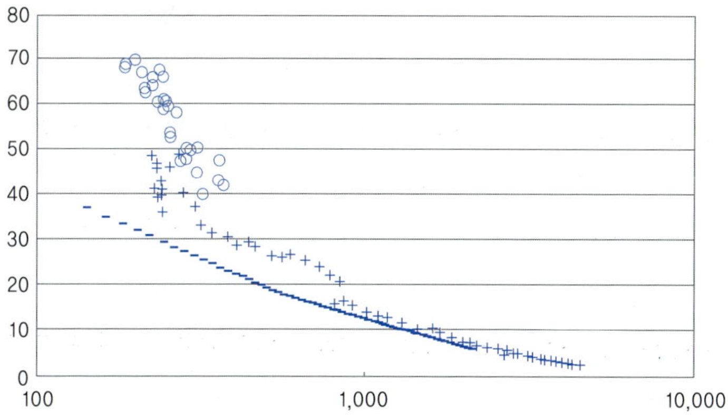

주: 가로 축은 1970년 미국 달러 가치로 표시한 일인당 생산이다. 이는 1990년 달러로 표시한 일인당 소득에 0.22를 곱해서 계산했다. 환산 비율의 출처는 www.eh.net; 가로 축은 로그 축; 세로 축은 농림수산업 생산이 GDP에서 차지하는 비중(%); 동그라미는 식민지 조선, 십자가는 한국을 표시; 짧은 막대기는 Chenery & Syrquin(1986)이 계산한 아홉 나라의 평균. 아홉 나라는 한국이 포함되어 있으며, 이 밖에 일본, 타이완, 이스라엘, 터키, 유고슬라비아, 노르웨이, 멕시코, 콜롬비아를 포함한다.

자료: 차명수(2012), Chenery & Syrquin(1986).

[그림 3-8]에서 짧은 가로 막대기로 표시된 것은 Chenery & Syrquin(1986)이 아홉 나라의 경제 성장 과정에서 일어난 농업 비중 감소의 궤적을 평균한 값을 나타낸다. 이와 우리나라에서 일어난 변화를 비교해 보면, 1910년 당시 일인당 생산 수준에 비해 우리나라의 일차 산업 비중은 평균에 비해 훨씬 높았으며, 이후 경제 성장에 따른 일차 산업 비중 감소는 더 빠른 속도로 일어났음을 알 수 있다.

[그림 3-9]는 농업 비중이 감소하는 가운데 제조업과 비교역재 부문(non-tradables sector)의 비중이 증가했음을 보여 준다. 패널 A를 보면 식민지 지배가 시작될 무렵 우리나라 총산출에서 제조업이 차지하는 비중은 5%에 지나지 않았다. 그런데 1940년에는 15%로 올랐다. 1945년 해방과 동시에 분

그림 3-9 경제 성장과 비농업 생산 비중 증가

A. 제조업

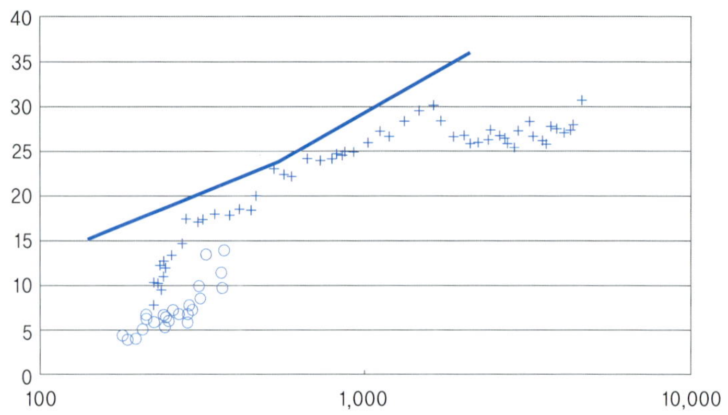

B. 비교역재 생산의 비중

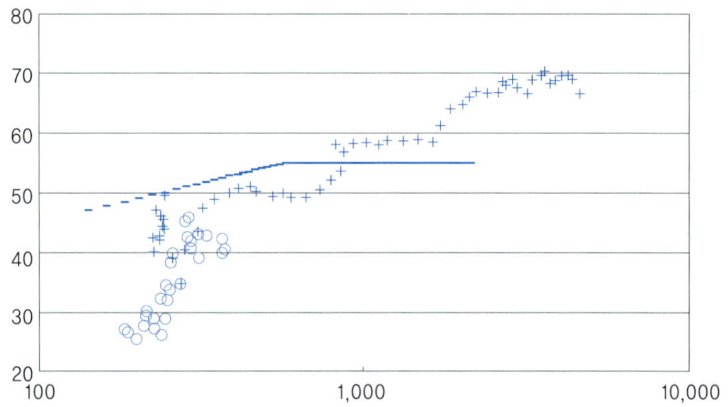

주: [그림 3-8]과 같음.
자료: [그림 3-8]과 같음.

단이 되자 남한의 GDP에서 차지하는 제조업 비중은 다시 10% 이하로 떨어졌다. 그 이유는 식민지 시대의 공업화가 북한을 중심으로 일어났음을 말해 준다. 제조업 비중은 이후 꾸준히 상승해서 1988년 30%를 넘은 뒤 정체 국면에 들어갔다. 공업화(industrialization)가 1980년대 말에 끝났다는 의미에서 우리나라의 산업 혁명은 이때 일단락되었다고 할 수 있다.

Chenery & Syrquin(1986)이 계산한 아홉 나라 평균과 비교해 보면 소득 수준에 비해 공업화의 정도는 전반적으로 낮다. 그리고 소득이 증가함에 따라 제조업 비중이 증가하는 속도는 이 평균과 크게 다르지 않다. 제조업 비중과는 달리 서비스 부문을 중심으로 하는 비교역재 부문의 비중은 지난 한 세기 동안 꾸준히 증가해 왔음을 패널 B는 보여 준다.

Kuznets(1971)는 한 경제가 산업 혁명을 거쳐 근대적 경제 성장의 단계로 이행하는 과정에서는 ① 농업 생산이 총산출에서 차지하는 비중은 점점 감소하고, ② 제조업 생산의 비중은 증가하다가 정체하며, ③ 서비스 생산의 비중은 지속적으로 증가하는 경향이 있다고 주장했다. 이런 세 가지 경향을 "쿠즈네츠의 사실들(Kuznets' facts)"이라고 한다(Kuznets, 1971). [그림 3-8]과 [그림 3-9]는 지난 한 세기 동안 우리나라에서 일어난 구조 변화의 패턴이 쿠즈네츠의 사실들과 잘 부합한다는 것을 보여 준다. 반면 Chenery & Syrquin(1986)의 아홉 나라 평균을 보면 제조업 비중은 지속적으로 증가하는데 비해 비교역재 비중은 일인당 소득이 1,000달러에 도달하기 전에 정체 국면에 들어가고 있는데, 이는 쿠즈네츠의 사실들과는 어긋나는 변화 패턴이다.

지난 한 세기에 걸쳐 농업 비중 하락, 제조업 비중 상승과 뒤이은 정체, 그리고 서비스 비중의 꾸준한 증가는 왜 일어난 것일까? 생산 구조의 변화는 노동과 자본 같은 생산 요소가 어떤 생산 부문(가령 농업)에서 다른 생산 부문(가령 제조업)으로 이동하기 때문에 발생한다. 생산 요소가 빠져나가는 생산 부문의 생산은 줄거나 증가 속도가 느려진다. 반대로 생산 요소를 받아들이는 생산 부문의 생산은 늘거나 증가 속도가 더욱 빨라진다. 그래서 생산 요소를 받아들이는 부문의 비중은 증가하고 생산 요소가 빠져나가는 부문의 비중은 감소한다. 생산 부문 간 노동과 자본의 이동이 일어나는 것은 생산 부문 간 임금 격차, 자본 투자 수익률 격차가 있기 때문이다. 노동자들은 낮은 임금을 주는 업종을 떠나 높은 임금을 주는 업종으로 이동한다. 자본가들은 투자 수익률이 낮은 업종에서 자본을 빼내 높은 업종에 투자한다.

부문 간 수익률 차이가 생겨나는 이유는 공급 측면의 요인과 수요 측면의 요인으로 나눌 수 있다. 수요 측면의 요인이란 재화에 대한 사람들의 선호 또는 취향이 바뀌는 것을 가리킨다. 예를 들어, 사람들이 *Y*재를 먹으면 건강해진다는 사실이 알려져 *Y*재에 대한 수요가 확대되면 *Y*재 가격이 *X*재 가격보다 더 비싸진다. 따라서 생산 요소를 *X*재보다는 *Y*재를 사용하는 데 투입함으로써 수익성을 높일 수 있게 되고, 따라서 *X*재 생산에 사용되던 자본이 *Y*재 생산 부문으로 이동한다. *Y*재 생산 부문에서 사용되는 자본량이 늘어나므로 *Y*재 부문의 노동의 한계 생산성이 증가하게 되어 임금이 상승한다. 그러면 노동자들은 임금이 상대적으로 낮아진 *X*재 부문에서 높아진 *Y*재 부문으로 이동한다. 자본과 노동이 모두 *X*재 생산 부문에서 *Y*재 생산 부문으로 이동했으므로 산업 구조는 *Y*재 중심으로 바뀌게 된다.

공급 측면 요인에는 두 가지가 있다. 하나는 기술 발전이 생산 부문 사이에 다른 속도로 일어나기 때문이며, 다른 하나는 경제 전체에 존재하는 노동, 자본 같은 생산 요소의 양이 서로 다른 속도로 변하기 때문이다. 첫 번째 요인을 예를 들어 설명하자. *W*재에 비해 *Z*재 생산 부문에서 생산 기술이 더 빨리 향상되면 *Z*재 생산 부문에서 임금이나 투자 수익률이 *W*재 생산 부문에 비해 높아진다. 그 결과 노동과 자본이 *Z*재 생산 부문으로 흘러 들어 간다. 따라서 *Z*재 부문이 경제 전체에서 차지하는 비중이 증가한다. 두 번째 요인의 예로서 *A*재를 생산하는 데에는 *B*재 생산에 비해 자본보다 노동이 더 중요하다, 즉 *A*재는 *B*재에 비해 더 노동 집약적 재화라고 하자. 그런데 총자본 스톡은 변하지 않는 가운데 인구가 증가해서 노동 공급이 더 풍부해졌다고 하자. 그러면 자본에 비해 노동의 가격이 더 싸진다. 따라서 노동 집약적 재화인 *A*재의 생산비가 상대적으로 싸진다. 그 결과 *A*재 부문의 수익률이 올라 산업 구조가 *A*재 중심으로 변화할 것이다.[24)]

[그림 3-10]은 공산품/농산품 가격 비율(실선)이 공업화가 일어나던 식민지기와 1960-80년간 추세적으로 하락했음을 보여 준다. 상대 가격이 이같이 제조업에 불리하게 변하고 있는 가운데 공업화가 일어났다는 것은 1980년대 말에 끝난 공업화가 수요 측면의 요인(=수요 충격, demand shocks)이 아니라 공급 측면의 요인(=공급 충격, supply shocks) 때문에 일어난 것임을 알려 준다.

앞의 [표 3-1]에서 우리는 지난 한 세기 간 우리나라에서 노동에 비해 자본 투입이 훨씬 빠른 속도로 증가했음을 보았다. 이는 자본/노동 비율이 꾸준히 상승했음을 의미한다. 그런데 (이 장의 부록 2에 제시된) 요소 소득 비율(factor income shares)을 보면 제조업이 농업이나 비교역재 생산 부문에 비해, 자본 집약적 산업 – 생산에서 자본의 중요성이 더 큰 산업 – 이었음을 알 수 있다. 이 두 가지 사실은 20세기 우리나라의 공업화를 가져온 주요 원동력 중 하나가 자본 축적에 따른 자본/노동 비율 상승이라는 공급 충격이었을 것임을 의미한다.

24) Acemoglu(2009: chapter 20)는 구조 변화의 원인에 관한 이 같은 설명을 수식으로 제시하고 있다.

그림 3-10 공산품/농산품(P_m/P_a) 및 교역재/비교역재(P_{nt}/P_t) 가격 비율

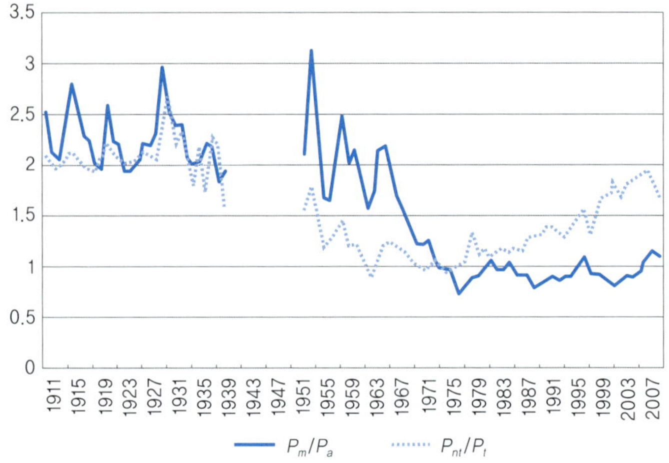

주: 생산 부문별 GDP 디플레이터를 이용해 계산; 식민지기와 해방 이후의 상대 가격은 별도의 시계열이며 연결해서 사용할 수 없다. 교역재에는 농업, 임업, 수산업, 광업 제조업이, 비교역재에는 건축, 사회 간접자본, 도소매 음식 숙박업, 운수 창고 통신업, 금융 보험업, 부동산 및 사업 서비스업이 포함됨.
자료: 김낙년(2012).

부문별로 계산된 요소 소득 비율을 보면 (서비스 산업을 중심으로 하는) 비교역재 생산 부문이 (농업, 제조업 같은) 교역재 생산 부문에 비해 노동 집약적임을 알 수 있다(부록 2를 보라). 자본 축적으로 자본이 노동에 비해 점점 더 보다 풍부한 생산 요소가 되어 가는 과정 속에서 보다 노동 집약적인 비교역재 생산 부문이 경제 전체에서 점점 중요한 산업이 되어 가기 위해서는 ① 비교역재 생산 부문에서 생산성이 더 빨리 증가했거나, 아니면 ② 비교역재에 대한 수요가 교역재에 대한 수요보다 빠른 속도로 증가했어야 했을 것이다. [그림 3-10]에 따르면 비교역재/교역재 가격 비율은 1930년경까지 안정되어 있었고 1930년대, 1950년대에는 하락했으며 1960년 이후 추세

적으로 상승했다. 그러므로 식민지기에 일어난 비교역재 부문의 비중 증가는 비교역재 부문에서 생산성이 다른 부문에서보다 더 빠르게 일어나지 않았으면 불가능했을 것이라는 추론이 가능하다. 반면 1960년 이후에는 비교역재에 대한 수요 증가가 비교역재 부문의 대두를 초래한 원동력의 하나였을 것임을 알 수 있다.

[표 3-2]는 전체 경제를 농업, 제조업, 비교역재 부문의 셋으로 나누어 부문별로 원초적 접근을 통한 성장 회계를 한 결과를 보여 준다. [표 3-2]의 패널 A을 보면 식민지기의 생산성 향상 속도는 농업<제조업<비교역재 부문의 순서로 빨랐다. 이는 식민지기 공업화가 자본 축적으로 자본/노동 비율이 상승했기 때문뿐 아니라 광공업에서 생산성이 농업에서보다 빠르게 향상되었기 때문에도 일어난 결과임을 말해 준다. 반면 비교역재 부문의 비중 증가는 (위에서 추론한 대로) 오로지 다른 두 생산 부문에 비해 더 빠른 생산성 향상을 이룩했기 때문에 일어났음을 알 수 있다.

패널 A의 맨 아래 행의 "기여도"란 부문별 총요소 생산성 증가율에 각 부문이 GDP에서 차지하는 비중을 곱한 것이다. 이는 각 부문에서 일어난 총요소 생산성 향상이 경제 전체의 총요소 생산성 향상에 어느 정도 기여했는지를 나타낸다. 비교역재 부문이 농업이나 제조업에 비해 식민지 조선 경제 전체의 효율 향상에 훨씬 커다란 기여를 했다. 세 생산 부문의 기여도를 합하면 0.36%이다. 이는 제3장에서 계산한 전체 경제의 총요소 생산성 증가율 1.6%의 약 23% 정도에 불과하다. 나머지 77%에 해당하는 1.25%는 (농업 같은) 비효율적인 생산 부문으로부터 (제조업 같은) 보다 효율적인 생산 부문으로의 생산 요소 이동에 기인하는 생산성 향상을 나타낸다. 부문 간 생산 요소 재배치를 통해 일어나는 경제 성장을 쿠즈네츠적 성장(Kuznetzian growth)이라고 한다. 이는 위에서 소개한 솔로우적 성장(Solovian growth)과 구

표 3-2 부문별 성장 회계, 1911-2010

A. 1911-40

	농업	광공업	비교역재
산출 증가율	1.53%	8.85%	5.37%
생산성 증가율	−0.03%	0.25%	0.99%
기여도	−0.01%	0.02%	0.36%

B. 1963-2010

	농업	광공업	비교역재
산출 증가율	2.43%	11.84%	6.95%
생산성 증가율	0.88%	4.14%	0.94%
기여도	0.06%	0.81%	0.69%

C. 1963-90

	농업	광공업	비교역재
산출 증가율	2.99%	14.92%	8.56%
생산성 증가율	0.04%	3.72%	1.07%
기여도	0.00%	0.72%	0.78%

주: 1960년이 아니라 1963년을 성장 회계의 출발점으로 삼은 이유는 1961/62년간 일어난 급격한 광공업 경제 활동 인구 감소가 납득하기 어려운 것이라고 판단했기 때문.

자료: 부문별 산출 증가율은 김낙년(2012); 부문별 노동과 토지 투입 증가율은 본문 참조; 자본 투입 증가율 추정 방법은 제3장의 부록 2를 참조; 부문별 소득 분배율 추정 근거는 이 장의 부록 1을 참조.

별되는 개념이다.

[표 3-2]의 패널 B는 1963-2010년간 세 생산 부문에서 일어난 총요소 생산성 증가율 추계치를 보여 준다. 식민지기와는 달리 기술 발전 속도가 가장 빨랐던 것은 제조업이었고 가장 느렸던 것은 농업이었다.[25] 이는 해방 후

25) [표 3-3]에 제시된 부문별 성장 회계 결과는 기존 연구와 크게 다르지 않다. 황수철(1996: 표 4.2)에 따르면 1956-91년간 농업의 총요소 생산성은 연 1.2%에서 1.48%의 속도로 증가했다.

에 기술 발전이 보다 중요한 공업화 원동력으로 등장했음을 말한다. 노동 집약도가 높은 비교역재 부문이 더 느린 생산성 향상에도 불구하고 비중을 확대시켰다는 것은 비교역재에 대한 수요 확대가 해방 후 서비스 경제화를 이끈 유일한 요인이었음을 시사한다. 우리는 [그림 3-10]에서 1960년경 이후 비교역재가 교역재에 비해 점점 비싸져 갔음을 보았다.

[표 3-2]의 패널 B의 맨 아래 행에는 각 생산 부문이 경제 전체의 총요소 생산성 향상에 얼마만큼씩 기여했는지를 보이는 수치가 제시되어 있다. 이를 합해서 (3절에서 계산한) 1960-2010년간 경제 전체의 총요소 생산성 증가율 2.54%에서 빼면 0.98%가 나온다. 이는 경제 전체의 기술 발전 속도의 약 37%에 불과하다. 이는 식민지기의 77%에 비해 현저히 작다. 이는 지난 50년간의 경제 성장은 지난 반 세기에 비해 쿠즈네츠적 성장의 측면이 약했음을 보여 준다. Chenery & Syrquin(1986: 254, Table 8-8)에 따르면 생산 요소의 부문 간 이동에 따른 총요소 생산성 향상이 전체 총요소 생산성 향상에서 차지하는 비중은 경제 성장의 초입 단계에서는 일인당 생산이 증가함에 따라서 서서히 증가한다. 일인당 소득이 1,120-2,100달러일 때 피크인 26%에 도달하고 이후 다시 감소한다. 이와 비교했을 때 20세기 우리나라 경제 성장에서 쿠즈네츠적 성장의 측면은 강한 편이었다고 평가할 수 있다.

조선 후기에도 제조업과 상업이 발전했다는 주장이 있다.[26] 조선 후기

1966-90년간 비농업 부문에서의 총요소 생산성 증가율을 추계한 Young(1995) 역시 총요소 생산성 향상은 서비스업이나 사회 간접 자본 부문에 비해 제조업에서 더 빨랐음을 보였다. Young(1995: 660)의 제조업 총요소 생산성 증가율은 3.6%로 이 책의 추계 3.7%와 비슷하다. Young(1995: 660)의 광업, 교통, 통신, 운송, 건설업 생산성 증가율은 2.5%, 서비스 산업 생산성 증가율은 2.6%인데 우리의 비교역재 부문 생산성 증가율 1.1%보다 빠르다. 여기에 제시한 Young(1995)의 총요소 생산성 증가율은 노동이나 자본의 질적 향상을 계산에 넣지 않은 추계치이다.

26) 조선 후기의 상업 및 수공업이 발전했다고 주장하는 대표적인 연구로는 강만길(1973)과 송찬식(1973)이 있다.

의 부문별 생산 통계를 구할 수 없기 때문에 이것이 사실인지 확인할 길은 없다. 그러나 2절에서 소개한 조선 후기 인구 증가를 보여 주는 증거에 비추어 보았을 때 18, 19세기에 제조업, 특히 수공업이 경제 전체에서 차지하는 비중이 증가했을 가능성이 높다. 왜냐하면 조선 후기에 경작지 면적이 크게 변했을 리 없으므로 인구 증가로 토지에 비해 노동이 보다 풍부한 생산 요소가 되었을 것이고 이는 노동 집약적 산업, 즉 수공업 발전을 촉진했을 것이기 때문이다. 한국사 연구자들은 수공업이나 상업 발전이 조선 후기에 자본주의의 싹이 자라나고 있었던 증거라고 생각하지만 이는 경제 발전이 아니라 궁핍화의 증거이다. 18, 19세기에 인구가 증가해서 토지를 구하기 어려워지자 농민들이 수공업자나 장사를 해서 먹고 살 수밖에 없게 된 것이다. 우리는 제7장에서 중국에서도 인구 증가가 수공업을 발전시켰음을 보게 될 텐데 이는 중국 경제사에서 "과밀화(involution)"라고 불린다.

임금, 이자, 지대

조선 후기의 총요소 생산성 증가율은 얼마나 됐을까? 이 질문에 대답하는 것은 적어도 북한 경제의 성장 회계를 하는 것만큼 어렵다. 그 이유는 물론 투입과 산출 통계를 얻을 수 없기 때문이다. 그러나 생산성 증가율은 투입과 산출 증가율뿐 아니라 임금, 지대, 이자율 같은 생산 요소 가격 증가율을 바탕으로 해서도 계산할 수 있다.

$$Y = w \cdot N + r \cdot K + s \cdot T \qquad (3\text{-}6)$$

식 (3-6)에서 Y는 총생산을, N은 노동 투입을, K는 자본 투입을, T는 토지 투입을, w는 노동자 한 명이 받는 실질 임금을, r은 자본재 한 단위를 빌려 주고 받는 자본 임대료를, s는 일정 면적의 토지를 빌려 주는 대가로 받는 지대를 나타낸다. 이 식은 한 나라에서 생산된 재화(=GDP)는 생산에 필요한 토지, 자본, 노동과 같은 요소(생산 요소)를 제공한 사람들에게 지대, 이자, 임금의 형태로 모두 분배됨을 표현한다.

식 (3-6)을 증분(=증가 폭, difference) 형태로 바꾸면 식 (3-7)과 같이 된다.[27)]

$$\Delta Y = \Delta w \cdot N + \Delta N \cdot w + \Delta r \cdot K + \Delta K \cdot r + \Delta s \cdot T + \Delta T \cdot s \qquad (3\text{-}7)$$

식 (3-7)의 우변에서 노동과 관련된 두 항 중 $\Delta w \cdot N$을 $(\Delta w/w) \cdot (w \cdot N)$로, $\Delta N \cdot w$를 $(\Delta N/N) \cdot (N \cdot w)$로 바꾸어 쓸 수 있다. 그리고 자본에 관한 두 항에 관해서도 이와 마찬가지로 r과 K로 나눈 뒤 이를 다시 곱해 주는 형태로 바꾸어 쓸 수 있다. 토지에 관한 마지막 두 항은 각각 s와 T로 나눈 뒤 이를 다시 곱해 주는 형태로 바꾸어 쓰자. 그리고 나서 양변을 총산출 Y로 나누면 다음의 식을 얻을 수 있다.

$$\frac{\Delta Y}{Y} = \alpha \cdot \left(\frac{\Delta W}{W} + \frac{\Delta N}{N}\right) + \beta \cdot \left(\frac{\Delta r}{r} + \frac{\Delta K}{K}\right) + \gamma \cdot \left(\frac{\Delta s}{s} + \frac{\Delta T}{T}\right) \qquad (3\text{-}8)$$

식 (3-8)에서 α, β, γ는 앞에서와 마찬가지로 노동, 자본, 토지 분배율인데(즉, $\alpha = WN/Y$, $\beta = rK/Y$, $\gamma = sT/Y$), 이 식의 양변에서 $\alpha \cdot \Delta N/N + \beta \cdot \Delta K/K +$

27) 어떤 변수 x의 값이 시간(t) 흐름에 따라 변하는데 시점 t에서의 값을 x_t로 표시하자. x의 증분 Δx_t는 시간이 한 단위 지나가는 과정에서 일어나는 x의 변화 폭을 나타낸다. 즉, $\Delta x_t = x_t - x_{t-1}$의 관계가 성립한다. 식 (3-6)에서 (3-7)로 가기 위해 적용한 공식은 $\Delta(x \cdot y) = \Delta x \cdot y + \Delta y \cdot x$이고 이는 앞서 솔로우 경제 성장 모형을 설명할 때에도 사용되었다.

$\gamma \cdot \Delta T/T$를 빼면 다음과 같이 된다.

$$\frac{\Delta Y}{Y} - \left(\alpha \cdot \frac{\Delta N}{N} + \beta \cdot \frac{\Delta K}{K} + \gamma \cdot \frac{\Delta T}{T}\right) = \frac{\Delta A}{A}$$

$$= \alpha \cdot \frac{\Delta w}{w} + \beta \cdot \frac{\Delta r}{r} + \gamma \cdot \frac{\Delta s}{s} \qquad (3\text{-}9)$$

식 (3-9)는 요소 소득 분배율을 가중치로 해서 실질 임금 상승률, 자본 임대 비용 상승률 그리고 지대 상승률의 가중 평균을 계산하면 그것이 총요소 생산성 증가율이 된다는 것을 보여 준다. 식 (3-9)를 적용해서 생산성 향상 속도를 측정하는 것을 성장 회계의 쌍대적 접근(dual approach)이라고 한다. 앞 절에서 설명한 투입과 산출 증가율을 이용한 성장 회계 방법을 원초적 접근 방법(primal approach)이라고 한다.

쌍대적 접근을 통해 조선 후기의 생산성 증가율을 추정하기 위해서는 실질 임금 증가율, 지대 증가율 그리고 자본 임대료(rental price of capital=자본 비용(cost of capital))에 관한 정보가 필요하다. 실질 임금과 지대 증가율은 제2장에서 소개한 쌀 임금([그림 2-3])과 두락당 논 지대 시계열([그림 2-4])로부터 계산할 수 있다. 이에 비해 조선 후기 자본 비용에 관한 정보는 쉽게 구해지지 않는다.

자본 비용은 실질 이자율에 감가상각률을 더한 것과 같다.[28)] 조선 시대의 감가상각률에 관한 정보를 구할 수 없으므로 영구 재고법을 이용해서

28) Hall & Jorgenson(1967)에 따르면 자본 임대 비용은 $P_k/P \cdot (i - \Delta P_k/P_k + \delta)$의 식을 적용해 계산할 수 있다. 이 식에서 P_k는 자본재 가격, P는 GDP 디플레이터, i는 명목 이자율, δ는 감가상각률이다. 만일 자본재 가격이 일반 물가와 같다면, 즉 $P_k=P$라고 가정하면 이 식은 명목 이자율에서 물가 상승률을 빼어 실질 이자율을 구한 뒤 거기에 감가상각률을 더한 것과 같아진다.

자본 스톡을 추정하는 과정에서 나온 식민지기의 감가상각률 0.0802를 이용하기로 하자(이 장의 부록 3을 보라). 개항 이전의 조선에는 은행이나 증권 시장 같은 근대적 자본 시장 제도가 없으므로 이자율 정보가 희소하다. 그렇다고 해서 대부 거래가 없었던 것은 아니다. 양반 가문이 설립한 동족계(同族契)가 회원들에게 돈을 꾸어 줄 때 적용한 이자율 기록이 남아 있다. 또 농민들이 식량이 떨어졌을 때 이웃의 여유 있는 농민이나 지주들로부터 연 50% 전후의 높은 이자를 지불하고 곡식을 빌렸다는 기록이 있다(김재호 · 박기주, 2007: 111).

그러나 이런 이자율을 이용해 자본 비용을 계산할 수는 없다. 그 이유는 세 가지이다. 첫째, 이런 금리 관측치들은 18, 19세기의 추세적인 변화율을 계산할 수 있을 만큼 장기에 걸쳐 연속적으로가 아니라 뜨문뜨문 떨어진 몇 개의 시점에 관해서만 구할 수 있다. 둘째, 조선 후기 농촌에서 관측된 이자율은 명목 이자율(nominal rate of interest)이므로 실질 이자율(real rate of interest)을 구하려면 여기서 기대 물가 상승률(expected rate of inflation)을 빼 주어야 한다. 그런데 기대 물가 상승률은 물론 실현된 물가 상승률을 추정할 수 있을 만큼 조선 후기의 물가 정보는 풍부하지도 다양하지도 않다. 마지막으로, 이런 이자율에는 돈이나 곡식을 빌려 주었다가 떼일 위험, 즉 채무 불이행 리스크(default risk)가 반영되어 있는데 이것이 어느 정도인지 알 수 없다. 오늘날에는 국채 이자율을 무(無)리스크 이자율(risk free rate of interest)로 보고, 어떤 대차 거래에서 성립한 이자율과 국채 이자율 사이의 차이를 리스크 프리미엄으로 간주하지만 조선 후기에는 국채가 발행되지도 유통되지도 않았다.

조선 후기에 무리스크 실질 이자율에 가까운 것이 있었다면 그것은 논 한 마지기에서 나오는 지대량을 논 한 마지기 가격으로 나누어 구한 이자율이다.[29] [그림 2-4]에 제시된 이영훈(2012)의 지대 시계열은 남한 지역 전체에 대해서 추계한 것이지만 여기에 사용된 자료 중에서 경상도와 전라도의 것만 뽑아 내어 전라도와 경상도 각각에 대한 지대 시계열을 5년 간격으로 추정할 수 있다. 차명수 · 이헌창(2004)은 전라도와 경상도의 논 가격을 역시 5년 간격으로 추정했다. 이를 가지고 전라도와 경상도의 논 지대/논 가격 비율을 계산해 보면 이 비율이 두 지역에서 크게 다르지 않음을 알 수 있다. 논 지대/논 가격 비율은 경상도에서도, 그리고 전라도에서도 18세기 중엽 20%를 넘는 수준에서 꾸준히 하락해서 19세기 말에는 10% 아래로 떨어졌다(Cha, 2010). 경상도와 전라도의 논 지대/논 가격 비율은 수준이나 추세의 면에서 매우 비슷하지만 경상도의 시계열이 더 긴 시기에 걸쳐 있으므로 경상도의 것을 사용하기로 한다.

[그림 3-11]에는 경상도의 논 지대/논 가격 비율에 식민지기의 감가상각률 8.02%을 더한 뒤 이를 로그 변환한 값이 사각형으로 표시되어 있다. 점선은 최소 자승법(ordinary least squares method)을 이용해서 추정한 사각형들의 중간을 뚫고 지나가는 선형 추세(linear trend) – 시간 추세(time trend) – 이다.[30] 이 추세선의 기울기는 –0.0013이고 1% 수준에서 유의미하다. 이는 18, 19세기 우리나라에서 자본 비용이 연 0.13%씩 떨어지고 있었음을 의미한다. 제2장의 [그림 2-3]의 조선 후기의 실질 임금, 그리고 [그림 2-4]의 두락당 지대를 로그 변환한 뒤 선형 추세를 추정해서 기울기를 구하면 18, 19세기의 실질 임금 증가율($\Delta w/w$)로서 –0.97%, 두락당 지대 증가율($\Delta s/s$)로서 –0.47%를 얻을 수 있다.

29) 지대를 농토 가격으로 나눈 비율이 이자율과 같아지는 이유에 대해서는 이 장의 부록 4의 설명을 보라.

30) 최소 자승법을 이용해 선형 추세를 추정한다는 것은 [그림 3-11]의 사각형들과의 수직 거리의 제곱의 합이 가장 작은 일차 함수를 추정한다는 말이다.

그림 3-11 논 지대/가격 비율에서 도출한 조선 후기 자본 비용의 로그 값

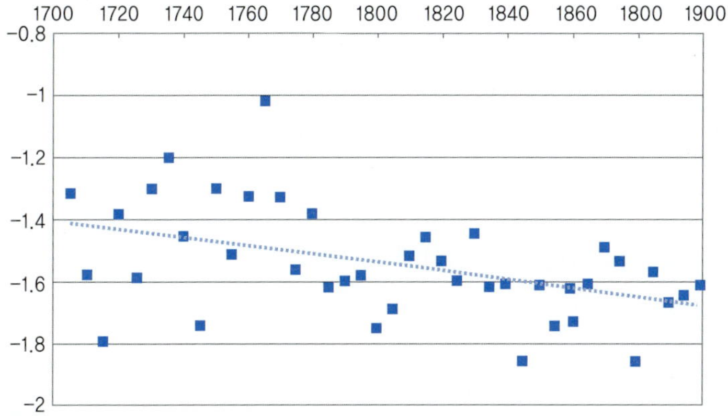

주: 사각형은 경상도의 논 지대/논 가격 비율에 감가상각률 0.0802를 더한 뒤 로그 변환한 값; 점선은 최소 자승법을 이용해 구한 선형 추세.
자료: Cha(2010).

표 3-3 요소 가격을 이용한 총요소 생산성 변화율 추정

	$\alpha \times \Delta w/w$	$\beta \times \Delta r/r$	$\gamma \times \Delta s/s$	$\Delta A/A$
1700-1900	0.39×(−0.97%)	0.07×(−0.13%)	0.54×(−0.47%)	−0.65%
1911-40	0.52×0.40%	0.20×0.0%	0.28×1.24%	0.55%
1960-2010	0.69×5.81%	0.28×(−4.51%)	0.03×2.86%	2.83%
1960-90	0.69×4.69%	0.28×(−4.51%)	0.03×2.85%	2.06%

주: 1960-2010과 1966-90년의 성장 회계에서 적용된 한국의 실질 이자율 증가율 -4.51%는 1964/68년간에서 1988/92년간까지의 연평균 증가율.
자료: 본문 참조. 조선 후기 요소 소득 분배율 추정 근거는 Cha(2010)를 보라.

[표 3-3]에서 두 번째 열은 이 같은 요소 가격 변화율을 식 (3-9)에 대입해서 조선 후기에 생산성 증가율을 계산한 과정과 결과를 보여 준다. 이에 따르면 18, 19세기에 우리나라의 총요소 생산성이 연 0.65%씩 하락했는데 이

는 위에서 소개한 1960-89년간 북한의 총요소 생산성 하락 속도와 비슷하다. Kim, Kim & Lee(2007: 575)의 추정 결과를 여기에 다시 한 번 소개하면 1960-89년간 총요소 생산성 증가율은 낙관적으로 보았을 때 0%이며, 비관적으로 보았을 때 −1.3%였다.

조선 후기뿐 아니라 식민지기 그리고 해방 이후의 생산성 향상 속도도 쌍대적 접근을 적용해서 측정할 수 있다. 식민지기의 실질 임금 증가율은 (제2장에서 소개한) 차명수(2011a)의 전국 비숙련 실질 임금 지수 증가율 0.4%를 사용하기로 하자. 1960-2010년간 실질 임금 증가율로는 ([그림 2-3]에 실선으로 제시된) 비숙련 노동자 실질 임금 지수 증가율 5.8%를 사용하자. 둘째, 1911-40년간 농업 부가가치 생산은 1.46%씩 증가했고, 경작지는 연 0.22%씩 확대되었다. 그러면 면적당 농업 부가가치는 연 1.24%(=1.46%−0.22%)씩 증가한 것이 된다. 만일 면적당 농업 부가 생산의 일정 부분을 지주가 지대로 가지고 갔다면 농업 부가가치 증가율은 지대 증가율과 같아진다. [표 3-3]에 제시된 해방 이후의 지대 증가율은 식민지기와 마찬가지로 농업 부가가치 생산 증가율에서 경작지 면적 증가율을 빼어 구한 것이다.

조선 후기뿐만 아니라 식민지기와 해방 후의 실질 이자율, 따라서 자본 비용 변화율을 추정하는 것도 간단하지 않다. 20세기에는 근대적 자본 시장이 등장, 발전했고 점점 많은 사람들이 은행이나 기타 금융 기관과 대차 거래를 맺게 되었으므로 이는 아마 의외라고 여겨질 것이다.

[그림 3-12]는 지난 한 세기 동안의 실질 이자율 변동을 보여 준다. 세 가지 서로 다른 이자율이 제시되어 있는데, 점선으로 표시한 것은 은행 대부 이자율에서 (실현된) 물가 상승률(=GDP 디플레이터 증가율)을 빼어 구한 실질 이자율이다. 여기에는 채무 불이행 위험이 포함되어 있다. 식민지기의 실질 은행 대부 이자율은 추세적으로 상승하지도 하락하지도 않았다. 만일

그림 3-12 실질 이자율, 1907-2010

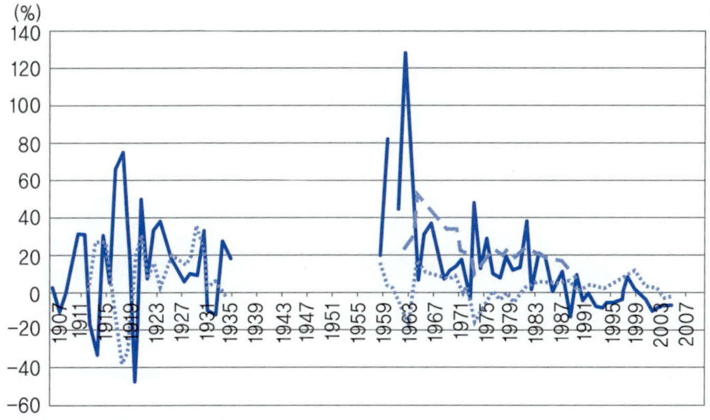

주: 실선은 쌀 가격의 계절 변동에서 추론한 이자율, 점선은 은행 대부 이자율, 파선은 사채 이자율. 실질 이자율을 구하기 위해 사용한 물가 상승률은 GDP 디플레이터 증가율.

자료: 조선 총독부 통계연보; 금융 사항 참고서; 한국은행; www.kosis.go.kr; 1963-86년간 사채 이자율 Collins & Park (2007: 353, Table 4.4); 1987-92년간 사채 이자율 - Roh(1994: 171, Figure 6-4).

채무 불이행 위험이 식민지기에 정체되어 있었다면 식민지기 이자율 증가율, 따라서 자본 비용 증가율은 0%가 될 것이다. 그러나 식민지기에 은행으로부터 자금을 대출받는 기업이나 개인들의 속성이 어떻게 변해 갔는지 알 수 없고, 따라서 식민지기 자본 비용 증가율을 은행 이자율로부터 추론하는 것은 안전하지 않다.

해방 이후에도 실질 은행 대부 이자율에서 뚜렷한 상승이나 하락 추세를 발견하기 어렵다. 그렇다고 해서 해방 후 실질 이자율 증가율을 0%라고 놓을 수는 없다. 그 이유는 식민지기와 다르다. 그 이유는 1960년대와 1970년대의 은행 이자율은 (자본 시장에서 수요와 공급을 일치시키는) 균형 이자율이 아니었기 때문이다. 한국에서 은행 대출은 적어도 1980년경 이전에는 아무나 받을 수 있는 것이 아니라 특권과 같은 것이었다. 고도 성장기 한국 정부는 전략 산업의 성장을 촉진하기 위해서 저금리 은행 융자를 제공했다. 당시 은행 대부란 정부의 선택을 받은 기업들의 몫이었다. 은행 대부를 받을 수 없었던 기업이나 개인들은 금리가 훨씬 높은 사채(私債)를 이용해야 했다.

[그림 3-12]에서 1963년부터 시작하는 파선으로 표시된 것은 사채업자(私債業者)들이 금융 당국의 규제 밖에서 자금을 빌려 주고 받은 명목 이자율에서 물가 상승률을 빼어 구한 실질 이자율이다. 1960년대와 70년대에는 사채 이자율이 은행 대부 이자율보다 훨씬 높았다. 이 차이는 전략 산업들에게 제공되는 대출에 대해서 낮은 이자율을 적용하도록 정부가 은행들에 명령했기 때문에 발생한 것이었다. 1980년대 들어 금리 자율화(de-regulation)가 실시되고 금융 억압(financial repression)이 완화되면서 사채 이자율과 은행 대부 금리 사이의 격차가 빠르게 축소되었다.[31)]

정부가 금융 시장에 개입하고 있는 상황에서 균형 이자율에 가까웠던 것은 은행 대부 이자율이 아니라 사채 이자율이었을 것이다. 정부가 은행 대출 금리를 강제로 낮게 책정해 놓았던 1960, 1970년대에는 이 낮은 이자율로 은행 돈을 쓰고 싶지만 그럴 수 없는 기업이나 개인이 많았다. 이에 비해 사채 시장에서는 높은 금리를 주고 돈을 쓰고 싶은 사람은 대부분 쓸 수 있었다. 그러나 사채 시장 이자율도 (금융 억압이 없을 때에만 관측할 수 있는) 1960년대와 1970년대의 균형 이자율과 일치하는 것은 아니다.[32)]

20세기의 실질 이자율 추세를 파악하기 위해서는 금리 통계보다는 쌀

31) 사채 이자율과 은행 이자율 간 차이 중 일부는 은행과 사채업자가 상대하던 차입자들의 신용도, 즉 채무 불이행 위험의 차이를 반영한다. 은행에서 대출을 받을 수 있었던 대기업은 사채업자로부터 자금을 조달할 수밖에 없었던 중소기업이나 개인 소비자들에 비해 재무 구조가 안정적이었을 가능성이 높다.

32) 왜 일치하지 않는지는 균형 이자율, 은행 대부 금리, 이자율, 사채 이자율 사이의 관련에 관한 Cole & Park(1983: 146-8)의 설명을 보라.

그림 3-13 쌀 가격 월별 변동

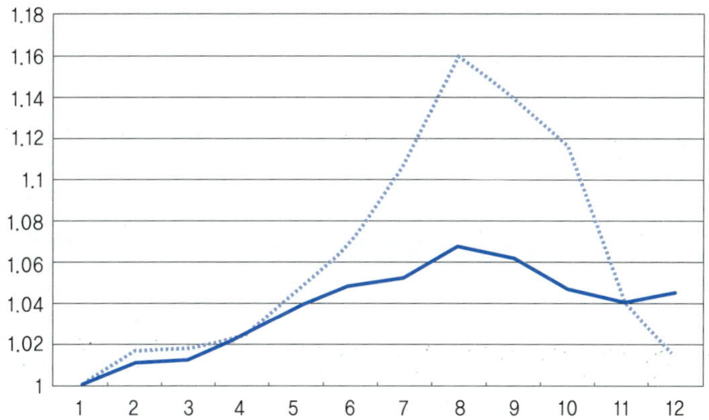

주: 1월의 쌀값을 1로 한 지수; 점선은 1907-35년 평균, 실선은 1962-2005년 평균.
자료: 조선 총독부 통계연보, kosis.kr.

가격 계절 변동을 이용하는 편이 낫다. [그림 3-13]은 식민지기나 해방 후 모두 추수가 끝나고 나서 1월이 되면 쌀 가격이 가장 낮은 수준으로 떨어졌다가 다음 해 수확 전 8월까지 상승하는 경향이 있었음을 보여 준다. 값이 싼 가을에 쌀을 사서 값이 비싸지는 여름에 팔면 돈을 벌 수 있다. 1월에서 8월 사이의 평균 쌀 가격 상승률을 구한 뒤 여기에 12를 곱해 구한 연간 가격 증가율을 p라고 하자. 이는 쌀 투기에 따르는 연간 수익률이다. 반면 쌀을 가을에 사서 이듬해 여름까지 저장하면 창고 임대 비용과 쌀의 변질 및 부패를 포함하는 저장 비용이 발생하는데 이를 c라고 하자. 저장 비용 c는 변질 부패된 쌀의 양과 쌀의 양으로 표시한 창고 임대 비용의 합을 쌀 저장량으로 나눈 비율, 즉 퍼센트로 표시한 것이다. 가을에 쌀을 사서 이듬해 여름까지 저장하려면 이자 비용도 발생하는데 연이자율을 r이라고 하자.

어떤 해 쌀 수확이 끝나고 보니 쌀 가격이 평소보다 낮았고 그래서 예상되는 p가 $c+r$보다 커졌다고 하자. 그러면 쌀 시장에서는 쌀에 대한 투기적 수요가 생겨난다. 그래서 쌀값이 오르는데 이는 p를 떨어뜨린다. 반면 쌀 투기가 생겨나면 이를 위한 자금 수요가 증가할 것이고 그 결과 r이 증가할 것이다. 그러므로 결국 $r+c$와 p는 같아지게 되고 p에서 c를 빼면 실질 이자율 r을 추정할 수 있다. 이 이자율에는 리스크 프리미엄이 포함되어 있다. 그것은 저장된 쌀을 도둑맞거나 창고에 불이나 타 없어질 위험을 말한다.

[그림 3-12]에 실선으로 표시된 금리는 1월과 가장 비쌌던 8월 사이의 월평균 쌀 가격 상승률을 계산한 뒤 여기에 12를 곱해 p를 구한 뒤 1년간 쌀 저장 비용(c)이 10%라고 가정하고 이를 p에서 빼어 도출한 실질 이자율이다. 식민지기에 실선에서는 점선에서와 마찬가지로 상승하는 추세도 하락하는 추세도 발견하기 힘들다. 둘 다 비슷한 크기의 평균을 중심으로 단기적 오르내림을 보이고 있다. 이는 은행의 대부 이자율에 포함된 채무 불이행 위험(default risk)과 쌀 가격 계절 변동에서 도출한 이자율에 포함된 도난 및 화재 위험의 크기가 크게 다르지 않았음을 시사한다. 만일 식민지기에 도난 및 화재 위험이 추세적으로 증가하거나 감소하지 않았다고 가정할 수 있다면 채무 불이행 위험도 일정한 수준에 머물렀다는 추론도 가능하다. 이런 가정에는 물론 근거가 없지만 식민지기 금리 증가율, 따라서 자본 비용 증가율을 0.0%로 놓기로 한다. 이를 쌍대적 접근에 의한 추정식 – 식 (3-9) – 에 대입해서 식민지기 총요소 생산성 증가율을 계산하면 0.55%가 나온다([표 3-3]).

1960년경 쌀 가격에서 추론한 실질 이자율(=[그림 3-12]의 실선)은 무려 50%에 가까웠다. 그러다가 이후 빠른 속도로 떨어져 1990년대에 마이너스 영역에 진입했다. [그림 3-12]의 실선과 파선(=실질 사채 이자율)을 비교해 보면 두 시계열이 모두 존재하는 기간 동안 수준과 추세의 면에서 비슷했다. 이는 사채 이자율이 고도 성장기 한국의 균형 이자율에 가까웠을 것이라는 앞서의 추론이 타당함을 확인시켜 준다.[33] 쌀 가격에서 도출된 실질 이자율에 해방 후 자본 스톡 추정 과정에서 도출된 감가상각률 4.37%를 더해서 자본 비용을 구한 뒤 그 증가율을 계산하면 −4.51%가 나온다.[34] 이를 적용해 계산한 총요소 생산성 증가율은 1960-90년간 연 2.06%, 1960-2010년간 2.83%였다([표 3-3]).

쌍대적 접근에 의한 추정 결과는 식민지기에 비해 해방 후 기술 발전 속도가 빨랐음을 말해 준다는 점에서 원초적 접근에 의한 계산 결과와 다르지 않다. 식민지기에는 원초적 접근에 의한 생산성 증가율 추계(1.6%)가 쌍대적 접근에 의한 추계(0.55%)보다 현저히 크다. 그러나 1960년 이후는 두 접근법을 적용한 결과가 크게 다르지 않다. 원초적 접근법에 따르면 총요소 생산성 향상 속도는 1960-90년에 비해 1960-2010년이 느렸지만 쌍대적 접근을 적용하면 반대의 결과가 나온다. 그러나 실질 금리가 1990년대 들어 마이너스가 되었기 때문에 이 두 시기의 성장 회계에서 모두 1964/68-1988/92년간의 실질 금리 변화율을 사용해야 했다는 점을 생각하면, 이 두 시기 사이의 생산성 증가 속도 차이에 큰 의미를 부여하기는 어렵다.

원초적 추계와 쌍대적 추계 사이의 이런 차이는 왜 발생하는 것일까?

---

33) Cha(2000)는 1960년대와 70년대의 자본의 한계 생산성을 추계하고 추계치가 사채 금리와 비슷했음을 보였는데, 이 역시 사채 이자율이 균형 이자율에 근접해 있었다고 주장할 수 있는 근거가 된다.

34) 이렇게 구한 자본 임대 비용은 1989년부터 부호가 마이너스로 바뀐다. 플러스의 값에서 시작해서 마이너스의 값으로 가는 감소 과정에 대해서는 변화율을 계산할 수 없으므로 1964/68-1988/92년간의 실질 이자율 변화율을 계산했다. Hsieh(2002: 509)는 사채 금리를 이용해 1966-90년간 한국의 자본 비용 증가율을 구했는데 그 값은 −3.95%였다. 그리고 이를 적용해 구한 총요소 생산성 증가율은 1.91%였다.

그리고 이 둘 중 어느 쪽이 보다 정확하게 실제의 기술 발전 속도를 반영하는 것일까? 이 질문들에 대답하는 것은 사실상 불가능하다. 왜냐하면 이 차이는 두 추계를 계산하는 데 사용된 자료가 모두 부분적이고 부정확하기 때문에 발생하는 것이기 때문이다.

원초적 접근에 의한 기술 발전 속도 추정은 투입 증가로 설명되지 않는 산출 증가를 파악하는 것이다. 만일 투입에 대한 정보가 불완전해서 노동, 물적 자본(physical capital), 토지 이외의 다른 투입 – 특히 인적 자본(human capital) – 이 생산 증가에 기여한 부분이 계산에서 빠졌다면 그 결과 얻게 되는 총요소 생산성 증가율 추계치는 과대평가치가 될 것이다. 이 절에서는 쌍대적 접근을 통해 생산성 향상 속도를 측정할 때 비숙련 노동자들의 실질 임금 증가율을 사용했다. 그런데 숙련 노동자의 실질 임금이 더 빠른 속도로 상승했다고 가정하자. 비숙련 노동자 임금이 아니라 숙련과 비숙련 모두를 포함한 전체 노동자의 평균 임금 증가율을 이용해서 생산성 향상 속도를 계산한다면 비숙련 임금을 적용한 경우보다 더 큰 생산성 향상 속도 추계치를 얻게 될 것이다. 그런데 이 추계치에는 인적 자본(=숙련) 축적의 효과가 반영되어 있으므로 숙련 및 비숙련 노동자 임금 증가율을 사용해서 계산한 총요소 생산성 증가율 추계치는 실제의 생산성 향상 속도를 과대평가하고 있다고 보아야 한다.

예로 든 이 두 가지 외에도 누락에 따른 편의(偏倚, bias)의 가능성을 여러 가지 생각할 수 있다. 그 중에서 특히 기억해야 할 것은 3절의 원초적 접근에서는 생산 요소의 질적 향상이 계산에 들어가 있지 않다는 점이다. Young(1995: 660)은 1966-90년간 한국 경제의 비농업 부문만을 대상으로 성장 회계를 실시했다. 그 결과 노동과 자본의 질적 향상을 고려하지 않은 경우 총요소 생산성 추계치는 2.7%였지만 질적 향상을 고려하면 추계치가 1.7%

로 떨어진다는 것을 앞서 이미 설명했다. 이 두 질적 변화 중에서 보다 중요했던 것은 자본보다는 노동의 질 향상(=인적 자본 축적)이었다. 노동의 질 향상이란 무엇보다 노동자들의 평균 학력이 높아져 간 것을 가리킨다. (제5장에서 보게 되는 것처럼) 20세기 초 우리나라 인구의 대부분은 (서당을 포함해서) 어떤 형태의 학교도 다녀 보지 못한 사람들이었지만 백 년 후 오늘날 무학력자는 거의 사라지게 되었다. [표 3-1]에 제시된 원초적 접근에 의한 성장 회계 결과는 인적 자본이라는 투입 확대 때문에 일어난 경제 성장을 계산에 넣지 않았다. 그래서 인적 자본 투입 때문에 일어난 경제 성장이 총요소 생산성 증가로 잡히게 되었다. 제5장에서 인적 자본 축적 속도를 측정하고 이를 포함시켜 원초적 접근에 의한 성장 회계를 실시하게 되는데, 그 결과 얻어지는 총요소 생산성 증가율은 [표 3-1]에 제시된 것보다 현저히 낮아지게 됨을 보게 될 것이다.[35)]

직접적 원인과 근본적 원인

지난 3세기 동안 한반도에는 네 개의 체제가 등장했다. 성장 회계 결과는 이 중 두 체제, 즉 후기 조선과 북한에서는 생산성이 감퇴했으며, 식민지

35) 노동의 질 향상은 교육 때문에만 일어나는 것은 아니다. 제2장에서 설명했듯이 식민지기에는 평균 수명이 길어졌는데 이는 노동자들이 점점 건강해졌음을 말하는 것이며, 이 역시 노동의 질 향상이라고 할 수 있다. 이런 이유 때문에 일어나는 노동의 질 향상 역시 우리의 원초적 추계에는 고려되고 있지 않지만 임금에는 반영되므로 원초적 추계와 쌍대적 추계 사이의 격차가 생겨난 원인이 되었을 것이다. 이우연 · 차명수(2007)는 식민지기에 일본인 노동자에 대한 조선인 노동자의 임금 열세가 차츰 사라졌는데, 그 이유의 하나로서 이 두 종류 노동자들 사이의 건강 격차 감소를 들었다. 박기주(2006: 102)와 차명수(2006: 310)는 식민지 시대에 노동 일수가 늘어나고 노동 강도가 강화되었음을 보이는 증거를 제시하고 있는데 이 역시 임금에 반영되지만 우리의 원초적 접근에는 반영되어 있지 않기 때문에 원초적 추계와 쌍대적 추계 사이의 격차를 발생시키는 원인이 되었을 수 있다.

조선과 대한민국에서는 생산의 효율이 향상되었음을 보여 주었다. 총요소 생산성 하락 속도는 조선과 북한에서 비슷했다. 반면 식민지 조선보다 한국에서 총요소 생산성이 더 빠른 속도로 증가했다. 따라서 생산 기술 발전이 일어나느냐 여부가 생활 수준 향상 여부를 결정하는 핵심적 요소였음을 알 수 있다. 자본 축적도 중요한 역할을 했다. 조선 후기에는 일인당 자본 사용량이 증가하기보다는 감소했을 가능성이 높으며, 북한에서 일어난 연 1% 내외의 일인당 자본 사용량 증가는 식민지기와 한국에서의 자본 심화에 비해 보면 매우 초라한 것이었다. 기술 발전과 자본 축적은 식민지 조선과 한국 경제의 구조 변화를 가져오는 중요한 요인이기도 했음을 우리는 또한 보았다.

성장 회계를 통해 얻을 수 있는 것은 경제 성장의 직접적 원인(proximate causes)이 무엇인가라는 질문에 대한 대답이다. 즉, 자본 축적과 기술 발전이 각각 일인당 생산 증가의 얼마만큼을 설명할 수 있는가이다. 시기별로 혹은 나라 사이에 기술 발전과 자본 축적의 속도가 달랐다는 결과가 나오면 자본 축적과 기술 발전 속도가 달랐던 이유는 무엇인가가 알고 싶어지는 것은 당연하다. 특히 식민지 시대에 비해 한국에서는 자본 축적과 기술 발전이 모두 빠르게 일어났는데 그 이유는 무엇일까? 자본 축적과 기술 발전 사이에는 어떤 관련이 있는 것일까? 후기 조선과 북한은 왜 빠른 자본 축적을 이룩할 수 없었을까? 이런 질문은 모두 경제 성장의 근본 원인(fundamental causes)에 관한 것이다. 북한과 후기 조선에서는 생산 기술이 퇴보했다는 것을 성장 회계는 보여 주었다. 이는 과연 어떻게 이해해야 할까? 18, 19세기에 생산성이 지속적으로 떨어졌다는 것은 조선 후기 농민들이 과거에 사용했던 우월한 농법을 놔두고 점점 더 열등한 기술을 선택했다는 것을, 즉 점점 더 비용이 많이 드는 생산 방법을 이용해 나갔다는 말처럼 들린다. 이는 조선 후기와 북한의 농민들이 합리성을 갖춘 정상적인 인간이 아니었다는 것을 의미하는 것인가? 이런 질문 역시 경제 성장의 궁극적 원인과 밀접히 관련된 것임을 우리는 다음 장에서 보게 될 것이다.

부록 1: 성장 회계식의 도출

노동(N), 자본(K), 토지(T)를 생산 기술 A를 이용해 결합해서 총생산 Y를 얻었다고 하자. 이 생산 함수를 방정식으로 표시하면 다음과 같이 된다.

$$Y = A \cdot f(N, K, T) \tag{3-10}$$

생산 함수 – 식 (3-10) – 는 총생산의 증가가 일어나는 원인으로 기술 발전, 노동 투입 증가, 자본 투입 증가, 그리고 토지 투입 증가 네 가지가 있음을 알려 준다. 기술 발전이 ΔA만큼 일어났다면 그 결과 총생산은 $\Delta A \cdot f(N, K, T)$만큼 증가할 것이다. 노동 투입이 ΔN만큼 증가했다면 총생산은 여기에 노동의 한계 생산성을 곱한 것만큼 증가할 것이다. 노동이 한계 생산은 실질 임금(w)과 같으므로 노동 투입 증가에 따른 생산 증가는 $w \cdot \Delta N$으로 표시할 수 있다.[36] 자본 투입이 ΔK만큼 증가한 결과 일어나는 생산 증가는 여기에 자본의 한계 생산성을 곱한 것과 같은데, 자본의 한계 생산성은 이자율(r)과 같으므로 자본 투입 증가에 따른 생산 증가는 $r \cdot \Delta K$로 표시할 수 있다. 마찬가지 이유에서 토지 투입이 ΔT만큼 증가했을 때 발생하는 생산 증가 효과는 $s \cdot \Delta T$와 같은데 여기서 s는 지대를 나타낸다.

36) 한 공장에서 현재 50명의 노동자를 쓰고 있고 이때 노동의 한계 생산이 5단위인데 노동자 한 명을 더 고용하는 데 드는 비용, 즉 임금이 2단위라면 노동자를 한 명 고용하는 것이 합리적이다. 왜냐하면 노동자 한 명을 추가로 고용하면 생산이 한계 생산성 5단위만큼 늘지만 이를 위해 지불해야 하는 비용은 2단위에 불과하므로 3(=5−2)단위만큼 이익이 늘기 때문이다. 고용량을 51명으로 늘리자 한계생산이 4단위로 감소했다고 하자. 임금은 여전히 2단위이므로 노동자를 한 명 더 고용해서 고용량을 52로 확대하는 것이 이익이 된다. 이 같은 고용 확대는 노동의 한계 생산이 하락해서 임금과 같아질 때까지 계속될 것이다. 따라서 임금은 노동의 한계 생산과 같아지고, 마찬가지 이유에서 지대는 토지의 한계 생산, 이자율은 자본의 한계 생산과 같게 된다.

$$\Delta Y = \Delta A \cdot f(N, K, T) + w \cdot \Delta N + r \cdot \Delta K + s \cdot \Delta T \tag{3-11}$$

식 (3-11)은 총생산 증가(ΔY)를 기술 발전에 따른 부분, 노동 투입 증가에 따른 부분, 자본 투입 증가에 따른 부분, 토지 투입 증가에 따른 부분의 네 부분으로 분해할 수 있음을 나타낸다. 식 (3-11)의 우변의 둘째 항을 N으로 한 번 나눈 뒤 다시 곱하면 다음과 같이 식을 전개할 수 있다.

$$w \cdot \Delta N = (w \cdot N) \cdot \frac{\Delta N}{N} = \alpha \cdot Y \cdot \frac{\Delta N}{N} \tag{3-12}$$

식 (3-12)에서 α는 노동 분배율($= wN/Y$)을 나타낸다. 비슷한 방식으로 식 (3-11)의 우변의 셋째 항은 $r \cdot \Delta K = (r \cdot K) \cdot \Delta K/K = \beta \cdot Y \cdot \Delta K/K$와 같이, 넷째 항은 $s \cdot \Delta T = (s \cdot T) \cdot \Delta T/T = \gamma \cdot Y \cdot \Delta T/T$와 같이 변형시킬 수 있다. 따라서 다음의 관계가 성립한다.

$$\Delta Y = \Delta A \cdot f(N, K, T) + \alpha \cdot Y \cdot \frac{\Delta N}{N} + \beta \cdot Y \cdot \frac{\Delta K}{K} + \gamma \cdot Y \cdot \frac{\Delta T}{T} \tag{3-13}$$

식 (3-13)의 양변을 Y로 나누어 주면 다음의 식이 나온다.

$$\frac{\Delta Y}{Y} = \frac{\Delta A}{A} + \alpha \cdot \frac{\Delta N}{N} + \beta \cdot \frac{\Delta K}{K} + \gamma \cdot \frac{\Delta T}{T} \tag{3-14}$$

마지막으로 식 (3-14)를 $\Delta A/A$에 대해서 정리하면 본문에서 사용한 성장 회계식 (3-4)에 도달하게 된다.

부록 2: 소득 분배율 추정

반성환(1974: 187)은 1933년 농업 생산비의 구성을 노임 31.6%, 토지 44%, 고정 자본 11.6%, 중간재 투입(경상 투입) 12.8%로 추정했는데, 여기서 중간재 투입을 빼고 농업 부가가치가 세 생산 요소 제공자에게 어떻게 분배되었는지를 계산하면 [표 3-4]의 두 번째 행에 제시된 수치가 나온다.

농업 이외의 산업에서의 요소 소득 분배율 추계는 아직 나와 있지 않다. 김낙년 편(2012)에 제시된 식민지기 국민 계정 추계는 피용자 보수와 영업 이득이 각각 GDP의 몇 %를 차지하는지를 보여 주고 있지만, 식민지 시대에는 많은 자영업자가 있었고 이들의 임금 소득이 영업 이득의 일부로 포함되어 있으므로 피용자 보수가 총생산에서 차지하는 비율은 노동 분배율의 과소평가치일 가능성이 높다. 따라서 수산업과 임업에는 농업의 소득 분배율을 적용하고, 나머지 산업의 소득 분배율은 Young(1995: 660)이 사용한 1960-66년간의 노동 분배율을 근거로 산출했다. 그 이유는 한국 전쟁의 파괴에서 회복된 1960년대 초의 남한이 소득 수준과 경제 구조의 면에서 식민지 시대와 비슷했기 때문이다. 우선, 식민지 시기나 1960년대 초나 산업 구조는 모두 농업 중심적이었다. 둘째, 1940년과 1960년대 초의 체위에는 커다란 차이가 없었던 것으로 보인다.[37] 셋째, Kim & Roemer(1979)는 일인당

표 3-4 식민지기의 부문별 요소 소득 분배율

	노동	자본	토지
농업	0.36	0.13	0.51
광공업	0.50	0.50	0
비교역재	0.77	0.23	0
경제 전체	0.52	0.20	0.28

순상품 생산(per capita net commodity output) 비교를 근거로 1940년의 일인당 소득 수준이 회복되는 것은 1960년대 초가 되어서였을 것이라고 보았다. 마지막으로 반성환(1974: 187)은 식민지 시대 농업 소득 분배율과 1960년대 초 남한의 농업 소득 분배율이 매우 비슷했음을 보였다.

셋째 행에 나와 있는 광공업 소득 분배율은 Young(1995)의 1960-66년간의 제조업 소득 분배율과 같다. 넷째 행의 비교역재 소득 분배율은 Young(1995: 660)이 계산한 1960-66년간의 교통, 통신, 운송 및 건설업 그리고 서비스업의 요소 소득 분배율의 가중 평균인데, 이때 적용한 가중치는 GDP에서 차지하는 각 산업의 비중을 바탕으로 도출했다. 이렇게 세 생산 부문의 소득 분배율을 계산한 뒤 각 부문이 1911-40년간 GDP에서 차지하는 비중을 가중치로 사용해서 가중 평균을 낸 것이 [표 3-4]의 맨 아래 행에 제시된 경제 전체의 소득 분배율이다.

[표 3-5]는 한국의 부문별 요소 소득 분배율을 보여 준다. 두 번째 행에 제시된 농업 부문의 분배율은 1956-92년간에 대한 황수철(1996: 181)의 추계치이다. 광공업의 분배율은 Young(1995: 660)의 1966-90년간에 대한 제조업 분배율과 같으며 비교역재 부문의 분배율은 Young(1995: 660)이 계산한 1966-

표 3-5 한국의 부문별 요소 소득 분배율

	노동	자본	토지
농업	0.31	0.29	0.40
광공업	0.52	0.48	0
비교역재	0.78	0.22	0
경제 전체	0.69	0.28	0.03

37) 1940년과 1967년의 남성 성인 평균 신장은 각각 166.12센티미터와 167.6센티미터였으며, 평균 체중은 각각 58.2킬로그램과 58.9킬로그램이었다. Park, Choi & Yoon(1994: 172).

90년간 교통, 통신, 운송 및 건설업 그리고 서비스업의 요소 소득 분배율을 근거로 식민지기와 같은 방식으로 도출했다. [표 3-5]의 맨 아래 행에 제시된 것은 3절과 5절에서 실시한 경제 전체의 성장 회계에 적용된 전체 경제의 소득 분배율인데, 이는 농업, 광공업 비교역재 부문이 1970-99년간 GDP에서 차지하는 비중을 가중치로 사용해서 계산한 이 세 부문의 소득 분배율의 가중 평균이다.

부록 3: 자본 스톡 추정 방법

조선 총독부는 국부 조사(wealth survey)를 실시한 적이 없기 때문에 식민지기 어떤 시점의 자본 스톡 규모나 식민지기의 자본 축적 속도를 계산하는 것은 간단한 일이 아니다. 국부 조사 결과가 없거나 신뢰하기 어려운 경우 자본 형성과 자본 스톡 사이의 관계를 나타내는 다음 식을 바탕으로 자본 형성 추계로부터 자본 스톡을 도출할 수밖에 없다.[38)]

38) 타이완 총독부는 국부 조사를 실시했다. 이에 비해 한국에서는 1968년이 되어서야 최초의 국부 조사가 실시되었고 이후 약 10년 간격으로 계속되었다. 그러나 Young(1995)은 국부 조사 결과의 신뢰도에 의문을 제기하면서 국민 계정에 포함된 자본 형성 추계만을 이용해 자본 스톡을 추계했다. 그 이유는 국부 조사 결과와 자본 형성 추계 사이에 모순이 발견되기 때문이다. 가령 1968년의 국부 조사에 나타난 자본 스톡에다 이후 9년간 조투자액을 계속 더해 가면 그 값이 1977년의 국부 조사에 나타난 자본 스톡보다 작다(Young, 1995: 651). 이는 감가상각률이 음수라는 것을 의미한다. 이렇게 양립 불가능한 두 통계 중에서 Young이 자본 형성 추계를 이용한 이유는 그것이 국민 계정의 일부이므로 다른 통계들과의 일관성 체크(consistency check)가 가능하기 때문이라는 것이다. 이에 비해 국부 조사는 생산 설비의 가치가 얼마인가라는 질문에 대한 사업주들의 답변을 그대로 받아 적어 합산한 결과에 불과한 것이어서 사업주들의 답변이 얼마나 정확한 것인지 알 수 없다. 사업주들은 생산 설비의 가치를 과대 보고할 인센티브가 있다. 그러면 감가상각도 크게 평가되고 따라서 영업 이윤이 과소평가되어 세금을 적게 낼 것이기 때문이다. Pyo(1988)는 국부 조사 결과와 자본 형성 추계를 자본 축적식에 대입했을 때 이 식이 성립하도록 하는 감가상각률을 추정한 결과 실제로 몇몇 부문에서 음의 추정치를 얻었다. 그는 감가상각률이 음수일 수 없다는 사실에 개의하지 않고 음의 추정치를 그대로 사용한 것으로 보인다.

$$K_{t+1} = K_t(1-\delta) + I_t \quad (3\text{-}15)$$

식 (3-15)에서 t+1기의 자본 스톡(K_{t+1})은 t기의 자본 스톡(K_t) 중에서 t기 동안 감가상각되고 남은 부분($K_t(1-\delta)$)에 t기의 투자(I_t)를 더한 것과 같다는 것을 보여 준다. 식 (13-1) 양변에서 K_t를 빼고 양변을 K_t로 나누면 다음 식이 나온다.

$$\frac{K_{t+1}-K_t}{K_t} = \frac{\Delta K_t}{K_t} = \frac{I_t}{K_t} - \delta \quad (3\text{-}16)$$

식 (3-16)은 자본 축적 속도가 t기의 투자의 자본 스톡에 대한 비율(I_t/K_t)에서 감가상각률(δ)을 뺀 것과 같다는 것을 나타낸다. 만일 자본 축적 속도와 감가상각률을 안다면 투자라는 플로 변수로부터 자본 스톡을 계산해 낼 수 있다. 溝口敏行(1988: 181)은 식민지기 한국의 자본 축적 속도가 1890년대 일본에서의 자본 축적 속도(연 2%)와 같으며, 생산 설비의 감가상각률은 0.12, 건물은 0.07과 같다고 가정해서 자본 스톡을 추계했다.

이런 추정 방법에는 두 가지 문제가 있다. 하나는 1890년대 일본의 자본 축적 속도가 식민지기 자본 축적 속도와 같다고 볼 근거가 없다는 것이다. 다른 하나는 자신의 자본 소모(감가상각) 추계를 무시하고 자의적인 감가상각률을 도입했기 때문에 그의 국민 계정 추계는 내적 일관성을 잃어버리게 되었다는 것이다. 즉, 그의 순자본 형성(=조자본 형성–자본 소모)은 1934년까지 음의 값을 보이는 데 비해 자본 스톡은 지속적으로 증가하고 있는 것이다(Cha, 1996).

$$K_0 = \sum_{i=0}^{\infty} I_{-i-1}(1-\delta)^i \quad (3\text{-}17)$$

식 (3-17)은 우선 시점 0에서의 자본 스톡의 크기(K_0)는 아주 먼 과거로부터 그 전 시점(즉, 시점-1)까지의 순투자(즉, 총투자 I에서 감가상각분 $\delta \cdot I$를 뺀 값)를 합한 것과 같다는 것을 보여 준다. 만일 먼 과거로부터 시점 0까지 총투자가 매년 g의 속도로 증가해 왔다면 I_{-i-1}는 $I_0(1+g)^{-i-1}$과 같아지게 되고, 이를 대입하면 등비수열을 얻게 되는데, 이를 정리하면 다음과 같은 결과가 나온다.

$$K_0 = \sum_{i=0}^{\infty} I_{-i-1}(1-\delta)^i = \sum_{i=0}^{\infty} I_0(1+g)^{-i-1}(1-\delta)^i = \frac{I_0}{g+\delta} \qquad (3\text{-}18)$$

식 (3-18)은 시점 0에서의 자본 스톡의 크기는 그 시점의 총투자(I_0)를 총투자 증가율 g에 감가상각률 δ를 더한 값으로 나눈 값과 같다는 것을 나타낸다. 여기서 δ를 임의 값 0.05와 같다고 놓고 g는 1911-16년의 총투자 증가율과 같다고 가정해서 1911년의 자본 스톡(K_0)을 구한 뒤, 여기에 매년 총투자를 더하고 매년 5%씩의 자본 감가상각을 뺌으로써 1911-40년의 연도별 자본 스톡을 구한다. 다음으로 위에서와 마찬가지로 0.05의 감가상각률을 가정해서 계산한 자본 스톡에 0.05를 곱한 값의 1911-40년 합계와 실제의 1911-40년 자본 소모 총액을 비교해 보면 0.05는 과소평가치임을 알 수 있다. 임의치를 0.01씩 증가시켜 가면서 자본 스톡과 자본 소모를 재계산해 나가다 보면 감가상각률이 0.08과 0.09 사이에 있음을 알 수 있다. 0.08과 0.09 사이에서 감가상각률과 자본 소모(capital consumption) 총액 사이에 양의 선형 관계가 성립한다고 가정하고 1911-40년 자본 소모 총액에 해당하는 감가상각률을 계산하면 0.0802가 된다. 마찬가지 방식으로 추정한 한국 감가상각률은 0.0437이었다. 이 감가상각률을 이용한 자본 스톡 추계는 ([표 3-1]에 제시되어 있듯이) 1911-40년 연평균 자본 축적 속도가 6.6%, 1960-2010년간 자본 사용량 증가 속도는 식민지기의 두 배가 넘는 14.7%였음을 보여 준다.

부록 4: 지대, 농토 가격, 이자율 사이의 관계

논 한 마지기를 사서 빌려 주면 이듬해부터 시작해서 영원히 s가마니의 쌀을 지대로 받을 수 있다고 하자. 이듬해 받는 지대의 현재 가치는 $s/(1+r)$이며 그 다음 해에 받는 지대의 현재 가치는 $s/(1+r)^2$이며, n년 뒤에 받게 되는 지대의 현재 가치는 $s/(1+r)^n$이다. 그러면 이 논 한 마지기의 값(=TP)은 내년부터 받게 되는 지대의 현재 가치를 모두 더한 것과 같고, 이를 수식으로 표시하면 $TP=s/(1+r)+s/(1+r)^2+s/(1+r)^3+\cdots\cdots=s/r$이 된다. 따라서

그림 3-14 영국 실질 이자율과 지대/농토 가격 비율

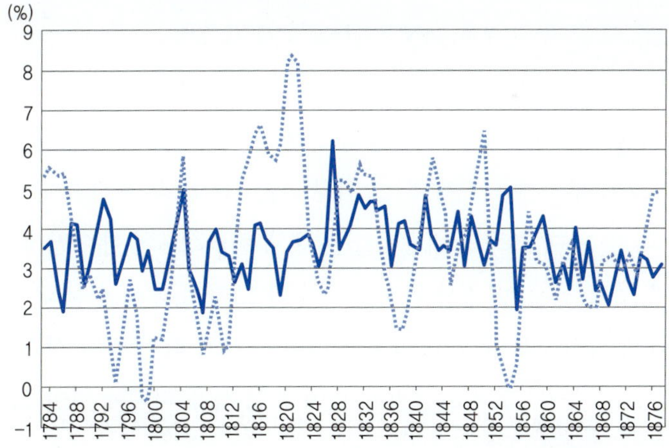

주: 실선은 지대/농토 가격 비율, 점선은 장기 명목 국채 이자율에서 소비자 물가 지수 상승률을 빼서 구한 실현된(ex post) 실질 이자율; 실질 이자율은 5개년 이동 평균.
자료: Norton, Trist & Gilbert(1962), www.eh.net.

$s/TP = r$의 관계가 성립한다. 즉, 지대를 토지 가격으로 나누면 이자율과 같아진다.

[그림 3-14]는 18세기 말에서 19세기 말 영국에서 지대/농토 비율과 장기 국채 실질 이자율이 수준과 장기적 변화 추세의 면에서 크게 다르지 않았음을 보여 준다. 또 19세기 들어 자본 시장이 발전하면서 두 이자율 사이의 차이가 크게 줄어들었음을 알 수 있다.

부록 5: 지대와 임금을 이용한 조선 후기 인구 증가율 추정

생산 함수로 사용되는 몇 가지 수식들이 있지만 비교적 유연하면서도 다루기 쉬운 것이 다음과 같은 CES(constant elasticity of substitution) 생산 함수다.

$$Y = A[\alpha N^{-\rho} + \beta K^{-\rho} + \gamma T^{-\rho}]^{-1/\rho} \tag{3-19}$$

식 (3-19)에서 Y는 산출, A는 총요소 생산성, 그리고 N, K, T는 각각 노동, 자본, 토지 투입을 나타낸다. 그리고 α, β, γ는 각각 총산출에서 차지하는 임금, 이자, 지대 소득의 비중을, ρ는 대체 탄력성 σ의 함수인데 $\rho+1=1/\sigma$의 관계가 성립한다. 이 생산 함수를 노동과 토지에 대해 미분해서 노동과 토지의 한계 생산성을 구하고 이윤 극대화 조건에 따라 각각 실질 임금 및 지대와 같다고 놓자. 그리고 실질 임금에 관한 식을 지대에 관한 식으로 나누면 다음의 관계가 나온다.

$$\frac{w}{s} = \frac{\alpha}{\gamma\,(N/T)^{-\rho-1}} \tag{3-20}$$

식 (3-20)에 자연대수를 취하고 시간에 대해서 미분하면 식 (3-20)은 다음과 같은 증가율에 관한 식으로 바뀐다.

$$g_N = \sigma(g_s - g_w) + g_T \tag{3-21}$$

식 (3-21)에서 g_x는 변수 x의 증가율, 즉 $\Delta x/x$를 나타낸다. 안정 인구(stable population)를 가정하면 전체 인구에서 차지하는 노동 가능 인구 비중이 불변이므로 노동 투입 증가율(g_N)은 인구 증가율(g_L)에 연간 노동 시간 증가율(g_h)을 더한 것과 같다.

$$g_N = g_L + g_h \tag{3-22}$$

노동 공급의 임금 탄력성이 ε이라면 다음의 관계가 성립한다.

$$g_h = \varepsilon \cdot g_w \tag{3-23}$$

인구가 증가하면 경작지가 부족해지므로 사람들은 개간, 간척을 통해 경작지를 확대시킨다. 농토 공급의 인구 탄력성을 η라고 하면 다음의 관계가 성립한다.

$$g_T = \eta \cdot g_L \tag{3-24}$$

식 (3-22)를 식 (3-21)에 대입하고 거기에 식 (3-23)과 (3-24)를 대입한 뒤 g_L에 대해 정리하면 다음의 관계를 얻을 수 있다.

$$g_L = \frac{\sigma \cdot g_s - (\sigma + \varepsilon) \cdot g_w}{1 - \eta} \tag{3-25}$$

대체 탄력성(σ), 노동 공급의 임금 탄력성(ε), 토지 공급의 인구 탄력성(η)을 안다면 식 (3-25)에 지대 증가율(g_s=−0.48%), 실질 임금 증가율(g_w=−0.97%)을 대입해서 인구 증가율(g_L)을 구할 수 있다. 그러나 조선 후기의 이 세 탄력성 추정치가 나와 있지 않으므로 식민지기 농업에 대한 몇 가지 사실들로부터 그 값들을 추정하자. 우선 식민지기에는 인구가 1.3%씩 증가했고 그래서 노동이 토지에 비해 풍부한 생산 요소가 되어 갔지만 소작지율이 50%로 유지되었는데, 이는 토지가 희소한 생산 요소가 되어 가고 있었음에도 불구하고 지대 소득 분배율이 변하지 않았음을 시사한다. 따라서 대체 탄력성을 1로 놓기로 한다. 식민지기에 인구가 연 1.3%씩 증가하는 가운데 경작지가 연 0.22%씩 증가했다. 이는 경작지 공급의 인구 탄력성이 0.17(=0.22%/1.30%)이었음을 의미하는데 식 (2-7)에 이 값을 적용하기로 한다.

임금이 1% 올랐을 때 노동자들의 노동 시간 또는 노동 일수가 몇 % 변하는지를 보여 주는 노동 공급의 임금 탄력성은 노동자 개인의 선호뿐 아니라 제도적 환경에도 크게 달려 있다. 예를 들어, 급료가 올라 노동 시간을 줄이고 여가를 더 즐기고 싶은 생각이 들었다고 하자. 그러나 이는 지금 다니는 직장에서는 허용되지 않고 노동 시간을 줄이려면 직장을 옮겨야 하는데, 직장을 바꾸는 것이 어렵다면 노동 공급의 임금 탄력성은 0이 된다. 그러나 높은 시급을 받으면서 보다 짧은 시간만 일해도 되는 직장으로 옮기는 것이 비교적 간단하다면 노동 공급의 임금 탄력성은 음의 값을 갖게 된다. 그래서 노동 공급의 임금 탄력성에 관해서는 −0.2에서 0.2 사이의 다양한 추계치가 나와 있다. 노동 시간을 비교적 자유롭게 선택할 수 있었던 택시 운전수들에 관한 자료를 근거로 Ashenfelter, Doran & Schaller (2010)가 추정한 노동 공급의 장기 임금 탄력성은 −0.2였다. 이 탄력성 값을 식 (2-7)에 대입하면 1700-1890년간의 인구 증가율 0.36%가 나온다.

4

시장과 정부

애덤 스미스와 조선 후기

조선 정부는 약탈자였나?

식민지기의 경제 성장은 조선 총독부가 이끌었나?

박정희의 산업 정책은 경제 성장의 원인인가?

기적과 기아의 원인

조선 후기와 북한에서는 생활 수준이 악화되었지만 식민지 조선과 한국에서는 향상되었다. 그리고 식민지 조선보다 한국에서 일인당 생산은 더 빠르게 증가했다(제2장). 지난 3세기 간 우리나라에 등장했던 네 체제가 이룩한 경제 성장의 성과가 크게 달랐던 것은 자본 축적과 생산성 향상 속도가 달랐기 때문이다(제3장). 자본 축적과 기술 발전 속도는 정부가 어떤 정책을 실시하는가에 크게 달려 있다. 이 장은 지난 3세기 동안 우리나라에 출현했던 네 체제 아래서 실시된 경제 정책에 관한 네 개의 구체적인 이슈를 다룬다. 하나는 조선 후기에 생활 수준이 지속적으로 하락한 이유가 시장 경제가 제대로 작동하지 않았기 때문인가라는 질문이다. 답은 "아니오"이다. 두 번째는 조선 왕조 권력층의 경제적 수탈 때문에 농민들이 투자와 기술 발전에 대한 인센티브를 잃어버렸고 그래서 경제적 후퇴가 일어났는가라는 문제이다. 이에 대한 답도 역시 "아니오"이다. 세 번째는 식민지 조선의 일인당 생산 증가에 조선 총독부가 기여했는가라는 의문이다. 답은 "예"이다. 마지막으로 다룰 질문은 박정희가 실시한 산업 정책이 한국 고도 성장에 기여했는가라는 질문이다. 답은 "아니오"이다.

애덤 스미스와 조선 후기

제2장에서 소개한 조선 후기 경제의 실패를 알려 주는 증거들, 즉 지대 하락, 임금 감소, 신장 수축 등이 나타날 때까지 한국사 연구자들은 대부분 18, 19세기 우리나라에서 "자본주의 맹아"가 자라나고 있었다고 믿었다. 맹아(萌芽)란 싹이라는 뜻이다. 조선 후기 경제에 관해서 한국과 북한 학자들이 쓴 논문들에 따르면 중국에서 모내기 법이 우리나라로 전파된 결과 농

업 생산성이 증가했고, 그래서 경제 성장이 일어났으며, 수공업과 상업이 발전했고, 자본가와 노동자라는 새로운 계층 혹은 사회 계급(social classes)이 출현했다.[1)]

이런 주장은 공산주의 혁명을 일으켜 중국을 죽음과 굶주림의 골짜기로 몰아넣은 마오쩌둥(毛澤東)으로부터 유래한다. 그는 1939년에 「중국 혁명과 중국 공산당(中國革命與中國共産黨)」이라는 글에서 "중국 봉건 사회에서 상품 경제가 발전했고 이미 자본주의의 싹이 생겨났다. 외국 자본주의의 영향이 없었어도 중국은 서서히 자본주의 사회로 발전해 나갔을 것이다(中國封建社會內的商品經濟的發展, 已經孕育着資本主義的萌芽, 如果 沒有外國資本主義的影響, 中國也將緩慢地發展到資本主義社會)"라고 주장했다.[2)] 중국에서 등장한 자본주의 맹아론은 북한으로부터 수입되었다. 1960년대 초에 김용섭 등을 통해 그것이 한국에 수입되어 오늘날 남북한 역사 교과서에 실리기에 이르렀다.

조선 후기 경제가 몰락하고 있었음을 보이는 증거들이 출현하면서 자본주의 맹아론의 설득력은 약화되었다. 대신 그 자리를 19세기 위기론이 차지하게 되었다. 19세기 위기론이란 18세기는 우리나라 경제사에서 번영 또는 안정의 시기였으며, 19세기 들어 조선 경제가 곤두박질쳤다는 주장이다.[3)] 이런 주장을 펴는 학자들은 지대와 임금은 19세기뿐 아니라 18세기에도 떨어지고 있었고 사람들의 키가 18세기가 시작하기 전부터 줄어들고 있

1) 이런 주장을 편 대표적인 학자들로는 북한의 홍희유 · 허종호(1964)와 한국의 김용섭(1970), 강만길(1973) 그리고 송찬식(1970)이 있다.
2) 이헌창(2008)에 따르면 자본주의 맹아론은 마오쩌둥이 발명한 것은 아니며 1930년 전후에 이미 이런 주장을 펴는 학자들이 중국뿐 아니라 일본과 우리나라에도 있었다. 그러나 마오쩌둥의 정치적 영향력이 없었더라면 맹아론이 공산주의 중국에서 역사 서술 지침이 되었으리라고 생각하기 어렵다.
3) 19세기 위기론으로 분류될 수 있는 연구로는 이영훈(2006), Jun, Lewis & Kang(2008), 이헌창(2012)을 들 수 있다.

었다는 사실을 모르고 있지 않다. 그럼에도 불구하고 18세기를 19세기와 다르게 긍정적으로 평가하는 것은 새로운 사실의 등장으로 인해 사람들의 생각이 바뀌는 과정이 점진적이라는 사실을 보여 주는 것 같다.

조선 왕조의 경제적 위기가 19세에 국한된 것이라고 생각하는 학자들은 18세기가 조선 왕조 600년 중 가장 시장 경제가 발전했던 시기라는 사실에 주목한다. 18세기 시장 경제는 자원 이용의 효율을 높임으로써 경제적 번영을 가져왔다고 이들은 생각한다. 이런 주장은 조선 후기에 스코틀랜드에 살았던 경제학자 애덤 스미스(Adam Smith, 1723-1790)의 성장 모델에 근거를 두고 있다. 1776년에 발간된 『국부론(*The Wealth of Nations*)』에서 스미스는 사회적 분업과 이에 따른 시장 교환이 가져오는 효율 향상을 경제 성장의 원동력으로서 강조했다. 그래서 시장 영역 확대 때문에 일어나는 경제 성장을 스미스적 성장(Smithian growth)이라고 한다. 스미스적 성장은 제3장에서 설명한 솔로우적 성장(Solovian growth) 그리고 쿠즈네츠적 성장(Kuznetsian growth)과는 다른 성장 메커니즘을 기반으로 한다.

그런데 자본 축적도 없이, 그리고 새로운 생산 기술의 발명도 없이 단지 시장 거래가 활발히 이루어지는 것만으로 경제가 어떻게 성장할 수 있다는 말일까? 몇 가지 예를 생각해 보자. 이차 대전 때 나치 독일 포로수용소에 수용된 연합군 군인들은 생활필수품을 배급받았다. 여기에는 담배가 들어 있었다. 담배를 피우지 않는 사람들은 담배를 피우는 수용자들에게 담배를 팔고, 그 대가로 흡연자들이 배급받은 물품 중 자기가 필요로 하는 것들을 받았다. 이렇게 해서 등장한 시장은 수용소 내의 포로들이 느끼는 만족의 총량을 증가시켰다. 수용소 내에 존재하는 재화의 총량이 증가한 것은 아니지만 시장 거래는 이것이 포로들에게 가져다주는 효용(utility)을 증가시켰다. 이런 의미에서 경제 성장이 일어났다고 할 수 있다.[4]

두 번째 예로 기후나 토양 조건이 다른 여러 지역으로 이루어진 나라를 생각해 보자. 당초에 각 지역 사람들은 필요한 다양한 먹거리 – 곡식, 채소, 고기 등 – 를 생산해서 자급자족하고 있었다. 언젠가부터 지역 간 농산물 교역이 시작되면 각 지역은 기후와 토양 조건에 가장 적합한, 즉 가장 적은 비용으로 생산할 수 있는 먹거리 종류를 집중적으로 생산하게 될 것이다. 왜냐하면 – 예를 들어 – 추운 북부 지역에서 과일을 재배하려면 비닐하우스 설치와 난방 등이 필요하므로 따듯한 남쪽 나라에서보다 훨씬 비용이 많이 들 것이고 따라서 전국적 농산물 시장에서 가격 경쟁력이 없을 것이기 때문이다. 교역과 생산의 지역별 전문화(regional specialization)가 시작되기 전과 후를 비교하면 이 나라가 생산하는 먹거리의 총량은 교역 이후가 더 클 것이다. 왜냐하면 – 위의 예로 돌아가 – 과일 생산에 적합한 기후나 토양 조건을 갖추지 못한 지역은 과일 생산을 포기하고 그 지역 환경에 적합한 – 그 지역에서 가장 효율적으로 생산할 수 있는 – 곡물 생산에 집중하기 때문이다. 나라 전체의 농토 면적이나 노동자 수에 변함이 없지만 시장 거래 시작을 계기로 이 나라의 총생산이 증가했는데, 같은 양의 생산 요소를 투입해서 더 많은 양의 산출을 얻게 되는 이것이 바로 제3장에서 설명한 기술 발전 혹은 생산성 향상의 정의이다.[5)]

마지막으로 어떤 사람(*X*)이 농토를 가지고 있지만 농사를 지어 본 적이 없다고 하자. 그런데 다른 사람(*Y*)은 농토를 가지고 있지 않지만 농사 경험이 풍부하다. 농토의 임대차 시장이 있다면 *X*가 *Y*에게 농토를 임대해 주고 임대료를 받을 때 두 사람 다 소득이 생겨나고 이전보다 풍요롭게 살 수 있

4) 포로 수용소 내의 시장 발전에 관한 연구는 Radford(1945)를 보라.

5) 이것이 바로 자유 무역 협정(free trade agreement, FTA) 추진을 정당화하는 논리이다. Coleman(1977)은 근대 초기 영국의 농업 생산 증가의 한 원인이 농업 생산의 지역적 전문화에 있었다고 설명했다.

게 된다. 마찬가지로 자본시장은 자금(=저축)이 있지만 이를 투자해서 수익을 올릴 능력이나 아이디어가 없는 사람과 자금은 없지만 유망한 사업에 대한 구체적인 계획과 이를 실천할 수 있는 사람을 연결시켜 줌으로써 경제 성장을 가져온다.

이 같은 예들은 시장이 발전해서 자원 배분(resource allocation) 기능이 개선되면 경제가 성장함을 보여 준다. 정부 명령을 통해 자원을 배분하려 했던 사회주의 나라들이 1990년을 전후해서 사라졌으며, 아직 남아 있는 몇 안 되는 명령 경제 중 하나인 북한이 기아와 질병에 신음하고 있다는 사실은 시장 없이는 경제 성장이 사실상 불가능함을 알려 준다.

그러나 시장이 경제 성장의 원동력이라는 일반적 경향과 18세기 조선에 시장이 존재했다는 사실, 이 둘을 결합해서, 18세기 조선에서 스미스적 성장이 일어났다는 결론을 내는 것은 성급하다. 이런 주장이 성립하려면 18세기 시장이 생산성 향상에 기여하고 있었음을 보이는 직접적인 증거가 필요하다.

1392년 조선 왕조를 세운 사람들이 이상으로 삼았던 것은 시장 경제가 아니라 자급자족적인 농민들을 바탕으로 하는 체제였다. 국가는 농민들로부터 쌀을 토지세(租)로 징수했고, 호구마다 병역 의무와 수공업자에게 정부에게 바치는 강제 노동 의무(庸)를 지게 했으며, 지역별로 각종 특산물세(調)를 부과했다. 조선 시대에는 직업에 귀천이 있다는 것은 상식이었다. 이를 표현하는 것이 "사농공상"이라는 말이다. 가장 좋은 직업은 선비(士), 다음으로 좋은 직업은 농민(農), 그 다음으로 좋은 직업은 수공업자(工), 가장 나쁜 직업은 장사꾼(商)이라는 뜻을 이 말은 담고 있다. 이런 상식은 조선 왕조의 지배 엘리트들이 시장 발전을 억제하기 위해 만들어 내어 통용시킨 것이었다. 양반들이 상업 발전을 원하지 않았던 것은 상업을 통해 부를 축적한 상인들이 등장해서 자신들의 지배적 입지를 위협하는 것을 원하지 않았기 때문이었다(Lee & Temin, 2010).

조, 용, 조의 세 가지 세금(三稅)을 바탕으로 한 조선 전기의 경제 체제는 임진왜란과 병자호란을 거치면서 붕괴되었다.[6] 삼세 제도를 유지하기 위해서는 어디에 농토가 얼마나 있고, 사람이 몇 명 살고 있으며, 어떤 지역에서는 어떤 특산품이 나오는지에 대한 기록이 있어야 한다. 그런데 두 차례의 전쟁을 거치면서 이런 정보가 많이 파괴되었다. 그나마 보존된 정보들은 전쟁 중 사람이 많이 죽고 농토가 황폐화되었기 때문에 현실과 동떨어진 것이 되어버렸다. 그래서 양란이 끝난 뒤 왕조 정부는 세금을 쌀이나 면포로 거두고, 이를 가지고 시장에 나가 정부가 원하는 물건을 구입하기 시작했다.[7] 쌀이나 면포는 누구나 사용하는 물건이므로 종이, 붓, 옷, 도자기 같은 다른 재화로 쉽게 교환할 수 있었다. 쌀과 면포는 이렇게 화폐의 기능을 하는 상품(=화폐 상품, money commodity)이 되었지만 무겁고 부피가 크며 품질이 균등하지 않아 그다지 편리한 화폐는 아니었다. 그래서 정부는 1678년부터 동전(상평통보)을 주조하고 세금의 일부를 동전으로 받기 시작했다.

징세 방식의 이런 변화는 조선 후기의 시장 발전을 가져왔다. 이를 알려 주는 증거로 장시 수의 증가와 원격지 무역 등장과 같은 것이 있다.[8] 쌀과 같은 재화나 토지나 노비 같은 자산 거래를 기록한 조선 후기의 문서들이 오늘날까지 전해져 오고 있는데, 이 역시 조선 후기에 시장이 발전했음을 말하고 있다. 마지막으로 1791년까지는 정부의 허가를 받은 상인들만이

6) 여기서는 임진왜란이 일어날 때 까지를 조선 전기, 임진왜란과 병자호란이 일어나고 그 피해로부터 회복하고 있던 17세기를 조선 중기, 18, 19세기를 조선 후기라고 부르기로 한다. 이 분류법은 Peterson(1996: conclusion)을 따른 것이다.
7) 이런 조세 정책 변화의 일환으로 실시된 것이 대동법과 균역법이다.
8) 조선 후기 상업 발전에 관해서는 이헌창(1999: 3장)을 보라.

상업에 종사할 수 있었지만 이후 누구나 자유롭게 상행위를 할 수 있게 되었다(辛亥通共). 양란과 같은 전쟁 그리고 자연 재해와 같은 충격 때문에 지배 체제가 약화되고 그래서 정부가 시장에 기댈 수밖에 없게 되어 명령 경제(command economy)에서 시장 경제(market economy)로 체제가 바뀌는 현상을 "위기 전환(emergency conversion)"이라고 한다. 중세 초기 영국에는 바이킹 침략 때문에, 1990년대 북한에서는 연이은 흉년 때문에, 지시 체계(=명령 체계, system of command)가 약화되고 시장 경제가 발전했는데, 이 역시 위기 전환의 예라고 할 수 있다.[9)]

그러나 이렇게 등장한 조선 후기의 시장 경제는 대단한 것은 아니었다. 조선 후기의 시장 경제가 별 볼일 없는 것이었음을 말해 주는 네 가지 증거가 있다. 과거의 시장 거래 기록 –특히 재화나 자산 가격 정보– 의 양이 얼마나 많은지를 보면 그 시대의 교환 활동이 얼마나 활발했는지를 가늠할 수 있다. 우리에게 남겨진 조선 후기의 재화 가격 정보의 양은 –인구 차이를 감안하더라도– 당시의 영국은 말할 것도 없고 일본이나 중국에 비해서도 훨씬 빈약하다.[10)] 둘째, 대부분의 가격 정보는 쌀에 관한 것이며 쌀에 버금가는 중요한 생활필수품이었던 면제품 가격 관측치는 없다시피하다. 이는 대부분 사람들이 면제품을 시장에서 사서 쓰기보다는 자급자족했었음

9) 중세 영국에서의 위기 전환에 관해서는 Jones(1993)를 보라.
10) 박기주 · 이영훈 · 조영준(2007)은 당시까지 발굴된 모든 조선 후기 재화 가격 정보를 엑셀 파일에 모아 제공하는데 그 양은 약 280킬로바이트이다. Yeh-chien Wang의 중국 곡물 가격 데이터베이스(http://140.109.152.38/DBIntro.asp)에서 제공하는 18, 19세기 다양한 곡물 중 쌀과 밀 가격 정보 중의 일부를 내려받아 보았는데 그 양이 35메가바이트에 달했다. 이는 18, 19세기 우리나라 가격 정보의 125배에 달하는데, 이는 두 나라 사이의 인구 차이만으로는 설명되지 않는다. 1800년의 우리나라 인구는 750만 명, 중국 인구는 3억 2천만 명으로 우리나라 인구 750만 명의 43배에 불과했다(McEvedy & Jones, 1980: 171, 177). 도쿠가와 시대 일본의 가격 정보의 풍부함을 보여 주는 연구로 新保博(1978), 山崎隆三(1983)이 있다. 중세와 근대 초기 영국의 풍부한 가격 정보에 관해서는 McCloskey & Nash(1984)와 Clark(2005)를 보라.

을 알려 준다. 후기 조선과는 대조적으로 중국에서는 면제품 생산을 중심으로 프로토 공업화(proto-industrialisation) – 산업 혁명 이전에 전통 사회의 틀 안에서 일어나는 완만한 공업화 – 가 일어났다. 주로 양쯔 강 하류 지역에서 이루어졌는데, 이 지역과 곡물 생산에 특화한 내륙 지역 사이에는 활발한 교역이 이루어졌었다(Huang, 1990: chapter 5). 도쿠가와 시대 일본에서는 면제품은 물론, 책과 같은 사치품 거래가 활발히 이루어졌고 인분을 포함한 거름을 매매하는 시장이 형성되어 있었다.[11)]

조선 후기 시장 경제가 매우 초라한 것이었음을 말하는 세 번째 증거는 중국, 일본, 영국에서와 달리 은화를 이용한 시장 거래 기록이 매우 희귀하며, 기록된 매매 거래의 거의 전부가 동전을 사용한 것이었다는 사실이다. 중국에서 동전은 소액 거래, 은화는 고액 거래에 사용된 화폐라는 사실에 비추어 볼 때, 이는 조선 후기의 시장 거래가 대부분 소액 거래에 한정되었음을 알 수 있다.[12)]

마지막으로 조선 후기에는 지역 간 가격 격차가 매우 컸다. 시장은 상인들의 활동을 바탕으로 성립하는데, 상인들의 활동이란 차익 거래(arbitrage)를 말한다. 쌀 장사꾼은 쌀이 싼 곳에서 사서 비싼 곳에서 팔아 돈을 벌기 위해 움직인다. 상인들이 싼 곳에서 쌀을 구입하면 그 곳의 쌀값은 오르고, 상인들이 비싼 곳에서 쌀을 팔면 그 곳의 쌀값은 떨어진다. 그래서 두 지역 사이의 가격 격차가 축소된다. 그러므로 많은 상인들이 활발히 움

11) 도쿠가와 일본의 시장 경제 발전 수준에 관해서는 新保博 · 齋藤修(1989)를 보라.

12) 구한말의 조선을 여행한 이사벨라 비숍은 『한국과 그의 이웃들(*Korea and Her Neighbours*)』에서 10파운드에 해당하는 엽전을 운반하려면 남자 여섯 명이나 망아지 한 마리가 필요했다고 기록했다(Bishop, 1897: 66). 당시의 10파운드는 물론 적은 돈은 아니었다. Phelps Brown & Hopkins(1981: 12)에 따르면 1894-1905년에 영국 비숙련 노동자 10시간 임금이 50펜스였다. 19세기에 1파운드는 240펜스와 같았으므로 10파운드는 비숙련 노동자의 두 달 월급에 가까운 것이었다.

직이는 나라에서는, 즉 시장이 발전된 나라에서는, 지역 간 가격 격차가 크지 않다. 반면 시장이 발전되지 않은 나라에서는 지역 간 가격 격차가 상당히 크게 나타난다. 조선 후기 약 200킬로미터 떨어진 경상도의 한 지역과 전라도 다른 지역에서 관측된 쌀 가격 격차를 계산해 보면 영국은 물론 일본과 중국에서 비슷한 거리를 두고 떨어져 있는 두 지역 사이의 곡물 가격 격차에 비해서 훨씬 컸음을 알 수 있다.[13)]

조선 후기 임금과 이자율에 관한 기록은 재화 가격 정보보다 더 희귀하다. 일본에서는 부유한 상인들이 봉건 영주 – 다이묘(大名) – 들에게 돈을 빌려 준 기록이 남아 있다. 그러나 우리나라에는 정부가 민간으로부터 공공자금을 조달한 기록은 아직까지 발견되지 않고 있다.[14)] 중국에서는 흉년이 들면 농민들이 농기구나 옷을 전당포에 들고 가서 식량을 구하기 위해 돈을 빌리는 경우가 많았다(Will, 1990: 248). 그러나 조선 후기 사회에는 소비자 금융을 제공하는 이런 제도가 존재하지 않았다. 그 대신 농민들은 굶어 죽는 것을 피하기 위해서 여유가 있는 이웃이나 지주들에게 높은 이자를 지불하고 쌀을 빌렸는데 이를 장리라고 불렀다. 제3장에서 설명한 대로 얼마 안 되는 조선 후기 금융 거래 기록의 대부분은 가문의 계(契)로부터 양반 가계가 돈을 빌린 경우와 관련된 것이다. 이런 자금 수요는 많은 경우 장례나 결혼을 치르기 위한 것이었던 것 같다.[15)]

제2장에서 설명했듯이 조선 후기에는 흉년이 자주 들었고 그래서 살던 곳을 떠나 먹을 것을 찾아 전국을 떠도는 유랑민들이 드물지 않았던 것 같

13) Cha(2000: 88, 89)를 보라. 이 연구에서 지역 간 가격 격차는 두 지역의 쌀값의 표준 편차를 평균으로 나눈 값, 즉 변이 계수(coefficient of variation)를 이용해서 측정했는데, 조선 후기의 쌀값 변이 계수는 [그림 4-5]의 일부로 제시되어 있다.

14) 新保博(1978: 232-4)은 고노이케(鴻池) 환전상이 18, 19세기 다이묘들에게 돈을 빌려 줄 때 부과한 이자율이 대부분 5% 이하의 낮은 수준이었음을 보이고 있다.

15) 계(契) 문서에 실린 금리에 관한 연구로는 김재호(2001b)와 김재호 · 박기주(2004)가 있다.

다. 정부가 이들을 고용해서 토목 공사를 벌인 기록이 의궤(儀軌)로 남아 있지만 농민들이나 지주들이 노동자들을 하루에 얼마씩 주고 며칠 간 고용했는지를 적어 놓은 고문서는 매우 희귀하다.[16)]

고용 기록이 드물다고 해서 노동 서비스를 사고 파는 일이 드물었다고 말할 수는 없다. 종이와 필기 도구가 흔해 빠진 오늘날에도 가사 도우미의 신세를 지면서 그 기록을 적어 두는 사람은 별로 없다. 하물며 종이와 붓이 매우 비쌌던 조선 후기의 농민이나 지주들이 일꾼을 부린 사실을 남길 이유는 더더욱 없었을 것이다.[17)]

사실 조선 후기에 남의 노동을 자신의 농토에 투입하는 일은 드물지 않았다. 그러나 농업 사회였던 후기 조선 사회에서 노동 서비스의 주수요자인 지주들이 일당이나 월급을 주고 농민들을 고용하는 경우는 드물었던 것 같다. 지주들은 농민들의 노동 서비스를 이용하기 위해 그들과 소작 계약을 맺는 경우가 보통이었다. 조선 후기 소작은 지주가 농민들에게 농토를 경작하게 하고 그 대가로 생산물의 절반을 가져가며 노동을 제공한 농민이 나머지 절반을 갖는 방식으로 이루어졌다. 이를 병작(竝作)이라고 하는데, 병작은 고용 계약이라고도, 토지 임대차 계약이라고도 볼 수 있다.[18)]

久間健一(1943)은 식민지기의 지주들을 동태적 지주와 정태적 지주로 분류하고 대부분의 조선인 지주를 정태적 지주, 일본인 지주를 동태적 지주라고 보았다. 동태적 지주란 농사 개량에 관심이 있는 지주, 정태적 지주란 오로지 지대 수입에만 관심이 있는 지주를 가리킨다. 조선 후기의 병작

16) 이런 기록 중 가장 잘 알려진 것이 예천 대저리 박씨가의 일기인데, 이우연(2000)은 이를 바탕으로 19세기 말 20세기 초의 실질 임금을 추계했다.
17) 조선 후기에 종이가 얼마나 비싼 물건이었는지에 대해서는 강명관(2014: 321, 322)을 보라. 이 책에 인용된 종이값 중 가장 비싼 것은 종이 한 장=쌀 6.5되였다.
18) 제2장의 [그림 2-4]에서 본 지대 추세는 바로 이런 거래에 관한 기록을 토대로 추정된 것이다.

계약은 대개 구두로 맺어지며, 몇 년 동안 유효한 것인지를 명시하는 경우는 드물었다. 특별한 일이 없는 한 같은 농민이 대를 이어 일정 지역의 토지를 경작하는 것이 일반적이었다. 이는 久間健一(1943)이 관찰한 식민지기 조선인 지주들의 사고나 행동 양식이 조선 후기의 병작 제도를 그대로 이어받은 것임을 시사한다.

김용섭(1963)은 관습과 인연에 의해 지배되는 병작과는 다른 생산 조직이 조선 후기에 등장했다고 주장했다. 자기 소유 토지를 가지고 있으면서도, 양반 지주들로부터 토지를 빌려 임금 노동자를 사용해 대규모 농사를 짓는 부유한 농민들이 출현했다는 것이다. 김용섭(1963)은 이런 새로운 유형의 인간들을 "경영형 부농"이라고 불렀다. 관습과 인연으로 유지되는 병작 계약의 당사자인 양반 지주와 농민들과는 달리 경영형 부농은 스미스적 성장을 일으킬 수 있는 인물이었다. 왜냐하면 그들은 이윤 극대화를 추구하므로 자연 조건, 시장 상황에 비추어 가장 효율적인 방식으로 토지를 이용하려는 "동태적"인 모습을 보이기 때문이다.

김용섭(1963)의 주장은 믿고 싶지만 근거가 시원치 않아서 믿어지지 않는다. 김용섭(1963)은 조선 후기에 소농민들이 (근대 초기 영국에서처럼) 부농과 빈농의 두 계층으로 분해되고 있었음을 보임으로써 경영형 부농의 존재를 입증하려 했다. 그러나 이영훈(1988: 제7장)에 따르면 조선 후기에는 소농체제가 붕괴된 것이 아니라 오히려 강화되고 있었다. 특히 상대적으로 부유한 소농민들이 경제적으로 몰락해서 영세한 소농민들로 전락해 가는 "영세 균등화"가 일어났다. 전체적으로 평균 경작 면적이 감소했는데 2절에서 이것이 조선 후기의 인구 증가를 보여 주는 증거라는 점을 설명했다.[19]

---

19) 김용섭(1963; 1964)은 앞서 소개한 자본주의 맹아론 중 농업에 관한 주장이다. 조선 후기 농

이처럼 조선 후기에는 재화 시장도, 노동 및 자본 시장도, 그리고 토지 임대차 시장도 별로 혹은 거의 발전해 있지 않았다. 그러나 농토 매매 시장만큼은 제법 활발하게 작동했던 것 같다. 이렇게 추측하는 이유는 비교적 많은 수의 토지 매매 문서 - 문기(文記) - 가 전해지기 때문이다. 농토 거래 기록이 많이 남아 있다는 사실로부터 토지 시장이 발전되어 있었으리라는 추론에는 물론 결함이 있다. 고용 계약을 기록한 문서가 거의 없다는 사실로부터 조선 후기에 임금 노동자의 수가 매우 적었을 것이라고 추정할 수 없듯이, 다수의 토지 매매 문기가 남아 있다고 해서 조선 후기에 토지 시장이 재화나 노동 및 자본 시장보다 더 발달되어 있었다고 말할 수는 없다. 많은 수의 문기들이 아직까지 전해지는 이유 중 하나는 그것을 보존해 둘 이유가 있었기 때문이다. 그것은 조선 후기에 토지 매매 문기는 토지 소유권을 입증하는 서류였다는 사실을 가리킨다.

전해 내려온 농토 매매 문서 기록을 분석해 보면 몇 가지 흥미로운 특징을 발견할 수 있다. 첫째는 거래된 대부분의 논 규모가 작았다는 것이다. 평균 거래 규모는 일곱 마지기 정도이며 최빈수(mode)는 네 마지기에서 다섯 마지기 사이다. 중세 영국에서도 거래되는 토지 규모가 작았다. Beckar & Reed(2003)에 따르면 이는 흉년이 들고 기근이 닥치면 식량을 구하기 위해서 농민들이 보유 토지 일부를 처분하려고 했기 때문에 토지 거래가 일어나는 경우가 많았음을 말해 주는 것이다. 즉, 농민들은 토지를 예비적 저축(precautionary savings) - 만일의 불행한 상황에 대비한 저축 - 의 한 형태로 보유했다는 것이이다.[20]

업에서 자본주의적 생산 조직이 성장해 나왔다는 주장이 왜 설득력이 없는지에 관한 자세한 설명은 安秉珆(1975)와 이영훈(1987; 1988: 제2장)을 보라.

20) 중세 영국 농민들의 보유 토지는 작은 조각으로 나뉘어 여러 지역에 흩어져 있었는데 이를 개방 경지 제도(open field system)라고 한다. Beckar & Reed(2003)의 주장은 개방 경지 제

그림 4-1 17-19세기간 논 매매 거래의 월별 분포

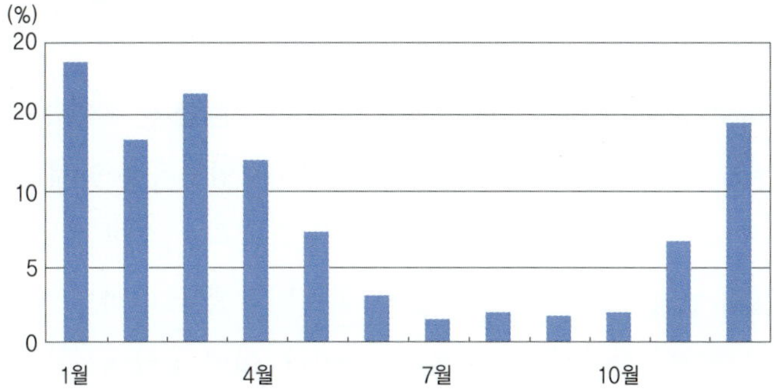

주: 총관측치 수는 12,321개; 토지 매매 문기에는 거래 월이 음력으로 기록되어 있는데 여기에 1을 더해 양력 월로 바꾸었음.
자료: 본문 참조.

둘째, 논 거래는 쌀 가격이 높을 때 늘어나고 쌀 가격이 낮을 때 줄어드는 경향이 있었는데, 이는 조선 후기의 농민들이 식량 부족을 해결하기 위해 농토를 처분했을 것이라는 해석과 들어맞는다. 쌀값이 높을 때란 작황이 나쁠 때이기 때문이다.

마지막으로 [그림 4-1]에서 보는 것처럼 여름과 가을에는 논 거래가 별로 일어나지 않다가 겨울로 접어들면서 논 거래가 증가하고 1월에 피크에 달한 뒤 초봄까지 활발한 매매가 일어났다. 전체 거래의 70% 이상이 12월에서 4월 사이에 일어났는데 이 시기는 대부분 농민들의 식량 보유고가 바닥나는 때였다. 농민들은 가을에 수확한 벼의 대부분을 세금으로 바치고 보리 같은 밭작물을 먹고 살았다. 늦은 봄에 수확한 밭곡식 재고는 겨울이 되면 바닥이 난다. 따라서 궁핍한 상황이 봄에 보리가 수확될 때까지 계속된

도가 농토를 필요에 따라 조금씩 처분하기 쉽도록 하기 위해 등장했다는 것인데, 이는 위험을 분산하기 위해서 개방 경지 제도가 등장했다는 McCloskey(1989)의 주장과 대비된다.

다. 겨울과 초봄에 농지 거래가 활발했던 것은 보릿고개를 넘기 위해서 보유 토지의 일부를 처분하지 않으면 안 되는 농민들이 생겨났기 때문이었던 것 같다.[21)]

한마디로 농지 거래에서 발견되는 이런 특징은 조선 후기 농토 시장의 주요 기능이 소비 평활화(consumption smoothing)에 있었음을 알려 준다. (다음 절에서 보게 되는 것처럼) 생산 기술이 유치하고 수리 시설이 변변치 않았던 조선 후기의 농업 생산은 기상 변동에 매우 민감했다. 따라서 농민들의 식량 소비도 해마다 들쑥날쑥일 수밖에 없었다. 이런 상황에서 농민들이 최소한의 생계라도 유지하기 위해서는 곡물을 비축하거나 아니면 보유 농지의 일부를 처분해야 했다.

조선 후기에는 환퇴(還退)라는 거래가 있었다. 환퇴란 토지를 판매한 사람이 토지 소유권이 일단 넘어간 뒤에도 일정 기간 동안 원래의 판매 가격을 매입자에게 돌려주고 그 토지를 되사는 권리를 보유하는 매매 거래를 말한다. 환퇴는 어떤 해에 흉년 때문에 어쩔 수 없이 땅을 팔았지만 다음 해 풍년이 들면 경제적 여유가 생겨 팔았던 땅을 다시 회복할 수 있을 것이라는 기대를 반영한다. 만일 환퇴 거래라는 제도가 없었다면 가난한 농민들은 풍년이 계속되어 토지를 되살 여유가 생겼다고 하더라도 일단 판 토지를 회복할 수 있다는 보장이 없을 것이다. 흉년에 토지를 산 사람은 부유한 양반들일 가능성이 높은데, 풍년이 들었다고 해서 이들이 농토를 가난한 농민들에게 팔 아무런 이유가 없기 때문이다. 이런 완결되지 않은 매매 거

21) 조선 후기 토지 거래에 대한 보다 자세한 내용은 17-19세기에 작성된 약 14,000건의 논 매매 문기를 분석한 Cha(2012)를 보라. [그림 4-1]에 나타난 계절적 패턴은 5월에서 10월까지는 논에서 벼가 자라고 있기 때문에 농토 매매 거래가 일어나기 어려웠기 때문이었다는 설명도 생각해 볼 수 있다. 그러나 [그림 4-1]과 같은 월별 거래 분포도는 이용 시기가 논과 정반대인 밭 매매의 경우에도 나타나고 있어서 이 설명은 기각할 수 있다.

래(unfinalized sale)가 존재했다는 것은 토지 거래의 주요 동기가 가뭄, 홍수, 사망, 질병과 같은 예상할 수 없는 외생적 충격의 영향을 극복하기 위한 것이었음을 보여 주는 또 다른 증거이다.

다른 시장에서와 마찬가지로 토지 시장에서의 거래도 스미스적 성장을 일으킬 수 있다. 예를 들어, 어떤 농부의 경작지가 여러 곳에 흩어져 있다면 보유지 사이를 이동하는 데 상당한 시간과 에너지가 소모된다. 이 농부가 토지 매매를 통해 보유지를 한 곳으로 모을 수 있다면 이동하는 데 드는 시간과 노력을 절약할 수 있을 뿐 아니라 규모의 경제(economies of scale) 효과도 누릴 수 있다. 이는 생산성 향상으로 나타난다. 또 부지런하고 농사 경험이 많은 농부 A와 그렇지 않은 농부 B가 있다고 하자. 지금 B가 가지고 있는 논을 만약 A가 가지고 있다면 더 많은 농산물이 생산될 것이다. 따라서 A는 B가 평가하고 있는 그 논의 가치보다 더 높은 값을 지불하고 사들일 용의가 있다. 이 거래가 성사된다면 그 논에서는 생산 증가가 실제로 일어난다. 경제 전체의 관점에서 보면 농부 수도 일정하고 경작지 면적도 일정한데 산출이 증가하므로 생산성이 증가하는 것이다.

그렇다면 기후 충격(climatic shocks)에 의한 생존 위기(subsistence crises)가 빈번히 발생하는 상황에서 굶주림을 면하기 위한 궁박 판매(distress sale)가 대부분이었던 토지 거래라 할지라도 그것이 조선 후기의 농업 발전에 도움이 되었던 것일까?

농토 가격은 토지 생산성을 반영한다. 거름을 자주 주어 비옥하게 된 토지는 척박한 토지에 비해 비싸다. 저수지나 보에서 멀리 떨어져 있어서 물을 대기 어려운 논은 수리 시설 근처에 있는 논보다 싸다. 그러므로 토지 거래가 토지 생산성을 향상시켰다면 매매 거래가 자주 일어난 농토일수록 가격이 비싸야 한다. 그러나 논 거래의 빈도(frequency)가 논 가격에 어떤 영향을 미치는지를 분석해 보면 빈번한 매매 거래가 일어난 논일수록 그 가격이 비싼 것이 아니라 오히려 싸지는 경향이 있었다(Cha, 2012). 이는 조선 후기 토지 거래가 농업 생산성 향상에 기여하지 못했고 반대로 농업 발전을 저해했음을 의미한다. 그 이유는 언제 팔지 않으면 안 될지 모르는 농토에 농민들이 토양 개선이나 수리 시설 건설과 같은 장기적인 투자를 하려고 하지 않았을 것이기 때문이다.

굶주림을 면하기 위해 토지를 파는 사람들은 주로 토지를 많이 가진 양반 지주들이 아니라 소농들이었다. 따라서 조선 후기에 토지 거래가 일어나면서 논과 밭이 점점 소수 대지주의 손으로 집중되고 토지 분배가 점점 불평등하게 되었으리라는 추측을 할 수 있다. 이정수 · 김희호(2011: 1장)는 이 추측이 사실임을 보여 주었다. 그들은 1590-1900년 경상도와 전라도에서 일어난 토지 거래의 성격을 분석하고, 양반들은 토지를 팔기보다는 사는 쪽이었던 데 비해 비양반 계층은 토지를 사기보다는 파는 쪽이었음을 발견했다. 그리고 이는 농토가 양반들의 수중으로 집중되어 갔음을 의미하는 것이라고 결론지었다. 따라서 조선 후기의 토지 거래는 양반들 관점에서 보면 금지시킬 것이 아니라 오히려 장려할 만한 것이었다. 양반 계층의 이해를 대변하는 조선 정부는 토지 매매 문기의 신빙성을 확인해 주는 서비스(立案)를 제공했고, 이는 토지 거래 활성화에 기여했다.

조선 후기에는 오늘날 불법이며 사실상 존재하지 않는 인신 매매가 성행했다. 그리고 인간 거래는 토지 거래 다음으로 많은 기록을 남기고 있다. 조선 사회는 양반과 자유로운 신분의 농민(良人農民) 외에 노비 이렇게 세 신분 계층으로 이루어져 있었다. 노(奴)는 남자 노예, 비(婢)는 여자 노예를 말하는데, 조선 후기의 노비들은 시장에서 매매가 가능하고 상속이 가능하다는 점에서 남북 전쟁 이전 미국의 흑인 노예와 다를 바가 없었다. 노비 제도가 한창이었던 18세기 초 노비들은 조선 인구의 1/3에 달했던 것으로 추정된다.

조선 후기에 몇 명의 노비를 얼마에 팔고 샀는지를 기록한 1,000건 가까운 기록들이 현재까지 전해져 오고 있다. 노비 거래 한 건당 평균 두 명 이상의 노비가 매매되었으므로 이 문서들은 2,000명 정도의 노비들을 사고 판 기록이다. 이우연 · 차명수(2010)는 이 중에서 가격을 포함한 거래 내역이 상세히 밝혀져 있는 789건의 노비 매매 문기를 이용해 연령대별 성별 노예 한 명의 가격을 추정했다. 추정된 노예 가격은 냥(兩)으로 표시된 것인데 이를 쌀값으로 나누어 실질화하면 조선 후기에 쌀의 양으로 표시한 사람값이 지속적으로 떨어지고 있었음을 알 수 있다. 이것은 무엇을 의미하는 것일까?

노비를 한 명 보유하면 소득이 매년 들어온다. 가령 구입한 노비 한 명을 이웃집에 빌려 주어 그 대가로 임금을 받으면 그 임금은 그 노비를 소유한 사람의 소득이 된다. 그렇게 하지 않고 노비를 자기 논이나 밭에 투입하면 생산이 증가하는데, 이 생산 증가 폭을 노동의 한계 생산이라고 한다는 것을 제3장에서 설명했다. 그런데 제3장의 주 36에서 설명했듯이 노동의 한계 생산은 실질 임금과 같다. 이처럼 노예를 어떤 방식으로 활용하건 노동의 한계 생산(=현행 실질 임금)만큼의 소득을 노예 소유주는 올릴 수 있다. 그런데 이런 수익을 얻기 위해서 노비 소유주는 노비를 먹여 주고 입혀 주고 재워 주어야 하며 도망가지 못하도록 감시하는 비용을 지불해야 한다.

농토 가격이 농토에서 나오는 지대 소득 흐름의 현재 가치의 합과 같은 것처럼 노비 한 명 가격은 구입한 때부터 노비 소유자가 벌어들일 것이라고 기대할 수 있는 미래의 순수익(=임금-노비 유지 비용)의 흐름의 현재 가치를 합계한 것과 같다. 노비 유지 비용이 18, 19세기에 걸쳐 변하지 않았고 사람들이 현재의 임금 수준이 미래에 그대로 유지될 것이라고 예상한다고 가정하면 노비 한 명 가격은 임금 수준과 이자율에 의해 결정된다. 실질 임금이 오르면 노비 가격도 오르고 실질 임금이 떨어지면 노비 가격도 떨어진다. 이자율이 높아지면(낮아지면) 미래에 벌어들일 수익의 현재 가치가 낮아지므로(높아지므로) 이자율 상승(하락)은 노비 가격을 떨어뜨릴(올릴) 것이다. 제3장의 [그림 3-11]에서 본 것처럼 조선 후기에 이자율은 하락했다. 따라서 노비 가격 하락은 실질 임금이 하락했기 때문에 일어난 것임을 알 수 있다. 바꾸어 말하면 실질 노비 가격 하락은 조선 후기 생활 수준 하락을 말해 주는 또 하나의 증거이다.[22)]

이우연 · 차명수(2010)는 노비 거래 건수 및 거래 노비 수의 시기별 분포로부터 조선 후기에 노비 시장은 점진적으로 쇠퇴해 갔을 것이라고 추론했다. 이는 조선 후기에 노비 제도가 해체 과정을 걸었다는 한국사 연구자들의 주장과 합치한다.[23)] 조선 후기에 노비 시장이 추세적으로 위축되었다는 것은 19세기에 비해 18세기에 노비 시장이 더 활발하게 작동했다는 것을 의미한다. 그렇다고 해서 18세기의 활발한 노비 거래가 스미스적 성장을 가져왔다는 주장은 성립하기 어려울 것 같다. 그 이유는 노예 제도 자체가 비효율적인 제도였기 때문은 아니다. 남북 전쟁 이전 미국 남부의 플랜테이션 경영주들이 흑인 노예에 투자해서 번 수익률은 다른 형태의 투자에서 나오는 수익률보다 결코 뒤지지 않았다(Engerman, 2000: 343). 조선 후기 노비 시장이 스미스적 성장으로 이어지지 않았을 것이라고 보는 이유는 노비 소

22) 박기주(2005: 93)는 조선 후기에 노비 가격이 정체했다고 주장했으나 그 근거가 무엇인지를 밝히지 않았다. 제2장에서 설명했듯이 1800년 이후 사망 확률이 증가했는데, 이는 노비 보유로부터 나오는 미래 소득 흐름의 길이를 단축시켰을 것이다. 따라서 노비 가격을 낮추는 요인으로 작용했을 것이다. 그러나 이우연 · 차명수(2010: 122)는 조선 후기 노비 가격 하락을 사망력 상승 때문이라고 보기 어려운 이유를 설명하고 있다.

23) 四方博(1938), 정석종(1983), 이영훈(1998)을 보라. 노비 제도는 1894년 광무개혁을 통해 공식적으로 폐지되었다.

유 양반들이 미국 남부의 흑인 노예 소유주 같은 "동태적" 인 존재들이 아니었기 때문이다. 양반들이 부리던 노비들은 양반들과 같이 사는 부류(솔거 노비)와 따로 살면서 독립적인 가구를 이루는 부류(외거 노비)로 이루어져 있었다. 그런데 솔거 노비를 부려서 직접 농사를 짓는 경우나 외거 노비에게 소작을 주는 경우나 양반들이 농업 경영에 적극적으로 참여해서 소득을 극대화하려고 하는 경우는 매우 드물었다.

조선 후기 양반들이 왜 노비를 팔고 샀는지에 대해서는 아직 잘 알려져 있지 않다. 위에서 조선 후기에 토지 거래가 일어난 중요한 이유가 기아, 죽음, 질병 같은 충격에 따르는 경제적 곤란을 극복하기 위한 것이었다고 설명했다. 그래서 농민들은 점점 토지를 잃어버리고 농토는 양반들의 수중으로 집중되어 갔다고 보았다. 조선 후기 노비 거래 중 상당수 역시 경제적 어려움 때문에 발생했다. 노비들 중에는 부모가 노비였기 때문에 그 신분을 이어받아 노비가 된 사람도 있었지만 자발적으로 스스로를 팔아 노비가 된 사람들 – 자매 노비(自賣奴婢)들 – 도 있었다. 스스로를 노예로 파는 행위는 불법이었지만 흉년이 들면 생계를 유지하기 위해서 가난한 농민들 중에는 자신이나 가족을 파는 사람들이 생겨났다. 김재호(2005)는 조선왕조실록에 실린 기근 관련 기사의 숫자와 자매 노비 발생의 빈도 사이에 밀접한 상관관계가 있음을 발견했다. 이는 흉년이 거듭되는 과정에서 자매 노비 거래를 통해 자유로운 신분의 농민(=양인 농민)들이 점점 양반 지배 아래로 들어갔음을 의미한다.

농토 및 노비 매매 거래의 한 중요한 한 결과는 토지와 농민에 대한 양반들의 지배력이 강화되었다는 것이다. 즉, 전체 농토와 인구의 점점 더 많은 부분이 양반 소유로 바뀌어 갔다. 그 결과 조선 정부의 과세 능력이 약화되어 갔다. 정부가 양반 소유지에 세금을 매기는 것은 힘이 없는 농민들이 소유하는 토지로부터 세금을 거두는 것보다 훨씬 어려웠기 때문이다. 마찬가지로 정부가 양반의 직접 지배 아래 있는 노비들을 병역이나 강제 노동을 위해 징발하는 것은 양인 농민 징발보다 훨씬 어려웠기 때문이다. 따라서 조선 후기 정부 기능이 약화되었고 경제 성장을 위해 정부가 마땅히 해야 할 일을 수행할 수 없었다. 마땅히 해야 할 일이란 다음 절에서 설명하는 것처럼 다른 나라의 군사적 위협으로부터 나라를 지키고 시장 경제 발전에 필요한 제도를 수립하는 것을 말한다. 이런 점에서 보았을 때 조선 후기 시장 제도란 양반들의 부 축적을 돕기 위해 존재하는 것이었다. 농토와 인간을 주 대상으로 한 조선 후기의 시장 거래는 왕권 약화를 촉진했다는 면에서 스미스적 성장이 일어나는 것을 오히려 가로막았다고 할 수 있다.

조선 정부는 약탈자였나?

사유 재산권(property rights)이 없는 곳에서는 경제 성장이 일어나지 않는다(North, 1990; Olson, 2000). 사유 재산권이 인정되지 않거나 불안정한 곳에서는 열심히 일할 이유도, 저축하고 투자할 이유도, 새로운 기술을 개발할 이유도 없기 때문이다. 자기가 생산한 물건을 확실하게 자기 것으로 챙길 수 없다면 누가 땀 흘려 일하려고 할 것인가? 권력자들이 제멋대로 재화를 수탈하는 사회에서는 사람들은 재화를 저축하기보다는 할 수 있을 때 먹고 마셔 두는 것이 낫다고 생각할 것이다. 또 새로운 기술을 개발해 생산이 늘어난다 해도 생산 증가분이 전부 내 것이 되지 않고 그것을 인구 수로 나눈 것만큼만 자기에게 득이 된다면 연구 개발 활동을 하느라 시간과 재화를 사용할 의욕을 느끼지 못할 것이다. 사유 재산권은 시장 거래가 이루어지기 위한 전제 조건이기도 하다. 내 것과 네 것이 분명하게 구별되지 않는데 교환이 있을 수 없기 때문이다.[24)]

1876년 개항 이후 우리나라를 방문한 외국인들은 조선 사람들이 빈곤에서 벗어나지 못하는 이유가 무엇보다 게으름 때문이며 조선 사람들이 게으른 이유는 부패한 정부가 노력의 결실을 마음대로 빼앗아 가기 때문이라고 보았다. 19세기 말의 한국을 여행한 이사벨라 비숍은 조선 내에서 빌빌거리는 조선인들과 연해주로 이민 가서 열심히 일해 경제적으로 성공한 조선인들을 대비시키면서, 조선인들의 태만이 태생적인 것이 아니라 잘못된 제도의 산물임을 보여 준다고 주장했다. 박지향(2003: 190)에 따르면 1907년 영국 영사가 만난 한 조선인은 그에게 "관리들이 다 빼앗아 가는데 돈은 벌어 무엇하느냐"고 말했다고 한다.[25)] Kohli(1994)는 조선 정부를 "약탈 국가(predatory state)"라고 부르면서 경제 개발을 위해 노력한 조선 총독부 및 한국 정부 – "개발 국가(developmental state)" – 와 대비시켰다.

민주주의적 절차에 익숙해 있던 당시 서구인들의 눈에는, 그리고 오늘날 우리의 기준으로 보았을 때, 19세기 말 한국의 정치, 행정, 관행에는 한심하고 말도 안 되는 것이 많았다. 이는 아마 조선 경제 마이너스 성장의 한 원인이었을 것이다. 그러나 왕조 국가의 착취가 조선 후기에 일어난 경제적 몰락을 가져온 주요 원인이라고 할 만큼 심각한 것이었는지는 따져 볼 여지가 있다.

영화나 TV 사극에는 악질 지방관들이 가난한 농민들을 착취하는 장면이 의례적으로 나온다. 조선 시대를 연구하는 학자들이 쓴 논문에는 농민

24) Locke(1980), Smith(1778), Hayek(1960)를 보라.
25) Chung(2006: 39, 40)은 개항기 조선을 방문한 서구인들이 조선 정부의 자의적 수탈에 관해 남긴 기록을 정리해서 제시하고 있다.

들에 대한 관리들의 가혹한 수탈이라는 표현이 습관적으로 등장한다. 이헌창(1999: 63)은 정약용의 서술을 근거로 수확량 중 공식 · 비공식 세금으로 거둬 간 부분이 21-25%에 달했다고 주장했다. 그러나 이는 특정 지역에 사는 양반이 아닌 일반 농민들의 세금 부담을 나타내는 것일지 모르지만 경제 전체의 조세 부담률(=총세금 수입을 총생산으로 나눈 비율)이 이렇게 높았을 가능성은 매우 낮다.

이렇게 추정하는 근거는 조선 후기에는 없었던 철도와 전신을 이용할 수 있었고 조선 정부에 비해 훨씬 강력하고 효율적인 행정 조직을 보유했던 조선 총독부가 1910년대 초에 거둔 세금이 총생산의 3% 정도에 불과했기 때문이다. 그러므로 조선 시대의 조세 부담률은 3%에 훨씬 못 미쳤을 가능성이 높다. 오늘날 조세 부담률은 25%에 달한다. 그러니 가혹한 수탈을 하는 것은 조선 정부가 아니라 오늘날 한국 정부라고 할 수 있다.[26] 18세기 프랑스에서는 세금 수입이 총생산의 7%, 영국에서는 10%에 달했다. 그리고 일본에서도 조세 부담률은 조선보다 높았다. 청대 중국의 조세 부담률만이 조선 시대와 비슷하게 낮았던 것 같다. 나카무라 사토루(2007: 43-4)에 따르면 일본에서는 메이지 유신 직후인 1871년 세금으로 바쳐진 곡물이 전체 곡물 생산의 21%을 차지했다. 이에 비해 총세입이 총농업 생산에서 차지하는 비중은 19세기 전반 중국에서 2.1%, 18, 19세기 조선에서는 3.7%에 불과했다.[27]

조선 시대의 평균적 세금 부담이 이렇게 가벼웠던 이유는 조선 정치 체

26) 2013년 한국의 조세 부담률 25%는 Heritage Foundation의 Index of Economic Freedom 사이트(http://www.heritage.org/index/country/southkorea#limited-government)에 제시된 것이다. 접속 시점은 2013년 12월 10일 오전 7:05.

27) Rosenthal & Wong(2011: 175)은 1780년경 중국에서 조세 부담률이 가장 높았으리라고 보이는 양쯔 강 하류 지역이라 할지라도 (당시 프랑스의 조세 부담률인) 7%에 훨씬 미치지 못했으리라고 추측하고 있다. Sng & Moriguchi(2012)도 중국보다 일본의 조세 부담률이 훨씬 높았음을 보이는 증거를 제시하고 있다.

제가 명목상으로는 중앙 집권적이지만 실질적으로는 중앙 왕권이 지방의 유력 양반 가문을 제압할 수 있을 만큼 강력하지 못했기 때문이다. 농경 사회인 조선에서 정부가 세금을 제대로 거두려면 어디에 어떤 농토가 있고 그것을 누가 소유하고 있는지는 파악해야 했다. 그러려면 정기적인 토지 조사 사업 – 양전(量田) – 을 해야 했다. 그런데 토지 소유 계급인 양반들은 양전을 별로 좋아하지 않았다. 정부가 소유 토지를 정확히 파악하면 할수록 내야 하는 세금이 늘어날 것이기 때문이었다. 이는 오늘날 부자들이 세금을 적게 내기 위해 여러 가지 방법으로 소득을 감추려고 하는 것과 마찬가지이다. 양반들의 이해를 대변하는 관리들은 국왕의 양전 계획과 시도에 대해 소극적 적극적으로 저항했다. 그래서 양전은 백 년에 한 번 정도밖에는 이루어질 수 없었다(이세영, 2002: 1장). 양반들의 조세 저항 때문에 많은 토지가 정부의 토지세 장부에서 누락되어 감춰진 토지(隱結)로 남아 있었다. 조선 왕조가 마지막으로 남긴 출세결(出稅結) – 세금을 내는 농지 총면적 – 에 관한 기록은 1893년의 76만 결이었다. 을사조약이 맺어진 1905년 일본인들의 조사에 따르면 총과세결 면적은 96만 결로 증가한 뒤 1910년에는 다시 102만 결로 증가했다(장시원 · 이영훈 · 박기주, 2009: 144). 본격적인 토지 조사 사업을 시작하기도 전에 일본인들은 이미 많은 과세지가 장부에서 누락되었음을 알게 된 것이다.[28)]

조선 왕권의 취약성을 보여 주는 또 하나의 증거는 조선 인구의 약 1/3 정도가 정부가 아니라 노비 소유자들의 직접 통제를 받는 노비였다는 사실이다. 조선 시대에는 토지세 말고 병역 의무를 포함한 각종 노역(庸)이 있었

28) 한 결이란 제곱미터나 에이커처럼 토지의 절대 면적을 측정하는 단위가 아니라 일정량의 곡식을 생산할 수 있는 능력을 가진 토지 면적을 가리킨다. 그렇기 때문에 한 결의 절대 면적은 비옥한 토지에 비해 척박한 토지가 넓다.

다. 이는 자유로운 신분의 농민들 – 양인(良人) 농민들 – 에게 부과되었다. 상당 수의 인구가 노비였으므로 정부가 징발할 수 있는 노동력은 전체 인구의 일부에 불과했다. 이는 조선 정부의 국방 능력을 약화시키는 요인이 되었다. 그리고 이는 왜 (제2장에서 이미 설명했듯이) 조선 왕조가 파악할 수 있었던 인구가 실제 인구의 절반도 채 되지 않았는지를 설명하는 이유이기도 하다.[29)]

그렇다면 조선 정부는 양반들에게 거둘 수 없었던 세금을 일반 농민들에게 전가했고 그래서 일반 농민들이 엄청나게 무거운 세금 부담에 허덕였던 것은 아닐까? 조선 시대의 낮은 조세 부담률과 앞서 소개한 이헌창(1999: 63)의 계산 결과 사이의 격차는 일반 농민들이 매우 무거운 세금 부담에 시달렸음을 말해 주는 것이라고 생각할 수 있다. 그리고 실제로 행정 제도나 사회 조직의 면에서 조선과 매우 비슷했던 중국에서는 정부가 (우리나라의 양반에 해당하는)신사(紳士, the Chinese gentry)들에게는 낮은 세율을 적용했다고 한다(Wang, 1973: 38). 그러나 조선 후기 정부가 휘두를 수 있는 공권력은 그렇게 막강한 것이 아니었고 농민들도 내라는 대로 호락호락 세금을 다 내지 않았다.

조선 정부는 지방관을 연고지가 아닌 지역에 파견한다는 원칙을 따랐고 지방관 임기는 5년을 넘지 않았다. 그래서 지방관은 현지 사정에 어두웠고 혼자 힘만으로 제대로 세금을 거둘 수 없었으므로 현지에서 대대로 세무를 포함한 행정 실무를 담당해 온 이서(吏胥)들에게 크게 의존할 수밖에

29) 조선 시대에 어떤 정책이 집행되는지는 왕권과 양반 세력 사이의 힘의 균형을 반영했다. 양전이 실시된 때는 왕권이 비교적 강한 시기였다. 또 강한 왕들은 양반들이 도망간 노비를 추적해서 잡아 오는 것(추쇄, 推刷)을 금지시킴으로써 납세가 수가 감소하는 것을 막을 수 있었다. 이우연 · 차명수(2010: 2절)를 보라. 한마디로 조선 후기에는 왕과 양반들이 토지와 노동에 대한 지배권을 둘러싸고 경쟁하고 대립하는 관계에 있었는데, Eisenstadt(1963)는 이 같은 정치 체제를 "중앙 집권화된 관료 제국(centralized bureaucratic empire)" 이라고 불렀다.

없었다. 이서는 향리(鄕吏)라고도 하는데, 세금을 거두는 일을 하는 하급 관리를 말한다. 지방관은 이서들이 실제로 얼마를 거뒀는지 모르므로 세금을 많이 거둘수록 이서들의 수입은 늘어났다. 이런 점에서 이서는 조세 청부업자들(tax farmers)이라고 볼 수 있다. 장시원 · 이영훈 · 박기주(2009)에 따르면 을사보호조약이 체결된 이후 한일 합방까지의 5년간 정부가 거둬들인 지세액이 세 배 정도 증가했는데, 그 주요한 이유는 이서들이 횡령하던 부분을 정부가 포착할 수 있게 되었기 때문이었다.

그러나 이서들이 공권력을 내세워 제멋대로 세금을 거둘 수 있었다고 보기는 어렵다. 우선 이서들은 지역 사정에 환해서 부임한 관리가 함부로 건드려서는 안 되는 지역의 유력 양반 세력이 누구인지를 잘 알고 있었다. 또 농민 한 사람 한 사람은 힘이 없지만 숫자가 많아서 생존을 위협하는 세금이 부가될 때는 농민 반란으로 대응할 것이라는 것을 이서들은 잘 알고 있었다.[30] 뿐만 아니라 농민들에게는 세금 부담이 과하다고 생각될 때에는 유력 양반의 보호막 아래로 들어갈 수 있는 가능성이 열려 있었다. 그 방법 중의 하나가 자신을 양반에게 팔아 그의 노비가 되거나(자매, 自賣) 자신의 토지를 양반에게 (명목상) 기증하는 것(투탁, 投託)이었다. 마지막으로 조선 후기 사회에 부정과 부패가 만연했다고는 하나 무정부 상태는 아니었고 세금과 관련된 법과 규정이 존재했다. 그래서 이서들이 지방 정부에서 공식적으로 부과한 금액을 훨씬 초과하는 세금을 거두어 가려고 하면 농민들은 이를 관아에 보고하고 이서들은 처벌을 받거나 심한 경우 잘릴 위험도 없지 않았다.

오늘날 많은 사람들이 – 경제학자들은 대부분 – 작은 정부가 바람직하

30) 민란의 세기라고 알려진 19세기의 조선에서 일어난 농민 반란의 원인은 대부분 세금과 관련되어 있었다.

다고 믿는다. 그리고 정부 기능 확대 – 특히 복지 지출 증가 – 를 주장하는 사람들을 시대에 뒤떨어졌거나 아니면 경제 효율을 희생해서 선거에서 표를 얻으려는 야바위꾼 정도로 생각한다. 이런 관점에서 보면 형편 없이 작았던 조선 정부는 훌륭한 정부라고 보일지도 모른다. 그러나 시장 거래를 통한 효율성 향상을 경제 성장의 궁극적 원동력으로 보았던 애덤 스미스조차 세금이나 국가를 없어져야 할 존재라고 생각하지 않았으며, 정부가 세금을 거둬서 반드시 해야 할 역할이 있다고 보았다. 그는 1755년 어떤 강연에서 "평화와 과도하지 않은 세금(easy taxes), 그리고 용납할 수 있는 사법 제도(tolerable administration of justice)"라는 세 조건만 만족되면 번영은 저절로 이루어진다고 주장했다고 한다.[31] 그리고 Besley & Persson(2011: chapter 1)은 외부로부터 오는 위협에 대항하고 내란을 억제해서 평화를 유지하고, 대부분의 사람들로부터 저항을 유발함이 없이 세금을 거두고, 계약의 이행과 사유 재산권을 보장해 줄 수 있는 국가를 세우지 못한 나라는 경제 성장을 이룩할 수 없었음을 보이는 여러 증거를 제시하고 있다.

평화를 유지하기 위한 군대와 경찰 그리고 합리적인 조세 및 사법 제도는 경제 발전에 필수적인 공공재(public goods)이다. 공공재란 어떤 사람이 그것을 사용한다고 해서 다른 사람이 그것을 사용하지 못하게 되거나 사용하기 어려워지지 않으며(non-rivalrous), 특정한 부류의 사람들이 그것을 사용하지 못하도록 배제할 수 없는(non-excludable) 재화나 서비스를 말한다. 공공재를 생산해 놓으면 생산에 어떤 기여도 하지 않은 사람까지도 이를 공짜로 사용할 수 있다. 이렇게 무임승차가 가능하므로 개인은 아무도 자기 비용

31) 애덤 스미스의 이 주장은 그의 출간물에서는 찾아볼 수 없고 Dugald Stewart가 1793년에 발표한 "Account of the Life and Writings of Adam Smith LL.D."라는 제목의 글에 인용되어 있을 따름이다. 이 글은 Collected Works of Dugald Stewart, vol. 10, pp. 1-98에 실려 있다.

으로 공공재를 생산하려고 하지 않는다. 따라서 공공재는 국가가 세금을 거두어 생산해서 공급하지 않으면 안 된다.

조선 왕조는 경제 성장에 필요한 공공재 공급이라는 기준에서 보았을 때 완벽히 실패한 정부였다. 무엇보다 조선은 1600년을 전후해서 일본과 중국의 침략으로 커다란 피해를 입었다. 결국 1910년 일본의 식민지로 전락했을 뿐 아니라 19세기는 민란의 세기라고 불릴 만큼 농민 반란이 자주 발생했다. 또 이미 보았듯이 조선 정부가 세금을 거둘 수 있었던 대상은 전체 경작지와 인구의 일부에 불과했다. 조선 정부는 매매 계약의 합법성을 공식적으로 인증하는 입안이라는 제도를 운영했다. 그러나 조선 후기에는 계약을 이행하지 않은 사람을 처벌하는 근거가 되는 민법 체계도, 토지 소유권을 입증하는 등기 제도도 존재하지 않았다. 조선 후기에는 간헐적으로 실시된 양전 대장과 토지 매매 문기가 토지 소유권을 증명하는 근거로 활용되었다. 토지 조사가 기껏해야 한 세기에 한 번 정도밖에 실시되지 않았기 때문에, 양전 대장에 등록된 소유자는 실제 소유자가 아닌 경우가 많았다. 이 경우 토지 소유권을 증명하는 방법이 토지 매매 문기였는데 이는 위조하기 쉬웠다. 서로를 잘 알고 있는 사람들이 사는 좁은 지역에서나 통용되는 문서였기 때문이다. 게다가 임야 소유권을 입증하는 서류나 제도는 존재하지 않았다. 때문에 삼림이 황폐화되었다. 그리고 삼림 황폐화는 (제2장에서 본) 조선 후기에 마이너스 경제 성장이 일어나는 이유가 되었다.

[그림 4-2]의 패널 A에 그려진 실선은 우리나라의 쌀 가격 변이 계수(coefficient of variation)인데, 21년의 시기를 일 년씩 이동시키면서 계산한 것이다. 예를 들어, 이 그림에서 1750년의 값은 1740-1760년간의 쌀값 표준 편차를 같은 기간의 쌀값 평균으로 나누어 구한 변이 계수다. 이는 이 20년 동안 쌀값이 얼마나 큰 폭으로 널뛰었나를 보여 준다. 1751년 값은 1741-61년간의

그림 4-2 곡물 가격의 21년 이동 변이 계수

A. 조선과 일본

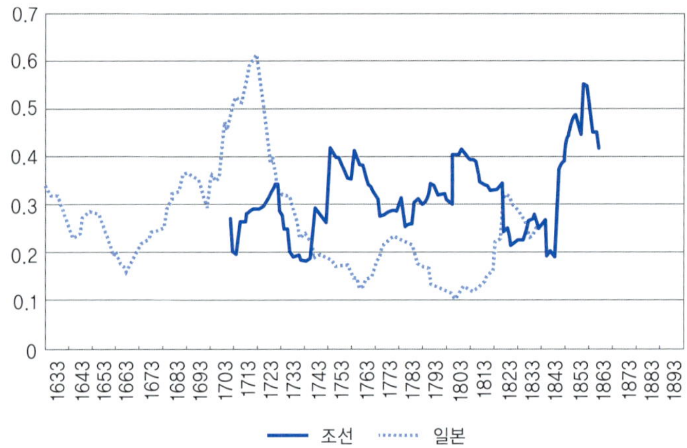

자료: 이영훈 · 조영준 · 박기주(2007), 山崎隆三(1983).

B. 중국과 영국

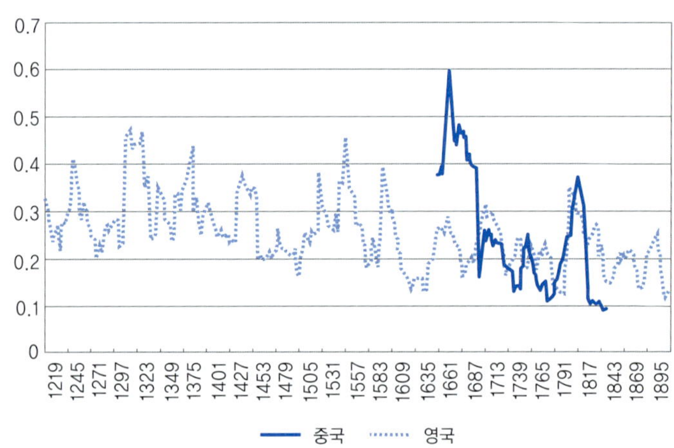

자료: Michell(1988), Wang(1992).

쌀값을 가지고 계산한 변이 계수다. [그림 4-2]에 따르면 우리나라에서 이와 같이 시기를 일 년씩 이동시키면서 계산한 변이 계수는 18, 19세기에 걸쳐 점점 올라가고 있었다. 이는 쌀 가격이 점점 불안정(volatile)하게 되어 갔음을 말해 준다. 쌀과 같은 식량에 대한 수요는 급격히 변하는 일이 별로 없다. 그러므로 쌀 가격 변동성의 증가는 공급 불안정성, 즉 작황 변동이 점점 심해진 것을 나타낸다.[32] 패널 A의 점선은 일본 쌀 가격 이동 변이 계수로 일본에서는 쌀값 변동성이 17세기-18세기 초에 걸쳐 상승한 뒤 이후 한 세기 동안 하락했음을 보여 준다.

[그림 4-2]의 패널 B는 영국의 밀과 중국의 쌀 가격이 21년 간격 이동한 변이 계수를 보여 준다. 영국에서는 변이 계수가 1600년경까지 0.3을 중심으로 오르내렸다. 이는 우리나라 18세기와 비슷한 수준이다. 17세기 들어 영국 밀 가격 변이 계수는 꾸준한 하락 추세를 따르기 시작해서 19세기 말에는 0.1-0.2 정도가 되었다. 중국에서는 17세기 중엽의 명·청 교체기 이후 정권이 안정되면서 쌀 가격의 변동성이 크게 줄어들었다. 18, 19세기에 쌀 가격 변동성은 중국에서 추세적으로 심화되지도 완화되지도 않았다. [그림 4-2]의 두 패널을 비교해 보면 18, 19세기 우리 나라의 쌀값 불안정성이 중국이나 일본에 비해 현저히 컸음을 알 수 있다. 또 이 시기에 날씨의 영향으로 점차 독립해 나갔던 영국의 농업 생산과는 반대로, 날씨는 조선 농업 생산에 점점 더 강력한 영향력을 행사했다. Campbell & O'Grada(2011: 859)에 따르면 산업 혁명이 시작될 무렵인 18세기 중엽 영국에서는 기근이 이미 사라진 상태였다. 김재호(2001c)는 조선왕조실록 기사 분석을 통해 18, 19세기를

32) 1876년 개항 이후 우리나라의 쌀 가격은 국내의 수요와 공급보다는 세계 시장의 상황을 반영하게 되었으므로 1865년을 중심으로 하는 1855-75년간의 변이 계수까지만을 제시했다. 마찬가지로 중국과 일본에 대해서도 1842년 난징 조약과 1854년 가나가와 조약 이후의 쌀 가격이 포함되지 않는 시기까지만 이동 평균을 계산했다.

통해 기근이 점점 더 자주 발생하게 되었다고 결론지었다.

18, 19세기에 우리나라 인구가 지속적으로 증가했음을 제2장에서 설명했다. 인구가 증가하자 땔감 등 목재에 대한 수요가 증가했고 경작지가 부족하게 되었다.[33] 사람들은 나무를 구하기 위해서 그리고 화전을 일구기 위해서 산에서 나무를 베어 냈다. 그래서 19세기 말 우리나라 산의 대부분이 민둥산이 되어버렸다.[34] 나무가 서 있지 않은 산에 비가 내리면 흙과 모래가 흘러내려 강바닥에 쌓인다. 그러면 강바닥이 높아지고 범람의 위험이 증가한다. 홍수는 일회성 사건이지만 홍수가 지나가더라도 홍수가 농업 생산성에 미친 타격은 오랜 기간 지속된다. 홍수가 나면 작물이 자라는 데 필요한 화학 성분을 담고 있는 토양이 휩쓸려 가고 지력(soil fertility)이 약화되기 때문이다. 또 홍수 때문에 수리 시설이 파괴되는 경우가 많다. 큰 비가 오면 산에서 흙과 모래뿐 아니라 돌이 굴러와 저수지나 보를 망가뜨린다. 그래서 홍수 다음에 가뭄이 들었을 때 그것을 극복하기란 더 어렵게 된다.[35]

산과 숲은 한 사람이 더 많이 사용하면 다른 사람이 사용할 수 있는 양이 줄어든다. 삼림은 경합성을 갖는(rivalrous) 재화이지만 특정 개인이 사용하는 것을 배제하는 것이 불가능(non-excludable)하거나 어렵다. 경합성과 비배제성을 갖는 재화를 공유재(common pool resources)라고 한다.[36] 공유 자원

33) 이영훈(1988: 7장)에 따르면 조선 후기 농민 일인당 경작 면적은 지속적으로 감소했다.

34) 조선 후기 삼림 황폐화에 대해서는 이우연(2010: 제3장)을 보라. 삼림 황폐화의 증거로서 호랑이 수 감소, (나무 제품인) 관 가격 상승, 19세기 말 외국인들의 증언 등을 제시하고 있다. 이헌창(2000: 219)은 예천 박씨 집안이 1834년 관을 만들기 위해 필요한 구멍 없는 판재를 구하는 데 한 달 가까이 걸렸던 사례를 소개하고 있다. 이는 이헌창(2000)처럼 조선 후기 시장의 원시성을 보여 주는 증거라고 볼 수도 있지만 산림이 황폐화되어 나무 공급에 애로가 생겼음을 말해 주는 것으로 해석할 수도 있다.

35) 조선 후기 수리 시설 파괴에 대해서는 이광린(1961: 제7장), 宮嶋博史(1983), 최원규(1992)와 같은 연구가 있다. 김재호(2001c)는 조선왕조실록에서 발견되는 기근 및 흉년 관련 기사 분석을 기초로 기근을 발생시키는 원인으로서 18, 19세기에 걸쳐 가뭄보다는 홍수가 점점 중요해져 갔다고 결론지었다.

36) 앞서 소개한 공공재는 비경합적인 데 비해 공유재는 경합적이다. 즉, 공유 자원은 어떤 사람

이용을 제한하는 규칙이 존재하지 않아 자유 이용이 가능할 때 사람들은 공유재를 경쟁적으로 많이 사용하려 한다. 공유재의 양은 제한되어 있는 경우가 많아서 먼저 가서 채취하는 사람이 임자가 되며, 늦게 가면 아무 것도 남지 않게 될 것이기 때문이다. 그래서 공유재는 남획, 남벌되고, 쉽게 고갈되는 경향이 있다. 이를 "공동지의 비극(the tragedy of the commons)"이라고 한다.[37]

조선 후기에 삼림 황폐화가 일어난 데는 산림에 대한 소유권이 불분명했다는 배경이 있었다. 산림은 왕(=국가)의 소유라는 오래된 관념(=왕토 사상)이 한편에 존재했지만, 다른 한편으로는 이미 많은 산림이 양반들의 실질적인 소유지가 되어 있었다. 이런 상황은 왕권과 그에 대항하는 강력한 양반 세력으로 이루어진 조선 후기의 권력 구조를 반영하는 것이었다. 왕토 사상은 농민들이 양반 소유 산림에서 자원을 채취하는 것을 정당화했다. 그리고 양반들이 농민들의 벌채를 단속하는 것을 어렵게 만들었다. 이런 상황에서 양반들로서는 나무를 심고 산림을 관리할 이유가 별로 없었다. 농민들은 산림 자원은 먼저 캐 오는 사람이 임자라는 생각을 갖게 되었다. 집 주변 산에서 벌채할 권리, 그리고 묘를 쓸 관습적인 권리가 농민들에게 인정되고 있었지만, 권리의 한계가 어디까지인지가 불분명해서 분쟁 – 산송(山訟) – 이 자주 일어났다. 김경숙(2002)에 따르면 산송은 조선 후기에 급격히 증가했고, 특히 18세기보다 19세기에 자주 발생했다. 이는 1800년 이

이 사용하면 다른 사람이 사용할 수 있는 양이 줄어든다. 제3장에서 설명한 생산 기술은 비경합적이며 (특히 제도를 통해) 배제 가능하다.

37) 공동지(the common)란 중세 유럽 농민들이 가축을 방목하는 경작지, 땔감을 채취하는 숲을 포함하는 경작지 주변의 영역을 가리키는데, 이 지역은 개인 소유지로 분할되지 않고 촌락 공동체 구성원들이 공동으로 이용했다. 공동지의 비극이라는 표현은 Hardin(1968)의 논문 제목에서 유래한다. Diamond(2005)는 공동지의 비극이 문명의 소멸을 초래한 사례들을 소개하고 있다.

후 인구가 더욱 빠르게 증가했다는 차명수(2009)나 McEvedy & Jones(1978)의 추계 결과와 잘 들어맞는다는 점을 제2장에서 설명했다.

조선 후기에 산림에 대한 개인의 소유권이 전혀 없었다고 할 수 없지만 산림은 기본적으로 자유 이용(open access)이 가능한 무주공산(無主空山)에 가까운 것이었다. 그래서 산림이 빠른 속도로 황폐화되었다. 만일 조선 정부가 산림 이용을 효과적으로 규제하고 육림을 장려하는 정책을 도입했더라면 지속 불가능한 벌채를 막을 수 있었을 것이다.[38] 조선 총독부는 나무를 심는 사람에게 임야 소유권을 인정한다는 원칙에 따라 무주공산을 사유지로 만드는 정책을 실시했다. 그 결과 식민지기에 다른 나라에서 찾아보기 어려운 성공적인 산림 녹화가 이루어졌다. 이는 정부의 역할이 얼마나 중요한 것인지를 잘 말해 주는 예이다(이우연, 2010: 제2장, 제6장).

제3장의 쌍대적 접근을 통한 총요소 생산성 증가율 추계는 조선 후기에 생산성이 지속적으로 하락했음을 보여 주었다. 이런 결과를 놓고 제3장의 결론에서는 이것을 어떻게 이해할 수 있을까라는 의문을 제기했다. 생산성이 떨어졌다는 것은 점점 나쁜 생산 기술을 사용했다는 말과 같다. 더 나은 기술을 놔두고 점점 열등한 기술을 사용했다는 것은 조선 후기의 인간들이 기억력도 합리성도 가지지 못했다는 말로 들릴 수 있다는 점도 지적했다.

제3장에서 설명했듯이 성장 회계를 통해 기술 발전 속도를 얼마나 정확히 측정할 수 있는지는 여기에 사용되는 정보의 양과 질에 달려 있다. 교

38) 조선 정부가 벌채를 금지하는 정책을 전혀 실시하지 않은 것은 아니다. 특수 국유림에서의 소나무 채취를 금지(松禁)시켰지만 이 밖에는 실효성 있는 벌채 단속이 이루어지지는 않았다. 이우연(2010: 68). 조선왕조실록의 한글 번역본은 http://sillok.history.go.kr/에서 읽을 수 있다. 여기서 벌채, 민둥산, 소나무 등의 키워드를 검색하면 조정에서 삼림 황폐화를 막기 위한 단속 대책을 논의한 기록을 여러 건 찾을 수 있다. 비변사등록의 한글 번역본 검색도 http://db.history.go.kr/front/dirservice/BB/listMainBB.jsps에서 가능하다.

육 보급으로 노동의 질이 향상되었는데, 노동자 수를 노동 투입 지수로 사용해서 원초적 접근을 통해 생산성 향상 속도를 계산한다면 인적 자본 투입에 의한 생산 증가 효과가 생산성 향상으로 잡히게 됨을 설명했다.[39] 노동자의 질적 향상이 진행되면서 전체 노동력에서 차지하는 숙련 노동자들의 비중이 증가했는데, 숙련과 비숙련을 포함하는 전체 노동자의 평균 임금 증가율을 가지고 쌍대적 접근법에 의해 생산성 향상 속도를 계산한다면 역시 과대 평가치를 얻게 되는 예를 또한 들었다. Abramovitz(1956: 11)는 이렇게 불완전한 정보를 이용한 성장 회계를 통해 얻어진 기술 발전 속도란 결국 "우리가 모르고 있는 것이 얼마나 많은지를 보여 주는 척도(a measure of our ignorance)"라고 했다.

조선 후기에는 노동과 토지의 질이 악화되었다. 제2장에서 설명했듯이 18, 19세기에 사망률이 증가했는데, 이는 노동자들의 건강이 악화되고 따라서 노동 능력이 약화되었을 것임을 시사한다. 조선 후기에는 삼림 황폐화 때문에 홍수가 자주 발생해서 표토를 강으로 쓸어내렸기 때문에 토지의 비옥도가 떨어지고 있었다. 이렇게 질이 떨어지고 있었던 노동과 토지의 한계 생산성을 나타내는 실질 임금과 지대 증가율을 사용해 계산한 쌍대적 생산성 증가율 추계는 실제의 총요소 생산성 증가율을 과소평가하는 것이라고 보아야 한다. 이는 노동자의 질이 향상되고 있는 경우 쌍대적 접근에 의한 생산성 증가율 추계치가 현실을 과대평가하게 되는 것과 마찬가지 이치이다.

39) 박기주(2005: 102)는 1914년에 우리나라 남부에서 이모작이 이루어지는 농토는 전체 농토의 17%에 불과했지만 이 비율이 1940년에 41%로 증가했음을 지적하면서 이를 식민지기에 노동 강도가 강화되었음을 보여 준다고 해석했다. 노동 강도 증가는 주로 연간 노동 일수 증가로 나타났을 것으로 짐작되는데, 만일 노동 일수 증가를 계산에 넣어 성장 회계를 실시한다면 총요소 생산성 증가율은 떨어질 것이다.

조선 후기에 쌍대적 접근에 의한 총요소 생산성 지수가 지속적으로 하락했다는 제3장의 발견은 생산 요소의 질적 악화, 그 중에서도 특히 지력 약화를 반영하는 것이었다. [그림 2-4]에서 본 조선 후기의 지대 하락 추세는 다름 아닌 지력 고갈을 나타내는 것이다. [그림 2-4]를 보면 일제 시대 말기가 되어도 토지 생산성의 수준이 18세기 초의 수준에 크게 못 미쳤음을 알 수 있다. 이는 오랫동안 고갈되어 온 지력을 불과 수십 년간 화학 비료를 투입해 가지고는 쉽게 회복시키기 어려웠던 사정을 나타내는 것이라는 점을 이미 제2장에서 설명했다. 제3장에서 쌍대적 접근을 통해 구한 총요소 생산성 증가율 −0.65%는 지력 파괴를 나타내는 것이다. 지력 파괴는 삼림 파괴의 결과였고, 지력도 삼림도 넓은 의미에서 자본에 포함된다. 그러므로 이 숫자는 자본이 파괴되면서 후기 조선 경제가 홍수에 떠내려가는 속도를 나타내는 것이라고 할 수 있다.

이 절의 내용을 한마디로 요약하면 조선 정부는 세금을 많이 거두고 싶은 마음이 없었을 리 없지만 양반들의 저항 때문에 기껏해야 총생산의 3% 정도밖에는 세금을 부과할 수 없었다. 그러니 약탈 정부(predatory state)라는 표현은 조선 정부에 별로 어울리지 않는다. 세수가 이렇게 적었으므로 정부는 마땅히 해야 할 일을 할 수가 없었다. 무엇보다 국방을 위해 사용할 수 있는 재원이 불충분했다. 그래서 결국 일본의 식민지가 되었다. 삼림 이용을 효과적으로 규제할 수 없어서 삼림이 황폐화되고 생활 수준이 지속적으로 하락했다. 조선 정부는 공유 자원 고갈 방지라는 원인 치료는 소홀히 하면서 기근이 발생하면 이에 따른 체제 불안정을 염려해서 포괄적인 구휼 활동을 펼쳤다. 제7장은 이 대증 요법(symptomatic treatment)이 도덕적 해이를 발생시키고 농업 생산성 하락을 가속화했음을 설명한다.

식민지기의 경제 성장은 조선 총독부가 이끌었나?

제2장은 식민지기에 조선 후기보다 인구가 빠르게 증가했지만 총생산은 인구보다 더 빠르게 증가했고 그래서 일인당 생산이 증가했음을 설명했다. 식민지 지배 아래서 근대적 경제 성장이 일어났다고 하면 사람들은 식민지 지배 "때문에" 근대적 경제 성장이 일어났다는 말로 알아듣는 경향이 있다. 그래서 불필요한 논쟁이 시작된다. 식민지 시대에 근대적 경제 성장이 일어났다는 말과 식민지 지배 때문에 근대적 경제 성장이 일어났다는 말은 다른 말이다.

두 세기에 걸쳐 일어난 마이너스 성장을 플러스 성장으로 뒤집은 것은 조선 총독부가 아니었다. 제2장에서 보았듯이 하락하던 임금과 지대는 을사보호조약 체결 이전에 이미 상승하기 시작했다. 사망력 하락도 개항기에 이미 시작되었음을 보이는 증거가 있다. 한마디로 우리나라의 산업 혁명과 인구 변천을 촉발한 사건은 1876년 개항이었을 가능성이 높다. 우리나라는 개항을 계기로 유입되기 시작한 근대적 의학 및 생산 기술에 의해 맬서스의 덫으로부터 구출되기 시작했다. 그런데 1876년 개항은 강제로 일어난 것으로 일본 식민지로 나아가는 첫 걸음이었다.

1910년 일본 제국으로의 공식적 편입은 이미 시작된 인구 변천과 산업 혁명을 가속했을 가능성이 높다. 조선 총독부는 경제 성장에 필요한 공공재를 공급할 수 있었던 우리나라 최초의 강력한 정권이었기 때문이다. 그리고 세금을 거둬 거기에 필요한 재원을 조달할 수 있었던 최초의 효과적인 권력이었기 때문이었다.[40)]

40) Besley & Persson(2011)은 정부의 이 두 능력을 법적 능력(legal capacity)와 재정 능력(fiscal capacity)이라고 불렀다.

두 세기 동안 지속된 경제적 후퇴는 조선 정부의 세금 수입을 감소시켰다. 그래서 19세기 중엽에 이미 조선 정부는 심각한 재정 위기에 빠졌다. 불어나는 재정 적자를 메우기 위해 왕조 정부가 동원한 해결책은 악화 주조(debasement)였다. 악화란 종래의 상평통보와 무게나 크기가 별로 다르지 않지만 액면 가치는 백 배로 부풀린 당백전, 다섯 배로 부풀린 당오전, 구리보다 싼 백동(=아연과 니켈의 합금)으로 만든 백동전을 가리킨다. 악화는 소재 가치(=제조 비용)에 비해 명목 가치(=액면 가치)가 크다. 정부는 이를 통해 주조 이득(seignorage)을 늘림으로써 재정 위기를 헤쳐 나가려 한 것이다. 악화가 유통되자 물가가 빠른 속도로 오르기 시작했다. 뿐만 아니라 악화의 품질이 그것이 생산된 지역별로 달랐기 때문에 특정 지역에서 주조된 금속 화폐가 전국적으로 통용되지 못하고 그 일대에서만 통용되는 현상마저 나타났다.[41]

1905년 을사조약을 맺어 조선에 대한 실질적 지배권을 획득한 일본은 이렇게 문란한 화폐 제도를 그대로 놔두고는 통치가 곤란할 것이라고 판단했다. 무엇보다 세금을 제대로 거둘 수 있을지가 의문시되었다. 여러 품질의 통화가 동시에 유통되고 있는 상황에서 사람들은 (그레셤의 법칙에 따라) 가능하면 가치가 더 빨리 떨어지는 화폐로 세금을 내려 할 것이었기 때문이다. 게다가 조선의 금속 화폐는 가치가 낮아서 이를 운반하기 위해서는 상당한 비용이 소요되었다. 이사벨라 비숍이 지적했듯이 10파운드에 해당하는 동전을 운반하는 데 성인 남자 여섯 명이 필요했다면 동전보다 가치가 더 낮은 백동전 운반에는 더 많은 비용이 들어갈 것이었다. 그래서 일본 지배자들은 화폐 정리 사업을 통해 백동화를 정리하고 (금태환 통화인) 일본

41) 오두환(1991). 중국 정부 역시 태평천국의 난에 따른 재정 위기에 대해 악화 주조로써 대응한 사실은 흥미롭다.

엔으로 태환 가능한(convertible), 따라서 간접적으로 금으로 태환 가능한 통화를 도입했다.[42)]

조선 후기에 화폐 제도가 엉망진창이 된 근본 원인은 재정 적자였다. 따라서 일본은 화폐 정리 사업에 앞서 1904년 재정 정리 사업을 실시했다. 우선 왕실 재정과 정부 재정을 분리해서 왕실의 낭비적 지출을 줄이려고 했다.[43)] 그러나 이를 통한 지출 삭감에는 한계가 있었다. 그리고 식민지 통치 체제를 구축하기 위해서는 많은 재정 지출이 필요할 것이 예상되었다. 그래서 세수를 확대시킬 필요가 있었다. 앞서 설명했듯이 조선 후기 재정 수입이 불충분했던 근본 이유는 정부가 파악하고 있는 세원 – 즉, 토지와 인구 – 이 전체의 일부에 불과했기 때문이었다. 그래서 일본인들은 식민지 지배의 시작과 함께 무엇보다 인구 조사에 착수했다. 그 결과 조선 왕조가 알고 있던 것보다 두 배가 넘는 사람들을 찾아 낼 수 있었음을 제2장에서 설명했다. 조선 총독부가 1910년부터 토지 조사 사업을 벌여 과세지 면적을 크게 늘려 나갔다는 것도 위에서 설명한 대로이다.

많은 한국사 연구자들은 토지 조사 사업이 세금 수입을 확충하기 위해서 아니라 우리나라 사람들의 토지를 빼앗기 위해 실시되었다고 믿고 있다. 조선 총독부는 토지 조사 사업을 통해 조선인의 토지를 몰수해서 동양척식회사 같은 기관을 통해 일본인들에게 분배해서 라틴 아메리카의 유럽인 지배자들이 경영하는 엔코미엔다(encomienda)와 같은 제도를 건설했다는 것이다. 이는 사실이 아니다.

토지 조사 사업은 "신고주의" 원칙에 따라 진행되었다. 신고주의란 토

42) 화폐 정리 사업에 관해서는 Schiltz(2012: chapter 2)를 보라. 백동화 이전에 발행된 엽전은 식민지기에 들어서도 꾸준히 유통되었다.
43) 재정 정리 사업에 관해서는 김재호(1997)를 보라.

지 측량을 통해 파악된 각 필지에 대해 소유자들의 소유권 신고를 받고 어떤 필지에 대해 소유권을 주장하는 사람이 한 명뿐이라면 그 사람을 소유자로 인정해 주는 원칙을 말한다. 그리고 두 명 이상이 한 필지에 대해 소유권을 주장하면 이를 분쟁지로 분류하고 심사 절차를 밟도록 했다. 李在茂(1955)에 따르면 당시 농민들은 소유 관념이 희박했으며 신고라는 절차에도 익숙하지 않아 신고를 게을리한 사람들이 많았다. 이런 경우 토지는 모두 총독부 소유지, 즉 국유지가 되었다. 조선 시대에는 모든 땅은 임금의 땅이라는 관념 – 왕토 사상 – 이 있었다. 그러나 명목상으로는 국유지이지만 개인들이 오랫동안 대를 이어 경작해 왔기 때문이 실질적으로는 사유지라고 할 수 있는 농토가 대부분이었다. 신용하(1982)에 따르면 이런 토지를 조선총독부는 조선인 개인 소유지로 인정하지 않고 국유지에 편입시켰다는 것이다. 그 결과 전체 국토의 무려 40%가 국유지로 바뀌게 되었는데, 총독부는 이 토지들을 동양 척식 회사나 조선으로 이민을 온 일본인들에게 분배했다는 것이다.[44)]

농민들이 보유 농토의 40%나 빼앗기면서도 이에 대해 저항하지 않았다는 것은 놀라운 일이다. 그런데 더 믿어지지 않는 것은 이런 주장을 입증할 아무런 증거도 없다는 사실이다. 국유지인지 사유지인지에 대한 분쟁은 여러 곳에서 일어났는데, 신용하(1982)는 김해 지역의 사례를 근거로 자신의 주장을 입증하려 했다. 그러나 신용하(1982: 220)는 김해에서 실질적인 사유지가 국유지로 편입되었다는 것을 보이는 증거를 제시할 수 없었다. 신용하(1982)가 증거 대신에 제시한 것은 분쟁의 결과에 대해서는 "처음부터

44) 40% 수탈설은 민영규가 1967년에 쓴 교과서에서 처음 제기되었다고 알려지고 있는데 Eckert, Lee, Lew, Robinson & Wagner(1990: 266)와 같은 영어로 쓰여진, 그리고 국제적으로 통용되는 한국사 개론서에서도 찾아볼 수 있다.

보나 마나 결론이 나 있는 것" 이라는 추측이었다는 사실은 이영훈(1993)의 비판을 통해 이미 잘 알려져 있다.

어이없고 놀라운 신용하(1982)의 연구는 김해 지역의 토지 조사 사업 과정에 관한 제대로 된 연구를 촉발하는 계기가 되었다는 점에서 의미가 있다. 배영순(1988)과 조석곤(1995)은 김해의 토지 사업 진행 과정을 면밀히 추적하고 이를 바탕으로 김해에서 국유지라는 근거에서 토지를 수탈당한 사례는 없었으며 신고주의 때문에 피해를 본 무지한 농민들도 없었음을 보고했다. 또 Gragert(1994)는 1900-35년간 5개 마을에서 일어난 토지 소유권 변동을 추적했는데, 대부분의 변동은 토지 조사 사업이 끝나고 10년이 지난 대공황기에 일어났음을 확인했다.[45)]

토지 조사 사업을 통해 기존의 실질적인 소유권은 거의 그대로 법적인 소유권으로 인정받았다. 토지 조사 사업 과정에서 이의 신청이 들어와 소유권 분쟁지로 분류된 경우는 전체 조사 필지의 극히 일부에 불과했다. 토지 조사 사업의 근본 목적은 토지 수탈이 아니라 세수 확보에 있었다. 그 결과 우리나라에서 최초로 등기 제도가 생겨났다. 등기부 등본은 양안이나 토지 매매 문기보다 확실한 토지 소유권을 주장할 수 있는 근거였다. 조선총독부가 관리하는 등기 제도와 토지 대장은 조선뿐 아니라 일본 제국 전체에서 신뢰받고 인정받을 수 있는 것이었다. 그래서 지주와 농민들은 토지를 담보로 대출을 받아 농업에 투자할 수 있는 길이 생겼으며, 이는 금융시장 발전으로 이어졌다(Yoo & Steckel, 2010).

[그림 4-3]은 재정 정리 사업이 이루어지고, 대충이나마 인구 규모가 파악되었으며, 토지 조사 사업도 끝난 1918년 각종 세금의 합계가 아직 GDP

45) 김용섭(1969)은 토지 조사 사업이 "수탈을 위한 측량" 이었다고 주장했는데, 이는 조선 후기에 경영형 부농이 존재했다는 주장과 마찬가지로 근거가 없다. 조석곤(2003: 386-92)을 보라.

그림 4-3 조세 부담률

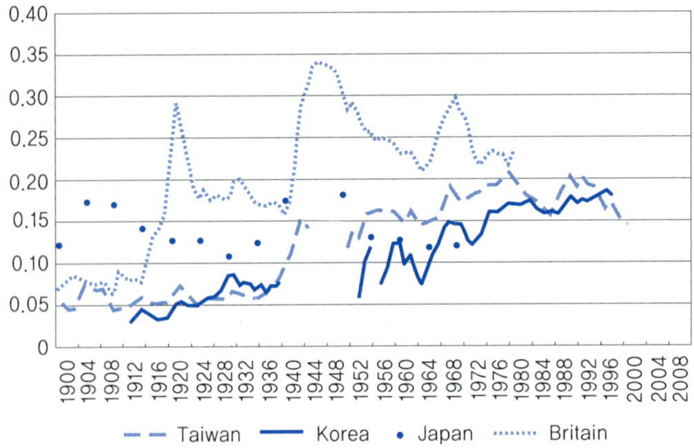

자료: 김낙년(2012), kosis.kr, 日本銀行(1966), 長期經濟總覽, 溝口敏行(2008), Mitchell(1988).

의 3.1%였음을 보여 준다. 이후 세율이 인상되고 새로운 세금이 도입되면서 조세 부담률은 꾸준히 상승했다. 그러나 1939년 아직 7.9%밖에 되지 않았다. 일본의 또 다른 식민지였던 타이완의 조세 부담률은 우리나라와 크게 다르지 않았다. 반면 일본 본국의 조세 부담률이 식민지에서보다 훨씬 높았다. 게다가 조선 총독부 재정은 적자 상태였다. 식민지 정부는 일본 본국 정부로부터 재정 지원을 받거나 일본 자본 시장에서의 국채를 발행해 적자를 메울 수밖에 없었다.

정태헌(1996: 427)은 총독부의 과세 행위를 "조세 수탈"이라고 부르면서 그 목적은 "식민지 지배와 일제가 도발한 전쟁 수행을 위한" 비용을 조달하기 위한 것이었다고 주장했다. 그의 계산에 따르면 군사비, 공채비, 대부분 일본인에게 지출된 관리 봉급 등 세 부문의 지출만 감안하더라도 조선에서 거두어들인 조세 자금은 남는 것이 별로 없었다." 뿐만 아니라 조선 총독부의 세출은 "조선의 생산력(자금)이 [일본으로] 유출되는 중요한 통로"였다. 이 말의 뜻이 정확히 무엇인지는 잘 알기 어려운데 조선 총독부가 세금의 일부를 일본으로 빼돌렸다는 주장을 하려 한 것 같다.

정태헌(1996: 427)의 이런 주장 역시 사실이 아니다. 우선, 군사비는 조선 총독부 재정의 일부분이 아니었으며 일본 정부가 전액 직접 부담했다. 둘째, 관리 봉급의 대부분이 일본인에게 지불되었다는 것은 과장된 것이다. 조선인이 전체 관리에서 차지하는 비중이 1913-42년간 평균 41%에 달했다. (일본인뿐 아니라 조선인을 포함한 모든) 관리에게 지불된 봉급은 식민지기 초기에는 총독부 경상 수입(≒ 세금 수입)의 약 50% 정도를 차지했지만 이후 빠르게 감소해서 1940년경이 되면 20%에 불과하게 되었다(김낙년, 2012: 588, 596, 598). 셋째, 공채비와 관리 봉급 전체를 합한 금액을 총독부 경상 수입으로 나눈 비율은 1913년 70%에 채 미치지 못했다. 이후 꾸준히 떨어져 1942년 약 25%가 되었다.[46)]

총생산, 즉 GDP(=Y)는 생산된 재화 – 정확히 말하면 최종재(final goods) – 의 가치를 모두 합하면 나온다. 이렇게 GDP를 계산하는 것을 산출(output) 측면에서 추계한다고 한다. 생산물은 임금, 지대, 이자 소득으로 모두 분배되므로 노동자, 자본가, 지주들이 벌어들인 소득을 모두 합쳐도 GDP가 나온다. 이렇게 GDP를 계산하는 것을 소득(income) 측면에서 추계한다고 한다. 노동자, 지주, 자본가는 벌어들인 소득을 소비(*C*)하거나, 저축(*S*)하거나, 세금(*T*)으로 낸다. 다음 식은 이를 나타낸다.

$$Y \equiv C + S + T \qquad (4\text{-}1)$$

46) 공채비 –공채 이자 지불 및 원금 상환을 위한 총독부 지출– 통계를 제공해 주신 김재호 교수께 감사한다.

생산된 재화는 모두 팔려 나가기 마련이다. 그러므로 개인들의 소비 지출(C), 기업들의 투자 지출(I), 정부의 재정 지출(G), 그리고 수출(X)을 합하고 수입(M)을 빼면 GDP가 나온다. 수입을 빼는 이유는 C, I, G에 외국에서 생산된 수입품에 대한 지출이 들어 있기 때문이다(식 (4-2)).

$$Y \equiv C + I + G + X - M \tag{4-2}$$

식 (4-2)를 이용해서 GDP를 계산하는 것을 지출(expenditure) 측면에서 추계한다고 한다. 이론적으로는 이 세 가지 중 어떤 방식으로 계산하더라도 같은 크기의 GDP가 나와야 한다. 그러나 실제로는 이용 가능한 통계가 불완전하므로 지출 측면 추계, 소득 측면 추계, 산출 측면 추계 사이에는 격차가 있다. 이 셋 사이의 차이를 통계적 불일치(statistical discrepancy)라고 한다.[47]

식 (4-1)과 (4-2)를 등치시킨 뒤 양변에서 C를 빼고 경상 수지 잔고(=$X-M$)에 대해서 정리하면 다음의 식이 나온다.

$$X - M = (S - I) + (T - G) \tag{4-3}$$

식 (4-3)은 경상 수지 잔고(=$X-M$), 즉 자본 수출(혹은 유출)은 국내 저축과 투자 사이의 격차(=$S-I$)와 공공 재정 수지(=$T-G$)를 합한 것과 같다는 것을 표현한다. 국내 투자가 모두 국내 저축을 가지고 이루어진다면($S=I$라면) 식 (4-3)은 식 (4-4)와 같이 더욱 간단해진다.

47) Cha & Kim(2012)은 자신들의 식민지기 국민 계정 추계가 溝口敏行(1988)의 추계보다 우월하다고 볼 수 있는 근거로서 산출 측면과 지출 측면 추계 사이의 통계적 불일치가 작다는 점을 들었다.

$$X - M = T - G \quad (4\text{-}4)$$

만일 식민지 정부가 세금을 거둬 일부를 식민지에서 사용하면 재정 흑자가 발생한다. 이 경우 식 (4-4)의 우변은 0보다 클 것이다. 따라서 좌변도 0보다 크다. 이는 식민지의 경상 수지가 흑자임을 – 식민지 본국이 식민지로부터 가져가는 것(X)이 식민지가 식민지 본국으로부터 가져오는 것(M)보다 크다는 것을 – 의미한다. 이 같은 상황을 가리켜 식민지로부터 잉여가 유출되고 있다(colonial drain)고 한다. 식민지 대만과 영국 지배 아래 인도는 실제로 쌍둥이 흑자 – 재정 및 경상 수지 흑자 – 를 만들어 냈다.[48] 그러나 식민지 조선은 정반대로 재정 수지와 경상 수지가 모두 적자였다. 즉, 식민지 시대에 자본은 우리나라에서 일본으로 빠져 나간 것이 아니라 일본에서 우리나라로 흘러들어 왔다. 그 대부분은 조선에 주둔하는 일본 군대 유지비와 조선 총독부에 대한 일본의 재정 지원(=보충금)이었다.[49] 일본 정부로부터의 이 같은 재정 지원은 식민지 조선의 생활 수준을 향상시켰음을 Cha(1998)는 일반 균형 모형(computable general equilibrium model)을 이용한 모의 실험(simulation)을 통해 보였다.

총독부가 세금을 거두어 대부분 일본인들로 구성된 행정 · 군사 조직을 유지하는 데 사용했다거나 재정을 통해 자금을 일본으로 유출시켰다는 정태헌(1996)의 주장은 이처럼 사실이 아니다. 그렇지만 그가 사용한 "조세수탈"이라는 표현은 부적절하지 않다. 왜냐하면 모든 정부는 민간이 벌어들인 소득의 일부를 세금이라는 이름으로 수탈하는 존재이기 때문이다. 어

48) 식민지 대만의 재정 및 국제 수지는 溝口敏行(2008)을, 인도로부터의 잉여 유출에 관한 논쟁에 관해서는 Roy(2006: 106-9)를 보라.
49) 김낙년 편(2012)은 식민지 조선의 재정 및 국제 수지의 내역을 보여 주는 상세한 표를 제공한다.

떤 정부도 국민의 사유 재산을 침탈한다는 점에서 강도와 다르지 않다. Olson(2000)은 국가라는 이름의 강도에는 두 가지 유형이 있다고 보았다. 하나는 여러 지역을 돌아다니면서 강도질을 하는 타입(roving bandit)이며, 다른 하나는 한 군데 정착해서 그 주변에 사는 사람들을 꾸준히 털어먹는 타입(stationary bandits)이다. 경제 성장 관점에서 보면 정착 강도가 이동 강도보다 덜 나쁘다. 정착 강도는 키워서 잡아먹으려는 생각을 하지만 이동하는 강도에게는 그런 장기적 플랜이 없기 때문이다. 돌아다니는 강도는 상대가 죽던말던 상관 않고 빼앗아 갈 수 있는 것은 모두 빼앗고 죽이며 파괴한다. 그러나 수탈 대상이 죽어 소멸해 버린다면 정착한 강도도 굶어 죽는다. 수탈 대상이 부자가 되면 빼앗아 갈 것도 많아지므로 정착한 강도는 자신의 영향권 안에 있는 사람들이 열심히 일하고 투자도 하고 새로운 기술도 개발할 수 있는 환경을 만들어 주려고 노력한다. Olson(2000)이 이동 강도에 비유한 것은 무정부 상태(anarchy), 정착한 강도라고 표현한 것은 민주주의 체제다.

조선 후기는 무정부 상태가 아니었다. 식민지 체제는 민주주의가 아니었다. 그러나 조선 후기 정부는 이동 강도에, 조선 총독부는 정착 강도에 가까웠다고 할 수 있다. 위에서 설명했듯이 조선 시대 중앙 정부는 최소한의 노력을 들여 거둔 얼마 되지 않는 세금을 빈약한 행정 기구 유지와 왕실 소비를 위해 사용했다. 그리고 경제 성장은커녕 자신의 존속을 위해서 필요한 국방이나, 나라 전체가 홍수에 떠내려가는 것을 막기 위해서 필요한 삼림 자원 유지 같은 기본적 기능조차 제대로 수행하지 않았다.

이에 비해 일본 지배자들은 단기적이고 손쉬운 이익 추출보다는 장기간 유지 가능한 체제를 수립하는 데에 초점을 맞췄다. 일본이 조선을 일회성 약탈의 대상으로 생각하기보다는 일본 제국의 영원한 한 부분으로 유지하려 했음을 잘 보여 주는 것이 조선 총독부의 삼림 정책이다. 지용하(1964: 133)는 조선 총독부가 조선의 삼림 자원을 무자비하게 수탈했다고 주장했지만 이는 사실일 수가 없다. 왜냐하면 수 세기에 걸친 산림 황폐화 때문에 한일 합방이 되던 무렵 접근 어려운 함경도나 강원도의 산간 벽지를 제외하고는 목재가 별로 남아 있지 않았었기 때문이다. 고종 실록에서 삼림 황폐화가 궁궐 바로 뒷산에까지 도달했다는 박규수의 증언이 그것을 말해 준다.[50] 또 19세기 말 우리나라를 방문한 외국인들도 삼림이 심각히 훼손되어 있음을 말하는 증언과 사진들을 남겼다(이우연, 2010: 제3장 3절).

조선 총독부는 토지 조사 사업과 함께 임야 조사 사업을 실시했는데, 그 목적은 강영심(1983, 1984)과 배재수(1997) 등이 주장한 것과는 달리 개인 소유의 삼림(민유림)을 수탈해서 국유림을 만들어 내는 데 있었던 것이 아니다. 그 목적은 임야 소유권을 확정하는 데 있었고, 그 결과 무주공산에 대한 경쟁적 약탈이 중단되었다(이우연, 2010: 제5장 4절). 아울러 조선 총독부는 나무를 심는 사람에게 숲에 대한 소유권을 인정하는 정책을 실시했고 이를 통해 빠른 기간에 삼림을 회복시킬 수 있었다(이우연, 2010: 제6장). 식민지 지배가 끝나자 산림 관리 체제가 붕괴되었다. 그래서 우리나라의 산림은 다시 황폐화되었다. 한국에서는 1970년대와 1980년대에 다시 산림녹화 정책이 실시되어 민둥산이 없어졌다. 그러나 북한에서는 오늘날까지 심각한 산림 황폐화가 계속되고 있다.

조선 총독부가 어떤 타입의 강도였는지를 알려면 어떤 목적을 위해서 재정 자금을 사용했는지를 보면 된다. [그림 4-4]에 따르면 군대 유지, 치안

50) "신은 북산(北山) 아래에서 나고 자랐는데 그 전에는 소나무가 울창한 것을 보았습니다. 창덕궁(昌德宮) 뒷기슭에서부터 응봉(鷹峯)까지 모두 그러하였습니다. 지금은 벌거숭이 산 아닌 곳이 없으니 참으로 개탄할 일입니다." 고종 실록 11년(1874) 3월 5일 첫 번째 기사.

그림 4-4 조선 총독부 지출의 목적별 구성

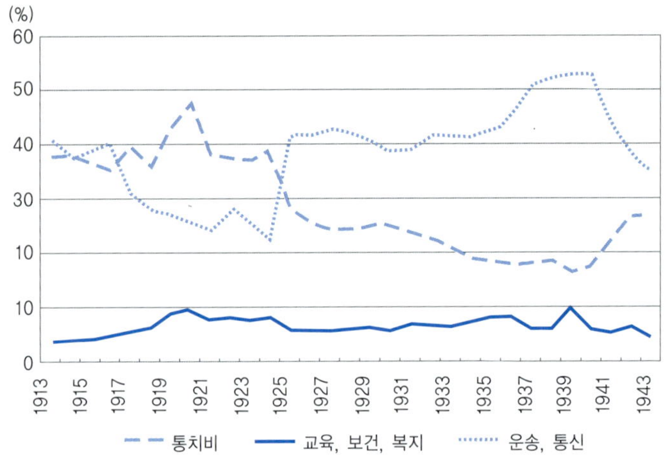

주: 통치비는 군사비, 공공 질서 유지 비용, 일반 행정 비용을 포함한다.
자료: 김낙년 편(2012).

유지, 행정 비용을 합한 통치비가 총독부 총지출에서 차지하는 비중은 식민지 초기 약 40%에 달했다. 그 이후에는 꾸준히 떨어져 1940년대 초에는 20% 정도가 되었다. 이에 비해 운송, 통신과 같은 사회 간접 자본을 건설하기 위해 지출한 비용은 식민지기 내내 총재정 지출의 40% 수준을 유지했다. [그림 4-4]는 총독부가 교육, 보건, 복지를 위해서도 상당한 비용을 지출했음을 알려 준다.

그림이 복잡해지는 것을 피하기 위해 [그림 4-4]에 포함시키지는 않았지만 조선 총독부는 농업과 제조업 발전을 위해서도 각각 재정 지출의 10%씩을 사용했다. 이 중 농업보다는 제조업을 위한 지출이 더 많았다. 이는 일본이 조선을 쌀 생산 기지로 만들려고 했다는 국사학계의 전통적인 믿음과 배치된다. [그림 4-4]는 무엇보다 일본 지배자들이 우리나라의 자원을 가능한 적은 노력과 비용을 들여 가능한 빨리 수탈해 튀려 한 것은 아니었음을 말하고 있다. 특히 정태헌(1996)이 주장한 것처럼 조선 총독부가 거둔 세금을 대부분 군대나 경찰 유지에 사용하고, 남는 돈은 일본으로 송금했던 것은 아니었다. 일본은 조선을 일본 제국의 믿음직한 기둥으로 삼을 수 있는 제대로 된 나라로 만들려 했다. 이를 위해 본국으로부터 상당한 공적 자금을 가져와 투입했다.

조선 총독부의 이 같은 재정 지출은 우리나라에 세 가지 커다란 변화를 가져왔다. 우선 위생 개선 및 의료 시설 보급 정책은 사망력 변천을 가속화했다(Cha, 2007). 둘째, 조선 총독부는 면 세 개마다 한 개의 초등학교 – 당시 이름으로는 보통학교 – 를 세운다(三面一校)는 정책을 추진했다. 이는 식민지기 초등 교육 보급의 원동력이 되었다. 1910년 당시 4%였던 초등학교 취학률은 이후 꾸준히 증가해서 1944년에는 54%에 도달한다. 제5장에서 설명하듯이 초등학교 취학률 상승의 대부분은 당시에 보통학교라 불린 공립 학교 건설 때문에 일어난 것이었다.

마지막으로 도로, 항만, 통신 시설 같은 사회 간접 자본에 대한 투자가 시장 경제를 비약적으로 발전시켰다. 이를 보여 주는 것이 [그림 4-5]이다. 200킬로미터 떨어진 두 지역 사이의 쌀 가격 변이 계수는 조선 후기에 평균 0.2-0.3, 심할 때는 0.6도 넘었지만 식민지 시대 들어 0.1 아래로 급락했다. 그리고 이 수준은 오늘날의 변이 계수와 크게 다르지 않다.[51] 식민지 지배와 함께 지역 간 시장들이 급속히 통합되게 된 것은 사회 간접 자본 확충 외에도 안정되고 균일한 가치를 갖는 통화가 도입되고 전국적으로 도량형이 통일된 결과였다. 조선 후기에는 한 섬(石)의 쌀이라고 해도 용량은 지역 사이

51) Cha(2014c)에 따르면 2009년 8월 3일에서 2014년 7월 12일간 평양과 혜산의 쌀값 변이 계수 평균은 0.057이었다.

그림 4-5 쌀 가격 변이 계수, 1726-2010

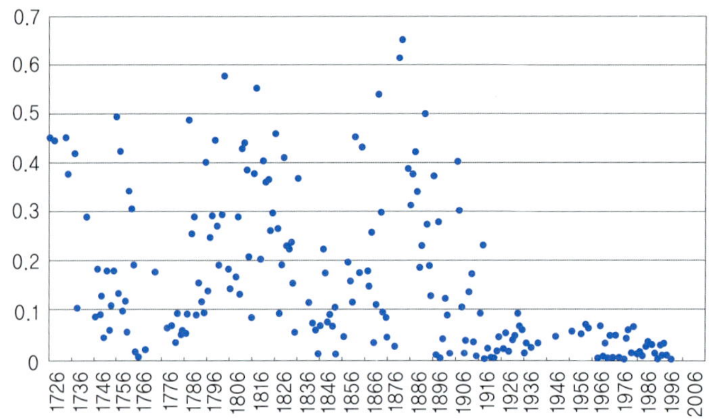

주: 변이 계수를 계산하는 데 사용된 가격이 관측된 지역은 시기마다 다르지만 200킬로미터 정도 떨어진 경상도와 전라도의 두 지역 쌀값을 사용했음; 경상도 지역에 포함되는 곳은 예천, 울산, 경주, 고성이며, 전라도 지역에 포함되는 곳은 영암, 광주, 남원; 단, 1726-61년은 경주와 고성의 쌀 가격을 이용.

자료: 박기주 · 이영훈 · 조영준(2007), 조선 총독부 통계연보, 대한민국 통계연감.

에 상당한 차이가 있었다. 또한 마지기가 나타내는 면적도 지역마다 달랐다. 제2장에서 보았듯이 조선 후기 군인들의 키를 잴 때 사용한 단위인 자(尺)의 길이도 지역에 따라 크게 달랐다(조영준 · 차명수, 2012). 이 같은 상황에서 상업이 발전하기는 어려웠을 것이다.

조선이 일본 식민지가 되지 않았더라도 이런 제도 개혁이 이루어지지 않지는 않았을 것이다. 예를 들어, 1894년 갑오개혁을 계기로 광범위한 제도 근대화 정책이 추진되었는데 그 중에는 토지 조사 사업 – 광무 양전(光武量田) –이 포함되어 있었다. 그러나 조선 왕조가 추진하는 제도 개혁 속도는 매우 느리고 범위도 제한적이었을 가능성이 높다.

이렇게 추측하는 데에는 적어도 세 가지 근거가 있다. 가장 중요한 것은 제도 개혁에는 항상 기득권을 가지고 있는 계층의 반대가 따른다는 것이다. 특히 조선 시대에 토지의 절반 이상을 숨기면서 세금 납부를 회피하고 인구의 절반 이상을 직접 통제했던 양반 계급은 중앙 권력 강화에 강력히 반항함으로써 근대적 제도 개혁을 어렵게 만들었을 것이다. 둘째, 조선 총독부의 근대화 정책은 1868년 메이지 유신 이후 일본에서 이루어진 것을 거의 그대로 우리나라에서 반복한 것이었기 때문에 시행착오가 적었을 것이다. 마지막으로 제도 개혁과 사회 간접 자본 건설에 드는 비용은 조선 정부의 세금 수입으로는 감당할 수 없는 것이었으므로 외자 도입이 필요했을 것이다. 그러나 개항기 조선이 정치적 독립을 유지해 나갈지, 멸망한다면 어느 나라의 지배 아래 들어가게 될지는 매우 불확실했다. 이런 정치적 위험(political risk)과 아울러 악화 발행에 따른 환율 변동 위험(exchange rate risk)도 있었다. 이를 무릅쓰고 얼마나 많은 외국 자본이 우리나라에 흘러들어 왔을지는 의문이다.

조선 정부가 독립을 유지할 수 있었을 경우 추진했을 제도 개혁이 과연 어떤 것이었을지를 짐작하게 하는 것이 결국 실패로 끝난 광무 양전을 포함한 광무개혁이다. 이는 식민지 지배가 우리나라에서 산업 혁명을 촉발한 요인은 아니었지만 적어도 이를 가속화한 요인이었을 것임을 의미한다. 제7장은 생활 수준이 20세기에 다른 나라에서보다 우리나라에서 더 빠르게 향상된 중요한 요인이 식민지 시대에 도입된 제도적 환경에 있음을 말하는 증거를 제시할 것이다.

식민지 지배에 대한 이 같은 평가를 제국주의 미화론이라고 비난한다면 이는 너무 성급한 반응이다. 왜냐하면 경제 성장을 이룩하면 침략이 칭찬받을 만한 것이 되고 그렇지 못하면 지탄의 대상이 되는 것은 아니기 때문이다. 남의 나라 침략은 어떤 경우에도 정당화될 수 없는 것이다. 허락 없이 남의 집에 들어와서 지저분한 집을 청소해 주었건, 그 집의 대들보를 빼내어 도망갔던 침입죄를 저질렀다는 사실은 달라지지 않는다. 이는 박정희 통치 아래서 고도 성장이 일어났다고 해서 인권 탄압이 착한 일로 되는 것이 아닌 것과 마찬가지이다.

게다가 식민지기에 생활 수준이 향상되어 키가 커지고 사망률이 떨어졌다는 말과 우리나라 사람들이 조선 총독부 통치 아래서 행복하게 살았다는 말은 다르다. 당시 조선 총독부 통치 아래서 좀 잘 사는 것과 조선 왕조 아래서 좀 못 사는 것을 국민 투표를 통해 선택할 수 있었다면 과연 어떤 결과가 나왔을까?[52] 미국 남북 전쟁으로 해방된 흑인 노예들의 선택은 이 질문에 대답하는 데 참고가 된다. 남북 전쟁 이전 노예제 아래서 흑인 노예들의 물질적 생활 수준은 당시 기준으로 보아 괜찮은 편이었다.[53] 백인 농장주들은 노예제가 철폐된 뒤 남부에서 노예 제도와 비슷한 강제 노동 제도(gang work)를 부활시키기 위해서 시장 임금의 열 배나 높은 임금을 주고 흑인 노동자들을 데려오려고 했다. 그러나 인신의 자유를 높은 임금과 바꾸려는 흑인은 아무도 없었다.

박정희의 산업 정책은 경제 성장의 원인인가?

일본의 관점에서 보면 조선 지배는 결코 돈 되는 일이 아니었다. 1910년

52) 이 질문은 여러 가지 점에서 비현실적이지만 특히 우리나라가 일본의 식민지가 되지 않았다면 러시아 지배 아래 들어갔을 것이고 스탈린의 소수 민족 이주 정책 아래서 유라시아 각지로 흩어지게 되었을 가능성이 매우 높다는 점에서 그렇다.

53) 남북 전쟁 이전 미국 남부 흑인 노예들의 소비 수준은 자유로운 신분의 농업 노동자들에 비해 높았다. 아울러 흑인 노예들의 기대 여명은 당시 미국이나 유럽 도시 노동자들에 비해 길었다. Engerman & Fogel(1974: 125, 126, 237, 238).

이후 일본이 우리나라와 맺은 여러 거래 중에 일본이 식민 본국이었기 때문에 특권을 누렸다고 볼 만한 것이 별로 없다. 예를 들어, (아래에서 설명하는 것처럼) 일본은 우리나라를 자신의 독점 시장으로 삼고 싶었지만 서구 열강들은 이를 고운 눈으로 보지 않았다. 서구 열강들의 눈치를 보지 않을 수 없는 입장이었던 일본은 조선이 일본 이외의 나라들에서 수입하는 재화에 적용되는 관세율을 낮출 수밖에 없었다. 이렇다 할 특권은 누리지 못하면서 조선의 제도 개혁과 사회 간접 자본 건설에 상당한 자금을 쏟아부었기 때문에 재정 적자가 발생했고 일본 정부는 이를 메우기 위해 교부금을 지급해야 했음을 우리는 이미 보았다.

조선 총독부는 왜 우리나라에서 이런 손해 나는 일을 했을까? 조선 총독부는 비용이 별로 안 드는 이동 강도가 아니라 부담스러운 정착 강도가 되기로 한 것일까? 두 가지 이유가 있는데, 하나는 일본이 한일 합방을 처음부터 돈벌이 사업으로 보지 않았다는 것이다. 일본은 무엇보다 러시아의 군사적 위협에 대응하기 위해서 조선을 영토의 일부로 흡수했다. 또 다른 이유는 우리나라가 정착 강도가 활동하기에 적합한 조건을 제공했다는 것이다.

유럽 제국주의의 경우를 보면 이동 강도로 행세하기도 하고 정착 강도 노릇을 하는 경우가 있었다. 어떤 제국주의 나라는 착하고 악한 제국주의 나라는 따로 있는 것일까? Acemoglu, Johnson & Robinson(2001)에 따르면, 유럽 나라들의 식민 지배 방식은 식민 본국의 속성보다는 피식민 지역의 자연적 조건에 따라 결정되었다. 사망률이 높았고 그래서 정착하기 어려운 곳에서 유럽의 식민 지배자들은 원주민 노동력과 현지의 자원을 가능한 빨리 수탈해서 유럽으로 가지고 돌아가려고 했다. 그래서 그에 적합한 제도를 세웠다. 반면 사망률이 낮았던 곳에서는 사적 재산권과 같은 장기적 경제 발전을 위해서 필요한 제도들을 이식시켰다.

유럽 나라들의 지배를 받은 후진 지역을 대상으로 한 Acemoglou, Johnson & Robinson(2001)의 설명은 일본의 지배를 받은 우리나라의 경우에도 잘 들어맞는다. 이사벨라 비숍은 외국인들이 19세기 말 조선에서 외국인들이 어떤 기후병에도 시달리지 않는다고 적었다(Bishop, 1898: 16). 조선 말기 사망률은 Acemoglu, Johnson & Robinson(2001)이 제시하는 고사망률 지역에 비해 현저히 낮았다. 그리고 일본 지배자들이 우리나라에 도입한 것은 "먹고 튀기"를 돕는 제도들이 아니라 경제 성장에 꼭 필요한 제도들이었다.

Acemoglu, Johnson & Robinson(2001)에 따르면 식민지 지배 방식에 따라 식민지에 형성되는 제도가 상당히 달라진다. 그렇기 때문에 식민지 지배 방식은 식민지 지배가 끝난 뒤에 과거 식민지였던 지역에서 일어난 경제 발전 속도에 커다란 영향을 미쳤다. 사망률이 높아서 수탈 지향적 제도(extractive institutions)가 식민지 시대에 도입된 (아프리카 같은) 지역은 아직도 빈곤의 덫을 벗어나지 못하고 있다. 그러나 사망률이 낮아서 경제 성장의 바탕이 되는 제도가 도입된 (미국, 오스트레일리아, 캐나다 같은) 지역은 오늘날 선진국이 되었다.

식민 지배가 끝난 뒤에도 식민지기에 형성된 제도가 소멸되지 않고 독립 후 경제 성장에 영향을 미쳤던 것은 왜일까? 그 이유는 지역마다 식민지기 지배 아래서 어떤 제도가 형성되건 그 제도 아래서 자라난 현지인 엘리트들이 독립 이후에도 자신들의 모태가 된 식민지기의 체제를 유지하려는 강한 인센티브를 가지고 있었기 때문이다. 그래서 한국에서는 식민지 시장경제 체제 아래 등장한 조선인 장교, 관리, 판사, 검사, 경찰들 – 한 마디로 친일파 인사들 – 이 시장 경제를 질병과 굶주림의 체제로 전환시키려는 북한군과 빨치산의 노력을 저지한 핵심 세력이 되었다. 매년 8.15 무렵이 되면 “일제의 잔재”가 제대로 청산되지 않았다는 한탄의 목소리를 우리는 듣게 되지만 Acemoglu, Johnson & Robinson(2001)에 따르면 식민지 과거가 깔끔하게 청산되지 않는 것은 우리나라의 독특한 현상이 아니라 식민 지배를 겪은 나라들에서 흔히 볼 수 있는 일이다.

대한민국이 식민지 조선으로부터 물려받은 인적 자본은 소수의 엘리트에 국한되지 않는다. 앞서 1910년에 4%에 불과했던 초등 교육 취학률이 1944년에 54%로 올랐음을 지적했다. 이를 Easterlin(1981: 12)은 식민지 체제 아래서 보기 드문 예외적 현상이라고 평가했다. 반면 허수열(2005)은 식민지기에 사실상 초등 교육만이 보급되었을 뿐 중등 교육과 고등 교육이 거의 확산되지 못했다는 점을 들어 식민지기의 인적 자본 축적이 대단한 것이 아니라고 보았다. 그러나 초등 교육도 아직 다 보급되지 않은 나라에서 어떻게 중등이나 고등 교육이 확산될 수 있겠는가? 허수열(2005)의 식민지기 교육 정책 비판은 초등학교 다니는 아이를 둔 부모에게 왜 아직 대학을 보내지 않느냐고 묻는 것과 같다. 다음 장에서 설명하는 것처럼 한국 고도 성장기의 노동의 질 향상은 주로 중등 교육 보급을 통해 일어났다. 만일 식민지기에 초등 교육이 보급되지 않았다면 고도 성장기의 인적 자본 축적은 초등 교육 보급부터 시작했어야 했을 것이다.[54] 이런 의미에서 식민지기에 초등 교육 보급을 통해 축적된 인적 자본은 한국 고도 성장의 밑천이 되었다.

일본 제국주의가 남기고 간 인적 자본 중에서 제일 유명한 구성 요소는 1961-79년간 한국을 통치한 박정희이다. 그는 일본 육사를 나와 일본군 장교를 지낸 대표적 친일파 인사 중 한 사람이다. 그가 대통령이었던 1960년

54) 라틴 아메리카 나라 정부들은 초등 교육 보급을 소홀히 하면서 중등 및 고등 교육에 중점을 두는 경향이 있었는데 World Bank(1993: 199-200)는 한국을 포함한 동아시아 나라들이 빠르게 성장할 수 있었던 한 원인을 이런 엘리트 지향적 교육 정책을 실시하지 않은 데에서 찾았다.

대와 1970년대는 지난 3세기 중 생활 수준이 가장 빠르게 향상된 시기다. 그리고 한국 고도 성장을 그의 현명한 개발 정책의 결과로 믿는 사람들이 많다. 박정희의 경제 정책은 조선 총독으로부터 전수받은 고도 성장의 비법을 바탕으로 한 것일까? 조선 총독부의 경제 정책은 식민지 지배의 가장 "위대한 유산"일까? Woo(1991)와 Kohli(1994)가 주장했듯이 한국 개발 국가의 원형을 조선 총독부에서 찾을 수 있을까?

그렇지 않다. 조선 총독부와 박정희의 통치는 전혀 다른 발상에 기초를 둔 것이었다. 조선 총독부가 고전적 자유주의(classical liberalism)를 바탕으로 한 야경국가(night watchman state)였다면, 박정희의 정부는 국가 개입주의(state interventionism)에 근거를 둔 개발 국가(developmental state)였다.

요즘 사람들은 정부가 할 일이 많다고 생각한다. 물가가 오르면 정부나 중앙은행이 물가를 잡아야 하고, 경기가 나빠지면 정부가 나서 경기를 부양시켜야 하고, 경제 성장 속도가 둔화되면 이것도 정부의 책임이라고 생각한다. 그리고 최근에는 자신의 잘못 때문이건 운이 나빠서이건 경제적 약자가 된 사람들을 돌보는 것도 정부의 책임이라고 믿는 사람들도 적지 않다. 단기적 경기 변동을 완화시키거나 장기적 경제 성장을 촉진하기 위해서 시장에 개입하는 정부를 개입주의 국가(activist or interventionist state)라고 한다. 이 중에서 경제 발전을 위해 적극적인 활동을 펼치는 후진국 정부를 개발 국가라고 한다

이차 대전 전에는 정부에 대한 사람들의 기대 수준이 요즘보다 훨씬 낮았다. 물가는 시장에서 수요와 공급의 변화에 따라 결정될 문제이며 경기가 나빠지더라도 때가 되면 저절로 다시 좋아질 것이라고 생각했다. 일인당 생산 증가율이 얼마인지 일반인들은 물론 정부도 잘 몰랐다. 따라서 정부는 시장 경제가 작동하는 데 필요한 최소한의 환경 – 특히 사유 재산권과

법 질서의 유지 – 을 유지하는 일만 하면 된다고 사람들은 생각했다. 이런 생각을 고전적 자유주의(classical liberalism)라고 하며, 최소한의 기능을 하는 정부를 "야경국가(night watchman state)"라고 한다.

조선 총독부는 자신의 역할이 법과 질서를 유지하고 자발적으로 맺어진 계약이 이행되도록 강제하고, 사유 재산권을 보호하는 데 있다고 믿었다. 반면 박정희 정부는 정부가 적극적으로 나서서, 즉 시장에 개입해서 전략 산업을 키우고 이를 통해 경제 성장과 산업화를 촉진해야 한다고 생각했다. 조선 총독부도 특정 산업 성장을 촉진하기 위해 전혀 개입하지 않은 것은 아니다. 앞서 지적한 대로 농업과 공업을 위한 지출이 각각 총재정 지출의 10% 정도씩을 차지하고 있었다.

농업 발전을 위해 총독부가 실시한 정책 중에서 가장 잘 알려진 것이 산미 증식 계획이다. 산미 증식 계획은 수리 시설 확충 등을 통해 일본 제국 내 충분한 쌀 공급 능력을 확보하기 위해 실시한 정책이었다. 국사학계의 통설에 따르면 산미 증식 계획으로 쌀 생산이 증가했지만 그 결과 쌀값이 떨어져 농민들의 생활이 더 어렵게 되고 불평등이 확대되었다고 한다. 산미 증식 계획이 궁핍화 성장(immiserizing growth)을 초래했다는 이 주장이 왜 타당하지 않은지는 다음 장에서 설명하겠다. 제조업 발전을 위한 총독부 지출 중에서 가장 잘 알려진 사례는 경영 위기에 빠진 경성방직에 대한 재정 지원이다. 경성방직이 총독부 지원 아래 성장했다는 것은 Eckert(1996)가 발견한 사실인데, 이는 식민지 시대에 총독부의 탄압을 무릅쓰고 "민족 자본"이 등장했다는 국사학계의 신화를 무너뜨린 결정적 계기가 되었다.

그러나 조선 총독부가 특정 산업의 발전을 지원하기 위한 정책 – 산업 정책(industrial policy) – 을 편 것은 예외적이었다. 그리고 그 규모도 그리 크지 않았다. 따라서 한국 개발 국가의 원형을 조선 총독부에서 찾을 수 있다는

Woo(1991)와 Kohli(1994)의 주장을 받아들이기 어렵다. 김낙년(2003a)과 주익종(2003)은 이들의 주장이 부정확한 사실들에 근거를 둔 것임을 설명하고 있다.

해방 이전과 이후의 정부가 이렇게 다른 것이었음을 무엇보다 잘 보여주는 것은 조선 총독부가 경제에서 차지하는 비중이 박정희 정부의 비중보다 훨씬 작았다는 사실이다. [그림 4-3]에서 보았듯이 식민지기에 조세 부담률은 꾸준히 상승했다. 그러나 1940년대가 되어도 아직 10%에도 미치지 못했던 반면, 한국의 조세 부담률은 한국 전쟁 이후 거의 모든 해에 10%를 초과했으며 또 추세적으로 상승해서 오늘날은 25% 수준에 이르렀다. [그림 4-6]에서 우리는 조세 부담률은 우리나라뿐 아니라 타이완과 영국에서도 이차 대전을 분수령으로 현저히 상승했음을 볼 수 있다. 이는 야경국가에서 개입주의 국가로의 체제 전환(policy regime shift)이 국제적인 차원에서 일어난 정책 패션의 변화이며 후진국뿐 아니라 선진국들도 그 영향을 받았음을 알려 준다.[55)]

[그림 4-6]은 세금 부담률뿐 아니라 정부 지출이 총산출에서 차지하는 비중도 해방 이후에 현저히 높아졌음을 보여 준다. (패널 A의) 정부 소비를 보건, (패널 B의) 공공 투자를 보건 1945년 이전과 이후 사이의 차이는 조세 부담률보다 정부 지출 비율 쪽이 더 현격하다.

박정희 시대의 시장 개입, 즉 산업 정책(industrial policy)에는 수출 촉진(export promotion)과 수입 대체 공업화(import substitution industrialization) 정책의 두 가지가 있었다. 수출 촉진 정책이란 정부가 수출을 많이 하는 기업들에게 (제3장에서 설명한 저리 융자와 같은) 인센티브를 부여해서 내수보다는 수출 산업의 비중이 성장하도록 촉진하는 정책을 말한다. 정부가 이런 정책을 실

55) 차명수(2000: 제4장)는 정부의 역할에 관한 생각이 이렇게 바뀌는 계기가 된 것은 소비에트 러시아의 등장과 대공황에서 찾았다.

그림 4-6 총산출에서 차지하는 공공 지출의 비중

A. 공공 소비의 비중

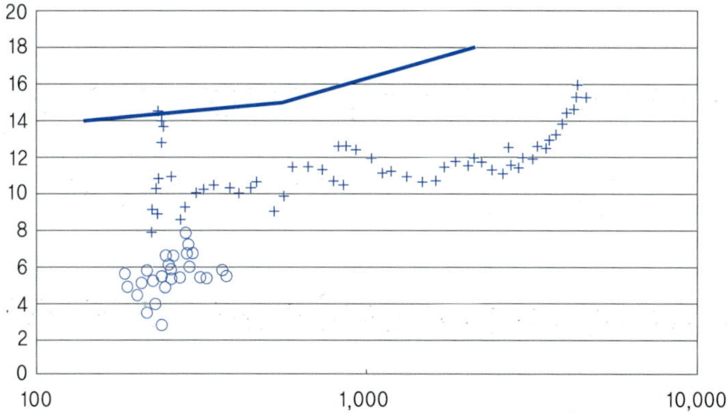

B. 공공 투자의 비중

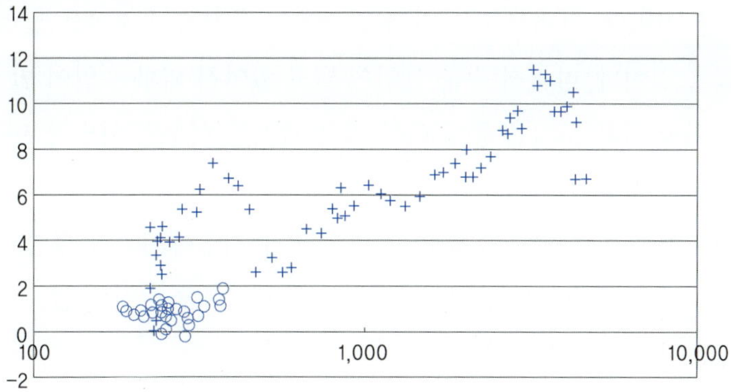

주: 가로 축은 1970년 미국 달러 가치로 표시한 일인당 생산인데 이는 1990년 달러로 표시한 일인당 소득에 0.22를 곱해서 계산했다. 이 환산 비율의 출처는 www.eh.net. 가로 축은 로그 축; 세로 축은 투자가 GDP에서 차지하는 비중(%); 동그라미는 식민지 조선, 십자가는 한국을 표시; 짧은 막대기는 Chenery & Syrquin(1986: chapter 3)이 계산한 아홉 나라의 평균. 아홉 나라에는 한국이 포함되어 있으며 이 밖에 일본, 타이완, 이스라엘, 터키, 유고슬라비아, 노르웨이, 멕시코, 콜롬비아가 들어 있음.

자료: 차명수(2012), Chenery & Syrquin(1986).

시한 데에는 세 가지 의도가 있었다. 앞선 기술을 적용해서 만든 재화에 접하는 것 자체가 후진국 사람들에게는 그 기술을 배우는 계기가 되는 경우가 많다. 예를 들어, 첨단 정보 통신 기술은 컴퓨터 같은 자본재의 형태로 표현되어 있는데, 이를 수입해서 만져 보고 분해해 보는 것이 기술 습득의 출발점이 된다. 그런데 수출을 통해 벌어들인 외화가 없다면 앞선 기술을 체화(體化, embody)하는 자본재를 수입할 수 없을 것이다(Lawrence & Weinstein, 1999). 둘째, 선진국에는 자본이 많아 축적되어 있어서 자본의 한계 생산성이 낮고 후진국에는 자본이 부족하므로 자본의 한계 생산성이 높다. 따라서 자본은 수익률이 낮은 선진국에서 수익률이 높은 후진국으로 흘러들어가는 경향이 있다. 그러나 어떤 후진국에서 자본 수익률이 아무리 높다고 하더라도 그 나라가 수출을 통해 벌어들이는 외화가 얼마 되지 않는다면, 그 나라는 선진국에서 빌려 온 자본에 대한 원금은 물론 이자도 지불하기 어려울 것이다. 그러므로 이런 후진국에는 선진국이 자본을 빌려 주려 하지 않을 것이다. 따라서 수출 산업이 별로 없어서 외화 수입이 빈약한 후진국은 외국 자본 도입을 통해 빠른 자본 축적을 이루기 어렵다. 마지막으로 앞선 생산 기술을 보유한 선진국 기업들과 세계 시장에서 경쟁해서 살아남는 것은 인맥이나 뇌물이 통할 수 있는 국내 시장에서보다 훨씬 어렵다. 기업들은 가격 경쟁력을 높이려고 더 열심히 노력할 수밖에 없고 따라서 생산성도 더 빨리 향상된다.

[그림 4-7]은 1911년 이후 우리나라 일인당 소득 증가 과정에서 수출이 총생산에서 차지하는 비중이 증가했음을 보여 준다. 우선 개항기에 이미 수출이 빠르게 확대되어 1910년경이 되면 수출은 총생산의 5% 정도의 수준에 도달했다.[56] 식민지기에도 수출 증가 속도는 매우 빨라서 1940년경 GDP

56) 개항기의 무역 확대에 관해서는 김낙년(2001)을 보라.

그림 4-7 수출/총산출 비율

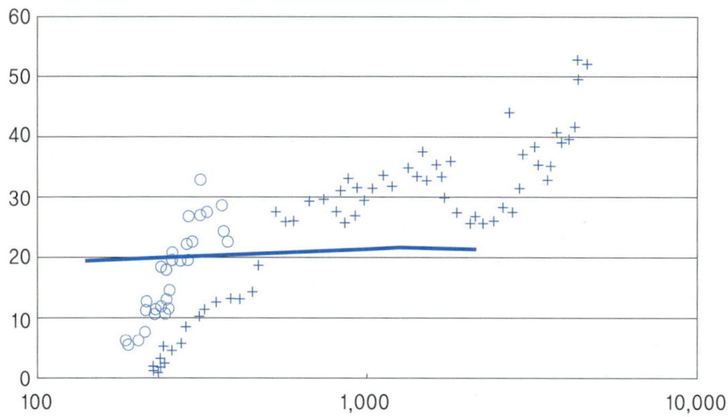

주: [그림 4-6]과 같음.
자료: [그림 4-6]과 같음.

대비 수출 비중은 30% 정도가 되었다. 해방 이후 남북 분단과 한국 전쟁을 거치면서 수출 비중은 식민지 지배가 시작될 무렵보다 낮은 수준으로 떨어졌다. 1960년대와 1970년대의 수출 확대를 통해 1980년경이 되어서야 비로소 총생산에서 차지하는 수출 비중이 다시 1940년경의 수준을 회복할 수 있었다.

[그림 4-7]은 우리나라의 수출 증가 과정은 Chenery & Syrquin(1986)의 아홉 나라 평균에 비해 훨씬 가파른 경로를 따라 일어났음을 보여 준다. 이는 경제 개방을 통한 기술 습득이 한국 경제가 고도 성장을 이룩할 수 있었던 한 주요 원인이었음을 주장할 수 있게 하는 한 근거가 된다. 그런데 [그림 4-7]을 보면 수출 촉진 정책이 시행되지 않았던 식민지기와 1990년 이후 수출 증가의 궤적이 수출 촉진 정책이 시행되던 1960년대나 1970년대보다 더 가

그림 4-8 평균 관세율, 1884-2010

자료: 海關年報, 김낙년(2012), kosis.go.kr.

따라서 수출 촉진 정책이 과연 수출 증가를 촉진했던 것일까라는 의문을 가지게 된다.

[그림 4-8]은 정부가 거둬들인 총관세 수입을 수입액으로 나누어 구한 평균 관세율의 변화를 보여 준다. 1876년 강화도 조약 그리고 이후 주요 선진국들과 맺은 일련의 통상 조약을 통해 조선 정부는 관세율을 결정할 권리를 빼앗겼다. 그래서 개항기의 평균 관세율은 2-3% 정도로 매우 낮았다. 식민지 지배가 시작되면서 평균 관세율은 5%를 넘어섰지만 일본이 제국 내 무역에 대해서는 사실상 관세를 폐지해 나갔고, 일본 제국에 속하지 않은 나라에서 수입되는 물품에 대한 관세율도 낮추어 나갔다. 그 결과 평균 관세율은 식민지기에 지속적으로 떨어졌다.[57] 해방 이후 평균 관세율은

57) 식민지기 관세 정책에 대해서는 山本有造(1992: 제2장 1절)를 보라.

20% 수준까지 치솟았다. 이후 다시 지속적으로 떨어졌지만 전체적으로 보아 고도 성장기의 평균 관세율은 식민지기에 비해 여러 배 높은 것이었다.

1960년대와 1970년대의 높은 관세율은 이 시기에 수출 촉진과 함께 수입 대체 공업화(import substitution industrialization) 정책이 실시되었음을 알려 준다. 요즘에는 제조업 활동의 상당 부분이 후진국에서 이루어지고 있지만 한국 고도 성장기에 후진국이란 대개 선진국으로부터 공산품을 수입하고 선진국에 농산품을 수출하는 나라들이었다. 지금은 수입되고 있는 공산품을 국내에서 생산해서 공급하겠다는 목적으로 기업을 설립하는 사업가에게 후진국 정부가 특혜를 베풀고 지원하면 국내에 공산품 생산 설비가 늘어나 공산품 수입이 줄고 그 대신 토착 제조업이 발전할 것이다. 공산품을 수입이 아니라 국내 생산을 통해 조달하기 위해서 후진국 정부가 실시하는 이런 시장 개입을 수입 대체 공업화 정책이라고 한다.

후진국이 선진국과 자유 무역을 하게 되면 앞선 기술을 가지고 선진국 기업이 만든 값싼 공산품이 후진국 시장을 점령하게 된다. 그래서 후진국에서는 공업화가 일어나지 못하고 산업 구조는 농업 중심적인 상태를 벗어나기 어렵다. 산업 구조를 공업 중심적인 것으로 전환시키는 한 방법은 국내의 유치한, 즉 경쟁력 없는 제조업 –유치산업(infant industries)– 에 대해 일정 기간 보호 관세(protective tariffs)를 설정해서 현지 공장과 기업들에게 앞선 기술을 습득할 시간과 기회를 주는 것이다. 한국 정부는 관세 보호 이외에도 저리 융자, 세금 감면 같은 지원을 유치산업들에게 제공했다. 수입 대체 공업화라고 하면 많은 사람들이 1973-9년간 실시된 중화학 공업화 정책만을 떠올리지만, 수입 대체 공업화는 1960년대에도 수출 촉진 공업화 정책과 함께 추진되었다.

정부가 수입 대체 산업에 저리 융자, 관세 보호와 같은 특혜를 베풀면 생산 요소는 수입 대체 부문으로 흘러들어 가게 되고 따라서 수출 산업을 포함한 경제의 다른 부문이 위축된다. [그림 4-7]에서 보듯이 1960년대와 1970년대의 수출/총생산 비율이 다른 시기와 달리 정체했던 것은 바로 수입 대체 공업화 정책의 영향을 반영하는 것이다. 이 시기에 수출 촉진 정책이 수입 대체 공업화 정책과 동시에 실시되었다고는 하지만, 수입 대체 공업화 정책이 수출에 미친 마이너스 효과가 수출 촉진 정책이 수출에 미친 플러스 효과를 압도한 것이다. 이는 수입 대체 공업화 정책이 학습(learning by doing)을 통한 생산성 향상에는 기여했을지 모르나 수출을 통한 기술 습득 기회를 감소시켰다는 것을 의미한다.[58]

많은 사람들이 박정희가 실시한 산업 정책이 고도 성장을 가져왔다고 믿고 있다. 그 이유는 두 가지이다. 하나는 고도 성장기에 떠오른 산업들이 자라나는 배경에는 정부 지원이 있었다는 것이다. 다른 하나는 산업 정책이 실시되던 시기에 일인당 생산이 전무후무하게 빠른 속도로 증가했다는 사실이다. 그런데 이 두 사실 어느 것도 산업 정책 → 고도 성장이라는 인과관계를 주장할 수 있는 근거가 될 수 없다.

우선 첫 번째의 논리를 대표하는 Amsden(1989)은 1970년대와 1980년대에 빠르게 성장한 조선업과 제철업 발전의 원인으로서 정부의 지원이 중요했다는 점을 조명함으로써 산업 정책을 한국 고도 성장의 원동력으로 부각시켰다. 그러나 정부의 지원을 받은 산업이 빠르게 성장하는 것은 별로 놀라운 일이 아니다. 성장하지 않았다면 그것이 오히려 신기한 일일 것이다. 그리고 산업 정책이 경제 성장에 기여했다고 주장하려면 지원을 받은 산업 A가 정부 지원 때문에 빠르게 성장한 점만을 부각시켜서는 안 된다. 정부가

58) 이는 중화학 공업화 정책이 수출 산업 발전에 장애 요인으로 작용하지 않았다는 Stern et al. (1995)의 평가와 대비된다.

A산업을 밀어 주면 다른 산업 B는 피해를 보게 되기 때문이다. 산업 A에 세금 감면이나 저리 융자를 제공하면 이런 혜택을 받지 못한 B산업은 산업 A에 보조가 주어지지 않았을 때에 비해 세금을 더 많이 내야 하고 더 높은 이자를 지불해서 자금을 조달해야 한다. 따라서 B산업에서는 투자가 감소하고 성장이 둔화된다. 또 A산업이 소비재를 생산하는 산업이라면 A를 위한 관세 인상은 직접 국내의 소비자들의 생활비를 올리는 효과를 내며, A산업이 자본재 산업이라면 국내의 소비재 산업의 생산비를 올리는 효과를 내게 되고 이는 결국 소비재 가격 상승으로 이어진다.

산업 정책의 이런 마이너스 효과를 극적으로 보여 주는 것이 마오쩌둥(毛澤東, 1893-1976)이 영국과 미국을 단기간에 따라잡겠다는 목표를 세우고 1950년대 말 1960년대 초에 걸쳐 추진한 대약진 운동이다. 이 운동의 주요 목적 중 하나가 철강 산업 발전이었는데, 이를 위해 중국 공산당은 농촌 마을마다 소규모 용광로를 건설하고 강철을 생산하도록 명령했다. 농민들은 이 명령에 따라 성과를 내기 위해서 용광로를 만들고 그 안에 밥, 솥, 숟가락, 농기구 등을 집어넣어 철강을 생산했다. 그 결과 실제로 강철 생산이 늘어났지만 농업 생산이 급속히 감소해서 수천만 명이 굶어 죽는 대기근이 발생했다(Dikoetter, 2010). 노동과 자본을 강제로 농업으로부터 빼내어 제조업에 집어넣어 공업화가 일어났지만 제조업 생산 증가에 비해 농업 생산 감소가 엄청나게 컸던 것이다.

왜 이런 일이 일어났을까? 산업 정책이 자원 배분(resource allocation)의 효율성을 떨어뜨렸기 때문이다. (대약진 운동 시대의 마을 제철소 같은) 전략 산업이란 (농업 같은) 비전략 산업에 비해 아직 기술 수준이 낮은 유치산업이다. 정부가 산업 정책을 펼친 결과 전략 산업 이외의 생산 부문들에서 사용되던 생산 요소가 전략 산업 부문으로 이동했다고 하자. 기술 수준이 낮다는 것은 노동이나 자본 한 단위를 이용해서 생산할 수 있는 생산량이 작다는 것을 가리킨다. 그러므로 산업 정책을 통해 비전략 산업에서 빼내어진 생산 요소가 비전략 산업의 생산 증가에 기여하는 정도는 비전략 산업에서 일어나는 생산 감소의 정도보다 작을 수밖에 없다. 제3장의 성장 회계 결과는 식민지기 조선에 비해 한국 경제 성장에서 쿠즈네츠적 성장의 측면이 현저히 약화되었음을 알려 주었는데, 이는 정부 개입에 따른 자원 배분 효율성 악화를 보이는 증거로 볼 수 있다([표 3-1]).

그러므로 산업 정책의 효과를 제대로 평가하기 위해서는 전략 산업에만 초점을 맞춘 분석, 즉 부분 균형(partial equilibrium)이 아니라 정부의 관심 밖에 있던 부문들에 끼친 영향과 경제 전체의 자원 배분에 미친 영향까지 고려하는 분석, 즉 일반 균형(general equilibrium) 분석이 필요하다. Kwon & Paik(1995)은 1978년 한국 경제의 일반 균형 모델을 이용한 시뮬레이션을 통해 산업 정책 때문에 이 해의 총산출이 3% 이상 감소했다고 결론지었다.

산업 정책이 자원 배분의 효율성을 악화시키고 쿠즈네츠적 성장을 저해한다는 것은 (마오쩌둥은 몰랐을지 모르지만) 오늘날 경제학자가 아닌 사람들도 잘 알고 있는 사실이다. 그럼에도 불구하고 산업 정책을 실시하는 이유는 장기적으로 그것이 경제 성장에 플러스 효과를 내고 이 플러스 효과가 단기적인 마이너스 효과를 압도할 것이라고 믿기 때문이다. 여기서 장기적으로 나타나리라고 기대하는 플러스 효과란 전략 산업에 속한 기업들이 생산 경험을 축적하는 과정에서 기술 학습(learning by doing)을 이룩해서 솔로우적 성장이 가속화되는 것을 가리킨다. Friedrich List(1789-1846)가 처음으로 유치산업 보호론을 주장한 근거도 바로 이런 것이었다. 그러므로 산업 정책의 성공 여부를 판단하기 위해서는 정부의 시장 개입이 전략 산업의 총요소 생산성을 향상시켰는지 볼 필요가 있다.

우리나라에서 산업 정책이 기술 발전에 기여했는지에 관해서는 상반된 증거들이 나와 있다. 우선 비관적 증거부터 소개하자면, 첫째 제3장의 [표 3-2]는 광공업 총요소 생산성 증가율이 1960-90년에 비해 1990-2010년간에 더 빨랐음을 보여 주고 있는데, 이는 산업 정책이 사라진 최근 20년 동안 제조업 기술 발전 속도가 산업 정책이 실시되던 시기를 포함하는 1960-90년에 비해 더 빨랐음을 의미한다. 둘째, Lee(1996)는 1963-83년간 38개 생산 부문에서 일어난 총요소 생산성 증가율을 계산하고 보호 관세는 총요소 생산성 증가 속도를 감소시켰지만 세금 감면과 저리 융자는 생산성 향상에 유의미한 영향을 미치지 않았다는 회귀 분석 결과를 제시했다. 셋째, 이제민(2005)은 비용-편익 분석(cost benefit analysis)을 통해 중화학 공업화 정책의 비용이 편익보다 컸음을 보였다.

낙관적 증거는 산업 혁명기에 생산성 향상이 교역 부문인 제조업에 비해 비교역재 부문에서 더 빠르게 일어나는 경향이 있다는 사실과 관련되어 있다. McCloskey(1981: 114)는 영국 산업 혁명기에 총요소 생산성이 해상 운송업에서 연 2.3%씩, 그리고 (운하, 철도 같은) 육상 운송업에서 연 1.3%씩 증가했는데, 영국 산업 혁명의 간판 산업이라고 할 수 있는 면공업과 제철업에서는 각각 연 2.6%와 0.9%씩 증가했다고 보고했다. Broadberry(1998)의 연구에 따르면 19세기 말에 독일과 미국이 영국을 추월할 수 있었던 이유는 제조업이 아니라 서비스 산업의 효율을 빠른 속도로 향상시킬 수 있었기 때문이었다. 그리고 Chenery & Syrquin(1986: 251, Figure 8-3)은 일인당 GNP가 560달러에 이를 때까지는 총요소 생산성이 제조업에서보다 비교역재 부문에서 더 빠르게 일어나는 경향이 있음을 보여 주었다. 마지막으로 Bernard & Jones(1996)는 1970-87년간 OECD 나라들 사이에서 생산성 격차가 좁혀지는 경향이 나타났는데, 그 이유는 주로 OECD 내의 후진국들이 제조업보다는 서비스 산업의 생산성을 선진국 수준으로 접근시켜 갔기 때문이었음을 발견했다.

Bernard & Jones(1996)에 따르면 제조업보다 비교역재 부문에서 더 빠른 기술 발전이 일어나는 이유는 공산품은 교역재이고 따라서 국제 분업이 일어나게 되기 때문이다. 선진국과 후진국이 서로 다른 공산품을 생산하게 되므로 후진국이 선진국 기술을 배우기 어렵고, 따라서 나라들 사이에 생산성 수렴이 일어날 이유가 없기 때문이다. 이에 비해 서비스 산업 같은 비교역재 부문에서는 후진국이 선진국의 기술을 그대로 들여옴으로써 선진국보다 빠르게 생산성을 향상시켜 나갈 수 있다. 이는 만일 정부가 보호 관세를 책정해서 제조업을 보호한다면 후진국의 제조업 기술 학습 속도가 빨라질 수 있을 가능성의 존재를 시사한다.

제3장의 부문별 성장 회계 결과에 따르면 식민지기에는 생산성이 제조업에서보다 비교역재 부문에서 더 빠르게 향상되었지만 산업 정책이 실시된 1960년 이후에는 생산성 증가 실적의 면에서 비교역재 부문에 비해 제조업이 우월했다([표 3-2]). 아울러 Young(1995)의 5년 간격 추계를 보면 산업 정책의 전성기였던 1960년대와 1970년대에는 생산성 향상이 제조업에서 더 빨리 일어났지만 1980년대 들어 정부의 시장 개입이 완화되면서 생산성 향상이 제조업보다 비교역재 부문에서 더 빨리 진행되는 현상이 나타나고 있다. 이런 시기별 산업별 생산성 향상 속도 차이는 제조업에서 선후진국 간 기술 격차가 좁혀지기 어려운 이유에 대한 Bernard & Jones(1996)의 설명과 잘 들어맞는다.

그러나 전체적으로 보아 산업 정책이 기술 발전에 미친 영향에 관한 비관적 증거는 양적으로 낙관적 증거보다 많을 뿐 아니라 낙관적 증거는 제조업과 비교역재 부문 사이의 생산성 증가율 격차에 관한 것이라는 점에서 비관적 증거보다 간접적이고 약하다. 그리고 낙관적 증거를 그대로 받아들여 산업 정책이 기술 발전을 자극했다고 인정하더라도 이 긍정적 효과가 산업 정책이 자원 배분에 미친 부정적 효과보다 컸음을 보여야 산업 정책이 경제 전체의 고도 성장의 원인이었다고 주장할 수 있게 되는데 이런 증거는 아직 누구도 제시한 적이 없다.

박정희의 산업 정책이 고도 성장을 가져왔다고 사람들이 믿는 이유는 정부 지원을 받은 산업이 눈부신 성장을 이룩했다는 것 외에도 산업 정책이 실시되던 시기에 생활 수준이 전무후무하게 빠른 속도로 향상되었다는 점이다. 그러나 이는 식민지 시대에 근대적 경제 성장이 일어났으므로 식민지 지배 때문에 근대적 경제 성장이 일어났다고 생각하는 것과 마찬가지로 잘못된 추론이다. 즉, 상관관계(correlation or association)와 인과 관계(causation)는 다른 것이다. *x*가 증가할 때 *y*도 증가하는 경향이 관측되었다면 이는 *x*가 *y*의 변화를 가져오는 원인임을 보이는 것일 수도 있고, 반대 방향의 인과 관계(reverse causation)를 보이는 것일 수도 있다. 뿐만 아니라 관측되지 않은 *z*라는 요인이 *x*와 *y*의 변화를 동시에 가져왔을 가능성도 있다. 게다가 사실은 *x*는 *y*에 부정적 영향을 미치지만 관측되지 않은 *w*라는 요인의 영향으로 *y*가 증가했을 수도 있다. 그러므로 *x*가 *y*의 원인인지 여부를 확인하기 위해서는 두 변수 사이의 상관관계를 들여다보는 것이 아니라 *y*에 영향을 미칠 수 있는 여러 변수들의 역할을 동시에 고려할 수 있는 다중 회귀 분석(multiple regression)을 실시해야 한다.

일인당 생산이 얼마나 빠르게 향상되느냐는 여러 가지 변수의 영향을 받지만 우리나라의 경우 20세기 전체에 걸쳐 다중 회귀 분석에 동원될 수 있는 수량 정보를 얻을 수 있는 것은 네 가지밖에 없다. 첫째는 경제 성장이 시작되는 시점에서의 일인당 생산의 수준이다. 제3장의 [그림 3-5]에서 설명했듯이 일인당 생산은 일인당 자본 사용량을 반영한다. 일인당 자본 사용량이 작으면(크면) 일인당 소득 수준도 낮다(높다). 일인당 자본 사용량이 작으면(크면) 자본의 한계 생산성이 높고(낮고) 따라서 소득의 일정 비율을 저축하고 투자했을 때 나타나는 산출 증가 효과가 더 크다(작다). 그러므로 다른 조건이 같다면 경제 성장 초기의 생활 수준이 낮을수록(높을수록) 이후의 경제 성장 속도는 빠르다(느리다). 일인당 생산 증가율에 영향을 미치는 두 번째 중요한 요인은 교육에 대한 투자다. 교육을 통한 인적 자본 축적은 노동 생산성뿐 아니라 기술 습득 능력을 향상시키므로 교육은 일인당 생산 증가 속도에 긍정적 영향을 미칠 것이다. 셋째는 전체 인구에서 15-64세 인구, 즉 노동 가능 인구가 차지하는 비중이 크면 클수록 생활 수준 향상 속도는 빨라질 것이다. 미성년 및 노인 인구는 생산에는 참여하지 않으면서 소비에만 가담하는 연령 계층일 뿐 아니라 마이너스 저축을 통해 자본 축적을 둔화시키는 연령층이기 때문이다(Bloom & Williamson, 1998). 마지막은 산업 정책인데 이것이 미친 영향이 플러스인지 마이너스인지를 알아내는 것이 다중 회귀 분석의 목적이다.

[표 4-1]은 1911-2010년간 우리나라의 일인당 생산 증가율을 피설명 변수로 하고 위에서 설명한 요인들을 설명 변수로 한 다중 회귀 분석 결과를 보여 준다. 분석 대상은 1910-2010년에 포함된 5년 간격의 시기에 일어난 일인당 생산 증가율이다. 이 한 세기 동안에는 20개의 5년 간격 시기가 포함되어 있지만 1940-54년에 대해서는 필요한 데이터를 얻을 수 없으므로 관측치 수는 17개가 된다. [표 4-1]에 따르면 5년 간격 시기 첫 해의 일인당 생산, 즉 초기 생활 수준의 계수 추정치는 음의 값을 가지고 있어서 이는 생활 수준이 낮을수록 경제 성장이 빠를 것이라는 추론이 타당함을 보여 준다.[59] 둘

59) 초기의 생활 수준은 첫 해의 일인당 생산을 로그 변환한 값을 가리킨다. 그리고 그 전 해의

표 4-1 한국 일인당 생산 증가율의 결정 요인, 1911-2010

	계수 추정치	t-비율
초기의 생활 수준	−0.138**	−2.560
초등학교 취학률	0.000***	4.700
15-64세 인구 비율	1.462**	2.338
평균 관세율	−0.574*	−1.828
재정 지출/GDP	−0.645*	−1.997
상수항	−0.202**	2.784
관측치 수	16	
조정된 R^2	0.65	
Durbin-Watson	1.90	

주: *, **, ***은 각각 10%, 5%, 1% 수준에서 유의미함을 표시.
자료: 차명수(2011b).

째, 초등학교 취학률은 생활 수준 향상에 플러스 효과를 미치는 것으로 나타나 교육 투자는 경제 성장을 촉진했다는 것을 알 수 있다. 셋째, 노동 가능 인구 비중은 예측한 대로 일인당 생산 증가에 긍정적 영향을 미쳤다. 마지막으로, 산업 정책의 강도를 보이는 변수로서 사용된 평균 관세율과 총산출에 대한 정부 지출의 비중의 계수 추정치는 음의 값을 가지고 있는데, 이는 정부의 시장 개입이 경제 성장을 저해했음을 알려 준다.

결론적으로 박정희의 산업 정책이 고도 성장을 가져왔다는 주장이나 믿음에는 근거가 거의 없다. 산업 정책이 제조업 생산성을 향상시키는 데 도움이 되었다는 증거는 없는 것과 다름없다. 설사 도움을 주었다 하더라도 자원 배분의 효율성 악화라는 부정적 효과를 상쇄하고도 남을 만큼 큰 것이 아니었음을 다중 회계 분석 결과는 알려 준다.

고도 성장기의 산업 정책을 평가할 때 흔히 빠뜨리고 넘어가는 세 가지

일인당 생산을 도구 변수(instrument)로 하는 이단계 최소 자승법을 적용했다. 그 이유에 대해서는 제7장에서 설명하겠다. 도구 변수가 무엇인지에 관해서는 제6장의 간단한 설명을 보라.

이슈가 있다. 하나는 박정희의 산업 정책은 순수히 경제 정책으로서가 아니라 안보 정책으로서도 집행된 것이라는 점이다. 미군이 철수하자 베트남이 공산화된 것을 본 박정희는 독자적 국방 능력을 확충할 필요가 있다고 생각했고, 이를 위해서 중화학 공업 육성에 나서게 되었다고 한다. 만일 중화학 공업화 정책이 한국의 공산화 위협을 감소시켰다면 이것이 중화학 공업화 정책의 공과를 평가할 때 반영되어야 한다. 둘째는 1960년대와 1970년대에 정부의 시장 개입이 지속적으로 완화되어 갔다는 사실이다. [그림 4-8]은 1960년경 10% 정도였던 평균 관세율이 1979년에 5% 근처로 하락했음을 보여 준다. 그리고 [그림 3-12]는 은행 대출 이자율과 사채 시장 이자율 혹은 쌀 가격에서 도출한 이자율 사이의 격차 역시 1960년대와 1970년대에 수축했음을 보여 준다. 이는 1980년대 들어 실시된 자유화(liberalization)와 탈규제(deregulation)가 박정희 시대의 정책 체제와의 급격한 결별로서가 아니라 그 연장선 위에서 이루어진 것임을 의미한다. 바꾸어 말하면 한국 고도 성장은 정부의 강력한 시장 개입 아래서 일어난 사건이 아니라 정부의 개입이 지속적으로 약화되어 가는 과정 속에서 일어난 사건이라는 점에 주목할 필요가 있다.

마지막으로, 중화학 공업화 정책 아래서 재벌이 등장하고 산업 구조의 경쟁적 성격이 약화되었는데, 이는 중화학 공업화 정책이 중단된 이후에도 한국 경제의 퍼포먼스에 계속해서 영향을 미치는 제도적 환경으로 자리잡았다. 많은 연구들에서 재벌에 속한 기업들이 철강, 조선, 자동차, 전자 산업 등에서 빠른 기술 학습을 이룩함으로써 경제 성장에 기여했다는 점이 주로 부각되어 왔다. 그러나 재벌의 시장 지배력과 이를 바탕으로 한 지대 추구 행위가 재벌 이외의 영역을 포함하는 경제 전체의 생산성 향상을 저해하는 요인으로 작용했는지, 만일 그랬다 하더라도 이 부정적 측면을 재별 기업들이 기술 학습이라는 성과를 통해 충분히 상쇄했는지 여부에 대한 체계적 연구는 매우 드물다. 이는 한국 경제의 장래와 관련된 중요한 연구 과제인데 제8장에서 조금 더 자세히 설명하겠다.

기적과 기아의 원인

지난 3세기 동안 한반도에는 네 개의 경제 체제가 출몰했는데, 이는 기적을 이룩한 두 체제와 기아를 유발한 두 체제로 구별된다. 두 개의 기아 체제가 공유했던 특징은 시장과 정부가 모두 취약했다는 것이다. 이런 점에서 이씨와 김씨 조선 왕조는 많이 닮아 있다. 무엇보다 이 두 체제의 지배자들은 체제 안정을 위해 대외 무역을 금지시키고 명목상 절대 권력을 가지고 있지만 실질적으로는 삼림을 유지할 능력조차 보유하지 못했다는 점에서 그렇다. 이와 대조적으로 두 개의 기적 체제는 능력 있는 정부와 제대로 작동하는 시장 제도를 바탕으로 한 것이었다. 많은 경제학자들은 시장과 정부는 서로 대항하는 관계에 있는 것처럼 생각하지만 장기적 경제 성장의 관점에서 보았을 때 이 둘은 서로를 보완하는 관계에 있었음을 우리나라의 경제사는 알려 준다. 그 이유는 시장이 작동하기 위해서는 평화와 질서가 유지되어야 하며, 법이 지켜져야 하고, 사회 간접 자본이 건설되어야 하며, 공유 자원이 보존되어야 하기 때문이다. 그리고 이런 것들이 가능하기 위해서는 생산자와 소비자들로부터 세금을 걷어 공공재를 공급할 수 있는 정부가 있어야 하기 때문이다.

식민지 조선과 대한민국은 인적 · 물적 자본의 끈으로 묶여 있고, 이 두 기적의 체제 사이에는 많은 제도적 연속성이 있지만 경제 성장의 성적표는

제2장에서 본 대로 해방 후에 훨씬 향상되었다. 우리나라 경제 성장 요인에 대한 다중 회귀 분석 결과는 해방 후 일인당 생산이 더 빠르게 성장한 이유가 정부의 시장 개입 - 산업 정책 - 에 있지 않음을 알려 주었다. 회귀 분석 결과에 따르면 관세 부과나 재정 지출은 경제 성장을 저해하는데 관세율이나 재정 지출/GDP 비율 모두 1945년 이후 급등했던 것이다. 해방 이후의 일인당 소득 수준이 식민지기보다 높으므로 못 살았기 때문에 더 빨리 성장했다는 말도 성립하지 않는다. 총인구에서 차지하는 노동 가능 인구 비율은 고도 성장기 쪽이 높지만 해방 전과 후 사이의 노동 가능 인구 비율 차이는 그렇게 크지 않고, 이로써 설명할 수 있는 두 시기 사이의 일인당 생산 증가율 차이는 미미하다. 다중 회귀 분석은 교육이 경제 성장을 촉진한다는 것을 보여 주었다. 이는 인적 자본에 대한 투자 확대가 해방 후 일인당 생산 증가율을 높인 주요 원인 중 하나임을 시사한다. 식민지기에 비해 해방 후 노동의 질은 얼마나 더 빨리 향상된 것일까? 그리고 더 빠르게 향상된 이유는 무엇일까?

5

교육과 불평등

노동자의 질은 어떻게 측정하나?
노동자들의 학력 업그레이드, 1910-2010
학력별 임금 격차, 1910-2010
성별 임금 격차, 1910-2010
인적 자본은 경제 성장에 얼마나 기여했나?
조선 총독부 vs. 조선인 "교육열"
해방 후 인적 자본 축적 속도는 왜 빨라졌나?
불평등
교육, 불평등, 경제성장
부록

대중 교육 확산은 20세기 (제3장에서 검토한) 물적 자본 축적과 기술 발전과 함께 우리나라의 경제 성장을 이끈 요인 중 하나이다. 그리고 해방 후 경제 성장 속도를 더 빨라지게 한 요인이기도 하다(제4장). 교육이 경제 성장을 가져오는 이유는 두 가지이다. 하나는 교육을 받은 노동자가 교육을 받지 못한 노동자에 비해 생산성이 높기 때문이고, 다른 하나는 새로운 기술을 습득하는 능력이 월등하기 때문이다. 교육에 따른 노동자의 질적 향상(labor quality improvement)은 인적 자본 축적(human capital accumulation)이라고도 한다. 이 장은, 첫째 지난 한 세기 동안 인적 자본이 얼마나 빠른 속도로 축적되었는지를 추정하고, 둘째 노동의 질 향상이 경제 성장에 얼마만큼의 기여를 했는지를 계산하며, 셋째 교육 보급을 이끈 요인은 무엇이었는지를 설명한다. 추정 및 분석 결과에 따르면 우리나라에서 일어난 인적 자본 축적 속도는 소득이 얼마나 평등하게 분배되는가에 크게 좌우되었다. 그러므로 마지막으로 우리나라의 소득 분배 구조는 어떻게 변해 왔으며 그 원인은 무엇인지를 설명한다.

노동자의 질은 어떻게 측정하나?

생산성은 사람마다 다르다. 물건을 운반하는 것 같은 단순 노동이라 하더라도 작업 경험이 많은 노동자가 적은 노동자에 비해 생산성이 높다. 목수와 같이 상당 기간의 훈련이 필요한 작업의 경우 아무런 목공 기술 없이 근력만을 가지고 있는 노동자와 목공 훈련을 받은 노동자의 생산성에는 커다란 차이가 있다. 마찬가지로 대학에서 금융 시장에 대한 전문 교육을 받은 사람과 그렇지 못한 사람의 펀드 매니저로서의 실적도 크게 다르다.

이는 한 나라가 보유한 노동력에는 질과 양이라는 두 가지 측면이 있음을 말해 준다. 노동력의 양은 그 나라에 존재하는 노동자의 숫자, 더 정확히는 노동자들의 노동 시간을 합산함으로써 측정할 수 있다. 그렇다면 반복 작업을 통한 학습(learning by doing), 작업장 훈련(on-the-job training), 학교 교육을 통해 향상되는 노동의 질은 어떻게 측정할 수 있을까? 네 가지 방법이 많이 사용되는데 각각을 인적 자본 축적이 일어나는 가장 중요한 경로인 학교 교육을 예로 들어 설명하겠다.[1)]

제일 간단히 계산할 수 있고 그래서 자주 사용되는 것은 취학률이다. 이는 취학 연령 아이들 중에서 실제로 학교에 다니는 아이들의 비중을 가리킨다. 취학률에는 초등학교, 중등학교(=중학교+고등학교), 그리고 대학교 취학률이 있는데 이 중 초등학교 취학률을 인적 자본의 지표로 활용하는 경우가 많다.[2)]

[그림 5-1]은 지난 한 세기 동안 우리나라의 초등학교, 중등학교 및 대학교 취학률 추이를 보여 준다. 초등학교 취학률은 1911년 4%에서 1943년 54%로 증가한 뒤, 해방 후 10여 년 동안 급격히 상승해서 1960년경 100%에 접근했다.[3)] 이에 비해 중등학교와 대학교 취학률은 식민지기에 별로 변하지 않았다. 중등학교 취학률은 고도 성장기에 빠르게 증가해서 1990년이 되면 거의 100%에 도달했다. 대학교 취학률은 1980년대부터 증가하기 시작해서

---

1) 이종화 · 김선빈(1995: 53)은 고도 성장기 한국의 인적 자본 축적이 주로 학교 교육을 통해 이루어졌음을 보였다.

2) Mankiw, Romer & Weil(1992)와 Barro & Sala-i-Martin(2004)을 보라. 제4장에서 실시한 회귀 분석에서도 초등학교 취학률을 인적 자본 지표로 활용했다.

3) 여기 제시된 초등학교 취학률은 5-14세 인구 중 초등학교에 다니는 아동의 비율이다. 이는 古川宣子(1996)의 취학률 추계와 약간 다른데, 그 이유는 취학 연령 인구를 계산하기 위해 사용한 자료와 방법이 다르기 때문이다. 古川宣子(1996)는 1944년 국세 조사 보고서를 근거로 계산한 6-11세 인구가 전체 인구에서 차지하는 비중을 모든 다른 해의 인구에 곱해 1911-43년간의 초등 학령 아동 인구를 계산했다. 여기서는 제2장에서 소개한 차명수(2006)의 연령 계층별 인구 추계에 포함된 5-14세 인구에 0.6을 곱해 초등 학령 인구를 도출했다.

그림 5-1 각급 학교 취학률 추이, 1910-2010

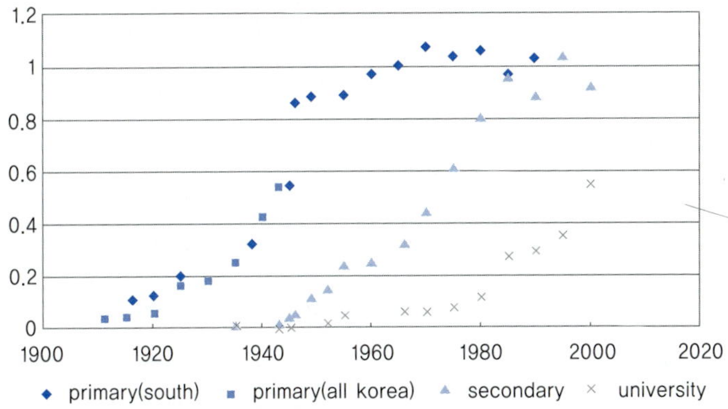

주: 초등학교 취학률은 식민지기나 해방 이후나 모두 남한 지역에 관한 것이지만, 중등학교 및 대학 취학률은 식민지기에는 남북한 전체, 해방 후는 남한에 관한 것임; 식민지기의 초등학교 취학률은 관립, 공립, 사립 보통학교와 간이학교 취학자만을 포함; 취학률이 1을 넘는 것은 취학 학생 중 취학 연령을 초과하는 나이의 학생들이 포함되어 있음을 나타냄.
자료: Cha(2007).

2010년 현재 80% 정도에 이르렀다.

그런데 취학률은 교육을 통해 한 해에 형성된 인적 자본의 양을 보여 주는 지표이지, 어떤 해에 한 나라 안에 존재하는 인적 자본의 크기를 나타내는 것은 아니다. 바꾸어 말하면 취학률은 인적 자본에 대한 투자(=플로우, flow)를 나타내며 투자가 쌓여 만들어진 인적 자본의 크기(=스톡, stock)를 보여 주는 것은 아니다. 취학률을 통해 인적 자본의 크기(=노동자들의 질적 수준)를 파악하려는 것은 수도를 틀어 물탱크에 물을 넣고 있는 사람이 탱크 안에 물이 얼마나 많이 채워졌는지를 알기 위해서 물이 흘러들어 가고 있는 파이프에 유속계를 설치하고 이를 들여다보는 것과 같다.

플로우가 아니라 스톡을 나타내는 지표로 비교적 쉽게 계산할 수 있는 것이 성인 인구의 평균 교육 연수다. Barro & Lee(1993)는 1960년 이후 129개국에서 일어난 25세 이상 인구의 평균 연수 변화를, 그리고 Godo(2011)는 지난 한 세기 동안 우리나라, 일본, 미국에서 일어난 15-64세 인구의 평균 교육 연수 변화를 계산했다. Godo(2011: Table D 2-2-2)에 따르면 1920년 우리나라 15-64세 인구 일인당 평균 교육 연수는 0.6년이었는데, 1944년 1.2년, 1955년 2.3년, 그리고 2000년 10.5년으로 증가했다.

평균 교육 연수를 인적 자본 지수로 사용한다는 것은, 1년간의 교육이 모든 연령과 교육 수준에서 같은 양의 인적 자본을 창출한다고 보는 것과 같은데 이는 비현실적이다. 교육에 따른 노동의 질 향상은 임금 상승으로 나타난다. 그런데 (다음 다음 절에서 보게 되는 것처럼) 초등학교 1년 교육, 중등학교 1년 교육, 그리고 대학교 1년 교육에 따른 임금 상승 정도는 대개 다르다.

인적 자본 크기를 측정하는 세 번째 방법은 제3장에서 소개한 영구 재고법과 비슷하다. 즉, 물적 자본에 대한 투자액을 더해서 물적 자본 스톡을 도출하듯이 교육비를 누적함으로써 인적 자본 스톡을 도출할 수 있다. 이 방법을 적용하기 위해서는 초기의 인적 자본 스톡과 감가상각률에 대한 정보가 필요하지만 물적 자본과 달리 인적 자본에 대해서 이런 정보를 얻기가 쉽지 않다.

마지막 방법은 학력이 다른 노동자들이 제공하는 노동 서비스의 질 차이가 학력별 임금 격차로 나타난다고 보고, 학력별 임금 격차와 노동력의 학력별 구성에 관한 정보를 결합해서 인적 자본 지수를 계산하는 것이다. 예를 들어, 4년 전에 100명이 노동자가 있었고 모두 고졸자였는데 그 중 30%가 그 해 대학에 들어가 올해 졸업해서 올해는 70명이 고졸, 30명이 대졸 학력을 가지게 되었다고 하자. 그리고 고졸자 임금은 사과 두 개, 대졸자 임금은 사과 세 개로 대졸자의 생산성(=질)이 고졸자에 비해 50% 높은 것을 나타내고 있다고 하자. 이 경우 노동자의 질까지 고려한 노동 투입은 4년 전에는 200(=2×100)에서 230(=2×70+3×30)으로 15% 증가한 것이 된다. 4년 동안 노동자 수(=양)는 100명으로 고정되어 있었으므로 노동자의 질까지 고려한 노동 투입이 15% 증가했다는 것은, 노동자의 질이 그만큼 향상된 것을 의미한다.

네 번째 방법에도 약점이 없지 않다. 특히 학력별 임금 격차가 과연 학력 차이에 따른 노동의 생산성 차이를 반영하는 것인가라는 의문이 제기될 수 있다. 만일 노동 시장이 경쟁적이 아니라면, 학력이 다른 노동자들 사이의 생산성 격차 이외의 다른 요인이 학력별 임금 격차에 영향을 미칠 수 있다. 예를 들어, 노동조합이 저학력 노동자들을 포섭하기 위해서 사용자 측에 무학력자나 초등학교 졸업 노동자의 최저 임금을 설정할 것을 요구해서 이것이 받아들여진다고 하자. 만일 이 최저 임금이 초졸 노동자의 한계 생산성보다 높다면 고학력 노동자들이 누리는 임금 프리미엄은 고학력 노동자들의 생산성 우위보다 작아지게 된다.

우리나라에서는 지난 한 세기 동안, 적어도 1980년대 말 강력한 노동 조합이 등장하기 전까지, 임금은 대체로 노동에 대한 수요와 노동 공급의 변화를 반영해서 변동했다. 식민지기에 시장 지배력을 갖는 강력한 노동조합이나 거대 기업이 존재하지 않았으며, 이차 대전 발발까지 조선 총독부가 노동력을 대규모로 강제 동원한 일도 없었다. 송호근(1991: 제6장)과 Kim & Topel(1995)은 적어도 1987년까지 한국 노동 시장은 매우 경쟁적이며 잘 통합된 "하나의 큰 시장(one big market)"이었음을 보이는 증거를 제시했다. 따라서 여기서는 네 번째 방법을 적용해서 식민지 조선과 한국의 인적 자본 지수를 계산한다. 우선 이를 위해서 필요한 노동력의 학력별 구성과 학력별 및 성별 임금 격차가 지난 한 세기 동안 어떻게 바뀌어 왔는지를 살펴보자.

노동자들의 학력 업그레이드, 1910-2010

지난 한 세기 동안 우리나라의 교육 제도는 여러 번 바뀌었지만, 초등 교육, 중등 교육, 그리고 고등 교육이라는 구분의 큰 틀은 유지되었다. 그러나 해방 전 후의 초등 및 중등 교육 사이에는 차이가 있다. 오늘날은 초등 교육 기간이 6년이지만 식민지기의 초등학교에 해당하는 보통 학교는 4-5년 만에 졸업할 수 있었다(古川宣子, 1996: 138). 오늘날 중등 교육은 중학교와 고등학교로 나뉘어 있지만 식민지기에는 이런 구별이 없었고 5년제 고등보통학교가 일반적이었다.[4] 여기서는 이런 차이를 무시하고 지난 한 세기 동안 노동자들을 무학력자, 초등 교육 이수자, 중등 교육 이수자 그리고 고등 교육 이수자 네 계층으로 구분한다. 오늘날 중학교만 졸업한 사람은 초등 교육 이수자로 취급하며, 중등학교 졸업자에는 고등학교 졸업자만을 포함시킨다. 그리고 고등 교육 이수자는 전문학교 졸업자와 대학원 졸업자를 포함한다. 이 세 종류의 노동자를 앞으로 초졸, 고졸, 대졸이라고 부르기로 한다. 중퇴자는 졸업자에 포함시키지 않는다. 따라서 예를 들어 대학교 중퇴자는 고졸로 분류된다.

총인구 조사(=센서스) 결과에 제시된 인구의 학력별 구성은 지난 반 세기 동안 노동자의 학력 구성이 업그레이드되어 간 과정을 잘 보여 준다.[5]

4) 이는 1922-38년까지 시행된 제2차 조선 교육령 아래서의 상황을 서술한 것이다. 1938년 제3차 조선 교육령이 실시되면서 고등보통학교(취학 연령 12-14세, 5년제)는 중학교로 불리게 되었다. 식민지기의 학제에 관해서는 古川宣子(1996)를 보라.

5) [그림 5-2]에 제시된 센서스 실시 연도 이외의 값은 직선 보간을 통해 계산한 것이다. 센서스의 공식 명칭(담당 기관)은 1955년 총인구 조사(내무부 통계국), 1960년 인구 주택 국세 조사(경제기획원), 1966년 인구 센서스(경제기획원 조사통계국), 1970년 총인구 및 주택 조사 보고(경제기획원 조사통계국), 1975년 총인구 및 주택 조사 보고(경제기획원 조사통계국), 1980년 인구 및 주택 센서스 보고(경제기획원 조사통계국), 1985년 인구 및 주택 센서스 보고(경제기획원 조사통계국), 1990년 이후 인구 주택 총조사(통계청)로 바뀌어 왔다. 1985년 센서스 결과에는 학력별 인구 통계가 포함되어 있지 않다.

그림 5-2 15세 이상 인구의 학력별 구성

A. Male

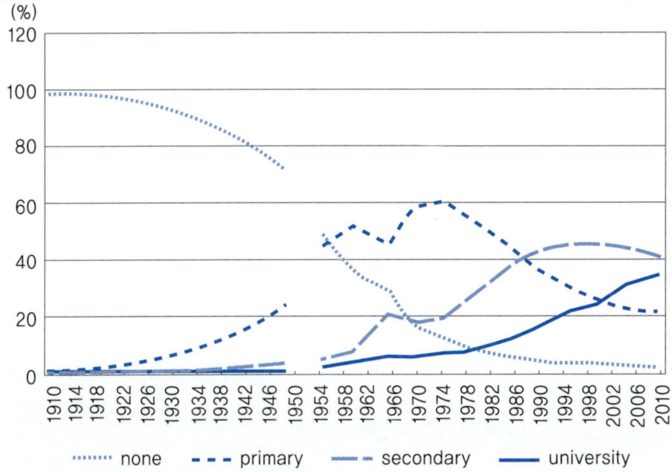

B. Female

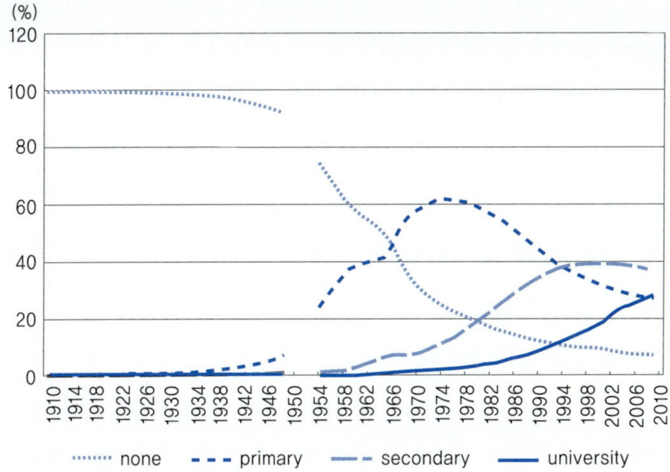

자료: Cha & Hwang(2014).

[그림 5-2]에서 보듯이 2010년 현재 15세 이상 남성의 35%, 여성의 28%가 대졸, 15세 이상 남성의 41%, 여성의 37%가 고졸, 15세 이상 남성의 22%, 여성의 27%가 초졸, 15세 이상 남성의 2%, 여성의 7%가 무학자다. 이에 비해 1955년에는 15세 이상 남성의 절반 정도, 여성의 80% 가까이가 무학자였다. 대졸자는 남녀를 막론하고 예외적인 사람들이었다. 1955-2010년간 고졸과 대졸의 비중은 꾸준히 상승했다. 초졸자 비중은 1970년대 후반까지 상승한 뒤 하락했다.[6]

해방 직전 1944년에 실시된 센서스(=국세 조사)에 따르면 15세 이상 인구 중 무학자 비중은 남자 80%, 여자 94%였다. 이는 1955년의 남자 49%, 여자 74%에 비해 훨씬 높은 수치이다([그림 6-2]). 그리고 1944년 초졸자 비중은 남자 17%, 여자 4%로 1955년 남자 45%, 여자 24%에 비해 현저히 낮았다. [그림 6-2]에 따르면 1944년이나 1955년이나 고졸이나 대졸은 매우 드물었다.

1944년보다 앞서 실시된 국세 조사에서는 학력이 조사되지 않았다. 그러나 1966년 센서스를 통해 수집된 인구 데이터의 1% 샘플이 공개되어 있는데, 이를 이용하면 식민지 시대와 해방 직후의 15세 이상 인구의 학력별 구성을 추정할 수 있다. 1966년 센서스의 1% 샘플에는 1881년 이후 출생한 남자 137,284명과 여자 142,435명의 학력이 기록되어 있다. 이를 이용해 우선 1881년 이후 각 해에 태어난 조사 대상자의 학력별 구성을 계산할 수 있다. 둘째, 이 샘플에 들어 있는 t년 출생자의 학력별 인구를 t+15년의 15세 인구의 학력별 구성과 같다고 하자. 마찬가지로 센서스 샘플에 들어 있는

6) 15세 이상 인구 및 취업자의 학력별 구성을 보이는 자료로서는 센서스 결과 이외에 경제 활동 인구 조사가 있다. 두 자료에 나타난 학력별 인구에는 상당한 격차가 있지만 학력별 인구 구성은 대체로 비슷한 추세를 따른다. 여기서 경제 활동 인구 조사를 이용하지 않은 이유는 경제 활동 인구 조사는 1963년부터의 정보만을 알려 주며 무학자와 초졸자를 분리하고 있지 않기 때문이다.

t−1년 출생자의 학력별 인구를 t+15년의 16세 인구의 학력별 구성과 같다고 놓을 수 있다. 이런 방식으로 t+15년의 15세 이상 각 연령 인구에서 차지하는 무학자, 초졸자, 중등 교육 이수자, 고등 교육 이수자 비율을 구한다. 셋째, 이렇게 구한 t+15년의 15세 이상 연령(=x)별 초졸자 비율(=r_x)에 t+15년의 15세 이상 인구의 연령별 구성 비율(s_x)을 곱하고 이를 합산하면(=$\Sigma_x r_x \cdot s_x$) t+15년의 15세 이상 인구에서 초졸자가 차지하는 비중이 나오게 된다. t+15년의 15세 이상 인구 중에서 무학자나 중등 및 고등 학력자 비중도 마찬가지 방법으로 계산할 수 있다. t+15년 이외의 연도에 대해서도 위의 세 단계를 밟아 15세 이상 인구의 학력별 구성을 계산할 수 있다.

1966년 센서스의 1% 샘플에 이런 방식을 적용해서 추정한 1944년 15세 이상 인구의 학력별 구성과 1944년 센서스를 통해 파악된 학력별 구성을 비교해 보면 1966년 센서스 샘플에서 추정된 무학자 비율은 과소평가치, 유학자 비율은 과대평가치임을 알 수 있다. 예를 들어, 1944년 국세 조사 보고서에 따르면 15세 이상 남자 인구 중 초졸자 비중이 16.7%지만 1966년 센서스 샘플을 이용해 추정한 결과는 24.5%나 된다. 이는 1944년에는 무학자였던 사람 중 일부가 1945-66년간 어떤 시점에 초등학교 교육을 이수했기 때문에 발생한 차이이다.[7] 이런 문제는 학력별 인구 구성 추정 대상 시점이 1944년보다 더 과거로 거슬러 올라갈수록 점점 심해질 것이다. 왜냐하면 추정 대상 시점과 1966년과의 시간적 거리가 길면 길수록 추정 대상 시점과 1966년 사이에 교육을 받아 추정 대상 시점보다 더 높은 학력 수준 계층으로 올라

7) 바꾸어 설명하면 추정의 두 번째 단계에서 센서스 샘플에 들어 있는 t년 출생자의 학력별 인구를 t+15년의 15세 인구의 학력별 구성과 같다고 놓았지만 실제로는 다를 가능성이 높다는 것이다. 왜냐하면 센서스 샘플에 들어 있는 t년 출생자의 학력별 인구란 1966년에 관측된 것으로 t년 출생자들이 t+15년에서 1966년 사이에 학교에 들어가 학력을 쌓았을 수 있기 때문이다.

갈 가능성이 커지기 때문이다.

그러므로 위의 절차를 통해 추정한 학력별 인구 구성 비율을 조정할 필요가 있다. 1944년의 경우 1966년 센서스 샘플에 근거한 추계는 실제의 남자 초졸자 비율을 47%(=24.5%/16.7%−1) 정도 과대평가하고 있다. 과대평가 정도가 1944-66년간 매년 일정한 폭 0.2% 포인트(=47%/(1966-1944))씩 증가했다고 가정하자. 그러면 1966년 센서스 샘플에서 추계한(1943년 이전의) 어떤 해 t의 남자 초졸자 비율(x) 중에서 그 해와 1966년 사이에 초등 교육을 받았기 때문에 발생한 부분을 제거하기 위해서는 x를 $1+0.02\times(1966-x)$로 나누어 주면 된다. [그림 5-2]에 제시된 1910-49년간 초졸자 비율은 이런 조정을 거친 것이며 고졸 및 대졸자 비중도 마찬가지다. 무학자 비중은 이렇게 추정된 초졸, 고졸, 대졸자 비중의 합을 1에서 빼서 구했다.[8)]

우리나라에서 처음으로 근대적 교육 기관이 창설된 것은 갑오개혁 이듬해인 1895년이다. 이후 각급 학교 수가 꾸준히 증가해 갔다. 善生永助(1926: 160)에 따르면 1912년에 이미 초등 교육 수료 남자 4,104명, 중등 교육 수료 남자 904명, 전문 교육 수료 남자 17명이 있었다고 한다. 그런데 1966년 센서스 1% 샘플을 근거로 위의 네 단계를 밟아 계산한 1912년의 초졸자는 50,147명, 고졸자는 5,072명, 대졸자는 375명이나 된다. 善生永助(1926: 160)는 자신이 제시한 학력별 인구 통계의 출처가 무엇인지를 밝히고 있지 않

8) 이 문단의 서술은 추정 방법을 간단하고 이해하기 쉽게 설명하기 위한 것이며 실제의 추정 절차와는 차이가 있다. 인구의 연령별 구성은 연령별로가 아니라 15-19세, 20-24세, …, 70-74세, 75-79세, 80세 이상과 같이 5세 간격으로만 알 수 있으므로 1% 샘플에서 포함된 사람들을 1년이 아니라 5년 간격 출생 코호트(cohort)로 구분해서 학력별 구성을 계산했다. 또 인구의 연령별 구성은 1910, 1915, 1920, 1925, 1930, 1935, 1940, 1944, 1949년에 대해서만 알 수 있으므로 학력별 구성도 5년 간격으로 추정한 뒤 선형 보간을 통해 연도별 학력별 구성을 도출했다. 1945년과 1950년의 인구의 학력별 구성을 구하기 위해서는 각각 1944년과 1949년 인구의 연령별 구성을 적용했다. 추계 방법에 관한 보다 상세한 내용은 Cha & Hwang(2014)을 참조하라.

은데 과소평가치일 가능성이 높다. 왜냐하면 (제2장에서 설명했듯이) 조선 총독부가 인구를 제대로 파악하게 된 것은 1925년 센서스 이후이며 1924년 이전 조선 총독부 통계연보에 발표된 현주 인구는 실제 인구보다 현저히 적기 때문이다. 그럼에도 불구하고 1966년 센서스 샘플을 바탕으로 위의 네 단계를 거쳐 추계한 식민지기의 15세 이상 인구의 학력별 구성 비율은 유학자의 비율을 여전히 과대평가하고 있을 가능성을 배제할 수는 없다.

그러나 [그림 5-2]가 보여 주는 변화는 지난 한 세기 동안 우리나라에서 실제로 일어난 학력 업그레이드 과정을 크게 왜곡하고 있다고는 생각되지 않는다. 대체적 윤곽이란 2010년 현재 15세 이상 인구 가운데에서는 찾아보기 힘든 무학자는 1910년에 15세 이상 인구의 거의 전부였고, 1910년에 찾아보기 어려웠던 대졸자는 2010년 15세 이상 남성 인구의 40% 가까이, 여성 인구의 30% 정도를 차지하게 되었다는 사실을 말한다.

학력별 임금 격차, 1910-2010

지난 한 세기 동안 일어난 이런 학력 업그레이드는 부모들이 자식 교육, 즉 인적 자본에 투자했기 때문에 일어난 결과이다. 부모들이 자식을 교육시키는 이유는, 예를 들어 고등학교만 나왔을 때보다 대학교까지 보내면 더 높은 보수를 받아 더 높은 생활 수준을 누릴 수 있으리라고 기대하기 때문이다. 기업들이 고졸자에 비해 대졸자에게 더 높은 급료를 지불하는 이유는 대졸자들이 중등 교육 이수자에 비해 임금 격차만큼 높은 생산성을 내기 때문이다. 즉, 학력별 임금 격차는 교육 수준이 다른 노동자들이 공급하는 노동 서비스의 질, 즉 생산성 차이를 나타낸다. 교육 수준에 따른 임금 격차는 숙련 프리미엄(skill premium)이라고 하기도 한다.

숙련 프리미엄의 크기는 인적 자본의 공급과 수요의 변화에 따라 바뀌게 된다. 만일 대학 교육을 받은 노동자에 대한 수요는 일정한데 대학 졸업자들이 증가하면 대졸자/고졸자 임금 비율은 감소할 것이다. 만일 첨단 기술이 등장해서 대학 교육을 받은 노동자에 대한 수요가 증가하는데 대졸 노동자 수는 변하지 않는다면 대졸 노동자의 임금 프리미엄은 증가할 것이다. 이런 점에서 숙련 프리미엄의 변동은 "기술과 교육 간의 경주(race between technology and education)"에서 어느 쪽이 앞서 가고 있는지를 보여 준다고 할 수 있다.[9]

학력별 평균 임금 수준이 어떻게 다른지를 알려 주는 최초의 학력별 평균 임금 통계는 1967년 한국은행이 발간한 『임금 기본 조사』에 실려 있다. 이듬해부터 노동청(1981년 노동부로 승격, 2010년 고용노동부로 개칭, 이하 고용노동부)이 『직종별 임금 조사 보고서』를 발행하면서 여기에 학력별 평균 임금이 발표되기 시작했다.[10] 2001년까지는 대학교, 고등학교, 중학교, 초등학교 졸업자의 평균 임금 통계가 있다. 2002년부터는 중학교와 초등학교 학력자를 중학교 이하로 통합해서 제시하기 시작했다.

[그림 5-3]은 한국은행의 임금 기본 조사와 고용노동부의 직종별 임금 조사 보고서에 제시된 고졸자 평균 임금에 대한 대졸자 또는 초졸자 평균 임금의 비율에서 1을 빼어 구한 대졸자 임금 프리미엄과 초졸자 임금 디스

9) 이는 19세기 말부터 21세기 초에 걸친 미국의 학력별 임금 격차 변화를 분석한 Goldin & Katz(2008)의 제목이다.

10) 이 자료는 1968에 처음 직종별 임금 조사 보고서로 발간된 이래 다음과 같이 명칭이 변했다. 1970에 직종별 임금 조사 결과 보고서, 1973년에 직종별 임금 조사 보고서, 1975년에 근로자 센서스 보고서(직종별 임금 실태 조사 부문), 1976년에 직종별 임금 실태 조사 보고서, 1992년에 임금 구조 기본 통계 조사 보고서, 2008년에 고용 형태별 근로 실태 조사 보고서가 되었다.

그림 5-3 고졸자에 대한 대졸자 임금 프리미엄 및 초졸자 임금 디스카운트

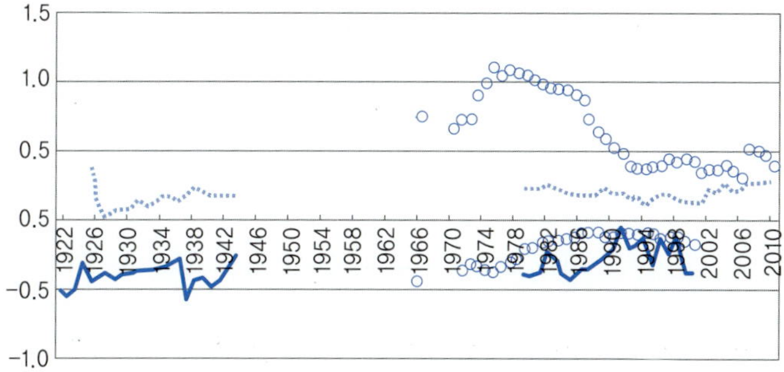

주: 점선과 실선은 각각 고졸자 임금을 기준으로 한 초졸자 임금 디스카운트, 대졸자 임금 프리미엄; 식민지기는 식산은행 퇴직 사망자 대장을 근거로 1980년 이후는 고용노동부의 원시 자료(마이크로 데이터)를 이용해 추정; 동그라미는 직종별 임금 조사 보고서에 제시된 학력별 평균 임금의 비율을 구하고 이 비율에서 1을 빼어 도출한 학력별 임금 격차.
자료: 차명수 · 황준석 · 이우연(2014).

카운트를 동그라미로 표시하고 있다. 이에 따르면, 1960년대 말 60% 정도였던 대학 교육 프리미엄은 1970년대 들어 상승했다. 그리고 1970년대 말 100%를 초과한 뒤 하락해서 1990년대 초에 40% 정도로 떨어진 후 정체했다.

고용노동부는 직종별 임금 조사 보고서와 아울러 이를 작성하는 데 사용된 원시 자료를 연구자들에게 공개하고 있다. 원시 자료란 성, 나이, 교육 수준, 근속 연수, 경력 연수 등 특성이 제각각이며 여러 산업에 속한 상이한 규모의 작업장에서 일하는 많은 수의 개별 노동자들이 어떤 해에 얼마의 임금을 받았는지를 알려 주는 자료를 말한다. 김광조(1995: 320)는 이 마이크로 데이터 중 1980년 자료를 가지고 개별 노동자들이 받은 임금을 종속 변수로, 개별 노동자들의 여러 특성을 설명 변수로 하는 회귀식을 추정했다. 그렇게 해서 고졸 노동자가 대학 교육을 받으면 임금이 62-7% 상승하는 효과를 볼 수 있다는 추정 결과를 보고했다. 성백남(1988: 123)은 1986년 마이크로 데이터를 이용해 김광조(1995)와 유사한 임금 함수를 추정하고 대학 교육의 임금 상승 효과가 52%라는 분석 결과를 제시했다.

원시 자료를 이용해 추정한 대학 교육의 임금 상승 효과는 직종별 임금 조사 보고서에 제시된 고졸자에 대한 대졸자 임금 프리미엄에 비해 현저히 작다. 이런 차이는 왜 생겨난 것이며, 이 둘 중 어느 쪽을 사용해서 인적 자본 지수를 추정하는 것이 합리적일까?

나이와 근속 연수, 산업, 작업장 규모 등이 다른 대졸 노동자와 고졸 노동자를 각각 만 명씩 무작위로 추출했다고 하자. 표본에 포함된 노동자들은 나이도 다르고 근속 연수도 각각 다르다. 이들의 임금을 조사해서 표본 평균(sample mean)을 구했더니 고졸 노동자가 월 150만 원, 대졸 노동자가 월 200만 원이었다고 하자. 즉, 대졸 노동자는 고졸 노동자에 비해 평균 33% 많은 임금을 받는다. 그러나 이것이 곧바로 고졸자에 대한 대졸자의 생산성 우위를 보여 주는 것이라고 할 수는 없다. 만일 대졸 노동자와 고졸 노동자들이 자본 집약적 산업에 종사하는 경향이 있다면, 대졸 노동자 한 사람이 사용하는 평균 자본량이 고졸 노동자들에 비해 많을 것이며, 이는 대졸과 고졸 노동자 사이의 임금 격차를 발생시키는 또 다른 원인이 된다. 일인당 자본 사용량 차이 때문에 발생하는 임금 격차를 제거하면 교육 수준 차이에 따른 생산성 격차를 나타내는 임금 격차가 나오게 되는데 이는 33%보다 작을 것이다.

직종별 임금 조사 보고서에 제시된 학력별 평균 임금은 조사 대상자들을 학력별로 나누어 계산한 단순 평균일 가능성이 높으며 사람들이 보고 느끼는 학력별 임금 격차에 가깝다. 이에 비해 김광조(1985)나 성백남(1988)이 마이크로 데이터를 이용한 임금 함수 추정을 통해 측정한 것은 순수히 교육 차이에 따른 노동 생산성, 즉 임금 격차인데 이것이 바로 인적 자본을 측정하기 위해 필요한 정보이다.

[그림 5-3]에 제시된 1980년부터 시작하는 실선과 점선은 각각 원시 자료를 회귀 분석해서 추정한 고졸 노동자에 대한 대졸 노동자의 임금 프리미엄과 초졸 노동자의 임금 디스카운트를 보여 준다. 원시 자료에는 다양한 산업에서 일하는 노동자들의 임금 관련 정보가 포함되어 있지만 [그림 5-3]에 제시된 추정치는 이 중 금융업에 종사하는 노동자들에 관한 데이터만을 이용해서 구한 것이다. 금융업만을 대상으로 1980년 이후의 학력별 임금 격차를 추정한 이유는 은행업에 대해서만 학력별 임금 격차를 알 수 있는 식민지기와 연결 가능한 수치를 얻기 위해서이다. 금융 산업에서의 학력별 임금 격차가 전체 경제의 임금 격차를 얼마나 잘 반영하는지에 대해서는 아래에서 검토하기로 하자.

중등 학력이나 대학 학력 보유자가 드물었던 식민지기 학력별 임금 격차를 알려 주는 유일한 자료는 조선 식산 은행의 『퇴직 사망자 대장』이다. 조선 식산 은행은 1918년 여섯 개의 농공 은행을 통합해서 설립되었는데, 식민지기 조선의 고학력자들에게는 꿈의 직장 중 하나였다. 식산 은행 직원들이 받았던 보수를 일본의 주요 국영 및 재벌 기업의 급료와 비교한 정병욱(2013: 243-4)에 따르면, 조선 식산 은행은 조선인에게 가장 많은 월급을 주는 직장이었다. 1954년 한국 산업 은행으로 이름이 바뀌면서 국책 은행이 되어 고도 성장기에 정부의 산업 정책에 따라 선정된 기업들에게 정책 금융을 제공하는 기관으로 기능했다. 2008년 민영화되어 현재 KDB 산업 은행이라 불리는 일반 은행의 하나가 되었다.

조선 식산 은행의 『퇴직 사망자 대장』은 조선 식산 은행 직원 개개인의 학력, 성별, 민족 같은 특성 그리고 입사, 승진, 퇴사 같은 인사 변동 사항뿐 아니라(상여금이나 수당을 제외한) 본봉 변화를 기록하고 있다.[11] 따라서 『퇴직 사망자 대장』에 포함된 정보는 고용노동부의 원시 자료와 마찬가지로 마이크로 데이터이며 이를 회귀 분석해서 학력별 임금 격차를 추정할 수 있다. 그 결과가 이를 통해 추정된 [그림 5-3]에 1944년에 끝나는 점선(=대졸자 임금 프리미엄과)과 실선(=초졸자 임금 디스카운트)으로 표시되어 있다.

[그림 5-3]에 따르면 대졸 임금 프리미엄은 식민지기에 정체했다고 볼 수도 있고, 1926년의 값을 이상치(outlier)라고 본다면 추세적으로 확대되었다고 할 수도 있다. 반면 초등 학력자의 임금 디스카운트는 이차 대전 발발까지 감소 추세를 보였다. 1980년과 1990년대에 초졸자 디스카운트와 대졸자 프리미엄은 감소 추세였다. 1990년대부터 대졸자 프리미엄은 확대되기 시작했다. 분석 대상이 된 임금 자료의 성격이 완전히 같지 않으므로 식민지기와 1980년 이후의 학력별 임금 격차의 폭을 비교하는 것은 무리일 수 있다. 그럼에도 불구하고 연결해서 보면 1945년 전과 후 사이에 학력별 임금 격차의 크기가 현저히 달랐던 것으로 보이지 않는다.

[그림 5-3]에 실선과 점선으로 표시된 학력별 임금 격차는 특정 기업 또는 특정 산업에 관한 것이다. 그리고 이를 추정하는 데 사용된 임금은 내부 노동 시장(internal labor market)에 소속되어 있을 가능성이 높은 사무직 노동자에 관한 것이다.[12] 그렇기 때문에 [그림 5-3]이 얼마나 정확히 경제 전체의 학력별 임금 격차를 반영하는 것인가라는 의문이 제기될 수 있다.

하나의 시장 경제를 이루는 여러 시장들은 서로 연결되어 있고 따라서

11) 회귀 분석에 관한 상세한 내용은 차명수 · 황준석 · 이우연(2014)을 보라. 조선 식산 은행의 인사 자료에 어떤 정보가 포함되어 있는지에 관해서는 선재원(2010)의 소개를 참조하라. 조선 식산 은행 조선인 행원의 채용과 승진에 관해서는 Moskowitz(1979)의 잘 알려진 연구가 있다.

12) 내부 노동 시장은 노동자의 신규 채용과 보수가 일정한 절차와 규칙에 따라 이루어지는 기업 내의 인사 조직을 말한다. 여기에서는 과거에 채용된 노동자들의 승진과 기업 내 재배치 또한 정해진 절차와 규칙에 따라 이루어진다. 이는 고용과 임금이 노동 수요와 공급에 의해 결정되는 외부 노동 시장과 대비된다. 내부 노동 시장의 예로는 공공 기관이나 대기업의 인사과, 외부 노동 시장의 예는 새벽에 열리는 인력 시장을 생각할 수 있다.

한 개별 시장에서 관측된 가격이 경제 전체의 평균 가격과 크게 다를 가능성은 낮다. 만일 어떤 기업 또는 산업이 다른 기업 또는 산업에서보다 대졸자들을 고졸자들에 비해 더 많은 정도로 우대하고 있다고 하자. 그러면 대졸자들이 그 기업이나 산업으로 이동할 것이다. 대졸자 공급 증가는 그 기업과 산업에서의 대졸자 임금 프리미엄을 감소시킬 것이다. 따라서 다른 기업 또는 산업과의 차이가 수축할 것이다. 식민지기에는 『퇴직 사망자 대장』 외에 학력별 임금 격차가 어느 정도였는지를 알려 주는 자료가 없으므로 다른 산업이나 기업과의 비교가 불가능하다. 그러나 고용노동부의 마이크로 데이터에는 많은 다른 산업들이 포함되어 있어서 제조업, 운송업, 건설업과의 비교가 가능하다. 차명수 · 황준석 · 이우연(2013)에 따르면 1980-2011년간 산업 사이에 학력별 임금 격차의 크기는 상당히 달랐지만 격차의 변화 추세는 대체로 비슷했다.

교육은 인적 자본에 대한 투자다. 학력별 임금 격차는 인적 자본에 대한 투자 수익률의 척도다. 학력별 임금 격차를 d, 교육 연수를 n으로 표시하면 교육에 대한 투자 수익률은 $\exp((1/n) \cdot \ln(1+d))-1$과 같다. 이에 비해 이자율은 물적 자본에 투자했을 때의 수익률이다. 교육 투자 자금 대출 제도를 포함한 잘 발전된 자본 시장이 존재하고 있다면 교육 투자 수익률은 실질 이자율과 같아질 것이다. 자본 시장이 불완전하다면 교육 투자의 수익률과 이자율 사이에는 격차가 생길 수 있다. 그러나 그 둘이 전혀 무관하게 변하지는 않을 것이다. 자본 시장이 존재하는 한 인적 및 물적 자본 투자 수익률 사이에 커다란 격차가 오랜 기간 동안에 걸쳐 지속되거나 점점 더 확대되기는 어렵다. 대학 교육 수익률이 이자율에 비해 현저히 높다면 학자금을 대출하는 제도가 없다 하더라도 부모들은 농토를 담보로 대출을 하거나 소를 팔아 교육비를 마련할 것이다. 이에 따른 대졸자 공급 증가는 대졸자 임금 프리미엄을 감소시키게 될 것이다.[13] 따라서 물적 및 인적 자본 투자 수익률은 정확히 일치하지 않는다 하더라도 장기적으로 같은 방향으로 변하는 경향이 나타날 것이다.

[그림 3-12]에 제시된 쌀값 계절 변동을 근거로 추정한 실질 이자율과 [그림 5-3]에 점선 및 실선으로 표시된 학력별 임금 격차를 비교해 보면 실질 이자율과 교육에 대한 투자의 수익률이 비슷한 추세를 따랐음을 알 수 있다. 우선 식민지기에는 초졸 임금 열세는 약화된 데 비해 대졸 임금 우위는 강화되어 갔다. 그러므로 학력별 임금 격차는 정체했다고 할 수 있는데, 실질 이자율의 추세는 상승이라고도 하락이라고도 하기 어려웠다. 둘째, 실질 이자율이 떨어졌던 1980년대와 1990년대에는 교육 투자 수익률도 하락했다. 셋째, 1970년대와 최근 20년간에는 실질 이자율이 정체했는데, 이 시기에 대졸 임금 우위는 강화, 초졸 임금 열세는 약화되었으므로 학력별 임금 격차도 정체했다고 할 수 있다.

이런 사실들과 논거에 비추어 보았을 때 조선 식산 은행의 『퇴직 사망자 대장』과 고용노동부의 원시 자료 중 금융업 임금 통계를 근거로 추정된 학력별 임금 격차는 경제 전체의 평균과 정확히 일치하지는 않는다 하더라도 전혀 무관한 것이라고 할 수도 없다. 따라서 [그림 5-3]의 실선과 점선으로 표시된 숫자를 적용해서 지난 한 세기 동안 인적 자본이 얼마나 빠르게 축적되어 왔는지를 계산하기로 한다. 이렇게 하는 것이 마음에 들지 않는다 하더라도 대안이 없다.

[그림 5-3]에서 보듯이 조선 식산 은행의 『퇴직 사망자 대장』과 고용노

13) 대학은 상아탑(ivory tower)이 아니라 소 뼈로 만들어진 탑(牛骨塔)이라는 말이 1960년대와 1970년대에 유행했었다. 이는 농촌의 많은 부모들이 소를 팔아 자식들을 대학에 보냈음을 표현하는 것으로 물적 자본 축적과 인적 자본 축적이 밀접히 연결되어 있었음을 말해 준다.

동부의 원시 자료 중 금융업 임금 통계를 가지고는 학력별 임금 격차를 추정할 수 없는 두 시기가 있다. 우선 2002년 이후는 고졸자에 대한 초졸자의 임금 열세를 추정할 수 없다. 그 이유는 고용노동부의 원시 자료가 2001년까지는 중졸자와 초졸 이하 학력자를 구분했지만, 2002년부터는 이 두 학력 계층을 구분하지 않고 중졸 이하로 통합했기 때문이다.

원시 자료에서 2001년까지 구분하고 있는 중졸과 초졸 노동자를 하나의 카테고리로 통합해서 1980년 이후 최근까지의 고졸자에 대한 중졸 이하 학력자의 임금 디스카운트를 추정할 수 있다. 이를 초졸자 임금 디스카운트와 비교해 보면 두 시계열이 동시에 존재하는 1980-2001년간 고졸자에 대한 초졸자 및 중졸 이하 학력자의 임금 열세는 수준이나 추세의 면에서 매우 비슷하다는 것을 알 수 있다(차명수 · 황준석 · 이우연, 2014). 고졸자에 대한 중졸 이하 학력자의 임금 열세는 1980년 이후 현재까지 줄곧 수축하는 추세를 따랐으므로 고졸자에 대한 초졸자의 임금 열위도 지난 30년간 좁혀져 왔을 가능성이 높다.

둘째, 1945-79년간에 대해서는 고용노동부의 마이크로 데이터가 존재하지 않거나 구할 수 없으므로 고졸자에 대한 대졸 임금 우위의 정도도 고졸자에 대한 초졸자의 임금 열세의 정도도 추정할 수 없다. 그런데 [그림 5-3]에서 1980년 이후의 동그라미(=직종별 임금 조사 보고서의 학력별 평균 임금에서 계산한 학력별 임금 격차)와 점선 또는 실선(=마이크로 데이터를 이용해 추정한 학력별 임금 격차)를 비교해 보면 둘 사이에 수준이나 변화 속도에는 상당한 차이가 있지만 변화 방향은 대체로 같음을 알 수 있다. 그러므로 1967-79년간 대졸자 임금 프리미엄은 [그림 5-3]에서 동그라미가 보여 주는 것처럼 1970년대 중엽까지 확대되다가 이후 수축했으며 초졸자 임금 디스카운트는 이 시기 동안 줄곧 수축했다고 판단하는 것이 합리적일 것이다.

마지막으로 1955년부터 1966년까지는 학력별 임금 격차에 관한 어떤 정보도 존재하지 않는다. 그러나 쌀값 월별 변동에서 추론한 실질 이자율과 학력별 임금 격차가 비슷한 추세를 따랐다는 점, 그리고 실질 금리가 1960년대 초에 매우 높았다는 점에 비추어 이 시기의 학력별 임금 격차도 식민지기나 1960년대 말 이후 시기보다 컸으리라는 추정이 가능하다.[14)]

지금까지 검토한 것은 학교 교육을 받은 사람들 사이의 임금 격차이다. 무학력자와 학력자 사이에는 어느 정도의 임금 격차가 있었을까?[그림 5-2]는 지난 한 세기 동안의 인적 자본 축적 과정에서 무학자의 소멸은 유학자들의 교육 수준이 점점 올라간 것보다 더 의미 있는 발전이었음을 말해 준다. 1960년에도 무학자는 15세 이상 남성 인구의 절반 정도를 15세 이상, 여성 인구의 60%를 차지하고 있었는데, 반 세기 뒤 2010년에는 그 비중이 남자의 경우 1%로, 여성의 경우 7%로 떨어졌기 때문이다. 그럼에도 불구하고 기존의 한국 인적 자본 추계에는 이런 발전이 반영되지 않았다. 그 이유는 아마 무학자와 학교를 다닌 사람들 사이의 임금 격차에 대한 정보를 구하기 어려웠던 때문일 것이다.

『퇴직 사망자 대장』을 이용해서 추정한 초등학교 학력을 가진 식산 은행 직원들의 월급은 (무학자가 대부분이었을 것으로 생각되는) 보통 노동자 일당의 많을 때는 30배, 적을 때는 열 배 정도였다(차명수 · 황준석 · 이우연, 2014: 그림 2). 이 비율은 1920년대에는 상승, 1930년대에는 하락했는데, 식민지기를 전체로 놓고 보면 초등학교 학력 식산 은행 직원 월급은 보통 노동자 일급

14) 바꾸어 말하면 학력별 임금 격차가 해방 이후 크게 벌어진 뒤 1960년대 들어 수축되기 시작한 것으로 보인다. 해방 후 학력별 임금 격차가 확대되었다는 것은 인적 자본이 다른 생산요소에 비해 상대적으로 희소해졌다는 것을 의미하는데, 이는 해방과 동시에 일본인들이 본국으로 돌아가고 남북 분단이 일어났다는 사실로써 설명할 수 있다. 즉, 일본인들은 우리나라 사람들에 비해 교육 수준이 높았으며, 식민지기에 남한에 비해 북한의 교육 수준이 높았다(Kimura, 1990: 349).

의 15일치 정도를 중심으로 오르내렸다. 여기서 월급이란 본봉만을 가리킨다. 식산 은행 직원들은 본봉 외에 재근 수당, 사택료, 상여금을 받았고, 이를 합한 총급여는 본봉의 두 배 정도에 달했다. 만일 보통 노동자가 한 달에 20일 일한다고 가정하면 초등 학력을 가진 식산 은행 직원들의 총급여는 보통 노동자 월수입의 1.5배 정도였다고 할 수 있다.

식산 은행 직원과 보통 노동자는 서로 다른 산업에 종사하고 있을 뿐 아니라 각각 내부 노동 시장과 외부 노동 시장에 속해 있으므로 이 두 종류의 임금을 비교하는 것은 무리일 수 있다. 그러므로 외부 노동 시장에서 고용과 임금이 결정되었으며 무학력자와 초졸자가 주로 고용되었으리라고 짐작되는 두 직업에서의 임금을 비교해 보자.

조선 총독부 통계연보에 등장하는 직종 중 적어도 초등 학력이 필요했으리라고 보이는 직종 중 하나는 식자공이다. 식자공으로 일하려면 문자 해독 능력을 가지고 있어야 하기 때문이다.[15] 식자공 임금과 무학 노동자들이 대부분이었을 것으로 보이는 보통 노동자(식민지기) 또는 인부(해방 후) 임금 사이의 비율을 [그림 5-4]는 보여 준다. 식민지 지배 시작 당시 식자공/인부 임금 비율은 1.5에도 미치지 못했다. 이후 20년간 꾸준히 상승해서 1930년대 초에는 2 정도에 도달했다. 이후 하락해서 일제 시대 말기에는 다시 1.5 수준으로 떨어졌다. 식자공/인부 임금 비율은 식산은행 초졸 직원/인부 임금 비율과 마찬가지의 등락을 보였을 뿐 아니라 두 비율 모두 초졸자는 무학자에 비해 50% 정도 높은 임금을 받았음을 알 수 있다. 식자공/인부 임금 비율은 해방 후에는 더욱 떨어져서 식민지기 초기의 상태로 되돌아갔다. 1970년대와 1980년대에도 비슷한 수준의 임금 격차가 관측되었다.

15) 여기서 "적어도"라는 단서를 단 것은 식자공이 한글뿐 아니라 한자, 일본어, 영어도 해독해야 했을 가능성을 염두에 둔 것이다.

그림 5-4 식자공/보통 노동자 임금 비율

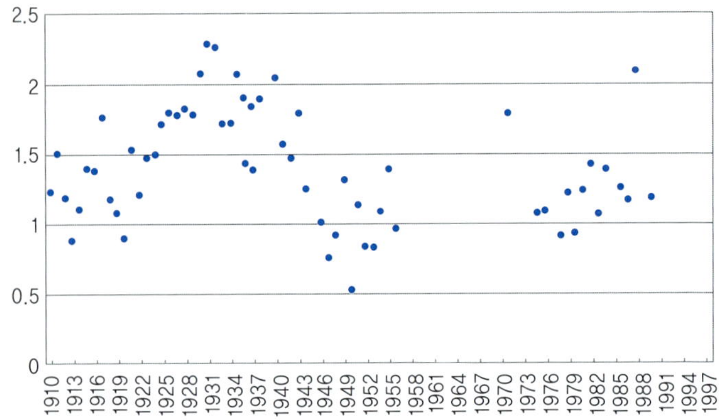

자료: 조선 총독부 통계연보, 농협 조사 월보, 직종별 임금 조사 보고서, 김낙년 · 박기주(2007).

성별 임금 격차, 1910-2010

남성과 여성 노동자 사이에는 커다란 생산성 격차가 있고 따라서 노동력의 성별 구성은 학력 구성과 함께 노동의 질에 영향을 미치는 중요한 요인이 된다. 남성과 여성 노동자의 생산성 차이는 성별 임금 격차(gender wage gap)로 나타나는데, 여성은 남성 노동자에 비해 대개 낮은 임금을 받고 일한다. OECD 나라들의 경우 2008년 정규직 여성 노동자의 중위 임금(median earning)은 남성 노동자에 비해 평균 18% 낮다(OECD Employment Outlook 2008 - Statistical Annex, OECD, Paris, 2008: 358). 오늘날 아시아와 라틴 아메리카에서 여성들이 받는 임금은 남성 임금의 40-70% 정도이다(Scholliers, 2003: 207). 그리고 성별 임금 격차는 오랜 옛날부터 있었던 것 같다. 구약 성서의 레위기 27장은 서원(誓願, special vow) 예물의 값(valuation)을 규정하면서 스무 살에서 예순 살에 이르는 남자는 은 50쉐켈, 여자는 은 20쉐켈이라고 기록하고 있다.[16] 그러나 조선 후기 남자 노예(奴)의 가격은 여자 노예(婢) 가격보다 쌌다. 50세가 넘으면 여자 노예 가격이 남자에 비해 싸진다. 낮은 노동 생산성에도 불구하고 여자 노예가 남자 노예에 비해 비쌌던 것은 노예를 생산하는 능력을 가졌기 때문이었던 것 같다(이우연 · 차명수, 2010: 116, 그림 1).

그러나 이 같은 여성의 임금 열세가 모두 여성 노동자의 낮은 생산성을 반영하는 것은 아니다. 학력별 임금 격차와 마찬가지로 성별 임금 격차는 여러 요인이 작용해서 생겨난 결과이다. 그 중 하나는 물론 남자와 여자의 근력 차이에 따른 생산성 격차인데, 이는 사무직보다는 생산직의 경우 중요한 요인이다. 둘째, 사무직의 경우 남성 노동자가 여성 노동자보다 노동시간이 더 길거나 책임을 지는 직책을 맡기 때문에 보다 많은 임금을 받을 수 있다. 셋째, 많은 나라에서 여성들은 남성들보다 교육 수준이 낮다. 그래서 여성의 임금 열세가 생겨나는 경우가 많다. 서병선 · 임찬영(2002)은 1999년의 고용노동부의 마이크로 데이터를 이용한 임금 함수 추정을 통해 관측된 성별 임금 격차의 절반 정도가 성별 인적 자본 차이로 설명된다고 결론지었다. 마지막으로, 관습이나 습관 때문에 여성과 남성의 직업이 구분되어 있는 경우, 직종 간 기술 발전이 다른 속도로 일어난다면 이것이 성별 임금 격차를 발생시킬 것이다.

[그림 5-5]는 여성/남성 임금 비율을 농업(동그라미)과 제조업(십자)으로 나누어서 보여 준다. [그림 5-5]의 주에서 설명하고 있는 것처럼 (원시 자료 회귀 분석을 통해 구한) 1980-2010년간 제조업을 제외하면 모두 (표본 평균일 것이

16) 은 1쉐켈은 11그램에 해당한다.

그림 5-5 여성/남성 임금 비율

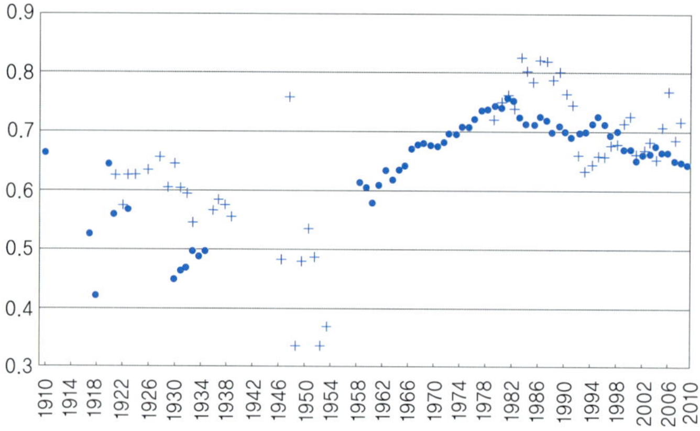

주: 동그라미는 농업, 십자가는 제조업; 식민지기 농업 – 조선 총독부 통계연보; 해방 후 농업 – 농협 조사 월보; 식민지기 제조업 – 김낙년 · 박기주(2011)의 공장 노동자 임금; 1940년대 40년대 제조업 – 김낙년 · 박기주(2007)의 과자 공장 노동자; 1980년 이후 – 황준석(2011)이 분석한 고용노동부 마이크로 데이터에 포함된 사무직 노동자.

자료: 조선 총독부 통계연보, 김낙년 · 박기주(2007, 2011), 농협 조사 월보, 황준석(2011).

라고 짐작되는) 조선 총독부 통계연보나 농협 조사 월보 같은 정부 간행 통계서에 제시된 여성 임금을 남성 임금으로 나눈 비율이다. 이에 따르면 식민지기에는 여성의 임금 열세가 악화되었으며 해방 후 1980년대 초까지 성별 임금 격차가 줄어들었다. 전체적으로 한 세기 동안 성별 임금 격차가 추세적으로 수축된 것으로 보인다. 1980-2010년간의 여성/남성 임금 비율은 황준석(2011)이 고용노동부의 마이크로 데이터를 이용한 임금 함수 추정을 통해 추정한 사무직에서의 성별 임금 격차다.

미국에서는 여성/남성 임금 비율이 19세기 초에 0.3 정도였으나 20세기 초에는 0.7에 접근했다. Goldin(1990: 63)은 이 같은 변화의 중요한 한 원인이 증기 기관 같은 동력 기계가 발명되면서 남성에 대한 여성 노동자들의 근력 열세가 점점 덜 중요해졌기 때문이라고 보았다. 뿐만 아니라 산업 혁명을 계기로 등장한 근대적 섬유 산업에서는 여성들이 갖는 섬세함, 손재주와 같은 특징이 장점이 되었다. 지난 한 세기 동안 우리나라에서도 동력 기계는 꾸준히 보급되어 왔는데, 이는 [그림 5-5]에서 볼 수 있는 여성/남성 임금 비율의 상승 추세를 설명하는 한 요인일 가능성이 높다.

우리나라에서 성별 임금 격차 수축을 가져온 또 다른 요인으로 생각할 수 있는 것은 성별 교육 격차 감소이다. [그림 5-6]의 패널 A는 지난 한 세기 동안 우리나라의 문자 해독률(=식자율, literacy)이 증가해 온 과정을 보여 준다. 문자 해독률이란 성인 인구 중 글을 읽거나 쓸 줄 아는 사람의 비율을 말한다. [그림 5-6]의 패널 A에 제시된 문자 해독률은 15세 이상 인구에 대한 비율이다. 1949년까지의 문자 해독률은 1966년 센서스 1% 샘플로부터 학력별 인구 구성을 추정할 때 적용한 방법을 사용해서, 1955년 이후의 문자 해독률은 15세 이상 인구의 학력별 구성을 바탕으로 추정했는데 추정 절차는 Cha & Hwang(2014)에 자세히 설명되어 있다.

[그림 5-6]의 패널 A에 따르면 1910년 우리나라 문자 해독률은 남성 34.1%, 여성 3.6%로 평균 18.9%였다.[17] 이후 문자 해독률은 빠르게 상승해서 1944년 남자 66.0%, 여자 23.7%에 도달했다.[18] 식민지기에 여성보다 남성의

17) 개인이 운영하는 사이트로 보이는 http://www7.plala.or.jp/juraian/griffis.htm에 따르면 1904년에 출간된 William E. Griffis의 『은자의 나라 한국(*Corea: The Hermit Nation*)』 7판 444쪽에 조선 사람들의 문자 해독률을 15%로 추정해 놓았다고 한다. 접속 시점 2014년 4월 9일 오전 10:20. 그러나 이는 원문에서 발견되지 않는다. 이 숫자는 1910년에 대한 이 책의 추계 18.9%와 충돌하지 않는다. Griffis의 추계가 정확히 몇 년에 관한 것인지 알 수 없으나 1910년 이전에 관한 것이며 개항기에 교육이 보급되고 있었기 때문이다. 이 사이트에 따르면 Griffis(1904: 565)는 남성의 문자 해독률을 40%로 추정했다고 하는데 평균 문자 해독률이 15%가 되기 위해서는 여성의 문자 해독률이 −10%가 되어야 한다는 점에서 양립할 수 없는 추계치를 제시한 것이라고 할 수 있다.

18) 장하준(2005)은 해방 직후 남한의 문맹률이 78%에 달했다. 즉, 식자율이 22%에 불과했다고 주장했으나 이는 현실을 크게 과소평가하는 수치로 보인다.

그림 5-6 성별 인적 자본 격차

A. 남성과 여성의 문자 해독률

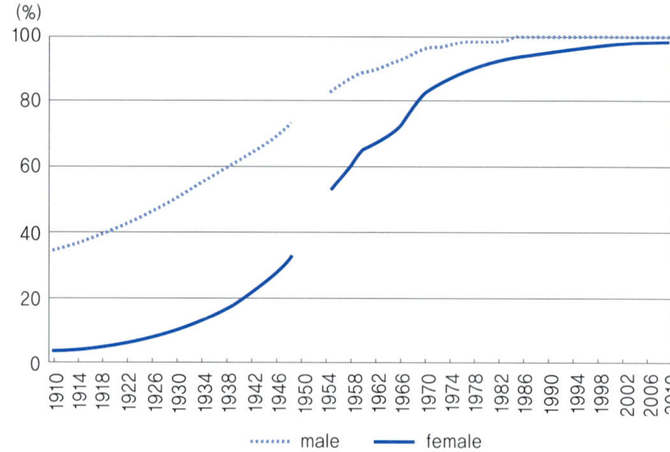

자료: Cha & Hwang(2014).

B. 15세 이상 남성과 여성 인구의 학력별 구성 격차

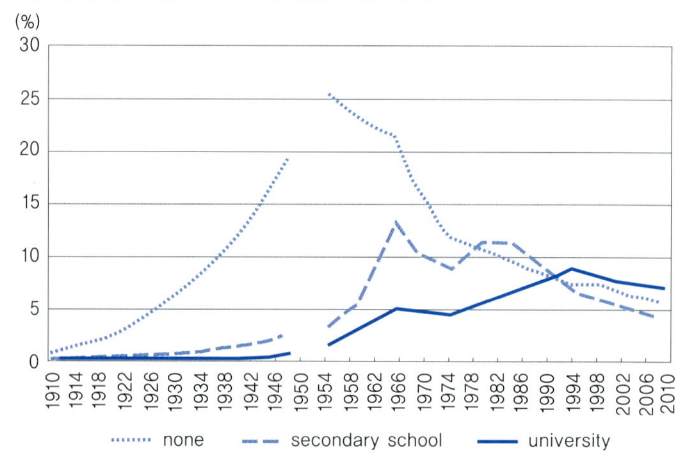

주: 무학자(점선)는 15세 이상 여성 인구 중 무학자 비율에서 15세 이상 남성 인구 중 무학자 비율을 뺀 값; 고졸자(파선)와 대졸자(실선)는 각각 15세 이상 남성 인구 중 고졸자 및 대졸자 비율에서 15세 이상 여성 인구 중 고졸자 및 대졸자 비율을 뺀 값.

자료: [표 5-2]와 같음.

문자 해독률 증가 폭이 더 크다(남성 32% 포인트 > 여성 20% 포인트). 식민지기에 남성과 여성 사이의 문자 해독률 격차는 벌어진 것은 그 시기에 여성/남성 임금 비율이 하락한 것과 잘 들어맞는다.

해방 후 문자 해독률은 빠르게 증가해서 1960년에는 남성 88%, 여성 64%에 도달했다. 그 과정에서 성별 문자 해독률 격차는 빠르게 좁혀졌는데, 이는 남성보다 여성의 문자 해독률 증가 속도가 더 빨랐음을 말해 준다. [그림 5-6]의 패널 B에서 점선은 (앞의 [그림 5-2]에 제시된) 여성 무학자 비율에서 남성 무학자 비율을 뺀 격차를 보여 준다. 이 격차는 식민지기와 해방 후 10여 년간 증가한 뒤 감소했는데, 이런 추세는 패널 A가 보여 주는 성별 문자 해독률 격차의 추이와 대체로 비슷하다. 식민지기에 확대되던 성별 인적 자본 격차가 해방 이후 좁혀졌다는 사실은 1950년대 말에서 1980년대 초까지 남성에 대한 여성의 임금 열세가 줄어든 것과 잘 들어맞는다.

1980년대에 들어서면 이미 무학자 비중은 아주 낮은 수준으로 떨어졌다. 문자 해독 비율은 남자는 100%에 근접하고 여자는 90%대에 진입했다. 그래서 지난 30년간 성별 인적 자본 격차는 무학/유학 여부나 문자 해독 능력 여부가 아니라 중등 및 고등 교육에 의해 좌우되었다. [그림 5-6]의 패널 B에서 파선과 실선은 각각 15세 이상 남성 중 중등 및 고등 교육자 비율에서 15세 이상 여성 중 중등 및 고등 교육자 비율을 뺀 격차를 보여 준다. 중등 교육에서의 성별 격차는 1980년대 중엽까지, 그리고 고등 교육에서의 성별 격차는 1990년대 중엽까지 벌어졌음을 알 수 있다. [그림 5-5]의 동그라미는 농촌의 성별 임금 격차도 1980년대 중엽부터 다시 벌어지기 시작했음을 보여 준다.

그러나 최근 20년간 성별 임금 격차와 성별 교육 격차가 같은 방향으로 변화하는 경향은 발견되지 않는다. 고졸 및 대졸자 비중의 성별 격차는

1990년대 중엽 이후 현재까지 좁혀져 왔다. 그러나 [그림 5-5]에 동그라미로 표시된 농촌의 성별 임금 격차는 이 시기에 벌어졌다. [그림 5-5]에 십자로 표시된 사무직에서의 성별 임금 격차는 1980년대와 1990년대 초에 걸쳐 벌어진 뒤 이후 현재까지 좁혀져 왔다. 그러나 이는 원시 자료 회귀 분석을 통해 교육 수준 차이 등이 성별 임금 격차에 미치는 영향을 제거하고 남은 성별 임금 격차이다.

그럼에도 불구하고 크게 보아서 지난 한 세기 동안 관측된 성별 임금 격차 추세는 대부분 성별 인적 교육 수준 차이 변화를 반영하는 것으로 보인다. 임금 격차와 인적 자본 격차는 장기적으로 좁혀지는 경향을 보였을 뿐 아니라 최근 20년을 제외하고 단기적으로도 같은 방향으로 움직이는 경향을 보였기 때문이다. 지난 한 세기 동안 일어난 성별 임금 격차 수축은 동력 기계 보급과 정합적이다. 그러나 동력 기계 보급으로써 성별 임금 격차 변화를 설명하는 데는 한계가 있다. 무엇보다도 동력 기계는 식민지기에 보급되고 있었지만 그 시기에 성별 임금 격차는 확대되었기 때문이다.

[그림 5-5]에서 십자로 표시한 1980년 이후의 성별 임금 격차는 학력뿐 아니라 나이, 근속 연수, 작업장 크기 등의 영향을 모두 감안한 격차다. 그렇다 하더라도 이것이 순수히 성별 생산성 격차를 나타내는 것이라고는 보기 어렵다. 이 중 적지 않은 부분은 문화적, 제도적 요인에 따른 여성 노동자에 대한 차별을 반영하는 것일 가능성이 높다. 성별 생산성 차이만을 추정하는 것은 마이크로 데이터가 존재하는 1980년 이후라 하더라도 쉽지 않다.[19] 지난 한 세기간 성별 임금 격차에 관한 정보의 대부분은 여성 노동자에 대한 차별은 물론, 작업장의 자본/노동 비율 그리고 성별 교육 격차의

19) 왜 쉽지 않으며 어떤 데이터가 필요한지에 관한 설명은 Goldin(1990: chapter 4)을 보라.

영향조차도 통제하지 않은 것이다. 그러므로 이 중 절반만이 교육 수준과 작업 조건이 같은 남성과 여성 사이의 생산성 격차를 반영하는 것이라고 가정하고 인적 자본 지수를 계산하기로 한다. 이는 근거가 거의 없으며 매우 자의적인 판단이지만 더 나은 방안을 찾을 수가 없다.

인적 자본은 경제 성장에 얼마나 기여했나?

노동의 양(=노동 시간, N)과 노동의 질(Q)이 변하는 상황에서 총노동 투입(L)이 어떻게 바뀌는지를 알려면 노동 시간에 노동의 질을 곱한 숫자를 보면 된다. 식 (5-1)은 이를 나타낸다.

$$L = Q \cdot N \tag{5-1}$$

이는 총노동 투입 증가율($\Delta \ln L$)은 노동의 질 증가율($\Delta \ln Q$)에 노동 시간 증가율($\Delta \ln N$)을 더한 것과 같다는 것을 의미한다. 이 관계를 노동의 질 증가율에 대해 정리하면 식 (5-2)가 나온다.[20)]

$$\Delta \ln Q = \Delta \ln L - \Delta \ln N \tag{5-2}$$

식 (5-2)는 총노동 투입 증가율에서 노동 시간 증가율을 빼면 노동의 질 증가율(= 인적 자본 축적 속도)가 나온다는 것을 표현한다. 이 식이 무엇을 의

20) 변화율이 크지 않은 이산적(discrete) 변화에서 어떤 변수 x에 자연대수를 취해(=ln x) 차분(difference)한 값(=$\Delta \ln x$)은 그 변수의 변화율(=$\Delta x/x$)과 근사한 값을 갖는다.

미하는지를 설명하기 위해서 앞서 들었던 고졸자 100명 중에서 30명이 대학 진학을 하는 경우를 예로 돌아가 보자. 이때 첫 해와 다섯 번째 해 사이에 한 사람의 노동자가 일 년 동안 노동하는 시간이 같고 대졸과 고졸 노동자의 노동 시간도 같다면 노동자 수가 두 해 모두 100명씩이었으므로 노동 시간 증가율($\Delta \ln N$)은 노동자 수 증가율인 0%와 같다. 이 예에서 총노동 투입 증가율($\Delta \ln L$)에 해당하는 것은 학력별 임금(w_i)을 학력별 노동자 수(L_i)에 곱한 뒤 더한 숫자($= \Sigma_i \; w_i \, L_i$)의 증가율인 15%가 된다. 따라서 4년간 일어난 노동의 질 증가율은 15%에서 0%를 뺀 15%가 된다. 이 경우 노동의 질 수준(= 인적 자본 스톡의 크기)을 나타내는 지수는 만일 첫 해를 기준년으로 삼아 그 해의 값을 100으로 놓으면 다섯 번째 해의 지수는 115가 된다.

이 예에서는 고졸자와 대졸자라는 두 부류의 질이 다른 노동자만을 고려하고 있지만 이 절에서는 인적 자본 지수를 추정하기 위해서 여덟 종류의 생산성(= 질)이 다른 노동자를 구별한다. 한편으로는 남성과 여성을 구별하고, 다른 한편으로는 무학자, 초등 학력 보유자, 중등 학력 보유자, 대학 졸업자의 네 그룹으로 구별했으므로 전체 노동자는 여덟(= 둘 곱하기 넷) 개의 질이 다른 노동자 집단으로 나뉘는 것이다. 이 여덟 종류의 노동자를 i (= 1, 2, ⋯, 8)로, 성별, 학력별 취업자 수를 L_i로 표시하자. 만일 여덟 종류의 노동자들이 일하는 시간이 같으며 또 노동 시간이 시간의 흐름에 따라 변하지 않는다면, 총노동 시간 증가율($\Delta \ln N$)은 총취업자 수(= 여덟 종류의 취업자 수의 합계= $\Sigma_i L_i$)의 증가율과 같아지게 된다. 성별 학력별 취업자 수는 경제활동 인구 통계를 근거로 계산할 수 있는데, 계산 절차에 대한 자세한 설명은 Cha & Hwang(2014)에 나와 있다.

총노동 투입 증가율은 위의 예에서와 같은 방법으로 계산할 수도 있지만 여기서는 보다 일반적으로 사용되는 다음의 식을 적용하기로 한다. 이 두 절차는 같은 발상에 기반을 둔 것으로 어느 쪽을 사용하느냐에 따라 계산 결과가 크게 달라지지 않는다.

$$\Delta \ln L = \Sigma_i \theta_i^* \cdot \Delta \ln L_i \qquad (5\text{-}3)$$

식 (5-3)에서 총노동 투입 증가율은 여덟 개의 상이한 종류의 노동자 수 증가율의 가중 평균과 같다. 이때 사용하는 가중치 θ_i^*는 전체 노동 소득에서 노동자 그룹 i가 벌어들이는 노동 소득($w_i L_i$)이 전체 노동 소득($\Sigma_i w_i L_i$)에서 차지하는 비중을 나타낸다. 식 (5-3)은 총노동 투입 증가율이 노동자의 양적 변화와 질적 변화를 반영함을 알 수 있다. 예를 들어, 다른 것은 모두 그대로인데 인구 증가로 여덟 형태의 취업자 수가 모두 x%씩 증가한다면 총노동 투입도 x% 증가할 것이다. 반면 취업자 수는 불변인데 교육 보급으로 노동자의 학력 구성이 바뀌면 이는 가중치 θ_i^*와 $\Delta \ln L_i$를 변화시킴으로써 총노동 투입 증가율에 영향을 미칠 것이다.[21] 식 (5-3)을 적용하기 위해서는 θ_i^*를 알아야 한다. 이를 계산하기 위해서는 상이한 유형의 취업자가 벌어들이는 임금, 즉 성별 학력별 평균 임금(w_i)에 대한 정보가 필요하다. 성별 학력별 평균 임금은 앞의 두 절에서 추정한 학력별 및 성별 임금 격차를 근거로 계산할 수 있다. 이에 대한 설명은 Cha & Hwang(2014)에 제시되어 있다.

[그림 5-7]이 보여 주는 것은 식 (5-3)을 적용해서 Cha & Hwang(2014)이 계산한 지난 한 세기 동안의 노동의 질 또는 인적 자본 스톡 지수이다. 1911년

21) 식 (5-3)과 (5-2)를 이용해서 노동의 질을 계산하는 방법은 Gollop & Jorgenson(1980)이 처음으로 개발했으며, 이를 적용한 대표적인 연구들로 Jorgenson, Ho & Fraumeni(1994)과 Mulligan & Sala-i-Martin(1997)이 있다.

그림 5-7 노동의 질 지수, 1910-2010

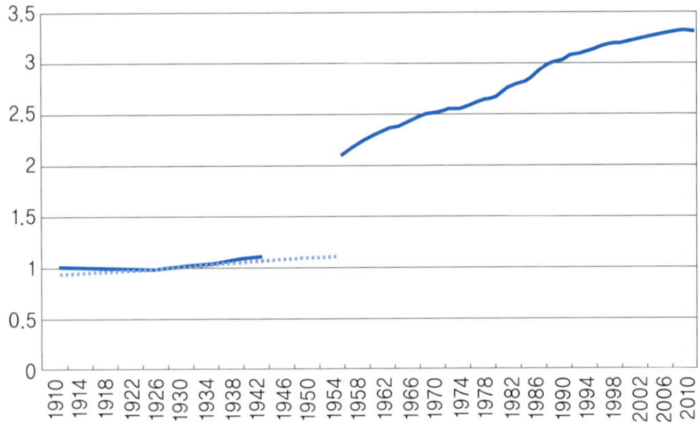

주: 1910년의 값을 1로 놓은 지수; 점선은 식민지기의 선형 추세를 추계한 뒤 1955년까지 투사(project)한 값.
자료: Cha & Hwang(2014).

의 인적 자본 스톡을 1로 놓았을 때 1943년의 값은 1.12, 1955년의 값은 2.10, 2010년의 값은 3.32인데, 이것이 의미하는 증가율은 1911-43년간 0.34%, 1955-2010년간 0.73%이다.[22] [그림 5-7]의 점선은 1910-45년간 노동의 질 지수 추계치를 가지고 추정한 선형 추세다. 식민지기의 선형 추세를 연장해서 얻은 1955년의 예측치는 같은 해의 추계치보다 훨씬 낮다. 이는 해방 후 10여 년간 비약적인 대중 교육의 진전이 있었음을 말해 준다.

해방 후 10여 년간의 짧은 시기에 노동의 질이 크게 향상되었으며 이후 인적 자본 축적 속도가 빨라졌다는 사실은 앞서 소개한 Godo(2011)의 평균

22) 1969-90년간 인적 자본 축적 속도 추정치 0.95%는 1963-90년간에 대한 이종화 · 김선빈(1995)의 추계치나 Young(1995)의 추계치보다 낮다. 그 이유는 이 두 연구가 직종별 임금 조사 보고서에 제시된 학력별 평균 임금을 근거로 한 임금 격차를 사용했기 때문이다. 위에서 설명했듯이 이렇게 구한 대졸자/고졸자 사이의 임금 격차는 대학 교육에 따른 생산성 증가 효과를 과대평가한다.

수학 연수(average years of schooling)를 통해서도 확인할 수 있다. Godo(2011)에 따르면 15-64세 인구의 일인당 교육 연수가 1920년 0.64년에서, 1942년 1.22년으로 증가한 뒤, 1955년 2.32년, 그리고 2000년 10.50년으로 증가했다. 이들 추정치가 의미하는 증가율은 1920-42년간 연 3.01%, 1955-2000년간 연 3.42%로서 해방 후 교육 인적 자본 축적률이 증가했다는 이 연구의 결과와 합치한다. 노동 소득과 노동력의 교육 수준별 분포를 근거로 도출된 교육 인적 자본 지수에 비해 교육 연수를 지수로 사용하는 경우 인적 자본 축적 속도를 현저히 높게 평가하게 된다는 점이 주목할 만하다.

인적 자본은 물적 자본과 마찬가지로 생산 요소이므로, 제3장에서 사용한 성장 회계식 (3-1)을 조금 변형시키면, [그림 5-7]이 보여 주는 것과 같은 인적 자본 투입 증가가 경제 성장에 얼마만큼 기여했는지를 계산할 수 있다. 제3장에서는 노동의 질(Q)을 고려하지 않고 노동의 양(=노동자 수, N)만을 고려했었다. 만일 노동 투입을 노동자 수에 노동의 질을 곱한 $Q \cdot N$으로 표시한다면 식 (3-1)은 다음의 식 (5-4)와 같이 바뀌게 된다.

$$\frac{\Delta A}{A} = \frac{\Delta Y}{Y} - [\alpha \cdot (\frac{\Delta Q}{Q} + \frac{\Delta N}{N}) + \beta \cdot \frac{\Delta K}{K} + \gamma \cdot \frac{\Delta T}{T}] \quad (5\text{-}4)$$

[표 5-1]은 식 (5-4)를 적용한 성장 회계 결과를 보여 준다. 인적 자본 축

표 5-1 인적 자본을 포함한 성장 회계

	g_Y	$\alpha \times g_N$	$\alpha \times g_Q$	$\beta \times g_K$	$\gamma \times g_T$	g_A
1910-40	3.60%	0.52×1.20%	0.52×0.34%	0.20×6.60%	0.28×0.20%	1.42%
1960-2010	7.53%	0.69×2.47%	0.69×0.73%	0.28×11.76%	0.03×(−0.33%)	2.04%
1960-90	9.03%	0.69×3.28%	0.69×0.95%	0.28×14.66%	0.03×0.14%	2.00%

자료: 본문 참조.

적의 경제 성장 효과는 맨 가운데 열에 곱셈의 형태로 제시되어 있다. 표시된 곱셈의 결과는 1910-40년간 0.18% 포인트, 1960-2010년간 0.50% 포인트, 1969-90년간 0.64% 포인트인데, 이는 식민지기나 해방 이후나 (두 번째 열에 제시된) 총생산 증가율의 약 7% 남짓에 해당하는 것이다.[23] 가장 오른쪽 열에는 인적 자본의 기여를 고려해서 계산한 총요소 생산성 증가율이 제시되어 있는데, 이는 제3장에서 본 인적 자본 투입을 고려하지 않은 총요소 생산성 증가율 추계 1.6%(1910-40), 2.5%(1960-2010), 2.7%(1969-90)보다 낮다([표 3-1]).[24]

조선 총독부 vs. 조선인 "교육열"

[그림 5-1]에 제시된 각급 학교 취학률 추이는 식민지기 인적 자본 축적이 주로 초등 교육 보급을 통해 이루어졌음을 알려 준다. 의무 교육이 시작되기 전인 식민지 시대의 초등 교육은 수업료를 주고 구매하는 서비스 상품이었다. 얼마나 많은 부모들이 교육을 구매해서 자식들에게 제공할지는 교육에 대한 수요와 교육의 공급에 의해 결정된다. 교육 수요에 영향을 미치는 가장 중요한 요인 중 하나는 부모들의 경제력이다. 먹고 살기도 힘든 처지에 있는 부모는 아무리 자식들을 교육시키고 싶은 마음이 커도 그렇게 할 수 없다. 또 교육에 대한 수요는 교육에 얼마나 많은 비용이 드는지에 따라서도 달라진다. (부모들의 소득을 포함한) 다른 조건이 일정하다면 높은 수

23) Goldin & Katz(2008)는 노동 소득과 노동력의 학력별 구성을 이용해 1915-2005년간 학교 교육을 통해 미국 노동의 질이 연 0.34%의 속도로 증가했다고 추정했다. 이 시기에 미국의 총산출 증가율은 연 3.55%였으므로 인적 자본 축적은 경제 성장의 10% 가까이에 해당한다. 미국 총산출 증가율은 www.eh.net이 제공하는 미국 실질 GDP를 이용해 계산했다.

24) Young(1995)은 노동과 자본의 질적 변화를 고려해서 1966-90년간 한국 비농업 부문의 총요소 생산성 증가율이 연 1.7%였다고 추계했다.

그림 5-8 초등 교육 수요 및 공급 곡선

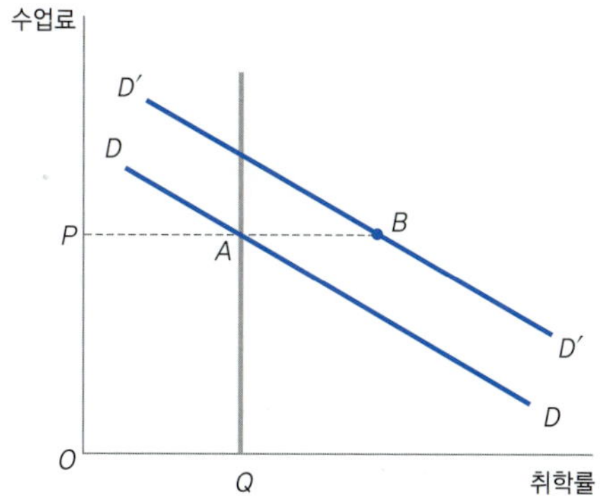

업료는 부모들의 교육열을 약화시킨다.

[그림 5-8]에서 가로 축은 교육에 대한 수요와 공급량을 나타낸다. 이를 측정하는 단위가 초등학교 취학률이라고 하자. 세로 축은 교육 비용, 즉 수업료를 나타낸다. 음의 기울기를 가지는 곡선은 교육에 대한 수요가 수업료가 높아지면 감소하고 낮아지면 증가한다는 것을 나타낸다. 부모의 소득이 올라가면 이 수요 곡선은 오른쪽으로, 내려가면 왼쪽으로 이동한다. 모든 초등학교가 영리 목적으로 운영된다면 이 공간에서 교육 공급 곡선은 플러스의 기울기를 가지는 곡선으로 나타날 것이다. 그러나 식민지기 대부분의 초등학교는 국공립이었다. 조선 총독부는 영리 목적으로 학교를 운영하지 않았다. 조선 총독부는 수익을 올리기 위해 학교를 세운 것이 아니므로 교육 공급량은 수업료 수준과 관계없이 결정되었다. 따라서 초등 교육 공급 곡선은 수직선으로 나타낼 수 있다. 초등 교육 공급 곡선이 Q에서 시작하는 수직선이고 정부가 정한 수업료가 P라고 하자. 만일 이 수업료의

수준에서 부모들이 구매하고자 하는 교육 서비스의 양도 *Q*라면 – 즉, 교육 수요 곡선이 *DD*라면 – 교육 시장은 균형 상태에 있다.

생활 수준이 향상되면 모든 수업료 수준에서 부모들은 자식들에게 이전보다 더 많은 양의 교육을 시키려고 한다. 따라서 교육 수요 곡선이 *D′D′*로 이동한다. 만일 정부가 수업료를 여전히 *P*로 유지한다면 교육 시장에는 *AB*만큼의 초과 수요가 나타난다. 따라서 자식 교육을 원하는 부모들 중의 일부만이 취학시킬 수 있게 된다. 우리나라에서는 근대 교육이 도입된 이래 교육에 대한 초과 수요가 존재할 때 누가 학교에 들어가고 누구는 못 들어가는지를 결정하기 위해서 입학 시험이라는 방법을 사용해 왔다. 그러므로 [그림 5-8]에서 *PB*를 *PA*로 나눈 값은 입학 경쟁률을 나타낸다. 소득 증가 이전에는 총독부가 정한 수업료 *P*에서 입학 경쟁률이 1이었지만 소득이 증가해서 교육 수요 곡선이 *DD*에서 *D′D′*로 이동하면 입학 경쟁률은 1보다 커지게 된다.

조선 총독부가 초등학교를 신설한다면 공급 곡선이 오른쪽으로 이동한다. 학교 신설이 이루어지지 않는 한 공급 곡선의 위치는 바뀌지 않는다. 이 경우 소득이 증가해서 교육에 대한 수요가 확대되더라도 취학률은 *Q*보다 높아지지 않는다. 반대로 수요 곡선이 고정되어 있고 공급 곡선만 우측으로 이동한다면 취학률은 상승한다. 교육 공급 곡선이 수직선일 때 취학률을 오르게 하기 위해서는 정부가 교육 시설을 확대시켜야 한다. 이런 의미에서 식민지기 초등 교육 보급이 일어나기 위해서 조선 총독부의 교육 투자가 필수적이었을 것이었음을 추측할 수 있다.

그러나 허수열(2005: 제4장 1절)은 식민지기의 초등학교 취학률 증가를 가져온 요인으로 조선 총독부의 학교 신설보다는 조선인 부모들의 교육열을 강조했다. 허수열(2005: 제4장 1절)에 따르면 수요 확대가 특히 중요했던 것은

1933년까지였다. 1933년까지는 "조선 총독부의 의도에 의해 이루어진 것이라기보다는 조선인들의 근대 교육에 대한 적극적인 요구" 때문에 초등학교 취학률이 올라갔다. 그러나 1933년 이후가 되면 "광공업의 발전과 … 황국 신민의 육성이라는 일제의 교육 방침의 변경"이 초등 교육 확산을 가져온 더 중요한 요인이 되었다. 바꾸어 말하면 1933년까지는 교육 수요 곡선의 우측 이동 때문에, 이후는 공급 곡선의 우측 이동 때문에([그림 5-1]에서 본 것과 같은) 초등학교 취학률 상승이 일어났다는 것이다.

[그림 5-9]에 따르면 식민지기 내내 초등학교 입학 경쟁률이 1을 넘었다. 이는 현행 수업료를 내고 자식들을 초등학교에 보내고 싶지만 보낼 수 없었던 부모들이 있었음을 말한다. 바꾸어 말하면, 조선 총독부가 책정한 수업료는 균형 수준보다 낮았다. 이런 상황에서 교육 수요가 총독부의 학교

그림 5-9 초등학교 입학 경쟁률

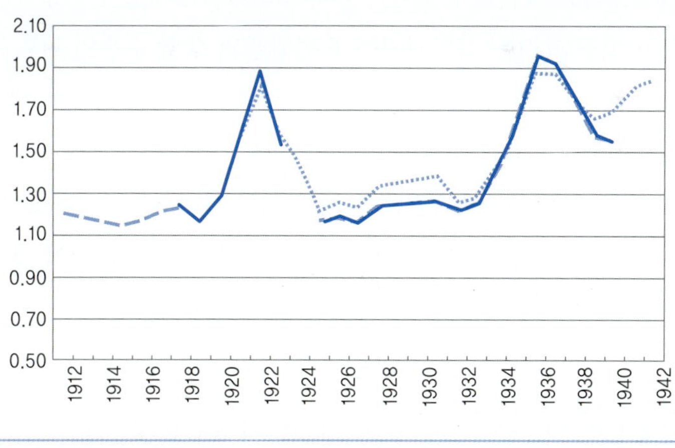

주: 실선은 관공립 보통 학교, 파선은 관공립 및 사립 보통 학교의 입학 경쟁률, 점선은 경기도의 공사립 초등학교 입학 경쟁률.
자료: 古川宣子(1996: 106, 155)와 조선 총독부 학무국 학무과가 간행한 학사 참고 자료를 이용해서 초등학교 입학 경쟁률을 계산해서 제공해 주신 박기주 교수께 감사한다.

건설보다 빠르게 일어난다면 초등학교 입학 경쟁률은 점점 높아질 것이다. 반대로 공급 곡선이 수요 곡선보다 빠르게 오른쪽으로 이동한다면 초등학교 입학 경쟁률은 낮아질 것이다. 그런데 [그림 5-9]를 보면 1933년까지는 입학 경쟁률에서 두드러진 증가나 감소 추세가 발견되지 않는다. 이는 수요 곡선과 공급 곡선이 비슷한 속도로 오른쪽으로 이동했음을 말한다.

입학 경쟁률이 증가하기 시작한 것은 1934년 이후이다. 이는 1933년까지는 조선 총독부가 학교 교육에 대한 수요 증가와 비슷한 속도로 학교를 증설해 나갔지만 1934년부터는 교육 공급 확대가 교육 수요 확대를 쫓아갈 수 없었음을 말해 준다. 허수열(2005: 제4장 1절)의 주장과는 반대로 초등 교육 보급이 총독부의 초등 교육 공급 증가보다는 조선인들의 초등 교육 수요 확대에 의해 주도된 것은 1934년 이전이 아니라 이후의 일이었다.[25] 그런데 1934년 이후에도 총독부의 학교 신설이 없었다면 수요 확대만으로는 취학률이 상승할 수 없었을 것이다.

조선인들의 교육열을 강조하는 허수열(2005: 제4장 1절)의 주장에는 또 다른 결함이 있다. 그것은 식민지기에 조선인들의 생활 수준이 나아지지 않았다는 자신의 주장과 충돌한다는 점이다(허수열, 2005: 제5장 1절). 왜냐하면 아무리 조선인들이 원래 교육을 중시했고 또 삼일 운동을 계기로 실력을 쌓아야 한다는 것을 뼈저리게 자각하게 되었다 하더라도 수업료를 낼 경제적 능력이 없다면 자식들을 학교에 보낼 수 없을 것이고 교육에 대한 유효수요(effective demand)는 확대되지 않았을 것이기 때문이다.

25) 허수열(2005: 제4장 1절)은 식민지기의 중등 고등 교육 확산 역시 조선인들의 교육열 때문에 일어난 것이라고 주장하면서 이를 뒷받침하는 증거로 중등학교 입학 경쟁률이 매우 높았다는 사실을 들고 있다. 그러나 [그림 5-8]에서 설명했듯이 입학 경쟁률은 정부가 정한 수업료가 균형 수준으로부터 얼마나 멀리 아래로 떨어져 있는지, 즉 균형 수업료보다 얼마나 싼 것이었는지를 보여 줄 뿐이다. 교육열, 즉 교육 수요가 공급에 비해 더 중요했는지 여부를 알기 위해서는 입학 경쟁률이 증가하느냐 감소하느냐를 보아야 한다.

조선 총독부의 교육 보급 정책이나 조선인들의 생활 수준 말고도 취학률에 영향을 미치는 요인은 여러 가지가 있었다. (제3장에서 보았듯이) 식민지기에 우리나라의 산업 구조는 제조업, 그리고 서비스업 중심으로 바뀌어 갔다. 허수열(2005: 제4장)의 지적처럼 이런 구조 변화는 초등 교육 수요를 자극했을 것이다. 왜냐하면 (제1장에서 설명했듯이) 시골에서는 초등학교 다닐 나이의 아이들을 노동력으로 활용할 수 있기 때문에 농촌 부모는 도시 부모만큼 자식 교육에 관심이 많지 않기 때문이다. 바꾸어 말하면 농촌에서 아이들을 학교에 보내려면 수업료 외에 아동 노동을 대체할 노동자들에게 지불할 임금이라는 추가 비용이 발생하기 때문이다(Lord & Rangazas, 2006). 둘째, 초등 교육은 투자인데 여기에는 불확실성이 따르고 그 중 하나가 아이의 사망이다. 식민지기에는 사망력이 꾸준히 하락했는데, 이는 인적 자본에 대한 투자 리스크가 감소했음을 의미한다. 따라서 사망력 변천은 초등 교육 수요가 증가하는 또 다른 원인이 되었을 것이다. 뿐만 아니라 사망률이 하락하면 죽은 아이를 대체하기 위한 출산이나 아이가 죽을 것에 대비한 출산이 줄어든다. 따라서 육아를 위한 지출이 감소하고 부모들은 자식들에게 더 많은 교육을 시킬 수 있는 경제적 여유를 가지게 된다(De Tray, 1973; Kalemli-Ozcan, 2002). 마지막으로, [그림 5-4]에서 본 것처럼 식민지기 동안 보통 노동자에 대한 식자공의 임금 프리미엄은 증가하는 경향을 보였다. 이는 초등학교 교육의 수익률이 상승했음을 의미한다. 이 역시 부모들의 초등 교육열을 자극했을 것이다(Galor, 2005).

식민지 시대에는 소득 증가, 공업화, 사망력 변천, 숙련 프리미엄 상승처럼 초등 교육에 대한 수요를 확대시키는 힘만 존재했던 것은 아니었다. 초등 교육에 대한 수요 곡선을 왼쪽으로 끌어당기는 힘도 존재했다. 그 중 하나가 성별 임금 격차의 확대이다([그림 5-5]). 여성의 임금 열세가 심해지면 점점 많은 결혼한 여성들이 밖에 나가 일해 돈 버는 것보다는 집에서 애 보고 살림하는 것이 낫다고 판단하게 된다. 따라서 유배우 출산율(marital fertility rate)이 상승한다. 아이를 많이 낳으면 육아 비용이 늘어 교육비를 지출할 능력, 즉 교육 수요가 감소한다(Galor & Weil, 1996).

이 장의 마지막 절에서 자세히 설명하는 것처럼 식민지기에는 소득 불평등이 악화되었는데, 이는 교육열을 떨어뜨린 또 다른 요인이었을 것이다. 불평등이 악화되면 초등학교에 보내고 싶어도 보낼 수 없는 부모들이 늘어난다. 따라서 초등 교육 수요 곡선이 왼쪽으로 이동한다. 가난한 농민들에게 교육비를 대출해 주는 금융 기관이 있었다면 불평등이 교육 보급에 걸림돌이 되지 않을 수도 있었겠지만 식민지 조선에 그런 제도는 보편화되어 있지 않았다(Aghion & Williamson, 1998).

식민지기의 소득 분배 불평등 악화는 1920년대 후반과 1930년대 초에 집중적으로 일어났다. 이를 보여 주는 것이 이 시기의 소작지율(=전체 경지에서 차지하는 소작지 비율) 상승이다([그림 5-10]). 그런데 [그림 5-1]을 보면 소작지율이 오르던 1920년대 후반에 초등학교 취학률 상승이 멈췄음을 알 수 있다.

경제적 불평등은 교육 수요뿐 아니라 교육 공급도 위축시켰을 가능성이 높다. 왜냐하면 식민지기 소득 불평등은 토지 분배 불평등에서 오는 것이었고, 식민지 조선의 지주 계급은 대중 교육 확산에 매우 소극적이었기 때문이다. 식민지 시대의 지방 정부는 초등학교를 짓고 운영하는 데 드는 비용의 상당 부분을 중앙 정부 보조금으로 해결했다. 그러나 지방 정부의 교육 재정에서 지방세와 수업료 수입도 중요했다. Go & Park(2012)에 따르면 소작지율이 높은 지역, 즉 지주 계급의 영향력이 강한 지역일수록 수업료 의존도가 높고 지방세 의존도가 낮았다. 이는 지주들은 대중 교육 확산을

그림 5-10 식민지기 소작지율

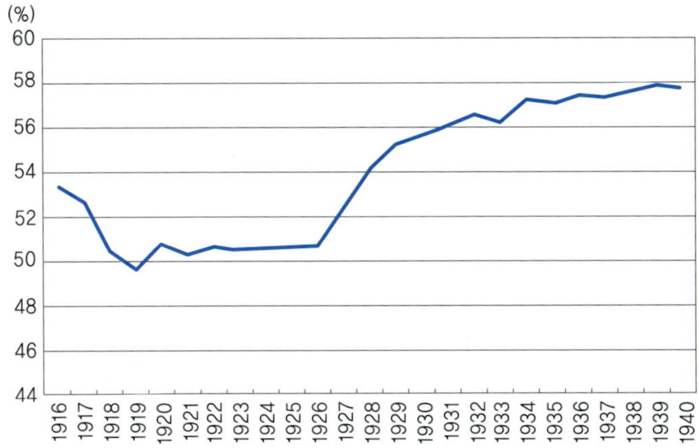

자료: 조선 총독부 통계연보.

위한 교육세 부과에 저항했음을, 따라서 지주의 정치적 영향력 때문에 식민지 조선의 교육 정책은 있는 자를 위한 것이 되고 엘리트 편의(elite bias)를 가지게 되었음을 시사한다.

이처럼 식민지기에는 초등 교육 수요 곡선과 공급 곡선의 위치를 오른쪽 그리고 왼쪽으로 끌어당기는 여러 가지 충격들이 발생했다. 이런 요인들 중에서 식민지기 초등 교육 보급에 가장 커다란 기여를 한 것은 무엇이었을까? 이 질문에 대답하는 방법은 초등학교 취학률을 피설명 변수로 하는 방정식 – 초등학교 취학률 결정 방정식 – 을 추정해 보는 것밖에는 없다.

[표 5-2]는 1916-38년간의 도별 통계를 이용해서 초등학교 취학률 방정식을 추정한 결과를 보여 준다. 계수 추정치들은 앞의 설명에서 예상한 대로의 부호를 가지고 적어도 10% 수준에서 통계적으로 유의미하다. 예를 들어, 남성/여성 임금 비율의 계수 추정치는 음의 값을 가지고 있는데, 이는

표 5-2 식민지기 초등학교 취학률 방정식

변수	계수 추정치	표준 오차
일인당 생산 증가율	0.012***	0.004
제조업 비중	0.038*	0.022
남성/여성 임금 비율	-0.005***	0.001
조사망률	-1.335***	0.163
소작지율 증가	-0.082***	0.018
면적당 초등학교 수	4.781***	0.579
면적당 서당 수	0.518	0.029
인구 밀도	-0.003***	0.000
조정된 결정 계수	0.75	
관측치 수	273	

주: *, **, ***은 각각 10%, 5%, 1% 수준에서 유의미함을 나타냄.
자료: Cha(2007).

성별 임금 격차가 초등학교 취학률에 부정적인 영향을 미친다는 것을, 양의 값을 갖는 제조업 비중의 계수 추정치는 공업화가 초등 교육 확산을 촉진한다는 것을 말해 준다.

[표 5-2]의 계수 추정치와 식민지기에 일어난 각 설명 변수의 변화 폭을 결합하면 식민지기의 초등학교 취학률 증가에 각 요인들이 얼마만큼 기여했는지를 계산할 수 있는데 [표 5-3]은 그 과정을 보여 준다. [표 5-2]에 따르면 계수 추정치가 플러스인 변수, 즉 초등학교 취학률 상승에 기여한 변수가 세 개 있었다. 그것은 ① 일인당 생산 증가, ② 면적당 초등학교 수의 증가, 그리고 ③ 공업화였고 이것이 [표 5-3]의 맨 왼쪽 열에 제시되어 있다. 두 번째 열(A)에 제시된 것은 [표 5-2]에서 가져온 이 세 변수 각각의 계수 추정치로서 각 변수가 한 단위만큼 변했을 때 초등학교 취학률이 몇 % 포인트 변하는지를 보여 준다. 세 번째 열(B)은 실제로 일어난 각 변수의 변화 폭을 보여 준다. A와 B를 곱하면 각 변수의 변화 때문에 일어난 초등학교 취학률

표 5-3 식민지기 초등학교 취학률 증가의 요인별 분해

변수	계수 추정치(A)	1916-38년간 변화 폭(B)	A×B
일인당 생산	0.012	65%	0.78%
면적당 초등학교 수	4.781	0.005	2.39%
제조업 비율	0.038	5.50%	0.21%

증가 폭을 알 수 있는데 이것이 맨 오른쪽 열에 제시되어 있다. 예를 들어, 일인당 생산은 1916-38년간 65% 증가했는데, 여기에 (일인당 생산이 1% 증가했을 때 취학률이 몇 퍼센트 포인트 증가하는지를 보여 주는) 계수 추정치 0.012를 곱하면 일인당 생산 증가 때문에 약 0.78% 포인트의 초등학교 취학률 증가가 일어났을 것이라는 것을 알 수 있다. 같은 방식으로 구한 공업화가 초등교육 확산에 기여한 정도는 0.21% 포인트, 면적당 초등학교 수 증가 때문에 일어난 취학률 증가분은 2.15% 포인트였다.

한 마디로 [표 5-3]은 초등학교 취학률 증가를 가져온 세 요인 중에서 면적당 초등학교 수 증가가 가장 중요했음을 알려 준다. 이런 회귀 분석 결과는 총독부가 초등 교육 공급의 대부분을 결정했던 식민지기에 초등 교육 보급이 주로 공급 확대 때문에 일어난 것이었으리라는 [그림 5-8]을 이용한 추론이 타당함을 확인시켜 준다.

해방 후 인적 자본 축적 속도는 왜 빨라졌나?

[그림 5-1]의 각급 학교 취학률 추이를 보면 ([그림 5-7]이 보여 주는) 해방 후 인적 자본 지수의 급등은 초등학교 교육의 급속한 확산 때문에 일어난 것임을 알 수 있다. 1945년에 60%에 미치지 못했던 초등학교 취학률은 1960년

경 100%에 접근한 것이다. 초등 교육 보급이 일단락되고 나서 고도 성장기 한국의 빠른 인적 자본 축적을 이끈 것은 1960-90년간의 중등 교육 확산이 었음을 [그림 5-1]은 보여 준다. 해방 후 10여 년에 걸쳐 초등 교육 보급이 완료되고 뒤이은 30년간 중등 교육이 빠르게 확산된이유는 무엇일까?

1945-60년간은 통계 암흑기라고 부를 수 있을 만큼 사회, 경제 통계가 결핍된 시기다. 그러므로 이 시기에 대해서 식민지기와 같은 초등학교 취학률 방정식을 추정하는 것은 불가능하다. 그러나 앞 절에서 추정한 식민지기의 초등학교 취학률 방정식을 근거로 해방 후 초등 교육이 급속히 확산된 이유가 무엇인지를 추리해 볼 수는 있다.

식민지 지배가 끝나자 일본인 초등 학교 교사가 본국으로 돌아갔고 따라서 교사 수가 감소했다. 게다가 해방 후 많은 사람들이 북한에서 남한으로 넘어오고 많은 사람들이 해외에서 되돌아왔기 때문에 학령 인구 한 사람당 초등학교 교사 수는 더욱 감소했다. 뿐만 아니라 교과서도 부족했다. 1945년 이후 수년간 초등학교 교육 상황이란 한마디로 혼란 그 자체였다.[26)]

그러나 초등학교 수는 해방 후 빠른 속도로 증가해 갔다. 1945년에는 2,384였던 초등학교 수는 한국 정부가 수립되는 1948년까지의 3년간 44% 증가해서 3,443이 되었고 1950년에는 다시 3,942로 증가했다.[27)] 1945-48년간 초등 교육 기관 수 급증은 미군정의 교육 보급 정책의 결과였다. 총독부 전체 재정 지출에서 차지한 비중이 8-9%에 불과했던 교육을 위한 공공 지출이 1946/48년간 미군정 재정의 25.8%로 급격히 증가한 사실이 이를 말해 준다 (Hayes, 1948: 46).

26) 해방 후 초등학교 교육의 혼란상에 대해서는 이길상(2003)을 보라.

27) 통계 출처는 대한민국 공보처 통계국, 『대한민국 통계연감』 1952-1953; 내무부 통계국, 『대한민국 통계연감』 1954-1961; 그리고 통계청, 『통계로 본 대한민국 50년의 경제사회상 변화』, 1998, 213-6쪽이다. 초등학교 수 통계를 정리해서 제공해 주신 이영훈 교수께 감사한다.

미군정기에 초등 교육 공급 곡선이 빠르게 우측으로 이동했다면 수요 곡선은 오른쪽보다는 왼쪽으로 이동시키는 힘이 더 많았다. 제2장에서 보았듯이 해방과 더불어 생활 수준은 급격히 하락했다. 그리고 해방 직전의 식민지 조선 전체와 해방 직후 남한을 비교해 보면 해방을 계기로 산업 구조는 다시 농업 중심적인 것으로 되돌아갔다. 식민지기에 공업화가 북한 지역을 중심으로 진행되었기 때문이다. 셋째, 위에서 본 [그림 5-4]와 [그림 5-5]에 따르면 1945년 이후 초등학교 교육 수익률은 감소하고 여성의 임금 열세는 악화되었다.

그러나 해방과 더불어 초등 교육 수요를 크게 확대시키는 중요한 변화가 발생했는데 그것은 소작 제도의 소멸이었다. 소작 제도는 해방과 함께 일본인 지주들이 귀국하면서 무너지기 시작했다. 해방 후 정치 · 사회적 혼란 속에서 농민들에 대한 지주 계급의 권위와 지배력이 약화되고 전국에 인민 위원회가 세워져 지주들의 토지를 몰수하기 시작했다. 토지를 빼앗기지 않았다 하더라도 지주들이 당당히 소작료를 징수하기는 어려운 분위기로 바뀌어 갔다. 여기에 1946년 3월 북한이 농지 개혁을 실시하면서 남한에서도 농지 개혁을 실시해야 한다는 사회적 압력이 강화되었다(Cumings, 1981: chapters 3, 8; Shin, 1994; Jeon & Kim, 2000: 257). 그래서 지주들은 보유 토지를 내다 팔기 시작했다. 그 결과 해방 후 일 년이 지나는 사이에 지주 소유 토지의 2/3 정도가 감소했다(홍성찬, 2001: 196, 197; Shin, 1998: 1336). 소작 제도가 공식적으로 폐지된 것은 1949년 6월에 농지개혁법 발효를 계기로 해서다. 그러나 이미 그 전에 수백 년 동안 우리나라의 지배 계급을 형성했던 지주들은 사실상 괴멸된 상태였다.[28] 식민지기에 공업화가 일어났다고는 하지만 해방

28) 농지 개혁의 원인, 과정, 결과에 관해서는 Shin(1994, 1998), Jeon & Kim(2000), 홍성찬 편(2001)을 보라.

직후 남한에서 농업은 여전히 최대의 산업이었다. 그래서 농토는 가장 중요한 자산이었다. 해방과 더불어 일어난 지주 계급 소멸과 농토 재분배는 (다음 절에서 보게 되는 것처럼) 소득 분배 불평등을 크게 감소시켰다.

소작 제도 소멸로 초등 교육에 대한 수요 곡선이 오른쪽으로 대폭 이동했을 것으로 짐작되지만 만일 미군정이 학교 건설을 통해 초등 교육 공급 곡선을 오른쪽으로 옮겨 주지 않았더라면 해방 후 초등 교육 취학률이 [그림 5-1]에서 보는 것처럼 비약적으로 상승할 수 없었을 것이다. 식민지기에 경제 성장과 공업화가 초등 교육에 대한 수요를 확대시켰지만 조선 총독부의 교육 보급 정책이 없었더라면 초등학교 취학률이 상승하기 어려웠을 것과 마찬가지 이치이다.

1960년경 초등 교육 보급이 사실상 완료된 바탕 위에서 일어난 고도 성장기의 중등 교육 확산 역시 수요 확대의 결과라고 보기 어렵다. 우선 성별 임금 격차는 식민지기와 달리 고도 성장기에 뚜렷한 상승이나 하락 추세를 따르기보다는 정체했다([그림 5-5]). 그리고 (실질 이자율 추세에 비추어 추론했듯이) 고도 성장기에 초등 학력 노동자에 대한 중등 학력 노동자의 임금 프리미엄은 수축했을 가능성이 높다. 셋째, 고도 성장기에 조사망률은 1960-65년의 1,000명당 15.2에서 1990년의 5.8으로 떨어졌지만 ([그림 2-6]의 연령별 생존율 변화가 보여 주는 것처럼) 이는 주로 유아 사망률이나 초등학교 취학 연령대의 사망률 하락에 의한 것이며 중등 학령대의 사망률에는 커다란 변화가 없었다. 마지막으로 다음 절에서 보는 것처럼 고도 성장기에 소득 분배의 불평등도는 크게 변하지 않았다.

중등 교육이 확산되던 1960-90년간 일인당 소득이 빠르게 증가했을 뿐 아니라 총산출에서 차지하는 제조업 비중이 빠르게 확대되었음을 제2장과 제3장에서 보았다. 그러나 초등 교육의 경우와는 달리 경제 성장과 공업화가 중등 교육 수요를 확대시켰으리라고 단언하기는 어렵다. 그 이유는 중등 학령 인구는 초등 학령 인구와 달리 공장 노동자로 기능할 수 있는 사람들이기 때문이다. 일인당 생산이 증가하고 공업화가 일어난다는 것은, 한편으로는 부모들이 아이들을 중학교나 고등학교에 보낼 수 있는 경제적 능력이 향상된다는 것을 의미하지만, 다른 한편으로는 중등 학령 인구의 취업 기회가 풍부해진다는 것을 의미하고, 이는 부모들이나 본인 자신이 중고등학교 교육보다는 취업을 선택하도록 하는 유인이 된다.

이처럼 고도 성장기에 중등 교육에 대한 수요 확대 요인이 별로 없었다는 사실은 고도 성장기의 중등학교 취학률 증가도 식민지기의 초등학교 취학률 증가처럼 수요보다는 공급 확대의 결과였을 가능성이 높음을 의미한다. 고도 성장기에는 중등 교육 시설이 빠르게 확충되었는데, 중등학교 교사 한 명당 중등학교 취학 연령 인구가 1963년 213명에서 1990년 47명으로 감소한 사실이 이를 말해 준다.

식민지기 초등 교육 보급에 관해서와 마찬가지로 고도 성장기 중등 교육 보급을 이끈 원인이 무엇이었는지를 회귀 분석을 통해 알아볼 수 있다. 제2장에서 임금 통계의 예를 들어 설명했듯이, 해방 후 한국 정부의 경제 통계 수집 및 생산 능력이 크게 위축되어 고도 성장기의 통계 사정은 식민지기에 비해 훨씬 나쁘다. 중등학교 취학률 방정식을 추정하는 데 필요한 관측치를 확보하기 위해서는 도별 통계가 필요한데, 식민지 시대와는 달리 한국 고도 성장기의 성별 임금 격차, 학력별 임금 격차, 사망력에 관한 정보를 도별로 구할 수 없다. 지주제 붕괴로 한국에서는 소작지가 (적어도 공식적으로는) 사라졌기 때문에 소작지율을 소득 분배 지표로 활용할 수도 없다. 중등학교 취학률을 올리는 요인으로 작용했을 가능성이 있는 세 변수 – 일인당 생산, 총산출에서 제조업이 차지하는 비중, 중등 학령 인구에 대한 중

표 5-4 중등학교 취학률 결정 방정식, 1965-78

변수	계수 추정치	표준 오차
일인당 생산 증가율	−0.006	0.014
제조업 비율 증가	−0.202***	0.055
중고교 교사 수/중등 학령 인구 증가	23.039***	4.193
상수항	0.011***	0.003

주: ***은 1% 수준에서 유의미함을 나타냄; 관측치 수는 165; 조정된 R^2는 0.20.
자료: Cha(2013).

등학교 교원의 비율 – 에 대해서는 도별 데이터를 얻을 수 있지만 1965-78년에 관해서만 구할 수 있다.

[표 5-4]는 이 세 변수만을 이용해서 추정한 중등학교 취학률 방정식을 보여 준다.[29] 예상했듯이 경제 성장과 공업화는 중등 교육 확산에 도움이 되지 않았다. 일인당 생산 증가는 중등학교 취학률 증가에 유의미한 영향을 미치지 않았으며 공업화의 정도는 중등학교 취학률에 플러스가 아니라 마이너스의 영향을 미쳤다. [표 5-4]에 따르면 고도 성장기에 중등학교 취학률이 상승한 것은 오로지 중등학교 취학 연령 인구에 대한 중등학교 교사 수의 비율 증가, 즉 중등 교육 시설 확대 때문이었다.

이런 사실은 만일 고도 성장기의 중등학교가 모두 국공립이었다면 회귀 분석까지 하지 않고도 알 수 있다. 앞서 [그림 5-8]에서 보았듯이 모든 학교가 국공립이라면 교육 공급 곡선이 수직선의 형태를 띠게 되고, 이 경우 수요 곡선이 아무리 빠르게 오른쪽으로 이동하더라도 취학률은 변할 수 없기 때문이다. 그런데 식민지기의 초등학교와는 달리 고도 성장기 한국에서는 사립학교가 중등 교육의 상당 부분을 공급했고 따라서 교육 공급 곡선은

29) 분석 자료 출처와 추정 방법의 자세한 내용은 Cha(2013)를 보라.

플러스의 기울기를 가졌을 것이다. 따라서 중등 교육에 대한 수요 확대가 중등학교 취학률 증가의 요인이 되었을 가능성을 선험적으로 배제할 수 없다.

사립 중등학교는 전체 중등학교의 중요한 일부분이었지만 고도 성장기의 중등 교육 시설 확대는 주로 사립 학교가 아니라 국공립 중등학교 증설 때문에 일어났다. 중고등학교 재학생 중 사립 학교에 다니는 학생의 비율은 1965년에 47%에 달했지만 이후 1975년 46%, 1985년 44%, 1990년 42%로 차츰 떨어져 갔다는 사실이 이를 보여 준다.[30] 뿐만 아니라 사립 중고등학교 운영비 중 정부 보조금이 차지하는 비중도 1965년 4.8%에서, 1975년 9.1%로, 그리고 1985년 14.0%로 증가해 갔다.[31]

[그림 5-11]은 교육을 위한 공공 지출이 명목 총산출에서 차지하는 비중이 지난 한 세기 동안 어떻게 변해 왔는지를 보여 준다. 이 비율은 식민지기에는 0.5%에도 미치지 못했지만 1960년 이후에는 2%를 넘어섰다. 이로부터 우리는 조선 총독부에 비해 한국 정부는 교육 보급에 훨씬 더 적극적이었음을 알 수 있다.

정부의 교육 보급 정책이 1945년 이후에 현저히 적극적으로 변한 이유는 무엇일까? 앞서 소개한 Go & Park(2012)에 따르면 식민지 조선 사회에서 헤게모니를 쥐고 있던 지주 계급은 교육세에 바탕을 둔 교육 확산 정책에 저항했고 그래서 초등 교육 확산이 더뎌졌다. 지주들이 교육에 걸림돌이 되는 것은 드문 일이 아니다. Go & Lindert(2010)는 남북 전쟁 이전 미국 남부

30) 사립 학교 학생 비율 감소는 사립 중학생이 전체 중학생에서 차지하는 비중이 1965년 44%에서 1975년 41%, 1985년 32%로 하락한 결과다. 사립 고등학생이 전체 고등학생에서 차지하는 비중은 1965년 51%에서 1975년 57%, 그리고 1985년 61%로 증가했다. 사립 고등학생 비율은 1992년 62%에 도달한 뒤 하락하기 시작해서 2010년 45%로 떨어졌다. 이는 교육 당국이 우선 중학교 교육을 확산시킨 뒤 고등학교 교육 보급에 나섰음을 보여 준다.

31) 통계의 출처는 문교부 발행 문교 통계연보와 문교 통계요람 및 교육인적자원부 발행 교육 통계연보다.

그림 5-11 교육 재정 지출이 GDP에서 차지하는 비중

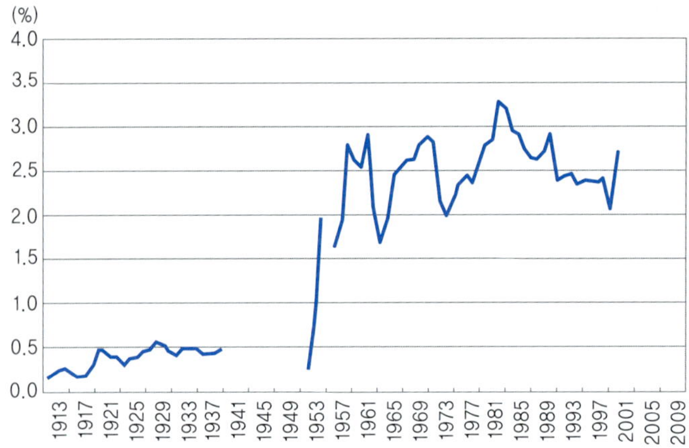

자료: 김낙년(2012), kosis.kr.

에서 교육 정책은 노예를 이용해 플랜테이션 농장주들의 통제 아래 있었고, 그래서 공공 교육이 소수의 엘리트만을 위한 것이 되었음을 주장했다. 20세기 초 미국 남부 지주들도 재정 정책을 통해 교육 보급을 억제하려 했다. 그 이유는 농민들이 교육을 받으면 도시에서 보다 높은 소득을 올릴 수 있는 기회를 찾아 농촌을 떠나버릴 가능성이 높아질 것을 우려했기 때문이었다(Gerber, 1991: 314, 315). 이 같은 현상은 초등 교육 보급 초기 단계의 인도, 중국, 라틴 아메리카에서도 나타났다(Chaudhary, 2009; Chaudhary, Musacchio, Nafzinger & Yan, 2012; Galor, Moav & Vollrath, 2009). 이런 사정이 비추어 보았을 때 해방 후 정부가 교육 확산에 훨씬 적극적인 태도를 취할 수 있게 된 것은 소작 제도가 사라지고 지주 계급이 소멸되었기 때문임을 짐작할 수 있다.

불평등

지금까지 소득 분배 불평등도가 지난 한 세기 동안 우리나라 인적 자본 축적 속도를 결정하는 중요한 변수 중 하나였음을 강조하면서도 정작 증거로서 제시한 것은 식민지기의 소작지율 변화밖에는 없었다([그림 5-10]). 그러므로 우리나라의 소득 분배 구조가 지난 한 세기 동안 어떻게 변했는지를 제대로 검토할 필요가 있다. 소득 분배는 제2장에서 검토한 생활 수준 추이와도 밀접히 관련된 주제이기도 하다. 이 절에서는 소득 분배 불평등도를 보이는 세 가지 지표를 살펴보고, 여기에 나타난 우리나라에서 20세기 동안 일어난 소득 분배 구조 변화가 왜 발생했는지를 설명하겠다.

여기서 소개할 세 개의 소득 분배 지표 중 첫 번째는 자본가와 지주 같은 부유한 소득 계층과 상대적으로 가난한 노동자들의 소득 증가율이다. 예를 들어, 임금 소득이 한 명의 자본가가 벌어들이는 이자나 한 명의 지주가 벌어들이는 지대 소득보다 느리게(빠르게) 증가했다면 소득 분배는 악화(호전)되었다고 말할 수 있을 것이다.

식민지기에는 (제2장에서 본 것처럼) 비숙련 실질 임금은 연 0.4%씩 증가했으며, 농업 부가가치 생산은 연 1.46%씩 증가했다. 지주들이 농업 부가가치의 일정 부분을 지대 소득으로 가져갔다면 총지대 소득 증가율도 1.46%가 된다. 지주 수 증가율이 김낙년(2011)이 추계한 농업 호주 수 증가 속도인 0.6%와 같다고 가정하면 지주 일인당 소득은 연 0.86%(=1.46%−0.6%)씩 증가한 것이 된다.[32] 자본가 일인당 소득 증가율도 같은 방식으로 추정할 수 있다.

32) 농토 면적을 T, 한 마지기 농토에서 나오는 지대 수입을 s, 지주 수를 L로 표시하자. 그러면 지주 한 명당 지대 수입은 $s \cdot T/L$와 같은데 여기에 자연 대수를 취해 시간에 대해 미분하면 이 변수들의 증가율 사이에 관한 식 $g_{s \cdot T/L}=g_s+g_T-g_L$이 나온다. 이 식에서 g_x는 변수 x의 증가 속도를 표시한다.

식민지기에 실질 이자율이 정체하는 가운데 자본 스톡이 연 6.6%씩 증가했으므로 총자본 소득도 6.6% 증가한 것이 된다. 식민지기에는 전체 인구에서 차지하는 자본가 비중은 작았고 자본가 숫자를 알려 주는 통계를 구하기는 어렵다. 만일 자본가 수가 전체 인구 증가율과 같은 1.3%씩 증가했다면 자본가 일인당 소득 증가율은 6.6%에서 1.3%를 뺀 5.3%가 된다. 비숙련 실질 임금 증가율(=0.4%)이 지주 소득 증가율(=0.86%)이나 자본가 소득 증가율(=5.3%)보다 느렸다는 것은 계층 간 소득 분배가 식민지기에 불평등하게 변했음을 의미한다.

해방과 더불어 소작 제도가 사라지면서 소득 계층으로서의 지주 계급은 사라졌다. 그러나 농지 소유자들의 지대 소득 증가율을 추정할 수 없는 것은 아니다. [표 3-3]에 제시된 것처럼 일정 면적의 농지에서 나오는 지대는 1960-2010년간 연 2.86%씩 증가했다. 여기에 농지 소유자들의 평균 소유 면적 증가율을 더하면 농지 소유자들의 평균 지대 소득 증가율이 나온다. 농지 소유자들의 평균 소유 면적 증가율은 전체 경작지 면적 증가율인 −0.33%에서 농지 소유자 수 증가율을 빼면 구할 수 있다. 그런데 농지 소유자 수에 관한 정보가 없으므로 다음과 같이 추정하는 수밖에 없다.

지난 반 세기 동안 총인구가 연 1.35%씩 증가하는 가운데 센서스 결과에 의하면 농촌 인구는 매년 1.59%씩 감소했다. 농지 소유자는 반드시 농촌에 거주하지는 않으며 도시 거주자들 중에 농지를 소유하고 있는 사람도 적지 않다. 그럼에도 농지 소유자 수를 농촌 인구로 본다면 농지 소유자의 평균 소유 면적 증가율은 총경지 면적 증가율인 −0.33%에서 농촌 인구 증가율인 −1.59%를 뺀 1.26%가 된다. 이를 지대 증가율 2.86%에 더하면 농지 소유자들의 지대 소득 증가율 4.1%가 나온다.

[표 3-1]에서 보듯이 지난 반 세기 동안 자본 스톡은 연 11.76%씩 증가했

다. 경제 활동 인구 조사에 의하면 1963/5-2000/2년간 사업주(=고용주+자영업자) 수는 연 2.02%씩 증가했다. 이는 사업주 일인당 자본 스톡이 연 9.7%(=11.76%-2.02%)씩 증가한 것을 의미한다. [표 3-3]에서 따르면 지난 반 세기 동안 자본 비용(=자본 소득) 증가율은 -4.51%였다. 따라서 자본가 일인당 소득은 5.2%(=9.7%-4.5%)씩 증가한 것이 된다. 마지막으로 [표 3-3]에 제시된 지난 반 세기 동안의 실질 임금 증가율은 5.8%였다. 이는 자본가 일인당 소득 증가율 추정치 5.2% 및 지주 일인당 소득 증가율 추정치 4.1%보다 크다. 이렇게 볼 때 지난 반 세기 동안 소득 분배는 적어도 불평등해지지는 않았다는 결론에 도달하게 된다.

[그림 5-12]는 소득 분배 불평등도가 악화되었는지 아니면 개선되었는지를 알려 주는 두 번째 지표인 Williamson 비율을 보여 준다. Williamson 비율이란 비숙련 노동자 한 명의 연간 명목 소득을 분자로, 노동 가능 인구(=15-64세 인구) 일인당 명목 GDP를 분모로 해서 구한 비율이다. 이 그림에서 실선은 인부 등의 비농업 비숙련 노동자 임금을 사용해서, 점선은 농업 노동자 임금을 분자에 넣어 구한 비율이다. 비숙련 노동자는 가장 하위의 소득 계층인 데 비해 일인당 GDP에는 모든 소득 계층의 소득의 가중 평균이므로 Williamson 비율은 마땅히 1보다 작아야 할 것이다. 그리고 Williamson 비율이 증가하면 소득 분배가 평등해지는 것으로, 감소하면 불평등해지는 것으로 해석할 수 있다.

[그림 5-12]를 보면 1960년대 초까지 Williamson 비율은 1.5를 중심으로 오르내린 뒤 1960년대에 하락해서 1970년대 들어 비로소 1 아래로 떨어졌다. 1970년까지 Williamson 비율이 1을 훨씬 넘는 수준을 유지하고 있는 것은 지난 한 세기 동안의 임금이나 국민 계정 통계의 일관성에 대해 의구심을 갖게 하는 이유가 된다. [그림 5-12]로부터 식민지기와 해방 이후에 소득

그림 5-12 비숙련 명목 임금/일인당 명목 생산 비율, 1910-2010

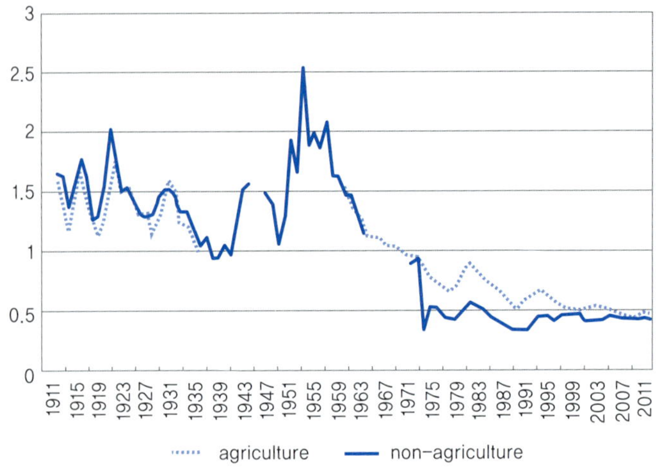

주: 실선은 농업 임금, 점선은 비농업 임금; 일 년간 노동 일수가 250일이었다고 가정하고 계산한 비율.
자료: 김낙년(2012), 김낙년 · 박기주(2007), 조선 총독부 통계연보.

분배 구조가 어떻게 바뀌었는지를 파악하려 하기에 앞서 어떻게 해서 Williamson 비율이 1970년경까지 1보다 큰지를 따져 볼 필요가 있다.

우선 일인당 생산을 계산하는 데 사용된 인구와 GDP 추계의 정확성을 의심할 수 있다. 인구학자들은 (제2장에서 설명한 것처럼) 1925년에 시작된 식민지기 센서스의 신뢰도가 상당히 높은 것으로 평가한다. 1910-24년간의 인구 추계는 1925년의 숫자를 출발점으로 해서 여기에 소규모 족보 샘플에서 추정한 생존율을 적용해서 도출한 것이다. 그러나 Williamson 비율을 1 아래로 끌어내릴 만큼 오차의 폭이 크려면 식민지기 초기의 인구가 추정치의 실제 인구의 절반도 되지 않는 것이어야 하는데 박이택(2005)의 하한 추계에 비추어 보았을 때 이럴 가능성은 거의 없다고 보인다.

여기서 사용한 1911-2010년간의 GDP 추계는 UN이 1993년에 제정한 국민 계정 체계(System of National Accounts)의 틀 안에서 이루어진 것이다. 그런데 1970년 이전 국민 계정 추계의 커버리지가 이후에 비해 절반에도 미치지 못했을 만큼 협소했다고(=추계에서 누락된 생산 활동이 많다고) 보는 것은 무리라고 생각된다.

인구와 총산출 통계가 크게 잘못되지 않았다면, 따라서 일인당 생산 추계가 크게 잘못된 것이 아니라면, 1960년대에 Williamson 비율이 빠르게 떨어진 원인으로 생각할 수 있는 것은 ① 노동 참가율 변화, ② 임금 통계 수집 방식의 변화, 그리고 ③ 일 년간 노동 일수 변화의 세 가지이다.

첫째, 일인당 생산을 계산할 때 분자에 들어가는 총생산은 일하는 사람들의 활동만을 반영하지만 분모에 들어가는 인구는 일하는 사람뿐 아니라 일하지 않는 사람도 포함한다. 그러므로 노동 참가율이 오르면 자본 축적이나 기술 발전이 없더라도 일인당 생산이 증가할 것이다.[33] 1963년 이후에 관해서는 15세 이상 인구 중 경제 활동 인구의 비율을 알 수 있는데, 이 비율은 지난 반 세기 동안 증가 추세를 보였다. 그러나 1960년대의 증가가 1970년 이후에 비해 특별히 빠르지는 않았으며 1960년대에 일어난 경제 활동 인구 비율 증가는 1960년대에 일어난 Williamson 비율의 대폭 감소를 설명하기에는 크게 부족하다.

둘째, 1960년대를 경계로 임금 통계 수집과 발표 방식이 크게 변했다. 1960년대 초까지 조선 총독부와 한국은행은 제한된 양의 도시별 직종별 평균 임금 수준을 발표해 왔다.[34] 이에 비해 (이 장의 세 번째 절에서 설명했듯이)

33) 제4장의 우리나라 일인당 생산 증가율 방정식 추정 결과에 따르면 노동 가능 인구 비율은 실제로 일인당 생산 증가율을 높였다. [표 4-1]을 보라.

34) 조선 총독부의 임금 조사는 조사 담당 기관이 소재한 지역의 비교적 가까운 지역에서 주로 이루어진 것으로 보인다. 이를 말해 주는 단적인 증거는 조선 총독부 통계연보의 농업 노동

1963년 창설된 노동청은 1971년부터 다수 개별 노동자에 대한 관측을 기반으로 직종별 임금 조사 보고서를 발간하기 시작했다. 그러나 1960년대 초까지의 임금 조사가 1971년 이후에 비해 부실한 것이었다 하더라도 실제의 임금 수준을 두 배 이상이나 과대평가했을 것이라고는 생각하기 어렵다. 게다가 [그림 5-12]를 보면 식민지 시대에 시작된 임금 통계 발표 방식을 오늘날까지 고수하고 있는 농협 조사 월보의 농업 노동자 임금을 근거로 계산한 Williamson 비율(점선)도 1960년대에 큰 폭으로 떨어졌음을 볼 수 있다.

마지막으로, [그림 5-12]에 제시된 Williamson 비율은 연간 노동 일수가 250일이었다고 가정하고 일당에 250을 곱한 뒤 일인당 생산으로 나누어 구한 것이다. 그런데 1970년 이전의 연간 노동 일수는 250보다 적었기 때문에 Williamson 비율이 1을 넘어버리게 되었을 가능성을 생각할 수 있다. 산업 생산 연보와 매월 노동 통계 조사에 따르면 제조업 월 출근 일수가 1960년대 초에서 1970년대 초 사이에 월 출근 일수가 이틀 정도 증가했다. 한 달에 이틀 증가한 것은 일 년이면 24일 증가한 것이 되므로 작은 것이라고는 할 수 없지만 이 정도의 증가만으로는 1960년대에 일어난 큰 폭의 Williamson 비율 하락이 설명되지 않는다.

1960년대는 1960년경까지 유지되었던 식민지 시대의 제도와 관행이 1970년 이후의 새로운 체제로 대체되는 과도기였던 것 같다. 1960년대에는 노동 시간과 강도가 증가했던 것 같고 노동 참여율도 증가했다. 게다가

자(農作夫) 임금은 모두 서울, 부산, 평양 등 전국 주요 "도시"에서 관측된 것이라는 점이다. 식민지기의 도시 안에서 상당한 정도의 농업 생산 활동이 이루어지고 있었던 것이 사실이지만 도시의 농업 노동자 임금 수준은 농촌의 농업 임금 수준과 상당히 달랐던 것 같다. 조선 총독부 통계연보에 실린 일당은 예천과 서천에서 관측된 농업 노동자 일당에 비해 1910년경에는 다섯 배에 가까웠는데, 이 격차는 차츰 줄어들어 1935년에는 두 배에도 미치지 못하게 되었다. 김낙년 · 박기주(2011: 400)는 조선 총독부 통계연보에 제시된 비숙련 임금 수준이 그들이 추정한 공장 임금보다 현저히 높음을 보고하고 있다.

1960년대는 경제 통계의 수집 발표 방식이 식민지 시대의 체제를 벗어나 새로운 체제로 이행해 가는 과도기였다. 그래서 이 시기에는 이용 가능한 통계 정보의 양이 얼마 되지 않는다. Williamson 비율이 1960년대를 경계로 2.5 정도에서 1 아래로 떨어진 것은 이런 체제 변화 과정에서 일어난 여러 변화들이 복합적으로 작용한 결과인 것 같다. 현재로서는 이런 막연한 추측 이상의 답을 내놓기 어렵다.

그러므로 [그림 5-12]에 제시된 Williamson 비율의 추세를 파악하기 위해서 1960년 이전과 1970년 이후를 떼어 놓고 보는 것이 합리적이다. 우선 1960년 이전을 보면 식민지 시대에 Williamson 비율은 하락 추세를 따랐다. 이는 소작지율이나 생산 요소 가격으로부터 도출한 식민지 시대의 소득 분배 불평등이 점차 악화되었다는 결론과 일치한다. 둘째, 해방 후 10여 년간 Willamson 비율이 큰 폭으로 상승했다. 이는 해방과 더불어 소득 분배의 불평등이 크게 개선되었음을 말해 준다. 마지막으로, 1970년 이후 Williamson 비율은 정체했다. 이 역시 앞서 생산 요소 가격을 근거로 한 추론, 즉 해방 후에는 소득 분배가 악화되지 않았다는 결론과 일치한다.

Kuznets(1955)는 근대적 경제 성장의 초입 단계에서는 소득 분배가 점점 불평등해지지만 일인당 소득 증가가 계속되면 소득 분배의 불평등도는 감소하는 경향이 있다고 주장했다. 그래서 가로 축이 일인당 소득을, 세로 축이 소득 분배 불평등 지수를 나타내는 이차원 평면에 경제 성장에 따라 소득 불평등도 지수를 그려 보면, 뒤집어진 U자 모양의 패턴이 나타난다. 이를 쿠즈네츠 곡선(Kuznets curve)이라고 부른다.

쿠즈네츠 곡선이 나타나는 한 이유는 산업 혁명과 인구 변천 과정에서 어떤 생산 요소는 상대적으로 희소해지고 다른 생산 요소는 상대적으로 풍부하게 되기 때문이다. 근대적 경제 성장의 초기 단계에서는 사망력 변천이 일어나 인구가 빠른 속도로 증가하기 시작하고 노동은 점점 풍부하게 된다. 반면 토지 공급은 느리게밖에는 증가하지 않고 크게 보아 불변이라고 할 수 있다. 또 근대적 경제 성장의 초기 단계에서는 생활 수준이 낮으므로 저축률이 낮아 자본 축적 속도가 느리다. 교육이 보급되어 감에 따라 인적 자본이 축적되지만 낮은 생활 수준 때문에 인적 자본 축적 속도도 느리다. 경제 성장은 토지, 인적 및 물적 자본에 대한 수요를 확대시킨다. 이들 생산요소의 공급은 빠르게 증가하지 않으므로 지대, 숙련 프리미엄, 금리가 오른다. 반면 사망력 변천 때문에 공급이 빠르게 확대되는 비숙련 노동자들의 소득은 상대적으로 정체한다. 그래서 소득 분배가 불평등해진다.

근대적 경제 성장 초기 단계에서 소득 분배 불평등화가 진행되는 또 다른 이유는 공업화와 관련되어 있다. 노동 집약적인 전통적 수공업이 몰락하면서 그 생산 부문으로부터 다량의 노동자들이 방출된다. 역직기 등을 이용한 공장 생산이 빠르게 증가하지만 자본 집약도가 전통적 수공업에 비해서 높으므로, 자본에 대한 수요보다 노동에 대한 수요는 느리게 확대된다. 이러한 구조 변화 과정에서 전통적 수공업으로부터 방출되는 노동자보다 근대적 공업으로 흡수되는 노동자가 적으므로 임금이 정체한다(Ciccone, 1996).

소득 증가가 계속되면 출산력 변천이 일어나 인구 증가 속도가 늦어지는 반면 저축률이 상승해서 자본 축적 속도가 빨라진다. 자본이 노동에 비해 풍부해지고 따라서 자본가의 소득은 정체한다. 반면 노동자의 소득이 상대적으로 개선된다. 그 결과 소득 불평등이 완화된다. 공업화가 일어나 농업의 비중이 감소하면 토지에 대한 수요도 감소한다. 이는 지주 소득의 정체를 가져온다. 이 역시 소득 불평등을 완화시키는 원인이 된다(Williamson, 1991).

지난 한 세기 동안 진행된 근대적 경제 성장 과정에서 우리나라의 소득

그림 5-13 지니 계수와 쿠즈네츠 곡선(%)

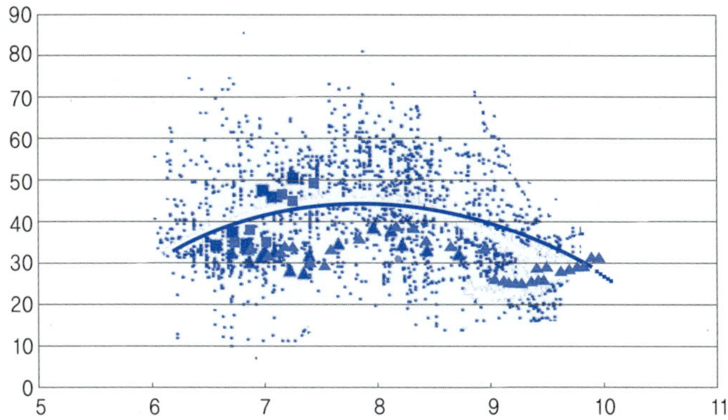

주: 가로 축은 1990년 달러로 표시된 일인당 소득에 자연 대수를 취한 값, 세로 축은 지니 계수; 작은 점들은 우리나라 이외의 나라들의 소득 자료를 근거로 계산된 지니 계수; 삼각형은 한국의 지니 계수로서 1953, 1961, 1964, 1965, 1966, 1968, 1969, 1970, 1971, 1976, 1980, 1982, 1985, 1988은 Deininger & Squire(1995)의 데이터세트에 포함된 숫자, 1990-2011은 kosis.kr에 제시된 통계청 추계; 가로 축에 대해 오목한 곡선은 Deininger & Squire(1995)의 데이터를 이용해 회귀 분석해서 추정한 이차 함수; 사각형은 국민 계정과 호구 통계를 이용해 계산한 식민지기의 지니 계수로서 1911, 1915, 1920, 1925, 1930, 1935, 1940을 나타냄. 계산 방법 설명은 차명수(2012: 부록)를 참조..

자료: Deininger & Squire(1995), kosis.kr.

분배는 쿠즈네츠가 예측한 대로 변했을까?

[그림 5-13]은 소득 분배의 불평등한 정도를 측정하는 세 번째 척도인 지니 계수(Gini coefficient)가 일인당 생산이 증가하는 과정에서 어떻게 바뀌어 갔는지를 보여 준다. 지니 계수는 개별 가계가 벌어들이는 소득 데이터를 근거로 계산된다. 모든 가계가 벌어들이는 소득액이 같을 경우 지니 계수는 0의 값을 가진다. 한 나라가 생산한 모든 것을 한 가계가 독점하는 극단적인 경우 지니 계수의 값은 1이 된다.

[그림 5-13]에서 가로 축은 (1990년 Geary-Khamis 달러로 측정된 그리고 로그 변환된) 일인당 소득을, 세로 축은 지니 계수를 나타낸다. 이 공간에 2,634개의

점으로 표시된 것은 Deininger & Squire(1995)가 수집한 여러 나라의 지니 계수이다. 이 점들은 사방에 아무렇게나 흩어져 있지 않고 가로 축에 대해 오목한 형태의 띠를 형성하고 있다. 이 점들 가운데를 통과하는 가로 축에 대해서 오목한 곡선은 회귀 분석을 통해 추정한 이차 함수로서 일인당 소득이 2,625달러에 이를 때까지는 소득 분배의 불평등화가 일어나며, 소득이 더 증가하면 소득 분배가 평등해지는 경향이 있었음을, 즉 쿠즈네츠 곡선이 실재했음을 말해 준다.[35)]

[그림 5-13]에 삼각형으로 표시된 것은 한국의 지니 계수이다. 가로 축의 9 미만의 영역의 지니 계수는(Deininger & Squire(1995)의 데이터세트에 포함되어 있는) 1953-88년간의 한국 지니 계수 추정치이다. 9 이상의 구간에 위치하는 삼각형은 통계청이 발표한 1990-2011년간 한국의 지니 계수이다. 마지막으로 [그림 5-13]에 사각형으로 표시된 것은 식민지 시대 우리나라의 지니 계수이다. 왼쪽에서 오른쪽으로 가면서 1911, 1915, 1920, 1925, 1930, 1935, 1940년의 소득 분배 상황을 나타낸다.

[그림 5-13]에 들어 있는 식민지 조선과 한국의 지니 계수들은 계산 방법과 사용한 자료의 포괄 범위가 달라서 서로 비교하기 어렵다. 특히 식민지기는 (차명수(2006: 부록)에 상세히 설명되어 있는 것처럼) 국민 계정과 호구 통계를 근거로 산출된 것이어서 식민지 조선과 한국의 지니 계수가 하나의 시계열을 이룬다고 말하기는 어렵다. 식민지기의 지니 계수는 당시의 소득 계층을 지주, 자본가, 숙련 노동자, 노동자, 농민의 다섯으로 구분하고 각 계층 내에는 소득 불평등이 없다고 가정해서 계산한 것이기 때문에 실제의

35) 추정된 이차 함수는 $g=-206.08+63.77y-4.05y^2$이며, 여기서 g는 지니 계수, y는 1990년 달러로 측정한 일인당 생산에 자연대수를 취한 값을 나타낸다. 이 식에 포함된 세 추정 계수는 모두 5% 수준에서 유의미하다. 극대값은 일인당 소득 y가 7.87일 때, 즉 일인당 소득이 exp(7.87)=2,625달러와 같을 때 이루어진다.

소득 불평등도를 과소평가하고 있다고 보아야 한다.[36] 해방 후에 관한 Deininger & Squire(1995)의 데이터세트에 포함되어 있는 1953-88년간의 지니 계수들과 통계청이 발표한 1990-2011년간 한국의 지니 계수들은 모두 가계 소득 자료를 근거로 계산된 것이다. 그러나 이 두 종류의 지니 계수들도 연결해서 하나의 시계열로 삼기 어려울지 모른다. 왜냐하면 [그림 5-13]을 보면 1988년까지의 삼각형과 1990년이후의 삼각형 사이에는 상당한 수준 차가 보이기 때문이다.

그럼에도 불구하고 [그림 5-13]의 사각형과 삼각형들은 소득 분배 불평등도 추이에 관한 위의 추론과 모순되지 않는 변화를 보여 준다. 즉, 식민지기에는 소득 분배가 악화되었지만 해방 후에는 소득 분배가 추세적으로 평등하게 되었다거나 불평등하게 되었다고 말하기도 어렵다. 앞 절에서 해방과 더불어 소작 제도가 붕괴하면서 토지 분배의 불평등이 급감한 결과 소득 분배도 평등해졌을 것이라고 추론했다. [그림 5-13]은 해방을 계기로 지니 계수가 급감했음을 보여 준다. 이미 지적했듯이 식민지기 지니 계수는 소득 계층 내의 불평등을 반영하지 않는다. 따라서 과소평가치로 보아야 한다. 그러므로 1945년을 경계로 한 소득 분배 구조 개선의 정도는 [그림 5-13]의 삼각형과 사각형이 표현하는 것보다 더 클 것이다.[37]

[그림 5-13]에서 최소 자승법을 이용해 많은 지니 계수의 중간을 뚫고 지나가도록 추정된 쿠즈네츠 곡선은 각 소득 수준에 해당하는 소득 불평등도의 국제적 역사적 평균을 나타낸다고 볼 수 있다. 이와 비교해 보았을 때 식민지 지배가 시작될 무렵에는 우리나라의 소득 불평등이 심한 편이 아니었

36) 차명수(2011c)는 비숙련 노동자들 사이에도 비숙련 및 숙련 노동자들 사이에서와 크게 다르지 않은 소득 불평등이 존재했음을 보였다.
37) 김낙년(2013)은 상위 소득 1%가 전체 소득에서 차지하는 비중이 해방을 계기로 급감했음을 보여 주었다.

다. 1925-30년간 소득 불평등이 급등해서 1930년대에는 추정된 쿠즈네츠 곡선 위로 올라가게 되었다.[38] 해방 후 한국의 소득 분배는 평균에 비해 평등한 축에 속했었다. 그러나 최근 20년간 소득 불평등도가 증가해서 지니 계수가 세계 평균 위로 올라가게 되었다.

[그림 5-13]에는 세 개의 단절적 변화가 눈에 띈다. 하나는 1925-30년간의 상승, 둘째는 해방을 경계로 한 급감, 마지막으로 1988/1990년간의 급감이다. 앞 절에서 설명했듯이 둘째는 소작 제도 소멸의 결과로 보인다. 셋째는 이미 지적한 대로 통계청의 지니 계수 계산 방법과 Deininger & Squire(1995)에 포함된 추계들을 생산한 방법이 다름을 시사하는 것 같다. 그렇다면 1925-30년간의 급등은 왜 일어난 것일까?

이 시기의 불평등 확대는 1920년대 후반과 1930년대 초에 일어난 소작지율 증가와 밀접히 관련되어 있다([그림 5-10]). 이 시기에 자작농들이 대거 몰락해서 소작농으로 전락한 것은 농산물 가격이 폭락했기 때문이었다. 농산물 가격 하락으로 농민들의 교역 조건(=농산품/공산품 가격 비율)이 악화되자 많은 자작농들이 경영 적자를 보게 되고, 이를 메우기 위해 자작 농민들은 보유 농지를 팔 수밖에 없었다.

Hayami & Ruttan(1970)은 1920년대 후반 1930년대 초에 농산물 가격이 하락한 것은 일본 정부가 추진한 산미 증식 계획 때문에 쌀 공급이 늘어났기

38) 장하준(2005)은 식민지기에 "일본의 소득 분배가 국제 기준으로 불평등한 편이었던 데서 유추해 보면 식민지인 한국의 소득 분배는 굉장히 불평등했다고 보아야 한다"고 주장했다. 우선 일본의 소득 분배가 국제 기준으로 불평등했는지 여부는 아직 확실히 알 수 없다. Mizoguchi(2000)에는 세 개의 서로 다른 지니 계수 추정치가 제시되어 있는데, 이 중 어느 것을 사용하느냐에 따라 20세기 전반 일본 소득 분배에 대한 평가가 달라진다. 둘째, 더 잘 살던 일본의 소득 분배에 비해 못 살던 식민지 조선의 소득 분배가 더 불평등했으리라는 추론은 납득하기 어렵다. 20세기 초 두 나라 모두 근대적 경제 성장의 초기 국면에 있었고 따라서 쿠즈네츠 곡선의 상승 국면에 있었다. 그렇다면 잘 사는 일본의 소득 분배가 더 불평등했으리라고 추론하는 것이 합리적이다.

때문이라고 주장했다. 이는 수긍하기 어려운 주장이다. 왜냐하면 1920년대 말 1930년대 초에 쌀값 하락은 일본 제국에 국한된 현상이 아니라 전 세계적 현상이었기 때문이다. 그리고 쌀값뿐 아니라 거의 모든 일차 생산품 가격이 하락했다. 이를 세계 농업 공황(world agricultural depression) 혹은 전간기 농업 공황(interwar agricultural depression)이라 한다(차명수, 1991). 세계 농업 공황의 원인이 된 것은 일차 대전으로 붕괴된 금 본위 제도를 회복시키기 위해 주요 선진국들이 실시한 긴축 통화 정책이었다(차명수, 2000: 제3장). 산미 증식 계획이 쌀 생산을 증가시키고, 그래서 쌀값 하락 폭이 더 커진 것은 사실이다. 그러나 그 강도는 일본 제국 밖에서 발생한 화폐 충격(monetary shock)에 비하면 미미한 것이었다.[39] 그러므로 1920년대 후반의 지니 계수 상승은 조선 총독부의 정책과는 사실상 상관이 없는 것이라고 할 수 있다.

[그림 5-13]은 지난 한 세기 동안 우리나라의 소득 분배 불평등도는 대체로 쿠즈네츠 곡선을 따라 변했음을 보여 준다. 그런데 반 세기 전에 등장한 쿠즈네츠 가설은 최근 30년간 많은 선진국에서 소득 분배가 불평등하게 변하면서 낡은 것이 되었다.[40] 그 이유는 많은 나라들에서 최근 수십 년간 소득이 증가하는 가운데 소득 분배가 불평등해졌기 때문이다. [그림 5-13]에 따르면 우리나라에서도 지니 계수가 1990년대 초부터 상승하기 시작했다. 김낙년(2013: 262, 그림 2)은 상위 소득 1%를 버는 사람들이 전체 소득에서 차지하는 비중도 지난 1990년대 말부터 증가했음을 보여 주었다. 원래 쿠즈네츠가 제시한 뒤집힌 U자형의 패턴 뒤에 플러스의 기울기를 가진 곡선을 이어 붙인 모양의 지니 계수의 변화 패턴을 "확장된 쿠즈네츠 곡선(augmented

39) Cha(1998)는 이를 식민지 조선의 동태적 일반 균형 모델(dynamic computable general equilibrium model)을 이용한 시뮬레이션을 통해 보였다.
40) Rajan(2011)은 2007년 금융 위기의 배경을 소득 불평등 심화에서 찾았다.

Kuznets curve)"이라고 한다.

김대일(2004: 113-117)에 따르면 지난 20년간 소득 불평등이 확대된 한 원인은 1997년 외환 위기 이후 실시된 시장 개방에서 찾을 수 있다. 특히 중국과의 교역이 확대되면서 섬유, 의류 산업이 위축되고 저기능 노동자에 대한 수요가 감소한 대신, 전자, 기계 산업이 성장하면서 고기능 노동자에 대한 수요가 확대되어, 학력별 임금 격차가 확대되었다. 그러나 고용노동부의 마이크로 데이터를 이용해서 학력별 임금 격차를 추정해 보면 교역재를 생산하는 제조업보다 비교역 부문인 금융업과 유통, 통신, 운송업에서 대졸자 임금 프리미엄이 더 큰 폭으로 확대되었다(차명수 · 황준석 · 이우연, 2004). 이는 개방화 이외에도 숙련 편향 기술 발전(skill-biased technological change)과 자본과 숙련 간의 보완성(capital-skill complementarity)이 최근 대졸자 임금 우위를 강화시키는 원인으로 작용했을 가능성이 있음을 시사한다.[41)]

조선 후기에는 소득 분배가 어떻게 변했을까? 18, 19세기에 지주와 토지 없는 농민 및 노동자들 사이의 생활 수준 격차가 확대되었음을 보이는 두 가지 증거가 있다. 우선 ([그림 2-3]과 [그림 2-4]에서 보았듯이) 18, 19세기에 걸쳐 실질 임금과 지대량이 동시에 꾸준히 하락했다. 그런데 지대보다 실질 임금이 훨씬 빠른 속도로 떨어졌다([표 3-3]). 이는 조선 후기에는 모든 계층의 생활 수준이 하락하는 가운데 상대적으로 잘 사는 지주들보다 상대적으로 어려운 농민과 노동자들의 생활이 더 빠르게 악화되었음을 의미한다. 둘째, 제4장에서 소개했듯이 이정수 · 김희호(2011: 제1장)는 1590-1900년간 토지 매매 기록을 분석하고 양반들은 토지를 팔기보다는 사는 쪽이었던 데

41) Acemoglu(2009: 498-499)는 이차 대전 이후 미국에서 대졸자 임금 프리미엄이 반 세기 넘어 증가한 원인이 숙련 편향적 기술 발전 때문이었음을 시사하는 증거를 제시하고 있다. Goldin & Katz(2008: chapter 3)는 미국 기술 발전이 숙련 편향성을 가지게 된 것은 19세기 말부터이며 20세기 미국에서 자본과 숙련 간 보완성이 존재했음을 보였다.

비해, 비양반 계층은 토지를 사기보다는 파는 쪽이었음을 발견하고 이는 조선 후기에 농토가 비양반 계층으로부터 양반 계층으로 집중되어 간 것을 보이는 것이라고 주장했다.

조선 후기에 소득 분배가 악화되었다는 사실은 18, 19세기에 인구가 정체했다는 권태환 · 신용하(1977)보다는, 인구가 증가했다는 차명수(2009)와 더 잘 부합한다. 제한된 경작지 위에서 인구가 증가한다는 것은 가난한 농민들이 보유한 생산 요소인 노동이 부유한 양반들이 보유한 생산 요소인 토지에 비해, 점점 더 흔한, 따라서 더 싼 생산 요소가 되어 간다는 것을 의미하기 때문이다.

교육, 불평등, 경제 성장

이 장은 노동력의 학력 구성과 학력별 임금 격차를 이용해 인적 자본 지수를 추정했다. 그 결과에 따르면 20세기 내내 노동의 질이 향상되었으며 인적 자본 축적은 식민지기에도 그리고 해방 이후에도 총산출 증가의 약 7% 정도를 설명할 수 있었다. 또 인적 자본 축적 속도는 해방 이후에 현저히 빨라졌음을 추정된 인적 자본 지수는 보여 주었다. 해방 후 노동의 질이 식민지기보다 더 빠르게 향상될 수 있었던 이유는 해방 이후 초등학교가 급속히 보급되어 1960년경 사실상 완료되었고, 이어서 1960년경 20%에 불과하던 중등학교 취학률이 30년도 채 되지 않아 100%에 이르게 되었기 때문이었다. 해방 후 초등 교육 확산은 미군정 정부가 적극적으로 초등학교 건설에 나서지 않았더라면 일어나기 어려웠을 것이다. 1960년 이후 중등교육이 빠르게 확산된 것은 해방과 더불어 지주 계급이 소멸되어 교육 확산을 위한 공공 지출에 대한 정치 반대가 크게 약화되었기 때문이었다. 그러나 지주 계급이 사라져 정부가 적극적 교육 보급 정책을 펼 수 있는 환경이 마련되었다고 해서 정부가 반드시 그런 정책을 펴라는 보장은 없다. 이런 의미에서 박정희 시대의 경제 정책 중에서 경제 성장을 촉진한 현명한 정책으로 높이 평가받아 마땅한 것은 산업 정책이 아니라 중등 교육 보급 정책이라고 할 수 있다.

지난 한 세기 동안 학력별 임금 격차는 확대된 시기도 수축한 시기도 정체한 시기도 있었다. 어느 한 방향으로 꾸준히 변화한 것은 아니다. 그럼에도 불구하고 지난 한 세기 동안의 전체적인 추세를 굳이 말하라고 한다면 그것은 확대보다는 수축에 가깝다. 고졸자에 대한 초졸자의 임금 열위는 식민지기에도 그리고 최근 반 세기 동안 완화되었다. 고졸자에 대한 대졸자 임금 우위는 1980년대와 1990년대처럼 완화된 시기도, 1970년대와 최근 10여 년간처럼 강화된 시기도 있었지만 전 시기에 걸쳐 뚜렷한 추세를 말하기 어렵다는 의미에서 그렇다.

20세기 내내 우리나라에서 일어난 일인당 생산 증가 속도가 세계 평균에 비해 현저히 빨랐다는 사실에 비춰 볼 때, 학력별 임금 격차가 확대되기보다는 수축하는 경향을 보였다는 사실은 주목할 만하다. 고도 성장 과정에 일어난 기술 발전은 교육받은 노동자에 대한 수요를 확대시켰을 것이다. 자본 축적에 따른 이자율 하락도 교육 투자의 기회 비용을 감소시켰다. 그래서 교육 수요 곡선이 우측으로 이동했을 것이다. 수요 확대에도 불구하고 임금 격차가 벌어지지 않았다는 사실은 교육 공급이 매우 탄력적으로 수요 확대에 발맞추어 확대되었음을 시사한다. 지난 한 세기 동안 교육 공급에서 정부가 매우 중요한 역할을 했는데, 학력별 임금 격차가 확대되지 않고 수축했다는 것은 교육 정책이 인도나 라틴 아메리카 나라들에서처럼 심각한 엘리트 편의(elite bias) 혹은 엘리트 지향성을 가지고 있지 않았음을 말해 준다. 그리고 이런 민주적 교육 정책은 저축률을 올려 물적 자본 축적을 가속화했는데 이는 다음 장에서 다룰 이야기이다.

부록: 식민지기의 민족 간 소득 불평등

식민지기에 일본인과 조선인 사이의 소득 분배가 악화된 결과 1941년이 되면 일본인 일인당 농업 수입이 조선인 일인당 농업 수입의 96배나 되었다고 허수열(2005: 122)은 주장했다. 이 숫자는 제2장의 부록 2에서 설명한 통계적 착오에 바탕을 둔 것이며 대단히 과장된 것이다.

그러나 두 민족의 일인당 소득 사이에는 커다란 차이가 있었으며 이 격차가 점점 벌어진 것은 사실이다. 조선인과 일본인 사이에 커다란 일인당 소득 격차가 있었음은 통계를 보지 않아도 쉽게 짐작할 수 있다. 왜냐하면 조선인들의 대부분은 단순 노동자와 농민이었고, 일본인의 대부분은 지주, 자본가, 숙련 노동자들이었기 때문이다. 식민지 시대에 일본인이 조선인보다 훨씬 높은 생활 수준을 누렸다는 주장은 지주와 자본가가 노동자 농민보다 훨씬 잘 살았다는 것과 마찬가지로 전혀 신기할 것이 없는 발견이다.

위에서 설명한 대로 식민지기에는 임금보다는 지대 및 이자 소득이 더 빠르게 증가했다. 식민지 조선에 거주하고 조선인과 일본인의 계층 구성이 달랐으므로 생산 요소 가격의 이 같은 변화는 조선인과 일본인의 일인당 소득 격차를 확대시켰을 것이다. 조선인 노동자 및 소작농과 조선인 자본가 및 지주 사이의 소득 격차도 마찬가지로 확대되었을 것이다. 그러므로 식민지기에 일본인과 조선인 사이에 커다란 소득 격차가 있었고, 이것이 벌어졌음을 근거로 식민지기의 경제 성장이 일본인만을 위한 것이었다고 주장하는 것은 설득력이 없다.

식민지 시대에는 민족 간 소득 분배가 불평등해졌을 뿐 아니라 한국 안에 존재하는 전체 토지나 자본 중에서 일본인 소유 비중이 증가하고 조선인 소유 비중이 감소했다. 1910년에 전체 논의 2.8%를 소유했던 일본인들은 1935년에 18.6%를 소유하게 되었다. 또 1942년 전체 공업 자산의 95%가 일본인 소유였다. 허수열(2004; 2005)은 이를 두고 식민지 시대의 경제 성장과 공업화가 일본인들만을 위한 것이었음을 보이는 또 하나의 증거라고 생각했다.

그러나 이는 식민지기에 일본에서 조선으로 많은 자본이 흘러들어 왔다는 사실을 도외시한 해석이다. 조선에 들어온 일본 자본 중 일부는 토지에 투자되어 일본인 토지 소유 비중이 증가했다. 또 더 많은 부분이 공장 건설 등에 사용되어 조선 내 자본 스톡이 증가했다. 식민지기에 일어난 자산 구성의 민족 간 배분 변화는 일정한 규모의 자산을 둘러싸고 일어난 제로섬 게임의 결과가 아니라, 일본으로부터 자본이 흘러들어 와 조선 내 자산 규모가 증가하는 플러스섬 게임의 결과다. 바구니 속에 한국인이 9개의 사과를, 일본인이 1개의 사과를 넣어 두었다고 하자. 며칠 뒤 한국인은 한국에서 생산된 사과 중 하나를 저축해 이 바구니에 넣고, 일본인은 일본에서 생산된 사과 중 4개를 저축해서 가져와 바구니에 넣어 전체 사과 수가 10개에서 15개로 늘어났다. 그래서 전체 사과 중 일본인 소유 사과의 비중은 10%에서 33%로 증가하고, 한국인 소유 사과 비중은 90%에서 66%로 감소했다. 이런 경우 일본인이 본국에서 사과 5개를 가져온 사실을 무시한 채 일본인 소유 사과 비중 증가만을 보고 일본인만을 위한 사과 축적이 일어났다고 평가할 수 있겠는가?

6

저축과 출산

저축과 성장의 상호 작용

출산력 변천과 저축률

고도 성장기 출산력 변천의 원인

인적 자본 축적, 물적 자본 축적, 기술 발전

성장 회계 결과에 따르면, 한 세기 동안의 일인당 생산 증가뿐 아니라 해방 전후 사이의 일인당 생산 증가 속도 차이는 대부분 물적 자본 축적으로 설명된다(제3장). 이런 결과는 인적 자본 축적을 계산에 넣어도 크게 달라지지 않는다(제5장). 그런데 일인당 생산 증가율 회귀 분석 결과는 해방 후 생활 수준이 더 빠르게 향상된 원인이 인적 자본 축적에 있음을 보여 주었다(제4장). 이 장에서는 이 두 주장이 왜 서로 충돌하지 않는 것인지, 두 주장 사이에는 어떤 관련이 있는 것인지를 설명한다.

이 장은 우선 고도 성장기의 빠른 물적 자본 축적이 출산력 하락과 밀접히 관련되어 있었음을 보인다. 그리고 출산력 변천은 정부가 중등 교육 보급을 위한 공공 지출을 증대시키자 부모들이 아이의 양보다는 질을 선택하게 되었기 때문에 일어난 사건이었음을 설명한다. 교육 재정 확대는 고도 성장기의 빠른 인적 자본 축적을 이끈 원동력이었음을 제5장에서 보았다. 그러므로 고도 성장기 물적 및 인적 자본 축적 가속화는 모두 중등 교육 보급 정책의 결과였다고 할 수 있다. 정부가 중등 교육 보급에 적극적으로 나설 수 있었던 것은 전통적 지주 세력이 소멸되었기 때문이었다. 이런 점에서 한국 고도 성장의 궁극적 원인 중 하나는 소작 제도 붕괴라는 사회적 변화에서 찾을 수 있다.

저축과 성장의 상호 작용

외국과의 자본 거래가 없다면, 한 나라 사람들이 소비하지 않고 저축한 자원은 모두 그 나라 안에서 투자된다. 총생산에서 차지하는 저축의 비중을 저축률(savings ratio)이라고 한다. 자본 수출이나 자본 수입이 없는 경우 저축률은 투자율(investment ratio)과 같다. 제3장에서 설명한 솔로우 경제 성장 모형에서는 저축률을 변하지 않는 상수라고 가정했지만 저축률이 변하지 않고 고정되어 있는 경우를 현실에서 거의 볼 수 없다. 한 나라가 산업 혁명을 통해 근대적 경제 성장의 단계로 넘어가는 과정에서는 저축률이 상승하는 경향이 있다. Rostow(1960)는 산업 혁명을 비행기가 이륙(take-off)하는 것에 비유하면서 그 원동력 중 하나를 투자율 상승에 따른 자본 축적 가속화에서 찾았다. 그는 산업 혁명이 일어나는 나라에서는 투자율(investment ratio), 즉 총산출에서 차지하는 투자의 비중이 "5% 이하에서 10% 이상으로" 상승하는 경향이 있다고 주장했다.

영국 산업 혁명 과정에 일어난 변화를 근거로 한 Rostow(1960)의 주장은 우리나라 산업 혁명에도 잘 들어맞는다. [그림 6-1]에 따르면 우리나라의 투자율은 1911년에 5% 정도였다. 조선 후기의 투자율을 정확히 알 수는 없지만 5%보다 현저히 낮았을 것이다. 왜냐하면 1911년 5% 투자율의 일부는 일본인들의 조선 투자를 포함하는데, 1876년 이전에는 일본으로부터의 자본 유입이 없었기 때문이다.[1] 1911년 이후 투자율은 지속적으로 상승해서 이미 식민지기 후반에 10%를 넘었다. 그리고 해방 후에는 투자율 상승 속도가 더 빨라져서 1980년대 말 40%에 접근했다. 투자율은 이후 떨어져 현재 30% 정도에 와 있다. 20세기 우리나라 투자율을 ([그림 6-1]에 실선으로 표시된) 아홉 나라의 투자율 평균과 보면, 20세기 초에는 낮은 편이었지만 경제 성장 과정에서 매우 빠르게 상승해서 1960년대 후반에 평균 위로 올라가게 되었다.

1) 일본 자본이 우리나라에 본격적으로 들어오기 시작한 것은 1894년 청일전쟁에서 일본이 승리하고 나서의 일이다. 제4장 3절에서 설명했듯이 경상 수지 적자는 자본 수출과 같은데 1894년 이후 조선의 무역 적자가 크게 증가했다. 개항기 무역 통계는 김낙년(2001)을 보라.

그림 6-1 경제 성장과 투자율, 1911-2010

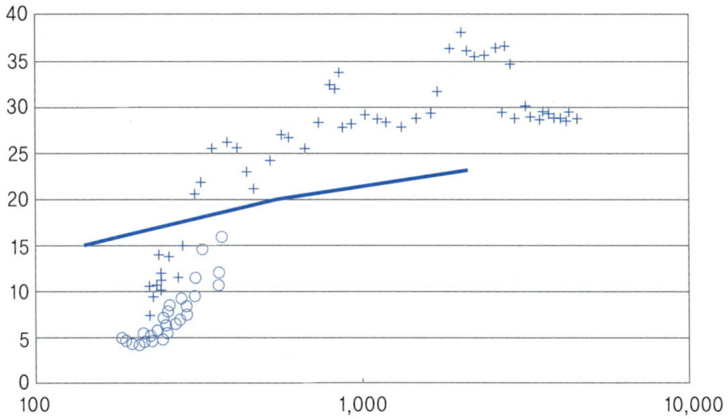

주: [그림 3-8]과 같음.
자료: [그림 3-8]과 같음.

[그림 6-2]는 1911년 이후 한 세기 동안 투자율과 저축률이 어떻게 바뀌어 왔는지를 보여 준다. 투자율을 나타내는 점선과 저축률을 나타내는 실선은 수준과 추세의 면에서 별로 다르지 않다. 이는 지난 한 세기 동안 우리나라의 자본 축적은 거의 전부 국내 저축을 가지고 이루어졌으며 외국 자본의 역할은 크지 않았음을 알려 준다. 총저축률과 마찬가지로 [그림 6-2]에 파선으로 표시된 정부 저축률도 1980년대 말까지 꾸준히 상승했다. 그러나 정부 저축률 상승 속도는 완만해서 저축률 증가가 대부분 민간 저축률 상승 때문에 일어난 것임을 알 수 있다. 저축률과 투자율은 고도 성장기(1960-90)에 특히 빠르게 올랐다. 고도 성장기의 민간 저축률 증가는 대부분 기업보다는 개인(=가계, household) 저축률이 증가했기 때문에 일어난 결과였다 (Park & Rhee, 2005: 398).

그림 6-2 **투자율, 저축률, 부양률, 1911-2010**

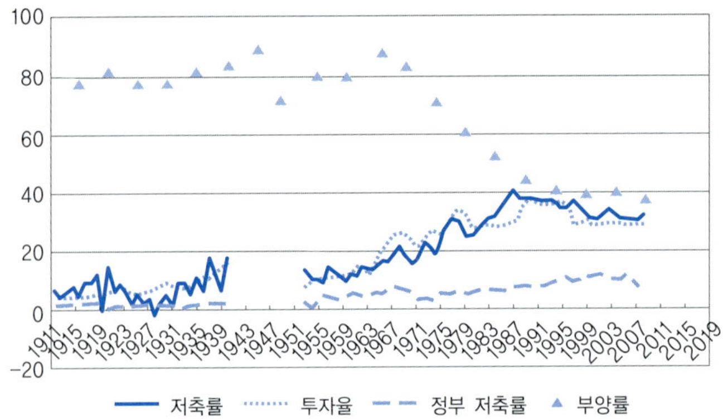

자료: 김낙년 편(2012), kosis.kr.

고도 성장이 시작된 1960년경, 식민지기 말과 크게 다르지 않은 10% 정도였던 저축률이 30년 뒤 40% 가까운 수준으로 오른 이유는 무엇일까? 한국 고도 성장의 대부분이 물적 자본 축적에 의한 것이었으므로, 이는 한국 경제사에서 가장 중요한 질문 중 하나라고 할 수 있으며, 이에 대해서는 이미 적어도 세 개의 설명이 나와 있다.[2)]

사람들이 저축하는 중요한 동기 중 하나는 만일의 상황에 대비하기 위해서이다. 농업 사회에서는 기후 변동 때문에 풍년이 들기도 하고 흉년이 들기도 한다. 산업 사회에서는 불황이 닥쳤을 때 실업자가 되어 소득이 거의 없어지게 되는 위험을 많은 노동자들이 안고 살아간다. 경기가 악화되면 회사가 망할 수 있으므로 자본가들도 불안한 삶을 살기는 노동자, 농민

2) 이종화 · 김재필(1997: 166-8)의 서베이가 보여 주는 것처럼 이 세 가지 설명 말고도 다른 설명이 있는데 이에 관해서는 아래의 설명의 흐름 속에서 소개하고 평가하겠다.

과 마찬가지이다.

소득 흐름은 이처럼 불안정적이지만 사람들은 안정적 소비를 하고 싶어하고 생명을 유지하기 위해서는 최소한의 소비 수준이 유지되지 않으면 안 된다. 소득 흐름의 불안정성이라는 피할 수 없는 현실 속에서 안정적 소비 흐름을 확보하기 위해서 – 소비 평활화(consumption smoothing)를 위해서 – 사람들은 저축한다. 상대적으로 풍요로울 때 다 쓰지 않고 남겨 두었다가 상대적으로 궁핍할 때 쓰려는 것이다.

그러므로 소득이 *X*단위 올라갔다고 해서 소비를 *X*단위만큼 늘리는 사람은 별로 없다. 특히 소득 증가가 항구적(permanent)이 아니라 일시적(transitory)이라고 여겨지는 경우 사람들은 소득 증가의 대부분을 저축 증가로 돌린다. 바꾸어 말하면 소비, 저축은 실현된 소득이 아니라 사람들이 장기적으로 유지될 것이라고 예상하는 평균 소득 수준에 의해 좌우된다. 이 같은 생각은 항상 소득 가설(permanent income hypothesis)이라고 한다(Friedman, 1957). 그리고 흉년이나 해고처럼 예상하기 어려운 충격 때문에 발생하는 소득 감소나, 질병이나 사고처럼 예상하기 어려운 지출 증가에 대비한 저축은 예비적 저축(precautionary saving)이라고 한다. 고도 성장기 저축률 상승에 대한 첫 번째 설명은 고도 성장기에 소득 변동성 증가했기 때문에 사람들이 소득의 점점 더 많은 부분을 저축했다는 것이다(Collins, 1988).

제4장에서 가격 변동성을 측정하기 위해서 쌀값을 가지고 변이 계수를 계산했다. 마찬가지로 일인당 소득을 가지고 계산한 변이 계수는 소득 변동성의 정도를 보여 준다. [그림 6-3]의 패널 A는 일인당 소득 변이 계수를 5년 간격의 기간에 대해서, 그리고 5년 간격 기간을 1911-15년부터 현재를 향해 1년씩 이동시키면서 계산한 결과를 보여 준다. [그림 6-3]의 패널 A에 제시된 소득 수준의 변동성 추세는 [그림 6-2]의 저축률 추세와 비슷하다. 특히

그림 6-3 일인당 생산 수준과 증가율의 변동성 추이

A. 수준

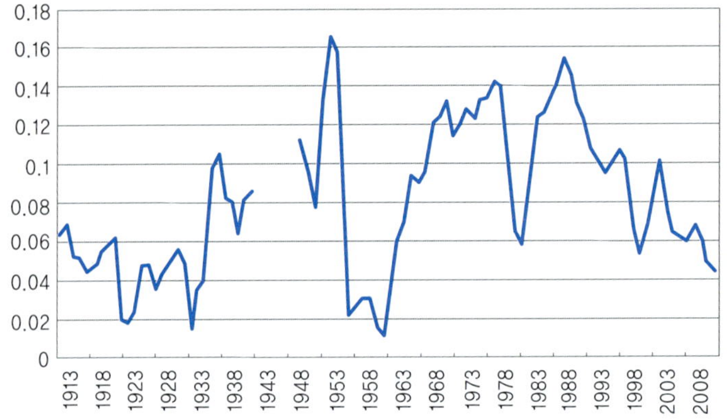

B. 증가율

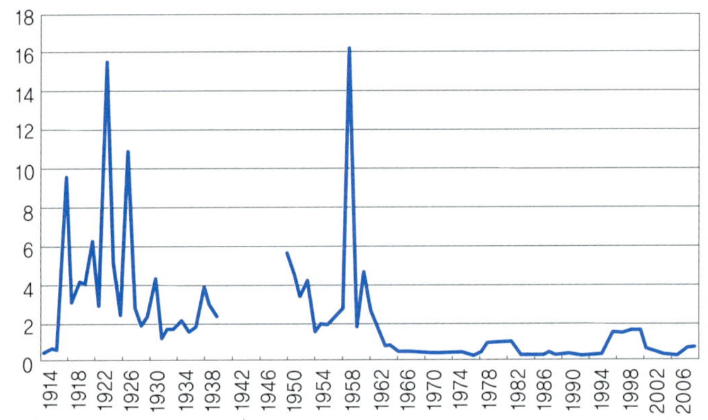

주: 1944년까지는 남북한 전체의 일인당 생산, 1945 이후는 한국만의 일인당 생산을 가지고 계산; 패널 B에서 변이 계수가 음의 값을 가지는 해인 1940, 1941년은 제외했음.

자료: 김낙년 편(2012).

식민기에 비해 해방 후에 높아졌으며 고도 성장기에 상승했다. 뿐만 아니라 저축률이 하락 추세로 돌아선 1980년대 말 이후 일인당 소득 변이 계수도 감소했다. 이같이 소득 변동성과 저축률이 같은 방향으로 움직이는 경향이 있었으므로 고도 성장기에 소득 불확실성이 커졌기 때문에 저축률이 올라갔다는 주장에는 일리가 있다고 하겠다.[3)]

고도 성장기 저축률 상승에 관한 두 번째 설명은 소비 수준이 소득뿐 아니라 소비 습관에 의해서도 결정된다는 점을 강조한다. 특히 생활 수준이 빠르게 증가하면 (불우하던 시절의) 습관의 영향 때문에 소비 증가가 소득 증가를 쫓아 가지 못한다. 그래서 저축률이 증가한다는 것이다. Collins(1995)는 1978-1988년간 세대 간 소비 증가율에 큰 차이가 없고, 1982년과 1988년 사이에 소득 계층 간 저축률 패턴이 비슷했다는 점을 근거로 고도 성장기 저축률 상승이 소비 습관 지속(habit persistence; habit formation) 때문에 일어난 것임을 말해 준다고 주장했다.

[그림 6-3]의 패널 B는 일인당 소득 수준이 아니라 증가율을 가지고 계산한 5년 간격 이동 변이 계수를 보여 주는데, 소득 증가율을 가지고 계산한 변이 계수는 (소득 수준을 가지고 계산한 변이 계수와 달리) 해방 후에 비해 식민지기에 훨씬 높다. 이는 해방 전과 후 사이의 산업 구조 차이에 기인하는 것이다. 식민지기에는 농업의 비중이 높았고 그래서 기후 변동 때문에 단기적인 생산의 증감이 심했다. 해방 후 비농업 부문의 비중이 빠르게 증가하면서 생산의 단기적 변동이 크게 줄어들었다. 패널 A와 B가 보여 주는 것은 식민지기에는 일인당 소득이 상대적으로 느리게 증가하면서 단기적으

3) 고도 성장기에 예비적 저축이 총저축에서 얼마나 중요한 부분이었는지를 추정한 연구를 나는 발견할 수 없었다. 우리나라에서 예비적 동기가 얼마나 중요한 저축 이유였는지에 관한 연구는 저축률이 하락한 최근 20년간에 관한 것이다. 조하연 · 황선웅(2009: 291, 292)의 서베이를 보라. 외국에 관한 연구 소개는 Deaton(1992: chapter 6)을 보라.

로 기복이 심했지만 고도 성장기에는 일인당 생산이 꾸준히 그리고 빠르게 증가했다는 것이다.[4] 그러므로 고도 성장기에 저축률이 올라간 이유가 소비 습관 지속에 있다는 설명에도 일리가 있음을 알 수 있다.

[그림 6-1]과 [그림 6-2]는 지난 한 세기 동안 일인당 소득 수준과 저축률 사이에 양의 상관관계가 있었음을 보여 주었다. [그림 6-4]는 일인당 생산 증가율(가로 축)과 저축률(세로 축) 사이에도 양의 상관관계가 있었음을 보여 준다. 이 그림의 사각형이 나타내는 것은 10년 간격 시기의 평균 일인당 생산 증가율과 평균 저축률이다. 1911-2010년 사이에는 1911-9, 1920-9, 1930-9, …, 1990-9, 2000-10 같은 10년 간격 시기가 열 개 들어 있지만 [그림 6-4]에 사각형이 여덟 개밖에 없는 것은 통계를 구할 수 없는 1940년대와 1950년대가 제외되었기 때문이다. 이 그림에서 직선이 보여 주는 것은 최소 자승법(ordinary least squares method)을 이용해 추정한 사각형들 중간을 뚫고 지나가는 일차 함수다. 이 직선의 기울기는 약 2.86이며 10% 수준에서 유의미하다. 이는 일인당 생산 증가율이 1% 포인트 증가하면 저축률이 3% 포인트 가까이 증가하는 경향이 있었음을 말한다.

일인당 생산이 빠르게 증가할수록 소득 불확실성이 커지며 습관에 지배되는 소비와 소득 사이의 격차가 더 커질 것이라는 점에서 [그림 6-4]는 습관 지속 가설이나 소득 불확실성 가설로써 고도 성장기 한국 저축률 상승을 설명할 수 있는 또 하나의 근거가 된다. 그러나 [그림 6-4]는 (그리고 [그림 6-1]도) 이 두 가설의 타당성을 입증하는 증거라고는 할 수 없다. [그림 6-4]가 보여 주는 것은 상관관계에 불과하다. 이 상관관계는 일인당 생산 증가율

4) Koo & Park(1994: 64)은 한국 경제 성장이 "빠르면서 변동성이 있다(high and variable)"고 서술했으나 이는 [그림 6-3]과 모순된다. 고도 성장기의 일인당 소득 증가율은 높으면서 안정적이었다.

그림 6-4 일인당 생산 증가율과 저축률, 1911-2010

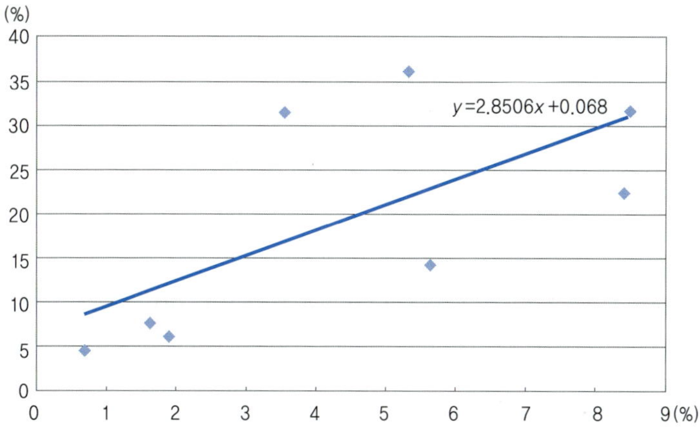

주: 가로 축은 일인당 생산 증가율, 세로 축은 저축률; 10년 간격 평균; 1940년대와 1950년대는 자료 결핍으로 제외.
자료: 김낙년 편(2012).

상승 ⇒저축률 증가라는 방향의 인과 관계일 뿐 아니라 (제3장의 솔로우 모델에서 설명했듯이) 저축률 증가 ⇒ 일인당 생산 증가율 상승이라는 인과 관계를 나타내는 것일 수도 있다. 바꾸어 말하면 추세선의 기울기 2.86은 저축과 경제 성장이 쌍방향으로 상호 작용한 최종적 결과를 나타내는 것이다. Paxson(1996: 257)은 여러 나라의 데이터를 이용해 여기서와 같은 방법으로 추세선을 추정했는데, 그 기울기는 1.38로 지난 한 세기 동안 우리나라의 절반에도 미치지 못했다.

소득 불확실성과 습관 지속이라는 두 요인은 과연 고도 성장기의 저축률 증가를 가져온 원인이었을까? 만일 그렇다면 얼마나 중요한 원인이었을까? 이를 알아보는 한 방법은 과거의 일인당 소득 증가율이 현재의 저축률에 영향을 미쳤는지를 알아보는 것이다.

$$s_t = 0.13^{***} + 0.19 \cdot g_{t-1} + 0.34^{**} \cdot g_{t-2} + 0.32^{**} \cdot g_{t-3}$$
$$+0.38^{**} \cdot g_{t-4} - 0.09^{***} \cdot colonial \quad (6\text{-}1)$$

식 (6-1)은 1911-2010년간 연도별 데이터를 가지고 어떤 해 t의 저축률(s_t)을 과거 4년간의 일인당 생산 증가율(g_{t-1}, g_{t-2}, g_{t-3}, g_{t-4})과 식민지 시대를 나타내는 더미 변수(colonial)에 회귀한 결과를 보여 준다. 이 식에서 추정 계수에 붙어 있는 **과 ***은 그 추정 계수가 각각 5%와 1% 수준에서 유의미함을 보여 준다. 식 (6-1)에 따르면 2년, 3년, 4년 전의 일인당 생산 증가율이 현재의 저축률에 플러스의 영향을 미쳤다. 통계적으로 유의미한 2년, 3년, 4년 전의 일인당 생산 증가율의 계수 추정치를 합한 값은 1.04인데, 이는 [그림 6-4]에 제시된 선형 추세의 기울기 2.86의 1/3을 조금 넘는다.[5] 소득 불확실성 때문이건 아니면 습관 지속 때문이건 지난 한 세기 동안 우리나라에서 일인당 소득 증가로 설명할 수 있는 저축률 상승은 (저축과 경제 성장이 상호작용해서 나타나게 된) 일인당 생산 증가율과 저축률 사이의 선형 관계의 기울기의 절반에도 미치지 않는 것이다.

과거의 소득 증가가 저축률에 어느 정도의 영향을 미쳤는지는 개별 가구들의 수입과 지출에 관한 정보를 제공하는 도시 가계 조사 자료를 가지고도 확인해 볼 수 있다. 도시 가계 조사 마이크로 데이터는 1982년부터 현재까지 구할 수 있지만 저축률이 상승하고 있었으며, 조사 포맷이 일정하게 유지된 1982-1989년간 8개년 자료를 사용해서 소득 증가가 저축률에 미친 영향을 측정해 보자. 여기에 포함된 가구 수는 39만에 가깝다.

소득 변화가 저축률에 어떤 영향을 미치는지를 측정하려면, 특정 개인

5) 추정에 관한 자세한 내용은 Cha(2013)를 보라.

혹은 가구의 소득이 변하면서 그 사람 또는 가구의 저축이 어떻게 달라지는지를 추적할 필요가 있다. 그리고 많은 수의 사람 또는 가구에 대해 이런 추적이 이루어져야 한다. 1982-9년간의 도시 가계 조사는 다수의 가계에 대해서 이루어졌지만 같은 가구들에 대해 반복적으로 이루어진 것이 아니다. 도시 가계 조사 마이크로 데이터에는 매년 5만 가까운 가구가 들어가 있지만 조사 대상 가구는 고정되어 있지 않았고 바뀌었다.

많은 수의 같은 가구들을 계속 추적하며 반복 조사하는 것은 현실적으로 어렵고 비용도 많이 든다. 그러므로 우리나라뿐 아니라 다른 나라 가계 지출 조사에서도 매년 다른 샘플 집단이 무작위로 추출된다. 가계 지출 조사 마이크로 데이터가 같은 가구의 수입과 지출에 대한 반복적 관측은 아니지만, 상이한 가구들에 관한 관측을 이용해서 그것에 근접한 것을 만들 수 있다. 예를 들어, 1982년 마이크로 데이터에 들어 있는 가구 중 가구주의 출생 연도가 1955년인 가구들에 관한 소득, 지출 등 관측치의 평균을 내고, 이를 하나의 가상적 가구 x의 소비 행위에 관한 관측치로 취급하자. 1983년 마이크로 데이터에 포함된 가구주 출생 연도가 1955년인 가구들에 관한 소득, 지출 등 관측치의 평균을 내고 이 역시 가상적 가구 x의 소비 행위에 관한 관측치로 취급하자. 이런 방식으로 이 가상적 가구 x의 1982-9년간 소득 변화 과정에서 소비, 따라서 저축이 어떻게 변했는지를 보이는 시계열을 만들어 낼 수 있다. 가구주가 1955년이 아닌 다른 해에 태어난 경우에도 물론 이런 시계열을 만들 수 있다. 이를 결합하면 출생 연도가 다른 가상 가구 – "합성 코호트(synthetic cohort)" – 들의 소득, 소비, 저축이 1982-9년간 어떻게 변했는지를 보이는 데이터가 나온다.[6]

6) 코호트란 같은 특성을 공유하는 집단이라는 뜻을 가진 단어지만 많은 경우 같은 해에 태어난 사람을 가리키는 말로 사용되며 그래서 동시 태생 집단이라고 번역하기도 한다. 여기서 사용-

표 6-1 소득 증가가 저축률에 미친 영향, 1982-9

변수	계수 추정치	표준 오차
g_{t-1}	0.009	0.038
g_{t-2}	−0.005	0.042
g_{t-3}	0.030	0.052
g_{t-4}	−0.028	0.049
아이 수	0.030***	0.011
성인 구성원 수	−0.073***	0.011
상수항	0.785***	0.052

주: ***은 1% 수준에서 유의미함을 나타냄.
자료: Cha(2014).

[표 6-1]은 합성 코호트의 저축률과 소득 증가율을 가지고 식 (6-1)을 추정한 결과를 보여 준다. 회귀식의 우변에는 과거 4년간 소득 증가율(g_{t-i}) 외에 아이 수(=15세 미만 가구원 수)와 성인 가구원 수가 설명 변수로 들어가 있다. 이 표에 따르면 과거 4년간의 소득 증가율 추정 계수는 어느 것도 유의미하지 않다. 소득 증가율은 저축률에 영향을 미치지 않는다는 가설이 기각되지 않는 것이다. 이 추정 결과는 아이가 많아서건 어른이 많아서건 가족 구성원 수가 많을수록 저축률이 낮아진다는 것을 알려 준다.

경제 전체의 저축률과 일인당 생산을 이용해서 추계한 결과와 마이크로 데이터를 이용해서 추계한 결과가 왜 이렇게 다른지는 알기 어렵다. 집계 추계를 이용한 추정의 경우 저축률과 소득 증가율에 동시에 미치는 제3의 변수들의 영향이 제대로 통제되지 않았기 때문에 소득 증가가 저축률에 미치는 영향이 과대하게 추정된 것일 수도 있다. 마이크로 데이터를 이용한 추정의 경우 현실의 코호트가 아니라 합성 코호트를 사용했기 때문에

한 합성 코호트법에 관한 자세한 설명은 Deaton(1985)과 Kotlikoff & Summers(1981)를 보라.

소득 증가가 저축률에 미치는 영향이 제대로 포착되지 않은 것일 수도 있다.[7] 그러나 어느 결과를 보더라도 소비 습관이나 소득 불확실성이 고도 성장기의 저축률 상승의 주요 원인이었다고는 말하기 어렵다.

출산력 변천과 저축률

고도 성장기에 저축률이 증가한 이유에 관한 세 번째 설명은 흉년이나 해고처럼 예상할 수 없는 사건뿐 아니라 예상 가능한 소득 흐름 변동에 대비하기 위해서도 사람들은 저축한다는 사실로부터 출발한다. 소득 없이 부모 소득에 의존해 살아가는 미성년자들의 저축률은 마이너스이다. 일을 해서 돈을 버는 청·장년기에는 소득 이하로 소비를 억제하여 차액을 저축한다. 그렇게 해서 자산을 축적하고, 노동 소득이 없어지는 노년기에 축적한 자산을 갉아먹으며, 즉 다시 마이너스 저축을 하며 살아갈 수 있도록 대비한다. 바꾸어 말하면 사람들은 얼마를 소비할지를 결정할 때 당장 벌고 있는 소득만을 보지 않고 평생 동안 벌 수 있을 것으로 예상되는 소득 - 평생 소득(life time wealth or earning) - 을 계산한다는 것이다. 이 같은 주장을 생애 주기 가설(life cycle hypothesis)이라고 한다(Modigliani & Brumberg, 1954; Ando & Modigliani, 1963).

연령대별로 저축률이 다른 상황에서 경제가 빠르게 성장하기 시작했다고 하자. 사람들이 앞으로 일어날 빠른 경제 성장을 정확히 예측한다면,

7) 미국, 영국, 타이완, 타이 가계 조사 마이크로 데이터에 위와 같은 방법을 적용해서 소비 습관 및 불확실성이 저축률에 어떤 영향을 미쳤는지는 분석한 Paxson(1996: 285)은 미국에서도 과거의 소득 증가율이 저축률에 유의미한 영향을 미치지 못했으며 다른 세 나라의 유의미한 영향을 미쳤지만 그 크기는 작았음을 보고했다.

청장년층의 평생 소득이 노년층에 비해 증가할 것이다. 왜냐하면 미래의 경제 성장은 당분간 노동해서 살아갈 청장년층의 평생 소득만을 증가시킬 뿐 이미 노동력 대열에서 이탈한 노년층의 소득에는 플러스의 영향을 미치지 않기 때문이다. 경제 성장으로 플러스의 저축을 하는 청장년층의 평생 소득이 마이너스 저축을 하는 노년층에 비해 커지므로 경제 전체의 저축률은 상승한다. 이는 일인당 생산 증가율이 높을수록 저축률도 높아질 것임을 의미한다. 그러므로 앞 절에서 본 저축률과 일인당 생산 증가율 사이의 양의 상관관계는 소득 불확실성이나 소비 습관 지속뿐 아니라 연령대별 저축률 차이 때문에 나타난 현상으로도 해석할 수 있다.

연령대별로 저축률이 다른데 사망력 변천이 시작되었다고 하자. 제2장에서 설명했듯이 사망력 변천 과정에서 유아 사망률이 더 빨리 떨어지므로 (부모들의 소득으로 살아가는) 유년 인구가 전체 인구에서 차지하는 비중이 증가하고 따라서 전체 저축률이 떨어질 것이다. 그러나 출산력 변천이 시작되어 미성년 인구가 차지하는 비중이 감소하면 경제 전체의 저축률은 올라갈 것이다. 전체 인구에서 플러스 저축을 하는 청장년층 비중이 클수록 경제 전체의 저축률은 높을 것이고 마이너스 저축을 하는 유년이나 노년 인구 비중이 클수록 경제 전체의 저축률은 낮아질 것이다. 인구의 연령 구성을 보여 주는 지표로 흔히 사용되는 것이 부양비(dependency ratio)인데, 이는 15세 미만 인구와 65세 이상 인구를 합한 뒤 이를 15-64세 인구로 나누면 구할 수 있다. 부양비는 일하는 인구(=15-64세 인구) 한 명이 일하지 않는 인구(=15세 미만 및 65세 이상 인구) 몇 명을 부양하는지를 나타낸다. 그러므로 부양비가 높을수록 저축률은 낮고, 부양비가 낮을수록 저축률은 높을 것이라고 예상할 수 있다.[8)]

8) Coale & Hoover(1958)는 인구의 연령 구성이 저축률에 영향을 미친다는 주장으로 잘 알려진

[그림 6-2]에는 부양비가 삼각형으로 표시되어 있는데, 지난 한 세기 동안 우리나라에서 부양비와 저축률은 반대 방향으로 변하는 경향이 있었음을 알 수 있다. 부양비는 저축률이 낮았던 식민지기와 해방 후 약 20년간 0.8 정도의 수준에 머물다가 저축률이 빠르게 오른 1960년대 중엽에서 1990년 경까지 절반 수준으로 떨어진 뒤 안정되었다.

부양비는 유년 부양비(=15세 미만 인구/15-64세 인구)와 노년 부양비(=65세 이상 인구/15-64세 인구)를 합한 것과 같다. [그림 6-5]는 우리나라의 부양비 변화가 거의 전부 유년 부양비 변화를 반영하는 것임을 알려 준다. 특히 고도 성장기 부양비의 급속한 하락은 그 시기에 진행된 출산력 변천으로 전체 인구에서 차지하는 미성년 인구 비중이 감소했기 때문에 일어났음을 알 수 있다.

고도 성장기의 저축률 상승은 연령대별 저축률 차이를 통해 발생한 경제 성장과 인구 변천의 결과였을까? Kang(1994)은 이를 알아보기 위해서 1963-88년간의 저축률을 피설명 변수로 하고 총생산 증가율과 부양비를 설명 변수로 포함하는 방정식을 최소 자승법을 이용해서 추정했다. Kang (1994)은 1963-88년에 포함된 관측치 수 26개가 너무 적다고 보아 (일본 제국의 제도적 유산을 공유하고 있으면서 이차 대전 후 같이 고도 성장을 이룩한) 1953-73년간 일본, 1955-88년간 타이완 데이터를 한국의 관측치와 통합(pool)했다. 그리고 세 나라 사이의 문화적 · 제도적 차이가 저축에 미치는 영향을 포착하기 위한 가변수(dummy variables)를 설명 변수로 추가해서 저축률 방정식을 추

연구이다. 두 저자 중 Coale(Ansley J. Coale, 1917-2002)는 Paul Demeney와 함께 만든 모델 생명표(model life table)로 유명한 인구학자다. 이 생명표는 차명수(2009)의 조선 후기 인구 추계에도 이용되었다. Coale & Hoover(1958)는 부양률이 저축률에 과연 영향을 미치는지를 검증하기 위한 많은 연구를 촉발했다. 부양률이 저축률에 영향을 미쳤음을 주장한 주요 실증 결과로는 Leff(1969), Fry & Mason(1982)이 있다. 이에 대한 주요 반론으로는 Ram(1982), Goldberger(1973), Deaton(1992)을 보라.

그림 6-5 부양비, 유년 부양비, 노년 부양비, 1911-2010

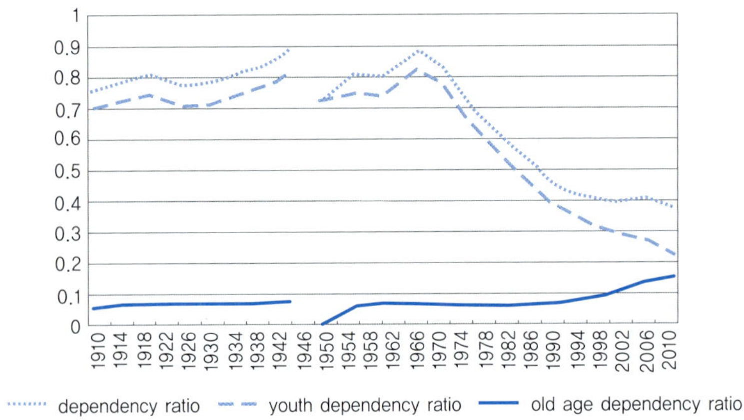

주: [그림 6-2]에 제시된 5년 간격으로 추정된 부양비 사이의 값은 선형 보간을 통해 구했음.
자료: 차명수(2012), 국세 조사 보고서, kosis.kr.

정했다.

추정 결과는 부양비가 저축률에 마이너스의 영향을, 총생산 증가율은 플러스의 영향을 미친다는 것이었다. 그리고 계수 추정치는 1963-88년간 저축률 상승 폭의 대부분이 부양비 하락에 의해 설명됨을 또한 알려 주었다. 반면 경제 성장으로 설명할 수 있는 저축률 상승은 그렇게 크지 않았다 (Kang, 1994: 103, 106).

고도 성장기에 저축률이 상승한 이유가 ① 경제 성장으로 소득 불확실성이 증가했기 때문이라는 설명, ② 소비는 습관에 의해 많이 좌우되기 때문이라는 설명, 그리고 ③ 경제 성장으로 저축을 하는 연령 계층의 평생 소득이 증가했기 때문이라는 설명은 모두 고도 성장이 저축률 상승의 원인이 되었다는 주장이라는 공통점을 가지고 있다. 그런데 제3장의 성장 회계 결과에 따르면 빠른 자본 축적, 즉 높은 저축률이 고도 성장의 가장 중요한 직접적 원인이었다. 높은 저축률이 고도 성장을 가져왔고 고도 성장이 저축률을 높였다면, 이런 누적적 · 순환적 과정(cumulative and circular process)을 촉발한 방아쇠는 무엇인가라는 질문이 나오게 된다. 그런데 소득 불확실성 가설, 소비 습관 가설, 그리고 평생 소득 가설은 모두 어떤 요인에 의해 경제 성장이 시작된 뒤 그것이 지속적으로 더 빨라질 수 있었던 이유에 관한 설명이지 당초에 이런 과정이 무엇 때문에 시작되었는지에 대해서는 알려 주는 바가 없다.

이에 비해 인구의 연령 구성이 변해서 – 특히 유년 인구가 전체 인구에서 차지하는 비중이 줄어서 – 고도 성장기에 저축률이 올라갔다는 설명 – 부양비 가설 – 은 저축과 성장 사이의 호순환(virtuous cycle)에 시동을 건 충격으로서 출산력 변천이라는 외생적일 수 있는 사건을 지목한다. 그래서 흥미롭고 중요하다.

그러나 Kang(1994)의 저축률 방정식 추정 결과는 출산력 변천에 따른 부양률 하락이 고도 성장기 저축률 상승의 대부분을 설명한다는 것을 입증하는 증거로서 받아들이기 어렵다. 우선 Kang(1994)의 분석에서 한국의 저축률은 국제적 데이터세트의 일부로 포함되어 있다. 그런 점에서 그의 추정 결과는 간접적이며 정황적(circumstantial) 증거에 불과하다는 평가를 면하기 어렵다. 이보다 중요한 것은 Kang(1994)의 회귀 분석이 안고 있는 두 개의 계량 경제학적 문제이다. 첫째, 피설명 변수인 저축률과 설명 변수 중 하나인 부양비는 둘 다 비정상적(非正常的, nonstationary) 시계열이기 때문에 회귀 분석 결과가 부양률이 저축률에 통계적으로 유의미한 영향을 미쳤음을 보여주었다 하더라도, 이는 "가짜(spurious)"일 가능성이 높다(Phillips, 1986). 다른 하나는 설명 변수의 하나로 포함된 이자율은 물론 부양률도 외생 변수

(exogenous variable)라고 인정하기 어려우므로 추정 결과가 무엇을 포착하고 있는지 알기 어렵다는 것이다.[9)]

우선 시계열의 비정상성이 초래하는 문제 – "가짜 회귀 분석(spurious regression)"의 문제 – 가 무엇인지를 설명하기 위해서 결혼해서 첫 아이를 낳은 것을 기념해서 마당에 나무를 심었다고 하자. 시간의 흐름에 따라 아이와 나무는 같이 성장한다. 매월 아이의 신장과 나무의 높이를 재어 20년 후에 그 기록을 가지고 나무의 높이를 등호의 왼쪽에, 아이의 신장을 등호의 오른쪽에 놓은 방정식을 추정하면, 아이의 신장이 나무의 길이에 유의미한 영향을 미쳤다는 믿을 수 없는 결과를 얻을 가능성이 높다. 왜냐하면 둘 다 뚜렷한 성장 추세를 가진 비정상적 시계열이기 때문이다. 이와 마찬가지로 대부분 부양률 하락이 저축률 상승을 가져왔다고 말하는 회귀 분석 결과는 ([그림 6-2]가 보여 주는) 고도 성장기의 부양률 하락 추세와 저축률 상승 추세를 반영하는 것에 불과할 수 있다. 그리고 실제로는 둘 사이에 아무런 상관관계도 인과 관계도 없을 수 있다. 이런 문제를 피하는 한 방법은 두 비정상적 변수의 수준을 그대로 이용하기보다는 두 변수의 증가 폭(=차분, difference)을 내어 그것이 정상적(stationary) 시계열인지를 확인한 뒤 이를 가지고 위의 방정식을 추정하는 것이다.[10)]

9) Kang(1994) 이후 부양비가 저축률에 영향을 미침을 보이는 증거가 두 가지 추가되었다. Higgins & Williamson(1997)은 우리나라, 타이완, 일본, 그리고 다른 13개 아시아 나라들의 데이터 분석을 근거로 유년 부양비 하락이 저축률을 올리는 요인이었음을 주장했다. 반면 이종화 · 김재필(1997: 178, 표 8)은 1962-95년간의 통계를 이용해 저축률 결정 방정식을 추정하고 유년 부양비는 저축률에 유의미한 영향을 미치지 않았지만 노년 부양비는 저축률에 마이너스의 영향을 미친다는 결과를 제시했다. 이 두 연구들에 대해서도 Kang(1994)에 대해서와 마찬가지의 두 가지 문제를 제기할 수 있다.

10) 이종화 · 김재필(1997)의 말미에는 이 논문에 대한 토론자들의 지적이 첨부되어 있다. 이에 따르면 박대근과 박원암이 시계열의 비정상성 문제를 제기했으며, 이에 대해 이종화 · 김재필(1997)은 회귀식 우변에 시간 추세를 포함시키더라도 같은 결과를 얻을 수 있었다고 대응했다. 그러나 시간 추세를 추가하는 것이 비정상성의 문제를 해결하는 표준적인 방법은 아니다.

그림 6-6 자본 시장 균형

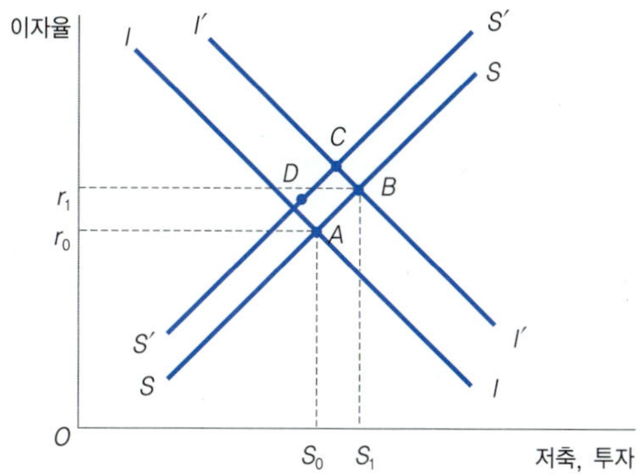

두 번째 문제가 무엇인지를 설명하기 위해서 저축자와 투자자가 만나는 자본 시장을 생각해 보자. 이는 [그림 6-6]에 표시되어 있다. 세로 축은 이자율을 표시하며 가로 축은 저축 공급량과 저축에 대한 수요량, 즉 투자 수요를 나타낸다. 여기서 양의 기울기를 가지는 곡선은 저축 곡선(=저축 공급 곡선)이다. 저축을 하는 이유는 오늘 소비를 참는 대가로 내일 더 많은 소비를 할 수 있게 되기 때문이다. 이자율이 오른다는 것은 오늘 소비를 참는 고통에 대한 대가가 더 커진다는 것을 의미하므로 저축의 대가인 이자율이 높을수록 저축량이 커진다. 음의 기울기를 가지는 곡선은 투자 수요 곡선(=저축에 대한 수요 곡선)이다. 이자율은 투자를 하는 데 드는 비용이므로 이자율이 낮을수록 투자를 위한 저축 수요는 클 것이다.

처음에 저축 곡선이 *SS*, 투자 곡선이 *II*여서 이자율이 r_0, 저축량(=투자량)이 S_0인 상태의 자본 시장 균형이 이루어졌다고 하자. 저축 곡선이나 투자 곡선은 경제 충격이 발생하면 오른쪽이나 왼쪽으로 움직인다. 예를 들어,

신기술이 등장하면 이를 적용해서 돈을 벌기 위한 투자 수요가 생겨나므로 투자 곡선이 $I'I'$로 이동한다. 이자율은 r_1, 저축량(=투자량)이 S_1인 새로운 균형점 B로 옮겨 가게 된다. 사회 보장 제도가 도입되어 예비적 저축의 필요가 줄어 저축 곡선이 $S'S'$로 이동하면 균형점은 B에서 다시 C로 이동한다. 그림이 복잡해지는 것을 피하기 위해 표시하지는 않았지만 미국 경기 악화의 영향으로 투자 곡선이 왼쪽으로 이동한다면 균형점은 다시 D와 같은 위치로 바뀔 것이다.

저축 공급 곡선이나 투자 수요 곡선은 관측되지 않는다. 맨눈으로 볼 수 있는 것은 A, B, C, D 같은 점들뿐이다. 한국은행이 발간하는 경제 통계 연보나 국민 계정, 국가 통계 포털(kosis.kr)에서 구할 수 있는 이자율, 저축, 투자에 관한 통계는 이런 점들을 나타낸다. 이런 점들은 발생하는 충격의 성격과 빈도에 따라 [그림 6-6]의 이차원 공간 사방에 아무렇게나 흩어져 찍힐 수도 있고, (마이너스나 플러스의 기울기를 갖는 띠와 같은) 특정한 모양을 형성하면서 찍힐 수도 있다. 이런 점들이 나타내는 저축과 이자율 통계를 가지고 이자율이 저축에 어떤 영향을 미치는지 보기 위해서 다음과 같은 저축 함수를 최소 자승법을 이용해 추정한다고 하자.

$$\text{저축} = \beta_0 + \beta_1 \cdot \text{이자율} \qquad (6\text{-}2)$$

일반 최소 자승법으로 이 식을 추정해서 얻은 β_1은 제각각 좌우로 움직이는 저축 공급 곡선, 수요 곡선이 교차하는 점에서 형성되었던 많은 균형점들의 중간을 뚫고 지나가는 직선의 기울기를 보여 준다. 이 기울기는 플러스일 수도 있고 마이너스일 수도 있고 0일 수도 있다. β_1의 추정치는 저축 공급 곡선의 계수와 아무런 관계가 없다. 이 기울기는 수요 충격과 공급 충격의 영향 아래 형성된 과거의 많은 균형점들이 가로축을 저축, 세로축을 이자율로 하는 이차원 공간에서 어떤 모양을 형성했는지를 보여 줄 뿐이다.

위의 예에서 저축 공급 곡선과 투자 수요 곡선을 움직이는 기술 발전, 사회 보장 제도 도입, 미국 경기 악화는 외생 변수 혹은 외생적(exogenous) 변화이며, 이자율과 저축(=투자)은 이런 외생 변수들에 의해 좌우되는 내생 변수(endogenous variables)이다. 식 (6-2)처럼 등호의 오른 편에 내생 변수가 설명 변수로 포함된 방정식은 위의 설명에서 보듯이 일반 최소 자승법을 가지고는 추정할 수 없다. 일반 최소 자승법을 적용해서 추정했을 때 발생하는 문제를 내생성 편의(endogeneity bias) 또는 동시성 편의(simultaneity bias)라고 한다.

내생성 편의가 존재할 경우, 일반 최소 자승법(ordinary least squares method)을 이용한 추정을 통해 설명 변수 x가 피설명 변수 y에 통계적으로 유의미한 영향을 미친 것이라는 결과를 얻었다 하더라고 이를 $x \Rightarrow y$라는 인과 관계를 보이는 증거로 받아들이기 어렵다. 무엇보다도 이런 결과는 $y \Rightarrow x$라는 인과 관계 – 반대 방향의 인과 관계(reverse causation) – 때문에 나타난 것일 수도 있다. 예를 들어, Kang(1994: 105)의 저축률 방정식 추정 결과에 따르면 경제 성장률의 계수 추정치(0.621)는 양수인데, 이는 경제 성장이 저축을 자극하는 것을 나타내는 것으로 보아 줄 수도 있지만, 저축률이 올라가면 자본 축적이 가속화되어 경제 성장률이 빨라지는 것을 표현하는 것이라고 볼 수도 있다. Kang(1994)이 추정한 부양비의 계수 추정치는 음수였다. 이는 인구의 연령 구성이 저축률에 영향을 미치는 것으로 보아 줄 수도 있지만, 어떤 이유에서 사람들이 소득의 더 많은 부분을 저축하기로 결정했기 때문에 낳아 기르는 아이 수를 줄일 수밖에 없었던, 그래서 부양비가 감소한 사정을 나타내는 것일 수도 있다.

한 마디로 인구의 연령 구성이나 부양비가 저축률에 영향을 미쳤는지 여부는 아직 제대로 검증되지 않은 문제다. 그러므로 위에서 지적한 세 가지 문제를 해결하기 위해서 ① 우리나라의 데이터만을 가지고, ② 필요한 경우 차분을 통해 비정상성을 제거하고, ③ 내생성 문제를 피하기 위해 도구 변수(instrument)를 이용한 이단계 최소 자승 추계(two stage least squares estimation)를 할 필요가 있다.

이미 설명한 대로 Kang(1994)은 고도 성장기 한국의 저축률 상승 원인 식별을 논문의 과제로 삼았음에도 불구하고 한국의 데이터를 타이완과 일본의 데이터와 통합해서 분석한 이유는 한국의 통계만으로는 다중 회귀 분석을 하기에 충분한 관측치를 확보할 수 없었기 때문이었을 것이다. 그러나 지금은 사정이 다르며 그렇게 할 필요가 없다. Kang(1994)의 연구가 나온 뒤 20년의 세월이 흘러 이용 가능한 한국 경제 시계열이 길어졌을 뿐 아니라 식민지기의 저축률, 부양률도 추계되어 있다. 그러므로 한 세기에 가까운 시계열 통계를 이용한 한국의 저축률 방정식을 추정할 수 있다.

[표 6-2]는 1911-2010년간의 연도별 시계열 통계를 이용해서 우리나라의 저축률 결정 방정식을 추정한 결과를 보여 준다. 이 한 세기 중 관측치를 얻을 수 없는 1939-62년간은 제외되었다. 종속 변수는 (총저축에서 정부 저축을 제외한) 민간 저축률인데, 단위근 검정(unit root test) 결과는 이 시계열이 비정상적임을 보여 주므로 차분(first difference)를 사용했다. 설명 변수 중 비정상적 시계열로 판정된 유년 부양비도 차분을 사용해서 추정했다. 동시성의 문제를 피하기 위해 유년 부양률과 일인당 생산 증가율은 피설명 변수보다 한 해 전에 관측된 값(lagged value)을 도구 변수(instrument)로 활용해서 추정했다.

[표 6-2]에 따르면 유년 부양비는 민간 저축률에 통계적으로 유의미하고 부정적인 영향을 미쳤다.[11] 일인당 생산 증가율은 저축률을 올리는 효과가

표 6-2　저축률 결정 방정식

	계수 추정치	표준 오차
유년 부양비	−4.627**	2.224
일인당 생산 증가율	1.935***	0.497
유년 부양률×일인당 생산 증가율	74.543**	29.514
실질 이자율(−1)	0.075	0.061
식민지기 가변수	0.082***	0.029
상수항	−0.142***	0.042

주: 일인당 생산 증가율의 시차항을 도구 변수로 삼아 이단계 최소 자승법을 사용해 추정한 결과; (−1)이 붙어 있는 것은 종속 변수가 관측된 해보다 한 해 전에 관측된 값을 나타냄; ***, **은 각각 1%와 5% 유의 수준에서 유의미함을 표시.
자료: Cha(2014).

있었으며, 유년 부양비와 일인당 생산 증가율의 교차항 역시 저축률에 유의미한 영향을 미쳤다. 정기 예금 금리를 사용한 Kang(1994)과 달리 여기서는 사채 시장 이자율을 사용했는데, 여기서 GDP 디플레이터 증가율을 뺀 값인 실질 이자율이 저축률에 미친 영향은 통계적으로 유의미하지 않은 것으로 나타났다. 제5장에서 식민지기 초등학교 취학률 방정식의 계수 추정치를 이용해서 식민지기 초등학교 취학률 증가에 가장 큰 기여를 한 요인은 총독부의 학교 설립 정책이었음을 보였다([표 5-3]). [표 6-2]의 계수 추정치를 이용해 같은 방식으로 계산해 보면 유년 부양비 하락이 고도 성장기 저축률 상승의 가장 큰 요인이었음을 알 수 있다.

11) 노년 부양비도 포함시켜 추정해 보았는데 그 영향은 유의미하지 않은 것으로 나타났다.

고도 성장기 출산력 변천의 원인

앞 절 시작 부분에서 소개한 Coale & Hoover(1958)에 따르면 부양비가 저축률에 부정적 영향을 미치는 이유는 가령 부양비가 높다는 것은, 저축률이 낮은 – 마이너스 저축을 하고 있을 가능성이 높은 – 연령 계층이 전체 인구에서 차지하는 비중이 높다는 것을 말하는 것이기 때문이다. 즉, 경제 전체의 저축률은 연령대별 저축률(s_i)에 각 연령 계층이 전체 인구에서 차지하는 비중(w_i)을 곱한 뒤 이를 합산한 것($\Sigma_i w_i s_i$)과 같으므로 저축률이 낮은 연령 계층이 인구에서 차지하는 비중이 크면 전체 저축률이 낮아질 것이다. 이런 효과를 집계 효과(aggregation effect)라고 한다. 그런데 [표 6-2]의 회귀 분석 결과는 유년 부양비가 저축률에 영향을 미쳤음을 보여 줄 뿐 이런 작용이 집계 효과를 통해 일어난 것이라는 것까지 증명해 주는 것은 아니다.

[표 6-2]의 추정 결과는 경제 전체에 관한 시계열 통계(aggregate time series)를 이용해서 얻은 것이다. 집계 효과를 통해 유년 부양비가 저축률을 낮추는 효과를 냈는지 확인하기 위해서는 이보다 더 자세한(disaggregated) 데이터, 특히 연령대별로 저축률이 어떻게 달랐는지를 보여 주는 자료가 필요하다. Park & Rhee(2005: 404, Table 3)는 『도시 가계 연보』를 이용해 연령대별 저축률을 계산하고 이를 인구의 연령 구성 통계와 결합해서 고도 성장기의 저축률 상승 중 집계 효과로 설명할 수 있는 부분이 얼마나 되는지 추정해 보았다. 그 결과는 저축률 상승 중 인구의 연령별 구성 변화로 설명되는 부분은 미미하다는 것이었다. 그리고 고도 성장기 저축률 상승은 거의 전부 전 연령 계층 저축률이 일률적으로 상승했기 때문에 발생했다는 것이었다.[12)]

12) 타이완의 가계 지출 조사 자료를 분석한 Deaton & Paxson(2000)도 같은 결론에 도달했다.

[표 6-2]가 보여 주는 대로 유년 부양비가 저축률을 떨어뜨렸지만 그것이 인구의 연령별 구성을 바꿈으로써가 아니라면 출산력 변천은 어떤 경로를 통해서 저축률을 올렸던 것일까? 이 질문은 고도 성장기에 출산력이 왜 떨어졌는가라는 매우 중요한 문제와 밀접히 관련되어 있다.

고도 성장기에 출산력이 왜 빠르게 떨어졌는지를 이해하려면 아이는 왜 낳는가라는 문제를 생각해 보아야 한다. 아이를 낳는 동기는 크게 두 가지를 들 수 있다. 하나는 경제적인 이유이다. 자신이 나이 들어 일을 그만둔 뒤에 경제적 도움이나 보살핌을 받기 위해서 – 세대 간 거래(intergenerational trade)를 위해서 – 아이를 낳는다. 다른 하나는 아이가 좋고 자식을 가지고 싶어서 –이타심(altruism)에서 – 이다. 이는 비경제적인 동기라고 할 수 있다(Ehrlich & Lui, 1991).

이 둘 중 경제적 동기는 자본 시장과 사회 보장 제도가 발전되지 않은 시대와 사회일수록 중요하다. 산업 혁명 이전의 사회에서 부모들이 아이를 낳는 중요한 이유 중 하나는 자기가 늙어 일할 수 없게 되었을 때 자식들의 부양을 받기 위해서 – 자식들로부터 "연금"을 받기 위해서 – 였다. 부모들은 젊어서 일을 해서 소득이 있을 때 그 중 일부를 자식 양육에 투자하고 그 투자 수익을 나이 들어 자식들로부터 의식주를 해결해 받는 형태로 거두었다. 전근대 사회에서 자식이 "가난뱅이의 자본(poor man's capital)"이었던 이유는 산업 혁명 이전에는 일반 농민들이 소득의 일부를 저축할 수 있는 방법이 마땅히 없었기 때문이었다(Schultz, 1974). 주변에 은행도 없고 주식 시장도 없고 펀드 투자도 불가능했다. 현금을 남모르는 곳에 쌓아 둘 수 있었겠지만 도난과 같은 위험이 있었고 이자가 붙지 않을 뿐 아니라 인플레이션이 일어나면 현금의 실질 가치가 하락할 우려가 있었다. 산업 혁명과 함께 은행, 증권 시장 같은 근대적 금융 제도가 등장하면서 부모들은 자식 양육

그림 6-7 예금 잔고/명목 총산출

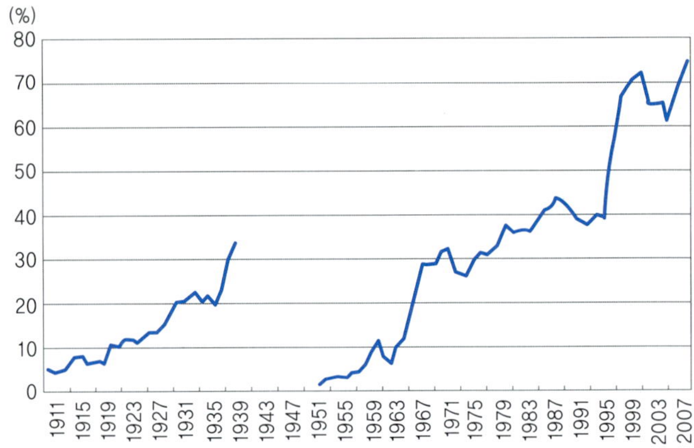

자료: 김낙년 편(2012), 금융 사항 참고서, www.bok.go.kr.

이외의 저축 및 투자 수단을 가지게 되었다. 그래서 19세기 미국에서는 금융 제도 발전이 출산력을 떨어뜨리는 한 원인이 되었다.[13)]

[그림 6-7]은 요구불 예금과 정기 예금 잔고를 합한 값을 명목 GDP로 나눈 비율이 우리나라에서 지난 한 세기 동안 어떻게 변해 왔는지를 보여 준다. 금융 제도의 발전 정도를 나타내는 지표인 이 비율은 식민지기에 빠르게 증가했다. 그러나 해방, 분단, 전쟁을 거치면서 이 비율은 급감해서 식민지기 초기의 수준으로 되돌아갔는데, 이는 해방 후 정치 · 사회적 혼란통에 식민지기에 등장한 금융 시스템이 붕괴되었음을 나타낸다. 1950년대와 고도 성장기에 예금/명목 총생산 비율은 다시 빠르게 증가해서 1980년경 비

13) Steckel(1992). Neher(1971)는 부모들이 자식을 금융 자산으로 대체하는 과정을 "좋은 자산(good assets)이 나쁜 자산(bad assets)을 밀어내는" 과정으로 표현했다.

로소 식민지기 말기 수준을 회복한 뒤 현재까지 꾸준히 상승해 오고 있다. 이 같은 자본 시장 발전의 역사는 (19세기 미국에서처럼) 고도 성장기 한국에서도 출산력 변천이 금융 제도 발전의 결과였을 가능성이 있음을 시사한다.

자식들로부터 연금을 받으려는 목적으로 출산하는 부모들은 두 가지 전략 중 하나를 선택할 수 있다. 전략 A는 아이를 여러 명 낳아 교육을 시키지 않거나 최소한의 교육을 시켜 막노동자가 되도록 하는 방법이다. 전략 B는 아이를 조금만 낳아 많은 교육을 시켜 월급을 많이 받는 대기업 사원이나 전문직 종사자가 되게 하는 방법이다. 아이를 두 명 낳아 학교에 보내지 않는 경우와 한 명만 낳아 대학 교육까지 시키는 경우 자식들이 벌어들이는 미래 소득 흐름의 현재 가치, 따라서 부모들이 노후에 자식들로부터 기대할 수 있는 경제적 원조가 같다고 하자. 그리고 이 두 전략을 구사하는 데 들어가는 양육 및 교육 비용도 같다고 하자. 어느 날 정부가 교육 보급에 나서기 시작해서 공립 학교가 가까운 곳에 들어서고 수업료도 크게 떨어졌고 그래서 전략 A에 비해 B를 구사하는 데 들어가는 비용이 줄어들었다고 하자. 그러면 수익/비용 비율의 면에서 전략 A에 비해 B가 우월하게 되고 따라서 부모들은 이를 선택할 것이며 그 결과는 출산력 하락으로 나타나게 된다.

정부가 교육 보급 정책을 추진하면 비경제적 동기, 즉 이타심에 의한 출산도 줄어들 것이다. 부모가 교육을 받지 않아 비숙련 노동자가 된 두 명의 자녀로부터 느끼는 만족감과 대학을 나와 대기업에 취직한 한 명의 자녀로부터 느끼는 심리적 만족이 같다고 하자. 대중 교육 보급 정책으로 교육비가 감소하면 많은 무식한 자식들에 둘러싸여 노후를 보내고 싶어하는 부모는 줄고 소수의 교양 있는 자녀들의 성공한 모습을 즐기려는 부모 수가 늘 것이다. 제5장에서 보았듯이 식민지기에 비해 해방 후, 특히 고도 성장기에 총생산에서 차지하는 교육을 위한 공공 지출의 비율이 크게 증가했고 이것이 중등 교육 확산의 원동력이 되었다. 이는 해방 후 적극적 교육 보급 정책으로의 전환이 자본 시장 발전과 함께 출산력 변천을 이끄는 요인으로 작용했을 가능성이 있음을 말해 준다.

금융 산업 발전 때문에 출산율이 하락하는 경우 저축률은 오를 것이다. 왜냐하면 자식과 금융 자산(=저축)은 대체 관계에 있기 때문이다. 정부가 교육 시설을 확충한 결과로 출산율이 하락하는 경우에도 저축률은 오를 것이다. 아이를 두 명 낳아 교육을 시키지 않는 경우(=전략 A)와 한 명 낳아 대학 교육까지 시키는 경우(=전략 B) 부모가 받는 노후의 연금액과 심리적 만족이 같다고 하자. 교육 확산 정책이 실시되면 전략 A에 비해 B를 선택했을 때 육아 비용이 작아지게 되고 그래서 부모들은 A보다 B를 선택하게 된다. 육아 비용이 감소하므로 자녀 양육비를 지불하고 나서 부모들이 사용할 수 있는 소득이 증가할 것이며, 따라서 저축률도 올라갈 것이다.[14)]

그런데 금융 산업 발전과 교육 보급 정책이 출산을 억제하는 효과는 정말로 존재했던 것일까? 이를 확인해 보는 방법은 회귀 분석밖에는 없다. 식민지기 지배 기간은 35년, 고도 성장기는 30년 정도에 불과하므로 연도별 데이터를 가지고는 출산력 방정식을 추정해서 출산력 결정 요인을 식별하기 곤란하다. 그러나 도별 데이터를 사용하면 수백 개의 관측치를 확보할 수 있으므로 회귀 분석을 해볼 수 있게 된다.

[표 6-3]은 1918-38년간 13개 도 통계를 이용해서 추정한 조출산율 결정

14) 임현준 · 박강우(2012)에 따르면 우리나라에서 교육 투자는 저축률을 떨어뜨렸다. 그러나 이 연구는 1999-2007년간 노동연구원의 노동 패널 조사 결과를 분석한 것으로서 고도 성장기와는 전혀 다른 상황을 다루고 있다. 1990년대 초 출산력 변천이 사실상 끝나고 최근 십여 년간 출산력은 낮은 수준에서 서서히 떨어졌으며 교육 수준 향상은 주로 개인 부담으로 이루어지는 고등 교육 확산에 따른 것이었다.

표 6-3 식민지기 조출산율 결정 방정식

변수	계수 추정치	표준 오차
면적당 은행 수(-1)	-1.505***	0.492
면적당 초등학교 수(-1)	-0.707**	0.273
면적당 서당 수(-1)	-0.035*	0.019
면적당 초등학교 수(-1)×면적당 서당 수(-1)	-41.502*	21.494
일인당 생산 증가율(-1)	-0.003**	0.001
제조업 비중	-0.059***	0.008
소작지율(-1)	0.021***	0.003
조사망률(-1)	-0.179***	0.030
숙련 프리미엄(-1)	-0.000***	0.000
여성/남성 임금 비율(-1)	0.001**	0.000
인구 밀도(-1)	-0.000***	4.64E-05
상수항	0.039***	0.001
조정된 결정 계수	0.83	
관측치 수	273	

주: 괄호 안은 표준 오차; (-1)은 시차항을 표시; *, **, ***은 각각 10%, 5%, 1% 수준에서 유의함을 표시; 추정 방법에 관한 상세한 내용은 Cha(2013)를 참조.
자료: Cha(2013).

방정식을 보여 준다.[15] 추정 결과에 따르면 제곱 킬로미터당 은행 수와 제곱 킬로미터당 초등학교 수는 조출산율에 유의미한 음의 영향을 미쳤다.[16] 자본 시장 발전과 초등 교육 공급이 출산율을 억제하는 효과가 있었음을 확인할 수 있다. 은행 및 초등학교 수 외에 일곱 개의 설명 변수가 포함되어 있는데 이들 변수의 계수 추정치는 유의미하며 그 부호는 경제학 이론에 바탕을 둔 예측 결과와 일치한다. 그리고 이 추정 결과와 제5장에서 추정한 출산력 결정 방정식은 서로 아귀가 맞는다.

15) 1917년까지는 1918년 토지 조사 사업이 끝나기 전의 통계 신뢰도가 높지 않기 때문에, 그리고 1939년부터는 이차 대전이 출산에 영향을 미쳤을 것으로 예상되므로 추정 시기에서 제외했다.
16) 은행은 금융 조합을, 초등학교는 서당을 포함한다.

부모들은 벌어들이는 일정한 수입을 가지고 자식을 키우므로 교육에 더 많은 돈을 쓰기 위해서는 자식을 적게 낳을 수밖에 없는데, 이를 "자식의 질과 양 사이의 균형(tradeoff between quantity and quality of children)"이라고 한다는 것을 제1장에서 설명했다. 따라서 어떤 변수가 초등학교 취학률에 플러스(마이너스)의 영향을 미친다면 출산율에는 마이너스(플러스)의 영향을 미칠 것이다. 제조업 비중은 [표 5-2]에 따르면 초등학교 취학률을 증가시키는 효과가 있었지만 [표 6-3]에 따르면 출산율을 떨어뜨렸다. 반대로 초등학교 취학률을 둔화시켰던 소작지율과 여성/남성 임금 비율은 출산율을 올렸다. 교육에 대한 수익률을 나타내는 숙련 프리미엄은 초등 교육 확산을 촉진할 것으로 예상되었지만 추정 결과는 숙련 프리미엄이 초등학교 취학률에 유의미한 영향을 미치지 못하는 것으로 나타났음을 제5장에서 설명했다. 그러나 [표 6-3]은 숙련 프리미엄이 출산율을 떨어뜨림으로써 간접적으로 초등학교 취학률을 올렸을 것임을 시사한다.

[표 6-3]을 보면 사망력은 취학률 방정식에서와 마찬가지로 음의 부호를 가지고 있어서 이 두 결과는 서로 충돌하는 것이라고 생각할 수 있다. 왜냐하면 사망력이 높다는 것은 자식에 대한 교육 투자의 위험도가 높다는 것이므로 취학률을 떨어뜨리는 따라서 출산력을 높이는 요인으로 작용할 것이기 때문이다. 뿐만 아니라 사망률이 높을 때는 유아 사망률이 특히 높기 때문에 부모들이 낳자 금방 죽어 버린 아이를 대체하기 위해서 아이를 낳거나 아니면 성년이 되기 전에 아이들이 죽을 확률이 높기 때문이 여기에 대비하기 위해서 여분의 아이를 낳는 경우가 많아진다는 제2장의 설명과도 배치되는 것으로 보인다. 그러나 사망력이 높을 때에는 부모들이 병에 걸리거나 산모가 아이를 낳다가 죽기 쉬운 때이기도 하다는 것을 생각하면 조사망률의 계수 추정치가 마이너스 부호를 가지고 있는 것을 납득할 수

없는 것은 아니다.

[표 6-3]은 인구 밀도가 출산율을 떨어뜨렸음을 알려 준다. 주거 공간이나 경작 가능한 토지 면적이 줄어 든다면 사람들은 출산을 억제하려 할 것이기 때문이다. 마지막으로 출산율 결정 방정식 추정 결과는 소득 증가가 출산력을 떨어뜨렸음을 보여 주는데, 그 이유에 대해서는 아래에서 설명하겠다.

식민지 시대의 부모들이 출산과 초등학교 교육 사이에서 선택을 해야 했다면 초등학교 교육 보급이 거의 완료된 고도 성장기 한국의 부모들은 출산과 중등 교육 사이의 선택을 해야 했음을 [그림 6-8]은 보여 준다. 이 그림에 따르면 1960-90년간 중등학교 취학률이 15%에서 80%로 65% 포인트나

그림 6-8 조출산율과 중등학교 취학률, 1925-2000

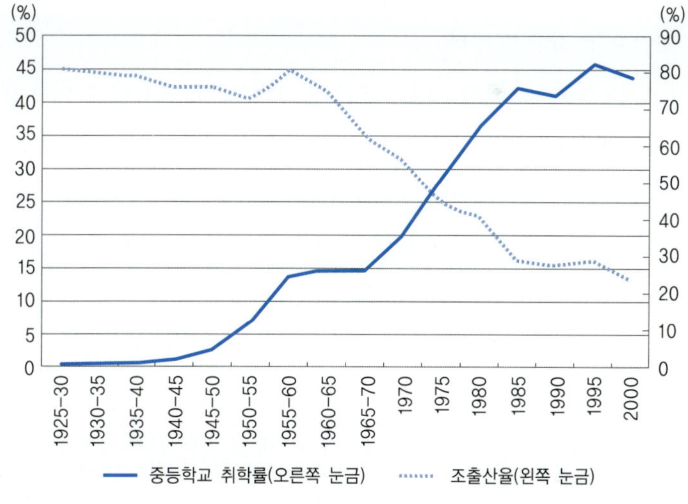

자료: Kwon(1977); kosis.kr.

표 6-4 고도 성장기 한국의 조출산율 결정 요인

변수	계수 추정치	표준 오차
중등학교 교사(-1)/중등 학령 인구(-1)	-8.070***	0.881
예금 잔고(-1)/명목 GDP(-1)	-0.017***	0.004
일인당 생산 증가율(-1)	-0.021***	0.005
제조업 비중(-1)	0.027**	0.011
인구 밀도(-1)	-3.45E-06***	8.59E-07
조사망률(-1)	-1.735***	0.356
가족 계획 대상자(-1)/인구(-1)	-3.22E-08***	1.15E-08
상수항	0.043	0.002
조정된 결정 계수	0.64	
관측치 수	161	

주: 가족 계획 대상자는 가족 계획 시설에서 정관·난관 시술자, 자궁 내 장치 설치자, 피임약을 받은 사람을 포함; **와 ***은 각각 5%와 1% 수준에서 유의함을 표시; (-1)은 1년 전의 값을 표시; 추정 방법에 관한 상세한 내용은 Cha(2013)를 참조.
자료: Cha(2013).

증가하는 가운데 조출산율은 천 명당 45 정도에서 15로 떨어졌다.[17] 고도 성장기의 중등 교육 보급도 식민지 시대의 초등 보급처럼 출산율을 떨어뜨리는 요인으로 작용했을까?

[표 6-4]는 1966-90년간 서울, 부산 및 9개 도별 데이터를 이용해서 추정한 한국의 출산율 결정 방정식을 보여 준다. 식민지기와는 달리 [식 6-4]에는 교육 공급을 나타내는 변수로서 면적당 학교 수 대신 중등 학령 인구 한 사람당 중등학교 교사 수를 사용했다. 그리고 도별 은행 점포 수 대신에 도별 예금 잔고가 도별 명목 총생산에서 차지하는 비중을 금융 산업 발전 정도를 나타내는 지표로 사용했다. 이 두 변수 모두 고도 성장기의 출산율을 떨

17) 제2장에서 설명했듯이 조출산율은 여성 인구의 연령별 구성 변화의 영향을 받기 때문에 정확한 출산력 지표가 아니며 보다 바람직한 출산력 지표는 연령별 출산율에서 도출된 합계 출산율(total fertility rate)이다. 한 여성이 평생 낳는 평균 아이 수를 나타내는 합계 출산율은 1960년에 약 6명이었지만 1990년 1.6명으로 떨어졌다. 1925-66년간의 합계 출산율은 Kwon(1977)에서 1970년부터의 합계 출산율은 kosis.kr에서 구할 수 있다.

어뜨렸으며, 이 마이너스 효과는 1% 수준에서 유의미했다. 일제 시대와 마찬가지로 금융 시장 발전과 교육 보급 정책은 출산율을 떨어뜨리는 역할을 했음을 알 수 있다.[18)]

고도 성장기의 출산력 방정식에는 교사 수와 예금 잔고 외에 다섯 개의 설명 변수가 더 들어가 있다. 우선 조사망률과 인구 밀도는 식민지기와 마찬가지로 출산율을 억제하는 효과가 있었다. 그러나 제조업 비중은 식민지기와 달리 출산율을 올리는 효과가 있었다. 이는 제조업 비중이 중등학교 취학률을 떨어뜨렸다는 제5장에서 본 사실과 잘 들어맞는다. 공업화의 효과가 이같이 정반대로 나타난 것은 초등 학령 인구와 달리 중등 학령 인구는 공장 노동자로 기능할 수 있기 때문임을 제5장에서 설명했다.

1962년부터 1996년까지 한국 정부는 산아 제한 정책을 추진했다. 정부는 자식이 많은 것을 복받은 것으로, 그리고 대가족을 자랑스럽게 생각하는 전통적 가치관을 "둘만 낳아 잘 기르는" – 자식의 양보다는 질을 추구하는 – 것이 바람직하다는 사고 방식으로 교체하기 위한 캠페인을 펼쳤다. 이와 아울러 가족 계획 기관을 설립하고 이를 통해 정관 · 난관 수술을 실시하고 자궁 내 장치, 콘돔, 피임약 같은 피임 수단을 공급했다(이삼식 · 정경희, 2010: 14-21). [표 6-4]는 이 같은 출산 억제 정책이 실제로 출산율을 떨어뜨리는 효과가 있었음을 보여 준다.

마지막으로 일제 시대와 마찬가지로 일인당 생산 증가율은 출산력을

18) 고도 성장기의 금융 시장에 대해서는 많은 사람들이 부정적 이미지를 가지고 있다. 제4장에서 설명한 대로 정부가 산업 정책을 추진하기 위해 관치 금융을 실시했고, 그래서 자원 배분의 효율성이 떨어졌을 뿐 아니라 금융 기술 발전도 낙후되었다는 것이다. 그러나 이 시기에 일어난 저축/총산출 비율의 빠른 증가는 금융 중개(financial intermediation) 활동이 번창했음을 알려 준다. 그리고 [표 6-4]의 추정 결과는 자본 시장이 발전하는 가운데 부모들이 자식 대신에 저축을 선택했음을 보여 준다. 앞으로 이런 발전적 측면에 대한 연구가 이루어져 기존의 연구와 균형을 이룰 필요가 있다.

떨어뜨렸음을 [표 6-4]는 보여 준다. 잘 사는 나라일수록 출산율이 낮다는 점을 생각한다면 소득 증가가 출산율에 마이너스 영향을 미친다는 추정 결과는 크게 이상하지 않은 것이라고 생각할 수 있다. 그러나 소득 증가율의 추정 계수가 음수라는 것은 아이가 (고도 성장기의 보리 밥처럼) 소득이 오르면 사람들이 기피하게 되는 열등재(inferior good)였음을 의미하는 것인가라는 의문을 가질 수도 있다. 그래서 추정 결과가 납득하기 곤란하다고 느낄 수 있지만 그럴 필요는 없다.

소득 증가율 계수 추정치가 왜 음수인지는 두 가지 요인으로 설명할 수 있다. 결혼한 지 얼마 되지 않아 아직 아이를 낳지 않은 젊은 부부가 있다고 하자. 그런데 어떤 이유로 소득이 증가하게 되었다고 하자. 그러면 이 부부는 원래 세웠던 가족 계획을 수정하게 되는데, 이때 세 가지 가능성을 놓고 선택할 수 있다. 하나는 원래 계획했던 것과 같거나 더 적은 수의 아이를 낳아 원래 계획했던 것보다 더 많은 교육을 시키는 것이다. 다른 하나는 원래 계획했던 것보다 더 많은 수의 아이를 낳아 원래 계획했던 것보다 더 적은 교육을 시키는 것이다. 마지막은 아이의 양도, 질도 다 조금씩 늘리는 것이다.

소득이 증가하면 아이의 질에 대한 수요도 늘어나는 것이 보통이므로 이 세 가능성 중에서 이 부부가 두 번째를 선택할 가능성은 낮을 것이다. 첫째와 셋째 중 어느 쪽을 선택할지를 예상하기는 어렵다. 그런데 세 번째를 선택하는 데에는 걸림돌이 있다. 그 걸림돌이란 낳는 아이 수를 늘리면서 모든 아이들에게 골고루 더 많은 교육을 베푸는 것은 경제적으로 큰 부담이 된다는 사실을 말한다. 원래 한 명만 가지려던 아이를 두 명으로 늘리면서 원래 생각대로 초등학교만 보내면 양육비는 두 배로 증가할 것이다. 아이 수를 그대로 유지하면서 중등 교육으로 올리는 경우에도 양육비가 두 배로 증가한다고 하자. 아이 수와 교육 수준을 동시에 상향 조정하면 양육비는 무려 네 배로 올라간다.

아이 중 똑똑해 보이는 쪽을 골라 집중 투자하는 방법도 없는 것은 아니지만 돈이 없다고 해서 여러 자식 중 한 명에게 특별히 많은 교육을 시키는 것을 부모들은 좋아하지 않는다. 자식들에게 골고루 잘해 주고 싶어하는 것이 보통 부모들의 마음이다.[19] 따라서 이 젊은 부부는 가족 계획의 수정 방향을 첫 번째로 잡을 가능성이 높다.

생활 수준 향상이 출산력을 떨어뜨리는 또 하나의 이유는 생활이 윤택해지면 재화보다 시간이 점점 상대적으로 희소한, 따라서 귀중한 자원이 된다는 사실과 관련되어 있다. 아이라는 "재화"는 그것을 즐기기 위해서 부모들이 많은 시간을 쓰지 않으면 안 된다는 점에서 일반 재화와 다르다. 따라서 아이를 키우는 데 들어가는 시간 비용(time cost)이 증가하기 때문에 출산율이 하락하게 된다(Doepke, 2005). 바꾸어 말하면 경제 성장의 결과 임금이 상승한다는 것은 한 시간을 자식을 키우는 데 씀으로써 감수해야 하는 소득 감소 폭이 더 커진다는 것을 의미하므로 소득 향상은 출산력에 마이너스의 영향을 미친다.

이런 논리는 비경제적 동기 –이타심– 에 의한 출산의 경우에도 적용된다. 위의 예로 돌아가서 다수의 아이를 낳아 무식하게 길러 저임금 노동자가 되도록 하는 것과 소수의 아이를 낳아 교양 있게 길러 출세시키는 것이 부모에게 같은 크기의 만족을 가져다준다고 하자. 이 두 육아 전략 사이의 중요한 차이 중 하나는 부모가 지불해야 하는 시간 비용에 있다. 아이를 많이 낳으면 어렸을 때 돌보아 주는 데 많은 시간을 투하해야 하는데 이 중 상

19) 이 설명은 Becker & Lewis(1973: S280)의 논리를 소개하고 있다. 그래프를 이용한 보다 직관적인 설명은 Razin & Sadka(1995: chapter 3)를 보라.

당 부분은 돈을 주고 남에게 맡길 수 없는 것이다. 이에 비해 학교 교육은 돈을 주고 시장에서 구입할 수 있는 서비스 상품이다. 그러므로 생활 수준 향상으로 시간 비용이 증가하면 부모들은 많은 힘을 들여 많은 수의 무식한 자식들보다는 소수 정예의 아이들에 둘러싸여 노후를 보내는 것을 선택하게 된다.

지금까지의 주장을 정리하면, ① 고도 성장기의 저축률 상승은 출산력 하락을 배경으로 일어났는데, ② 그것은 생애 주기 가설의 주장처럼 출산율 하락으로 마이너스의 저축을 하는 유년 피부양 인구가 전체 인구에서 차지하는 비중이 줄어들었기 때문이 아니라, ③ 중등 교육 보급과 자본 시장 발전이 출산율 하락과 저축률 상승이라는 두 결과를 동시에 초래했기 때문이라는 것이다.

[표 6-2]에서와 같은 방식으로 [표 6-3]과 [표 6-4]의 계수 추정치를 가지고 식민지기와 고도 성장기의 출산율 하락을 초래한 가장 중요한 요인이 무엇인지를 계산해 볼 수 있다. 계산 결과에 따르면 식민지기에도, 그리고 고도 성장기에도 출산율에 가해진 가장 강력한 하락 압력은 (면적당 학교 수나 학령 인구 일인당 교사 수 증가가 보여 주는) 교육 시설 확충에서 나왔다. 식민지기에는 초등학교 증설이 거의 대부분 조선 총독부에 의한 것이었듯이 고도 성장기의 중등 교육 시설 증가도 대부분 정부의 교육 투자에 힘입은 것이었음을 제5장에서 설명했다. 그러므로 고도 성장기의 출산력 하락의 대부분은 중등 교육 보급 정책의 결과라고 할 수 있다. 많은 사람들은 고도 성장기의 출산율 하락은 산아 제한 정책의 결과라고 믿고 있지만 그 영향력은 중등 교육 시설 확충에 비해 그렇게 크지 않았다.[20]

20) 출산력 하락의 요인별 분해 결과의 자세한 내용은 Cha(2013)를 보라.

인적 자본 축적, 물적 자본 축적, 기술 발전

고도 성장기의 저축률 상승을 가져온 요인은 적어도 네 가지가 있었다. 그것은 ① 미래 소득 흐름의 불확실성 증가, ② 소비 습관 지속, ③ 중등 교육 확산, 그리고 ④ 금융 산업 발전이다. 이 중 소득 불확실성 증가와 소비 습관 지속이 고도 성장과 저축률 증가의 자기 지속적(self-sustaining) 또는 자기 강화적(self-reinforcing) 성격을 설명하는 메커니즘이다. 반면 중등 교육 보급 정책과 금융 산업 발전은 일인당 생산 증가와 저축률 상승의 호순환에 시동을 건 방아쇠에 해당한다.

이 두 방아쇠 중 더 강력했던 것은 중등 교육 보급 정책이었다. 제5장에서 고도 성장기의 중등 교육 확산이 일어날 수 있었던 것은 정부의 교육 시설에 대한 투자가 식민지기에 비해 크게 확대되었기 때문이었음을 설명했다. 이를 가능하게 한 배경이 된 것은 지주 제도의 붕괴였지만 이를 실행에 옮긴 것은 박정희였다. 적극적 교육 보급 정책 – 그리고 산아 제한 정책 – 은 "아이의 수에서 아이의 질로의 전환(shift from quantity to quality of children)" – 을 촉발했는데 이는 일석 이조의 효과를 냈다. 한편으로는 인적 자본 축적을 가속화하면서 다른 한편으로는 저축률을 올려 물적 자본 축적도 가속화했다. 인적 자본 축적은 기술 습득 능력을 향상시키는데, (제3장에서 보았듯이) 해방 후 기술 발전 속도가 빨라진 데에는 인적 자본 축적 가속화의 기여가 있었을 가능성이 매우 높다. 이런 점에서 정부의 교육 투자와 산아 제한 정책은 일석 삼조의 효과를 거두었다고도 할 수 있다. 제4장에서 고도 성장을 가져온 것은 박정희의 산업 정책이 아니라 교육 정책이었다고 주장했는데, 이 장에서의 분석을 통해 구체적으로 왜 그런지를 알 수 있게 되었다. 그리고 물적 자본 축적의 커다란 기여를 보여 준 제3장에서의 성장 회계 결과와 인적 자본 축적이 해방 후 성장 가속 요인이었음을 보여 준 제4장 사이에 왜 모순이 없으며 어떤 관련이 있는지도 해명되었다.

7

발산과 수렴

발산과 수렴, 1700-2010
발산, 1700-1900
수렴, 1900-2010
기아와 기적의 기원
부록

지난 3세기 동안 한반도에 등장했던 네 개의 경제 체제는 기아 체제(=이씨 조선+김씨 조선)와 기적 체제(=식민지 조선+한국)로 나뉜다(제2장). 기아 체제에서는 자본 파괴가, 기아 체제에서는 기술 발전과 자본 축적이 일어났다(제3장). 건강과 풍요, 그리고 질병과 굶주림의 갈림길에서 어느 쪽으로 들어섰는가는 정부가 밖으로 열린 체제를 용인했는지 여부, 그리고 시장 경제 작동에 필요한 공공재를 공급할 수 있었는지 여부에 달려 있었다. 한국은 식민지 조선에 비해 훨씬 더 성공적인 성장 실적을 거둘 수 있었는데, 그 이유는 보다 적극적인 교육 정책 변화 때문이었다(제4장). 지주 제도가 사라진 상황에서 추진된 적극적 교육 보급 정책은 인적 자본뿐 아니라 물적 자본 축적을 가속화했으며, 인적 자본 축적은 기술 발전을 촉진했다(제5장, 제6장).

제7장은 시야를 넓혀 지난 3세기 동안 우리나라가 걸어온 경제 발전 과정이 다른 나라와 어떻게 달랐는지를 비교한다. 제2장에서 보았듯이 "고도 성장"은 한국뿐 아니라 식민지 시대의 경제 성장에도 어울리는 표현이다. 고도 성장이란 다른 나라의 경제 성장 속도와의 비교 속에서 성립하는 개념이므로 그 원인은 국제 비교를 통해서밖에는 알아낼 수 없다.

잘 사는 나라보다 못 사는 나라에서 생활 수준이 더 빠르게 향상되어서 선진국과 후진국 사이의 소득 격차가 좁혀지는 것을 "소득 수준 수렴(convergence in income levels)"이라고 한다. 반대의 경우는 "소득 수준 발산(divergence in income levels)"이라고 한다. 지난 3세기 동안 우리나라와 선진국들의 경제 성장 과정을 비교해 보면 18, 19세기는 발산이, 20세기는 수렴이 일어났다. 이 장에서 우선 세계 최초의 산업 혁명을 이룩한 영국과 우리나라 사이에 일어난 발산과 수렴 속도를 확인한다. 제2절에서는 18, 19세기에 왜 우리나라에서는 마이너스 성장이 일어났고 영국은 "최초의 산업 혁명

(the first industrial revolution)"을 일으킬 수 있었을까를 설명한다. 20세기 들어 대부분의 후진국들이 선진국과의 경제적 격차를 줄이지 못했지만 우리나라가 빠른 속도의 수렴을 이룩할 수 있었던 원동력은 무엇일까? 제3절의 목적은 이 질문에 대답하는 것이다. 제4절은 (제4장에서의) 역사적 비교와 (제7장에서의) 국제적 비교 결과를 종합해서, 20세기 우리나라가 이룩한 성장 기적의 원인을 식별해 낸다.

발산과 수렴, 1700-2010

Angus Maddison(1926-2010)은 세계 여러 나라의 일인당 생산 시계열 통계(time series)를 모두 1990년 국제 달러(international dollars) 가치로 환산한 패널 데이터를 만든 업적으로 잘 알려진 경제사학자다.[1] 이 통계는 한 나라의 일인당 생산이 시간의 흐름에 따라 어떻게 바뀌어 갔는지를 보여 줄 뿐 아니라 서로 다른 나라 사이의 일인당 생산 격차가 어떻게 달라졌는지도 보여 준다는 점에서 매우 흥미롭고 유용하다. 2010년 Maddison은 세상을 떠났지만 그의 제자들이 그의 작업을 이어받아 국제적 역사적 데이터 베이스의 개선 수정 작업을 계속하고 있고 이는 Maddison Project로 불린다. Maddison Project가 발표한 최신 버전인 2012년 개정본에 따르면 1911년 남한의 일인당 생산은 455달러였다.[2] 1913년 중국의 일인당 생산은 552달러로 같은 해 남한의 일인당 생산 485달러보다 조금 높다.

1) 패널 데이터란 시계열(time series)상의 변화와 횡단면(cross section)상의 변화를 동시에 보여 주는 자료를 말한다.
2) 이 자료는 http://www.ggdc.net/MADDISON/oriindex.htm에서 내려받을 수 있다.

1911년 남한의 일인당 생산 455달러를 출발점으로 해서 이보다 앞선 두 세기 동안의 일인당 생산의 변화 경로를 추적해 보자. 제2장에서 지대와 실질 임금이 19세기 말에 하락을 멈추고 상승 추세로 돌아섰음을 보았는데, 이는 일인당 생산 증가가 19세기에서 1911년 사이에도 일어났음을 의미한다. 식민지 시대에 남한 지역의 일인당 생산은 연 1.8%씩 증가했는데, 이런 경제 성장이 1890년에서 1910년 사이에도 일어났다고 가정하자.[3] 이는 1890년의 일인당 생산이 313달러였음을 의미한다. 1700-1890년간 남한 지역에서 지대와 실질 임금이 하락했다는 것은 18, 19세기에 일인당 소득이 하락했음을 의미하는 것인데 이 장의 부록 1에서 설명하고 있는 절차에 따라 지대 및 실질 임금 변화율로부터 1700-1890년간 일인당 생산 증가율을 추정해 보면 −0.78%가 나온다. 1890년의 일인당 생산 313달러를 0.9922(=1−0.78%)로 나누면 그 전 해의 일인당 생산이 나오는데, 이런 계산을 반복해서 1700년까지 거슬러 올라가면 그 해의 일인당 생산 1,385달러를 얻을 수 있다.

[그림 7-1]의 실선은 이렇게 도출한 1700-1910년간의 일인당 생산과 Maddison Project가 추계한 1911년 이후의 일인당 생산을 연결해서 보여 준다. 이 그림에 따르면 1700년의 일인당 생산 수준은 한국 전쟁 직후와 비슷했다. 크게 보아 1890-1940의 반 세기 동안 일어난 경제 성장으로 200년 동안 지속된 마이너스 성장을 상쇄할 수 있었다. [그림 7-1]의 세로 축은 로그 눈금이므로 그래프의 기울기는 성장 속도를 나타낸다. 1945년 이전에 비해 이후의 기울기가 가파른 것은 해방 후 생활 수준 향상 속도가 더 빨라졌음을 보여 준다.

[그림 7-1]에서 점선은 영국의 일인당 생산을 표시한다. 1700년경 영국

3) 1911/3-38/40년간 식민지 조선 전체의 일인당 생산 증가율은 2.3%였는데, 남한에서는 일인당 생산이 이보다 느린 1.8%씩, 북한에서는 이보다 빠른 2.9%씩 증가했다. 김낙년 편(2012).

그림 7-1 영국과 한국의 일인당 생산(1990 Geary-Kharmis dollars)

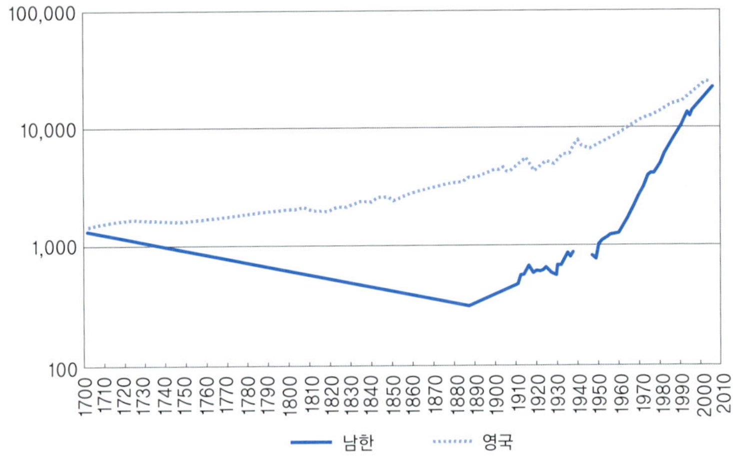

주: 세로 축은 로그 눈금.
자료: 우리나라의 일인당 생산-본문 참조; 영국의 일인당 생산-http://www.ggdc.net/MADDISON/oriindex.htm.

의 일인당 소득은 1,513달러로 조선에 비해 10% 정도 높았다. 이런 소득 격차는 2세기 동안 더욱 벌어져 1890년 우리나라의 일인당 생산은 영국의 1/13 정도에 불과하게 되었다. 점선은 영국의 산업 혁명이 18세기에 이미 진행되고 있던 완만하고 지속적 소득 증가의 연장선 위에서 일어난 것이며, "혁명"이라는 표현이 전달해 주는 급격하고 단절적 변화의 이미지와는 거리가 있음을 알려 준다.[4] [그림 7-1]에 따르면 18, 19세기에 일어난 우리나라와 영국 사이의 소득 수렴 발산의 소득 격차 발생 원인으로서 더 중요했

4) 영국 산업 혁명기 동안 일어난 경제 성장의 점진성에 대해서는 Crafts(1985: chapter 2)와 Crafts & Harley(1992)를 보라. 제3장에서 영국 산업 혁명은 인류의 오랜 기술 축적의 연장선 위에서 일어난 사건임을 설명했다.

던 것은 영국 경제의 플러스 성장보다는 조선 경제의 마이너스 성장이었다. 2세기 가까이에 걸쳐 발산이 일어난 뒤 수렴이 시작되었다. 그 결과 2010년 현재 우리나라의 일인당 생산은 영국의 91% 수준에 도달해 있다.[5)]

[그림 7-1]에 그려진 18, 19세기 우리나라의 일인당 생산 감소 과정은 양이 얼마 안 되는 지대와 임금 관측치를 근거로 추정된 것으로 오차 범위는 상당히 클 것이라고 보아야 한다. 신장이 수축했다는 것은 알고 있지만 신장 측정에 사용된 척도가 시기마다 지역마다 제각각이었기 때문에 그 변화 폭을 계산해서 18, 19세기의 경제 성장률 −0.78%와 비교해 볼 수도 없다.

조선은 중국의 제도, 사상, 정책, 규범을 모델로 세워진 나라로서 중국 황제가 책봉한 왕이 다스리는 중화 제국의 일부분이었다. Broadberry, Guan & Li(2012: 20)는 중국 왕조 정부가 남긴 인구 경작지 및 생산 통계를 이용해서 송나라에서 청나라에 이르는 시기의 일인당 생산을 추계했다. 이에 따르면 1700년의 일인당 생산은 827달러로 [그림 7-1]에 제시된 1700년 우리나라 일인당 생산 1,385달러보다 현저히 낮다. 1700년경 조선의 일인당 생산이 중국보다 높았다는 것은 1910년대 초 서울과 베이징의 후생 비율은 크게 다르지 않았다는 사실과 잘 들어맞는다([그림 2-12]). 왜냐하면 18, 19세기에 걸쳐 중국과 우리나라에서 모두 실질 임금이 하락했지만 하락 속도는 우리나라 쪽이 훨씬 더 빨랐기 때문이다. Allen et al.(2011)이 계산한 베이징의 후생 비율은 18세기 초에서 19세기 중엽 사이에 절반 정도 감소한 뒤 다시 회복되었다. 반면 우리나라의 쌀 임금은 19세기 말에 1700년의 1/7 정도 수준으로 떨어졌다(차명수, 2009a; Allen et al., 2011).

5) [그림 7-1]은 차명수(2012: 그림 13-4)와 약간 다른데, 이는 Maddison Project의 2010년 추계와 2012년 추계의 차이를 반영하는 것이다. 영국과 한국의 추계치가 모두 바뀌었지만 한국의 추계치가 특히 크게 바뀌었다. 차명수(2012: 그림 13-4)가 사용한 2010년 추계에 따르면 20세기 초 우리나라의 일인당 소득은 영국의 1/5 정도였지만 2012년 개정 파일에서는 1/10 정도가 되었다.

그러나 영국을 포함하는 북서 유럽과 조선을 포함하는 중화 제국 사이의 생활 수준 격차에 관한 여러 증거들 사이에는 적지 않은 충돌도 발견된다. Allen(2009b)은 19세기 초 중국에서 가장 발달된 지역이었던 양쯔 강 하류 지역의 농민과 유럽에서 가장 앞선 지역인 잉글란드의 농업 노동자 생활 수준이 비슷했다는 계산 결과를 제시했다.[6] 그러나 Broadberry, Guan & Li(2012: 20)에 따르면 1800년 중국 일인당 생산은 영국의 30%에도 미치지 못했다. Allen(2009b)과 Broadberry, Guan & Li(2012: 20)의 계산이 둘 다 옳기 위해서는 중국 경제의 작은 일부분인 양쯔 강 하류와 경제적으로 뒤떨어져 있는 중국의 대부분 다른 지역들 사이에 엄청난 생활 수준 격차가 존재했어야 한다.[7] 북한처럼 특권층만 평양에 살게 하고 나머지 사람들이 평양에 들어오는 것을 금지한다면 지역 사이에 커다란 생활 수준 격차가 생겨나고 유지될 수 있다. 그러나 청나라 시대 중국에 거주 이전의 자유가 없지 않았다. 무엇보다도 18세기에 양쯔 강 하류 지역에서 인구가 증가해서 생활 수준이 떨어지자 많은 농민들이 토지가 풍부한 내륙으로 이주해서 경작지를 확대시켰다는 사실이 그것을 말해 준다. 청나라 때 농민들이 자유롭게 이주할 수 없었던 지역이 있었다면 청 황실의 고향 만주뿐이었다. 그러나 만주 개발 금지가 19세기 중엽에 풀리자 많은 중국인들과 조선인들이 그 곳으로 이주해 들어갔다. 양쯔 강 하류 지역은 다른 지역보다 잘 사는 지역이었지만 Ma(2008)에 따르면 1930년대에 양쯔 강 하류의 일인당 생산은 중국 평균보다 55% 정도 높았을 뿐이다.

---

6) 19 세기 초 네덜란드와 영국의 생활 수준은 비슷했다. Li & van Zanden(2012)은 19세기 초 네덜란드와 양쯔 강 하류 장쑤 성의 후아팅 현(華亭縣)과 로우 현(婁縣) 일인당 소득을 추정하고 비교해서 네덜란드가 양쯔 강 하류에 비해 두 배 정도 높은 생활 수준을 누리고 있었다고 주장했다.

7) 이 주장은 중국과 영국에서 지주와 노동자 사이의 소득 불평등도가 같았다는 것을 전제로 한다.

기존 연구가 제시한 추계치들 사이에 발견되는 모순은 이것말고도 더 있다. 이런 불일치들은 중국을 포함한 동아시아의 계량 경제사(cliometrics) 연구가 아직 초입 단계에 있으며 아직 갈 길이 멀다는 것을 알려 준다.

발산, 1700-1900

숯 대신 (석탄을 가공해 만든) 코크스를 연료로 해서 철을 만드는 기술 - 코크스 제철법 - 은 영국 산업 혁명을 이끈 주요 기술 혁신 중 하나다. 코크스 제철법은 1709년 영국 사람 다비(Abraham Darby)가 처음 발명한 것으로 알려지고 있다. 그러나 이 기술은 송나라 때 이미 중국에서는 광범위하게 사용되고 있었다. 인류 문명에서 네 개의 가장 중요한 발명이라고 알려진 나침반, 화약, 종이, 인쇄술은 고대 중국에서 발명되었다. 이런 기술들은 발명된 지 천 년이 지나서야 비로소 중세 유럽에서 사용되기 시작했다. 1500년경 중국은 유럽에 대해 확실한 기술적 우위를 확보하고 있었다(Elvin, 1973: chapter 13).

3세기가 지난 19세기 초 중국은 아편 전쟁으로 시작된 서구 열강들의 제국주의 침략 앞에서 속수무책으로 무너지는 처지로 전락했다. 19세기 말에는 일본마저 중국 침탈에 가세했고, 중국은 영국, 프랑스, 독일, 일본에 의해 분할 지배받는 사실상의 식민지가 되었다. 중국의 몰락은 1980년대에 들어 개방 정책이 실시되어 경제 성장이 시작될 때까지 한 세기 반 동안 계속되었다.

중국과 서유럽 사이에 일어난 이 같은 흥망성쇠의 반전(reversal of fortune)은 최초의 산업 혁명이 중국이 아니라 영국에서 먼저 일어났기 때문에 생겨난 결과이다. 최초의 산업 혁명은 왜 근대 초기 세계 기술 과학 문명의 중심지였던 중국에서 일어나지 않고 영국에서 일어났을까? 이는 "니덤의 질문(the Needham question; Needham's Grand Question)"이라고 한다. 니덤이란 1954년부터 『중국의 과학과 문명』(*Science and Civilisation in China*) 총서 발간을 통해 중국의 과학 문명이 유럽에 비해 현저히 앞서 있었음을 주장한 과학사학자 Noel Joseph Terence Montgomery Needham(1900-95)을 가리킨다.

니덤의 질문은 중국사학자인 Kenneth Pomeranz가 2000년에 『대발산(*the Great Divergence*)』이라는 책을 출간하면서 다시 주목을 받게 되었다. Pomeranz(2000)는 서유럽에서 가장 잘 살았던 영국에서 산업 혁명이 시작된 18세기 말경 영국의 일인당 생산과 중국의 가장 앞선 지역이었던 양쯔 강 하류 지역의 일인당 생산과 비슷했는데, 두 지역 사이에 생활 수준 격차가 벌어진 것은 1800년 이후의 일이라고 주장했다. Pomeranz(2000)에 따르면 중국의 최선진 지역인 양쯔 강 하류 지역이 18세기 말 유럽의 최선진 지역이던 영국에 비해 경제적으로 꿀리지 않았던 것은 그때까지 중국이 스미스적 성장을 이룩해 왔기 때문이었다. 1800년부터 중국과 서유럽 사이에 생활 수준 격차가 벌어지기 시작한 것은 – 대발산이 일어난 이유는 – 시장 발전을 통한 생산성 향상만으로는 인구 증가에 따른 자원 압박을 극복하고 근대적 경제 성장으로 나아갈 수 없었기 때문이었다. 중국과 달리 영국은 자원에 대한 인구 압박을 목재로부터 석탄으로의 에너지 전환, 그리고 아메리카 대륙과의 교역이라는 돌파구를 통해 해결할 수 있었다. Pomeranz(2000)가 주장하는 요점은 석탄과 신대륙 발견이라는 두 개의 자원 충격(resource shocks) 때문에 대발산이 일어났다는 것이다.[8)]

8) 청대 중국에서 자본주의 맹아가 자라나고 있었다는 주장이 조선 후기 맹아론을 탄생시켰듯이 Pomeranz(2000)는 조선 경제가 18세기에 스미스적 성장을 이룩하고 있었다는 (제4장에

Pomeranz(2000)의 이런 설명은 세 가지 이유에서 믿기 어렵다. 우선 (제3장에서 설명했듯이) 석탄 이용이 시작되거나 신대륙이 발견되어 이용 가능한 자원의 양 – 부존 자원 – 이 증가하면 일시적으로는 생활 수준이 향상되지만 장기적으로는 인구 증가로 이어진다. 그래서 생활 수준은 원래로 되돌아온다([그림 3-3]). 게다가 중국에서 석탄이 희소한 자원이었다는 주장은 사실과 다르다. Wright(1984: 17, 18)에 따르면 중국은 세계에서 가장 석탄 매장량이 풍부한 나라 중 하나이다. 석탄의 상당 부분이 접근하기 어려운 산악 지역에 매장되어 있던 것은 사실이지만 석탄 부족이 제조업 발전에 장애가 되지는 않았다고 말할 근거가 약하다. 예를 들어, 18세기 말 영국과 비교했을 때 중국 탄광 지역의 토지 이용료는 현저히 낮았는데, 이는 탄광이 드물지 않았음을 말해 준다. 무엇보다 석탄이 부족한 나라에서 코크스 제철법이 처음 발명되었다는 것은 납득하기 어렵다.

둘째는 스미스적 성장이 일어나기 위해서는 잘 발전된 시장이 존재해야 할 뿐 아니라 시장의 영역이 지속적으로 확대되고 사회적 분업이 심화되지 않으면 안 된다. 청나라의 시장 경제는 (제4장에서 설명했듯이) 18, 19세기의 조선에 비해서는 조금 더발전된 것이었을지 모르지만, 두 나라 시장 경제 발전 정도가 근본적으로 달랐던 것 같지는 않다. 중국 농토 시장의 기능은 조선 후기에서와 마찬가지로 토지 이용의 효율성을 높이는 것이 아니라 농민들이 흉년이 들었을 때 기아를 극복하는 것을 도와 주는 데 있었다.[9] 중국의 자본과 노동 시장은 시간적으로도 공간적으로도 "심히 제약된

서 소개한) 주장이 등장하는 배경이 되었다. Jun, Lewis & Kang(2008: 246, 247)을 보라.

9) 중국 토지 거래의 대부분은 조선에서처럼 소규모 필지를 중심으로 한 것이었으며 곡물 가격이 높을 때, 그리고 춘궁기에 빈번해지는 경향이 있었다. Cha(2012)를 보라. 조선 후기와 차이가 있었다면 그것은 중국에는 토지 거래를 어렵게 하는 제약이 많았다는 점이다. 청대 중국에서 농민들이 토지를 팔려고 내놓는 것은 흉년, 질병, 사망 등과 같은 불의의 사건이 계기가 되는 경우가 많았다. 그래서 농민들은 일정 기간 내에 정해진 가격으로 농토를 되살 권

(severely constrained)" 것이었다.[10] 중국 여러 지역 사이의 쌀 가격 격차는 조선에 비해 작아서 조선에 비해 더 잘 발전된 곡물 시장이 중국에 존재했음을 말해 준다. 그러나 1740-1820년간 중국 지역 곡물 시장들 사이의 가격 격차는 벌어지는 추세였고, 이는 시장 통합이 아니라 해체가 일어났음을 알려준다(Li, Bernhofen, Eberhardt & Morgan, 2013).[11]

18세기 말까지 중국이 스미스적 성장을 이룩했다는 주장이 그럴 듯하게 들리지 않은 세 번째 – 그리고 가장 큰 – 이유는 중국에서 생활 수준이 18세기에 꾸준히 하락했다는 사실이다. Allen(2009b)은 1620-1820년간 양쯔강 하류 지역 농민들의 소득이 감소 추세를 따랐음을, 그리고 Allen et al.(2011: 27)은 중국 비숙련 노동자의 후생 비율이 18세기에 하락했음을 보여주었다. 이런 사실들은 노동자 · 농민뿐 아니라 지주들의 생활 수준도 악화되었음을 의미하는데, Broadberry, Guan & Li(2012: 18)의 추계에 따르면 중국

리를 보유한다는 조건을 붙여서 판매하는 경우가 보통이었는데, 이는 제4장에서 설명한 조선 후기의 환퇴 거래와 같은 것이었다. 조선에서와는 달리 중국에서 이런 조건부 매매(conditional sale, 活賣)는 불법이었기 때문에 토지 판매자는 사실상 구매자로부터 언제라도 되살 수 있는 권리를 보유한 것이나 다름없었다. 그리고 계약서에 조건부 매매임을 명시하지 않았다 하더라도 그 거래는 완결된 매매(finalized sale, 絶賣)로 간주되지 않았고 판매자는 30년 이내에 되살 권리를 보유했다. 토지 매매 조건이 이처럼 애매했기 때문에 중국에서는 이를 둘러싸고 수없이 많은 소송이 벌어졌다. Huang(1990: 108-11).

10) Huang(1990: 110)에 따르면 청나라 시대의 농촌 노동 시장은 주로 농번기에, 그리로 좁은 지역 내에서 작동했다. 중국 북부에서는 농촌 사람들이 도시에 나가 취직하는 경우도 드물지 않았지만 이는 대부분 아는 사람(connections)을 통해서 이루어질 수 있는 것이었다. 중국의 대차 거래는 조선 후기에서와 마찬가지로 가족이나 친척 사이의 비공식적(informal) 거래였다. 상인들이나 지주들로부터 빌리는 경우도 많았는데, 이는 대부분 흉년과 같은 비상 상황에서 필요한 생계 자금을 조달하기 위한 것이었고 적용되는 이자율이 매우 높았다. 후기 조선과는 달리 전당포가 중국에는 있었는데, 농민들이 전당포를 찾는 것은 대부분 흉년과 같이 생존이 위협받는 상황에서였다(Will, 1990: 248). 한마디로 청대 중국의 자본 시장이란 투자 자금을 조달하는(entrepreneurial borrowing) 곳이 아니라 생존을 이어 나가기 위해 비상 대출을 받는(survival borrowing) 곳이었다.

11) Keller & Shiue(2007)에 따르면 18세기에 곡물 시장 발전 정도는 양쯔 강 하류 지역에 비해 영국에서 더 높았다. 이들은 중국과 유럽의 시장 발전 정도 비교를 통해서 시장 발전과 경제 성장은 동시에 일어나는 경향이 있었고, 따라서 시장 발전 ⇒ 경제 성장의 인과 관계를 주장하기 어렵다는 결론에 도달했다.

의 일인상 생산은 18세기에 하락 추세를 따랐다.

중국의 마이너스 성장은 19세기 들어서도 멈추지 않았다. Perkins(1969: 29)에 따르면, 중국의 토지 생산성은 19세기 내내 하락했다. Allen et al.(2011: 27)이 계산한 비숙련 노동자의 후생 비율은 1860년경까지 하락한 뒤 상승하기 시작했다. 1850-64년간 지속된 태평천국(太平天國)의 난으로 2-3천만 명이 죽어 없어지지 않았더라면 실질 임금 하락은 19세기 내내 계속되었을 가능성이 높다.[12)]

한마디로 18, 19세기 청나라에서는 조선에서와 마찬가지로 모든 계층이 생활 수준이 악화되었다.[13)] 조선 후기의 마이너스 성장을 가져온 근본 원인은 삼림 황폐화에 있었다(제4장). 그런데 중국에서도 18, 19세기에 심각한 삼림 황폐화가 일어났다. 중국에서는 인구 증가 때문에 경작지가 부족해지면 나무를 베어 내어 숲을 새로운 경작지로 전환시키는 과정이 아주 먼 옛날부터 진행되었다. 그 결과 강에 토사가 쌓여 홍수 피해가 점차 심각해졌다.[14)] 18, 19세기에 우리나라와 중국에서 삼림 황폐화가 진행되는 가운데 전반적 생활 수준이 떨어졌다는 사실은 놀랄 일은 아니다. 중화 제국의

12) 18세기 중국에서 스미스적 성장이 일어났다는 Pomeranz(2000)의 낙관적 주장이 나타나기 전에 청대 후기 중국에서 일어난 경제적 변화에 관한 유력한 가설은 Huang(1990)의 과밀화(involution) 가설이었다. 이 가설은 3절에서 설명한 맬서스 모델을 변형시킨 것이다. 경작지 면적과 생산 기술이 불변인 가운데 인구 증가로 생활 수준이 하락하자 중국인들은 노동 시간을 늘려 물질적 소비 수준이 하락하는 것을 가까스로 저지할 수 있었다는 것이다. 그러나 앞 문단에서 소개한 생활 수준 하락을 보여 주는 증거들은 중국 농민들이 노동 시간을 늘림으로써 소비 수준 하락을 막을 수 없었음을 말해 준다.

13) 청나라와 조선에서 일어난 마이너스 성장 사이에는 다른 면도 있었다. Allen et al.(2011: 27)에 따르면 중국에서는 우리나라에서보다 실질 임금 하락이 약 30년 먼저 멈췄다. 이는 태평천국의 난에 따른 인구 감소 외에도 중국의 개항이 우리나라보다 40년 정도 빨랐다는 사실로 설명할 수 있다.

14) 중국에서 일어난 삼림 황폐화와 이에 따른 홍수 피해에 관해서는 Perdue(1987), 정철웅(2002)을 보라. Marks(1998)는 조선에서처럼 링난(嶺南) 지역에서도 삼림 황폐화로 호랑이 수가 감소했음을 보이고 있다. Elvin(1993)은 중국에서 무려 "3천 년에 걸친 지속 불가능한 성장(three thousand years of unsustaintable growth)" 이 진행되었다고 주장했다.

일부분이었다는 사실에 비추어 볼 때 이는 우연한 일치라기보다는 당연한 일일 것이다.[15)]

중화 제국에서와는 달리 도쿠가와 시대 일본에서는 생활 수준이 느리게나마 향상되었다. [그림 7-2]의 패널 A는 일본에서 지대가 18세기 초에서 19세기 중엽에 걸쳐 지속적으로 완만히 상승했음을, 그리고 패널 B는 같은 시기에 노동자 생활 수준이 악화되지 않았음을 보여 준다.[16)] 도쿠가와 시대에 노동자의 생활 수준이 정체하고 지주들의 소득이 증가했으므로 평균적 생활 수준은 상승했다는 결론이 나온다. 이 그림들에는 영국의 지대와 실질 임금 지수가 점선으로 표시되어 있다. 지대의 경우 1720년대의 값을 100으로 놓고 실질 임금의 경우 1740년대 값을 100으로 놓아 일본과 영국에서 일어난 요소 소득 변화를 비교하기 쉽게 했다. 18, 19세기에 일본의 지대와 실질 임금은 산업 혁명이 일어나던 영국에서와 거의 비슷한 속도로 증가했음을 알 수 있다.

소득이 증가하면 농산품보다 공산품에 대한 수요가 더 빨리 증가한다. 이는 엥겔 효과(Engel effect)라고 한다. 엥겔 효과로 18세기에 일본에서는 공산품 가격이 농산품 가격에 비해 더 비싸졌다. 그 결과 프로토 공업화 – 산업 혁명 이전에 일어나는 완만한 공업화 – 와 도시화가 일어났고 도쿄와 오

15) 청일 전쟁에서 중국이 패배한 결과 중국은 조선에 대해 종주권(suzerainty)을 행사할 수 없게 되었다. 갑오개혁 이후 우리나라의 공식 명칭이 조선에서 대한제국으로 바뀐 것은 이런 변화를 공식화하기 위한 것이었다. 따라서 조선 시대 600년 중 우리나라가 제국의 일부가 아닌 독립된 나라로서 존재했던 것은 1895년 이후 1905년 을사 보호 조약에 이르는 약 10년간의 기간이라고 할 수 있다.

16) 제2장에서 본 후생 비율은 20세기 초 일본의 생활 수준이 우리나라와 중국보다 높았지만 그 격차는 크지 않았음을 보여 준다([그림 2-12]). Bassino & Ma(2006: 232)에 따르면, 18, 19세기 일본의 실질 임금은 정체했다. 18, 19세기에 실질 임금이 빠르게 하락했는데, 이는 1700년의 일인당 생산이 일본보다 우리나라에서 현저히 높았을 것임을 의미한다. 그러나 Bassino, Broadberry, Fukao, Gupta & Takashima(2012: 29)에 따르면 1700년 일본의 일인당 생산은 중국이나 우리나라와 비슷한 897달러였다. 이 역시 역사 통계들 사이에 충돌이 일어나고 있는 한 예이다.

그림 7-2 영국과 일본의 지대 및 실질 임금 지수

A. 지대

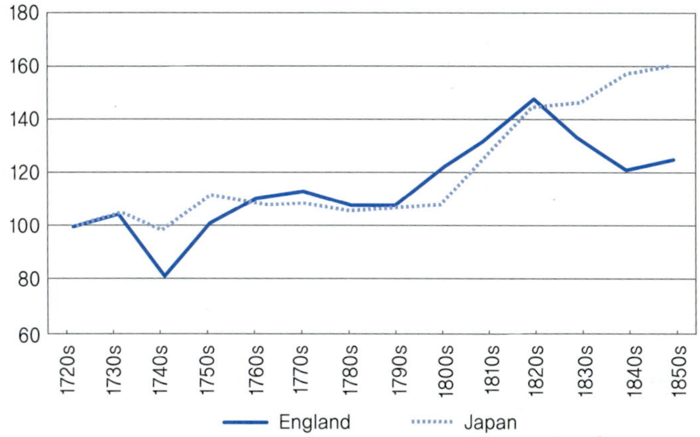

주: 1720년대를 100으로 놓은 지수.
자료: 草野正裕(1998), Clark(2002).

B. 실질 임금

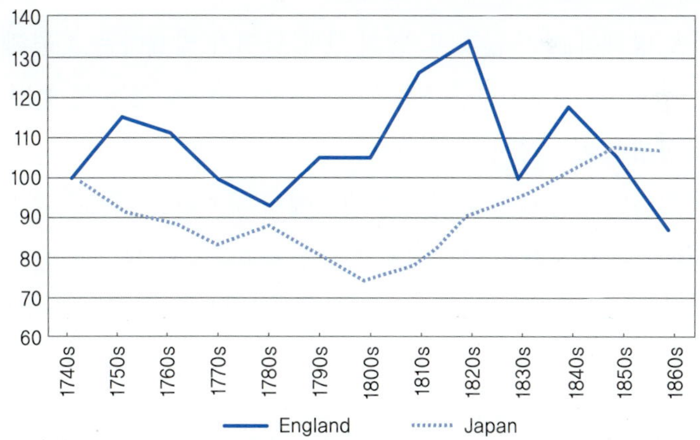

주: 1740년대를 100으로 놓은 지수.
자료: Bassino & Ma(2006), Clark(2002).

사카는 이미 18세기 말에 런던이나 파리보다 앞서 인구 100만을 넘는 대도시로 등장했다.[17] 한마디로 영국에서처럼 18세기 일본에서도 산업 혁명이 진행되고 있었다. 본격적인 석탄으로의 연료 전환도, 신대륙과의 무역도 없이 일어난 도쿠가와 시대 일본 경제의 성장과 공업화는 Pomeranz(2000)의 주장의 설득력을 떨어뜨리는 또 하나의 중요한 이유다.

경제 성장과 프로토 공업화가 일어났던 도쿠가와 시대 일본은 삼림 황폐화를 겪지 않고 "초록색 열도(Green Archipelago)"의 모습을 간직할 수 있었다(Totman, 1989). 삼림 황폐화를 겪지 않은 에도 시대 일본에서 생활 수준이 향상되었다는 사실은 삼림 황폐화가 중화 제국의 경제적 실패의 원인이었다고 주장할 수 있는 또 하나의 근거가 된다. 도쿠가와 일본에서는 왜 삼림 황폐화가 일어나지 않았을까? 거기에는 두 가지 이유가 있었다. 하나는 정부의 효과적 단속, 다른 하나는 농민들 사이의 협력이었다.

제4장에서 조선 후기에 삼림이 황폐화된 것은 조선 후기 정부가 해야 할 일을 제대로 안 했기 때문이었음을 설명했다. 정부는 숲에 대해 경계와 소유권을 명확히 하지 않고 또 남의 산에 들어가 벌채하는 것을 제대로 단속하지 않았다. 그래서 사람들은 무주공산이나 다름 없는 곳에 서 있는 나무들을 경쟁적으로 베어 자기 것으로 확보하려 했다. 역시 제4장에서 설명했듯이 청나라에서 세금 수입이 총생산에서 차지하는 비율은 조선과 비슷했다. 이는 공공 부문이 중국에서도 조선과 마찬가지로 취약했으며, 따라서 중국 삼림 황폐화의 한 원인 역시 정부의 무능력 때문이었음을 시사한

17) 프로토 공업화(proto-industrialization)는 18세기 영국이나 일본에서처럼 소득 증가에 따른 엥겔 효과 때문에 일어나기도 하지만 인구 증가의 결과인 경우도 있다. 제3장에서 설명한 대로 인구 증가로 노동 부존량이 확대되면 노동을 집약적으로 사용하는 수공업이 발전하는 것이다. 18, 19세기 양쯔 강 하류에서 일어난 프로토 공업화는 경제 발전의 징표라기보다 인구 과밀화의 한 증상이었다.

다. 정철웅(2002: 140-5)에 따르면 중국 정부는 벌목으로 인한 환경 파괴 문제를 그다지 심각하게 생각하지 않았으며 청나라의 산림 보호 정책은 촌락 공동체의 협력 없이는 실효를 거두기 어려운 것이었다.

도쿠가와 시대 일본에서는 정부의 세금 수입이 총생산에서 차지하는 비중이 현저히 높았음을 제4장에서 지적했다. 일본의 봉건 영주들은 풍부한 재정 수입을 가지고 민간의 삼림 이용을 효과적으로 통제하는 데 필요한 행정 조직과 기구를 마련할 수 있었다. 일본의 봉건 국가는 임야에 대한 소유권보다는 임야 이용권을 구체적으로 정의하는 데 힘을 기울였다. 그 결과 공동 자원 이용을 둘러싼 분쟁의 소지가 줄고 분쟁이 일어났을 때 이를 해결하기 쉬워졌다.[18)]

일본에서는 어떻게 해서 중화 제국에서 보다 크고 강력한 정부가 등장할 수 있었을까? Sng & Moriguchi(2012)에 따르면, 그 이유는 중앙 집권 체제가 들어섰던 중국과는 달리 일본의 권력 체제가 지방 분산적이었던 사실에서 찾을 수 있다. 1850년 이전, 중국에서나 일본에서나 지배자들을 모두 관료를 통해 통치했기 때문에 주인-대리인 문제(principal-agent problem)가 발생할 소지가 있었다. 여기서 대리인은 관료를, 주인은 황제나 (일본의 중앙 권력 바쿠후(幕府)를 지배하는) 쇼군(將軍), 그리고 (바쿠후로부터 사실상 독립되어 있는 지방의 소규모 봉건 국가 한(藩)들을 지배하는) 다이묘(大名)들을 가리킨다. 주인-대리인 문제란 대리인이 주인의 이익이 아니라 자신의 이익을 위해 행동할 가능성을 말한다. 대리인들은 자신의 수입을 극대화하기 위해 농민들로부터 과중한 세금을 거두어 농민 반란을 일으킬 위험이 있었는데, 이는 결코 주인들이 원하는 상황이 아니었다. 이런 가능성은 주인의 지배 영역이 일

18) 일본에서의 삼림 이용에 대한 정부 규제에 대해서는 Totman(1989: chapter 4)을 보라.

본에 비해 훨씬 넓었던 중국에서 더 컸다. 왜냐하면 철도, 전신, 전화가 없는 상황에서 광대한 지역을 지배했던 중국의 주인들은 대리인들이 어떤 짓을 하고 있는지를 제대로 감시하기가 훨씬 어려웠기 때문이었다. 대리인들의 전횡을 통제하기 어려우므로 중국 정부는 농민 반란이 일어날 가능성을 줄이기 위해 세율을 낮게 유지했다. 그러나 전국이 여러 개의 작은 한(藩)으로 분할되어 있던 일본에서는 대리인의 활동을 통치자들이 비교적 쉽게 감시할 수 있었고 그래서 무거운 세금을 부과할 수 있었다는 것이 Sng & Moriguchi(2012)의 설명이다.

그런데 Totman(1989: 114-5)에 따르면 정부 규제가 삼림 황폐화 진행 속도를 늦춘 것은 사실이지만 그 효과는 제한적이었다. 근대 초기 일본인이 삼림 황폐화를 피할 수 있었던 보다 중요한 이유는 일본 농민들이 삼림 같은 공유 자원 – 이리아이치(入會地) – 이용을 제한하는 공동체적 규제 제도 – 이리아이 제도 – 를 설립해서 운영했기 때문었다.[19] 그렇다면 일본에서 시행된 것과 같은 규제와 협력을 조성하는 제도가 왜 조선을 포함한 중화 제국에서는 생겨나지 않았을까?

농민 *X*와 *Y*가 있고 이 두 사람이 사는 집 근처 무주공산에 소나무 숲이 있다고 하자. *Y*가 모르는 사이에 *X*가 이 소나무들을 모두 베어 자기 것으로 하면 *X*는 이익을 얻고 *Y*는 손해를 보게 된다. 두 사람이 동시에 경쟁적으로 모두 베어 낸다면 당장은 두 사람 다 어느 정도의 목재를 손에 넣지만 다음 해부터는 캐낼 나무가 없어질 뿐 아니라 홍수가 발생할 가능성이 높아진다는 위험을 감수해야 한다. 또 다른 가능성은 두 사람이 모두 미래를

19) 18세기 일본에서 시행된 삼림 이용에 관한 공동체적 규제에 관한 설명은 Totman(1989: chapter 4)을 보라. Totman(1989: chapter 6)은 일본이 삼림 황폐화를 막을 수 있었던 것은 정부 및 공동체적 규제 이외에 육림(afforestation) 산업이 발전했기 때문이라고 설명한다. Diamond(2005: 294-306)는 Totman(1989)의 이 같은 주장을 요약해서 소개하고 있다.

표 7-1 삼림 황폐화 게임

	남벌	자제
남벌	1, 1	11, −1
자제	−1, 11	10, 10

생각해서 남벌을 자제하고 숲이 파괴되지 않을 정도의 소나무만을 베어 내기로 결정하는 것이다.

[표 7-1]은 이런 세 가지 가능성들을 정리해서 보여 준다. 맨 왼쪽의 열은 농부의 X의 선택을, 맨 위의 행은 농부 Y의 선택을 나타낸다. 숫자들은 두 농부의 상이한 선택의 조합이 각 농부에게 가져다 주는 물질적 혜택(=보수, payoff)을 표시한다. 제시된 각 쌍의 숫자 중 앞의 숫자는 농부 X의 보수를, 뒤의 숫자는 Y의 보수를 나타낸다. 예를 들어, Y가 모르는 사이에 X가 이 소나무들을 모두 베어 자기 것으로 만들면 X는 11만큼의 보수를 얻지만 Y는 −1만큼의 손해를 본다는 것을 [표 7-1]의 맨 오른쪽 열의 중간 행은 표시한다. 반대의 상황에서는 Y가 11만큼의 보수를 얻고 X는 −1만큼의 손해를 본다는 것이 맨 아래 행의 중간 열에 제시되어 있다. 모두 경쟁적으로 벌채하는 경우 둘 다 얻는 것이 1밖에 되지 않는다. 두 농부가 신중하게 행동하는 경우 두 사람은 모두 선제적으로 벌채하는 경우인 11보다는 작지만 10만큼의 상당한 이득을 본다.

그렇다면 [표 7-1]에 제시된 네 개의 가능한 경우 중 실제로 일어나게 되는 것은 어느 쪽일까? X의 입장에서 생각해 보자. 만일 Y가 나무를 몽땅 베어 내기로 결정하는 경우 자기가 가만 있으면 얻게 되는 보수는 −1이지만 자기도 같이 베어 내면 얻게 되는 보수는 1이다 따라서 베어 내는 쪽이 유리하다. 만일 Y가 자제하기로 결정하는 경우 자기가 자제하면 돌아오는 것은 10이지만 베면 11을 얻게 된다. 그러므로 이때에도 남벌하는 쪽이 *X*에게는 이득이 된다. *Y*가 어떤 선택을 할지 알 수 없지만 어떤 선택을 *Y*가 하더라도 먼저 나무를 베어 내는 것이 *X*에게는 이득이다. *Y*도 같은 계산을 하고 *X*가 어떻게 나오든 자기는 남벌을 하는 것이 이득이라는 것을 안다. 그래서 두 사람 모두 남벌을 하는 결정을 내리게 된다. 그 결과 소나무 숲은 사라지고 공동지의 비극이 전개된다. 바꾸어 말하면 개인들의 이기적 행동이 "보이지 않는 손(invisible hand)"의 작용에 의해 사회 전체의 복지를 향상시킬 것이라는 애덤 스미스의 기대와는 반대로 개인들의 이기적인 행동이 사회 전체를 파국으로 이끌어 간다.

정부가 남벌하는 사람을 빠짐없이 적발하고 그에게 3만큼의 벌금을 매긴다고 하자. 이 경우 (벌목, 벌목)에 해당하는 수치는 (−2, −2)가 되고, (벌목, 자제)와 (자제, 벌목)에 해당하는 값은 각각 (8, −1), (−1, 8)이 되어, 두 농부는 (10, 10)을 얻는 (자제, 자제)를 선택하게 될 것이다.[20] 이 예는 정부의 개입을 통해 공동지의 비극이 일어나는 것을 막을 수 있음을 보여 준다. 정부가 이런 기능을 할 수 있기 위해서는 개인들의 행동을 완벽하게 감시(monitor)할 수 있는 능력을 갖추어야 한다. 또 공유 자원의 성격에 관한 정확한 정보를 가지고 있어야 한다. 만일 공유 자원에 대한 정보가 부족해서 정부가 개입하기 이전의 게임 판을 제대로 읽지 못해 남벌에 대해 0.5만큼만 벌금을 부과한다면 여전히 (벌목, 벌목)이라는 결과가 나타날 것이다.

[표 7-1]을 보면 능력 있는 정부가 존재하지 않는 한 삼림 같은 공유 자원(common pool resources) 고갈은 피할 수 없는 운명인 것처럼 보인다. 그러나 개인들이 자발적으로 공유 자원의 경쟁적 착취를 막는 제도를 만들어서 운영

20) [표 7-1]과 벌금 부과의 예는 Ostrom(1990: 4, 10)에 제시된 것을 변형한 것이다.

해 나간 사례들이 얼마든지 있었다(Diamond, 2005; Ostrom, 2009). Ostrom(2009: 90)은 공유 자원 이용에 대한 규제가 위로부터(=정부의 강제를 통해) 도입 시행되는 것이 아니라 밑으로부터(=개인들이 자발적으로) 만들어져서 성공적으로 운영된 사례들을 분석하고, 이런 경우 공통적으로 발견되는 여덟 가지 특징들을 식별해서 제시했다. 이 중에 18, 19세기 동아시아 상황에서 의미 있는 조건은 두 가지뿐이다. 하나는 민간들이 협력 체제를 구축할 수 있기 위해서는 정부가 공유 자원 이용권을 가진 사람들이 공유 자원 이용 및 관리를 위한 민간 조직을 창설할 권리를 인정해 주어야 한다는 것이다. 다른 하나는 어디서부터 어디까지가 공유 자원인지, 그리고 누가 그 공유 자원을 이용할 권리를 가진 사람인지 분명해야 한다는 것이다.

이 두 조건 중 첫 번째를 가지고는 중화 제국이 왜 일본처럼 민간의 협력을 통해 삼림 황폐화를 피할 수 없었는지를 설명할 수 없다. 왜냐하면 조선이나 중국 정부도 공유 자원 관리를 위한 민간 조직의 형성을 금지하지는 않았기 때문이다. 중국과 조선에서는 소나무 채취를 규제하는 공동체인 송계(松契)가 있었다. 이 조직은 일본의 이리아이 제도처럼 규제 내용을 구체적으로 규정하지 않았고 위반의 정도에 따라 처벌의 강도를 달리하지도 않았다. 그래서 산림 황폐화를 저지하는 데 큰 도움이 되지 않았을지 모른다. 그러나 이것을 정부의 탓으로 돌릴 수는 없다.

반면 두 번째 조건을 가지고는 일본이 중화 제국과 달리 민간의 자발적 노력을 통해 삼림 황폐화를 피할 수 있었던 이유를 설명할 수 있다. 이우연(2010)에 따르면 조선 후기에는 왕토 사상과 사적 소유의 개념이 공존했기 때문에 삼림에 대한 소유권이 불분명했다. 사적 소유권이 발전해 왕토 사상이 공허한 이데올로기가 되었다고 하지만, 이는 논과 밭에서 그랬으며 삼림 같은 공유지에서는 왕토 사상이 소유권을 애매하게 하는 중요한 요인으로 작용했다. 왕토 사상은 중국에서 건너온 것이므로 18, 19세기 중국의 상황도 조선 후기와 크게 다르지 않았을 것으로 짐작된다. 반면 천황이 실질적 권력을 행사하지 못하는 명목적 존재에 불과했던 도쿠가와 일본에서는 왕토 사상이 사실상 존재하지 않았던 것 같다. 게다가 앞서 설명한 대로 일본 정부는 토지 이용권을 명확히 정의하고, 이용권 행사를 보장하기 위한 행정 기구들을 창설해서 운영했다

중화 제국과 일본 사이에 이런 차이가 분명히 있었고, 이 차이는 중요한 것이지만 우리나라, 중국, 일본 어디에도 근대적인 측량 기술을 바탕으로 한 등기 제도는 19세기 말이 되기까지는 도입되지 않았다. 따라서 중화 제국뿐 아니라 일본에서도 경계선, 소유권 그리고 이용권을 엄밀하게 정의하는 데에는 한계가 있었을 것이다. 이런 점에서 두 번째 조건이 일본으로 하여금 삼림 황폐화를 피할 수 있게 했던 주요한 요인이라고 보기는 어려울 것 같다.

중화 제국과 달리 일본이 삼림 자원을 고갈시키지 않을 수 있었던 더 근본적 이유는 미래에 대한 사람들의 태도가 달랐기 때문이었다. [표 7-1]은 한 방에 끝나는 게임의 상황을 묘사하며 여기에는 미래가 없고 현재만이 있다. 그런데 삼림 황폐화는 상당한 시간에 걸쳐 진행되는 과정이며, 그 과정에서 농민들은 다른 농민들의 행동을 관찰하고 그에 반응한다. 그리고 자기가 어떤 행동을 했을 때 다른 사람들이 거기에 대해 어떻게 반응할 것인지를 예상해 보려고 한다.

처음에 두 농민이 (자제, 자제)를 선택해서 협력이 이루어지고 있었다고 하자. 농민들은 협력하면서도 끊임없이 계산하고 배신을 꿈꾼다. 만일 농민 *X*가 일방적으로 나무를 캐기 시작한다면 배신당한 *Y*는 이에 대한 앙갚음으로 다음 해부터 나무 베기에 나선다. 그때부터는 (남벌, 남벌)의 상

황이 계속될 것이다. 따라서 X는 배신할지 말지를 결정하기 위해 다음과 같은 계산을 할 것이다.

[표 7-1]에 따르면 배신하기로 결정하면 X는 올해에는 11을 얻지만 그 다음 해부터는 계속 1을 얻게 된다. 그러나 이런 상황이 계속된다는 보장이 없다. 나 또는 상대방의 죽음, 아니면 다른 지역으로의 이주 때문에 이런 상황이 중단될 확률이 d라고 하자. 그리고 이자율이 r이라고 하자. 그러면 X가 배신하기로 결정하는 경우 예상되는 그에게 돌아오는 보수 흐름의 현재 가치는

$$R_{nc} = 11+\frac{1-d}{1+r}+\left(\frac{1-d}{1+r}\right)^2+\left(\frac{1-d}{1+r}\right)^3+\cdots = 11+\frac{1+r}{r+d} \tag{7-1}$$

과 같다. 만일 X가 협력을 계속하기로 한다면 그는 올해뿐 아니라 이후 매년 10의 보수를 얻는다. X에게 돌아오는 이런 소득 흐름의 현재 가치는

$$R_c = 10\cdot\frac{1+r}{r+d} \tag{7-2}$$

와 같다. 식 (7-1)과 (7-2)는 Y의 보수 흐름의 현재 가치를 나타내는 것이기도 하다. 따라서 만일 $R_c > R_{nc}$라면, 즉

$$10\cdot\frac{1+r}{r+d} > 11+\frac{1+r}{r+d} \Rightarrow 2r+11d<9 \tag{7-3}$$

라면 두 농민을 삼림 보존을 위해 협력할 것이고 반대의 경우 남벌이 일어날 것이다. 식 (7-3)은 이자율이 높을수록 그리고 삼림 황폐화 게임이 중단될 가능성이 높을수록 삼림이 황폐화될 가능성이 높다는 것을 말해 준다.

제2장에서 설명했듯이 18, 19세기에 삼림 황폐화가 일어났던 중화 제국에서는 영국이나 일본에 비해 사망률이 높았다. [그림 5-2]에 따르면 우리나라의 곡물 가격 변동성은 중국, 영국, 일본에 비해 높았다. 이는 흉년 때문에 고향을 떠나 먹을 것을 찾아 떠돌아다니는 거지가 될 가능성이 우리나라에서 더 컸음을 의미한다. 이는 삼림 황폐화 게임이 중단될 가능성이 중화 제국에서, 특히 조선에서 높았음을 의미한다.

이자율도 영국이나 일본에 비해 중국과 조선에서 높았다. 제3장에서 곡물 가격의 계절 변동으로부터 실질 이자율을 계산하는 방법을 설명했는데, 이 방법을 조선 후기에 적용하면 1700년 전후에 66%, 1834-70년간 52%의 연 이자율 추계치를 얻을 수 있다.[21] Shiue(2002: 1416)가 18세기 쌀값을 이용해 추계한 중국 실질 금리는 25%였다. 중국과 우리나라에 비해 비해 일본 쌀값의 계절 변동폭은 훨씬 작아서 10%의 저장 비용을 빼지 않더라도 19세기 이자율은 연 8% 정도밖에 되지 않았다(宮本又郎, 1988: 302). McCloskey & Nash(1984: 182)는 17세기 전반 옥스퍼드의 곡물 가격에서 추정한 이자율은 10%의 저장 비용을 빼기 전에 이미 11.3%에 불과했다는 계산 결과를 제시하고 있다. 18, 19세기의 영국 곡물 가격의 계절 변동에서 계산된 이자율 추정치는 나와 있지 않다. 그러나 지대를 농토 가격으로 나누어 실질 이자율을 비교할 수 있다. [그림 3-11]에 따르면 경상도와 전라도의 지대/농토 비율은 1700년경 약 20%였다. 그러다가 1876년 개항으로 외국 자본이 유입될 무렵에는 10%로 하락했다. 제3장에서 본 [그림 3-14]로 되돌아가 보면 영국에서는 이 비율이 18세기 말-19세기 말에 걸쳐 3% 정도에 불과했음을 알 수 있다.

21) 1700년 전후의 이자율은 이헌창(1996: 131)의 고성 쌀값을, 1834-70년간 이자율은 이영훈 · 조영준 · 박기주(2007)의 예천 쌀값을 이용해 계산했다.

이자율이 높다는 것은 자본의 한계 생산성이 높다는 것을 나타낸다. 자본의 한계 생산성이 높다는 것은 자본이 희소했다는 것을 알려 준다. 자본이 희소한 것은 그 시점까지 사람들이 저축을 게을리해 온 결과다. 높은 이자율 말고도 중화 제국에서 자본이 매우 희소한 생산 요소였음을 말해 주는 증거는 적지 않다. Allen(2009a: chapter 6)은 18세기 영국에서는 노동에 비해 자본과 에너지가 풍부했기 때문에 노동을 자본과 에너지로 대체하려는 노력이 이루어졌는데, 그 결과 생겨난 것이 바로 영국 산업 혁명을 이끈 신기술들이었다고 주장했다. 이를 보이는 한 사례로서 그는 인건비는 얼마 들지 않지만 열 효율이 낮은 영국의 도자기 가마와 인건비는 많이 들지만 열효율이 높은 중국의 가마를 대비시켰다. Li & van Zanden(2012)은 인쇄 및 선박업의 예를 들어 네덜란드에 비해 양쯔 강 하류 지역에서는 희소한 자본 대신 풍부한 노동을 사용하는 기술이 사용되었음을 설명했다. Wright (1984: 18)에 따르면, 중국에서 석탄 생산이 발전하지 못한 것은 석탄 매장량 부족이 아니라 자본, 특히 석탄 생산지에서 소비지로의 운송 수단 건설에 필요한 자본 부족 때문이었다.

중화 제국에서는 영국과 일본에 비해 물적 자본뿐 아니라 인적 자본도 부족했다. 1700년 영국에서는 이미 성인 남성의 45%, 성인 여성의 25%가 서류에 사인을 할 수 있었다. 이를 Allen(2009a: 261)은 영국의 식자율(=문자 해독률, literacy) 지표로 보았다. 1840년이 되면 영국 성인 남성 중 글을 읽을 수 있는 사람은 70%에 근접했고, 영국 성인 여성의 절반 정도는 문자 해독이 가능했다(Cipolla, 1969). Dore(1965: 321)는 도쿠가와 시대 교육 확산의 결과 1868년 메이지 유신이 일어나기 전 취학 연령 남아의 43%, 취학 연령 여아의 10%가 어떤 형태이건 학교에 다닌 경험을 했을 것으로 추정했다. 이런 상황이 장기간 지속되면 이 비율은 전체 인구 중 학교 다닌 사람의 비중이 된다. 학교 다닌 사람을 글 읽을 줄 아는 사람이라고 가정한다면 이 비율은 도쿠가와 시대 일본의 식자율이 된다. 1880년 전후 일본 문부성 조사에 따르면 식자율은 지역별로 크게 달라서 높은 곳에서는 64%, 낮은 곳에서는 18%였다. 이 두 수치의 평균을 내면 41%가 된다(八鍬友廣, 2003: 526). 중국에 대해서는 1930년대의 추계가 가장 이른 것인데, 이때가 되어도 중국 성인 남성 30% 정도 밖에는 글을 읽을 수 없었다.[22)]제5장에서 추정한 1910년 우리나라의 문자 해독률은 남성 34%, 여성 4%에 불과했고 1930년이 되어서야 남성 50%, 여성 10%로 올랐다. 우리나라에서 교육열이 전통적으로 높았다는 주장을 듣는 경우가 있는데 무엇을 근거로 이런 말을 하는지 알기 어렵다.

한마디로 영국과 일본에 비해 중국과 조선에서는 사람들이 미래를 별로 중요하게 생각하지 않았다. 저축해서 생산 설비에 투자하기보다는 현재의 소비를 우선시했으며 아이들의 교육이야 어떻게 되든 당장 아이를 낳아 기르는 즐거움을 누리려고 했다. 그래서 인적 · 물적 자본이 희소하게 되고 이자율이 높아졌으며, 따라서 출산율과 사망률이 높아졌다. 높은 이자율과 높은 사망률 아래서 농민들은 자발적으로 남벌을 자제하고 협력을 통해 삼림을 유지하기보다는 나무를 다른 사람보다 더 빨리 캐내려 했다.

18, 19세기 중국과 조선 사람들이 이렇게 지금 당장만 생각했던 이유는 무엇일까? 이것이 국민성이나 DNA 때문이라면 오늘날 우리나라와 중국 사람들이 영국과 일본 사람들에 비해 소득의 훨씬 더 많은 부분을 저축하고 있다는 사실을 설명할 수 없을 것이다.[23)] 18, 19세기 조선을 포함한 중화

22) 이는 소설가 Pearl Buck의 남편이었던 John Lossing Buck의 추계인데, Rawski(1989: 58)에 인용된 것을 사용했다. 식민지 조선에는 중국 노동자들이 들어와 일하고 있었는데, 이들의 임금은 조선인 노동자들보다 낮았다. 이는 중국의 식자율이 식민지 조선보다 낮았음을 시사한다.

23) World Bank에 따르면 2012년 중국과 우리나라의 저축률은 각각 52%와 31%였다. 이에 비해

제국에서 자본이 부족하고 이자율이 높았던 것은 저축을 말리는 제도가 존재했기 때문이다. 그 제도란 바로 정부가 운영하는 관대하고도 포괄적인 사회 보험(social insurance)이었다. 제6장에서 설명했듯이 사람들은 화재나 질병과 같은 불의의 사고를 만나게 되므로 여기에 대비해서 저축을 하는데, 예비적 동기는 중요한 저축 동기 중 하나다(Carroll, 1997; Deaton, 1992; Hubbard, Skinner & Zeldes, 1994). 그런데 보험을 들면 예비적 저축을 상당히 줄일 수 있다. 자동차 보험 없이 차를 운행한다면 사고나 고장에 대비해서 얼마나 많은 돈을 준비해 두어야 할지 생각해 보라. 화재 보험 같은 개인 보험뿐 아니라 실업 급여(unemployment benefits)와 같은 사회 보험(social insurance)이 도입되어도 사람들은 예비적 저축을 줄이게 된다.

조선과 청나라 정부가 운영했던 사회 보장 제도(social welfare)란 흉년에 대비한 것이었다. 홍수나 가뭄이 들어 굶는 사람이 생기면 정부는 ① 토지 소유자들이 내는 세금을 감면하고, ② 국가가 유지 관리하는 곡물 저장고의 곡식을 농민들에게 빌려 주거나 아니면 무상으로 분배했다. [그림 7-3]은 조선 후기에 전체 경작지에서 지세 납부 감면 혜택을 받은 경작지가 차지하는 비율을 보여 준다. 여기서 경작지 면적은 결(結)이라는 단위로 측정된 것이다. 제4장에서 설명했듯이 결은 절대 면적을 나타내는 단위가 아니므로 [그림 7-3]에 제시된 숫자는 지세 감면의 정도를 정확하게 나타내는 것이라고 할 수 없지만 지세 감면 정도의 대체적인 윤곽은 알려 준다. 18, 19세기에 감세 처분을 받은 경작지가 전체 경작지에서 차지하는 비율은 평균 5%에서 10% 사이였다. 면세지 비율은 해마다 크게 달랐다. 이 비율이 높은 해는 흉년이 심한 해였다. 면세지 비율이 높았던 해에는 쌀값도 비쌌다. 중국

일본과 영국의 저축률은 19%와 13%였다. http://data.worldbank.org/indicator/NY.GDS.TOTL.ZS. 접속 시점은 2014년 3월 26일 오전 8시 19분.

그림 7-3 지세 납부 면제 처분을 받은 경작지가 전체 경작지에서 차지하는 비율

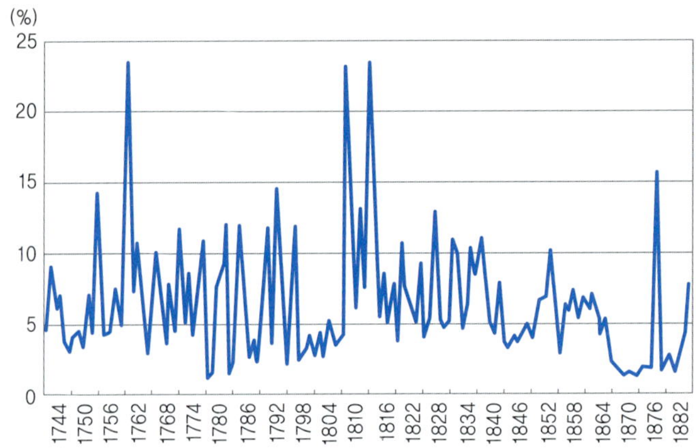

자료: 度支田賦考.

정부는 이런 통계를 발표하지 않았다. 부과된 지세와 실제로 거두어들인 지세 사이의 차이 변화로 면세율 추이를 짐작할 수 있지만 [그림 7-3]과 비교 가능한 숫자를 얻기는 어렵다.[24)]

일인당 곡물 저장 규모는 중국에 비해 조선에서 상대적으로 컸다. 기근에 대비한 곡물 비축 제도가 전성기에 달했던 1800년경, 우리나라의 총곡물 비축량은 중국의 1/3 정도였다. 그런데 당시 우리나라 인구는 중국의 1/10에도 미치지 못했다. 곡물을 비축하면 시간이 흐름에 따라 곡물의 질이 악화되고 결국은 썩어서 먹을 수 없게 되어 버린다. 그래서 조선 정부는 비축 곡물의 절반을 매년 농민들에게 빌려 주고 이듬해에 이자를 붙여 돌려받음으로써 비축 곡물을 관리하려고 했다. 조선 시대의 곡물 비축 제도는 환곡

24) Wang(193: 99-100, Table 5.5, 5.6)은 지세 부과액과 징수액에 관한 통계를 제시하고 있다.

(還穀)이라 불렸다. "곡(穀)"은 곡식을, "환(還)"은 "돌아온다", "갚는다", 또는 "돌며 흐른다"는 뜻의 한자다.[25] 이런 운영 원칙은 농민들이 겪는 식량 부족이 일시적일 것이라는 가정에 바탕을 둔 것이었다. 쌀보다는 보리를 주식으로 하는 조선 시대 농민들의 식량 재고가 늦은 겨울이나 초봄에 바닥이 나서 늦은 봄 보리 수확이 이루어질 때까지 굶주림에 시달리는 농민들이 많았고 이를 보릿고개라고 불렀다.[26] 봄 수확으로 식량 재고가 생겨나면 굶주림이 사라질 뿐 아니라 농민들은 나라에서 빌린 식량을 갚을 수 있게 될 것이라고 정부는 기대했다.

당초의 이런 운영 계획과는 달리 19세기 들어 비축미의 거의 전부가 매년 농민들에게 대여되거나 무상으로 공급되었다. 이렇게 흘러나간 곡물의 일부분밖에는 비축 창고로 되돌아오지 않았다. 그 결과 비축 곡물의 규모는 19세기 내내 꾸준히 감소했다. 그 이유는 김재호(2001c)가, 그리고 [그림 4-2]가 보여 주는 것처럼 홍수에 따른 흉년의 빈도가 증가해 비상 곡물 수요가 증가한 데 비해 생활 수준이 악화되어 정부로부터 빌린 곡물을 이자와 함께 반환할 능력이 감소했기 때문이었다. 조선에서와 마찬가지로 중국에서도 곡물 비축 제도는 19세기 들어 빠르게 붕괴되었다.

중화 제국의 사회 보장 제도는 가뭄이나 홍수로 흉년이 들면 사회가 불안해지고 그래서 정권이 위태로워질 것에 대비해 도입된 것이었다. 이 제도는 원인 치료가 아니라 증상만을 완화시킨 대증 요법(symptomatic treatment)이라고 할 수 있다. 원인 치료는 홍수가 나고 기근이 드는 근본 원인인 삼림

25) 오일주(1992)를 비롯한 많은 한국사 연구자들은 환곡을 농민을 착취하기 위해 정부가 운영한 고리대금업 정도로 취급하고 있지만 이는 본말을 전도시킨 것이다. 문용식(2001)은 사회보장 제도로서의 환곡 제도의 기능을 다룬 보기 드문 연구이다.

26) 중국에서는 보릿고개를 "青黃不接"이라고 불렀는데, 이는 작년에 수확한 누런 곡식과 새롭게 나오는 푸른 곡식이 만나지 않는다는 뜻이다. 보릿고개에 해당하는 프랑스어 soudure는 "연결한다"는 뜻을 가진 동사 souder의 명사형이다.

황폐화를 막는 것이었다. 대증 요법은 상황을 점점 더 악화시켰다. 홍수나 가뭄이 들면 정부가 구제해 줄 것이라는 기대가 있었으므로 농민들은 삼림 보존을 위해 노력하거나 협력할 필요도, 흉년에 대비해서 곡물을 비축해 둘 필요도 별로 느끼지 않았다. 그래서 이자율은 더욱 오르고 그 결과 삼림 황폐화가 더 빠르게 일어나는 악순환이 진행되었다.

사회 보장 제도가 삼림 황폐화의 원인이 되었다고 주장하는 데는 세 가지 근거가 있다. 하나는 (앞서 지적한 대로) 포괄적 사회 보장 제도가 없었던 영국이나 일본의 이자율이 중국이나 조선에 비해 훨씬 낮았다는 사실이다. 둘째, 19세기 들어 사회 보험 제도가 파탄 지경에 이르면서 우리나라에서는 이자율이 18세기에 비해 하락했다는 사실이다. 마지막으로 중국에 비해 일인당 곡물 비축량이 훨씬 많았던 조선의 이자율이 중국보다 높았고 더 심각한 삼림 황폐화가 일어났다는 사실이다.[27] [그림 4-2]에 따르면 곡물 가격의 출렁거림이 중국에 비해 조선에서 현저히 심했는데, 이는 조선의 농업이 기상 변화에 더 취약했음을 말하는 것이다.[28]

중국을 여행한 18세기 실학자 박제가는 중국에서 흔히 볼 수 있는 바퀴와 벽돌 같은 자본재가 조선에서는 사용되지 않고 있다는 놀라운 사실을 북학의(北學議)에 기록했다. 이는 조선 후기의 자본 부족이 얼마나 심각한 것이었는지를 알려 준다. 후기 조선에서 자본이 얼마나 결핍되어 있었는지를 증언하는 또 다른 증거가 조선 정부의 3금(三禁) 정책이다. "3금"이란 세 가지를 금지한다는 의미다. 이는 우금(牛禁), 주금(酒禁), 송금(松禁)을 포함했

27) 18세기 중국과 조선의 일인당 곡물 비축량 비교는 Cha(2012)를 보라.

28) [그림 4-2]에 따르면 중국의 곡물 가격 이동 변이 계수는 삼림 황폐화를 겪지 않았던 일본과 비슷하다. 이는 흉년이 들면 중국 정부가 비축 곡물을 시장에 내다 팔아 가격을 안정화시키는 정책을 실시했던 사실로 설명할 수 있다. 조선 시대에도 이런 업무를 수행하기 위해 상평창(常平倉)을 설립했지만 가격 안정을 위해 곡물 시장에 정부가 개입했다는 증거는 없다.

다. 우금이란 (농사일을 시켜야 할) 소를 잡아먹으면 안 된다는 것이다. 주금이란 (식량이나 씨앗으로 사용해야 할) 곡식으로 술을 담가 먹으면 안 된다는 것이며, 송금이란 (홍수를 막기 위해 산에 서 있어야 할) 소나무를 베어 쓰면 안 된다는 것이다. 이런 정책이 필요했다는 것을 조선 농민들이 비합리적이어서 미래에 대비하지 않았음을 말하는 것이라고 해석하는 것은 불합리하다. 조선 농민들은 경제적 어려움이 닥쳤을 때 정부의 구호 조치에 기댈 수 있을 것이라는 사실을 알고 있었기 때문에 미래가 아니라 현재 지향적 선택을 했고 이는 합리적인 선택이었다.

제4장에서 설명한 것처럼 18, 19세기 중국이나 우리나라에서 정부 지출이 차지하는 비중은 많게 잡아야 GDP의 5% 정도밖에 되지 않았다. 그리고 사회 보장 제도를 통한 구황(救荒) 사업은 조선과 중국 정부의 여러 활동 중 하나에 불과했다. 한 해에 환곡 제도를 통해 배분되는 곡물은 청나라나 조선 정부의 곡물 비축량이 가장 많았던 18세기에, 조선에서도 중국에서도 총산출의 0.5% 정도를 넘지 않았을 것으로 추정된다(Lindert, 2007: 1422; Lee, 2013: 11). 게다가 19세기 들어 곡물 비축 제도는 붕괴 과정에 들어갔다. 이런 사실에 비추어 보아 기상 변동에 대비해서 국가가 운영했던 사회 보험이 이자율 상승에 따라서 삼림 황폐화와 마이너스 성장의 주요 원인이라고 평가하는 것은 무리가 아닐까? 기껏해야 생활 수준 하락의 작은 일부분만을 설명할 수 있는 것이 아닐까?

그렇지 않다. 한 사람이 사고나 질병에 대비해서 내는 보험료가 소득 전체에서 차지하는 비중은 작지만 그것 때문에 이 사람이 줄일 수 있는 저축액은 훨씬 크다는 것을 생각해 보라. 구황 정책이 중화 제국의 마이너스 성장의 주범이라고 주장할 수 있는 근거는 이것 말고도 두 가지가 더 있다.

첫째, 흉년에 대비한 사회 보험의 부작용은 처음에는 작았을지 모르지만 순환적, 누적적 과정을 촉발했다. 환곡이나 면세 정책이 도입되어 이자율이 상승하고 삼림 황폐화가 시작되면 자본재 파괴가 시작되고 그래서 다시 이자율이 상승하고 이는 삼림 황폐화를 가속화했다. 여기서 자본재에는 잘려 나가는 나무뿐 아니라 홍수 피해로 인해 쓸려 나가는 토양과 망가지는 수리 시설을 포함한다. 누적적, 순환적 과정은 이자율뿐 아니라 삼림 황폐화 게임의 상호 작용의 지속 가능성을 통해서도 일어난다. 삼림 황폐화는 생활 수준을 악화시킨다. 생활 수준이 악화되면 사망률이 올라간다. 또 흉년 때문에 농민들이 살던 곳을 떠나 먹을 것을 찾아 방랑하는 거지가 될 가능성을 높인다. 나와 이웃이 언제 죽어 없어질지 아니면 마을을 떠날지 모르는 상황에서는 농민들은 근시안적이며 이기적 행동을 할 가능성이 높다. 그래서 삼림 황폐화는 가속적으로 진행된다.

둘째, 화재 보험에 든 사람들 중에는 보험에 들기 전에 비해 불조심을 덜 하는 사람들이 있다. 자동차 보험은 자동차 관리를 소홀하게 하고 더 공격적 운전을 감행하게 한다. 노동자가 일자리를 잃었을 때 오랜 기간에 걸쳐 실업 이전에 받던 급료의 상당 부분을 생활비로 제공하는 실업 보험(unemployment insurance)이 있다면 노동자들은 해고 위험을 덜 느끼게 된다. 따라서 노동 강도와 생산성이 떨어질 것이다. 보험의 이런 부작용을 도덕적 해이(moral hazard)라고 한다. 중국이나 조선 정부가 운영한 사회 보험도 도덕적 해이를 만들어 냈다. 중화 제국의 기근 구제 정책은 농민들로 하여금 투자와 농법 개선을 통해 기후 변동 리스크를 극복하려는 노력을 할 이유를 파괴해 버림으로써 마이너스 성장의 원인이 되었다.

중국이나 조선 정부가 흉년이 들었을 때 허용해 준 면세의 범위나 곡물 대부 또는 무상 원조의 양은 지역마다 달랐다. 예를 들어, 중국에서는 기근이 들었을 때 분배한 일인당 곡물 비축량이 산시(陝西), 윈난(雲南), 구이저우

(貴州), 쓰촨(四川) 같은 내륙 지역에서 더 많았다. 이들 내륙 지역은 감세 혜택도 더 많이 받았다. 그 이유는 해안 지역은 기근이 들면 배로 곡물을 운송해서 식량 부족을 해결할 수 있지만 철도도 없고 도로도 시원치 않았던 18, 19세기에 내륙 지역으로 곡물을 수송하는 데에는 시간도 많이 걸리고 비용도 많이 들었기 때문이었다. 후기 조선에서는 함경도, 평안도의 일인당 곡물 비축량이 남부 지역에 비해 많았다. 반면 작황이 나쁠 때 감세 혜택을 더 많이 받은 것은 남부 지방이었다. 이런 지역적 편차가 생겨난 데에는 지역 간 지리적 환경뿐 아니라 정치적 영향력 차이도 작용했다.[29)]

지리적 정치적 이유로 A지역이 B지역에 비해 더 많은 감세 혜택을 받고 일인당 비상 곡물 비축량도 많다고 하자. 그러면 사람들이 B에서 조건이 나은 A지역으로 이주할 것이다. 그 결과 A지역 인구가 B지역보다 빠르게 증가할 것이다. 조선의 경우 도별 인구 증가율을 알 수 없으므로 이 추론이 타당한지를 검증할 수 없다. 그러나 중국에서는 기근이 들었을 때 정부가 보다 많은 관심을 기울인 지역일수록 인구 증가율이 높았음을 확인할 수 있다(Cha, 2012). 바꾸어 말하면 재난 구조를 더 넉넉하게 받은 지역일수록 그 지역의 노동 투입은 다른 지역에 비해 빠르게 증가했다는 것이다.

18, 19세기 중국과 조선에 존재했던 자본 중에서 가장 중요한 요소는 저수지, 보, 수로와 같은 수리 관개 시설이었다. 중국과 우리나라에서 수리 관개 상황이 지역별로 어떻게 달랐는지를 처음으로 알 수 있게 되는 것은 20세기 초가 되어서이다. 중국의 경우 1904/9년에 성(省)별로 경작지 중 관개 시설의 혜택을 받는 부분이 몇 %인지에 관한 추계가 나와 있다(Perkins, 1969: 67). 우리나라에서는 조선 총독부가 1910년대 초에 각 도의 수리 시설 상황

29) 청대 중국과 후기 조선에서의 지역 간 구황 정책의 강도 차이가 생겨난 원인에 관한 분석은 각각 Shiue(2005)와 Cha(2012)를 보라.

을 점검하고, 도별로 그리고 수리 시설의 유형별로 작동하고 있는 것과 망가져 기능을 다하지 못하고 있는 수리 시설이 각각 몇 개인지를 정리해서 발표했다(持地六三郎, 1916).

Cha(2012)는 (20세기 초에 관측된) 중국의 전체 경작지에서 관개 경작지가 차지하는 비중 또는 조선 전체 수리 시설 중 작동한 수리 시설이 차지하는 비중을 종속 변수(피설명 변수)로 하고 (18, 19세기에 관측된) 감세율 및 일인당 정부 곡물 비축량을 설명 변수로 하는 회귀식을 추정했다. 그 결과가 보여 준 것은 중국에서도, 그리고 조선에서도 감세 혜택을 많이 받았던 지역일수록 20세기 초에 수리 관개 시설이 보다 잘 유지되었다는 것이었다. 이는 감세 혜택을 많이 받은 지역일수록 그렇지 못한 지역에 비해 수리 시설에 대한 투자가 활발했음을 의미한다.

감세 혜택이 투자를 활성화했다는 이 증거는 사회 보험 때문에 소득 흐름의 불확실성이 감소해서 중국이나 조선의 총저축이 감소하고, 따라서 총투자가 감소했다는 설명과 모순되는 것처럼 들릴 수 있다. 그러나 그렇지 않다. 사회 보험이 저축과 투자를 감소시켰다는 앞서의 서술은 경제 전체에 관한 것이고 감세 혜택이 수리 시설 투자를 활성화했다는 여기서의 주장은 감세 혜택을 많이 받은 지역과 적게 받은 지역 사이의 차이에 관한 것이기 때문이다. 사회 보장 정책은 경제 전체의 저축을 감소시키고 투자를 감소시켰다.[30] 그런데 20세기 초의 지역별 관개지 비중 또는 수리 시설 작동 상태를 피설명 변수로 하는 회귀 분석 결과가 보여 주는 것은 감세를 많이 받은 지역에서 일어난 투자 감소는 전국 평균에 비해 적었고, 적게 받

30) 중국 전체의 수리 시설 상황이 18, 19세기에 어떻게 바뀌어 갔는지를 보여 주는 자료는 없다. 이광린(1961: 제7장), 宮嶋博史(1983) 그리고 최원규(1992)에 따르면 조선 후기에 저수지 수가 지속적으로 감소해 갔다. 이는 수리 시설 투자가 감가상각보다 작았음을 말해 준다.

은 지역에서 일어난 투자 감소는 전국 평균보다 컸다는 것이다. 면세 정책이 이런 지역 간 편차를 가져올 수 있었던 것은 투자를 하는 주체인 지주들의 가처분 소득에 영향을 미쳤기 때문이다. 감세 조치를 많이 받은 지역의 지주들의 적게 받은 지역의 지주들에 비해 가처분 소득이 컸을 것이고 따라서 투자 능력도 컸을 것이다.

자연 재해가 닥쳤을 때 정부의 관심을 많이 받은 지역일수록 노동 투입이 빠르게 증가했고, 투자가 활발해서 자본 투입도 보다 빠르게 증가했으므로 이런 지역에서는 토지 생산성도 다른 지역에 비해 상대적으로 빠르게 향상되었으리라고 예측하기 쉽다. 그러나 현실은 이와 정반대였다. 중국과 조선의 지역별 토지 생산성 증가율을 피설명 변수로 하고 중앙 정부가 각 지역에 베푼 면세 조치의 강도와 각 지역이 보유하고 있던 일인당 곡물 비축고를 설명 변수로 하는 방정식을 추정해 보면, 중앙 정부가 흉년이 들었을 때 보다 많은 관심을 기울인 지역일수록 토지 생산성 향상 속도가 느렸음을 알 수 있다.[31)]

일인당 곡물 비축고가 높고 면세 혜택을 많이 받은 지역일수록 노동 및 자본 투입은 빠르게 증대했지만 토지 생산성은 느리게 향상되었다는 사실은 무엇을 의미하는 것일까? 토지 생산성은 ① 생산 기술(=총요소 생산성)이 향상(악화)되거나, ② 마지기당 자본 또는 노동 투입량이 증가(감소)하면, 오른다(떨어진다). 그러므로 기근 구제 정책이 노동과 자본 투입에는 긍정적 영향을 미쳤지만 토지 생산성 발전에는 부정적 영향을 미쳤다는 사실은, 사회 보장 정책이 농민과 지주들의 효율 향상을 추구할 인센티브를 파괴했

31) Perkins(1969: 19)는 1776과 1851의 단위 면적당 곡물 생산을 성(省)별로 추계했는데, 이를 가지고 1776-1856년간 중국의 성별 토지 생산성 증가율을 계산할 수 있다. 조선 후기의 경우 (제3장에서 소개한) 18, 19세기의 도별 논 가격을 가지고 도별로 토지 생산성 증가 속도가 어떻게 달랐는지를 알 수 있다. 자세한 내용은 Cha(2012)를 보라.

기 때문에 총요소 생산성 증가 속도가 늦어졌음을 의미한다.[32)]

지금까지의 설명은 자본 파괴에 관한 이야기로 빠른 자본 축적에 관한 제6장의 서술과 대조된다. 식민지기에는 물적 자본이 연 6.6%씩, 고도 성장기 한국에서는 연 14.6%씩 증가했다([표 3-1]). 이에 비해 (이 장의 부록 1이 보여 주는 것처럼) 조선 후기에는 물적 자본이 연 0.29%씩 감소했다. 조선 후기에 자본 파괴가 진행된 것은, 사회 보장 정책 때문에 예비적 저축이 감소해서 감가 상각되는 자본조차 보충할 수 없었기 때문이다. 고도 성장기 한국에는 사회 안전망이 사실상 존재하지 않았다. 이런 환경 속에서 경제 성장이 소득 흐름의 불확실성을 증대시키자 예비적 저축이 증가했다. 그 결과 투자와 성장의 호순환이 진행되었다. 조선 후기의 사회 보장 정책 아래서 사람들이 현재 지향적 행동을 했던 것은 당연한 일이었다. 이런 행동의 결과는 높은 출산율과 낮은 인적 자본이었다. 고도 성장기의 한국 정부는 사회 보장 정책에는 별로 관심이 없었고 적극적인 대중 교육 보급 정책을 실시했다. 이는 출산율을 떨어뜨리고 인적 · 물적 자본 축적을 가속화했다.

이런 차이는 정부의 역할이 얼마나 중요한지를 보여 준다. 후기 조선 정부는 해야 할 일은 안하고 쓸데없는 일을 했다. 해야 할 일이란 (제4장에서 설명한 대로) 국방, 합리적 조세 및 재산권 제도를 수립하는 것을 말한다. 정부가 해야 할 일을 게을리한 결과 마이너스 성장이 일어났고 조선은 일본의 식민지가 되었다. 쓸데없는 일이란 구황 정책을 말한다. 구황 정책이 없었더라면 농민들이 흉년에 대비해서 스스로 곡식을 비축했을 것이므로 그

32) 토지 가격 정보가 없는 평안도나 함경도는 이 회귀 분석에 포함되지 않았다. 이 두 지역은 다른 도에 비해 구황 정책을 포함해 여러 가지 면에서 중앙 정부의 간섭으로부터 자유로웠던 지역이었다. 따라서 이 두 지역에서는 다른 지역에 비해 토지 생산성이 더 빠른 속도로 증가했으리라고, 즉 보다 느리게 하락했으리라고 추측할 수 있다. 이런 추론은 19세기 후반에 북한의 생활 수준이 남한보다 높았음을 알리는 (제2장에서 소개한) 증거들과 부합한다.

것은 불필요한 정책이었다. 뿐만 아니라 구황 정책은 삼림 황폐화를 더욱 악화시키는 원인이 되었으므로 (양반 지배 체제 유지를 위해서는 필요한 정책이었을지 모르지만) 경제 성장의 관점에서 보면 집행하지 말았어야 할 정책이었다.

수렴, 1900-2010

[그림 7-1]은 1900년경 우리나라 일인당 소득이 영국의 1/10에도 미치지 못했지만 한 세기가 지난 오늘날 두 나라 사이의 생활 수준 격차가 대부분 사라졌음을 보여 주었다. 우리나라는 20세기의 고도 성장을 통해 영국에 대해서뿐 아니라 미국과 일본에 대한 생활 수준 열세도 크게 좁힐 수 있었다.

[그림 7-4]에서 실선과 점선은 각각 우리나라의 일인당 생산을 미국과 일본의 일인당 생산으로 나눈 비율을 보여 준다. 식민지 지배가 시작될 당시 우리나라의 평균 생활 수준은 일본의 절반도 되지 못했고, 미국 생활 수준의 1/10을 좀 넘는 정도였다. 식민지기에 우리나라의 일인당 생산 증가 속도는 일본에 비해 느렸다. 그 결과 우리나라의 일인당 생산의 일본의 일인당 생산에 대한 비율은 서서히 하락해 갔다.[33] 반면 식민지기 조선의 일인당 생산 증가 속도는 미국에 비해서는 빨랐다. 그래서 두 나라 사이의 생활 수준 격차는 느리게나마 좁혀져 갔다. 해방과 한국 전쟁을 거친 뒤 우리나라와 일본 및 미국 사이의 생활 수준은 다시 크게 벌어졌다. 한국은 고도 성장을 통해 미국과의 생활 수준 격차를 매우 빠른 속도로 좁혀 오늘날 남

33) 이는 식민지기에 서울의 후생 비율은 정체한 데 비해 도쿄의 후생 비율은 상승했다는 제2장 부록에서 소개한 추계 결과와 부합한다.

그림 7-4 일본 및 미국에 대한 우리나라의 일인당 생산 비율

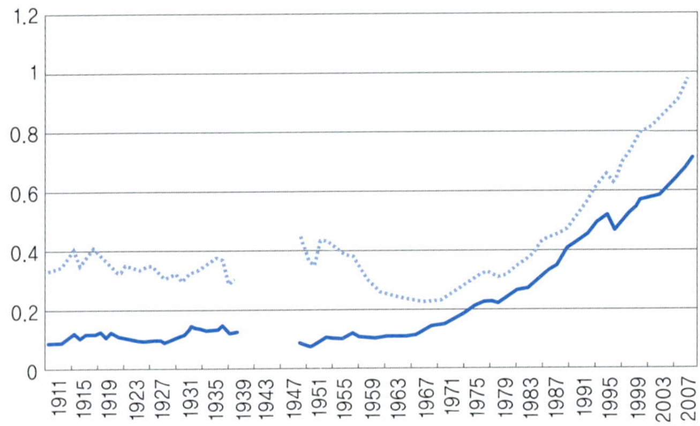

주: 실선과 점선은 각각 미국과 일본의 일인당 생산에 대한 식민지 조선과 한국의 일인당 생산 비율.
자료: http://www.ggdc.net/MADDISON/oriindex.htm.

한은 미국의 약 70% 정도의 생활 수준을 누리고 있다. 이차 대전 후 고도 성장은 일본에서도 일어났다. 전후 일본 경제 성장은 한국보다 빨랐기 때문에 한국과 일본과의 격차는 계속 벌어져 1970년경 한국의 일인당 생산은 일본의 1/5 수준까지 떨어졌다. 그러나 이후 수렴이 시작되었다. 현재 우리나라와 일본 사이의 생활 수준 격차는 거의 사라졌다.[34)]

소득 수준 수렴이 일어나는 이유는 두 가지로 구별할 수 있음을 제3장에서 설명했다. 하나는 자본이 결핍되어 있는 후진국의 자본의 한계 생산성이 높기 때문에 투자에 따른 생산 증가 효과가 크게 나타나기 때문이다. 다른 하나는 후진국은 선진국이 개발해 놓은 기술을 학습함으로써 생산성

34) Maddison Project의 추계에 따르면 2010년 우리나라와 일본의 일인당 생산은 1990년 미국 달러 가치로 표시했을 때 각각 21,701달러와 21,935달러이다. 타이완과 일본의 일인당 생산 순위는 최근 역전되어 2010년 타이완의 일인당 생산은 일본보다 많은 23,292달러가 되었다.

을 향상시킬 수 있기 때문이다. 바꾸어 말하면 모방이 혁신보다 쉽기 때문이다. 한국 고도 성장에 관한 축적주의적 관점은 첫 번째 측면을 강조하는 것이며 흡수주의적 관점은 두 번째 측면을 강조하는 것이라고 할 수 있다.

[그림 7-5]에 제시된 것은 미국의 총요소 생산성 수준을 1로 했을 때 미국 이외 나라들의 총요소 생산성 수준이 얼마나 높은지를 나타내는 비율이다. 이 비율은 일정량의 노동과 자본을 사용해서 미국이 생산해 내는 재화의 양을 1로 놓았을 때 다른 나라가 같은 양의 노동과 자본을 가지고 생산할 수 있는 재화의 양이 얼마인지를 보여 주는 것으로 각 나라 경제의 진정한 내공을 나타낸다. 패널 A를 보면 1950년대에 우리나라와 일본의 총요소 생산성은 미국의 절반 이하 수준이었다. 이후 이 두 나라는 미국에 대한 생산성 열세를 빠르게 극복했다. 일본의 총요소 생산성은 1990년경 미국의 약 80%를 조금 넘는 수준에 도달한 뒤 완만하게 하락하기 시작했다. 한국의 총요소 생산성은 2000년경 미국의 80% 가까운 수준에 도달한 뒤 역시 서서히 떨어졌다. 이는 한국 고도 성장을 자본 축적 과정으로만 묘사하는 것은 지나친 단순화이며 기술 학습을 통한 "생산성 향상을 통한 따라잡기(productivity-based catchup)"가 한국의 경제 성장의 중요한 한 측면이었음을 알려 준다.

이와는 대조적으로 패널 B는 과거 40년간의 중국 경제 성장은 대부분 자본 축적에 의한 것임을 보여 준다. 대약진 운동을 거쳐 명령 경제 체제가 들어서기 전인 1950년대 말까지 미국과 비교한 중국의 총요소 생산성 수준은 우리나라나 일본과 크게 다르지 않았다. 제4장에서 설명했듯이 엄청난 경제적 비극을 초래한 대약진 운동으로 미국에 대한 중국의 총요소 생산성 비율은 1960년대 초 절반 가까운 수준으로 떨어졌다. 이후 미국에 대한 중국의 총요소 생산성 수준 격차는 장기간 좁혀지지 못하다가 최근 십여 년

그림 7-5 미국과 주요국 간 총요소 생산성 격차

A. 일본과 한국

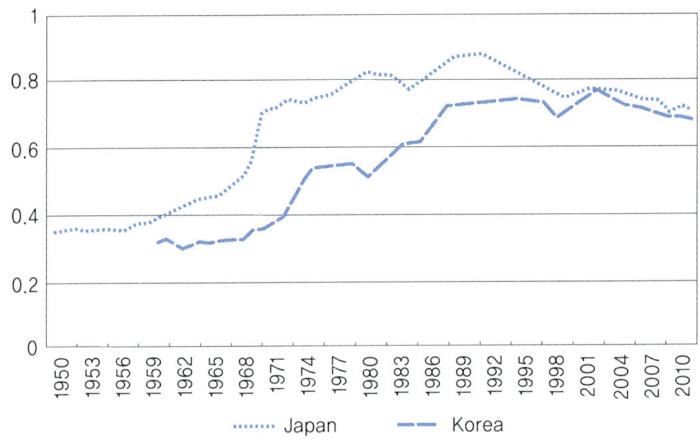

B. 영국, 타이완, 중국

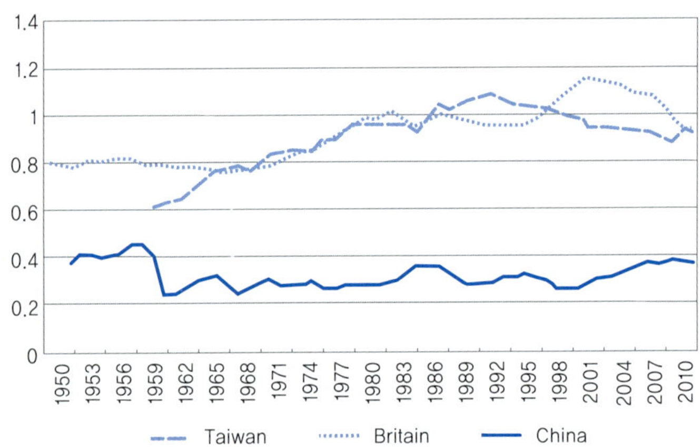

주: 미국의 총요소 생산성 수준을 1로 놓았을 때의 비율.

자료: Robert C. Feenstra, Robert Inklaar & Marcel P. Timmer(2013), "The Next Generation of the Penn World Table," available for download at www.ggdc.net/pwt.

간 아주 느린 속도로 좁혀져 온 것으로 보인다.

패널 B에는 미국을 기준으로 했을 때의 타이완과 영국의 총요소 생산성 수준도 제시되어 있다. 영국은 1960년대 중엽 이후 약 30년에 걸친 생산성 따라잡기를 통해 미국과 크게 다르지 않은 수준에 도달했다. 타이완의 1960년대의 총요소 생산성 수준 면에서, 그리고 이후 생산성 향상 속도 면에서 영국과 비슷했다. 그 결과 현재 미국에 대한 타이완의 생산성 열세는 사라졌다. 1945년까지 일본 제국에 속했던 타이완이 어떻게 해서 이차 대전 이후 우리나라나 일본에 비해 높은 생산성 수준에 도달할 수 있었는지, 그리고 미국에 대한 한국과 일본의 생산성 따라잡기는 왜 중간에서 멈춰 버렸는지는 매우 흥미롭고 중요한 문제이다.

제1장에서 설명했듯이 자본 축적을 통해서건 생산성을 통해서건 20세기에 선진국과의 소득 격차를 좁힌 나라는 몇 되지 않는다. 우리나라와 선진국 사이의 소득 격차가 빠르게 좁혀진 지난 반 세기 동안, 선진국과 후진국 사이에는 수렴이 아닌 발산, 그것도 "엄청난 발산(divergence big time)"이 보다 일반적인 현상이었다(Pritchett, 1997).

우리나라는 어떤 점에서 다른 나라들과 달랐길래 빠른 소득 수준 수렴을 이룰 수 있었을까? 이는 우리나라의 경제 성장 과정만 들여다보아서는 대답할 수 없는 질문이다. 이에 답하기 위해서는 우리나라와 다른 나라의 경제 성장을 비교해 보아야 한다. 앞 절에서 조선 후기에 생활 수준이 하락한 이유를 설명하기 위해서 우리나라를 일본, 중국, 영국 세 나라와 비교했다. 이 세 나라 말고는 18, 19세기의 경제 발전을 보이는 수량적 지표를 구할 수 없었기 때문이었다. 그러나 20세기에 들어오면 많은 나라들에 대해서 경제 성장과 관련된 수량적 정보를 얻을 수 있다.

우리는 이 절에서 우리나라와 40개 나라들이 1910-90년간 이룩한 성장

실적 비교를 통해 한국 고도 성장의 원인을 찾는다. 비교 대상이 되는 40개국 안에는 선진국과 후진국이 모두 포함되어 있다. 후진국 중에는 수렴을 이룩한 나라도 있고 그렇게 할 수 없었던 나라들도 있다.

[표 7-2]는 우리나라와 비교할 40개 나라들을 대륙별로 나누어 소개한다. 우리나라를 포함한 41개국에서 일인당 생산 증가율이 왜 달랐는지를 설명하기 위해서는 이 나라들의 생활 수준 향상 속도가 어떤 요인과 조건들에 의해 좌우되었는지를 파악해야 한다. 그런 다음 이런 요인과 조건들 각각이 우리나라와 다른 40개국 사이에 어떻게 달랐는지를 비교하면 식민지 조선과 한국의 고도 성장 원인이 무엇이었는지를 알 수 있을 것이다.

41개국의 일인당 생산 증가에 어떤 요인들이 어떤 방식으로 영향을 미쳤는지를 알아보는 한 방법은 제4장의 네 번째 절에서 추정한 일인당 생산 증가율 결정 방정식을 보완, 확충해서 41개국의 데이터를 가지고 추정하는 것이다. 이 방정식의 종속 변수는 1910-4, 1915-9, …, 1980-4, 1985-9년과 같은 5년 간격 시기의 일인당 생산 증가율이었다. 일인당 생산 증가율을 설명하는 변수로서 이 5년 간격 시기 첫 해의 ① 일인당 생산 수준의 로그 값, ② 총생산에 대한 정부 지출 비율, ③ 평균 관세율, ④ 초등학교 취학률, ⑤ 15-64세 인구가 전체 인구에서 차지하는 비율, ⑥ 조사망률이 추정식의 우변에 포함되었었다.

여기서는 일인당 생산 증가율 방정식의 설명 변수로서 이 밖에도 정치적 사건의 영향이나 제도 변화를 표현하는 몇 개의 가변수들(dummy variables, 이하 "더미")을 추가하기로 한다.[35] 첫 번째 더미 – "전후" – 는 이차 대전 이

35) 1960년 이후의 경제 성장에 관한 실증 연구에서 총산출에 대한 무역액 비중이 경제 개방도 지표로 사용되는 경우가 있는데, 이는 내생성이 강하므로 경제 개방도의 지표로서는 이상적인 것이라고 하기 어렵다.

표 7-2 분석 대상 나라들

아시아	유럽	북미	중남미	오세아니아	아프리카
중국	오스트리아	미국	아르헨티나	오스트레일리아	이집트
타이완	독일	캐나다	브라질	뉴질랜드	
한국	스위스		콜롬비아		
일본	덴마크		페루		
필리핀	노르웨이		우루과이		
타일랜드	스웨덴		칠레		
인도네시아	핀란드		쿠바		
미얀마(버마)	영국		멕시코		
인도	네덜란드				
스리랑카(실론)	벨기에				
	프랑스				
	스페인				
	포르투갈				
	이탈리아				
	그리스				
	러시아				
	유고슬라비아				
	터키				

전과 이후의 시기를 구별하기 위한 것인데, 이차 대전 이전인 경우는 0, 이차 대전 이후에는 1의 값을 가진다. 1945년까지의 시기는 두 차례의 세계 대전뿐 아니라 일차 대전으로 파괴된 금 본위 제도 회복을 위한 긴축 정책, 대공황, 환율 불안정, 그리고 보호 무역주의로 얼룩졌었다. 이에 비해 이차 대전 종전 후 브레턴우즈(Bretton Woods) 체제가 창설되어 국제 통화 체제가 안정되고 자유 무역적 질서가 확립되어 경제 성장에 유리한 글로벌 환경이 조성되었다.[36] “전후” 더미는 이런 국제 경제 질서 변화가 모든 나라의 경

36) 이차 대전을 계기로 한 국제 경제 질서 변화에 대해서는 차명수(2000: 제4장)를 보라.

제 성장에 공통적으로 미친 영향을 측정하며 예상되는 계수 추정치의 부호는 플러스이다.

두 번째 더미 – "이차 대전" – 는 이차 대전 참전국과 비참전국을 구별한다. 1940년까지는 모든 나라에서 0의 값을 1960년부터는 참전국의 경우 1, 비참전국의 경우 0의 값을 갖는다. 이는 이차 대전 참가에 따른 경제적 피해, 제도 변화 등이 종전 후의 경제 성장에 미치는 영향을 포착하기 위한 것이다. 전쟁이나 혁명 같은 대사건은 특수 이해 조직들(special interest organizations)을 파괴시켜 경제의 효율을 향상시키고 경제 성장을 촉진한다는 Olson(1982)의 주장이 옳다면 "이차 대전"의 계수 추정치도 양의 값을 가질 것이다.

셋째, 식민지 지배의 영향을 측정하는 두 개의 더미가 있다. 하나는 "영국"으로 영국 제국에 포함되었던 나라들(영국, 인도, 스리랑카, 오스트레일리아, 뉴질랜드, 캐나다)의 경우 제국에 편입된 시점부터 이후 모든 시기에 1의 값을 가지며, 편입 이전 시기에는 0의 값을 갖는다. 다른 하나는 "일본"으로 일본 제국에 소속되었던 나라들(일본, 타이완, 한국)인데, 전체 시기에 걸쳐서 1의 값을 가진다. 영국 및 일본 제국과 관계 없는 나라들의 경우 이 두 더미 값은 전 시기에 걸쳐 0이다.

넷째, 지역을 표시하는 더미 두 개가 있는데, 그 중 하나 "동아시아"는 한국, 중국, 타이완, 일본, 베트남, 인도네시아 같은 동아시아의 고도 성장국을 나타낸다. 다른 하나 "라틴"은 저성장 지역인 라틴 아메리카 나라를 표시한다.[37] 이 두 지역 더미를 포함시킨 것은 경제 성장에 부정적(긍정적) 영향을 미치는 어떤 특성들을 라틴 아메리카나 동아시아 나라들이 공유하

37) 이 동아시아 나라들은 World Bank(1993)가 아시아 성장 기적(The East Asian Miracle)을 이룩한 나라들로 분류한 나라들이다.

고 있었는지를 확인해 보기 위한 것이다. 이 두 더미의 계수 추정치는 공부 못하는 애들과 놀면 공부를 못하게 되는 것처럼 어떤 나라의 경제 성장이 이웃 나라의 경제적 성적표에 의해 좌우되는 효과가 있는지를 측정하는 것으로 해석될 여지도 있다. 라틴 아메리카 나라들은 [표 7-2]의 넷째 열에서 보듯이 스페인과 포르투갈의 식민지 지배에서 독립한 나라들이다. 라틴 아메리카 지역을 나타내는 더미의 계수 추정치는 스페인과 포르투갈의 식민지 지배의 영향을 보여 주는 것으로도 해석할 수 있다.

다섯째, 대공황 시기인 1930-5년에는 1의 값을 나머지 시기에는 0의 값을 갖는 더미 "대공황"이 있다. 이 시기 계수 추정치는 음의 값을 가질 것으로 예상된다. 마지막으로, 1930년대에는 엔 블록, 스털링 지역, 나치 독일의 결제 동맹과 같은 경제 블록을 나타내는 더미가 회귀식에 포함된다. 경제 블록 각각에 대해서 거기에 포함되었던 나라들에 대해 해당 시기에 1의 값을, 그렇지 않은 나라와 시기의 경우 0의 값을 갖는 더미를 포함시켰다. 이를 "우대 통상 지역(preferential trade agreement, PTA)" 더미라고 부르기로 한다.[38)]

이와 비슷한 구조를 갖는 국제 성장 회계식(international growth accounting equation)을 추정한 연구는 Barro & Sala-i-Martin(2004)을 비롯해 이미 적잖이 나와 있다. 기존 연구는 대부분 1960년 이후의 자료만을 이용한 데 비해, 여기서는 이차 대전 이전의 시기를 포함하는 1910-89년간을 대상으로 해서 추정한다. 이 80년 동안에는 16개의 5년 간격 시기가 들어 있다. 그 중 전쟁기인 1940-5년과, 데이터를 구할 수 없는 나라가 많은 1950년대를 제외한, 13개 기간을 분석한다. 그러나 13개 기간에 대해 41개국의 종속 변수와 설명 변수 관측치가 빠짐없이 존재하지는 않는다. 나라에 따라서 변수 중 일부에 관

38) 경제 블록 참가국은 Kitson & Solomou(1995)에 근거해서 식별했다.

표 7-3 주요 변수들의 평균과 표준 편차, 1910-90

41개국			
	1910-90	1910-40	1960-90
	평균(표준 편차)	평균(표준 편차)	평균(표준 편차)
일인당 생산 증가율	1.99%(2.63%)	1.14%(2.66%)	2.79%(2.35%)
일인당 생산 수준	4,957(4,439)	2,599(1,601)	7,142(5,070)
정부 지출/GDP	0.16(0.10)	0.11(0.08)	0.21(0.10)
평균 관세율	0.13(0.11)	0.14(0.11)	0.11(0.10)
조사망률	14.50(7.57)	19.03(7.72)	9.38(2.28)
15-64세 인구 비중	0.61(0.05)	0.60(0.04)	0.61(0.05)
초등학교 취학률	702(322)	58(273)	957(84)
우리나라			
	1910-90	1910-40	1960-90
	평균(표준 편차)	평균(표준 편차)	평균(표준 편차)
일인당 생산 증가율	4.58%(2.89%)	2.40%(1.49%)	6.77%(2.18%)
일인당 생산 수준	1,899(1,606)	835(147)	2,963(1,713)
정부 지출/GDP	0.09(0.04)	0.06(0.01)	0.13(0.03)
평균 관세율	0.07(0.04)	0.042(0.02)	0.09(0.05)
조사망률	20.54(10.96)	30.3(4.40)	10.83(4.35)
15-64세 인구 비중	0.57(0.03)	0.56(0.00)	0.59(0.05)
초등학교 취학률	556(452)	129(105)	983(27)

주: 관측치가 있는 5년 간격 시기별 값의 평균과 표준 편차임.
자료: 차명수(2011b).

해 데이터를 얻을 수 없는 시기가 존재한다.

[표 7-3]은 회귀분석에서 사용될 변수들의 평균과 표준 편차가, 41개국 전체와 우리나라에서 어떻게 달랐는지를, 전체 시기에 대해서, 그리고 이차 대전 이전과 이후로 나누어 보여 준다. 전체 시기(1910-90)를 보면, 우리나라의 일인당 생산 증가 속도가 41개국의 평균 일인당 생산 증가 속도의 두 배를 넘었음을 알 수 있다. 그러나 1910-90년간 우리나라의 평균 일인당 생산 수준은 41개국 전체 평균의 절반에 미치지 못했다. 한국의 평균 관세율

과 재정 지출 비율의 평균은 41개국 전체 평균에 비해 낮았다. 이 두 변수의 표준 편차도 41개국 전체에 비해 낮았는데, 이는 정책의 안정성이 높았음을 알려 준다.[39] 우리나라 조사망률은 전체 평균에 비해 높았다. 초등학교 취학률 평균은 낮았다. 마지막으로 우리나라의 15-64세 인구 비율은 41개국 전체에 비해 약간 낮았다.

1910-40년과 1960-90년간으로 나누어 비교해 보았을 때 전체 시기에 대한 비교와 두드러지게 달라지는 점은, 관세율과 초등학교 취학률 격차다. 우리나라의 관세율과 41개국 전체 관세율 사이의 격차는 이차 대전 이후에 비해 이차 대전 이전에 더 컸다. 우리나라의 취학률은 이차 대전 이전 41개국 취학률의 1/4 정도에 불과했지만, 이차 대전 이후 41개국 평균을 조금 웃돌게 되었다.

[표 7-4]는 이차 대전 이전과 이후의 관측치를 모두 이용해서 일인당 생산 증가율 결정 방정식을 추정한 결과를 보여 준다. 이 표에 제시된 것은 위에서 소개한 설명 변수들을 모두 넣고 추정한 뒤 이 중 일인당 생산 증가율에 유의미한 영향을 미치지 않는 것으로 나타난 설명 변수들을 제외하고 다시 추정해서 얻은 결과다. [표 7-4]는 일반 최소 자승법과 이단계 최소 자승법에 의한 추정 결과를 나란히 보여 준다. 이단계 최소 자승법 추정을 같이 제시한 이유는 5년 간격 시기 첫해의 일인당 생산 수준을 설명 변수로 사용하는 경우 (제6장에서 설명한) 내생성 편의(simultaneity bias)가 발생할 수 있기 때문이다. 예를 들어, 관측 오차(measurement error)로 인해 어떤 5년 간격 시기 첫해의 일인당 생산 수준이 과소평가되었다고 하자. 이 관측 오차는 피설명 변수인 5년간의 일인당 생산 증가율을 과대평가되도록 할 것이다. 따

39) Collins(1990: 104, 105)에 따르면 안정성은 한국 경제 정책의 한 특질이었다.

표 7-4 일인당 생산 증가율 결정 방정식 추정 결과, 1910-90

	일반 최소 자승법		이단계 최소 자승법	
	계수 추정치	*t*-값	계수 추정치	*t*-값
일인당 생산 수준	-0.021	-4.056	-0.021	-4.050
정부 지출/GDP(A)	-0.058	-3.203	-0.047	-2.672
평균 관세율(B)	-0.083	-2.861	-0.075	-2.308
(A)×(B)	0.370	4.404	0.329	3.834
초등학교 취학률	2.17E-05	1.662	2.70E-05	1.664
15-64세 인구 비중	0.179	2.644	0.146	1.920
조사망률	-0.001	-2.200	-0.001	-1.936
전후	0.020	2.168	0.014	1.694
이차 대전	0.010	2.580	0.011	2.549
대공황	-0.014	-5.617	-0.015	-6.234
일본	0.037	6.016	0.034	5.076
동아시아	-0.021	-2.083	-0.017	-1.600
상수항	0.079	3.169	0.096	4.462
관측치 수	302	275		
조정된 결정 계수(adjusted R^2)	0.29	0.32		

자료: 차명수(2011b).

라서 일반 최소 자승법을 이용해 일인당 생산 증가율 방정식을 추정하면 초기의 일인당 생산 수준이 이후의 일인당 생산 증가율에 미치는 영향은 과대평가될 것이다. 이는 5년간 일인당 생산 증가율뿐 아니라 설명 변수인 5년 간격 시기 첫해의 일인당 생산 수준 둘 다 관측 오차라는 "외생 변수"의 영향을 받기 때문에 발생하는 것이라는 점에서 제6장에서 설명한 내생성 편의(=동시성 편의)의 한 예라고 할 수 있다.

[표 7-4]에 제시된 이단계 최소 자승법 추정 결과는 5년 간격 시기의 첫해 바로 전 해의 일인당 생산 수준을 도구 변수로 사용해서 추정한 것이다. 이를 일반 최소 자승법에 의한 추정 결과와 비교해 보면 큰 차이가 없어서

내생성 바이어스가 심각하지 않음을 알 수 있다.

[표 7-4]에서 주목할 만한 결과를 정리해 보면 다음과 같다. 우선 초기의 일인당 생산 수준의 계수 추정치는 통계적으로 유의미하며 음의 값을 가진다. 조사망률과 노동 가능 인구 비율은 각각 일인당 생산 증가율에 유의미한 음과 양의 영향을 미쳤다. 초등학교 취학률은 일인당 생산 증가율에 유의미하고 긍정적인 기여를 했다. 이는 모두 이론적으로 예측 가능하고 납득 가능한 결과다. 그리고 이런 결과는 (조사망률의 영향을 제외하고) 제4장에서 20세기 우리나라의 일인당 생산 증가율 방정식을 추계했을 때도 나타났었다.

"전후"의 계수 수정치는 회귀식에 포함된 변수들을 가지고는 설명되지 않는 이차 대전 이후의 경제 성장률 증가분이 1.5% 포인트나 됨을 알려준다. "이차 대전" 계수 추정치는 양수인데, 이는 이차 대전에 참가한 나라들은 전쟁이 끝난 뒤 다른 나라들에 비해서 더 빠른 경제 성장을 이룩할 수 있었음을 보여 준다. "라틴 아메리카", "영국"의 계수 추정치는 통계적으로 유의미하지 않았다. 그러나 "동아시아"와 "일본"의 계수 추정치는 유의미하다. "동아시아"의 계수 추정치는 음수이지만 "일본"의 계수 추정치는 양수이다. 이는 조선 총독부가 시장 경제가 발전하는 데 필요한 공공재를 공급함으로써 식민지기 조선의 경제 성장에 기여했다는 제4장에서의 주장의 타당성을 보이는 한 증거다. 뿐만 아니라 식민지기의 제도적 유산이 해방 후 한국 경제 성장에도 도움이 되었음을 시사한다. 마지막으로 [표 7-4]는 관세율이 높을수록 그리고 총산출에서 차지하는 정부 지출의 비중이 높을수록, 일인당 생산 증가율은 낮아짐을 보여 준다.[40] 1910-90년간 41개국에서

40) 회귀식에는 설명 변수로서 관세율과 정부 지출 비율의 교차항이 또한 포함되어 있으며, 이 항의 계수 추정치는 유의미한 양의 값을 가지고 있다(0.37). 이는 교역 정책과 재정 정책이 상호 작용하고 있음을 말해 준다. 예를 들어, 관세율을 올리면 재정 수입이 늘어나게 되고 이는 재정 지출을 늘릴 수 있게 해준다.

정부의 시장 개입은 경제 성장을 둔화시켰던 것이다.

이차 대전 후 수출 지향 정책과 수입 대체 공업화 정책을 동시에 실시한 한국, 타이완, 일본은 고도 성장을 이룩했다. 반면 오로지 수입 대체 공업화 정책만을 추진한 인도나 라틴 아메리카 나라들은 정체와 경제 위기에 빠졌다. 그리고 보다 폐쇄적인 경제 체제를 지향했던 사회주의 나라들은 북한과 쿠바 같은 몇 나라를 빼고 다 망해 버렸다. 이런 사건들 때문에 많은 사람들이 개방적 경제 체제와 자유 무역은 경제 발전에 좋은 것이라고 믿고 있다. 그러나 저관세가 경제 성장을 가져온 것은 브레튼우즈 체제라는 자유 무역적 환경이 조성된 이차 대전 이후의 일일 뿐 그 전에는 무역 자유화가 반드시 경제 성장에 도움이 된 것은 아니었다는 주장이 있다. 한 걸음 더 나아가 이차 대전 전에는 자유 무역이 아니라 보호 무역이 경제 성장을 촉진했다고 생각하는 사람들도 있다.

Bairoch(1972, 1976)는 19세기 주요 유럽 나라들의 총산출 증가율과 관세율을 비교하고 관세율이 높았던 시기에 총산출이 빠르게 증가하는 경향이 있었다고 주장했다. 장하준(2004)은 이를 곧바로 고관세→고성장이라는 인과 관계로 해석했지만 O'Rourke(2000)는 상관관계는 인과 관계와 다르며 보호 무역이 경제 성장을 자극하는 인과 관계가 존재했는지를 알기 위해서는 회귀 분석이 필요하다는 점을 인식했다. O'Rourke(2000)는 주요 유럽 나라, 오스트레일리아, 미국, 캐나다를 포함한 10개국의 데이터를 이용해 회귀 분석을 실시했는데 그 결과는 관세율이 높을수록 경제 성장 속도가 빨라졌다는 것이었다. 그런데 이 회귀 분석에서 피설명 변수는 일인당 생산이 아니라 총생산 증가율이다. 그리고 초기의 총생산 수준과 관세율 이외에는 이렇다 할 설명 변수가 포함되어 있지 않아서 그가 얻은 고관세→고성장이라는 인과 관계가 경제 성장에 영향을 미치는 주요 변수들이 누락되었기 때문에 나타난 결과일 가능성을 의심하게 한다. 이런 점에서 O'Rourke(2000)의 분석 결과는 보호 무역주의가 좋은 정책인지 아닌지를 판단할 근거로는 크게 미흡한 것이라고 할 수 있다.

Clemens & Williamson(2004: 13)은 35개국으로 분석 대상 나라를 늘리고 설명 변수의 숫자도 늘려서 평균 관세율이 1869-1913년간의 (총생산 증가율이 아니라) 일인당 생산 증가율에 어떤 영향을 미쳤는지를 분석했다. 그 결과는 고관세가 일차 대전 이전의 일인당 생산 성장에 도움을 주었다는 것이었다. O'Rourke(2000)에 비하면 Clemens & Williamson(2004)은 현저히 향상된 연구이지만 Clemens & Williamson(2004)의 주장에도 커다란 의미를 부여하기 어려운 세 가지 이유가 있다. 하나는 19세기 말-20세기 초의 일인당 생산 추계의 신뢰도는 전반적으로 낮으며 신뢰도에는 나라마다 상당한 차이가 있다는 점이다. 둘째, 1913년 이전에는 경제 성장에 영향을 미쳤을 것으로 짐작되는 여러 변수들 중에서 극히 일부에 관해서만 수량적 정보를 얻을 수 있다는 점이다. 그래서 O'Rourke(2000)와 마찬가지로 Clemens & Williamson (2004)이 검출한 고관세 →고성장이라는 인과 관계도 주요 설명 변수 누락의 결과일 가능성이 있다. 마지막으로 이 장의 부록 3에서 설명하듯이 보다 다양한 변수들에 대해 비교적 신뢰도가 높은 정보를 얻을 수 있는 미국에 대한 분석은 고관세가 미국 경제의 성장을 저해했음을 보여 준다

Clemens & Williamson(2004)은 1913년 이전뿐 아니라 양차 대전 사이의 시기 – 전간기(interwar period) – 에도 고관세가 일인당 생산 증가율을 높였다는 결과를 보고하면서 자유 무역이 경제 성장을 촉진하게 된 것은 이차 대전 이후의 일이었을 뿐이라고 결론지었다. Vamvakidis(2002)는 Clemens & Williamson(2004)이 분석한 35개국 중 일부인 22개국의 데이터를 이용해 다른 형태의 성장률 회귀식을 추정했는데, 이 결과 역시 자유 무역이 경제 성장

표 7-5 일인당 생산 증가율 결정 방정식 추정 결과, 1910-40

	일반 최소 자승법		이단계 최소 자승법	
	계수 추정치	*t*-값	계수 추정치	*t*-값
일인당 생산 수준	-0.022	-4.242	-0.015	-2.155
정부 지출/GDP(A)	-0.056	-1.745	-0.039	-1.355
평균 관세율(B)	-0.076	-2.977	-0.065	-2.247
(A)×(B)	0.298	1.659	0.230	1.441
초등학교 취학률	3.29E-05	2.550	1.88E-05	1.677
조사망률	-0.001	-3.325	-0.001	-2.023
PTA	0.014	1.874	0.014	1.847
대공황	-0.017	-8.255	-0.018	-9.752
상수항	0.198	4.963	0.147	2.534
관측치 수	170	143		
조정된 결정 계수(adjusted R^2)	0.18	0.19		

자료: 차명수(2011b).

을 촉진한 것은 1970년 이후에 국한되었음을 보여 주었다.

관세 보호가 경제 성장에 미치는 영향이 이차 대전을 경계로 플러스에서 마이너스로 바뀌었다는 주장은 분석 대상 국가를 이 책에서 분석한 41개국으로 늘리더라도 유지될 수 있는 것일까? 이를 알아보기 위해서 일인당 생산 증가율 방정식을 1910-40년과 1960-90년의 두 시기 각각에 대해 추정해 보자.

[표 7-5]는 이차 대전 이전(1910-40)의 일인당 생산 증가율 결정 방정식을 추정한 결과를 보여 준다. 우선 초기의 일인당 생산 수준의 계수를 보면 1910-90의 시기를 대상으로 추정한 결과인 [표 7-4]에서와는 달리 일반 최소 자승법과 이단계 최소 자승법에 의한 추정치 사이에 상당한 차이가 있다. 이는 5년 간격 시기 최초 연도의 일인당 생산을 설명 변수로 사용하기 때문에 발생하는 내생성 편의를 무시하기 어려움을 보여 주는데, 이로부터 이

는 이차 대전 이후에 비해 이전의 일인당 생산 통계의 관측 오차가 크다는 것을 추론할 수 있다. 초등학교 취학률의 계수 추정치는 일반 최소 자승법의 경우 5%에서 유의미한데, 그 크기는 10%에서 유의미한 이단계 최소 자승법 추정치보다 크다. 음의 값을 갖는 조사망률의 계수는 어떤 방법을 사용해서 추정하더라도 5% 수준에서 유의미하다. 전체 인구에서 차지하는 15-64세 인구 비율은 일반 최소 자승법 추정의 경우에서만 일인당 생산 증가율에 유의미한 양의 영향을 미치는 것으로 나타났다. [표 7-5]에는 이단계 최소 자승법에 의한 추정 결과와의 비교를 위해 15-64세 인구 비율을 제외하고 추정한 일반 최소 자승법 추정 결과를 제시했다. 더미 중에서는 PTA와 대공황만이 유의미한 변수로 식별되었고 영국 및 일본 제국 더미, 지역 더미는 어느 것도 유의미하지 않았다. 마지막으로 정부 지출 비율과 평균 관세율의 계수 추정치는 음의 값을 갖는데, 일반 최소 자승법에 의한 추정치는 각각 10%와 5% 수준에서, 이단계 최소 자승법에 의한 추정치는 각각 15%와 5% 수준에서 유의미하다.

[표 7-6]은 1960-90년간에 대해 추정한 결과를 보여 준다. 이는 1910-40년에 대한 추정 결과([표 7-5])뿐 아니라 1910-90년에 대한 추정 결과([표 7-4])와도 크게 다르지 않다. 특히 평균 관세율이 경제 성장에 부정적 영향을 미친다는 결과는 세 시기 – 1910-90, 1910-40 그리고 1960-90 – 모두에서 검출되었다.[41)]

41) [표 7-6]은 영국 지배 경험이 이차 대전 이후 경제 성장의 저해 요인이었음을 보여 주는데, 이는 영국의 제도와 문화가 경제 성장에는 그다지 도움이 되지 않음을 주장하는 많은 연구 결과들과 부합한다. Crafts(2012)는 집중화된 임금 교섭을 어렵게 하는 노사 관계와 소유와 경영의 분리에 따른 주인-대리인 문제 때문에 영국이 이차 대전 이후 다른 유럽 나라들 – 특히 독일 – 만큼 빨리 미국 따라잡기를 이룩할 수 없었다고 주장했다. 영국의 제도와 문화가 경제 성장을 둔화시켰을 가능성을 처음 제기한 것은 19세기 말 영국이 독일에 경제적으로 추월당하게 된 원인을 기업가 정신의 실패(entrepreneurial failure)에서 찾은 연구들이다. 이를 둘러싸고 1960년대와 1970년대에 논쟁이 있었는데, 이에 관해서는 McCloskey & Sandberg(1971)와 Pollard(1994)를 보라. Drèze & Sen(2013)은 영국 식민지 시대의 경제 정체를 독립 이후의 경제 성장과 대비시키면서 영국 식민지 지배가 경제 성장에 도움이 되지 않았음을

표 7-6 일인당 생산 증가율 결정 방정식 추정 결과, 1960-90

	일반 최소 자승법		이단계 최소 자승법	
	계수 추정치	*t*-값	계수 추정치	*t*-값
일인당 생산 수준	-0.030	-9.847	-0.032	-10.649
정부 지출/GDP(A)	-0.047	-2.476	-0.044	-2.274
평균 관세율(B)	-0.061	-1.968	-0.063	-1.952
(A)×(B)	0.304	3.305	0.294	3.258
초등학교 취학률	5.73E-05	1.694	6.08E-05	1.739
15-64세 인구 비율	0.218	2.108	0.231	2.135
조사망률	0.001	0.573	0.001	0.526
이차 대전	0.019	2.177	0.020	2.165
영국	-0.028	-2.930	-0.029	-3.186
상수항	0.095	2.038	0.102	2.667
관측치 수	132		132	
조정된 결정 계수(adjusted R^2)	0.23		0.23	

자료: 차명수(2011b).

[표 7-4]-[표 7-6]에 제시된 국제 성장 회계식 추정 결과는 자유 무역이 이차 대전 이후뿐 아니라 20세기 초에도 경제 성장을 촉진하는 역할을 했음을 보여 주는데, 이처럼 Vamvakidis(2002)나 Clemens & Williamson(2004)과 다른 결과가 나온 이유로는 두 가지를 지적할 수 있다. 첫째, Vamvakidis(2002)나 Clemens & Williamson(2004)에 비해 더 많은 나라들에 대한 데이터를 사용했다는 점이다. 특히 기존 연구에서 사용하지 않았던 우리나라와 대만의 통계가 포함되어 있다. 이 두 나라는 20세기 내내 다른 나라들에 비해 상대적으로 낮은 관세율을 유지하면서 보다 빠른 일인당 생산 증가를 이룩할 수 있었던 나라들이었다. 둘째, 여기서 추정한 회귀 방정식은 더 다양한 설

강조하고 있다.

명 변수들을 포함하고 있다. 특히 기존 연구에서는 사용되지 않은 정부 재정 지출 비율, 그리고 이것과 관세율의 교차항을 여기에서는 설명 변수로 포함시켰다. 이로부터 이차 대전 전에는 보호 무역이 경제 성장을 촉진했다는 주장은 중요한 설명 변수를 누락시켰거나 샘플 수 부족 때문에 생겨난 결과일 것이라는 결론을 내릴 수 있다.

[표 7-4]-[표 7-6]은 이차 대전 이전과 이후의 경제 성장 사이에 몇 가지 중요한 차이가 있음을 말해 준다. 우선, 전후 더미는 유의미한 양의 값을 가지고 있는데, 이는 이차 대전 이후 국제 경제 환경이 경제 성장에 도움이 되는 방향으로 바뀌었음을 말해 준다. 이미 지적한 것처럼 대공황의 여파로 보호 무역주의가 등장하고 경쟁적 평가 절하가 일어나던 전간기와 달리 이차 대전 이후에는 상대적으로 환율이 안정되고 국제 통상 체제도 자유 무역적인 것으로 바뀌면서 교역이 확대될 수 있었다. 이처럼 개선된 국제 경제 환경 개선 아래서 많은 나라들이 비교 우위 이득 실현을 통해서, 그리고 기술 학습을 통해서 경제 성장 속도를 높일 수 있었다.

둘째, 여러 나라의 데이터를 가지고 일인당 생산 증가율 방정식을 추정했을 때 얻어지는 초기의 일인당 생산 수준의 계수 추정치의 절대값은, 못사는 나라와 잘 사는 나라 사이의 생활 수준 수렴 – 조건부 수렴(conditional convergence) – 이 얼마나 빠르게 일어나는지를 보여 준다.[42] 1910-40년의 데이터에 이단계 최소 자승법을 적용해 구한 초기의 일인당 생산 수준의 계수 추정치 절대값은 0.015였다([표 7-5]). 1960-90년간의 계수 추정치 절대값은 이의 두 배가 넘는 0.032였다([표 7-6]). 이는 이차 대전 이전의 소득 수준 수렴 속도는 이차 대전 이후에 비해 느렸음을 말해 준다. 이런 차이 역시 이차 대

42) 조건부 수렴이란 실제로 관측되는 소득 수준 수렴이 아니라 서로 다른 나라들 사이에 초기의 생활 수준 말고는 다른 점이 없는 가상적 상황에서 일어날 수렴을 가리킨다.

전 이후 글로벌 경제 환경의 개선으로 설명할 수 있다.

셋째, 이차 대전 더미의 계수 추정치는 유의미한 양의 값을 가지고 있어서 이차 대전 참전이 이후의 경제 성장에 긍정적인 영향을 미쳤음을 알려 준다. 이는 전쟁이 특수 이해 조직들을 궤멸시켜 생산성 향상에 유리한 환경을 조성한다는 Olson(1982)의 주장이 타당함을 보이는 증거라고 할 수 있지만, 동시에 전쟁에 따른 자본 파괴로 자본의 한계 생산성이 증가했기 때문에 나타난 결과로도 해석할 수 있다.

넷째, 이차 대전 이전이나 이후 모두 초등학교 취학률의 계수 추정치는 유의미한 양의 값을 가지고 있는데, 이차 대전 이전에 비해 이후가 더 크다. 이는 이차 대전 이후에 경제 성장에서 인적 자본의 역할이 더 중요해졌음을 말해 준다.

다섯째, 이차 대전 이후에 대한 추정 결과에서는 조사망률이 유의미하지 않은 변수로 나타났다. 이는 추정에 사용한 샘플에 포함된 대부분의 나라들에서 이미 1960년 이후가 되면 사망력 변천이 후진국에서도 마무리 단계에 접어들어, 나라 간, 시기 간 사망력 격차가 감소했기 때문이다.[43)]

[표 7-3]에서 다른 나라에 비해 우리나라에서 정부의 시장 개입이 약했음을 보았다. 그런데 [표 7-4]-[표 7-6]은 정부의 시장 개입이 경제 성장을 저해했다는 것을 알려 준다. 그러므로 우리나라의 고도 성장의 원인은 산업 정책이 아니라 상대적으로 자유주의적 경제 정책이었음을 알 수 있다. 그렇다면 이런 정책 차이는 고도 성장을 설명하는 원인으로서 얼마나 중요했을까? [표 7-3]에 제시된 우리나라와 41개국 간 설명 변수 평균값의 차이와 국제 경제 성장 회계식 추정 결과를 결합하면, 우리나라와 다른 나라 사이

43) [표 7-3]에 따르면 조사망률의 표준 편차는 이차 대전 이전 7.72였지만 이차 대전 이후 2.28로 감소했다.

에 실제로 관측된 일인당 생산 증가율 격차를 요인별로 분해할 수 있다. 이차 대전 이전과 이후 각각에 대한 별도의 추정 결과가 [표 7-5]와 [표 7-6]으로 제시되어 있지만, 전체 시기에 대한 추정 결과와 크게 다르지 않다. 전전과 전후로 분리해서 추정한 결과는 관측치 수가 적어서 덜 선명하므로 전체 시기에 대한 추정 결과([표 7-4])를 사용해서 한국 고도 성장에 어떤 요인들이 얼마만큼 기여했는지를 계산해 보자.

[표 7-7]은 우리나라와 (우리나라를 포함한) 41개국으로 이루어진 세계 전체 사이의 일인당 생산 증가율 격차를 요인별로 분해한 결과를 보여 준다. 이 표는 1910-40년에 관한 부분과 1960-90년에 관한 부분으로 이루어져 있다. 우선 1910-40년에 관한 위의 패널을 보면 이 시기에 우리나라와 41개국 전체 간의 관측된 일인당 생산 증가율 격차는 1.26%였다. 이는 셋째 행 맨 오른쪽 열에 적혀 있다. 넷째 행은 이 중 얼마만큼이 초기의 일인당 생산 수준 격차로 설명할 수 있는지 – 우리나라가 상대적으로 가난했기 때문에 더 빨리 성장할 수 있었던 부분은 얼마나 되는지 – 를 보여 준다. 이는 2.36% 포인트나 된다. 이 값은 1910-40년간 우리나라의 일인당 생산의 평균(6.73)에서 41개국의 일인당 생산의 평균(7.86)을 빼고 여기에 ([표 7-4]에 제시된) 일인당 생산의 계수 추정치 –0.021을 곱해서 구한 것이다.

같은 방식으로 재정 지출 비율, 관세율, 초등학교 취학률, 15-64세 인구비율, 조사망률 각각이 일인당 생산 격차에 기여한 정도가 다섯째 행 이하에 제시되어 있다. 조선 총독부의 자유방임적 경제 정책은 우리나라와 41개국 전체 사이의 성장률 격차 1.26% 중 0.55%(=0.23%+0.74%−0.42%) 포인트만큼을 설명한다. 취학률, 노동 참가율, 조사망률은 41개국 평균보다 낮았다. 그러므로 이들 변수는 우리나라의 일인당 생산 증가율을 41개국 평균 일인당 생산 증가율 이하로 끌어내리는 역할을 했다. 식민 지배의 제도적 영향

표 7-7 우리나라와 세계 전체의 일인당 생산 증가율 격차 분해

	41개국	우리나라	계수 추정치	격차
1910-40				
관측된 성장률 격차	1.14%	2.40%	NA	1.26%
일인당 생산 수준	7.86	6.73	-0.021	2.36%
정부 지출/GDP(A)	0.11	0.06	-0.047	0.23%
평균 관세율(B)	0.14	0.04	-0.075	0.74%
(A)×(B)	0.02	0.00	0.329	-0.42%
초등학교 취학률	458.00	129.00	0.000	-0.89%
15-64세 인구 비중	0.60	0.56	0.146	-0.58%
조사망률	19.03	30.30	-0.001	-0.97%
일본	0.07	1.00	0.034	3.17%
동아시아	0.10	1.00	-0.017	-1.54%
추정된 성장률 격차	NA	NA	NA	2.10%
1960-90				
	41개국	우리나라	계수 추정치	격차
관측된 성장률 격차	2.79%	6.64%	NA	3.85%
일인당 생산 수준	8.87	7.99	-0.021	1.83%
정부 지출/GDP(A)	0.21	0.13	-0.047	0.37%
평균 관세율(B)	0.11	0.09	-0.075	0.15%
(A)×(B)	0.02	0.01	0.329	-0.38%
초등학교 취학률	957.00	983.00	0.000	0.07%
15-64세 인구 비중	0.61	0.59	0.146	-0.29%
조사망률	9.38	10.83	-0.001	-0.12%
이차 대전	0.49	1.00	0.011	0.55%
일본	0.07	1.00	0.034	3.17%
동아시아	0.10	1.00	-0.017	-1.54%
추정된 성장률 격차	NA	NA	NA	3.81%

은 매우 컸다. 이 때문에 발생한 일인당 생산 증가율 격차는 3.17%나 된다. 이에 비해 동아시아라는 지리적 또는 문화적 환경은 우리나라의 일인당 생산 증가율을 세계 평균 아래로 끌어내렸다. 이런 플러스 효과와 마이너스

효과를 모두 합한 값 – 우리나라와 41개국 전체 사이의 일인당 생산 증가율 격차의 예측치 – 은 2.10%로서, 실제로 관측된 우리나라와 41개국 전체 사이의 일인당 생산 증가율 격차 1.26%보다 크다.

다음으로 1960-90년간 우리나라와 41개국 전체 사이에 실제로 관측된 일인당 생산 증가율 격차는 3.85% 포인트였다. 우리나라의 일인당 생산 수준은 1960년 이후에도 41개국 평균에 비해 낮아서 3.85% 포인트의 성장률 격차 중 1.83% 포인트가 우리나라의 낮은 생활 수준으로 설명된다. 제4장에서 설명했듯이 그리고 [표 7-3]에서도 보았듯이 해방 후 정부 지출이 총생산에서 차지하는 비중이 크게 증가했으며 평균 관세율도 높아졌다. 그 결과 (상대적으로 낮은) 재정 지출 비율과 관세율이 우리나라 고도 성장에 기여한 부분은 1910-40년에는 0.55% 포인트였지만 1960-90년간에는 0.14% 포인트로 낮아졌다. 식민지기와는 달리 해방 후 초등학교 취학률이 세계 평균보다 높아져서 성장률 격차의 작은 일부분 – 0.07% 포인트– 이나마 설명할 수 있게 되었다. 사망률과 15-64세 인구 비율은 해방 이후에도 식민지기와 마찬가지로 41개국 평균에 비해 열등해서 우리나라의 생활 수준이 다른 나라에서보다 더 빠르게 향상되도록 하는 요인이 아니라 더 느리게 향상되도록 하는 요인으로 작용했다. 그러나 이런 마이너스 기여의 정도는 이차 대전 이후 현저히 줄어들었다. 동아시아와 일제 지배의 제도적 유산은 1910-40년과 마찬가지로 다른 요인들을 압도하는 커다란 영향을 미쳤다. 이런 다양한 요인들의 영향을 모두 합한 예측된 성장률 격차는 3.81% 포인트인데, 이는 실제로 관측된 성장률 격차 3.85%보다 다소 작다. 한마디로 조선 총독부와 한국 정부가 채택한 자유주의적 정책은 20세기 우리나라의 고도 성장을 설명하는 요인이지만 그보다 훨씬 더 중요한 요인은 일본이 도입한 제도적 환경이었다는 것을 [표 7-7]은 말하고 있다.

기아와 기적의 기원

제4장은 지난 3세기간 한 반도에 등장한 네 개의 경제 체제를 비교하고 경제 성장의 실적이 시기에 따라 크게 달랐던 이유가 정책 차이에 있었음을 설명했다. 특히 개방 경제 체제와 자급자족 체제 중 어느 쪽을 지향하는지, 그리고 시장 경제 발전을 위해 필요한 공공재를 공급하는지가 기적과 기아의 갈림길에서 어느 쪽으로 가게 될지를 결정하는 열쇠였다.

이 장은 지난 3세기 동안 우리나라와 다른 나라의 경제 성장 과정을 비교했다. 1900년에 이르는 두 세기 동안 우리나라와 일본 및 서유럽 사이의 생활 수준 격차는 점점 벌어졌지만 20세기 들어 그 격차는 빠르게 좁혀졌다. 이런 운명의 역전 역시 정부의 역할로 설명할 수 있다. 영국이나 일본에서는 농민들이 제각각 자신의 책임 아래 기후 충격에 대비해 식량을 비축하고 흉풍의 영향을 완화하기 위한 투자와 기술 발전을 이루기 위한 노력을 기울였다. 반면 조선을 포함한 중화 제국에서는 국가가 주체가 되어 가뭄과 홍수라는 위험에 대처하는 사회 보험 제도를 만들어 운영했다. 이는 조선과 중국의 농민들로 하여금 미래보다 현재를 중시하는 선택을 하게 만들었다. 또 도덕적 위험을 초래해 생산성 향상을 둔화시켰고 물적 및 인적 자본 투자를 감소시켰다. 그 결과 자본 궁핍이 발생하고 이자율이 상승했다. 이는 인적 자본 부족은 높은 출산율과 사망률로 이어졌다. 높은 이자율과 사망률은 삼림 이용을 둘러싼 농민들 간의 협력을 어렵게 만드는 배경이 되었다.

20세기에 우리나라를 포함한 41개국의 경제 성장 비교 분석은 20세기 우리나라의 고도 성장이 정부의 시장 개입의 결과가 아니었음을 보여 주었다. 표준적인 경제 성장 이론이 설명하는 대로 정부의 시장 개입은 경제 성장을 저해했으며 초기의 생활 수준, 초등학교 취학률, 사망률, 노동 가능 인구의 비율 같은 펀더멘틀들이 우리나라와 다른 나라 사이의 성장률 격차를 잘 설명할 수 있음을 알려 주었다. 그러나 이런 요인들로 설명할 수 있는 우리나라와 다른 나라 사이의 일인당 성장률 격차는 그렇게 크지 않다. 일본 식민지 지배의 제도적 유산에 의해 설명되는 부분이 압도적이다. 그러나 일본이 제국 내에 공통적으로 건설한 여러 가지 제도적 환경 중 구체적으로 어떤 요소가 어떤 방식으로 경제 성장에 기여했는지를 알기는 어렵다. 이차 대전 이후 우리나라, 일본, 대만에서 모두 토지 개혁이 실시되었으며 이들 세 나라는 냉전 시대에 최전선에 위치한 나라들로서 미국 원조가 집중되었던 지역이었다. 우리가 회귀 분석에서 사용한 제도 변수들은 이런 변수들의 영향을 포착하고 있는 것일 수도 있다. 따라서 각국의 다양한 제도적 환경의 차이를 보다 구체적으로 식별하고 수량화하는 연구가 앞으로 필요하다.[44)]

44) 제도적 요인을 수량화해서 경제 성장 분석에 활용한 시도로는 Knack & Keefer(1995), Easterly & Levine(1997)과 Rodrick(1998)이 있다.

부록 1: 요소 가격을 이용한 조선 후기 일인당 생산 증가율 추계

조선 후기의 일인당 생산 증가율은 제3장에서 사용한 다음 식을 이용해서 계산할 수 있다.

$$g_y = g_A + \beta \cdot (g_K - g_N) + \gamma \cdot (g_T - g_N) \tag{3-5}$$

식 (3-5)의 우변에서 소득 분배율은 제3장의 성장 회계에서 사용한 것과 같고, 자본 스톡 증가율(g_K)을 제외한 다른 변수들의 증가율은 (제3장 부록 5에서) 인구 추정할 때 사용한 값과 같다. 자본 스톡 증가율은 미지수인데, 이는 인구 추정 방법과 비슷한 절차를 밟아 추정할 수 있다. 우선 CES 생산 함수를 자본에 대해 미분해서 자본의 한계 생산성을 구한 뒤 자본의 한계 생산성을 이자율과 등치시킨다. 그리고 같은 생산 함수를 노동에 대해 미분해서 노동의 한계 생산성을 구한 뒤 실질 임금과 등치시킨다. 마지막으로, 이자율에 관한 식을 실질 임금에 관한 식으로 나누어 이자율/임금 비율에 관한 식을 도출한 뒤 이를 증가율 사이의 관계로 바꾸면 다음의 식이 나온다.

$$g_K = \sigma(g_w - g_r) + g_N \tag{7-4}$$

식 (7-4)에서 대체 탄력성(σ)을 인구 추정할 때와 마찬가지로 1과 같다고 놓고 이미 앞서 사용한 증가율들을 식 (7-4)의 우변에 대입하면 자본 스톡 증가율 −0.29%가 나온다.

식 (3-5)에 이렇게 구한 자본 스톡 증가율을 대입해서 얻을 수 있는 g_y는 연간 노동 일수가 일정한 경우의 일인당 생산 증가율이다. 연간 노동 일수가 변하는 경우 일인당 생산 증가율은 여기에 연간 노동 일수 증가율(g_h)을 더해 주어야 하는데, 제3장 부록 5에서 설명했듯이 이는 임금 증가율(g_w)에 노동 공급 탄력성(ε)을 곱한 것과 같다(식 (3-23)). 제3장 부록 5에서 사용한 값을 이용해 계산한 연간 노동 일수 변화를 반영시켜서 1700-1890년간의 일인당 생산 증가율을 계산하면 −0.78%가 나온다.

부록 2: 맬서스 세계에서의 교육, 출산, 사망, 생활 수준 및 인구 밀도

식자율 및 취학률 통계는 영국이나 일본에 비해 조선을 포함한 중화 제국에서 인적 자본이 부족했음을, 즉 중국과 조선의 부모들이 자식들의 교육을 등한시했음을 말해 준다. 제6장의 설명에 따르면 자식 교육에 관심이 없는 부모들은 관심이 있는 부모들에 비해 더 많은 아이를 낳아 기를 수 있는데, 제2장에서 중국과 조선의 출산율이 영국이나 일본에 비해 현저히 높았음을 설명했다. 한마디로 아이의 양과 질 사이의 균형은 18, 19세기의 동아시아와 서유럽에서도 관측되었다.

[그림 7-6]은 제3장에서 소개한 맬서스의 인구 모델을 이용해 부모가 아이의 양을 얼마나 중시하느냐에 따라서, 즉 출산력 수준에 따라서 사망력과 인구 규모가 어떻게 변하는지를 보여 준다. 이 그림 오른쪽 패널에서 고출산력 나라의 출산력 곡선은 저출산력 나라의 곡선에 비해 보다 오른쪽에 위치한다. 맬서스 모델에 따르면 고출산력 나라에서는 저출산력 나라에 비해 출산력뿐 아니라 사망력도 높을 것이다($D'=B'>B^*=D^*$). [그림 7-6]의 왼쪽 패널은 고출산력 나라에 비해 저출산력 나라에서는 생활 수준이 높으며 인

그림 7-6 저출산력과 고출산력 나라 비교

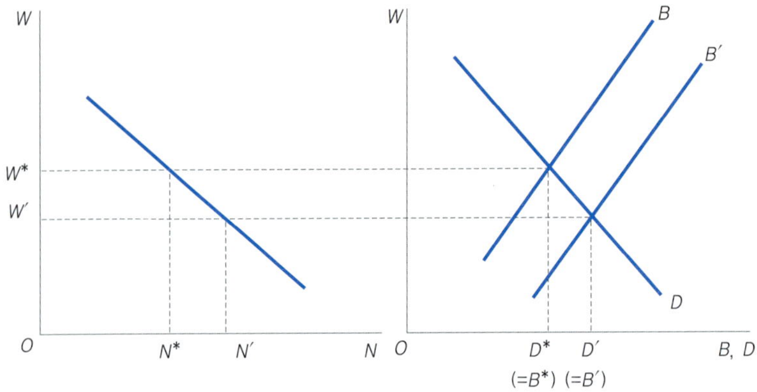

구 밀도는 낮을 것임을 보여 준다.

맬서스 모델의 이런 이론적 예측은 역사적 사실과 잘 부합한다. 제2장에서 설명한 대로 영국 및 일본에 비해 출산율이 높았던 중화 제국에서 사망률도 높았다. 그리고 Allen et al.(2011)이 추계한 후생 비율에 따르면 18세기 노동자 생활 수준은 중국에 비해 영국에서 높았다. 이는 영국의 노동/경작지 비율이 낮았음을 시사한다. 만일 총요소 생산성이 크게 다르지 않다면 중국의 높은 노동/경작지 비율은 중국의 높은 토지 생산성, 따라서 보다 높은 농토 가격으로 나타날 것이다. Cha(2014b)에 의하면 곡물의 양으로 측정한 영국의 실질 농토 가격은 중국에 비해 훨씬 쌌다.

부록 3: 미국은 사다리를 걷어찼나?

선진국들은 과거에 보호 무역주의를 통해 잘살게 되었으면서 오늘날의 후진국들에게 자유 무역주의를 강요함으로써 후진국의 경제 발전을 막고 자신들이 지배하는 세계 경제 체제를 유지하려 한다고 주장하는 사람들이 있다. 이런 주장은 "자유 무역 제국주의(free trade imperialism)"라고 부르기도 하고 사다리 걷어차기 가설이라고 하기도 한다. 여기서 사다리란 – 이들 음모 이론가들에 따르면 – 선진국의 지위로 올라가기 위한 필수적 수단인 국내 산업에 대한 관세 보호(tariff protection)를 가리킨다.

이런 못된 선진국을 대표하는 것은 물론 미국이다. 미국의 통계를 이용해서 미국 경제 성장에 미치는 보호 관세의 영향이 이차 대전을 계기로 긍정적인 것에서 부정적인 것으로 바뀌었는지를 확인해 보자.

[표 7-8]의 패널 A는 1870-1995년간 미국에 대한 경제 성장률 방정식 추정 결과를 보여 준다. 계수 추정치는 모두 통상적 유의 수준에서 유의미하며 [표 4-1]에서 본 20세기 우리나라에 대한 추정 결과와 크게 다르지 않다. 초기의 생활 수준이 낮을수록 이후의 성장 속도가 빠르며 사망력과 취학률은 경제 성장에 각각 음과 양의 효과를 미쳤다. 그리고 관세율은 경제 성장을 저해하는 요인이었다. 한 가지 중요한 차이는 재정 지출이 경제 성장을 촉진하는 요인이었다는 것이다. 이는 넓은 지역을 포괄하는 미국 경제가 형성되어 가는 과정에서 정부가 사회 간접 자본 건설 등을 통해 경제 성장에 기여한 사실을 나타내는 것이라고 짐작된다.

[표 7-8]의 패널 B에는 미국이 관세율을 높은 수준으로 유지했던 이차 대전 이전의 시기에 대해 회귀한 결과를 보여 준다. 이는 패널 A의 결과와 대동소이하다. 관세율은 1870-1995년 전체에 대해 추정했을 때보다 더 강력

표 7-8 미국 일인당 생산 증가의 원인

A. 1870-1995

	계수 추정치	표준 오차
일인당 생산 수준	−0.091***	0.051
재정 지출/GDP	0.642***	0.150
평균 관세율	−0.078*	0.055
조사망률	−0.003***	0.004
초등학교 취학률	0.000**	9.93E−05
전후	−0.046*	0.450
상수항	0.584***	0.051

B. 1870-1940

	계수 추정치	표준 오차
일인당 생산 수준	−0.164**	0.051
재정 지출/GDP	0.544***	0.150
평균 관세율	−0.130**	0.055
조사망률	−0.008*	0.004
초등학교 취학률	0.000**	9.93E−05
상수항	1.225**	0.450

주: 일인당 생산 수준의 시차항을 도구 변수로 사용한 GMM(genenralized method of moment) 추정 결과; ***, ** 및 *는 각각 1%, 5% 및 10% 수준에서 유의미함을 표시.

한 부정적 영향을 경제 성장에 미친 것으로 나타난다. 취학률의 기여도도, 조사망률의 부정적 효과도 더 크다.

제4장에서 상관관계와 인과 관계는 다르다는 것을 설명하기 위해서 *x*가 증가할 때 *y*도 증가하는 경향이, 즉 두 변수 사이에 양의 상관관계가 관측되었을 경우, 이는 ① *x*가 *y*에 영향을 미친 결과일 수도, ② 반대 방향의 인과 관계가 작용한 결과일 수도, ③ *z*라는 요인이 *x*와 *y*에 동시에 영향을 미쳤기 때문에 일어난 결과일 수도 있으며, ④ *x*가 실은 *y*에 마이너스 영향

을 미치지만 그럼에도 불구하고 관측되지 않은 w의 영향으로 y가 증가한 결과일 수도 있음을 설명했다. 지난 한 세기 동안 우리나라에서도 그리고 미국에서도 관측된 관세율(x)과 일인당 생산 증가율(y) 사이의 양의 상관관계는 위의 네 경우 중 네 번째에 해당한다. 한국에서는 고관세의 성장 둔화 효과를 상쇄시키는 w가 존재했는데 대표적인 것이 초등학교 취학률로 측정된 인적 자본 축적이었다.

관측치 수가 너무 적어서 일차 대전 이전의 시기만에 대해서 미국의 일인당 생산 증가율 방정식을 추정하기는 곤란하다. 그러나 Irwin(2000)은 19세기 말 미국이 영국을 추월한 이유를 보호 무역주의에서 찾을 수 없음을 함석판(tin plate) 산업의 사례 연구를 통해 보이고 있다. 또 Irwin(2001)은 보호 무역주의 때문에 미국 내 자본재 가격이 상승해서 그 결과 자본 축적이, 따라서 경제 성장이 둔화되었다고 주장했다. 이렇게 보았을 때 "사다리 걷어차기" 가설은 상관관계를 인과 관계로 둔갑시킨 것에 불과한 것임을 알 수 있다.

8

과거와 미래

과거
현재 속의 과거
미래

과거

지난 3세기 동안 우리나라 경제 성장 과정에서 세 번의 극적인 추세 변화(trend shifts)가 일어났다. 첫 번째는 1900년경 일어난 마이너스 성장에서 플러스 성장으로의 반전이다. 1945년 이후 북한에서 일어난 근대적 경제 성장으로부터 맬서스적 퇴락으로의 회귀가 두 번째이며, 마지막은 1945년 이후 남한에서 일어난 경제 성장의 가속화이다(제2장). 식민지 조선과 한국은 빠른 자본 축적과 기술 발전으로 세계 평균을 넘어서는 고도 성장을 이룩했다. 이는 무엇보다 신장과 평균 수명 증가, 그리고 교육 수준 향상으로 나타났다. 반면 이씨 및 김씨 조선에서는 (환경을 포함한 넓은 의미의) 자본 파괴와 생산성 정체 때문에 생활 수준이 하락했다. 그 과정에서 많은 사람들이 병과 굶주림으로 죽었으며 신장 수축이 일어났다(제3장).

이런 차이가 생겨난 것은 정부 탓이었다. 이씨 및 김씨 조선 정부는 자급자족 체제를 지향하고 반(反)시장주의를 내 걸었다. 이에 비해 조선 총독부와 한국 정부는 개방 경제 체제를 지향했다. 그리고 사적 소유권 보호와 계약 이행 강제를 통해 시장 경제를 발전시켰다. 사적 소유권을 바탕으로 하는 시장 경제 제도는 자원 배분의 효율성을 향상시키고 노동, 저축, 기술 발전의 인센티브를 제공함으로써 경제 성장을 일으켰다. 개방 체제 아래서 다른 나라 사람들이 개발한 새로운 기술을 배우고 무역을 통해 비교 우위의 이득을 누릴 수 있었다. 또 자본 도입을 통해 자본 축적을 가속화할 수도 있었다.

두 조선을 지배한 굶주림의 제왕들은 피지배자들에게 이런 이득을 모두 포기할 것을 강요했다. 그리고 파멸의 구렁으로 나아가는 것이 왜 정당하고 자랑스러운지를 설명하기 위해 유교, 공산주의, 주체사상 같은 이데

올로기를 내걸었다. 기아 체제의 파워 엘리트들이 이런 파괴적 정책을 채택한 것은 국내 상업, 국제 무역, 제조업과 서비스 산업 성장 과정에서 부를 축적한 부르주아지가 자신들의 지배 체제의 안정성을 위협하는 세력으로 등장하는 것을 원하지 않았기 때문이다. 식민지 조선과 한국에서 생활 수준이 빠른 속도로 향상될 수 있었던 것은 북쪽 대륙에서 밀려온 어둠을 바다를 건너온 빛이 몰아냈기 때문이었다(제4장).

조선 총독부는 식민지 체제의 안정을 위해서 어둠의 세력 – 양반 지주들 – 과 손잡았다. 오랫동안 한반도를 지배해 온 지주 계급은 해방 후 – 농지 개혁이 실시되기도 전에 – 소멸해 갔다. 토지와 소득 분배가 평등해지고, 그리고 무엇보다도 미군정의 교육 투자에 힘입어 해방 직후 10년간 초등 교육이 급속히 보급되었다. 식민지기에 초등 교육 보급을 가로막던 지주 계급이 소멸되자 박정희 정부는 교육 보급에 적극적으로 나설 수 있게 되었다. 이는 고도 성장기의 중등 교육 확산의 원동력이 되었다. 해방 후 인적 자본 축적이 가속화되었기 때문에 산업 정책의 부작용에도 불구하고 생활 수준은 식민지 시대보다 더 빠르게 향상될 수 있었다(제5장).

중등 교육 보급 정책은 부모들로 하여금 자식의 양보다는 질을 선택하도록 유도했다. 고도 성장기에 자본 시장이 발전하자 부모들은 노후 대비 수단으로써 점점 더 자식 농사보다는 물적 자본에 대한 투자를 선택하게 되었다. 그 결과 출산율이 떨어지고 저축률이 빠르게 상승했다. 1945년 이전에 비해 이후에는 총요소 생산성도 더 빠르게 향상되었는데, 이는 인적 자본 축적 가속화가 없었다면 생각하기 어려운 일이었을 것이다. 이와 같이 고도 성장을 이끈 물적 및 인적 자본 축적과 생산성 향상은 서로 밀접히 연결되어 있었다. 이 세 가지 변화가 식민지기에 비해 현저히 빨라진 것은 박정희가 인간의 "양에서 질로의 전환"을 유도하는 정책을 추진했기 때문이었는데, 이는 중등 교육에 대한 공공 투자뿐 아니라 산아 제한 정책으로도 나타났다(제6장).

20세기 한국의 자본 축적과 기술 발전은, 18, 19세기 중국과 우리나라의 자본 파괴 및 기술 정체와 대비된다. 흉년이 들면 정부가 도와줄 것을 기대했기에 중화 제국의 지주와 농민들은 저축, 삼림 보존, 새로운 농법 개발과 같은 미래 지향적 선택을 할 필요를 느끼지 않았다. 그 결과가 바로 마이너스 성장이었다. 기후 충격에 대비할 책임이 개인들에게 맡겨져 있던 영국과 일본에서는 물적, 인적 자본 축적과 생산성 향상이 일어났다. 그 결과 생활 수준이 꾸준히 향상되고 공업화가 일어났다. 우리나라는 18, 19세기에 영국이나 일본에 비해 점점 가난해졌던 것과 달리 20세기 들어 고도 성장을 통해 선진국과의 생활 수준 격차를 좁혀 나갔다. 그 가장 큰 이유는 식민지 시기에 도입된 제도적 환경이었다. 다음으로 중요했던 것이 비교적 자유 방임적 경제 정책이었다(제7장).

현재 속의 과거

이 책의 이런 주장은 한국 경제의 발전 과정에 관한 잘 알려진 주장들과 비슷한 점보다는 다른 점이 더 많다. 이 책에서 내가 제시한 인과 관계의 스토리는 이제까지 – 주로 교과서를 통해 – 수도 없이 반복 주장되어 온 시나리오에 비해 알려진 사실들과 더 잘 부합하며 짜임새의 면에서 덜 황당하다. 이를 역사학과 경제학의 두 분야로 나누어 설명하겠다.

한국과 북한의 역사학을 지배하는 정통 패러다임은 자본주의 맹아론과 식민지 수탈론이다. 이 책의 주장은 – 한국과 북한의 역사 교과서가 가르치는 것과는 정반대로 - 조선 후기에는 마이너스 성장이, 식민지기에는 플러스 성장이 일어났다는 것이다. 지난 3세기 동안의 생활 수준 추세가 1900년경을 저점(lower turning point)으로 하는 U자 모양을 하고 있다는 것을 입증하기 위해서 나는 주로 수량적 증거를 동원했다. 이 책에 동원된 숫자들은 예외 없이 관측 오차(measurement error)를 포함하고 있다. 또 전체 경제의 일부분에 관한 것이다. 타당성을 확인하기 어려운 가정을 바탕으로 계산된 것들도 있다. 예를 들어, 조선 시대 지대나 임금에 관한 정보 그리고 식민지기 신장은 모집단에서 추출된 소규모 표본인데 그 추출 방식이 무작위라는 보장이 없다. 그리고 식민지기 일인당 생산을 계산하기 위해서 통계가 부실한 식민지기 초기의 변화를 추정하기 위해서 선형 추세나 고정된 비율을 가정했다.

그러나 이런 약점을 가진 여러 숫자들이 서로 모순을 일으키지 않을 뿐 아니라 서로를 지탱하고 있다는 사실에 주목할 필요가 있다. 예를 들어, (제2장에서 설명했듯이) 식민지기의 일인당 생산 증가율 추정치를 근거로 예측할 수 있는 신장 증가 폭은 실제로 관측된 신장 증가 폭과 크게 다르지 않다. 조선 후기에 임금과 지대가 하락했다는 주장과 신장이 꾸준히 수축하고 있었다는 발견은 서로 부합한다. 이 책에 사용된 증거들은 지난 10여 년간 (나를 포함한) 여러 연구자들이 개별 논문을 통해 발표한 것들이다. 하나씩 등장할 때에는 초라해 보였을지 모르는 이런 증거들이 축적되어 이제는 서로 맞물려 입체적 구조물을 형성하고 있다. 그러므로 18, 19세기에는 마이너스 성장이 20세기에는 플러스 성장이 일어났다는 주장을 무너뜨리기는 그렇게 쉽지 않을 것이다.

식민지 시대에 최하 소득층은 경제 성장의 혜택을 별로 누리지 못했다. 추계 방법에 따라서는 비숙련 노동자 실질 임금이 정체했다는 결과가 나오기도 한다. 그러나 아무리 비관적인 견해를 가진 사람이라도 식민지기에 최저 소득 계층이 점점 못살게 되었다고 생각하지는 않는 것 같다.[1] 식민지기에는 조선 후기보다 인구가 적어도 세 배 정도 빠르게 증가했다. 제3장에서 설명한 맬서스의 인구 모델에 비추어 보았을 때 이렇게 빠른 인구 증가 과정에서 느리게 인구가 증가했던 조선 후기처럼 비숙련 실질 임금이 하락하지 않았다는 것은 대단한 성과로 보아야 한다.

빈곤과 기아에 관한 연구로 노벨 경제학상을 수상한 Sen(1985: 16)은 생활 수준은 물질적 풍요의 정도, 즉 재화 소비의 규모와 동일시하기 곤란하다는 점을 강조했다. 어떤 병 때문에 점점 더 많은 칼로리를 섭취하면서 살지 않으면 안 되는 사람이 있다면 소비 열량 증가만을 보고 이 사람의 생활 수준이 향상되고 있다고 말할 수 있겠는가라고 반문하면서 생활 수준 지표로 보다 의미 있는 것은 사람들의 기능(functionings)과 역량(capabilities)이 확대되어 가는지 여부라고 보았다. 식민지 시대에는 조선인들의 기능과 역량이 부단히 향상되었다. 2절에서 보았듯이 사망률이 하락했는데, 이는 건강이 개선되었음을 의미한다. 제5장에서 설명하듯이 식민지기 시대에 초등학교 취학률이 빠르게 증가했는데, 이는 식민지에서는 보통 보기 어려운 현상이다(Easterlin, 1981). Sen(1999)은 개발(development)을 자유(freedom)가 확대되어 가는 과정으로 보았다. 식민지 시대에 조선인들은 정치적으로는 부자유했지만 질병과 가난과 무지로부터 해방되어 갔다.

대부분 한국사학자들이 주장해 온 대로 식민지기를 경제적 착취와 마이너스 성장의 시대로 인정한다면 해방 후 한국 경제 성장은 상당 시간 추락하던 비행기가 갑자기 로켓처럼 솟구친 것 같은 불가사이한 사건이 된

1) 예를 들어, 대표적 비관론자 중 한 사람인 허수열(1981)이 추계한 비숙련 노동자 실질 임금은 식민지기에 하락하지 않았으며 정체했다.

다. 이 사건은 1945년 해방으로 일제의 착취가 사라진 것으로 잘 설명되지 않는다. 왜냐하면 일제의 착취가 없던 1910년 이전에 마이너스 성장이 일어났기 때문이다. 그렇다면 남는 설명 변수는 박정희인데, 이 A급 친일파 인사를 이렇게까지 띄워 주고 싶은지를 나는 한국사 연구자들에게 물어 보고 싶다.

이 책에서 제시한 사실들은 식민지 조선과 한국의 경제 성장이 많은 사람들이 인정하는 것보다 더 많은 끈으로 이어져 있으며, 식민지기의 경제 성장이 한국 경제 성장의 바탕이 되었음을 보여 준다. 이 연결들 중에서 가장 중요한 것은 사람을 통한 연결이다. 제2장과 제5장에서 설명했듯이 식민지기에 사망력이 꾸준히 떨어지고 초등 교육이 확산되었다. 식민지기를 통해 더욱 건강해지고 유식해진 노동자들은 해방 후에도 해방 전과 다름없이 공장과 농토에서 생산 활동을 수행했다.[2)] (제2장에서 설명한 것처럼) 사망률 하락은 출산율 하락의 원인이 된다. 이는 해방 후 출산력 변천이 식민지기의 사망력 변천을 배경으로 해서 일어났음을 의미한다. (제5장에서 설명했듯이) 아이를 적게 낳으면 부모들은 아이들에게 더 많은 교육을 시킬 수 있게 된다. 이런 점에서 식민지기의 사망률 하락은 결국 한국의 인적 자본 축적에 기여했다고 할 수 있다. 또 (제6장에서 설명했듯이) 출산력 변천은 저축률 상승의 주요 원인이었다. 그러므로 식민지기의 사망률 하락은 고도 성장기의 빠른 자본 축적에도 기여했다고 평가할 수 있다.

한국 경제 성장은 식민지기에 형성된 인적 자본뿐 아니라 물적 자본을 바탕으로 일어난 것이다. 많은 사람들은 식민지기에 상당한 물적 자본이 축적되었지만 1950년대 초에 일어난 한국 전쟁으로 대부분 파괴되었고, 따

2) 이우연 · 차명수(2007)는 식민지기에 일본인 노동자에 대한 조선인 노동자의 임금 열세가 사라졌음을 보이고 그 원인이 민족 간 학력 및 건강 격차 축소에 있다고 주장했다.

라서 한국 고도 성장은 식민지기에 형성된 자본을 바탕으로 한 것이라고 볼 수 없다고 생각한다. 그러나 허수열(2005)이 주장하듯 한국의 고도 성장이 전쟁의 잿더미 위에서 일어났다고 말하는 것은 과장이다. 예를 들어, 한국 전쟁기에 철도는 북한군의 집중적 공격을 받은 목표물 중 하나였지만 피해 정도가 정점에 달했을 것으로 보이는 1950년 9월 28일 서울 수복 당시 파괴된 궤도는 전체의 7.5%, 기관차는 전체의 32%에 불과했다.[3)]

한국 고도 성장의 원인에 관한 이 책의 설명은, 한국 성장 기적의 기원에 관한 많은 사람들의 믿음과 정면으로 배치된다. 많은 사람들은 박정희의 산업 정책이 고도 성장의 원인이었다고 생각한다. 이 책에서 소개한 증거들은 고도 성장기 정부의 정책 개입은 경제 성장을 저해했다는 것을 보여 준다. 식민지기와는 달리 해방 후 제조업 생산성 향상이 공업화를 이끈 힘으로 새롭게 등장했다는 (제3장에서의) 발견은, 산업 정책 옹호론에 유리한 거의 유일한 증거다. 그러나 이것만을 근거로 산업 정책 도입을 정당화할 수 없다. 왜냐하면 설사 산업 정책이 제조업 기술 발전을 가속화했다 하더라도, 그러한 플러스 효과가 산업 정책 실시에 따른 경제 전체의 자원 배분 비효율이라는 마이너스 효과보다 컸던가라는 문제가 남아 있기 때문이다. 산업 정책에 대한 이 같은 이 책의 평가는 대중 정서를 거스르는 것일지 모르지만 대부분 경제학자들의 연구 결과와 일치한다.[4)]

한국 고도 성장에 관한 경제학자들의 논의는 (생산 요소, 특히 자본 투입의 역할을 강조하는) 축적주의와 (선진 기술 학습의 역할을 강조하는) 흡수주의라는 두 대립 가설로 형성된 틀 안에서 이루어져 왔다. 제3장에서 보였듯이 식민

3) 林采成(2005: 274). 1950년 9월 28일 서울 수복이 이루어진 뒤 미군들의 철도 복구 작업이 시작되었다. 미국 공습을 받은 북한 지역에서 철도 파괴는 더 심각했던 것으로 알려지고 있다.
4) 산업 정책에 대한 한국 경제학자들의 비관적 평가에 대해서는 Stern et al.(1995: chapter 1)을 보라.

지 조선과 한국 경제 성장을 비교해 보면, 해방 후 경제 성장이 빨라진 이유는 자본 축적뿐 아니라 기술 발전 속도가 빨라진 데도 있었다. 해방 후 기술 발전 속도가 빨라진 것은 인적 자본이 빨라진 결과일 가능성이 높은데, 인적 자본 축적 가속화는 적극적 교육 보급 정책이 실시된 결과였으며 적극적 교육 보급 정책은 출산율을 떨어뜨림으로써 저축률을 높인 원인이기도 했다. 이처럼 인적 및 물적 자본 축적과 기술 발전이 밀접히 연결되어 일어났다는 점에 비추어 보면 축적주의와 흡수주의라는 구별은 가려운 곳을 옷 위로 긁는 것 같은 갑갑한 느낌을 준다.

해방 후 인적 · 물적 자본 축적이 가속화되고 기술 발전 속도도 빨라진 것은 주로 박정희의 적극적 교육 보급 정책 – 그리고 부차적으로 금융 산업 발전과 산아 제한 정책 – 때문이다. 그런데 교육에 대한 적극적 공공 투자는 해방을 계기로 지주 계급이 소멸되었기에 추진될 수 있었다. 한국 고도 성장의 궁극적 원인이 해방을 계기로 한 전통 사회 질서 붕괴에 있다는 이 책의 주장은 경제 성장에 관한 주요 연구 흐름들과 잘 연결될 수 있다. 그 중 하나는 한국 고도 성장의 원인이 특수 이해 집단에 포획되지(captured) 않은, 그래서 자율성을 가진 국가(autonomous state)의 수립과 그 국가가 집행한 동반 성장(shared growth) 정책에 있다는 주장이다(World Bank, 1993: chapter 2). 다른 하나는 인구의 대다수가 교육에서 소외되는 불평등한 사회에서는 경제 성장이 일어나기 어렵다는 근래의 연구 결과이다. Engerman & Sokoloff(2000)는 근대 초기 아메리카 대륙 여러 곳의 식민지 건설 과정 비교를 통해 분배 불평등과 노동/토지 비율 사이에 양의 상관관계가 있음을 발견했다. 토지에 비해 노동이 풍부해서 불평등도가 높았던 지역 – 주로 중남미 – 에서는 소수의 엘리트를 위한 교육 정책과 정치 체제가 형성된 데 비해, 비교적 인구 밀도가 낮았던 미국과 캐나다 같은 지역에서는 대다수 사람들을 위한 교육 제도와 민주주의가 정착되었다. 다수가 교육과 정치 참여로부터 배제된 라틴 아메리카에서는, 보다 포용적인 사회가 건설된 북미에 비해 생활 수준이 현저히 느린 속도로 성장했다. 그 결과 오늘날 후진국으로 전락하고 말았다. Galor, Moav & Vollrath(2009)는 토지 분배의 불평등 제거를 통해 빠른 경제 성장과 공업화를 이룰 수 있었던 예로서 한국뿐 아니라 타이완과 일본을 들었다. 마지막으로 Acemolgu & Robinson(2012)은 단지 아메리카 대륙에서뿐 아니라 다른 지역에서도 심각한 불평등이 경제 성장을 저해했음을 보였다.

한국 고도 성장의 비밀 중 하나가 지주 계급 소멸에 있다는 이 책의 결론은, 고도 성장이 일어나고 있던 한국만을 들여다보았더라면 도달하기 어려웠을 것이다. 예를 들어, 이런 주장을 뒷받침하는 (제4장의) 일인당 생산 증가율 방정식이나 (제6장의) 저축률 방정식은 식민지기까지 포괄하는 장기 시계열이 없었다면 추정할 수 없었을 것이기 때문이다. 이는 왜 "역사가 현재와 미래를 이해하기 위해 중요한지(history matters)", 경제사가 왜 경제학의 한 분야로서 존재하는지를 가르쳐 준다.

경제 성장의 실적은 궁극적으로 제도적 환경에 달려 있으며 제도 변화는 경로 의존적(path-dependent)이라는 점을 들어 경제사 연구가 경제 발전과 경제 성장의 이해에 중요하다는 주장을 듣는 경우가 많다. 경로 의존성이란 과거의 축적인 현재가 미래에 강력한 영향을 미치는 것을 말한다. 기존의 제도가 관성(inertia)을 가지며 잘 변하지 않는 이유 중 하나는 제도는 다양한 사회 세력, 이해 집단 간의 타협과 교섭을 통해 진화적 과정을 거쳐 등장하기 때문이다. 일부 세력이나 이해 집단이 이 균형을 깨뜨리고 다른 세력 균형을 만들어 내는 일은 쉽지 않다. 그런데 우리나라에서 일어난 제도 변화는 경로 의존적이라기보다는 단절적이고 급격했다. 그 이유는 우리나라의 제도 변화는 국내 사회 세력 사이의 갈등, 투쟁, 타협의 산물로 일어난 것이 아니라 두 차례의 외부 충격과 밀접히 관련되어 있었기 때문이다.

그 중 하나는 일본 제국주의이다. 외세의 침략이 제도 근대화를 통해 발전의 계기가 되는 것은 이상한 일도, 드문 일도 아니며 오히려 당연하고 왕왕 일어나는 일이다. 침략하는 나라는 침략당하는 나라에 비해 경제적, 군사적으로 우월한 경우가 많은데, 침략을 받은 나라는 침략한 나라가 가지고 있는 나은 점을 알게 되고 이를 배워 자신의 발전의 계기로 삼을 수 있기 때문이다. 18세기 말 프랑스 혁명을 통해 구체제(ancién regime)가 무너지자 이에 위협을 느낀 다른 유럽 나라들의 지배자들이 프랑스 혁명 정부를 전복시키기 위한 전쟁을 벌였다. 혁명군을 이끈 나폴레옹은 유럽 여러 지역에서 수구 세력에 대해 승리를 거두었고, 정복한 지역에 프랑스 혁명을 통해 생겨난 근대적 제도들을 강제로 도입시켰다. Acemoglou, Cantoni, Johnson & Robinson(2011)에 따르면 프랑스 혁명 군대의 점령 아래서 제도 근대화를 이룬 독일 북부와 북서부 같은 지역에서는 다른 독일 지역에 비해 빠른 경제 성장이 일어났다.[5] 1806년 독일 철학자 헤겔(Georg Wilhelm Friedrich Hegel, 1770-1831)이 자기 나라에 쳐들어온 나폴레옹을 보고 "말을 탄 세계 정신(Weltgeist zu Pferde)"을 만났다고 감격했던 것은 프랑스 침략군이 독일의 낡은 제도를 파괴해 줄 것이라는 기대를 표현한 것이었다. 나폴레옹 군대는 러시아 침공에는 실패했는데, 도스토예프스키(Fyodor Mikhailovich Dostoyevsky, 1821-81)는 『카라마조프 형제들』에서 한 등장 인물의 입을 빌어 이렇게 말했다. 나폴레옹이 러시아를 점령했더라면 "똑똑한 나라가 바보 같은 나라를

5) 제6장에서 지주 계급이 교육 확산에 걸림돌이 되는 경향이 있음을 설명했다. 19세기 독일은 지주들의 지배력이 특히 강한 나라였음에도 불구하고 초등 교육이 영국보다 빠르게 확산되었는데, Lindert(2004: 115-22)는 그 이유를 프랑스 혁명의 자극에서 찾았다.

점령한 것이므로 지금 우리는 상당히 다른 제도 속에서 살고 있을 것"이라고. 우리나라에도 이런 생각을 하는 사람들이 있었다. 비단 이완용을 비롯한 을사 오적을 중심으로 한 소수만이 아니었다. 외압을 통해 근대화를 이루어야 한다는 주장을 폈던 세력 중 하나는 한일 합방 운동을 전개했던 일진회였다. 일진회는 한국사 연구자들이 주장해 왔던 것과는 달리 일제가 만들어 낸 괴뢰 집단이 아니었다. 일진회는 조선 정부가 외국 군대의 힘을 빌어 괴멸시킨 동학 세력을 바탕으로 한 것이었다. 일진회는 십만 명에서 백만 명 사이의 회원을 보유했던 것으로 추정되고 있는데, 이는 구한말 매국노는 하나의 사회 세력을 이루고 있었음을 말해 준다(김종준, 2010: 61). 침략자의 강요에 의해 제도 개혁을 할 수밖에 없었던 나라들이 침략국보다 더 잘 살게 되는 경우가 드물지 않다. 오늘날 유럽 연합의 중심국은 프랑스가 아닌 독일이다. 타이완은 일본보다 더 잘 살게 되었다. 그리고 우리나라와 일본 사이에는 사실상 생활 수준 차이가 없어지게 되었다.

또 다른 정치적 충격은 지주제도 붕괴의 한 원인이 된 소비에트 공산주의이다. 신기욱(2001)은 1930년대에 이미 소작 쟁의가 빈번해지고 격화되고 있었음을 주목하면서, 이를 배경으로 해서 해방과 함께 지주 제도가 무너지게 되었다고 주장했다. 또 전상인(2001)은 해방이 되자 일본인 지주들이 소유 농지를 버려두고 일본으로 돌아갈 수밖에 없었고 미군정은 이런 농지(=귀속 농지)를 농민들에게 분배했으며 이런 조치가 소작 제도를 무너뜨린 중요한 계기가 되었다고 보았다. 그러나 소비에트 사회주의 세력이 북한에 들어서서 농지 개혁을 단행하지 않았더라면 지주 계급은 비록 약화되었지만 여전히 지배 세력으로 잔존하면서 정책 결정 과정에 영향력을 계속해서 행사했을 가능성이 크다. 그리고 신기욱(2001)이 강조하는 식민지 시대 소작 쟁의 격화의 한 이유를 1917년 러시아 혁명이 일어나 시장 경제 체제의 대안 체제를 성공적으로 구축한 사실에서 찾을 수도 있다.

그러나 제국주의와 공산주의라는 두 악마가 우리나라의 고도 성장을 계획하거나 의도한 것은 아니었다. 일본은 조선 경제의 성장을 위해서가 아니라 러시아의 위협으로부터 자신을 지키기 위해서 조선을 병합했다. 그런데 일본인 지배자들은 (제4장에서 설명했듯이) 조선의 제도를 근대화하지 않고서는 우리나라를 효과적으로 지배하기 어려울 것으로 판단했고, 그래서 시장 경제 발전의 초석이 되는 개혁을 실시했다. 해방 후 지주 제도를 무너뜨린 정치 세력이 궁극적으로 원했던 것은 시장 경제 체제를 사회주의나 공산주의 체제로 대체하는 것이었다. 그들의 의도가 100% 그대로 실현되었더라면 한국은 북한과 함께 기아와 질병에 신음하고 있을 것이다. 한국의 고도 성장은 커다란 비극을 가져온 한국 근대사의 사건들이 낳은 의도하지 않은 결과이다. 나이를 먹으면서 "의도하지 않는 결과는 일어나기 마련(law of unintended consequences)"임을 사람들은 알게 되고 새옹지마(塞翁之馬), 전화위복(轉禍爲福) 같은 고사성어를 배운다. 역사 속에서 일어나는 운명의 장난을 헤겔은 "이성의 간교한 지혜(奸智, die List der Vernunft)"라고 불렀다.[6]

한국 고도 성장의 원인에 관한 이런 설명이, 한국 경제사로부터 정책적인 교훈을 찾으려는 사람들에게 얼마나 영양가 있는 것일까? 생각만큼 많지 않다. 우리나라의 경험은 시장 경제, 개방 체제, 경제적 평등이 경제 성장을 위해서 필요하다는 것은 가르쳐 주지만, 어떻게 하면 이런 환경을 조성할 수 있는지에 대해서는 별로 알려 주는 것이 없다는 점에서 그렇다. 우리나라에서 일어난 제도 변화는 하늘에서 떨어진 것과 크게 다르지 않다. 따라서 한국 경제사로부터 시장 경제와 개방 경제로의 이행과 경제적 불평

6) 이는 식민지 지배와 남북 분단이 신의 뜻 혹은 축복이었다는 말과 분명히 다르다.

등 감소를 달성할 수 있는 방법을 배우려는 것은, 복권에 당첨되어 부자가 된 사람에게 돈 버는 방법을 배우려고 하는 것과 비슷하다.[7)]

게다가 시장 경제, 개방 체제, 경제적 평등이 우리나라 경제 성장의 핵심 요소였다는 이 책의 결론은 놀라운 것도 새로운 것도 아니다. 구 사회주의권의 몰락은 명령 경제(command economy)가 시장 경제의 대안이 될 수 없을 뿐 아니라 장기간 존속할 수 없는 것임을 증명했다. 북한 경제의 파탄은 자력갱생과 자급자족이 자기 목을 조르는 행위와 다름 없음을 (경제학이나 경제사를 잘 모르는 사람들에게도 알기 쉽게) 잘 가르쳐 준 사건이다. 인도나 라틴 아메리카 경제 정체의 한 원인이 경제적 불평등과 사회적 차별에 있음은 많은 학자들이 지적해 왔다.

경제 성장을 위해 필요한 조건이 무엇인지는 잘 알려져 있다. 그럼에도 불구하고 많은 나라에서 경제 성장이 아주 느리게 일어나거나 전혀 일어나지 않다는 사실은 지식 부족이 아니라 의지 부족이 원인임을 말해 준다. 가야 할 길을 알고는 있지만 그 길로 가고 싶은 생각이 없는 것이다. 가고 싶지 않은 이유는 앞서 설명한 제도의 타성과 제도 변화의 경로 의존성 – 사회 세력 간의 분배 균형의 안정성 – 과 밀접히 관련되어 있다. 경제 성장을 위한 제도 개혁은 지배 세력을 권좌에서 몰아내는 결과를 가져올 가능성이 높다. 그래서 엘리트들은 현존 질서의 유지를 원하며 제도 개혁을 저지한다. 조선 시대 양반들이 쇄국 정책을 편 것은 대외 무역이 경제 성장에 도움이 되는 것을 몰라서가 아니다. 그들은 대외 무역을 허용하면 상인 자본이 성장해서 지주 관료의 지배 체제를 위협할 것을 우려했다. 조선 총독부가 전통적 소작 제도가 농업 발전을 위한 최선의 제도라고 생각했던 것은 아

7) 이는 식민지 지배와 남북 분단이 대박이었다는 말과 분명히 다른 말이다.

니다. 다만 식민지 체제의 정치적 안정을 위해서 지주 계급과 연대할 필요가 있다고 판단했고 그래서 그것을 용인했다. 북한의 지배 엘리트가 자급자족적 명령 경제 체제를 유지하려고 하는 것은 그 체제 안에서 광범위한 혜택과 특권을 누릴 수 있기 때문이다. 그러므로 북한의 지배 계급에게 개방 정책으로 전환하라고 말하는 것은 행복하게 살고 있는 사람에게 자살하라고 권고하는 것과 같이 부질없는 일이다. 이처럼 어떻게 하는지 몰라서가 아니라 알지만 그렇게 하고 싶지 않아서 경제 성장이 일어나지 않는 경우가 적지 않기에 "경제 기적이 무엇인지를 이해했다면 그것을 만들어 낼 수 있어야 한다(If we know what an economic miracle is, we ought to be able to make one)"라는 노벨 경제학상 수상자 Lucas(2002: 96)의 유명한 말에 공감이 가면서도 완전히 동의하기는 어렵다.

미래

지난 3세기 동안의 우리나라 생활 수준 역사에 비추어 볼 때 앞으로의 한국 생활 수준에 대해서 어떤 전망을 할 수 있을까?

생활 수준 향상 속도에 영향을 미치는 직접적 원인 중 하나인 물적 자본 축적부터 생각해 보자. 고도 성장기에 저축률 상승을 이끌었던 유년 부양률 감소는 지금까지 느리게나마 계속되고 있다. 반면 노년 연령대의 사망률 하락 때문에 노년 부양률이 지난 20년간 서서히 상승해 왔다([그림 6-5]). 노년 부양률 상승이 저축률에 미치는 영향은 간단히 예측하기 어렵다. 노년 인구가 마이너스 저축을 하는 계층이라는 점을 생각하면, 노년 부양률 증가는 저축률을 떨어뜨릴 것이라고 생각할 수 있다. 그러나 노년 사망률 하락, 즉 평균 수명 증가는 이에 대비한 청장년층의 저축률을 올릴 수 있다. 그런데 지난 20년간 총저축률이 유년 부양률 감소에도 불구하고 하락했다는 것은 노년 부양률 상승이 저축률에 부정적 영향을 미칠 뿐 아니라 이런 효과가 유년 부양률 하락의 효과를 압도했음을 시사한다([그림 6-2], [그림 6-5]). 따라서 인구 고령화에 따른 노년 부양률 상승은 물적 자본 축적 속도를 떨어뜨릴 가능성이 크다. 1960년경 연 40-50%에 달하던 실질 이자율은 2010년 현재 0%에 접근했는데, 이는 빠른 자본 축적의 결과 자본의 한계 생산성이 0에 가까워졌음을 말한다. 이는 설령 자본 축적 속도가 느려지지 않는다 하더라도 저축과 투자를 통해 생활 수준을 올리는 일이 매우 어려울 것이라는 것을 의미한다.

제5장에서 추정한 인적 자본 지수([그림 5-7])를 보면 그 증가 속도가 이미 1970년대부터 느려지기 시작했음을 알 수 있다. 중등학교 취학률은 이미 1980년대에 100%에 접근했다. 따라서 노동의 질을 올리는 방법으로 남아 있는 것은 대학 교육 확대뿐이다. 그러나 대학 취학률도 이미 80%를 넘었다. 대학 교육 확대를 통한 노동자 학력 업그레이드 과정도 길게 남아 있지 않다.

이는 앞으로 생활 수준 향상 속도가 주로 기술 발전에 의해 좌우될 것임을 의미한다. 그런데 우리나라의 기술 발전의 장래 또한 밝아 보이지 않는다. 왜냐하면 앞서 [그림 7-4]의 패널 A에서 보았듯이 한국 기술 발전의 주요 원천이었던 생산성 따라잡기가 지난 수십 년간 느린 뒷걸음질을 하고 있기 때문이다. 상대적 정체의 원인은 앞으로 배워야 할 첨단 기술이 지금까지 배워 온 기술에 비해 훨씬 어렵기 때문은 아닌 것 같다. 왜냐하면 우리나라와 인적 자본 – 기술 습득 능력 – 의 면에서 별로 다르지 않은 타이완은 이미 미국에 대한 생산성 열세를 1980년대에 극복해 버렸기 때문이다. 또 인적 자본의 측면에서 더 한국보다 우월하면 우월했지 못하지 않은 일본의 미국에 대한 생산성 격차 또한 1990년 이래 서서히 벌어져 오고 있기 때문이다. 생산성 따라잡기가 반드시 첨단 기술 습득과 관련되어 있는 것이 아님을 잘 보여 주는 것이 중국의 예다. [그림 7-4]의 패널 B에서 인공위성을 쏘아 올리고 핸드폰을 생산하는 중국이 미국에 대한 총요소 생산성 열세를 지난 반 세기 동안 거의 좁히지 못하고 있음을 보았다.

타이완과 한국 및 일본 사이에는 어떤 차이가 있길래 생산성 따라잡기에서 이렇게 대조적인 결과가 나온 것일까? 이는 한국 경제 성장의 장래를 전망하기 위해 가장 중요한 질문 중 하나이지만 간단히 대답할 수 있는 질문이 아니다. 다만 현 단계에서 주목할 만한 사실은 한국, 일본, 중국에 비해 타이완이 보다 경쟁적 시장 구조와 투명한 기업 지배 구조를 가지고 있는 것처럼 보인다는 것이다. 타이완의 시장 경제에는 (중국에서처럼) 공산당의 통제가 작동하지 않음은 물론 (일본과 한국에서처럼) 대기업 집단도, (한국에서와 같은) 전투적인 노동 세력도 존재하지 않는다.[8] 이런 차이는 한국, 일본, 중국에서 생산성이 타이완에서처럼 빠르게 생산성이 향상되지 못하고 있는 이유가 기득권을 가지고 있는 집단들의 지대 추구 행위에 있을 가능성이 높음을 시사한다(Parente & Prescott, 2002). 영국 산업 혁명기에 전통적 수직공들은 역직기가 들어오면 일자리가 없어질 것을 우려해 기계 파괴 운동을 벌였다. 오늘날 우리나라에서 노동조합의 반대 때문에 노동 절약적 기술 도입이 어려워지거나 구조 조정을 통해 생산 조직을 합리화하지 못하게 되는 경우를 어렵지 않게 볼 수 있다. 대기업 집단이 효율성보다는 시장 지

8) Park(1990: 119)에 따르면 타이완의 국민당 정부는 본토에서 자신들이 정치적 몰락의 이유가 소수에 의한 민간 자원 독점에 있었다고 생각했기 때문에 부의 집중을 억제하려고 했다. 이것이 사실이라면, 그리고 타이완의 경쟁적인 시장 구조가 생산성 향상에 도움이 되었다면 공산주의는 타이완에서도 – 역시 의도한 것은 아니지만 – 경제 성장에 기여한 것이 된다.

배력을 극대화하는 것을 목표로 행동한다는 비판도 흔히 들을 수 있다. 그리고 시장 지배력을 바탕으로 중소기업이 개발해 놓은 기술을 약탈하는 경우가 드물지 않으므로 기술 혁신 의욕이 둔화된다는 주장도 있다. 공공 부문의 지대 추구 행위를 제거하기 위한 개혁이 필요하다는 것은 거의 누구나가 인정하고 있다. 마지막으로 공공 부문, 대기업 집단, 그리고 노동조합의 경쟁 제한 행위는 고립적으로가 아니라 암묵적 협력을 통해서 이루어지고 있는 것은 아닌지 주의 깊게 살펴볼 필요가 있다.

생산성 따라잡기를 어렵게 하는 문제가 무엇인지를 식별하고, 개혁을 실시해서 타이완처럼 미국과의 생산성 격차를 소멸시킨다고 하자. 그렇게 된 다음 우리나라 생활 수준 향상 속도는 우리나라를 포함한 세계가 얼마나 빠르게 새로운 기술을 개발하느냐에 달려 있다. 모방(imitation)이 아닌 혁신(innovation)을 통한 생산성 향상에는 훨씬 더 많은 노력과 자원이 소요된다. 지금 한국에서 일어나고 있는 제도 변화는 혁신을 장려하기보다는 방해하는 방향으로 진행되고 있다. 그 이유는 지난 20년간 소득 불평등이 확대되어 왔다는 사실과 밀접히 관련되어 있다.

보유한 능력과 자산이 서로 다른 사람들이 시장에서 만나 거래를 하고 그 과정에서 기후, 정책, 금융 위기 같은 충격이 발생하면, 불평등이 점점 심화되는 경향이 있다. 조선 후기에는 흉년이 들면 저장해 둔 곡식이 많지 않은 가난한 농민들이 토지를 팔아 위기를 넘길 수밖에 없었다. 그래서 토지는 점점 양반 대토지 소유자들의 수중으로 집중되어 갔다(제4장). 1920년대 후반과 1930년대 초의 농업 공황기에 일어난 농산물 가격 급락의 영향도 마찬가지였다(제6장). 1997년 외환 위기는 저소득 계층에게 심각한 타격을 입혔다. 외환 위기를 계기로 한 규제 완화(de-regulation)와 시장의 영역 확대는 불평등 확대가 일회성 사건으로 그치지 않고 1997년 이후 오늘날까지 꾸준히 지속되는 배경이 되었다.

불평등은 세 가지 이유 때문에 경제 성장에 해가 된다. 우선 (제3장에서 설명했듯이) 경제 성장은 궁극적으로 기술 발전에 의해 추동된다. 그런데 다수의 대중을 권력, 기회, 자산 소유로부터 소외시키는 제도 아래서는 빠른 기술 발전을 기대하기 어렵다. 소수 지배 계층에게 부의 축적을 위한 제도가 지배하는 곳에서는 엘리트들에게만 교육의 문호가 열려 있는 경우가 많다. 대부분의 사람들이 제한된 인적 자본만을 보유한 곳에서는 기술 발전 속도가 느릴 수밖에 없다. 둘째, 불평등한 사회를 지배하는 엘리트들은 지대 추구 행위를 통해 자신들이 부를 축적하기 쉽게 하는 제도적 환경을 만들어 나간다. 그렇게 되면 시간과 자원을 투입해 개발한 새로운 기술의 과실이 그 기술을 개발한 사람에게 돌아가기보다는 정치적 강자의 소득으로 귀속될 가능성이 높다. 따라서 기술 발전을 이룩하려는 인센티브가 파괴된다. 마지막으로 소득 불평등은 거시 경제적 불안정성으로 연결될 가능성이 높다. 부가 소수의 사람들 손에 집중되어 있는 나라에서는 정부가 공공재 공급에 필요한 자원을 세금을 통해 걷기 어렵다. 따라서 재정 적자가 발생하기 쉽다. 왜냐하면 부자들은 정치적 영향력을 이용해 내야 할 세금을 제대로 내지 않으며, 다수의 대중은 빈곤하므로 세금 부담 능력이 취약하기 때문이다. 그래서 정부는 재정 적자를 통화 증발을 통해 메우려 하게 된다. 따라서 인플레이션이나 국제 수지 위기 같은 거시 경제적 문제가 심각해지고 이는 경제 성장의 기반을 무너뜨린다.

경제적 불평등은 경제 성장을 해칠 뿐 아니라 시장 경제 체제에 대한 사람들의 지지를 약화시킨다. 이는 정치적 불안정으로 이어진다. 따라서 시장 경제 체제를 바탕으로 경제 성장을 이룩해 나가려는 정부는 시장 개입을 통해 소득 분배의 불균형을 완화시킬 필요가 있다. 소득 재분배 정책이 어떤 방식으로 또 어느 정도로 이루어지는지는 매우 중요하다. 제7장은 조선 후기의 구황 정책이 흉년에 대비한 투자와 기술 발전을 저해했음을 설명했다. 이는 재정 정책을 통한 소득 재분배, 특히 복지가 노동, 저축, 기술 혁신의 인센티브를 파괴시키지 않도록 복지의 규모를 제한하고 복지 제공 방식을 고안할 필요가 있다는 것을 말해 준다. 특히 복지가 성장의 걸림돌로 작용하지 않도록 하기 위해서는 소득 재분배가 소비보다는 투자, 특히 인적 자본에 대한 투자 확대로 연결될 수 있도록 이루어져야 한다.

한국 고도 성장은 지주 제도 소멸이라는 충격의 결과 발생한 일회성 사건이고 반복될 가능성이 거의 없다. 자본의 한계생산성이 매우 낮은 수준으로 떨어져 있고 교육 업그레이드도 이미 한계에 접근하고 있으므로 앞으로의 일인당 생산 증가는 생산성 향상 속도와 같아질 것인데 선진국과의 생산성 격차를 더 이상 좁히는 일은 사회 세력 간 권력 재배분을 바탕으로 한 제도의 대대적 개혁 없이는 쉽지 않아 보인다. 통계청은 출산율 하락 때문에 가까운 장래에 인구 감소가 시작될 전망하고 있다. 일인당 생산이 느리게 밖에는 증가하지 않는데, 인구가 감소한다면 총생산은 정체하거나 감소할 수도 있을 것이다. 많은 사람들이 당연시하는 증가와 확대의 세계는 조만간 끝날 것이다.

이 같은 전망은 현재 남북 분단 상태가 유지된다는 것을 가정으로 한 것이다. 많은 사람들이 희망하는 것처럼 평화로운 방식으로 (자본이 풍부한) 한국과 (노동이 풍부한) 북한이 하나의 통합된 경제를 이루게 된다면 자본 스톡보다는 노동 공급이 더 빠르게 증가할 것이다. 그러면 자본의 한계 생산성이 증가하고 물적 자본 축적을 통한 경제 성장의 여지가 생겨나게 된다. 북한의 교육 수준은 한국에 비해 낮다. 그러니 인적 자본 축적을 통한 경제 성장의 가능성도 확대될 것이다. 북한의 기술 수준은 남한에 비해 뒤떨어져 있다. 따라서 모방을 통한 생산성 향상도 다시 중요해질 것이다. 그러면 일인당 생산은 다시 빠르게 증가하고 한국 고도 성장기에 버금가는 성과를 거둘 수 있을 것이다. 그러나 이는 지금에 비해 훨씬 낮은 일인당 생산을 출발점으로 해서 진행될 것이다. 독일 통일은 두 개의 상이한 체제가 하나가 되는 이행 과정에서 많은 비용이 든다는 것을 보여 주었다. 통일 비용을 계산에 넣는다면 통일 직후의 일인당 생산 수준은 통일 직전의 북한과 한국의 GDP 합계를 북한과 한국의 인구 합계로 나눈 값보다 더 낮은 것이 될 것이다. 고도 성장이 일어난다면 이런 낮은 수준에서 다시 시작될 것이다.

부표(Statistical Appendix)

부표 1 인구와 인구 지표(Population and Demographic Indicators)

A. 한국인 인구(Korean population)

	남(male)	여(female)
1910	8,286,087	7,986,116
1915	8,932,506	8,633,720
1920	9,342,935	8,953,475
1925	9,726,150	9,293,880
1930	10,398,889	10,039,219
1935	11,271,005	10,937,097
1940	11,839,295	11,708,170
1944	12,521,173	12,599,001
1949	10,188,238	9,978,518
1955	10,752,973	10,749,413
1960	12,543,968	12,445,273
1966	14,684,147	14,475,493
1970	15,779,615	15,655,637
1975	17,445,246	17,233,726
1980	18,749,306	18,657,509
1985	20,227,564	20,192,088
1990	21,770,919	21,619,455
1995	22,357,352	22,196,358
2000	23,068,181	22,917,108
2005	23,465,650	23,575,784
2010	23,840,896	24,149,865

주: 1944까지는 남북한 인구; 1949년 이후는 남한 인구; 1920년까지는 차명수(2012)의 추정 인구; 1925년 이후는 센서스 집계 인구.

자료: 차명수(2012); 조선국세조사보고서; 한국의 센서스 보고서; 대한민국통계연감(1958); 인구주택국세조사보고(1960); 인구주택센서스보고(1966, 1970); 총인구 및 주택조사보고(1975); 인구 및 주택센서스보고(1980); 인구주택총조사보고서(1985, 1990, 1995, 2000, 2005).

부표 1 계속

B. 조출산율과 합계 출산율(crude birth rate and total fertility rate)

	조출산율(CBR)	합계출산율(TFR)
1925-30	44.9	6.2
1930-35	44.1	6.1
1935-40	43.8	6.2
1940-45	42.1	6.1
1945-50	42.2	6.0
1950-55	40.4	5.6
1955-60	44.7	6.3
1960-65	41.7	6.0
1965-70	35.1	5.1
1970	31.2	4.5
1975	24.8	3.4
1980	22.7	2.7
1985	16.2	1.7
1990	15.4	1.6
1995	16.0	1.6
2000	13.4	1.5
2005	8.9	1.1
2010	9.4	1.2

주: 1965-70년의 조출산율은 1966년의 값; 1945 이전 이후 모두 남한의 값.

자료: Kwon(1977), kosis.kr.

부표 1 계속

C. 조사망률과 출생시 기대 여명(crude death rate and life expectancy at birth)

	조사망률(CDR)	기대 여명(life expectancy)
1925-30	26.2	37.39
1930-35	23.9	39.94
1935-40	23.2	40.85
1940-45	21.9	40.85
1945-50	19.0	43.30
1950-55	30.0	48.10
1955-60	16.0	50.34
1960-65	15.2	52.08
1965-70	13.0	na
1970	8.0	61.93
1975	7.7	63.82
1980	7.3	65.69
1985	6.0	68.44
1990	5.8	71.28
1995	5.4	73.53
2000	5.2	76.02
2005	5.0	78.63
2010	5.1	80.79

주: 1945 이전 이후 모두 남한의 값.
자료: Kwon(1977), kosis.kr.

부표 2 명목 및 실질 총산출(GDP at current and constant prices)

	경상 가격 GDP(GDP at current prices)	불변 가격 GDP(GDP at costant prices)
	thousand yen	
1911	515,205	970,629
1912	629,868	1,006,960
1913	699,921	1,087,304
1914	630,956	1,156,849
1915	570,717	1,201,329
1916	665,685	1,278,471
1917	900,428	1,296,067
1918	1,420,183	1,370,786
1919	1,839,342	1,246,639
1920	1,966,292	1,424,534
1921	1,583,913	1,457,003
1922	1,728,703	1,480,307
1923	1,710,347	1,508,358
1924	1,814,186	1,447,114
1925	1,892,026	1,499,367
1926	1,834,282	1,576,920
1927	1,860,419	1,706,823
1928	1,767,041	1,636,700
1929	1,710,787	1,677,330
1930	1,418,263	1,855,762
1931	1,366,077	1,916,622
1932	1,512,451	1,951,776
1933	1,647,852	2,034,795
1934	1,843,507	2,040,714
1935	2,229,581	2,229,581
1936	2,361,663	2,256,830
1937	3,015,795	2,688,595
1938	3,270,764	2,703,272
1939	3,716,209	2,445,931
1940	4,587,809	2,843,142

부표 2 계속

	경상 가격 GDP(GDP at current prices)	불변 가격 GDP(GDP at costant prices)
	million won	
1953	47,310	21,244,936
1954	65,590	22,426,700
1955	113,110	23,438,488
1956	150,110	23,131,278
1957	195,670	24,894,571
1958	203,270	26,273,109
1959	216,030	27,285,818
1960	243,120	27,601,813
1961	291,400	29,216,873
1962	352,360	29,840,361
1963	499,570	32,596,596
1964	711,060	35,716,889
1965	798,070	37,767,262
1966	1,023,660	42,366,831
1967	1,259,280	44,866,662
1968	1,629,750	49,952,144
1969	2,130,240	56,868,540
1970	2,775,100	61,851,100
1971	3,434,500	68,309,100
1972	4,241,100	72,756,700
1973	5,499,000	83,515,600
1974	7,845,400	91,350,900
1975	10,477,800	98,053,800
1976	14,410,800	111,247,500
1977	18,502,000	124,394,400
1978	24,944,700	137,204,000
1979	32,049,400	148,715,100
1980	39,109,600	145,903,200
1981	49,305,700	156,705,900
1982	56,676,800	169,698,900
1983	66,685,100	190,371,700
1984	76,523,500	209,140,700

부표 2 계속

	경상 가격 GDP(GDP at current prices)	불변 가격 GDP(GDP at costant prices)
	million won	
1985	85,699,100	224,765,500
1986	100,254,100	252,276,200
1987	117,938,200	283,220,200
1988	140,524,800	316,245,200
1989	158,620,100	337,598,100
1990	191,382,800	368,985,900
1991	231,428,200	404,825,000
1992	263,993,200	428,164,000
1993	298,761,600	455,264,200
1994	349,972,600	495,199,300
1995	409,653,600	539,424,000
1996	460,952,600	578,186,400
1997	506,313,600	611,528,900
1998	501,027,200	576,586,800
1999	549,005,000	638,458,000
2000	603,236,000	694,628,100
2001	651,415,300	722,228,900
2002	720,539,000	773,868,400
2003	767,113,700	795,558,200
2004	826,892,700	832,305,300
2005	865,240,900	865,240,900
2006	908,743,800	910,048,900
2007	975,013,000	956,514,500
2008	1,026,451,800	978,498,800
2009	1,065,036,800	981,625,100
2010	1,172,803,400	1,042,111,300

주: 식민지의 불변 가격 GDP는 1935년 기준, 한국의 불변 가격 총산출은 2005년 기준.

부표 3 GDP, 인구, 1인당 GDP (남한과 북한, 1911-2010, 2005년 가격)

(GDP, Population, and per capita GDP (South and North, 1911-2010, At 2005 Prices))

	GDP		인구(Population)		1인당 GDP(per capita GDP)	
	남한(South)	북한(North)	남한(South)	북한(North)	남한(South)	북한(North)
	10억 원(billion won)		천 명(thousand persons)		만 원(10 thousand won)	
1911	9,677	4,772	11,109	5,650	87.1	84.4
1912	9,641	5,348	11,242	5,812	85.8	92.0
1913	10,475	5,709	11,375	5,968	92.1	95.7
1914	11,367	5,853	11,523	6,104	98.7	95.9
1915	11,618	6,264	11,713	6,192	99.2	101.2
1916	12,243	6,787	11,839	6,229	103.4	109.0
1917	12,803	6,489	11,917	6,310	107.4	102.8
1918	13,451	6,954	11,985	6,397	112.2	108.7
1919	12,996	5,561	12,123	6,412	107.2	86.7
1920	13,978	7,227	12,440	6,252	112.4	115.6
1921	14,455	7,233	12,471	6,385	115.9	113.3
1922	14,685	7,350	12,507	6,520	117.4	112.7
1923	14,938	7,514	12,617	6,576	118.4	114.3
1924	14,240	7,301	12,732	6,617	111.8	110.3
1925	14,833	7,486	12,831	6,692	115.6	111.9
1926	15,648	7,825	13,009	6,811	120.3	114.9
1927	16,705	8,702	13,179	6,942	126.8	125.3
1928	15,692	8,670	13,365	7,063	117.4	122.8
1929	15,922	9,046	13,535	7,206	117.6	125.5
1930	17,671	9,953	13,724	7,334	128.8	135.7
1931	17,782	10,748	13,950	7,463	127.5	144.0
1932	18,047	11,006	14,157	7,617	127.5	144.5
1933	18,711	11,578	14,376	7,767	130.2	149.1
1934	19,218	11,159	14,604	7,914	131.6	141.0
1935	20,530	12,658	14,836	8,063	138.4	157.0
1936	20,057	13,537	15,065	8,112	133.1	166.9
1937	23,959	16,061	15,189	8,270	157.7	194.2
1938	23,364	16,875	15,352	8,392	152.2	201.1
1939	19,571	16,838	15,450	8,584	126.7	196.2

부표 3 계속

	GDP		인구(Population)		1인당 GDP(per capita GDP)	
	남한(South)	북한(North)	남한(South)	북한(North)	남한(South)	북한(North)
	10억 원(billion won)		천 명(thousand persons)		만 원(10 thousand won)	
1940	23,982	18,339	15,439	8,888	155.3	206.3
1941	25,883	18,739	15,619	9,091	165.7	206.1
1942	20,558	17,390	15,884	9,215	129.4	188.7
1943	21,337	18,208	16,092	9,404	132.6	193.6
1944			16,346	9,554		
1945			16,577			
1946	13,218		18,354		72.0	
1947	14,160		19,211		73.7	
1948	17,143		19,837		86.4	
1949	18,878		20,189		93.5	
1950	16,033		20,427		78.5	
1951	15,462		19,843		77.9	
1952	16,462		20,165		81.6	
1953	21,245		20,239		105.0	
1954	22,427		20,823		107.7	
1955	23,438		21,424		109.4	
1956	23,131		22,042		104.9	
1957	24,895		22,677		109.8	
1958	26,273		23,331		112.6	
1959	27,286		24,003		113.7	
1960	27,602		25,012		110.4	
1961	29,217		25,766		113.4	
1962	29,840		26,513		112.5	
1963	32,597		27,262		119.6	
1964	35,717		27,984		127.6	
1965	37,767		28,705		131.6	
1966	42,367		29,436		143.9	
1967	44,867		30,131		148.9	
1968	49,952		30,838		162.0	
1969	56,869		31,544		180.3	

부표 3 계속

	GDP		인구(Population)		1인당 GDP(per capita GDP)	
	남한(South)	북한(North)	남한(South)	북한(North)	남한(South)	북한(North)
	10억 원(billion won)		천 명(thousand persons)		만 원(10 thousand won)	
1970	61,851		32,241		191.8	
1971	68,309		32,883		207.7	
1972	72,757		33,505		217.1	
1973	83,516		34,103		244.9	
1974	91,351		34,692		263.3	
1975	98,054		35,281		277.9	
1976	111,248		35,849		310.3	
1977	124,394		36,412		341.6	
1978	137,204		36,969		371.1	
1979	148,715		37,534		396.2	
1980	145,903		38,124		382.7	
1981	156,706		38,723		404.7	
1982	169,699		39,326		431.5	
1983	190,372		39,910		477.0	
1984	209,141		40,406		517.6	
1985	224,766		40,806		550.8	
1986	252,276		41,214		612.1	
1987	283,220		41,622		680.5	
1988	316,245		42,031		752.4	
1989	337,598		42,449		795.3	
1990	368,986		42,869		860.7	
1991	404,825		43,296		935.0	
1992	428,164		43,748		978.7	
1993	455,264		44,195		1,030.1	
1994	495,199		44,642		1,109.3	
1995	539,424		45,093		1,196.2	
1996	578,186		45,525		1,270.1	
1997	611,529		45,954		1,330.8	
1998	576,587		46,287		1,245.7	
1999	638,458		46,617		1,369.6	

부표 3 계속

	GDP		인구(Population)		1인당 GDP(per capita GDP)	
	남한(South)	북한(North)	남한(South)	북한(North)	남한(South)	북한(North)
	10억 원(billion won)		천 명(thousand persons)		만 원(10 thousand won)	
2000	694,628		47,008		1,477.7	
2001	722,229		47,357		1,525.1	
2002	773,868		47,622		1,625.0	
2003	795,558		47,859		1,662.3	
2004	832,305		48,039		1,732.5	
2005	865,241		48,138		1,797.4	
2006	910,049		48,297		1,884.3	
2007	956,515		48,456		1,974.0	
2008	978,499		48,607		2,013.1	
2009	981,625		48,747		2,013.7	
2010	1,042,111		48,875		2,132.2	

자료: 감낙년 편(2012).

부표 4 산출의 부문별 구성(Sectoral Distribution of Output)(%)

	농림수산업 (Agriculture, Fishery and Forestry)	제조업 (Manufacturing)	광업 (Mining and querrying	전기, 가스, 수도 (Electricity, gas, and water supply)	건설 (Construction)	서비스업 (Service)
1911	67.8	4.4	0.6	0.1	1.6	25.5
1912	68.8	4.1	0.6	0.1	1.4	25.0
1913	69.6	4.2	0.6	0.2	1.3	24.1
1914	66.7	5.0	0.7	0.2	1.5	25.8
1915	62.5	6.3	1.0	0.3	1.6	28.3
1916	63.9	5.8	1.2	0.5	1.5	27.1
1917	66.0	5.7	1.1	0.3	1.4	25.6
1918	67.4	5.8	0.7	0.9	1.4	23.8
1919	63.3	6.6	0.6	0.6	1.7	27.1
1920	65.6	5.1	0.6	0.5	2.0	26.3
1921	58.7	6.5	0.5	0.5	3.1	30.6
1922	60.5	5.9	0.4	0.5	3.1	29.6
1923	59.3	6.6	0.5	0.5	2.7	30.3
1924	60.5	6.6	0.5	0.5	2.1	29.7
1925	61.1	6.4	0.5	0.6	2.1	29.2
1926	58.8	7.0	0.6	0.6	2.2	30.8
1927	57.9	6.7	0.6	0.7	2.6	31.4
1928	53.7	7.3	0.7	0.8	3.2	34.3
1929	52.2	7.2	0.8	0.7	3.5	35.6
1930	47.4	6.6	0.9	3.2	3.8	38.1
1931	47.7	5.6	0.9	5.3	3.4	37.1
1932	50.0	6.4	1.2	4.4	3.0	35.1
1933	49.4	7.2	1.6	4.2	2.8	34.8
1934	50.0	7.7	1.8	3.1	2.9	34.6
1935	50.4	8.5	2.2	2.6	3.4	33.1
1936	44.9	9.8	2.5	4.3	4.2	34.3
1937	47.6	9.8	2.6	5.0	3.7	31.3
1938	43.1	11.3	3.4	5.8	4.0	32.5
1939	40.1	13.3	3.8	4.5	4.7	33.6
1940	42.0	13.7	3.7	3.8	4.7	32.0
1953	48.6	7.8	1.2	0.4	2.2	39.9

부표 4 계속

	농림수산업 (Agriculture, Fishery and Forestry)	제조업 (Manufacturing)	광업 (Mining and querrying	전기, 가스, 수도 (Electricity, gas, and water supply)	건설 (Construction)	서비스업 (Service)
1954	41.5	10.3	1.0	0.4	2.8	44.0
1955	46.0	10.1	1.1	0.5	3.2	39.1
1956	48.5	10.2	1.2	0.2	3.0	36.9
1957	46.9	9.5	1.5	0.5	3.7	37.9
1958	43.0	10.9	1.7	0.8	3.5	40.1
1959	36.2	12.0	1.9	0.6	3.8	45.5
1960	39.6	12.1	2.3	0.7	3.5	41.8
1961	41.4	12.6	2.0	1.0	3.5	39.5
1962	39.8	12.4	2.2	1.2	3.5	41.0
1963	46.0	13.3	1.8	0.9	3.1	35.0
1964	48.9	14.7	1.8	0.8	2.9	30.8
1965	40.2	17.3	2.1	1.1	3.6	35.6
1966	37.3	17.0	2.0	1.2	3.9	38.5
1967	33.2	17.3	2.0	1.2	4.2	42.1
1968	31.5	18.0	1.7	1.2	5.3	42.4
1969	30.7	17.8	1.5	1.3	6.2	42.4
1970	29.1	18.5	1.7	1.3	5.1	44.3
1971	29.5	18.3	1.5	1.3	4.4	45.1
1972	28.6	20.0	1.1	1.4	4.0	44.9
1973	26.5	23.0	1.1	1.2	4.2	43.9
1974	26.4	22.4	1.3	0.7	4.3	45.0
1975	26.9	22.2	1.5	1.1	4.5	43.7
1976	25.5	24.1	1.2	1.2	4.4	43.6
1977	24.2	23.9	1.5	1.4	5.3	43.7
1978	22.2	24.1	1.4	1.4	7.4	43.5
1979	20.7	24.4	1.2	1.8	8.2	43.7
1980	16.0	24.6	1.4	2.1	7.9	48.0
1981	16.7	25.0	1.5	2.3	6.8	47.7
1982	15.6	24.9	1.3	2.4	7.3	48.4
1983	14.3	25.9	1.3	2.7	7.5	48.3
1984	13.4	27.2	1.2	2.9	7.2	48.0

부표 4 계속

	농림수산업 (Agriculture, Fishery and Forestry)	제조업 (Manufacturing)	광업 (Mining and querrying	전기, 가스, 수도 (Electricity, gas, and water supply)	건설 (Construction)	서비스업 (Service)
1985	13.3	26.7	1.3	2.9	6.9	49.0
1986	11.7	28.3	1.3	3.2	6.2	49.3
1987	10.5	29.5	1.1	3.0	6.4	49.5
1988	10.4	30.1	0.9	2.6	6.7	49.2
1989	9.7	28.4	0.8	2.4	7.8	50.9
1990	8.7	26.6	0.8	2.1	10.4	51.5
1991	7.7	26.7	0.7	2.0	11.2	51.6
1992	7.5	25.9	0.5	2.0	10.7	53.3
1993	6.7	26.0	0.5	2.1	10.8	53.9
1994	6.5	26.3	0.5	2.1	10.2	54.4
1995	6.2	26.7	0.5	2.0	10.1	54.6
1996	5.8	25.8	0.4	2.0	10.3	55.8
1997	5.3	25.4	0.4	2.0	10.4	56.5
1998	4.9	26.4	0.4	2.3	8.8	57.3
1999	5.0	27.2	0.3	2.5	7.7	57.3
2000	4.6	28.3	0.3	2.5	6.9	57.3
2001	4.4	26.6	0.3	2.6	7.1	59.0
2002	4.0	26.2	0.3	2.6	7.2	59.8
2003	3.7	25.8	0.2	2.6	8.0	59.6
2004	3.7	27.7	0.3	2.4	7.8	58.1
2005	3.3	27.5	0.3	2.3	7.6	59.0
2006	3.2	27.1	0.3	2.3	7.5	59.7
2007	2.9	27.3	0.2	2.2	7.4	60.0
2008	2.7	27.9	0.2	1.3	7.0	60.8
2009	2.8	27.8	0.2	1.8	6.9	60.4
2010	2.6	30.6	0.2	2.0	6.5	58.2

주: 1940년까지는 남북한, 1953년 이후는 남한.
자료: 김낙년 편(2012).

부표 5 총수요의 지출 항목별 구성(Structure of the Aggregate Demand)

	민간 소비 (Private consumption)	고정 자본 형성 (Gross fixed capital formation)	공공 소비 (Public consumption)	수출 (Exports)	수입 (Imports)
1911	91.6	4.8	5.7	6.6	13.1
1912	94.1	4.6	5.0	5.5	12.1
1913	91.6	4.2	4.6	6.4	11.1
1914	89.1	4.3	5.2	7.6	10.7
1915	91.5	4.5	5.8	11.5	11.5
1916	87.0	4.3	5.3	11.5	12.7
1917	88.0	4.9	4.0	10.8	12.8
1918	85.9	5.5	2.9	12.1	12.1
1919	97.1	5.3	3.6	12.8	15.9
1920	81.3	5.4	4.9	10.9	13.4
1921	88.7	6.9	6.7	13.3	14.0
1922	86.1	7.1	6.4	11.8	13.9
1923	87.9	6.1	6.2	14.7	14.1
1924	93.5	5.2	5.6	18.7	17.0
1925	89.2	4.9	5.0	18.3	17.9
1926	93.3	5.6	5.4	19.8	19.6
1927	90.9	6.3	5.5	19.8	21.7
1928	95.5	7.6	6.0	21.1	23.8
1929	90.1	8.4	6.6	19.8	24.1
1930	87.0	9.2	7.8	19.8	26.0
1931	91.0	7.6	7.3	22.3	21.1
1932	82.8	7.0	6.8	22.3	21.9
1933	84.2	7.3	6.8	22.9	24.1
1934	88.4	8.3	6.0	26.9	27.8
1935	82.1	9.4	5.4	33.1	31.6
1936	87.3	11.3	5.5	27.0	31.6
1937	76.0	10.5	5.8	24.4	27.4
1938	82.2	12.0	5.9	28.8	30.8
1939	86.9	14.5	5.4	27.8	34.6
1940	77.6	15.8	5.5	23.1	33.1
1953	84.3	7.3	8.0	2.0	9.9

부표 5 계속

	민간 소비 (Private consumption)	고정 자본 형성 (Gross fixed capital formation)	공공 소비 (Public consumption)	수출 (Exports)	수입 (Imports)
1954	84.0	9.3	10.3	1.1	7.5
1955	87.0	10.4	8.9	1.7	10.1
1956	93.6	10.4	9.2	1.4	13.3
1957	84.3	10.7	10.9	1.5	12.1
1958	83.0	10.2	12.9	2.1	10.9
1959	82.1	11.2	14.3	2.7	10.4
1960	85.3	10.9	14.6	3.4	12.8
1961	84.3	11.8	13.7	5.4	15.0
1962	83.5	13.8	14.1	5.1	16.8
1963	81.0	13.6	11.0	4.8	15.9
1964	83.3	11.4	8.6	5.9	13.6
1965	84.1	14.9	9.4	8.6	16.0
1966	79.2	20.5	10.1	10.4	20.3
1967	79.8	21.8	10.3	11.5	22.2
1968	75.5	25.4	10.6	12.8	25.6
1969	71.8	26.1	10.4	13.5	25.4
1970	74.5	25.5	10.1	13.2	23.5
1971	75.5	22.9	10.4	14.5	25.3
1972	73.1	21.1	10.7	18.9	23.9
1973	68.6	24.0	9.1	27.9	31.4
1974	69.0	26.8	10.0	26.1	37.4
1975	69.1	26.6	11.5	26.3	34.9
1976	64.1	25.3	11.5	29.4	31.7
1977	60.7	28.2	11.4	29.7	30.9
1978	59.5	32.4	10.8	27.7	31.7
1979	59.9	33.6	10.6	25.9	33.2
1980	62.7	31.9	12.7	31.2	39.8
1981	62.3	27.7	12.7	33.2	39.2
1982	61.3	28.1	12.5	31.8	35.2
1983	58.7	29.0	12.0	31.7	33.5
1984	57.1	28.6	11.2	33.9	33.2

부표 5 계속

	민간 소비 (Private consumption)	고정 자본 형성 (Gross fixed capital formation)	공공 소비 (Public consumption)	수출 (Exports)	수입 (Imports)
1985	56.5	28.2	11.3	32.0	30.8
1986	53.5	27.8	11.0	35.1	29.9
1987	50.9	28.7	10.7	37.6	30.4
1988	49.1	29.2	10.8	35.6	28.6
1989	51.1	31.5	11.5	30.2	28.1
1990	50.7	36.2	11.8	27.6	28.3
1991	50.6	38.0	11.6	26.0	28.3
1992	51.1	36.0	12.0	26.8	27.0
1993	51.3	35.4	11.8	25.9	25.1
1994	52.2	35.5	11.4	26.2	26.6
1995	52.3	36.4	11.2	28.5	29.0
1996	53.3	36.6	11.6	27.7	30.4
1997	53.6	34.6	11.5	31.7	32.2
1998	50.3	29.3	12.6	44.3	32.1
1999	52.8	28.6	12.1	37.2	30.8
2000	54.8	30.0	12.0	38.6	35.7
2001	55.9	28.8	12.7	35.7	33.5
2002	56.7	28.6	12.6	33.1	31.7
2003	54.8	29.3	13.0	35.4	33.1
2004	52.6	29.2	13.3	40.9	36.7
2005	53.8	28.9	13.9	39.3	36.6
2006	54.5	28.7	14.5	39.7	38.3
2007	54.4	28.5	14.7	41.9	40.4
2008	54.7	29.3	15.3	53.0	54.2
2009	54.1	29.1	16.0	49.7	46.0
2010	52.5	28.6	15.4	52.4	49.6

주: 1940년까지는 남북한, 1953년 이후는 남한.
자료: 김낙년 편(2012).

자료 목록

조선 후기 족보

- 강릉 김씨 副正公派, 募庵公派, 평의사공파, 청간공파, 일노공파, 괴당공후 참판공파 족보.
- 선원기략.
- 전주 이씨 무안대군파 족보: 1833, 1847, 1900, 1962, 1977년 판본.
- 전주 이씨 장천군파 족보: 1878, 1900, 1989년 판본.
- 함양 박씨 정랑공파 족보: 1694, 1789, 1849, 1939, 1987년 판본.

조선 후기 신장 자료

- 『檢案』, 규장각, 하버드-옌칭도서관, 장서각.
- 『結戶貨法稅則』(古5127-10), 규장각.
- 『慶尙道蔚山府陸軍諸色庚寅改都案』(奎 15022), 규장각.
- 「公忠道觀察使兼巡察使狀啓」(韓國精神文化硏究院(1992), 『古文書集成』 10).
- 「公忠道觀察使関啓本」(서울大學校圖書館(1987), 『古文書』 2).
- 『均役廳事目』(奎 1123), 규장각.
- ‘南海格軍都案’ (국세청 조세박물관, 유물번호 129-左).
- 『碧營隨錄』(奎 5936), 규장각.
- 『司法稟報』(奎 17278, 奎 17279), 규장각.
- 『侍衛大隊官案』(한古朝76-35), 국립중앙도서관.
- 『濟州東伍軍籍簿』(濟州市 · 濟州大學校耽羅文化硏究所(2001), 『濟州東伍軍籍簿』, 濟州市).

- 『增修無冤錄諺解』(一簑古 340.092 Se61j v.1), 규장각.
- 『鎭管官兵容貌册』(韓國古文書學會, 「鎭管官兵容貌册」, 『古文書硏究』, 5, 1994, 127-174).
- 『鎭衛第四聯隊第一大隊第五中隊軍案』(한古朝57-가905), 국립중앙도서관.
- 『忠淸道束伍軍籍』(총 4종), 한국토지주택공사 토지주택박물관.
- 『度支準折』(古5127.3, 가람古336.2 T126t), 규장각.
- 『河東府陸軍兩人并保壬戌案傳書庚午改案』(奎 12323), 규장각.
- 『號牌事目』(奎 12344), 규장각.

기타 조선 후기 자료

- 『經國大典』
- 노비 매매 문기: 국립중앙도서관 및 규장각 소장
- 비변사등록
- 조선왕조실록
- 度支전부고
- 토지 매매 문기: 국립중앙도서관 및 규장각 소장
- 해관연보

식민지기 통계 자료 출처

- 금융사항참고서
- 조선국세조사보고서
- 조선식산은행 퇴직사망자대장
- 조선 총독부 통계연보

• 조선 총독부 특별회계 세입세출 결정계산서, 1913-43년

해방 후

• 인구 및 주택 센서스 보고

• 경제활동 인구 조사 보고

• 1966년 센서스 1% 샘플

• 경제통계연보 (한국은행)

• 임금기본조사 (한국은행)

• 직종별 임금조사 보고서

• 직종별 임금조사 보고서 원시자료

• 대한민국 통계연보

• 농협조사월보

• 문교통계연보, 문교통계요람, 교육통계연보

• 보건사회통계연보

제7장의 성장 회계에 사용된 국제 통계의 출처

• 아래에서 Mitchell(1988)은 참고 문헌에 포함되어 있는 *British Historical Statistics*를, Mitchell(2003a; 2003b: 2003c)는 각각 Brian R. Mitchell이 Palgrave Macmillan를 통해 출간한 *International Historical Statistics: Europe, 1750-2005, International Historical Statistics: The Americas, 1750-2000, International Historical Statistics: Africa, Asia, and Oceania, 1750-2000*을 가리킨다.

• 일인당 생산: http://www.ggdc.net/MADDISON/oriindex.htm

• 조사망률: Jean-Claude Chenais, *La Transition Démographique: Etapes, Formes et Implications Economiques*, Paris: Presses Universitaires de France, 1986;

Mitchell(2003a; 2003b; 2003c).

- 15-64세 인구 비율: Mitchell(2007a; 2007b; 2007c). 중국 1929/31의 값은 John Lossing Buck, *Land Utilization in China: A Study of 16,786 Farms in 168 Localities, and 38,256 Farm Families in Twenty-two Provinces in China, 1929-1933*, Nanking: Nanking University Press, 1937. 1982년 이후는 www.stats.gov.cn(1980의 값은 1982년 값을 사용).
- 수입액: Mitchell(2003a; 2003b; 2003c).
- 초등학교 취학률: Arthur Banks database; Lindert, "Democracy, Decentralization, and Mass Schooling before 1914," University of California, Agricultural History Center, Working Paper 105, 2001; 이차 대전 이전 영국 취학률은 Mitchell(2003a)에 제시된 연령별 인구 분포와 취학생 수를 이용해서 계산했음.
- 금 본위 제도 더미: Eichengreen, *Golden Fetters*, Oxford: Oxford University Press, 1992, 188-91.
- 재정 지출/총산출: Mitchell(2007a; 2007b; 2007c). 단, 타이완은 溝口(2004); 식민지 조선은 김낙년(2006), 1970년 이후 한국은 www.bok.or.kr; 일본은 www.stat.go.jp.
- 관세 수입:

이차 대전 이전

- Argentina: Gerardo della Paolera and Alan M. Taylor, *A New Economic History of Argentina*, Cambridge: Cambridge University Press, 2003.
- Australia: Vamplew, *Australians, Historical Statistics*, Broadway, N.S.W.: Fairfax, Syme & Weldon Associates, 1987.

- Austria: Mitchell(2007a).
- Brazil: Mitchell(2007b).
- Britain: Brian R. Mitchell, *British Historical Statistics*, Cambridge: Cambridge University Press, 1988.
- Burma: Teruko Saito and Kin Kiong Lee, *Statistics on the Burmese Economy*, Singapore: Institute of Southeast Asian Studies, 1999, 175, 201.
- Canada: M. C. Urquhart and K. A. H. Buckley, *Historical Statistics of Canada*, Cambridge: Cambridge University Press, 1965.
- Chile: Markos J. Mamalakis, *Historical Statistics of Chile*, volume 6, New York: Greenwood Press, 1989.
- China: M. A. Clemens and J. G. Williamson(2004); Mitchell(2007c); C. F. Remer, *The Foreign Trade of China*, Shanghai: The Commercial Press, 1926; Arthur N. Young, *China's National Building Efforts, 1927-1937*, Stanford: Hoover Institution, 1971.
- Colombia: *Anuario General de Estadistica*, Bogota: Imprenta Nacional; Mitchell(2003b)
- Cuba: S. Schroeder, *Cuba: A Handbook of Historical Statistics*, Boston: G. K. Hall & Co., 1989.
- Denmark: Mitchell(2007a); H. C. Johansen, *Dansk Historisk Statistik, 1814-1980*, Copenhagen: Gyldendal, 1985.
- Egypt: *Annual Statement of the Foreign Trade of Egypt*, Cairo: Statistical Department, Ministry of Finance.
- France: *Annuaire Statistique*, Paris: Ministere des Finance et d'Affaires Economiques.

- Germany: Mitchell(2007a).
- Greece: *Statistique du Commerce de La Grece avec Las Pays Etranges*, Athens: Impremerie Nationale.
- India: *Statistical Abstract of British India*, London: His Majesty's Stationery Office.
- Indonesia: W. L. Korthals Altes, *Changing Economy in Indonesia*, Volume 12a: *General Trade Statistics 1822-1940*, Amsterdam: Royal Tropical Institute, 1991.
- Italy: Mitchell(2007a).
- Japan: 長期經濟統計叢覽; Mitchell(2007c).
- Korea: 朝鮮總督府特別會計歲入歲出決定計算書, 1913-43.
- Mexico: Mitchell(2003b); *Anuario Estadistico*, Mexico D. F.: Estados Unidos Mexicanos Secretario de la Economia Nacional Direccion General de Estadistica.
- New Zealand: *Official Year Book of New Zealand*, Wellington: Government Printer.
- The Netherlands: Mitchell(2003a).
- Norway: Mitchell(2003a).
- Peru: Extracto Estadistico del Peru, Lima: Preparado por la Direcion Nacional de Estadistica; Thorp, "1914-1929," in Leslie Bethel (ed)., *Latin America: Economics and Society, 1970-1930* , Cambridge: Cambridge University Press, 1989, 77.
- The Phillippines: *Annual Report of the Insular Collector of Customs*, Manila: Bureau of Printing.
- Portugal: Mitchell(2007a).
- Russia: E. H. Carr and R. W. Davies, *Foundations of a Planned Economy 1926-29*, Harmondsworth: Penguin, vol. 1, part II, 975 (originally from Davies, The Development of the Soviet budgetary system 82-83); R. W. Davies, *From*

Tsarism to the New Economic Policy, Ithaca: Cornell University Press, 1991, 326; Mitchell(2003a).

- Spain: Francisco Comin, *Fuentes Cuantitativas para el Estudio del Sector Publico en Espana*, Madrid: Instituto de Estudios Fiscales, 1985; Leonardo Prados de la Escosura, *El Progreso Economico de Espana, 1850-2000*, Madrid: Fundacion BBVA, 2003.
- Sri Lanka: *30 Years of Trade Statistics of Ceylon (1925-1954)*, Part 1, Colombo: Department of Commerce; Patrick Peebles, *Sri Lanka: A Handbook of Historical Statistics*, Boston: G. K. Hall & Co., 1982; Mitchell(2003c).
- Sweden: *Handel*, Stockholm: Sveriges Officiella Statistik.
- Switzerland: Mitchell(2003a).
- Taiwan: 平井廣一,『日本植民地財政史研究』, 東京: ミネルヴァ書房, 1997; 溝口敏行・梅村又次,『舊日本植民地經濟統計: 推計と分析』, 東京: 東洋經濟新報, 1988.
- Thailand: Mitchell(2003c); Constance M. Wilson, *Thailand: A Handbook of Historical Statistics*, Boston: G. K. Hall & Co., 1983.
- Turkey: Annuarie Statistique, Anakara: Republique Turque; Mitchell(2003c).
- Uruguay: Mitchell(2003b).
- The United States: Mitchell(2003b); W. S. Woytinsky and E. S. Woytinsky, *World Commerce and Governments – Trends and Outlook*, New York: the 20th Century Fund, 1955.
- Yugoslavia: Michael Kitson and Solomos Solomou, "Bilateralism in the interwar world economy," *Bulletin of Economic Research*, 47(3), 1995; Mitchell(2003a); W. S. Woytinsky and E. S. Woytinsky, *World Commerce and Governments –*

Trends and Outlook, New York: the 20th Century Fund, 1955.

이차 대전 이후

- Mitchell(2003a; 2003b: 2003c).
- Gerardo della Paolera and Alan M. Taylor, *A New Economic History of Argentina*, Cambridge: Cambridge University Press, 2003.
- *Taiwan Statistical Data Book*, 1999; www.stats.gov.cn.
- The United Nations, *World Development Index*, various years.

참고문헌

강만길, 『朝鮮 後期의 商業 資本의 發達』, 高麗大學校出版部, 1973.

강명관, 『조선시대 책과 지식의 역사』, 천년의 상상, 2014.

강영심, 「日帝下의 '朝鮮林野調査事業'에 관한 연구(上)」, 『韓國學報』, 9, 1983, 129-157.

권태환 · 김두섭, 『인구의 이해』, 서울대학교출판부, 2002.

권태환 · 신용하, 「조선왕조시대 인구 추정에 관한 일 시론」, 『동아문화』, 14, 1977.

김경숙, 「조선후기 山訟과 사회갈등 연구」, 서울대학교 박사학위 논문, 2002.

김광조, 「고등교육의 기회확대와 학력간 임금격차 변화」, 『敎育財政 經濟研究』, 4, 1995, 313-336.

김낙년, 「조선무역의 경기동향」, 안병직 편, 『한국경제성장사』, 서울대학교출판부, 2001, 165-219.

______, 「식민지기 조선 공업화에 관한 제 논점」, 『經濟史學』, 35, 2003, 29-61.

______, 「서평 : 『개발 없는 개발: 일제하 조선경제 개발의 현상과 본질』(허수열 저), 은행나무, 2005」, 『經濟史學』, 38, 2005, 211-219.

______, 「식민지기의 유업자 통계: "고용 없는 성장인가?」, 『경제사학』, 50, 2011, 197-207.

______, 「식민지기 조선의 소득불평등, 1933-1940; 소득세 자료에 의한 접근」, 『경제사학』, 55, 2013, 249-279.

김낙년 편, 『한국의 장기 통계』, 서울대학교출판문화원, 2012.
김낙년 · 박기주, 「해방 전후(1936-1956년) 서울의 물가와 임금」, 『經濟史學』, 42, 2007, 71-105.
______, 「식민지기 조선의 임금수준과 임금격차 –공장임금을 중심으로」, 『대동문화연구』, 74, 2011, 379-417.
김대일, 『경제개방이 우리나라 노동시장에 미친 효과』, 서울대학교출판부, 2004.
김두얼, 「행장류 자료를 통해 본 조선시대 양반의 출산과 인구변동」, 『경제사학』, 52, 2012, 3-28.
김용섭, 「속 · 양안의 연구(상)–조선후기의 전호경제」, 『史學研究』, 신구문화사, 1963, 1-64.
______, 「수탈을 위한 측량」, 한국현대사편찬위원회 편, 『暗黑의 時代: 1910-1930』, 신구문화사, 1969, 96-130.
______, 『조선후기농업사연구 I』, 일조각, 1970.
김재호, 「근대적 재정제도의 성립과 징세기구의 변화」, 안병직 편, 『韓國經濟成長史: 예비적 고찰』, 서울대학교출판부, 2001a.
______, 「농촌사회의 신용과 계, 1853-1934」, 안병직 · 이영훈 공편, 『맛질의 농민들』, 일조각, 2001b, 300-331.
______, 「한국전통사회의 기근과 그 대응, 1392-1910」, 『경제사학』, 30, 2001c, 47-85.
______, 「자매노비(自賣奴婢)와 인간에 대한 재산권, 1750-1905」, 『경제사학』, 38, 2005, 3-39.
김재호 · 박기주, 「농촌 이자율의 장기변동, 1742-1953」, 이영훈 편, 『수량경제사로 다시 본 조선후기』, 서울대학교출판부, 2004, 110-145.

김종준, 『일진회의 문명화론과 친일활동』, 신구문화사, 2010.

나카무라 사토루, 「동북아시아 경제의 근세와 근대, 1600-1900」, 나카무라 사토루 · 박섭 공편, 『근대 동아시아 경제의 역사적 구조』, 일조각, 2007, 19-57.

문용식, 『朝鮮後期 賑政과 還穀運營』, 景仁文化社, 2001.

박기주, 「조선 후기의 생활수준」, 이대근 편, 『새로운 한국경제발달사』, 나남, 2005.

박기주 · 이영훈 · 조영준, 「물가」, 낙성대경제연구소 워킹페이퍼 2007-8, 2007.

박섭, 「농업」, 김낙년 편, 『한국의 경제성장 1910-1945』, 서울대학교출판부, 2006, 27-50.

______, 「근대경제에 대한 한국인의 적응: 19세기 후반부터 20세기 전반까지」, 『역사학보』, 202, 2009, 91-134.

박순영, 「분묘에서 발굴된 사람뼈로 추정한 조선시대 성인 남성의 키에 대한 연구」, 『대한체질 인류학회지』, 24(4), 2011, 185-193.

박이택, 「서울의 숙련 및 미숙련 노동자의 임금, 1600-1909」, 이영훈 편, 『수량경제사로 다시 본 조선후기』, 서울대학교출판부, 2006, 41-107.

______, 「식민지기 인구추계의 재검토」, 『동아문화연구』, 63, 2008, 331-373.

박지향, 『일그러진 근대』, 푸른역사, 2003.

박희진, 「조선후기와 식민지 시대의 초혼 연령」, 『경제사학』, 40, 2006, 3-20.

박희진 · 차명수, 「조선 후기와 일제 시대의 인구 변동」, 『경제사학』, 35, 2003, 3-27.

반성환, 『한국농업의 성장(1918-71)』, 한국개발연구원, 1974.

배영순, 「韓末 · 日帝初期의 土地調査와 地稅改正에 關한 研究」, 서울대학

교 박사학위 논문, 1988.

배재수, 「일제의 조선 삼림정책에 관한 연구」, 서울대학교 박사학위 논문, 1997.

서병선 · 임찬영, 「직종선택과 성별 임금격차」, 『국제경제연구』, 8, 2002, 15-54.

선재원, 「한국 화이트칼라 내부노동시장의 형성 –조선식산은행(현 한국산업은행)의 사례, 1918~1953–」, 『經營史學』, 56, 2010, 97-112.

성백남, 「한국의 학력별 임금격차의 실태와 원인」, 『연세경영연구』, 46, 1988, 121-143.

송찬식, 『조선후기 수공업에 관한 연구』, 한국문화연구소, 1971.

송호근, 『한국의 노동정치와 시장』, 나남출판, 1991.

신기욱, 「농지개혁의 역사사회학적 고찰」, 홍성찬 편, 『농지개혁연구』, 연세대학교출판부, 2001, 1-47.

신동원, 「한국 근대 보건의료체제의 형성, 1876-1910」, 서울대학교 박사학위 논문, 1996.

신용하, 『朝鮮土地調査事業研究』, 知識産業社, 1982.

오두환, 『한국근대화폐사』, 한국연구원, 1991.

오일주, 「조선후기 재정구조의 변동과 환곡의 부세화」, 『역사와실학』, 3, 1992, 59-118.

우대형, 「조선전통사회의 경제적 유산」, 『역사와 현실』, 68, 2008, 273-300.

윤용출, 『조선후기 요역제와 고용노동』, 서울대학교출판부, 1998.

이광린, 『李朝 水利史 研究』, 韓國研究圖書館, 1961.

이길상, 「미군정기 초등교육의 변화」, 『한국교육사학』, 25, 2003, 75-110.

이삼식 · 정경희, 『저출산 원인과 파급효과 및 정책방안』, 한국보건사회연구원, 2010.

이세영,『朝鮮後期 政治經濟史』, 혜안, 2002.

이영훈,『조선후기사회경제사』, 한길사, 1988.

_____,「토지조사사업의 수탈성 재검토」,『역사비평』, 22, 1993, 307-334.

_____,「한국사에 있어서 노비제의 추이와 성격」,『노비, 농노, 노예-예속민의 비교사』, 일조각, 1998.

_____,「17세기 후반~20세기 전반 수도작 토지 생산성의 장기 추세」,『경제논집』, 51, 2012, 411-460.

이우연,「농업 임금의 추이, 1853-1910」,『경제사학』, 29, 2000.

_____,『한국의 산림 소유제도와 정책의 역사, 1600~1987』, 일조각, 2012.

이우연 · 차명수,「식민지 조선의 임금 수준과 구조」,『경제사학』, 43, 2007, 41-66.

_____,「조선 후기 노비 가격의 구조와 수준, 1678-1889」,『경제학연구』, 58, 2010, 99-132.

이원명,『조선후기문과급제자연구』, 국학자료원, 2004.

이정수 · 김희호,『조선후기 토지소유계층과 지가 변동』, 혜안, 2011.

이제민,「'동아시아 경제 기적'과 한국의 산업정책-중화학공업화 정책에 대한 평가」,『경제발전연구』, 11, 2005, 1-25.

이종화 · 김선빈,「한국의 인적자본 추계(1963-1993)」,『국제경제연구』, 1, 1995, 33-64.

이종화 · 김재필,「政府 政策과 貯蓄: 國家間 패널 資料 및 韓國의 時系列 資料 分析」,『韓國經濟의 分析』, 3, 1997, 144-202.

이헌창,「숙종-정조조(1678-1800년간) 미가(米價)의 변동」,『經濟史學』, 21, 1996, 117-158.

_____, 「조선후기 사회와 일본근세사회의 상품유통의 비교연구」, 『재정정책연구』, 1, 1999, 57-87.

_____, 「시장교환」, 한국고문서학회 편, 『조선후기생활사』, 역사비평사, 2000, 207-222.

_____, 「조선 후기 資本主義萌芽論과 그 代案」, 『韓國史學史學報』, 17, 2008, 77-128.

_____, 「근대경제성장의 기반형성기로서 18세기 조선의 성취와 그 한계」, 『역사학보』, 213, 2012, 97-126.

임현준 · 박강우, 「교육비 지출이 가계저축률에 미치는 영향」, 『經濟分析』, 18, 2012, 115-155.

장시원 · 이영훈 · 박기주, 『한국경제사』, 한국방송통신대학교 출판부, 2009.

장하준, 『사다리걷어차기』, 부키, 2004.

_____, 「이래도 일제지배가 긍정적인가?」, 『중앙일보』, 2005년 3월 19일.

전상인, 「미군정기의 농업문제와 토지정책」, 홍성찬 편, 『농지개혁연구』, 전통과현대, 2001, 49-190.

정병욱, 「조선식산은행과 한국산업은행의 직원 채용」, 『한국사학보』, 51, 2013, 227-266.

정석종, 『朝鮮後期社會變動研究』, 一潮閣, 1983.

정연태, 「식민지근대화론의 새로운 성과에 대한 비판적 검토」, 『역사비평』, 58, 2002, 385-398.

정철웅, 『역사와 환경: 중국 명청 시대의 경우』, 책세상, 2002.

정태헌, 『일제의 경제정책과 조선사회: 조세정책을 중심으로』, 역사비평사, 1996.

조석곤, 「朝鮮土地調査事業에 있어서의 近代的 土地所有制度와 地稅制度

의 確立」, 서울대학교 박사학위 논문, 1995.

______, 『한국 근대 토지제도의 형성』, 해남, 2003.

조영준 · 차명수, 「조선 중후기의 신장추세, 1547-1882」, 『경제사학』, 53, 2012, 3-37.

조하현 · 황선웅, 『한국의 경기변동』, 박영사, 2009.

주익종, 「일제하 한국의 식민정부, 민간기업, 그리고 공업화」, 『경제사학』, 35, 2003, 63-87.

______, 「민간소비지출의 추계」, 김낙년 편, 『한국의 경제성장, 1911-45』, 서울대학교출판부, 2006, 193-213.

지용하, 『韓國林政史』, 明秀社, 1964.

차명수, 「세계농업공황과 일제하 조선경제」, 『경제사학』, 15, 1991, 67-97.

______, 『금융 공황과 외환 위기, 1870-2000』, 아카넷, 2000.

______, 「우리나라의 생활수준, 1700-2000」, 안병직 편, 『한국경제성장사』, 서울대학교출판부, 2001, 3-31.

______, 「경제성장, 구조변화, 소득분배」, 김낙년 편, 『한국의 경제성장, 1910-1945』, 서울대학교출판부, 2006, 299-341.

______, 「의궤에 나타난 조선 중후기의 비숙련 실질 임금 추세, 1600-1909」, 『경제사학』, 46, 2009a, 3-28.

______, 「조선후기의 출산력, 사망력 및 인구증가: 1700-1899년간 생몰기록을 이용한 연구」, 『한국인구학』, 32, 2009b, 113-137.

______, 「식민지기 8대 도시의 소비재가격 및 택지 임대가격」, 『경제사학』, 50, 2011a, 3-38.

______, 「한국 고도성장은 산업 정책의 결과인가?」, 낙성대경제연구소 워킹 페이퍼 WP 2011-1, 2011b.

______, 「식민지시대의 도시간 직종간 비숙련 임금 격차」, 『경제학연구』, 59(1), 2011c, 55-93.

차명수 · 이헌창, 「우리나라의 논가격 및 생산성 1700-2000」, 이영훈 외 공편, 『수량경제사로 다시 본 조선후기』, 서울대학교출판부, 2004, 123-142.

차명수 · 황준석 · 이우연, 「우리나라 금융 산업에서의 학력별 임금 격차, 1922-2011」, 『경제사학』, 56, 2014, 83-114.

최원규, 「조선후기 수리기구와 경영문제」, 『국사관논총』, 1992.

한국물가정보 조사디자인팀, 『물가총람: 통계로 본 물가 40년사 1970~2010』, 한국물가정보, 2010.

허수열, 「일제하 실질임금 (변동) 추계」, 『경제사학』, 5, 1981, 213-246.

______, 「일제하 고성장 재반론」, 『조선일보』, 2004, A22.

______, 『개발 없는 개발』, 은행나무, 2005.

허종호, 『조선봉건말기의 소작제연구』, 사회과학원출판사, 1965.

홍성찬, 「농지개혁 전후의 대지주 동향」, 홍성찬 편, 『농지개혁연구』, 연세대학교 출판부, 2001, 165-224.

홍성찬 편, 『농지개혁연구』, 연세대학교 출판부, 2001.

홍희유 · 허종호, 「19세기 초중엽의 경제상태」, 김석형 편, 『김옥균의 연구』, 사회과학원역사연구소, 1964.

황수철, 「韓國農業의 産出, 導入 및 生産性 推計研究: 1955-1992年」, 서울大學校 박사학위 논문, 1996.

황준석, 「한국의 임금수준과 구조, 1959-2010」, 영남대학교 석사학위 논문, 2012.

古川宣子, 「일제시대 보통학교체제의 형성」, 서울대학교 박사학위 논문, 1996.

安秉珆,『朝鮮近代經濟史硏究』, 日本評論社, 1975.

李在茂,「朝鮮における「土地調査事業」の實態」,『社會科學硏究』, 7, 1955.

石南國,『韓國の人口增加の分析』, 勁草書房, 1972.

林采成,『戰時經濟と鐵道運營—「植民地」朝鮮から「分斷」韓國への歷史的經路を探る』, 東京大學出版會, 2005.

鬼頭廣,「前近代日本の出産率」,『上智經濟論集』, 36, 1991, 83-96.

______,『人口から讀む日本の歷史』, 講談社, 2000.

草野正裕,『近世の市場經濟と地域差—物價史からの接近 』, 京都大學學術出版會, 1998.

四方博,「李朝人口に關する身分階級別的考察」,『京城帝國大學法學會論集 第十册 朝鮮經濟の硏究』, 1938.

新保博,『近世の物價と經濟發展: 前工業化社會への數量的接近』, 東洋經濟新報社, 1978.

新保博・齋藤修,「慨說」, 新保傅・齋藤修 編,『日本經濟史 2』, 岩波書店, 1989.

善生永助,『朝鮮の人口現象』, 朝鮮印刷株式會社, 1926.

日本銀行,『(明治以降)本邦主要 經濟統計』, 日本銀行 統計局, 1966.

久間健一,『朝鮮農政の 課題』, 成美堂, 1943.

宮嶋博史,「朝鮮後期の農業水利」,『東洋史硏究』, 41, 1983, 645-695.

宮本又郎,『近世日本の市場經濟: 大坂米市場分析』, 有斐閣, 1988.

文浩一,『朝鮮民主主義人民共和國の人口變動: 人口學から讀み解く朝鮮社會主義』, 明石書店, 2011.

溝口敏行,「臺灣・朝鮮の固定資本形成と資本ストック」, 溝口敏行・梅村又次 공편,『舊日本植民地經濟統計』, 東洋經濟新報社, 1988.

______, 『アジア長期經濟統計. 1, 台灣』, 東洋經濟新報社, 2008.
溝口敏行 · 梅村又次, 『舊日本植民地經濟統計: 推計と分析』, 東洋經濟新報社, 1988.
持地六三郎, 「治水と水利」, 『朝鮮彙報』, 1916.
八鍬友廣, 「近世社會と識字」, 『教育育學究』, 70, 2003, 524-535.
山崎隆三, 『近世物價史研究』, 塙書房, 1983.
山本有造, 『日本植民地經濟史研究』, 名古屋大學出版會, 1992.
Abramovitz, Moses, "Resource and Output Trends in the United States Since 1870," *American Economic Review*, 46(2), 1956, 5-23.
Acemoglu, D., *Introduction to Modern Economic Growth*, Princeton: Princeton University Press, 2009.
Acemoglu, Daron, Simon Johnson and James A. Robinson, "The Colonial Origins of Comparative Development: An Empirical Investigation," *American Economic Review*, 91(5), 2001, 1369-1401.
Acemoglu, Daron et al., "The Consequences of Radical Reform: the French Revolution," *American Economic Review*, 101, 2011, 3286-3307.
Acemoglu, D. and J. A. Robinson, *Why Nations Fail*, New York: Crown Business, 2012.
Aghion, P. and J. G. Williamson, *Growth, Inequality, and Globalization*, Cambrdige: Cambridge University Press, 1998.
Allen, Robert, "The Great Divergence in European Wages and Prices from the Middle Ages to the First World War," *Exploration in Economic History*, 38, 2001, 411-447.
______, *The British Industrial Revolution in Global Perspective*, Oxford: Oxford

University Press, 2009a.

Allen, Robert C., "Agricultural Productivity and Rural Incomes in England and the Yangtze Delta, c.1620-c.1820," *Economic History Review*, 62(3), 2009b, 525-550.

Allen, Robert C. and Jacob L. Weisdorf, "Was there an 'Industrious Revolution' before the Industrial Revolution?," *Economic History Review*, 64(3), 2011, 715-729.

Allen, Robert C., Jean-Pascal Bassino, Debin Ma, Christine Moll-Murata and Jan Luiten van Zanden, "Wages, Prices, and Living Standards in China, Japan, and Europe, 1738-1925," *Economic History Review*, 64(S1), 2011, 8-38.

Amsden, A. H., *Asia's Next Giant South Korea and Late Industrialization*, New York: Oxford University Press, 1989.

Ando, Albert and Franco Modigliani, "The 'Life Cycle' Hypothesis of Saving: Aggregate Implications and Tests," *American Economic Review*, 53(1, Part 1), 1963, 55-84.

Angeles, Luis, "GDP Per Capita or Real Wages? Making Sense of Conflicting Views on Pre-industrial Europe," *Explorations in Economic History*, 45(2), 2008, 147-163.

Ashenfelter, Orley, Kirk Doran and Bruce Schaller, "A Shred of Credible Evidence on the Long-run Elasticity of Labour Supply," *Economica*, 77(308), 2010, 637-650.

Ashraf, Quamrul and Oded Galor, "Dynamics and Stagnation in the Malthusian Epoch," *American Economic Review*, 101(5), 2011, 2003-2041.

Bairoch, P., *Commerce extérieur et dévelopement économique de l'Europe au*

XIXe siècle, Mouton: École des hautes études en sciences sociales, 1976.

Bairoch, Paul, "Free Trade and European Economic Development in the 19th Century," *European Economic Review*, 3(3), 1972, 211-245.

Ban, S. H., P. Y. Moon and D. H. Perkins, *Rural Development*, Harvard University Press, 1980.

Barclay, G. W., A. J. Coale, M. A. Stoto and T. J. Trussell, *Colonial Development and Population in Taiwan*, Priceton: Princeton University Press, 1954.

Barclay, George W. et al., "A Reassessment of the Demography of Traditional Rural China," *Population Index*, 42(4), 1976, 606-635.

Barro, R. and X. Sala-i-Martin, *Economic Growth*, Cambridge, Mass.: MIT Press, 2004.

Barro, Robert J. and Gary S. Becker, "Fertility Choice in a Model of Economic Growth," *Econometrica*, 57(2), 1989, 481-501.

Barro, Robert J. and Jong Wha Lee, "International Measures of Schooling Years and Schooling Quality," *American Economic Review*, 86(2), 1996, 218-223.

Bassino, Jean-Pascal and Debin Ma, "Japanese unskilled wages in international perspective, 1741-1913," *Research in Economic History*, 23, 2006, 229-248.

Bassino, Jean-Pascal, Steven Broadberry, Kyoji Fukao, B. Gupta and M. Takashima, "Japan and the Great Divergence, 730-1870," Economic History Society Annual Conference 2012, University of Oxford, 30 Mar-01 Apr 2012.

Becker, Gary S. and Gregg H. Lewis, "On the Interaction between the Quantity and Quality of Children?," *Journal of Political Economy*, 81(2), 1973, S279-S288.

Bekar, Cliff T. and Clyde G. Reed, "Open Fields, Risk, and Land Divisibility," *Explorations in Economic History*, 40(3), 2003, 308-325.

Bernard, Andrew B. and Charles I. Jones, "Comparing Apples to Oranges: Productivity Convergence and Measurement Across Industries and Countries," *American Economic Review*, 86(5), 1996, 1216-1238.

Besley, T. and T. Persson, *Pillars of Prosperity: The Political Economics of Development Clusters*, Princeton: Princeton University Press, 2013.

Bishop, I. L. B., *Korea and Her Neighbours*, London: John Murray, 1898.

Bloom, David E. and Jeffrey G. Williamson, "Demographic Transitions and Economic Miracles in Emerging Asia," *World Bank Economic Review*, 12(3), 1998, 419-455.

Boserup, E., *Population and Technological Change: A Study of Long-term Trends*, Chicago: University of Chicago Press, 1981.

Broadberry, S., H. Guan and D. Li, "China, Europe and the Great Divergence: A Study in Historical National Accounting," *London School of Economics*, 2012.

Broadberry, Stephen N., "How Did the United States and Germany Overtake Britain? A Sectoral Analysis of Comparative Productivity Levels, 1870-1990," *Journal of Economic History*, 58(2), 1998, 375-407.

Broadberry. S. N., "How Did the United States and Germany Overtake Britain? A Sectoral Analysis of Comparative Productivity Levels, 1870-1990," *Journal of Economic History*, 58(2), 1998, 375-407.

Brown, John C. and Timothy W. Guinnane, "Fertility Transition in a Rural, Catholic Population: Bavaria, 1880-1910," *Population Studies*, 56, 2002, 35-50.

Campbell, Bruce M. S. and Cormac O'Gráda, "Harvest Shortfalls, Grain Prices, and Famines in Preindustrial England," *Journal of Economic History*, 71(4), 2011, 859-886.

Carroll, Christopher D., "Buffer-Stock Saving and the Life Cycle/Permanent Income Hypothesis," *Quarterly Journal of Economics*, 112(1), 1997, 1-55.

Cha, Myung Soo, "Is Mizoguchi Estimate of Interwar Korean National Account Ready for Use?," Paper Presented to Workshop on Long Term Economic Statistics of Korea, Held Jointly by Institute of Economic Research of Hitotsubashi University and Seoul National University, 1996.

______, "Imperial Policy or World Price Shocks? Explaining Interwar Korean Consumption Trend," *Journal of Economic History*, 58(3), 1998, 731-754.

______, "The Colonial Origins of Korea's Market Economy," in A. J. H. Latham and Heita Kawakatsu, eds., *Asia-pacific dynamism, 1550-2000*, London: Routledge, 2000, 86-103.

______, "Industrial Revolution, Demographic Transition, and Human Capital Accumulation in Korea, 1916-38," Naksungdae Institute of Economic Research Working Paper 2007(7).

______, "Productivity Trend in Korea from the Seventeenth to Nineteenth Century: A Comment on Jun, Lewis, and Kang," *The Journal of Economic History*, 69(4), 2009, 1138-1143.

______, "Factor Prices, Population, and Productivity in Korea, 1700-1900," Paper Presented to Asian Historical Economics Congress, held in Beijing, 2010, 19-21.

______, "State Famine Relief as a Cause of the Great Divergence," Paper presented at Great Divergence After Ten Years of Debate, Conference Held at Tsinghua University, Beijing, 2012.

______, *Fertility Transition and Secondary Schooling in South Korea, 1960-90*, unpublished manuscript, 2013.

______, "Unskilled Wage Gap Within the Japanese Empire," *Economic History Review*, 2014a.

______, "Growth of Involution? Evidence from the Land Market in the Chinese Empire," Paper to be presented at Asian Historical Economics Congress to be held in Istanbul, 2014b.

______, "The North Korean Market Economy," work in progress, 2014c.

Cha, Myung Soo and Junseok Hwang, "The Role of Human Capital Accumulation in the Korean Economic Growth, 1910-2010," unpublished manuscript, 2014.

Cha, Myung Soo and Nak Nyeon Kim, "Korea's First Industrial Revolution, 1911-40," *Explorations in Economic History*, 49(1), 2012, 60-74.

Cha, Myung Soo and Young-Jun Cho, "Trend in the Korean Stature, 1540-1885," Paper Presented at Asian Historical Economics Congress, 2012.

Chaudhary, Latika, "Determinants of Primary Schooling in British India," *The Journal of Economic History*, 69(1), 2009, 269-302.

Chaudhary, Latika et al., "Big BRICs, weak foundations: The Beginning of Public Elementary Education in Brazil, Russia, India, and China," *Explorations in Economic History*, 49(2), held in Tokyo, 2012, 221-240.

Chenery, Hollis and Moishe Syrquin, "Typical Patterns of Transformation," in Hollis Burnley Chenery, Sherman Robinson and Moshe Syrquin, eds., *Industrialization and Growth*, New York: Oxford University Press, 1986, 37-83.

Choi, Sungjin and Daniel Schekendiek, "The Biological Standard of Living in Colonial

Korea, 1910-1945," *Economics and Human Biology*, 7, 2009, 259-264.

Chung, Y., *Korea Under Siege, 1876-1945*, Oxford: Oxford University Press, 2006.

Ciccone, Antonio, "Falling Real Wages during an Industrial Revolution," Universitat Pompeu Fabra Economics Working Paper 195, 1996.

Cipolla, C. M. *Literacy and Development in the West*, Harmondsworth: Penguin, 1969.

Clark, Gregory, "Farmland Rental Values and Agrarian Economy: England, 1500-1912," *European Review of Economic History*, 6(3), 2002, 477-505,

______, "The Condition of the Working Class in England, 1209-2004," *Journal of Political Economy*, 113(6), 2005, 1307-1340.

______, *Farewell to Alms*, Princeton: Princeton University Press, 2009.

Clark, Gregory and Gillian Hamilton, "Survival of the Richest: The Malthusian Mechanism in Pre-industrial England," *Journal of Economic History*, 66(3), 2006, 707-736.

Cleland, John and Christopher Wilson, "Demand Theories of the Fertility Transition: an Iconoclastic View," *Population Studies*, 41(1), 1987, 5-30.

Clemens, Michael A. and Jeffrey G. Williamson, "Why did the Tariff-Growth Correlation Change after 1950?," *Journal of Economic Growth*, 9, 2004, 5-46.

Coale, A. J. and E. M. Hoover, *Population Growth and Economic Development in Low-income Countries: A Case Study of India's Prospects*, Princeton: Princeton University Press, 1958.

Cole, D. C. and Y. C. Park, *Financial development in Korea, 1945-1978*, Harvard Univ. Asia Center, 1983.

Coleman, D. C., *The Economy of England, 1450-1750*, Oxford: Oxford University Press, 1977.

Colgrove, James, "The McKeown Thesis: A Historical Controversy and Its Enduring Influence," *American Journal of Public Health*, 92(5), 2002, 725-729.

Collins, Susan M., "Savings and Growth Experiences of Korea and Japan," *Japanese and International Economics*, 1988.

______, "Lessons from Korea Economic Growth," *American Economic Review*, 80, 1990, 104-107.

______, "Saving, Investment, and Exteral Balance in South Korea," in Joseph J. Stern, Ji-hong Kim et al., eds., *Industrialization and the state*, 1995.

Collins, Susan M. and Won-Am Park, "External Debt and Macroeconomic Performance in South Korea," in Jeffrey D. Sachs and Susan M. Collins, eds., *The Developing Country Debt and Economic Performance*, Chicago: Chicago University Press, 2007.

Collins, Susan M., Barry P. Bosworth and Dani Rodrik, "Economic Growth in East Asia: Accumulation versus Assimilation," *Brookings Papers on Economic Activity*, 1996(2), 1996, 135-203.

Collins, William J., "Labor Mobility, Market Integration, and Wage Convergence in Late 19th Century India," *Explorations in Economic History*, 36, 1999, 246-277.

Crafts, N. F. R., *British Economic Growth during the Industrial Revolution*, Oxford: Oxford University Press, 1985.

Crafts, N. F. R. and C. K. Harley, "Output Growth and the British Industrial Revolution: a Restatement of the Crafts-Harley View," *Economic History*

Review, 45(4), 1992, 703-730.

Crafts, Nicholas, "British Relative Economic Decline Revisited: The Role of Competition," *Explorations in Economic History*, 49(1), 2012, 17-29.

Cumings, B., *The Origins of the Korean War*, Princeton: Princeton University Press, 1981.

De la Croix, D. and M. Doepke, "Inequality and Growth: Why Differential Fertility Matters," *American Economic Review*, 93(4), 2003, 1901-1113.

De Tray, D. N., "Child Quality and the Demand for Children," *Journal of Political Economy*, 81(2), 1973, S70-S95.

Deaton, Angus, "Panel Data from Time-series of Cross-sections," *Journal of Econometrics*, 30, 1985, 109-126.

______, *Understanding Consumption*, Oxford: Oxford University Press, 1992.

______, *The Great Escape: Health, Wealth, and the Origins of Inequality*, Princeton: Princeton University Press, 2013.

Deaton, Angus S. and Christina H. Paxson, "Growth, Demographic Structure, and National Saving in Taiwan," *Population and Development Review*, 26, 2000, 141-173.

Deininger, Klaus and L. Squire, "Measuring Income Inequality: A New Data-Base," 1995.

Diamond, J., *Collapse: How Societies Choose to Fail or Succeed*, Penguin Group US, 2005.

Dikötter, F., *Mao's Great Famine: The History of China's Most Devastating Catastrophe, 1958-62*, Bloomsbury Publishing, 2010.

Doepke, Matthias, "Child Mortality and Fertility Decline: Does the Barro-Becker

Model Fit the Facts?," *Journal of Population Economics*, 18, 2005, 66-337.

Dore, R. P., *Education in Tokugawa Japan*, Univ. of California Press, 1965.

Drèze, J. and A. Sen, *An Uncertain Glory: India and Its Contradictions*, Princeton University Press, 2013.

Dyson, T. and M. Murphy, "The Onset of Fertility Transition," *Population and Development Review*, 11, 1985, 399-440.

Easterlin, Richard A., "Why Isn't the Whole World Developed?," *Journal of Economic History*, 41(1), 1981, 1-19.

Easterly, William and Ross Levine, "Africa's Growth Tragedy: Policies and Ethnic Divisions," *The Quarterly Journal of Economics*, 112(4), 1997, 1203-1250.

Eckert, C. J. et al., *Korea Old and New: A History*, Seoul: Ilchogak, 1990.

Eckert, C., *Offspring of Empire: The Koch'ang Kims and the Colonial Origins of Korean Capitalism, 1876-1945*, University of Washington Press, 1996.

Ehrlich, Isaac and Francis Lui, "Intergenerational Trade, Longevity, and Economic Growth," *Journal of Political Economy*, 99(5), 1991, 1029-1059.

Eisenstadt, S. N., *The Political Systems of Empires*, Transaction Publishers, 1963.

Elvin, M., *The Patterns of the Chinese Past*, Stanford: Stanford University Press, 1973.

Elvin, Mark, "Three Thousand Years of Unsustainable Growth: China's Environment from Archaic Times to the Present [Basis of the Annual Lecture of the Centre for Modern Chinese Studies at St Antony's College Oxford, 11 May 1994.]," *East Asian History*, 6, 1993.

Engerman, Stanley L., "Slavery and Its Consequences for the South in the Nineteenth Century," in Stanley L. Engerman and Robert E. Gallman, eds.,

The Cambridge Economic History of the United States, volume Ⅱ, 2000, 329-366.

Engerman, Stanley L. and Kenneth L. Sokoloff, "Institutions, Factor Endowment, and Paths of Development in the New World," *Journal of Economic Perspective*, 14(3), 2000, 212-232.

Fogel, R. W., *The Escape from Hunger and Premature Death, 1700-2100*, Cambridge: Cambridge University Press, 2004.

Fogel, R. W. and S. L. Engerman, *Time on the Cross*, Boston: Little, Brown and Company, 1974.

Friedman, M., *A Theory of the Consumption Function*, Princeton: Princeton University Pres, 1957.

Fry, Maxwell J. and Andrew Mason, "The Variable Rate of Growth Efect in the Life-Cycle Saving Models," *Economic Inquiry*, XX, 1982, 426-442.

Galor, Oded, "From Stagnation to Growth: Unified Growth Theory," in Philippe Aghion and Steven N. Durlauf, eds., *Handbook of Economic Growth*, Amsterdam: Elsevier, 2005, 171-293.

Galor, Oded, Omer Moav and Dietrich Vollrath, "Inequality in Landownership, the Emergence of Human-Capital Promoting Institutions, and the Great Divergence," *Review of Economic Studies*, 76(1), 2009, 143-179.

Galor, Oded and David N. Weil, "The Gender Gap, Fertility, and Growth," *American Economic Review*, 86(3), 1996, 374-387.

Gerber, Jim, "Public School Expenditures in Plantation States, 1910," *Explorations in Economic History*, 28(3), 1991, 309-322.

Go, Sun and Kijoo Park, "The Elite-biased Growth of Elementary Schooling in

Colonial Korea," Working Paper, 2012.

Go, Sun and Peter Lindert, "The Uneven Rise of American Public Schools to 1850," *Journal of Economic History*, 70(1), 2010, 1-26.

Godo, Yoshihisa, "Estimation of Average Years of Schooling for Japan, Korea, and the United States," PRIMECED Discussion Paper 9, Hitotsuashi University, 2011.

Goldin, C. and L. Katz, *The Race between Education and Technology*, Cambridge Mass.: Harvard University Press, 2008.

Goldin, C., *Understanding the Gender Gap: An Economic History of American Women*, New York: Oxford University Press, 1990.

______, "America's Graduation from High School: The Evolution and Spread of Secondary Schooling in the Twentieth Century," *Journal of Economic History*, 58(2), 1998, 345-374.

Gollop, Frank and Dale Jorgenson, "U.S. Productivity Growth by Industry, 1947-73," in John W. Kendrick and Beatrice N. Vaccara, eds., *New developments in productivity measurement*, UMI, 1980, 15-136.

Gragert, E. H., *Landownership under Colonial Rule: Korea's Japanese Experience, 1900-1935*, Honolulu: University of Hawaii Press, 1994.

Habakkuk, H. J., *American and British Technology in the Nineteenth Century*, Cambridge University Press, 1962.

Haines, Michael, "Fertility," in Joel Mokyr, ed., *The Oxford Encyclopedia of Economic History*, Oxford: Oxford University Press, 2003, 284-291.

Hall, Robert E. and Dale W. Jorgenson, "Tax Policy and Investment Behavior," *American Economic Review*, 57(3), 1967, 391-414.

Hanley, Susan, "A High Standard of Living in Nineteenth-Century Japan: Fact or Fantasy?," *Journal of Economic History*, 53(1), 1983, 183-192.

Hardin, G., "The Tragedy of the Commons," *Science*, 162, 1968, 1243-1248.

Harrell, Stevan, "The Rich Get Children: Segmentation, Stratifications, and Population in Three Chekiang Lineages, 1550-1850," in Susan B. Hanley and Arthur P. Wolf, eds., *Family and population in east asian history*, Standford: Standford University Press, 1985.

Harris, Bernard, R. Floud, R. Fogel and S. Hong, "Diet, Health and Work Intensity in England and Wales, 1700-1914 ," NBER Working Paper no. 15874, 2010.

Hatcher, J., *Plague, Population, and the English Economy, 1348-1530*, London: Macmillan, 1977.

Hayami, Akira, "A Great Transformation. Social and Economic Change in Sixteenth and Seventeenth Century Japan," *Bonner Zeitschrift Für Japanologie*, 8, 1986.

Hayami, Yujiro and Vernon Ruttan, "Korean Rice, Taiwan Rice and Japanese Agricultural Stagnation: An Economic Consequence of Colonialism," *Quarterly Journal of Economics*, 84, 1970, 562-589.

Hayek, F., *The Constitution of Liberty*, Chicago: University of Chicago Press, 1960.

Hayes, William, "The Financial Support of Korean Education," Report prepared for the U.S. Military Government in Korea, 1948.

Higgins, Matthew and Jeffrey G. Williamson, "Age Structure Dynamics in Asia and Dependence on Foreign Capital," *Population and Development Review*, 23, 1997, 261-293.

Hsieh, Chang-tai, "What Explains the Industrial Revolution in East Asia? Evidence from the Factor Markets," *American Economic Review*, 92(2), 2002, 26-502.

Huang, P. C. C., *The Peasant Family and Rural Development in the Yangzi Delta, 1350-1988*, Stanford: Stanford University Press, 1990.

Hubbard, R. Glenn, Jonathan Skinner and Stephen P. Zeldes, "Expanding the Life-cycle Model: Precautionary Saving and Public Policy," *American Economic Review*, 84(2), 1994, 174-179.

Irwin, Douglas A., "Did Late-Nineteenth_Century Tariffs Promote U.S. Infant Industries? Evidence from the Tin Plate Industry," *Journal of Economic History*, 60(2), 2000, 335-360.

______, "Tariffs and Growth in Late Nineteenth Century America," *World Economy*, 24(1), 2001, 15-30.

Jannetta, Ann Bowman and Samuel H. Preston, "Two Centuries of Mortality Change in Central Japan: The Evidence from a Temple Death Register," *Population Studies*, 45(3), 1991, 417-436.

Jeon, Y. and Y. Kim, "Land Reform, Industrial Revolution, and Agricultural Production in Korea," *Economic Development and Cultural Change*, 48, 2000, 253-268.

Jones, C. I., *Introduction to Economic Growth*, 2nd ed., New York: W. W. Norton, 2002.

Jones, S. R. H., "Transaction Costs, Institutional Change, and the Emergence of a Market Economy in Later Anglo-Saxon England," *The Economic History Review*, 46(4), 1993, 658-678.

Jorgenson, Dale W., Mun S. Ho and B. M. Fraumeni, "Quality of the U.S. Work Force, 1948-90," unpublished manuscript, Cambridge, MA: Harvard

University, 1994.

Jun, Sung Ho, James Lewis and Han-rog Kang, "Korean Expansion and Decline from the Seventeenth to the Nineteenth Century: A View Suggested by Adam Smith," *Journal of Economic History*, 68(1), 2008, 244-282.

Kalemli-Ozcan, S., "Does the Mortality Decline Promote Economic Growth?," *Journal of Economic Growth*, 7(4), 2002, 39-411.

Kang, Kenneth, "Why Did Koreans Save So 'Little' and Why Do They Now Save So 'Much' ?," *International Economic Journal*, 8(4), 1994, 99-111.

Keller, Wolfgang and Carol H. Shiue, "Market Integration and Economic Development: A Long-run Comparison," *Review of Development Economics*, 11(1), 2007, 107-123.

Kim, Byung-Yeon, Suk Jin Kim and Keun Lee, "Assessing Economic Peformance of North Korea, 1954-1989: Estimates and Growth Accounting Analysis," *Journal of Comparative Economics*, 35, 2007, 564-582.

Kim, Dae-Il and Robert H. Topel, "Labor Markets and Economic Growth: Lessons from Korea's Industrialization, 1970-1990," in Anonymous *Differences and Changes in Wage Structures*, University of Chicago Press, 1995, 227-264.

Kim, Duol and Heejin Park, "Measuring Living Standards from the Lowest: Height of the Male Hangryu Deceased in Colonial Korea," *Explorations in Economic History*, 48(4), 2011, 590-599.

Kim, J. and Lawrence Lau, "The Sources of Growth of the East Asian Newly Industrialized Countries," *Journal of Japanese and International Economies*, 8, 1994, 235-271.

Kim, K. S. and M. Roemer, *Growth and Structural Transformation*, Council on East Asian Studies, Harvard University: distributed by Harvard University Press: Cambridge, 1979.

Kimura, Mitsuhiko, "Diffusion of Primary Education in Korea, 1911-1955," in G. Tortella, ed., *Education and Economic Development since the Industrial Revolution,* Valencia: Generalitat Valencia, 1990.

______, "Standards of Living in Colonial Korea: Did the Masses Become Worse Off or Better Off under Japanese Rule?," *Journal of Economic History*, 53, 1993, 629-652.

Kitson, Michael and Solomos Solomou, "Bilateralism in the Interwar World Economy," *Bulletin of Economic Research*, 47(3), 1995, 197-219.

Knack, Stephen and Philip Keefer, "Institutions and Economic Performance: Cross-country Tests Using Alternative Institutional Measures," *Economics & Politics*, 7(3), 1995, 207-227.

Kohli, Atul, "Where Do High Growth Political Economies Come From? The Japanese Lineage of Korea's 'Developmental State'," *World Development*, 9, 1994, 1269-1293.

Koo, Bon Ho and Won-Am Park, "Perspectives on Korea's External Adjustment: Comparison with Japan and Taiwan," in Takatoshi Ito and Anne Krueger, eds., *Macroeconomic Linkage: Savings, Exchange Rate, and Capital Flows*, Chicago: University of Chicago Press, 1994, 53-88.

Kotlikoff, Lawrence and Lawrence H. Summers, "The Role of International Transfers in Aggregate Capital Accumulation," *Journal of Political Economy*, 89, 1981, 706-732.

Kremer, Michael, "Population Growth and Technological Change: One Million B.C. to 1990," *Quarterly Journal of Economics*, 107, 1993, 681-716.

Krugman, Paul, "The myth of Asia]s miracle," *Foreign Affairs*, 73(6), 1994, 62-78.

Kuznets, Simon, "Economic Growth and Income Inequality," *American Economic Review*, 45(1), 1955, 1-28.

______, *Economic Growth of Nations: Total Output and Production Structure*, Cambridge, Mass.: Harvard University Press, 1971.

Kwon, Jene K. and Hoon Paik, "Factor Price Distortions, Resource Allocation, and Growth: A Computable General Equilibrium Analysis," *Review of Economics and Statistics*, 77(4), 1995, 664-676.

Kwon, T. H., *Demography of Korea, Population Change and its Components*, 1925-66, Seoul: Seoul National University Press, 1977.

Kwon, T. H., H. Y. Lee, Y. Chang and E. Y. Yu, *The Population of Korea*, Seoul: Seoul National University Press Population and Development Studies Center, 1977.

Lavely, William and R. Bin Wong, "Revising the Malthusian Narrative: The Comparative Study of Population Dynamics in Late Imperial China," *Journal of Asian Studies*, 57, 1998, 714-748.

Lawrence, Robert Z. and David E. Weinstein, "Trade and Growth: Import-led or Export-led? Evidence from Japan and Korea," NBER Working Paper 7264, 1999.

Lee, Hunchang, "Welfare Policy of Chosŏn Korea(1392-1910) under the Malthusian Constraint," Naksungdae Institute of Economic Research Working Paper WP 2013-16, 2013.

Lee, Hun-Chang and Peter Temin, "The Political Economy of Preindustrial Korean Trade," *Journal of Institutional and Theoretical Economics JITE,* 166(3), 2010, 548-571.

Lee, J. Z. and C. Campbell, *Fate and Fortune in Rural China: Social Organization and Population Behaviour in Liaoning, 1774-1873*, Cambridge: Cambridge University Press, 1997.

Lee, Jong Wha, "Government Interventions and Productivity Growth," *Journal of Economic Growth*, 1(3), 1996, 391-414.

Lee, Joung Woo, "Income, Consumption, and Poverty," in Doh Chull Shin, Conrad P. Rudkowski and Chung-min Park, eds., *The Quality of Life in Korea: Comparative and Dynamic Perspectives*, Dortrecht: Kluwer, 2003, 197-200 .

Leff, Nathaniel H., "Dependence Rates and Savings Rates," *American Economic Review*, 1969, 886-896.

Li, Bozhong and J. L. van Zanden, "Before the Great Divergence? Comparing the Yangzi Delta and the Netherlands at the Beginning of the Nineteenth Century," *Journal of Economic History*, 72(4), 2012, 954-989.

Li, Jianan, Daniel M. Bernhofen, Markus Eberhard and Stephen Morgan, "Market Integration and Disintegration in Qing Dynasty China: Evidence from Time-series and Panel Time-series Methods," unpublished manuscript, 2013.

Lindert, P. H., *Growing Public,* volume 1, Cambridge: Cambridge University Press, 2004.

______, "De bonne idées en quète de nombre," *Annales*, 62(6), 2007, 23-1417.

Locke, J., *Second Treatise of Government*, Cambridge, Mass.: Hackett Publishing

Company, 1980.

Logan, W. P. D., "Mortality in England and Wales from 1848 to 1947," *Population Studies*, 4(2), 1950, 132-178.

Lord, William and Peter Rangazas, "A Century of Demographic and Cultural Change in Western Europe: An Exploration of Underlying Dimensions," *Population and Development Review*, 11(3), 2006, 229-261.

Lucas, R. E., *Lectures on Economic Growth*, Harvard University Press, 2002.

Lucas, Robert E., Jr., "Making a Miracle," *Econometrica*, 61(2), 1993, 251-272.

Ma, Debin, "Economic Growth in the Lower Yangzi Region of China, 1911-1937: A Quantitative Historical Analysis," 68(2), 2008, 355-392.

Maddison, A., *The World Economy: A Millenial Perspective*, Paris: OECD, 2006.

Mankiw, N. Gregory, David Romer and David N. Weil, "A Contribution to the Empirics of Economic Growth," *Quarterly Journal of Economics*, 107(2), 1992, 407-437.

Marks, R. B., *Tigers, Rice, Silk, and Silt*, Oxford: Oxford University Press, 1998.

McCloskey, Donald N. and Lars G. Sandberg, "From damnation to redemption: Judgments on the late victorian entrepreneur," *Explorations in Economic History*, 9(1), 1971, 89-108.

McCloskey, Donald N., "The Industrial Revolution 1780-1860," in Roderick Floud and Donald N. McCloskey, eds., *The economic history of Britain since 1700*, Cambridge: Cambridge University Press, 1981.

______, "The Open Fields of England: Rent, Risk, and the Rate of Interest, 1300-1815," in David W. Galenson, ed., *Markets in history: Economic studies of the past*, Cambridge: Cambridge University Press, 1989, 5-51.

McCloskey, Donald N. and John Nash, "Corn at Interest: The Extent and Cost of Grain Storage in Medieval England," *American Economic Review*, 74(1), 1984, 174-187.

McEvedy, C. and R. Jones, *Atlas of World Population History*, Harmondsworth: Penguin, 1978.

McKeown, T., *The Modern Rise of Population*, London: Edward Arnold, 1976.

Michell, Tony, "Facts and Hypothesis in Yi Dynasty Economic History: the Demographic Dimension," *Korea Studies Forum*, 6, 1979/80, 65-93.

Mitchell, B. R., *British Historical Statistics*, Cambridge: Cambridge University Press, 1988.

Mizoguchi, Toshiyuki, "Long-Terms Changes of Income Distribution in Japan, 1890-1995," *Asia Pacific Economy*, 5(1/2), 2000, 45-56.

Modigliani, F. and R. Brumberg, "Utility Analysis and the Consumption Factor: An Interpretation of the Data," *Post-Keynesian Economics*, New Brunswick, NJ: Rutgers University Press, 1954.

Moskowitz, Karl, "Current Assets: The Employees of Japanese Banks in Colonial Korea," Ph.D dissertation, Harvard University, 1979.

Mulligan, Casey B. and Xavier Sala-i-Martin, "A Labor Income-based Measure of the Value of Human Capital: An Application to the States of the United States," *Japan and the World Economy*, 9(2), 1997, 159-191.

Neher, P. A., "Peasants, Procreation, and Pensions," *American Economic Review*, 61, 1971, 380-389.

North, D. C., *Institutions, Institutional Change and Economic Performance*, Cambridge: Cambridge University Press, 1990.

North, D. C. and R. P. Thomas, *The Rise of the Western World*, Cambridge: Cambridge University Press, 1976.

Norton, Trist and Gilbert, "A Century of Land Values: England and Wales," in Eleanora Mary Carus-Wilson, ed., *Essays in Economic History*, St. Martin's Press, 1962, 128-131.

O'Rourke, Kevin H., "Tariffs and Growth in the Late 19th Century," *Economic Journal*, 110, 2000, 456-483.

OECD, "Statistical Annex," in OECD, ed., *OECD Employment Outlook*, Paris: OECD Publishing, 2008.

Olson, M., *The Rise and Decline of Nations: Economic Growth, Stagflation, and Social Rigidities*, New Haven: Yale University Press, 1982.

______, *Power And Prosperity: Outgrowing Communist And Capitalist Dictatorships*, New York: Basic Books, 2000.

Ostrom, E., *Governing the Commons: The Evolution of Institutions for Collective Action*, Cambridge: Cambridge University Press, 1990.

______, *Understanding Institutional Diversity*, Princeton University Press, 2009.

Pak, S., D. Schwekendiek and H. Kim, "Height and Living Standards in North Korea, 1930s to 1980s," *Economic History Review*, 64(S1), 2011, 142-158.

Pak, Soon Young, Tai Yung Yoon and Joong Myung Choi, "Statistical Comparison and Chronological Change of the Physical Growth and Development of Korean –From 1910 to Present(1994)–," *Korean Society for Health Education and Promotion*, 11(2), 1994, 160-175.

Parente, S. L. and E. C. Prescott, *Barriers to Riches*, MIT Press, 2002.

Park, Daekeun and Changyong Rhee, "Saving, Growth and Demographic Change in Korea," *Journal of Japanese and International Economies*, 19, 2005, 394-413.

Park, Young Chul, "Development Lessons from Asia: The Role of Government in South Korea and Taiwan," *American Economic Review*, 80(2), 1990, 118-121.

Paxson, Christina, "Saving and Growth: Evidence from Micro Data," *European Economic Review*, 40, 1996, 255-288.

Perdue, P. C., *Exhausting the Earth: State and Peasant in Hunan, 1500-1850*, Cambridge, Mass.; Harvard University Press, 1987.

Perkins, D., *Agricultural Development in China, 1368-1968*, Chicago: Aldine, 1969.

Peterson, M., *Korean Adoption and Inheritance: Case Studies in the Creation of a Classic Confucian Society*, Ithaca: Cornell University, 1996.

Phelps Brown, H. and S. V. Hopkins, *A Perspective of Wages and Prices*, London: Methuen, 1981.

Phillips, P. C. B., " 'Understanding Spurious Regressions in Econometrics', Author info -Abstract -Bibliographic info," *Journal of Econometrics, Elsevier*, 33(3), 1986, 311-340.

Pollard, Sydney, "Entrepreneurship, 1870-1914," in Roderick Flound and Donald N. McCloskey, eds., *The Economic History of Britain Since 1700*, Cambridge: Cambridge University Press, 1994, 62-89.

Pomeranz, K., *The Great Divergence*, Princeton: Princeton University Press, 2000.

Preston, S. H., *Mortality Patterns in National Population with Special Reference to Recoded Causes of Death*, New York: Academic Press, 1976.

Pritchett, Lant, "Divergence, Big Time," *Journal of Ecconomic Perspective*, 11(3),

1997, 3-17.

Pyo, Hak K., "Estimates of Capital Stock and Capital/Output Coefficients by Industries: Korea, 1953-86," *International Economic*, 2(3), 1988, 79-121.

Radford, R. A., "The Economic Organisation of a P.O.W. Camp," *Economica*, 12(48), 1945, 189-201.

Rajan, R. G., *Fault lines: How hidden fractures still threaten the world economy*, Princeton University Press, 2011.

Ram, "Dependency Rates and Aggregate Savings," *American Economic Review*, 72, 1982, 537-544.

Rawski, T. G., *Economic Growth in Prewar China*, Berkeley: University of California Press, 1989.

Razin, A. and E. Sadka, *Population Economics*, Cambrdige, Mass.: MIT Press, 1995.

Rodrick, Dani, "Where Did All the Growth Go? External Shocks, Social Conflict and Growth Collapse," Centre for Economic Policy Research Discussion Paper No. 1789, 1998.

Roh, Sung-Tae, "Korean Monetary Policy," in Stephen Haggard, Richard N. Cooper, Susan Collins et al., eds., *Macroeconomic Policy and Adjustment in Korea 1970-1990*, Cambrdige, Mass.: Harvard University Press, 1994.

Ron Lesthaeghe, "A Century of Demographic and Cultural Change in Western Europe: An Exploration of Underlying Dimensions," *Population and Development Review*, 9(3), 1983, 411-435.

Rosenbloom, Joshua L., "One Market or Many? Labor Market Integration in the Late Nineteenth-Century United States," *Journal of Economic History*, 50(1), 1990, 85-107.

Rosenthal, J. and R. B. Wong, *Before and Beyond Divergence: The Politics of Economic Change in China and Europe*, Harvard University Press, 2011.

Rostow, W. W., *The Stages of Economic Growth: A Non-communist Manifesto*, Cambridge: Cambridge University Press, 1960.

Roy, T., *The Economic History of India 1857-1947*, Oxford University Press, 2006.

Schiltz, M., *The Money Doctors from Japan. Finance, Imperialism, and the Building of the Yen Bloc, 1895-1937*, Harvard University Press, 2012.

Schor, J. B., *The Overworked American: the Unexpected Decline of Leisure*, New York: Basic Books, 1992.

Schultz, T., *Economics of the Family: Marriage, Children, and Human Capital*, Chicago: University of Chicago Press, 1974.

Sen, A., *The Standard of Living*, Cambridge: Cambridge University Press, 1999.

Shin, Dong Hoon, Chang Soek Oh, Yi-Suk Kim and Young-il Hwang, "Ancient-to-modern secular changes in Korean stature," *American Journal of Physical Anthropology*, 147(3), 2012, 433-442.

Shin, G., "Agrarian Conflict and the Origins of Korean Capitalism," *American Journal of Sociology*, 103(5), 1998, 1309-1351.

Shin, Gi-Wook, "The Historical Making of Collective Action: The Korean Peasant Uprisings of 1946," *American Journal of Sociology*, 99(6), 1994, 1596-1624.

Shiue, Carol, "Transport Costs and the Geography of Arbitrage in Eighteenth-Century China," *American Economic Review*, 92(5), 2002, 1406-1419.

Shiue, Carol H., "The Political Economy of famine relief in China, 1740-1820," *Journal of Interdisciplinary History*, 36(1), 2005, 33-55.

Simon, J. L., *The Ultimate Resource*, Princeton: Princeton University Press, 1981.

Smith, A., *The Wealth of Nations*, London: W. Strahan and T. Cadell, 1978.

Sng, Tuan-Hwee and Chiaki Moriguchi, "Taxation and Public Goods Provision in China and Japan before 1850," Institute of Economic Research, Hitotsubashi University Global COE Hi-Stat Discussion Paper Series gd 12-284, 2012.

Solow, Robert M., "A Contribution to the Theory of Economic Growth," *Quarterly Journal of Economics*, 70(1), 1956, 65-94.

Steckel, Richard H., "The Fertility Transition in the United States: Tests of Alternative Hypotheses," in Claudia Goldin and Hugh Rockoff, eds., *Strategic Factors in Nineteenth Century American Economic History*, Chicago: University of Chicago Press, 1992, 351-374.

______, "Stature and the Standard of Living," *Journal of Economic Literature*, 33, 1995, 1903-1940.

Stern, J. J. et al., *Industrialization and the State: The Korean Heavy and Chemical Industry Drive*, Harvard Institute for International Development, 1995.

Tortella, Gabriel, "Patterns of Economic Retardation and Recovery in South-Western Europe in the Nineteenth and Twentieth Centuries," *Economic History Review*, 47(1), 1994, 1-21.

Totman, C., *The Green Archipeglao*, Berkeley: University of California Press, 1989.

Tsurumi, E. Patricia, "Colonial Education in Taiwan and Korea," in Ramon H. Myers and Mark R. Peattie, eds., *The Japanese Colonial Empire 1985-1945*, 1984.

United Nations, *Methods of Estimating Demographic Measures from Incomplete Data*, 1976.

Vamvakidis, Athanasios, "How Robust is the Tariff-Openness Connection?," *Journal of Economic Growth*, 7, 2002, 57-80.

Wagner, Edward, "Social Stratification in Seventeenth Century Korea: Some Observations from a 1663 Seoul Census Register," Occasional Papers on Korea, 1974.

Wang, Y., "Secular Trends of Rice Prices in the Yangzi Delta, 1638-1935," in Thomas G. Rawski and Lillian M. Li, eds., *Chinese History in Economic Perspective*, Berkeley: University of California Press, 1992.

Wang, Y., *Land Taxation in Imperial China, 1750-1911*, Cambridge: Harvard University Press, 1973.

Will, P., *Bureaucracy and Famine in Eighteenth-Century China*, Stanford: Stanford University Press, 1990.

Williamson, Jeffrey G., "Why Was British Growth So Slow During the Industrial Revolution?" *Journal of Economic History*, 44(3), 1984, 687-712.

______, *Inequality, Poverty, and History*, Oxford: Blackwell, 1991.

Wolf, Arthur, "Fertility in Prerevolutional Rural China," in Susan B. Hanley and Arthur P. Wolf, eds., *Family and Population in East Asian History*, Stanford: Stanford University Press, 1985.

Woo, J., *Race to the Swift: State and Finance in Korean Industrialization*, New York: Columbia University Press, 1991.

World Bank, *East Asian Miracle*, Washington D.C.: World Bank, 1993.

Wright, T., *Coal Mining in China's Economy and Society 1895-1937*, Cambridge: Cambridge University Press, 1984.

Wrigley, E. A., R. S. Davies, J. E. Oeppen and R. S. Schofield, *English Population*

History from Family Reconstitution, 1580-1837, Cambridge University Press, 1997.

Yasuba, Y., "Standard of Living in Japan Before Industrialization: From What Level Did Japan Begin?: A Comment," *Journal of Economic History*, 46(1), 1986.

Yoo, Dongwoo and Richard H. Steckel, "Property Rights and Financial Development: The Legacy of Japanese Colonial Institutions," National Bureau of Economic Research Working Paper no. 16551, 2010.

Young, A., "The Tyranny of Numbers: Confronting the Statistical Realities of the East Asian Growth Experience," *Quarterly Journal of Economics*, 110(3), 1995, 641-680.

찾아보기

ㄱ

가나가와 조약 • 181
가난뱅이의 자본(poor man's capital) • 323
가변수 • 378
가짜 회귀 분석 • 316
가처분 소득 • 371
감가상각 • 91
감가상각률 • 230
갑오개혁 • 236
강제 노동 제도 • 202
개발 • 411
개발 국가 • 173, 206
개방 경제 체제 • 396, 407
개방 경지 제도 • 165
개방적 경제 체제 • 386
개인(=가계, household) 저축률 • 301
개입주의 국가 • 206
거시 경제적 불안정성 • 424
건강 • 411
결혼력 • 55
경로 의존성 • 415
경성방직 • 207
경영형 부농 • 163
경제 블록 • 381
경제사 • 415
경제 성장 • 8
경제적 동기 • 323
경제 활동 인구 비율 • 281
경합성 • 182
계량 경제사 • 345
계약 이행 • 407
계층 분해 • 163
고갈 효과 • 100
고도 성장 • 4, 27
고등 교육 이수자 • 232
고량 • 71
고용 계약 • 162
고전적 자유주의 • 206
곡물 저장 • 364
공공재 • 178, 396
공급 충격 • 117
공동지 • 183
공동지의 비극 • 183
공산주의 • 407, 422
공업화 • 8, 115, 409
공유 자원 • 354
공유 자원(common pool resources) 고갈 • 356
공유재 • 182
공적 자금 • 199

과밀화 • 122, 349, 352
관성 • 415
관세 보호 • 401
관세율 • 203
관측 오차 • 383, 410
관치 금융 • 331
광무개혁 • 170
광무 양전 • 200
교역 조건 • 288
교육 • 224
교육 공급 곡선 • 261
교육 보급 정책 • 414
교육세 • 267
교육 수요 곡선 • 262
교육열 • 262
교육을 위한 공공 지출 • 275
교육 정책 • 335
구조 변화 • 111
구체제 • 416
구축 효과 • 102
구황(救荒) 사업 • 367
구휼 활동 • 186
국가 개입주의 • 206
국공립 중등학교 • 275
국민당 정부 • 422
국부 조사 • 105
국유지 • 190
국제 비교 • 339
군사비 • 193
궁박 판매 • 167
궁핍화 • 122
궁핍화 성장 • 207
귀속 농지 • 417
규모의 경제 • 167
규제 완화 • 423
균역법 • 158
균제 상태 • 96
그레셤의 법칙 • 188
근대적 경제 성장 • 81, 88
근력 • 249
근본 원인 • 136
근본주의 • 108
금리 자율화 • 130
금 본위 제도 회복 • 289
금융 산업 발전 • 414
금융 억압 • 130
금융 중개 • 331
기계 파괴 운동 • 16
기능 • 411
기대 여명 • 50
기술과 교육 간의 경주 • 238
기술 발전 • 81, 89, 96, 396
기술 학습 • 17, 108, 216, 374
기술 혁신 • 110
기아 수출 • 74
기아 체제 • 223
기업가 정신의 실패 • 389
기적 체제 • 223

기후병 • 204
기후 충격 • 167, 396, 409
긴축 통화 정책 • 289

ㄴ

나폴레옹 • 416
난징 조약 • 181
남북 분단 • 425
내부 노동 시장 • 242
내생성 편의 • 319, 384, 388
내포적 성장 • 108
네 체제 • 153
노(奴) • 168
노년 부양비 • 313, 316
노동 공급의 임금 탄력성 • 148
노동 분배율 • 103
노동 소득 • 41
노동 시간 • 41
노동의 양 • 255
노동의 질 • 135, 255
노동의 한계 생산 체감 • 83
노동 일수 • 41, 281
노동자의 질적 향상 • 227
노동 절약 기술 • 16
노동조합 • 231
노동 참가율 • 281
노동 투입 • 255
노비 • 168
노비 유지 비용 • 169
논 지대/논 가격 비율 • 126
농업 생산성 하락 • 186
농지 개혁 • 271, 408
농지개혁법 • 271
농토 매매 시장 • 164
누락에 따른 편의 • 134
누적적 · 순환적 과정 • 315
뉴턴 • 100
니덤의 질문 • 346

ㄷ

다산 다사의 단계 • 66
다산 소사의 단계 • 66
다중 회귀 분석 • 219
단속 • 352
단위근 검정 • 320
당백전 • 188
당오전 • 188
대공황 • 381
대공황기 • 191
대기근 • 215
대기업 집단 • 422
대동법 • 158
대발산 • 346
대약진 운동 • 215
대졸자 임금 프리미엄 • 239
대증 요법 • 186, 365

대체 수요 • 12
대체 탄력성 • 148
대체 효과 • 76
도구 변수 • 220, 320
도덕적 해이 • 22, 186, 368
도스토예프스키 • 416
도시 가계 연보 • 322
도시 가계 조사 • 308
도시화 • 350
독일 통일 • 426
동력 기계 • 250
동반 성장 • 414
동시성 편의 • 319, 384
동시 태생 집단 • 309
동양척식회사 • 189
동태적 지주 • 162
등기 제도 • 191, 358

ㄹ

러시아 침공 • 416
러시아 혁명 • 417
리스크 프리미엄 • 125

ㅁ

마오쩌둥 • 154, 215
마이너스 성장 • 339, 409, 410
마이크로 데이터 • 35, 239
말을 탄 세계 정신 • 416
Maddison Project • 340, 374
McKeown 논쟁 • 51
맬서스 • 83
맬서스의 덫 • 85, 187
맬서스적 정체 • 81, 85
먹고 튀기 • 204
메이지 유신 • 201
면세지 비율 • 363
명령 경제 • 159, 419
명령 체계 • 159
명목 가치 • 188
명목 이자율 • 125
명목 임금 • 31
모델 생명표(model life table) • 313
모방 • 110, 375, 423
모의 실험 • 195
목말타기 효과 • 100
무(無)리스크 이자율 • 125
무정부 상태 • 196
무주공산(無主空山) • 184
무학력자 • 232
문기 • 164
문자 해독률 • 251
물적 자본 • 134
미군정기 • 21
미군정의 교육 투자 • 408
미래 지향적 선택 • 409
민간 저축률 • 301

민둥산 • 182
민란 • 177
민유림 • 197
민족 간 소득 불평등 • 294
민족 자본 • 207
민족주의 • 38
민주적 교육 정책 • 293
민주주의 • 196

ㅂ

박정희 • 205, 335, 408, 412, 413, 414
박제가 • 366
반대 방향의 인과 관계 • 219, 319
반(反)시장주의 • 407
반일 감정 • 37
발산 • 8
배신 • 358
백동전 • 188
법적 능력 • 187
변이 계수 • 161
병작 • 162
보릿고개 • 3, 365
보이지 않는 손 • 356
보충금 • 195
보호 관세 • 213
복지 • 25
부분 균형 • 216
부양비 • 312
북학의 • 366
북한의 사망력 변천 • 49
분쟁지 • 190
브레턴우즈(Bretton Woods) 체제 • 379, 386
비(婢) • 168
비경제적 동기 • 325
비관론 • 36
비교역재 부문 • 112
비교 우위 이득 • 391
비배제성 • 182
비상 대출 • 348
비숙련 노동자 • 31
비정상적 시계열 • 315
빈곤선 • 32

ㅅ

사농공상 • 157
사다리 걷어차기 가설 • 401
사립 중고등학교 운영비 중 정부 보조금이 차지하는 비중 • 275
사립 중등학교 • 275
사망력 • 412
사망력 변천 • 10, 47, 199, 412
사망률 • 8, 360
사무직 노동자 • 242
사유 재산권 • 172
사적 소유권 • 407
사채 • 130

사회 간접 자본 • 199
사회 보장 제도 • 22
사회 보험 • 363
사회 안전망 • 372
사회적 분업 • 155
산림 녹화 • 184
산림에 대한 소유권 • 183
산미 증식 계획 • 207, 288
산송(山訟) • 61, 183
산아 제한 • 17
산아 제한 정책 • 331, 414
산업 정책 • 20, 207, 215, 224, 335, 408, 413
산업 혁명 • 7, 88
산출 • 82
3금(三禁) 정책 • 366
삼림 보존 • 409
삼림 정책 • 197
삼림 황폐화 • 61, 182, 349
삼림 황폐화 게임 • 355
三面一敎 • 199
삼세 제도 • 158
상관관계 • 219, 30
상대 가격 • 76
상평통보 • 158
새옹지마(塞翁之馬) • 418
생계비 지수 • 31
생명표 • 49
생몰 기록 • 48
생산성 기적 • 110
생산성 수렴 • 218
생산성 향상 • 4, 89, 409
생산성 향상을 통한 따라잡기 • 375
생산 요소 • 82
생산 함수 • 81
생애 주기 가설 • 311
생존 위기 • 167
생활 수준 • 25, 411
선형 추세 • 126
성간 교육 격차 • 251
성별 임금 격차 • 57, 248, 265
성장 기적 • 4
성장 회계 • 104, 136
성장 회계식 • 259
성장률 효과 • 96
세계 농업 공황 • 289
세계 인구 증가 • 15
세금 감면 • 213, 217
세대 간 거래 • 323
센서스 • 44
소농 • 168
소농민 • 163
소득 분배 • 36, 227
소득 불평등 • 266
소득 불확실성 가설 • 315
소득 수준 발산 • 339
소득 수준 수렴 • 339
소득 재분배 정책 • 424
소비 • 25

소비 가중치 • 69
소비 습관 지속 • 305
소비에트 공산주의 • 417
소비자 금융 • 161
소비자 물가 지수 • 31
소비 평활화 • 166
소산 소사의 단계 • 67
소수 민족 이주 정책 • 202
소유와 경영의 분리 • 389
소작 계약 • 162
소작 쟁의 • 417
소작 제도 • 271
소작 제도 붕괴 • 299
소작지율 • 266
소작지율 증가 • 288
소재 가치 • 188
솔거 노비 • 171
솔로우 경제 성장 모형 • 96, 300, 307
솔로우적 성장 • 97, 119, 155, 216
송계 • 357
송금(松禁) • 184, 366
수량적 증거 • 410
수렴 • 8
수리 관개 시설 • 369
수리 시설 • 368
수리 시설 확충 • 207
수업료 • 261, 266
수요 충격 • 117
수입 대체 공업화 • 208, 213
수입 대체 공업화 정책 • 386
수준 효과 • 96
수출 지향 정책 • 386
수출 촉진 • 208
수탈 지향적 제도 • 204
수탈설 • 190
숙련 • 134
숙련 노동자의 실질 임금 • 36
숙련 편향 기술 발전 • 290
숙련 프리미엄 • 238
순환적, 누적적 과정 • 368
스미스적 성장 • 155, 346
스톡 • 229
시간 비용 • 333
시간 추세 • 126
시뮬레이션 • 216
CES(constant elasticity of substitution)
생산 함수 • 146
시장 개방 • 290
시장 경제 • 159
식민지 수탈론 • 409
식민지 시기에 도입된 제도적 환경 • 409
식자공 • 247
식자율 • 251, 361
신고주의 • 189
신장 • 29
신장 수축 • 30, 407
辛亥通共 • 159
실업 급여 • 363

실질 이자율 • 125, 128
실질 임금 • 31
실현된 물가 상승률 • 125
19세기 위기론 • 154
쌀 가격 계절 변동 • 130
쌀 가격 변이 계수 • 179
쌀 임금 • 33
쌍대적 접근 • 124, 184
쌍둥이 흑자 • 195

ㅇ

아시아 성장 기적 • 380
아이의 수에서 아이의 질로의 전환 • 335
아이의 양과 질 사이의 균형 • 18, 399
아편 전쟁 • 345
악화 주조 • 188
안정 인구 • 147
애덤 스미스 • 155
야경국가 • 206, 207
약탈 국가 • 173
양반 지주 • 168, 408
양에서 질로의 전환 • 408
良人農民 • 168
양전(量田) • 175
양쯔 강 하류 • 160, 344
에너지 전환 • 346
엔코미엔다 • 189
엘리트 • 424
엘리트 지향성 • 293
엘리트 지향적 교육 정책 • 205
엘리트 편의 • 267
엥겔 계수 • 40
엥겔 효과 • 350
여성 인구의 연령별 구성 • 54
역량 • 411
역진 생존율법 • 58
연금 • 323
연령대별 저축률 • 322
연령대별 저축률 차이 • 312
연령별 사망력률 • 12, 49
연령별 사망률 • 12
연령별 생존율 • 49, 272
연령별 출산율 • 54
열등재 • 332
엽전 • 189
영구 재고법 • 105, 230
영국의 산업 혁명 • 342
영세 균등화 • 163
예비적 동기 • 363
예비적 수요 • 12
예비적 저축 • 164, 303, 363
예상 가능한 소득 흐름 변동 • 311
예상 물가 상승률 • 125
완결되지 않은 매매 • 166
완결된 매매 • 348
왕토 사상 • 183, 190
왕토 사상과 사적 소유 • 357

외거 노비 • 17
외부 노동 시장 • 242
외연적 확대 • 108
요소 분배율 • 104
요소 소득 비율 • 117
庸 • 175
牛骨塔 • 244
우금(牛禁) • 366
우대 통상 지역 • 381
원시 자료 • 239
원인 치료 • 365
원초적 접근 방법 • 124
위기 전환 • 159
Williamson 비율 • 279
유골 • 86
유교 • 407
유년 부양비 • 313, 316
유랑민 • 161
유배우 출산율 • 266
유배우 합계 출산율 • 54
유아 사망률 • 11
유치산업 • 213
육림 • 184, 354
隱結 • 175
은행 대부 이자율 • 128
은화 • 160
의궤 • 34, 162
의도하지 않은 결과 • 418
의지 부족 • 419
의학 기술 진보 • 11
이단계 최소 자승법 • 220, 383
이단계 최소 자승 추계(two stage least squares estimation) • 320
이동 강도 • 196
이리아이치(入會地) • 354
이모작 • 185
이사벨라 비숍 • 173, 188, 204
이상치 • 242
이서(吏胥) • 176
이성의 간교한 지혜 • 418
이자율 • 360
이타심 • 323, 325
인과 관계 • 219
인구 고령화 • 421
인구 낙관론자 • 99
인구 누락 • 45
인구론 • 83
인구 변천 • 7, 8
인구 비관론자 • 99
인구 순환 • 85
인력 시장 • 242
인민 위원회 • 271
인사과 • 242
인센티브 • 371, 424
인신 매매 • 168
인적 자본 • 134, 205, 224, 361
인적 자본에 대한 투자 리스크 • 265
인적 자본에 대한 투자 수익률 • 243

인적 자본의 공급과 수요 • 238
인적 자본 축적 • 4, 227
일관성 체크 • 142
일당 • 41
일반 균형 • 216
일반 균형 모델 • 195, 216
일반 최소 자승법 • 319, 383
일본 군대 유지비 • 195
일본 식민지 지배의 제도적 유산 • 397
일본 제국주의 • 416
일인당 곡물 사용량 • 74
일인당 생산 • 8, 26
일인당 소득 변이 계수 • 303
일제의 잔재 • 204
임야 소유권 • 197, 353
임야 이용권 • 353
立案 • 168
입학 경쟁률 • 262
입학 시험 • 262
잉여 유출 • 195

ㅈ

자급자족 • 419
자급자족 체제 • 396, 407
자력갱생 • 419
자매(自賣) • 177
자매 노비 • 171
자본과 숙련 간의 보완성 • 290
자본 궁핍 • 396
자본/노동 비율 • 117
자본 부족 • 366
자본 분배율 • 103
자본 스톡 • 295
자본 시장 • 317, 408
자본 시장 발전 • 21
자본 심화 • 106
자본의 한계 생산성 • 361
자본의 한계 생산 체감 • 90
자본주의 맹아 • 122, 153, 409
자본주의의 황금기 • 27
자본 집약도 • 102
자본 축적 • 4, 81, 89, 91, 108, 372, 409
자본 파괴 • 372, 409
자본 희소 • 361
자식 농사 • 21, 408
자식의 질과 양 사이의 균형 • 328
자원 배분 • 157
자원 배분(resource allocation)의 효율성 • 215
자원 압박 • 346
자원 충격 • 346
자유 • 411
자유 무역 • 386
자유 무역 제국주의 • 401
자유 방임적 경제 정책 • 409
자유 이용 • 184
자유주의적 경제 정책 • 22
자유화 • 222

자율성을 가진 국가 • 414
작업장 훈련 • 228
작은 정부 • 177
잔여 • 104
재정 능력 • 187
재정 위기 • 188
재정 적자 • 189, 424
재정 정리 사업 • 189
재정 지출 • 401
재화 꾸러미 • 31
재화 소비 • 411
저금리 은행 융자 • 130
저리 융자 • 213, 217
저장 비용 • 131
저축 공급 곡선 • 317
저축률 • 4, 92, 299
저축에 대한 수요 곡선 • 317
전간기 • 387
전간기 농업 공황 • 289
전략 산업 • 215
정부 저축률 • 301
정착 강도 • 196
정책의 안정성 • 383
정치적 불안정 • 424
정치적 위험 • 201
정태적 지주 • 162
정통 패러다임 • 409
제국주의 미화론 • 201
제로섬 게임 • 295
제2차 조선 교육령 • 232
제철업 • 214
조건부 매매 • 348
조건부 수렴 • 391
조사망률 • 10, 84, 272
조선 식산 은행 • 241
조선업 • 214
조선왕조실록 • 62
조선 총독부 통계연보 • 44
조선 후기 소득 분배 • 290
조세 부담률 • 174, 192, 208
조세 수탈 • 192, 195
조세 저항 • 175
조세 청부업자들 • 177
조출산율 • 12, 52, 84
족보 • 44, 46
종두법 • 52
종주권 • 350
주금(酒禁) • 366
주인-대리인 문제 • 353, 389
주조 이득 • 188
주체사상 • 407
중국의 마이너스 성장 • 349
중등 교육 • 21, 270
중등 교육 보급 정책 • 292
중등 교육 보급을 위한 공공 지출 • 299
중등 교육 이수자 • 232
중등 교육 확산 • 408
중등학교 교사 한 명당 중등학교 취학 연령

인구 • 273
중등학교 취학률 방정식 • 274
중앙 집권화된 관료 제국 • 176
중화 제국 • 343
중화학 공업화 • 213
지니 계수 • 37, 285
지대 추구 행위 • 222, 424
지력 • 182
지력 고갈 • 40, 186
지방세 • 266
지세 납부 감면 • 363
지속 불가능한 성장 • 349
지시 체계 • 159
지식 부족 • 419
지역 간 가격 격차 • 160
지역별 전문화 • 156
지주 계급 • 414
지주 계급 소멸 • 299, 415
직접적 원인 • 136
직종별 임금 조사 보고서 • 238
집계 지표 • 35
집계 효과 • 322

ㅊ

차분 • 316, 320
차익 거래 • 160
채무 불이행 리스크 • 125
1997년 외환 위기 • 423
1966년 센서스 • 234
1925년 센서스 • 237
철강 산업 • 215
체제 불안정 • 186
체제 안정 • 223
체제 전환 • 208
체화 • 210
초과 수요 • 262
초등 교육 • 270, 412
초등 교육 이수자 • 232
초등 교육 취학률 • 205
초등학교 취학률 • 411
초등학교 취학률 결정 방정식 • 267
초등 학력 노동자에 대한 중등 학력 노동자의 임금 프리미엄 • 272
초록색 열도 • 352
초졸자 임금 디스카운트 • 239
초혼 연령 • 56
총생산 곡선 • 89
총요소 생산성 • 104, 184
총호 • 62
최소 생계비 • 31, 71
최소 자승법 • 126
최초의 산업 혁명 • 339
추세 변화 • 407
추쇄(推刷) • 176
축적주의 • 108, 375, 413
출산력 방정식 • 326
출산력 변천 • 10, 412

출산율 • 8, 412
출생 코호트 • 236
취학률 • 228
친일파 • 204

ㅋ

커버리지 • 37
KDB 산업 은행 • 241
코크스 제철법 • 345
쿠즈네츠 가설 • 289
쿠즈네츠 곡선 • 283
쿠즈네츠의 사실들 • 115
쿠즈네츠적 성장 • 119, 155, 216

ㅌ

타이완 • 422
탈규제 • 222
탈북자 • 30
태평천국(太平天國)의 난 • 349
토지 공급의 인구 탄력성 • 148
토지 임대차 계약 • 162
토지 조사 사업 • 189
통계 암흑기 • 270
통계적 불일치 • 194
통일 비용 • 426
퇴직 사망자 대장 • 241
투기적 수요 • 132
투입 • 82
투자 • 396
투자율 • 300
투탁(投託) • 177
특수 이해 집단 • 380, 414

ㅍ

평균 관세율 • 212
평균 교육 연수 • 229
평균 신장 • 86
평생 소득 • 311
평생 소득 가설 • 315
포획 • 414
표본 평균 • 240
프랑스 혁명 • 416
프로토 공업화 • 160, 350
플러스섬 게임 • 295
플러스 성장 • 410
플로우 • 229
피임 • 331

ㅎ

하나의 큰 시장 • 231
학력별 임금 격차 • 230, 237
학력 업그레이드 • 232
학습 • 214, 228
한 방에 끝나는 게임 • 358

한국 전쟁 • 46, 412
합계 출산율 • 54, 330
합성 코호트 • 309
항상 소득 가설 • 303
행려 사망자 • 38
행장류 • 48
향리 • 177
헤겔 • 416
혁신 • 375, 423
현재 지향적 행동 • 372
현주 인구 • 57
협력 • 352
호구총수 • 62
호랑이 • 349
호적 • 45
혼서 • 56
혼인율 • 55
화폐 상품 • 158
화폐 정리 사업 • 188
확장된 쿠즈네츠 곡선 • 289
환곡 • 364
환율 변동 위험 • 201
환퇴 • 166
효율 향상 • 97
후방 굴절 노동 공급 곡선 • 41
후생 비율 • 31, 71, 373
흑사병 • 41
흑인 노예 • 202
흡수주의 • 108, 375, 413
흥망성쇠의 반전 • 345